Jacob Grimm

Abhandlungen zur Mythologie und Sittenkunde

Jacob Grimm

Abhandlungen zur Mythologie und Sittenkunde

ISBN/EAN: 9783744633154

Hergestellt in Europa, USA, Kanada, Australien, Japan

Cover: Foto ©Thomas Meinert / pixelio.de

Weitere Bücher finden Sie auf **www.hansebooks.com**

ABHANDLUNGEN

ZUR

MYTHOLOGIE UND SITTENKUNDE

VON

JACOB GRIMM

BERLIN

FERD. DÜMMLERS VERLAGSBUCHHNADLUNG

HARRWITZ UND GOSSMANN

1865

Gedruckt bei A. W. Schade in Berlin, Stallschreiberstr. 47.

Inhalt.

ÜBER ZWEI ENTDECKTE GEDICHTE AUS DER ZEIT DES DEUTSCHEN HEIDENTHUMS.

GELESEN IN DER AKADEMIE DER WISSENSCHAFTEN AM 3 FEBRUAR 1842.

Indem ich bei mir überlegte, welcher gegenstand aus dem bereiche meiner arbeiten, wenn ich zum erstenmal die ehre hätte vor dieser versammlung zu reden, würdig wäre ihrer nachsicht theilhaft zu werden; enthob mich allen zweifeln ein jüngst gemachter so überraschender fund, dasz dessen ungesäumte mir anvertraute bekanntmachung selbst dann ihren werth zu behaupten im stande sein wird, wenn die zuerst angesetzten kräfte noch nicht hinreichen sich seiner völlig zu bemächtigen. ich meine die entdeckung zweier gedichte, deren abfassung über die christliche zeit unsers vaterländischen alterthums weg noch in die heidnische zurückweicht. von umfang nur gering, scheinen sie durch erwünschtesten aufschlusz, den sie plötzlich über verdunkelte lagen und verhältnisse an hand bieten, angestrengte sorgfalt zu verdienen, falls man überhaupt geneigt ist diese dem einheimischen so eifrig wie dem ausländischen zu erweisen.

Vor allem jedoch habe ich den zoll der dankbarkeit dem finder dieser unschätzbaren denkmäler zu entrichten. und wie durch die pertzischen monumenta historica Germaniae regerer sinn für deutsche geschichtsquellen überhaupt unter uns auflebt, haben auch über das eigentliche feld unsrer geschichte hinaus die andern wissenschaften das davon getragen, dasz die älteren handschriften aller bibliotheken fleisziger und kenntnis-

reicher untersucht werden, als zuvor geschah. vorzüglich wurde
aber der geschichtforscher aufmerksamkeit auf altdeutsche sprachquellen gelenkt, seit man endlich zu der verspäteten einsicht
gelangt war, dasz älteste geschichte und geographie ohne er-
lernung unsrer alten sprache in ihren meisten fortschritten unsicher und gehemmt seien. dieser schule und ihrem stifter danken
wir manche erste spur und verfolgung bedeutender sprachquellen
in Deutschland, Frankreich, Italien. durch den gerechtesten
zufall ist aber die auffindung der denkmäler, von welchen zu
handeln ich mich eben anschicke, demselben gelehrten, herrn
Dr. Georg Waitz, überwiesen worden, der voriges jahr, gleich
unerwartet, wichtige beiträge zu dem leben Ulfilas aus einer
Pariser handschrift lieferte.

Ein viel näherer ort hat den gegenwärtigen schatz uns so
lange zeit sicher geborgen. gelegen zwischen Leipzig, Halle,
Jena ist die reichhaltige bibliothek des domcapitels zu Merseburg von gelehrten oft besucht und genutzt worden. alle sind
an einem codex vorübergegangen, der ihnen, falls sie ihn näher
zur hand nahmen, nur bekannte kirchliche stücke zu gewähren
schien, jetzt aber, nach seinem ganzen inhalte gewürdigt, ein
kleinod bilden wird, welchem die berühmtesten bibliotheken
nichts an die seite zu setzen haben. auf mein ansuchen ist mir
von dem hochwürdigen domcapitel die handschrift selbst, welche
ich hiermit königlicher academie zur ansicht vorlege, bereit-
willig mitgetheilt worden. im verzeichnis führt sie no. 58, be-
trägt 92 pergamentblätter, und ist in schmalem quart (etwa unserm heutigen groszoctavformat) von sehr verschiednen händen,
auch zu verschiedner zeit geschrieben und zusammengeheftet
worden. auf dem rücken des ledereinbandes liest man in alter
schrift: RABANI EXPOSITIO SUPER MISSAM. ein späterer, etwa im 15. jahrh. dem deckel aufgeklebter streif gibt
'expositio misse cum penitenciorario'. es würde mich abführen,
wollte ich die einzelnen lateinischen stücke, die in dem buch
bunt durcheinandergreifen, angeben, und ich habe nicht zeit
gefunden nachzusehen, wie viel sich wirklich aus Rabanus
Maurus aufgenommen findet; mir genügt hier nicht zu vergessen, dasz auf blatt 16ᵃ in schöner schrift des 9. jahrh. die

schon anderweit bekannte deutsche entsagungsformel [1], wie sie
den täuflingen unter den neubekehrten heiden vorgelegt wurde,
vorkommt; ich theile sie gleich einem oben auf blatt 52ᵃ befind-
lichen altdeutschen satze im anhang I mit. auf blatt 84ᵃ erscheinen aber von einer hand, die ich mit sicherheit dem beginn
des 10. jahrh. beizulegen glaube [2], mitten unter kirchlichen und
frommen sätzen zwölf altdeutsche zeilen, in denen man alsbald
zwei unter sich unzusammenhängende, alliterierende gedichte,
offen heidnischen inhalts, erstaunt anerkennt; den grund ihrer
befremdlichen einschaltung werde ich im verfolg anzugeben
trachten.

In diesen gedichten finden sich, auszer andern merkwürdigen bezügen auf heidnischen brauch und glauben, sieben namen
von göttern und göttinnen, deren zwei dem vollständigen system der nordischen mythologie gänzlich unbekannt sind. dies
ergebnis sei gleich voraus bezeichnet, seine ungemeine wichtigkeit für die vorstellung, die man sich von deutscher und
nordischer mythologie überhaupt zu bilden hat, leuchtet von
selbst ein.

Es ist der deutschen mythologie sauer gemacht worden;
sie hat nur mit mühe einlasz erlangt in den kreis wissenschaftlicher forschungen. wenn etwas tact oder ahnungsvermögen
aus einzelnen oder halben beweisen auf verhältnisse des ganzen
zu schlieszen vielleicht lobenswerth schien, so ist es doch gut
dasz die volleren beweise nachfolgen. niemand wird froher als
ich diese gedichte durchlesen haben oder lesen, denn es ist
nunmehr auch für meine studien, die ich lieb gewonnen habe,
ein flecken landes aufgetaucht, von dem aus ich mich dreister
umsehen darf. beinahe zur gewisheit erhebt es sich, dasz ein
reicher und nicht unausgebildeter götterglauben unsrer voreltern
mit aller gewalt zurückgedrängt, allenthalben weichen und
schlupfwinkel suchen muste, nicht aber also gleich ausgetilgt
werden konnte. in der fülle deutscher volkssage und des fast
unausrottbaren aberglaubens dürfen noch züge versteckt liegen,

[1] Maszmanns abschwörungsformeln p. 67. 68.
[2] in der deutlichen gleichmäszigen schrift fällt die eigene bildung des e
auf, wie das beigefügte facsimile zeigt.

die man lernen wird behutsam wahrzunehmen und für manche
unerwartete kunde des heidenthums auszubeuten.

Ohue länger zu weilen trete ich nun diesen ehrwürdigen
überresten der vorzeit, auf welche ich die neugier schon zu
sehr gespannt habe, näher, und gedenke so zu verfahren, dasz
ich die texte mit einer wörtlichen lateinischen übersetzung be-
gleite, hernach erläutere. denn zu solchen übertragungen eignet
sich unsre heutige sprache minder, die zwar einzelne ausdrücke
völlig, andere aber nur schielend und zweideutig erreicht. grammatische ausführlichkeit soll, wo es darauf ankommt, nicht gescheut werden, sie ist auch in classischer literatur hergebracht
und gutgeheiszen, und es wäre übele scham, wollte man den
vaterländischen dingen abziehen, was ihnen gebührt.

    Dem ersten der beiden gedichte dürfte man unbedenklich
die überschrift Idisi d. i. nymphae geben und es lautet im
deutschen urtext folgendergestalt:

        Eiris sâzun idisi, sâzun hera duoder,
        suma hapt heptidun, suma heri lezidun,
        suma clûbôdun umbi cuoniowidi,
        insprincg haptbandun, invar wîgandun.   H.
    das heiszt:
        Olim sedebant nymphae, sedebant huc atque illuc,
        aliae vincula vinciebant, aliae exercitum morabantur,
        aliae colligebant serta,
        insultum diis complicibus, introitum heroibus.
erläuterung begehrt vorzugsweise das wort idis, welches zwar
fast allen unsern ältesten dialecten bekannt, auch seinem begriffe
nach unzweifelhaft, von unsern sprachforschern nicht genug erwogen worden ist. es scheint mir ein erzheidnischer ausdruck,
dem man doch auch nach der bekehrung eine zeitlang gnade
widerfahren liesz, wie insgemein, was ich bereits anderswo wahrgenommen, weibliche wesen des heidenthums von den christen
schonender und duldsamer als die männlichen angesehen wurden. Otfried[1] steht nicht an itis von Maria zu gebrauchen,
der dichter des Heliand idis von Elisabeth, Maria, Maria Mag-
dalena und andern. ebenso nennt Cædmon nicht nur Eva idesa

---

[1] zi thern itis frôno O. I. 5, 6.

seo beiste (das beste weib), sondern auch Cains frau ides, und
im gedicht von Helena sehen wir ides überall 'der mutter Con-
stantins beigelegt. im Beovulf heiszen königinnen, frauen, jungfrauen idesa, und es ist überhaupt festzuhalten, dasz das wort
von jungen wie von alten frauen ohne unterschied gilt, von le-
digen und verheirateten; das ahd. itislih übersetzt matronalis.
auf dieselbe weise bezeichnete den Griechen νύμφη bald mädchen, bald braut, bald ehfrau; den nymphen als höheren zwischen göttern und menschen stehenden wesen, wurde fernes le-
bensziel beigelegt. mit vorbedacht habe ich das altnordische
wort noch nicht angegeben, welches dem ahd. itis, alts. ides [1],
ags. ides zur seite steht, und wirklich philologen wie mytho-
graphen sind sich dieses für unsere untersuchung erheblichen s
zusammenhangs zweier ausdrücke bisher unbewust geblieben.
nemlich die altnord. form lautet dis oder dîs und ist augenscheinlich durch aphaeresis aus idis entsprungen [*], ungefähr
wie dens aus edens, weil die dentes edentes sind, die ὀδόντες eigentlich also ἔδοντες, folglich auch die goth. tunþjus durch itunþjus
(= itandans) erklärt werden dürfen, obgleich die verdunkelten
participialendungen zeigen, dasz kürzung und abweichung der
form sehr frühe erfolgt sein müssen, weshalb auch ὀδούς absteht
von ἐδών, welchem die jonische gestalt ὀδών näher kommt; auch
das sanscrit bietet nur dantas dar, nicht mehr adantas. aus
diesem beispiel folgt wenigstens für das verhältnis zwischen idis
und dis, dasz die wurzel nicht in dis, lediglich in id [*], dem
die ableitungssilbe -is hinzutrat, liegen könne; in nordischer
sprache musz wiederum der abstosz des anlautenden vocals in
früher zeit geschehn sein, weil alle eddischen lieder dis, dessen
langes î, falls es gesichert ist, aus einwirkung jener aphaerese
erklärt werden dürfte, nur auf D, nie auf vocale alliterieren lassen, eine stelle aus Sæmundaredda 89ᵃ genüge: dvelr î dôlum
dis forvitin: während altsächsische, angelsächsische dichter ides,

---

[1] nicht anders als idis würde es wol in gothischer sprache lauten.
[*] sarn für isarn: mit sarne Diut. 2, 48. 3, 425. Sangrim, Sengrim, Singrim
für lsangrim. Reinh. CCVIII.
[*] ich habe gramm. 2, 45 zu itis die wörter ital splendidus, vanus, eit ignis,
splendor gehalten.

idis beständig mit andern vocalen binden, und das auch unser
gedicht thut. sollte aber noch zweifel haften an der identität
von idis und dîs, so tilgt ihn vollends, dasz Sæmundaredda
169ᵃ 209ᵃ dîs Skiöldûnga genau gesetzt ist wie Beovulf 2337
ides Scyldinga. stehn sich nun beide, idis und dîs gleich, so
haben wir vollen fug, alles, was die dîsir in der nordischen mythologie auszeichnet, auf des innern Deutschlands idisi anzuwenden, und wir erhalten eine fülle heidnischer vorstellungen, die
mit dem was unser gedicht von den idisi meldet, trefflich stimmen. es sind weise frauen, schlachtentscheidende walküren. ehe
ich den namen verlasse will ich noch die berichtigung eines
ausdrucks bei Tacitus vorschlagen, sie empfängt licht aus dem
eben erörterten. Idistaviso in der berühmten stelle ann. 2, 16
wird wol Idisiaviso sein *, was sich selbst graphisch finden läszt,
denn die uncialen einer älteren handschrift mögen S und A so
nahe aneinander gezogen haben, dasz dem zwischenstehenden
I von selbst die gestalt eines T wurde. Idisiaviso (ich halte
den deutschen nom. viso für besser als den lat. dativ) bedeutete
folglich nympharum pratum (altn. dîsa engi, dîsa völlr), sei nun
der name für das entscheidungsschlachtfeld zwischen Germanen
und Römern erst nachher dem orte beigelegt worden, oder ihm
schon früher eigen gewesen, so dasz absicht ihn zum kampfe
ausersehen hätte. wir werden gleich sehn, welchen einflusz die
idisi auf den gang der schlacht ausübten. Tacitus rechtfertigt
uns das hohe alter der form idis, und alles folgende, wie mich
dünkt, empfängt damit gründliche unterlage. im jahr 16 unserer
zeitrechnung werden die idisi zuerst erwähnt, wie sollte in allen
folgenden jahrhunderten bis zur bekehrung nicht der glaube an
sie gewaltet haben?

Ich schreite weiter vor in der worterklärung. die erste
langzeile hat bemerkenswerthe und schwierige adverbia. e i r i s,
alterthümlich für êris, êres, reicht nahe an das goth. airis prius
Luc. 10, 13, welches keinen gen. vielmehr echte adverbialsteige-
rung zeigt. niemand wird das in der handschrift völlig aus-

* schon H. Müller marken s. 99 will Idisavisa frauenwiese. Butinaviso ein
slav. ort. Schafarik 2, 298.

gemachte R ändernd etwa einis, ênis, ags. ænes semel oder aliquando vermuten wollen. desto mehr zu rathen gibt das zweite
glied des verses. ich habe nicht vorgreifen mögen und die im
text deutliche worttrennung hera duoder ebenso abdrucken lassen. allein die alliteration kann nicht zweimal auf dem verbo
sâzun ruhen, sondern das vocalische eiris: idisi gebieten auch
im zweiten glied einen vocalanlaut zu suchen. dazu gibt es,
die echtheit der überlieferten lesart vorausgesetzt, nur eine zwiefache wahl. man hat entweder her aduoder oder herad uoder
zu scheiden. aduoder ist ein zum zweitenmal noch nicht ver-
nommnes wort, darum kein falsches. gemahnt es nicht an die
goth. aljaþrô aliunde, þaþrô inde, innaþrô ἔσωθεν? [1] und gäbe es
nicht ähnlichen localen sinn? ich weisz es nicht vollends zu deuten, doch in einem denkmal voll alterthümlicher formen, darf
auch ein dunkles adv. noch unangetastet stehn bleiben. zerlegt
man herad uoder, so läszt sich mit herad ausreichen, es wäre
das ahd. herôt, alts. herod, und drückte wie hera huc aus. aber
uoder? stände es = ôder, andar, aliorsum? das alts. adro, ags.
ädre protinus, mane, diluculo gehört kaum dazu. läge darin
eine fortbildung der nur untrennbar vorkommenden partikel uo-,
ô (gramm. 2, 784. 785), so dasz sich uo und uodar verhielten,
wie lat. re-, red- und retro, vgl. wid, widar und lat. iterum, [7]
wir erhielten auch auf diesem wege den sinn von retro, retror-
sum. meine übersetzung versucht huc et illuc, was ungefähr
die wirkliche meinung erreicht.

Bei hapt heptian, d. i. haft heften im zweiten vers bleibt
dahingestellt, auf welche weise, zu welchem ende diese frauen
es vollbrachten [*]. heri lezian (goth. hari latjan) ist exercitum
tardare, morari, hemmen, aufhalten, in dem kampf von grösztem
einflusz. bei Graff 2, 298 gibt lezian retardare und irretire.
edda Sæm. 31* heiszt es ähnlich mit unsrer redensart: heima

---

[1] vgl. das ahd. subst. innadiri, innuadri, innadoli, innôdili (intestina) Graff I,
157. 298, wobei es mir zumal auf das uo, ô ankommt.
[*] Renner 20132:

　　　des muoz ich heften einen haft
　　　an dirre materie an mînen danc,
　　　wan ich fürhte, si werde ze lanc.
also einhalt thun, einen knoten machen.

letja ee mundi herja fŏdor, domi retardare velim exercituum patrem, i. e. Odinum. [vgl. die walkûren Herfiötr und Hlöck d. i. catena oder vinciens.]

Clûbòn im dritten verse bedeutet colligere, pflücken, auflesen, was wir noch jetzt klauben, aufklauben nennen. man sagt z. b. eicheln, ähren klauben (Schmeller 2, 349. Schertlin p. 342); mhd.den wîntrûben abe chlûben, Maria 192, 25. [Servatius 24 32. Lichtenst. p. 342.] hier jedoch steht bei klûbôn nicht der gerade acc., die präp. umbi vermittelt ihn: klûbôn umbi cuoniowidi heiszt nach kränzen pflücken oder suchen, wie mhd. nach pfifferlingen klûben MsH. 3, 307* | ebenso Wolkenstein 116|, nach schwämmen suchen [1]. von der so entwickelten bedeutung des wortes klûbôn ist das rechte verständnis des wortes kuniowidi nicht unabhängig. kuoniowidi, richtiger kuniowidi, ist in ahd. form gramm. 2, 464 aufgewiesen, khunawithi gloss. Ker. 184, chunwidi Diut. 1, 259 drückt aus catena, wie goth. kunavêdom Eph. 6, 20 catenis. diesem goth. kunavêda oder kunavêdô catena schiene i für ê (die freilich öfter wechseln) angemessen, doch könnte mit der vocalabweichung auch das verschiedne genus zusammenhängen, das goth. wort ist weiblich, das ahd. neutral. ags. bietet sich cynevidde redimiculum und cyneviddan redimicula dar, wieder ein schwaches fem. zu dem goth. kunavidô stimmend, in dieser mundart drückt auch das einfache vidde vinculum, restis, catena aus und scheint lautverschoben nichts als das lat. vitta, d. i. taenia, ταινία, fascia, qua crines vel serta aut flores religabantur. im vorsatz cyne, kuna, kunio mag der begriff einfacher binde erhöht sein etwa in hauptbinde, diadem, krone *. wenn aber die idisi, vielleicht in lüften, ob der erde schwebend nach solchen binden pflücken, darf man nicht annehmen, dasz sie von bestimmten heiligen bäumen oder stauden äste oder blüten brachen, daraus kränze zu winden? in solchem sinn habe ich serta zu setzen gewagt.

Die folgende vierte zeile, unwidersprechlich die schwerste

---

[1] umbe und nâch tauschen, z. b. werben nâch oder umbe (gramm. 4, 841); uhd. avalòn (satagere) umbi thaz ambaht, T. 63, 3.

* vgl. ags. cynehelm, von cyne = altn. konr gen. konar, und cynebôt, cynegild, cinewerdunia (lex sal. LXXXVII). altn. kynviðr ramus generis. Egilss. 639.

des kleinen liedes, läszt uns die wörtliche bedeutung auffassen, nicht die sächliche. wie störend hier aber abgang der sachkunde sei, ein ausdruck von groszem werth für unsere mythologie tritt uns beinahe mit sicherheit entgegen. der dat. pl. haptbandun überrascht durch seine deutliche übereinkunft mit einem technischen worte der altnordischen dichtkunst, und verräth hohes alterthum. die heiden bedienten sich der beiden pl. höpt und bönd, welche einer wie der andere vincula aussagen, damit den begriff götter zu bezeichnen. sei es, dasz sie dadurch ein enges, die höchsten gottheiten unter einander knüpfendes band ausdrücken wollen, oder ein die welt und alle menschlichen dinge fest bindendes walten der götter. den erst angegebnen sinn ziehe ich auch darum vor, weil er an die dii consentes oder complices des römischen und etruskischen glaubens gemahnt und einstimmige ordnung oder leitung aller angelegenheiten, wie sie von bestimmter zahl engverbundner höherer wesen geübt wird, anzeigt. höpt oder bönd sind also diese oberen götter zusammengefaszt. so heiszt es Hâvamâl 111 (Sæm. 24ᵇ) ef hann væri með höndum kominn, num ille apud deos esset, in societatem deorum receptus; Hrafnagaldr 11 (Sæm. 89ᵇ) banda burðr, deorum proles, soboles; in einem gedichte von Ulfr Uggason (Sn. 204) ist vinr banda gesetzt für amicus deorum; in Skáldskaparmál (Sn. 176), als die frage nach den namen der götter ist, stehen obenan bönd und höpt. man erinnert sich der pl. regin, rögn (goth. ragina) d. h. consilia, potestates, die in ähnlichem bezug für numina, dii superi stehn. Odinn, der oberste gott, führt den beinamen haptaguð, gleichsam deus numinum, und ähnlich heiszt es haptatýr. einmal ist sogar der sg. hapt vinculum auf einen gott bezogen, nemlich Sæm. 93ᵃ auf Balder, hapti heiszt da geradezu deo, d. i. Baldero, und dieser dativ rührt nicht vom adj. haptr (captus), weil dann höptum zu stehn hätte. so weit nun unsre bekanntschaft mit den übrigen dialecten deutscher sprache sich erstreckt, ist bisher keine spur zu entdecken gewesen von einer beziehung der gangbaren ausdrücke haft und band auf das wesen der götter; begreiflich, weil in ältester zeit dieser baar heidnischen anwendung ausgewichen wurde, und später sie erlosch. erst das

neuaufgefundne gedicht gewährt sie uns in der verstärkenden
9 zusammensetzung h a p t b a n d, da man augenscheinlich haptbandun als persönlichen dativus commodi, im gegensatz zu wîgandun, auffassen musz. haptband hier sächlich für vincula zu nehmen untersagt der ganze zusammenhang. merkwürdig, dasz in
altnord. denkmälern das compositum h a p t b ö n d zwar im sinne
von vincula Sæm. 7*, nicht aber, soviel ich weisz, in der abstraction für numina vorkommt.

Mit dieser auslegung von haptband haben wir für das verständnis des ganzen satzes zwar beträchtliches, lange noch nicht
alles gewonnen. ich sagte schon vorhin, dasz haptbandun gegenüber stehn müsse dem in zweiter hälfte der zeile folgenden
w î g a n d u n, bellatoribus. bei diesem worte habe ich eine kleine
änderung des textes gewagt, dem einfachen u noch ein zweites
zufügend [1]. die lesart uigandun = figandun, goth. fijandum, d. i.
inimicis wäre nicht gerade abzulehnen, und es wird von dem
genauen sinn der worte i n s p r i n g und i n v a r abhängen, ob
man sich für die eine oder andere deutung entscheide. i n -
s p r i n g übersetze ich so nahe als möglich insultus, insultatio,
ἐπιπήδησις, i n v a r das entgegenstehende durch introitus, beide
wörter nach unsrer jetzigen sprache bedeuten einsprung und
einfahrt, den göttern wird jener, den helden diese beigemessen.
auf beiden inspring [2] und invar ruht die alliteration der zeile,
sie machen offenbar den hauptgedanken des satzes. doch hat
man auch den vers noch an den vorausgehenden zu knüpfen,
die von den nymphen gebrochnen kränze scheinen für götter
inspring, für helden invar sein zu sollen. den einfall, ob
inspring und invar namen von pflanzen seien, welche für kränze
der götter oder helden gepflückt werden, habe ich bald fahren
lassen. vorstellungen des heidenthums über diesen gegenstand,
wenn wir sie noch besäszen, würden alle dunkelheit augenblick-

---

[1] bei der möglichkeit auch ingandun (= ingangandun, intrantibus) oder
inuariu gandun zu lesen, halte ich mich nicht auf; damit wäre nicht geholfen,
sondern geschadet.

[2] die hs. hat nach dem c in insprinc noch einen halb erblichnen, im facsimile zu stark vortretenden buchstaben, den ich für ein angefangnes g halte; in-
sprincg ist aber inspring.

lich entfernen. in welchem sinne mögen die idisi den göttern
kränze zum einspringen, den kriegern zum bloszen einfahren
gewunden haben? ist einspringen soviel als verschwinden, und
vom raschen, plötzlichen gang der götter gemeint, während helden nach menschlicher weise langsam fahren? den göttern wird
sonst huerban, ags. hveorfan zugeschrieben, hvearf him tò heo- 10
fenum, subito in coelum discessit, Cædmon 16, 8, und bei schneller verwandlung gilt ja der ausdruck s p r i n g e n, 'hun sprang
bort i flintesteen' heiszt es in einem dänischen liede (D. V. 1,
185) subito in silicem conversa est, wozu ich mythol. p. 321
deutsche beispiele aus Hans Sachs gesammelt habe; [aus einem
kieselstein entspringen. Ettners hebamme 15.]. auch in indischer mythologie wird göttern plötzlicher, schöner gang, die
fähigkeit der luft gleich in alle räume einzudringen beigelegt
(Bopps Nalus p. 15. 266). noch mehr soll es mir die homerische
ansicht bezeugen, z. b. von Ares heiszt es χαρπαλίμως ίχανε
(Il. 5, 868), er hat schnelle füsze (Il. 5, 885); von Pallas wird
ἀΐξασα gesagt, gleichsam die springende (Il. 2, 167. 4, 74. 7, 19);
Iris ist ποδήνεμος (Il. 5, 353. 368), ἀελλόπος (8, 409), πόδας ὠκέα
(8, 425) und vom gott gilt namentlich κινηθείς (Il. 1, 47), so dasz
man κινέω unserm huirbu an die seite stellen dürfte. aber diese
vergleichungen machen einen sicheren aufschlusz über den rechten sinn des wortes inspring aus unsrer eignen, wenigstens der
nord. götterlehre immer nicht entbehrlich. infar ags. infâre,
infâreld, ingressus steht dem urfar egressus, wie insprinc dem
ursprinc (fons, ebullitio) gegenüber. warum den streitern mit
jenem kranze der idisi infar, den göttern inspring bereitet werde,
wissen wir also nicht deutlich. ich war versucht in der zweiten hälfte des verses verderbnis des textes zu mutmaszen, und
an die stelle der worte inuar uigandun zu bessern unarwigan-
dun, d. h. non frustrantibus (vgl. Graff 1, 429 arawiganti frustrans
und goth. arvjô frustra). das fügte sich zwar passend zu haptbandun, hebt aber den nothwendigeren gegensatz zwischen inspring auf. mir genügt darum an der bescheidnen änderung
von uigandun in uuigandun.

　　Das zweite gedicht doppelt so lang als das erste, unterliegt
beinahe gar keinen grammatischen schwierigkeiten, sondern nur

solchen die aus dem inhalt hervorgehn; unter diesen bringt bei
weitem die gröszten der name, mit welchem es anhebt.

Der deutsche text lautet:

Phol ende Wôdan vuorun zi holza, *
du wart demo Balderes volon sîn vuoz birenkit;
thu biguolen Sinthgunt, Sunnâ era suister,
thu biguolen Frûà, Vollâ era suister,
thu biguolen Wôdan, sô he wola conda,
sôse bênrenki, sôse bluotrenki, sôse lidirenki,
bên zi bêna, bluot zi bluoda,
lid zi geliden, sôse gelîmida sîn. **

Phol et Wodan profecti sunt in silvam,
tunc Balderi equuleo pes contortus est;
tum incantavit eum Frua, Follaque ejus soror,
tum incantavit eum Sinthgunt, Sunnaque ejus soror,
tum incantavit eum Wodan, sicuti bene novit,
tam ossis torturam, quam sanguinis torturam, membrique torturam,
os ad os, sanguinem ad sanguinem,
membrum ad membra, ac si glutinata essent.

überschrieben werden darf das ganze stück Balderes volo, Balderi equuleus.

Phol ist ein unerhörter name, ein gott in allen mythologischen wörterbüchern bisher noch verleugnet, desto höheren
werth empfängt er für uns, und desto mehr haben wir mühe
an ihn zu wenden. nach den regeln einer guten erzählung
scheint er aber denselben gott auszudrücken, der gleich darauf
unter Balder verstanden wird. Phol und Wodan, heiszt es, seien
zu walde gefahren und Balders fohlen habe sich den fusz verrenkt. entweder hätte Balders mitfahrt vorher erwähnt werden
sollen, wäre unter ihm ein andrer zu verstehn als Phol, oder
Phol war hernach nochmals unter denen zu nennen, die den
fusz beschwören helfen, wie ihn Wodan beschwört. Phol kommt
aber auszer im beginn nirgends wieder in betracht. die beiden
ersten verse verhalten sich ungefähr als wenn erzählt würde:

---

* vuor ze walde hin mit michelem geschelle. Trist. 361, 16. er ist ge-
varn ze holze vil lihte nach einem holze. Martin. 167, 13. du soldes billicher
dâ ze holze varn. Kschr. 12201.
** Trist. 4715 als op si dâ gewahsen sîn.

Phoebus und Zeus fuhren aus, da ward Apollons pferd am fusz
verrenkt. wie hier Phoebus und Apollo zusammenfallen, dürfen
es auch Phol und Balder. dennoch beweisen diese folgerungen
nicht allzu streng. das verhältnis, wonach Phol ein andrer als
Balder, ja ein ihm feindlicher gott wäre, hat immer noch möglichkeit. Balder braucht nicht gerade vorher genannt zu sein,
wenn er sich als im gefolge Wuotans vielleicht von selbst versteht?
Gegen die lesart Phol darf nicht gewütet werden. wer den
zug P aus ags. p herleiten, das übergeschriebne h für bloszen
haken, wie er z. b. im Hildebrandsliede dem p oben angehängt
wird, nehmen wollte; erhielte Wol statt Phol, und würde, näher
besehen, noch weniger damit ausrichten [1] als mit Phol. zwar 12
alliterierten dann Wol und Wodan, doch im zweiten gliede gienge
das band aus, man müste denn von neuem auch holza verän-
dern in walda. allein an der alliteration Phol und fuorun ist
auch nichts auszusetzen.

Was ist aber Phol? nach jenem dem stil der erzählung
abgedrungnen schlusz dürfte es ein andrer, der nordischen mythologie unbekannter name Balders, ja Phol (mit kurzem vocal
für Phal, wie holôn und halôn) einerlei sein mit Bal, das in
Balder steckt. die sächsische form wäre dann Pol, Pal, was
aber der dichter, seiner mundart nach, in Phol veränderte, der
schreiber in dem übergesetzten h noch nachbesserte.

Bekanntlich besitzt die hochdeutsche sprache ein zwiefaches
F. eins, ihr mit der gothischen und sächsischen gemein, erscheint
anstatt des lat. P, z. b. in pater, goth. fadar, ahd. fatar; griech.
πολός, goth filus, ahd. filo. hier war aus gründen die ich anderwärts ausführlich erörtere, die lautverschiebung ins stocken
gerathen, deren gesetz zufolge die ahd. formen dieser wörter B
zeigen, mithin batar, bilo hätten annehmen sollen. ein zweites
ganz anderes ahd. F ist das dem goth. und sächs. P, oder dem
lat. B entsprechende, in wörtern wie cannabis, sächs. hamp,
ahd. hanf; sächs. helpau, heptan, ahd. helfan, heftan, welche
zweite art jedoch anlautend bisher nur in fremden wörtern, wie
sächs. papo, ahd. phafo; sächs. pebar, pepar, ahd. phefar; sächs.
pîpa, ahd. phîfa; sächs. pund, ahd. phunt wahrgenommen worden

---

[1] alts. wôl pestis Hel. 132, 4. ags. vôl, ahd. wuol (Graff 1, 801.).

ist, wo bereits die lat. form papa, piper, pondus zeigt, die ahd. aber ihr F (fafo, funt) in PH oder PF zu steigern liebt. solch fremdartiges PH meine ich nun auch in unserm Phol zu erblicken, dem zwar ein sächs. Pol oder Pal entspräche, das aber nichts destoweniger hier auf fuorun (sächs. förun) alliteriert und kaum viel verschieden von Fol ausgesprochen worden sein wird.

Balder seinem ganzen wesen nach ist ein lichtgott, sonnengott, und die sächs. form Bäldäg, Beldeg (ich weisz nicht, ob zu schreiben Bældäg) stellt heraus, dasz die wurzel nicht in bald audax, sondern im ags. bæl, altn. bäl rogus, pyra mitliege. Bældäg könnte wörtlich dies rogi, ignis ausdrücken, wobei nicht zu übersehen ist, dasz Bældägs sohn in den genealogien Brand heiszt, altn. brandr. beal ist aber im irländischen sonne, und hat schon genug mythologen auf die celtische gottheit Belenus, dann weiter auf Bel, Belus und selbst Apollo geleitet. Phol, Pol, Pal hingegen würde sich zu dem slav. paliti ardere und dem finn. palan, poldan ardeo, uror, palo ardor, incendium halten lassen. solche weitschweifende etymologien haben ihre gefahr; mir sollen sie hier nur die möglichkeit darlegen, dasz unsern vorfahren in nahverwandten formen Phol und Bal derselbe gott verschiedentlich benannt sein konnte. vielleicht wäre noch das bemerkenswerth, dasz auszer jenem Bældäg, Bäldäg auch die namensform Foldac vorgefunden wird [1], falls sie nicht ganz etwas anderes ist.

Einen für unsere mythologie jetzt so wichtig werdenden namen verlohnt es die mühe, noch in andern, wenn gleich unsicheren, doch einheimischen spuren zu verfolgen.

1. In Niedersachsen gegen Thüringen hin, zwischen Herzberg und Nordhausen, unweit Lutterberg und Scharzfeld liegt ein alter ort namens Pölde, den aber urkunden des 10. jahrh. Palithi, Palidi, Polidi, Pholidi nennen [2], Dietmar von Merseburg Polithi, Lambert Poletha, noch spätere quellen Pfolde, Polde. Heinrich I schenkte im jahre 929 ihn seiner

---

[1] Pertz monum. 3, 568 (a. 921) vgl. Waitz Heinrich I. p. 51. ob auch in Falkes trad. corb. 101. [Wigand 282] Foldet in Foldec zu berichtigen?

[2] Böhmers regesta no. 51. 186. 554. 640. 1131, vgl. Leukfeld antiquitates pöldenses p. 2. 3.

mutter Mahthildis, die daselbst ein bekanntes Benedictinerkloster stiftete, das von Otto I im jahre 952 bestätigt ward. da die beigebrachten schreibungen ganz an Phol und Pol gemahnen, und die alte. sprache andere ortsnamen mehr auf -ithi von einfachen wörtern bildet, z. b. Winithi (jetzt Wende) glaublich von win, wini amicus, Thurnithi von thorn spina, Tilithi, Tullidi vielleicht von tilo, tilio cultor, agricola, Flênithi von flên jaculum; so ist wenigstens nicht abzusprechen, dasz ein noch in die heidnische zeit aufreichender name wirklich nach dem gotte Phol gebildet sein könne. das christenthum war kirchen an stätten zu stiften geflissen, die in den augen des volks für heilig galten. Graff 3, 334 hat einen mannsnamen Pholing.

2. In überrheinisch pfälzischen weisthümern, nirgend anders, begegnet eine eigenthümliche zeitbestimmung in Pfultag, Pulletag, welcher ausdrücklich auf den 2. mai gelegt wird. so im weisth. des hofes zum sal von 1487 (3, 748): jargeding auf den Pulletag nechst nach S. Walpurg der jungfrau, d. h. den 2. mai. jargeding am Pfultag, weisth. von Sarbrücken a. 1557 (2, 8). auch Oberlin p. 1246 aus einem zinsbuch der kellerei Remigsberg: jarding auf den Puiltag, Puilletag nächst nach S. Walpurgentag, d. i. auf den zweiten tag des mais. unter diesem Pful oder Pul kann kein heiliger der christlichen kirche gemeint sein, das wort Sanct würde sonst nicht mangeln, die tage von Paulus oder etwa Hippolytus (S. Pölten) fallen in andere jahreszeit. sollte sich irgend dieser unerklärlicher Pfultag auf unsern Pfol beziehen? ich finde gerade die feier des irischen sonnengottes Beal oder Bail auf den 1. mai gesetzt. Bailteine ist der tag des heiligen belfeuers, das zweimal jährlich, am 1. mai und am 1. november neu entzündet wurde. [1] wäre dieser Pfultag aus dem celtischen cultus übrig geblieben? welche feste in ganz Deutschland auf den 1. mai fielen ist bekannt und der heil. Waldburg zu ehren wäre Phol um einen tag fortgeschoben worden. es soll kein gewicht darauf gelegt sein, dasz auch nach dem römischen calendarium rusticum die tutela

---

[1] O'Flaherty transactions of irish academy vol. 14 p. 100. 122. 123. [Obrien s. v. bealtine.]

Apollinis in den mai fällt [1], noch weniger verschwiegen, dasz
nach einem weisthum von Neunkirchen a. 1486 (2, 98, wieder
aus der Pfalz) 'ein pultag des nechsten montags nach dem
heumond jeglichen jars' stattfinden soll. heumond ist juli, es
müste im august ein zweites Pholfeuer entzündet worden sein,
wie bei den Iren im november? warum, frage ich noch, hiesz
im mittelalter der september zuweilen folmânot, fulmant? [2]

3. Durch das südliche und westliche Deutschland hatten
die Römer mauern und befestigungen angelegt. eine solche
streckt sich von der Donau durch einen theil von Franken, und
wird noch heutiges tags unterm volk der Pfal oder die Pfäle,
auch wol Pfalgraben genannt [3]; eine andere in der Wetterau
bogenförmig vom Main nach der Lahn gezogne die Pol, Pol-
graben, Pollgraben [4]. wol weisz ich, dasz man allgemein
den namen von pfal, lat. palus (vgl. Palas bei Amm. Marcellin.
18, 2), wegen der eingerammten pfäle, deutet, die sich im Pfalgraben eher als in der mauer finden werden. doch das volk,
dem diese festen, der zeit trotzenden bauten etwas heidnisches,
riesenhaftes, teuflisches hatten, gab ihnen noch andere benennungen, wie Teufelsmauer, Rossrücken, Hundsrücken und
ähnliche, wie sie anderwärts auch bloszen gebirgsreihen, bei
deren bildung menschenhände auszer spiel sind, zustehen [*]. ohne
den namen des Phol bestimmt und von anfang an auf sie zu
beziehen, könnte er doch in der volksansicht ihnen hinzugetre-
ten sein?

4. Noch näher liegt mir zu fragen, ob nicht ein seit dem
12. jahrh. in der mhd. poesie auftauchender name Vâlant, Volant (mythol. s. 555), den uns noch niemand erklärt hat, und
der gott Phol zusammenhängen? es kommt hinzu, dasz henne-
bergisch und thüringisch Fäl, Fahl, der böse Fal für teufel

---

[1] Gesner script. rei rust. Lips. 1773. 1, 887.
[2] leben der h. Elisabeth von Thüringen (Diut. 1, 409. 432). neuer lit anz.
1806 s. 363. [Scheffers Haltaus p. 36.]
[3] Fr. Ant. Mayer in den abh. der Münchner acad. 1835 p. 1—42.
[4] weisthümer 1, 555. 569.
[*] vgl. sage vom teufelsgraben in den mittheil. des sächs. voreins heft I
(Dresd. 1835.) pag. 11.

und bösen feind gesagt wird (Reinwald henneb. id. 1, 30). ahd. sprachdenkmäler lieferten bisher weder **Pholant** noch einfaches **Phol**. altsächsisch müste sich wie Pal, Pol ein Paland, Poland aufweisen. aus dem begriff teufel statt des lebendigen gottes hätte sich denn auch teufelin, vâlantinne aus vâlant gebildet. [1]

Darf ich gestehn, dasz diese wenn noch so problematischen bezüge des Phol auf Vâlant und die teufelsmauer mich beinahe wieder wankend machen in der annahme seiner identität mit Balder? Balder war ein so reiner, schuldloser, fast frauenhafter gott, dasz es schwer wird zu glauben, selbst die geflissene entstellung heidnischer götter habe sein bild je in ein teuflisches verkehrt. wie also wenn **Phol** ein böser gott, gleich dem nord. Loki war, der mit Wuotan zu walde fuhr, in dessen geleite ihn die Edda oft schildert, und gar die lähmung des rosses von Balder veranlaszte? dasz er zur lösung des zaubers nichts beitragen wollte, versteht sich von selbst. dem Loki durfte theilnahme an riesenbauten viel eher als dem Balder beigelegt werden.

Ueber Phol hoffentlich wird uns künftige forschung, da er nun einmal aufgeweckt und unter der bank hervorgezogen worden ist, entscheidendere aufschlüsse bringen. ich kehre wieder zu unserm gedichte, dessen erstes wort an sichrer deutung noch verzweifeln liesz.

Birenkit (statt des schreibfehlers birenkict) in der zweiten zeile ist unser heutiges verrenkt, rank drückt verdrehung aus, was in sechster zeile das alte **renki**. alts. würde dem R noch ein W vorausgehn, **wrenki, biwrenkid**. ags. bevrencan occultis machinationibus circumvenire, gevrinc tortura, vrenc fraus.

Sinhtgunt in dritter zeile habe ich leicht in **Sinthgunt** berichtigt, eigentlich sollte **Sinthgunth**, alts. Sithguth geschrie-

---

[1] des franz. fol, fou, provenz. folh, die man aus fallere ableitet, denke ich nur in der anmerkung. wichtiger wäre wol das diminutiv **voluncel** faunus in einem mittelniederländ. glossar (Diut. 2, 214). das engl. fool war noch nicht ags. und wurde, gleich dem isländ. fól, aus dem französischen wort entnommen. seltsam ist **fols** cuculus bei Graff 3, 517, weil gouch wieder stultus.

ben sein. wir lernen eine neue göttin kennen, der nord. mythologie so unbekannt wie Phol. als schwester der sonne dargestellt, führt sie verwandten namen. darf nemlich S u n n à,
goth. Sunnó auf ein verbum sinnan, progredi, irc zurückgeführt
werden, weil sie unaufhörlich am himmel auf und niedergeht ¹;
so bekennt das subst. sinth, goth. sinþs, iter, via dieselbe wurzel, und auch Sinthgunt bezeichnet ein wandelndes gestirn, ich
kann nicht sagen welches. den eigennamen S i n d g u n d habe
ich mir aus urkunden bisher nicht angemerkt, der etwa gleich-
bedeutige S i n d h i l t steht trad. fuld. 1, 15. 20 (Schannat no. 115).
    Die gottheit der S o n n e, anerkannt in dem nordischen
glauben ist schon in meiner mythologie hervorgehoben; ein seitdem erst bekannt gewordnes gedicht des 13. jahrh. ² bietet noch
einige merkwürdige stellen an hand, 2037 wird die sonne f r o h
genannt, wie in der älteren sprache g l a t (mythol. s. 428); clat,
glat gilt von sternen, augen, strahlen (Graff 4, 288) und hat
den sinn nicht nur des frohen, sondern auch des glänzenden.
auf sonnenverehrung ziehe ich zumal die zeilen 2009 ff.:

> der èren ir der sunnen jehet,
> swennir si in liehtem schîne sehet.
> nu wer gab ir den liehten schîn
> oder wer hiez si schœne sîn?
> 'Wol dir, f r o w e S u n n e!
> du bist al der werlt wunne.'
> Sô ir die S u n n e n vrô sehet,
> schœnes tages ir ir jehet.

auch der ausdruck 'daz schœne wîp' 2043 kann füglich noch auf
die sonne gehn, nicht auf ein schönes weib allgemein betrachtet.
    In der folgenden zeile treten die beiden göttinnen F r û à
und F o l l à, wiederum als schwestern auf. Frûà ist nun un-
17 bedenklich das goth. fraujô, ahd. frouwâ (in einem altwestfäl.
denkmal frûa), herrin oder frau im groszen, die nord. F r e y j a;
der deutschen mythologie gebrach bisher ein beweis ihrer göttlichkeit, frouwà war noch geläufiger als itis, und dauernder in

¹ Sæm. 1ᵃ Sôl sinni Mâna.
² Haupt zeitschrift für d. alterthum 2, 493 ff. [sunna ni liz in scinan ira
gisiuni blidaz. Otfr. IV, 23, 6.]

den allgemeinen begriff von femina übergegangen. Follâ wird im altn. Fulla genannt, und zwar nicht als der Freyja schwester, sondern als dienerin der göttermutter Frigg, nichtsdestoweniger aber in der reihe der göttinnen neben Frigg und Freyja selbst (Sn. 36. 37). bei den übrigen deutschen scheint sie höher gestanden zu haben, und selbst in celtische überlieferungen einzugreifen. der name Follâ, gen. Follûn bedeutet nemlich abundantia, satietas; sie ist eine segen und überflusz spendende, der göttermutter kiste (eski) war ihr zu bewahren anvertraut, aus welcher sie den menschen gaben mittheilt. auf solche weise rechtfertige ich zugleich die aufnahme einer göttin Abundia, dame Habonde aus romanischen quellen in die deutsche mythologie (s. 177 — 179). dort wurde diese mit Berhtâ und Holdâ verglichen, begegnet aber unmittelbarer der einheimischen Follâ. römisch schien Abundia nicht (erst spät auf münzen eine Abundantia), von Galliern wird sie aus deutschem glauben entlehnt, durch die Franken vielleicht erst ihnen zugeführt worden sein. die Letten hatten ihren männlichen gott der fülle Pilnitis, die alten Preuszen Pilnitus.

Im fünften vers gemahnen mich die worte: sô he wola conda an den eddischen ausdruck þvîat hann betr kunni (Sæm. 138ᵃ). im sechsten vers dürfen bênrenki, bluotrenki, lidirenki als accusative genommen werden, die dem acc. en (eum) gleichstehn, und diesen sinn drückt die lateinische übersetzung aus; mehr hat es vielleicht für sich, sie als genitive mit jenem acc. en zu verbinden, falls sich die construction bigalan einan eines (incantare aliquem de aliqua re) nach der analogie von heilan oder biteilan (gramm. 4, 634. 635) rechtfertigt. alles übrige im gedicht ist leicht verständlich. *

Nachdem nunmehr der wörtliche inhalt dieser seltsamen gedichte erwogen und erklärt worden ist, steigen unablehnbare fragen auf nach der zeit und dem landstrich, in welchen sie entsprungen seien, wie ihre befremdende aufbewahrung mitten in einer handschrift der christlichen kirche sich begreifen lasse?

---

* zu gelimida: mhd. schilt lit gelimet Trist. 710. ougen gelimet Trist. 11908. zëhen gelimet. Gregor 2748. beinwât golimet 3229.

2*

Die beiden ersten fragen sind zu beantworten schwer. vor
allem wird die critik erlaubnis haben, das erste gedicht von dem
zweiten zu sondern, und für jenes etwa noch früheren ursprung
18 in anspruch zu nehmen. zwar in den formen weichen beide
nicht auffallend ab, allein die fassung jenes ist metrisch vollendeter, eigenthümlich gedrängt und körnig, die des andern flacher
gehalten, auch nicht überall in den füszen und einschnitten der
verse gerecht. es blieb bisher unhervorgehoben, dasz am schlusse
des ersten der buchstabe H steht, dessen eigentlicher sinn uns
wol immerdar ein räthsel sein wird. kaum mag dies H den namen eines dichters, oder den eines gröszeren werkes anzeigen,
woraus jene vier zeilen entnommen sind. das zweite gedicht
hat am ende keinen solchen buchstaben, wol aber ist das unmittelbar folgende, aus derselben feder geflossene lateinisch
christliche gebet unten durch ein monogramm bezeichnet, das
ich nicht sicher verstehe. soll es, und ebenso das H, den anfang einer christlichen und heidnischen anrufung ausdrücken?

Im ersten gedicht scheinen die formen ciris, aduoder (uoder),
heptidun, lezidun, cuniowidi, haptband von hohem alter; warum
sollten diese zeilen nicht schon zwei, drei hundert jahre vor
der abschrift, welche sie uns aufbewahrt, dagewesen sein? auch
das andere lied liefert dativformen holza, bêna, bluoda, wie sie
im 10. jahrh. gebrochen. dem dat. pl. geben beide gedichte
schon n statt m: bandun, wîgandun, geliden (ahd. kilidim). zu
bedauern, dasz nirgends ein nom. pl. masc. vorkommt. auch
das zweite gedicht musz aus gründen seines inhalts weit über
das 10. jahrh. hinauf gesetzt werden.

Noch mehr als das zeitalter läge daran die gegend und
das volk zu ermitteln, unter welchem diese lieder entstanden.
weder rein ahd. noch rein alts. mundart waltet in ihnen, das
leuchtet ein. die sprache schwebt zwischen beiden. neben ei
in eiris zeigt sie ê in bên, neben uo in bluot, vuoz, guol ein
ô in Wôdan. in thu für thuo, thô ist bloszes u, in cuoniowidi
uo statt u. der schreiber wuste nicht recht wie. die mediae
b, d, g passen zu sächsischen denkmälern, doch auch zu manchen hochdeutschen: hand, bên, idis, gelîmida, widi, ende, galan,

gunt. unhochdeutsche tenuis ist in hapt *, renki, aber unsäch-
sische aspirata in zi, sâzun, holz, vuoz, lezian, auch in Phol ist
hochd. asp. und Pol würde sich der alliteration auf vuoz ver-
sagen. unsicher wechseln d und th in du, thu, demo; sogar
sinth mit gunt. das pron. he hält sächs. form statt des hochd.
er, her, bemerkenswerth ist en für ina eum (freilich nur in der
anlehnung beguolen), era für ira ejus f. im pl. adj. sumâ ist
die flexion sächsisch, die ahd. forderte hier sumô, und auch ge- 19
limida auf lid bezogen, würde ahd. je nach dem das wort männlich oder neutral, auf ê oder iu ausgehn müssen. der dat. volon
equuleo wäre ahd. volin.

Alles zusammen gegeneinander gehalten waltet im ganzen
die alts. über die ahd. form, nur nicht durchgehends, und jene
z und ph sind so unsächsisch als möglich. weder Sachsen noch
Baiern (wie Muspilli und Wessobrunner gebet), noch Alaman-
nien oder das östliche Franken zeugte diese denkmäler. es bleibt
kaum etwas anders übrig, sie müssen in der gegend, wo sie
aufgefunden wurden, an der Saale in Thüringen verfaszt, wenigstens aufgezeichnet sein. an thüringischen sprachdenkmälern
aus so früher zeit fehlt es uns leider, doch bruchstücke einer
psalmenübersetzung aus dem 11. oder 12. jahrh. von Wiggert
herausgegeben, die zwischen Saale und Elbe entsprungen sein
müssen, bieten gleichfalls z für t, f für p dar, nach hochdeutscher weise, während sonst th und die mediae nach sächsischer
verwendet sind. in Thüringen berührten sich ahd. und alts.
zunge. das Hildebrandslied trägt entschiedner sächsische fär-
bung, und namentlich hat es kein z.

Die alliteration, woraus die poetische beschaffenheit beider
stücke folgt, ist überall gewahrt; am schlusse des ersten gedichts erscheinen, ich weisz nicht, ob zufällig sogar die reime
bandun: -gandun. als etwas eignes musz ich die abwesenheit
der copula und vers 3 und 4 des zweiten gedichts anführen, es
heiszt Sinthgunt, Sunna era suister und nachmals Frûa, Folla
era suister. die gewöhnliche rede begehrte nach dem ersten

---

* das pt ist mehr hervorzuheben, goth. hafts ahd. haft alts. haft ags. häft,
blosz altn. hapt.

namen jedesmal ein ende. sicher aber mangelt es mit gutem
grund, beidemal würde der vers ungefüg dadurch werden. mich
dünkt, da wo zwei namen unmittelbar aufeinander genannt sind,
und der zweite durch besondere epitheta ausgezeichnet wird,
da macht sich die copula entbehrlich, eben jene zufügung entfernt alle unsicherheit darüber, dasz etwa beide namen einer und
derselben person zustehn könnten, welche häufung ohnehin der
sitte des alterthums widerstrebt. ich habe in der altn. alts. und
ags. poesie nach solchen auslassungen der copula gesucht, sie
aber fast immer gesetzt gefunden, z. b. Gunnar ok Högni Giuka
arfar Sæm. 117*, wo jedoch arfar auf beide namen geht; hiesze
es Gunnarr Högni Giuka arfi, so träfe der beleg zu. wenn
Hel. 121. 122. 125 steht: Maria endi Martha, thia gisuester, so
würde nach der ausdrucksweise unseres lieds dafür gesagt wer-
20 den dürfen: Maria, Martha ira suestar. auch in mhd. gedichten,
bei ähnlicher lage der eigennamen, bleibt das und ungespart:
Gandîn unde Galoês, der bruoder sîn, Parz. 92, 27; Orilus und
Lähelîn, ir bruoder, Parz. 152, 20; Gernôt und Gîselher daz
kint, Nib. 1049, 3, wo umgekehrt metrische gründe für die
setzung des und sind. eine gewisse analogie hat aber mit jener
wahrnehmung die ags. und altn. construction, die nach dem
dualis des pronomens nur einen namen und diesen ohne copula
ausdrückt: við Freyr bedeutet ich und Freyr, vit Scilling ich
und Schilling, unc Adame mir und Adam (gramm. 4, 294. 295).
mhd. aber, weil die duale abhanden sind, ich und Liâze, Parz.
190, 2, was gleichviel sein würde mit: wiz Liâze, wenn dieser
dual noch gälte.

Doch zu lange schon säume ich, über grammatischen klei-
nigkeiten, die dringendere frage zu erledigen, wie sich unsre
heidnischen gedichte verlieren konnten mitten in ein christliches
buch, wie ein mönch die hand ansetzen mochte, um vermale-
deite namen, die gescheut und gemieden wurden, auf dasselbe
blatt, das auch den des allmächtigen, ewigen gottes enthält, zu
schreiben? man darf nicht etwa auf einen heimlichen anhänger
des alten heidenthums vermuten, die ganze sache begreift sich,
wenn man folgendes erwägt.

Den ersten christen, was schon mehr als einmal gesagt worden ist, galten die heidnischen götter für verhaszte, nicht für völlig machtlose wesen. wie hätte auch der alte glauben an ihr dasein und ihre wirksamkeit sich plötzlich in eine aufgeklärte überzeugung von ihrer gänzlichen nichtigkeit verwandeln können? selbst die kirche war nicht abgeneigt, römische oder deutsche gottheiten als bösartige dämonen aufzufassen, deren ehmalige herschaft jetzt dem reiche des wahren gottes weichen müsse. die heidnischen götter traten zurück in einen schauerlichen hintergrund, der ihre wohlthätigen eigenschaften und selbst ihre alten benennungen allmälich schwinden liesz, eine gewisse teuflische macht und einwirkung aber an die stelle setzte. und wie wir in noch späteren zeiten allmälich ein system von teufeln und hexen sich entfalten sehen, dem die alten götter und weisen frauen der heiden zum grunde lagen, nach dem aber wirkliche zaubereien und beschwörungen geübt wurden; so werden auch jene heidnischen lieder mit den verrufnen götternamen frühe schon als ein nicht gerade unstatthaftes mittel zu heilungen und besprechungen gegolten haben. die erzählung wie Balders fohlen durch zaubersprüche der götter sein zu fusz eingerenkt wurde, achtete der schreiber unserer handschrift sogar der aufnahme in ein geheiligtes buch für werth, er wähnte, durch hersagung der formel könne der erlahmte fusz eines menschen, wenigstens eines thieres hergestellt werden. nicht anders mochte das dunklere, dem 10. jahrh. dennoch verständlichere lied von den heidnischen Ideen für entsprechende anlässe diensam und der aufbewahrung würdig erscheinen. ich zweifle beinahe nicht, gar manche solcher zauberformeln, wie sie die meistens mündliche überlieferung folgender jahrhunderte noch mehr entstellt, aber doch fortgepflanzt hatte, beruhen ihren fast immer erzählenden eingängen nach auf heidnischen liedern und weisen, nur dasz nach und nach an den platz der alten eigennamen absichtlich verdrehte, ersonnene oder anders woher entlehnte traten. dieser verworfne hexenplunder fordert also für die geschichte der mythologie und des aberglaubens seine rücksicht; im anhang II will ich eine von Pertz in einer Straszburger

handschrift des 11. jahrh. aufgefundne beschwörungsformel [1] mit-
theilen, deren heidnischer anstrich nicht zu miskennen ist.

Ein gutes glück hat aber gewaltet, es ist mir gelungen, den
inhalt unseres zweiten gedichts in einer solchen jüngeren zau-
berformel aufzuspüren und dadurch das eben entwickelte verhältnis unwiderlegbar zu beweisen. was jedoch besonders merkwürdig ist, sie kommt zum vorschein in weitentlegner gegend,
in Scandinavien. ihre besondere bedeutsamkeit voraus ahnend
hatte ich ihr im anhang meiner mythol. s. CXLVIII den raum
gegönnt, sie mag aus dem dänischen [2] verdeutscht hier folgen.
Jesus heiszt es, ritt zur heide, da ritt er das bein seines fohlens
entzwei. Jesus stieg ab und heilte es, er legte mark in mark,
bein in bein, fleisch in fleisch, er legte darauf ein blatt, dasz
es in derselben stelle bleiben sollte. was für unsre ganze untersuchung ist entscheidender als diese übereinstimmung? zwei
formeln die altthüringische und eine nordische, erst im vorigen
jahrh. mündlich aufgenommene haben sicher denselben grund,
12 eine sage des heidenthums von Balder. Jesus kann hier sowol für Wuotan, den gott dem die beschwörung gelang, als für
Balder eingetreten sein, dessen fohlen den schaden erlitt; ich
neige mich zu der letzteren meinung, schon weil Christus den
Nordländern hvîta Kristr der. weisze Christ heiszt und auch
Balder der weisze gott, hvîti âs, von seiner leuchtenden, glänzenden farbe [*]; ja es sind schon andere ähnlichkeiten zwischen
Christus und Balder, dem reinsten fleckenlosesten gotte der heiden hervorgehoben worden. vielleicht in noch mehr strichen
des nordens leben überlieferung und formel wieder unter andern
umständen fort. es sollte mich nicht wundern, wenn in Schweden sie auf Stephan, den schutzherrn der rosse [3] angewandt

---

[1] ohne erklärung, die anderwärts folgen soll.

[2] Jesus reed sig til heede, der reed han syndt sit folebeen. Jesus stigede
af og lägte det, Jesus lagde marv i marv, been i been, kiöd i kiöd, Jesus lagde
derpaa et blad, at det skulde blive i samme stad. 3 navne etc. (Hans Hammond
nordiske missionshistorie. Kiöbenhavn 1787 p. 119.)

[*] eigentlich ist Heimdallr der hvîti âs Sn. 30; hvîtastr âsa Saem. 72*; nad-
göfgi madr Saem. 118* für naddgöfgi; sverdâs hvita Saem. 90*. doch Baldr heiszt
biartr Sn. 26*

[3] svenska folkvisor 3, 206 — 217.

worden wäre,· woran ganz nahe folgende lateinische formel des
10. 11. jahrh. (mythol. s. CXXXII) aus dem nördlichen Deutschland stöszt: Petrus, Michael et Stephanus ambulabant per viam.
sic dixit Michahel: Stephani equus infusus ¹, signet illum
deus, signet illum Christus, et herbam comedat et aquam bibat.

Noch eins. auf welchem wege kamen dem schreiber eines
buchs, in dem nicht lange zeit darauf vielleicht Dietmars von
Merseburg hände blätterten, jene heidnischen gesänge zur kunde?

Thüringen war schon im 8. jahrh., Sachsen im beginn des
9. bekehrt worden. heidnischer glaube wucherte dort nicht mehr
im 10., höchstens in slavischer nachbarschaft. deutschheidnische
dichtungen konnten damals unmöglich vollständig unter dem
volke leben. man hat die wahl nur zwischen· zwei annahmen.
entweder lagen dem schreiber noch bücher aus heidnischer zeit
vor augen, aus welchen er schöpfen konnte, oder mündliche
überlieferung hatte stellen heidnischer dichtung blosz als zauberformeln fortgepflanzt. deutsche gröszere handschriften aus
so früher zeit scheinen sehr bedenklich, und alles eben über
den gebrauch, der wahrscheinlich von solchen bruchstücken gemacht wurde, ausgeführte spricht zu gunsten der zweiten er-
klärungsweise. nur musz man eingestehn, dasz für die bewahrung von mund zu munde die texte rein und unverderbt genug
aussehen und dasz die spätere zeit auf demselben wege ihnen
ärger würde mitgespielt haben. sie sind noch in epischem stil
gehalten und alle zuthaten mangeln ihnen ganz, wodurch die ₂₃
jüngeren formeln jenen practischen gebrauch, der von ihnen gemacht werden soll, einleiten. eben darum dürfen sie nun auch
als wirkliche überreste heidnischer poesie, denen solch eine
spätere anwendung an sich fremd war, betrachtet werden.

Unter diesem gesichtspunct sind sie von hohem werth und
geeignet, uns über das allgemeine verhältnis der deutschen zur

---

¹ was soll das heiszen, vielleicht clystiert? [blosz krank. Ducange s. v. infusio: equus infusus, cuius crura infusa sunt, welches den blutspat oder die ent-
zündliche rehe hat, φλιμέλια des Absyrtus, flemina des Vegetius 2, 48. 3, 19.
equus infusus Jordan. Ruffus c. 11 p. 38; infunditura Albertus M. p. 595. 596.
morbus infunditi. De Crescentiis 9, 19. infusio equi Laur. Rusius c. 137 p. 117.
Heusinger recherches de pathologie comparée, pièces justif. 1 no. 112.]

nordischen mythologie licht zu geben. hierauf soll sich der
schlusz meiner betrachtungen erstrecken.

Wer nachgedacht hat über das verhältnis der nordischen
sprache zu der deutschen wird auch von den verschwisterten
sagen und mythen beider äste eines und desselben volks eine
richtige vorstellung fassen. die altnordische sprache ist in zahlreichen denkmälern rein erhalten worden, doch nicht aus der
ältesten zeit. seit uns in sparsamer flieszenden, aber früheren
quellen die reste gothischer, althochdeutscher und angelsächsischer sprache genauer kund geworden sind, dürfen wir diesen
neben entschiedner verwandtschaft auch noch ihre volle im einzelnen bevorzugte eigenthümlichkeit zugestehn alle mundarten
gehen zusammen, aber nicht in einander auf.

Für religion und volksglauben, die mit der sprache innig
verwoben sind, wird genau dasselbe gelten. die altnordische
mythologie, als die vollständigst erhaltne, hat zwar in der hauptsache den ton anzugeben, aber keinen anspruch darauf, es überall
zu thun. die der Friesen, Franken, Sachsen, Thüringer und
jedes andern stamms war durch besonderheiten ausgezeichnet,
auf deren spur wir jetzt erst recht zu achten anfangen. so
weisz die sächsische überlieferung von Sahsnôt und andern Wô-
daningen, die dem norden fremd geblieben sind. kaum öffnet
uns das kleine lied von Balders fohlen noch einen blick in den
zugezognen altheidnischen himmel, alsogleich erscheinen zwei
jenem norden wieder unbewuste götternamen, Phol und Sinth-
gund. welch grosze fülle von namen wie dichtungen mag z. b.
den Gothen eigen gewesen sein, deren sprache in cultusaus-
drücken noch offenbar zu der altnordischen sich hinneigt. auf
einen mythus von Balder sind wir gestoszen, dessen altnordische
quellen sämtlich geschweigen, dem man dennoch uralte allgemeinheit zutrauen darf, wie sie jene neunordische beschwörungsformel auszer zweifel setzt. dieser einfach dargestellten fabel
tiefern sinn zu leihen kostet keine anstrengung. sobald des sonnengottes rosz erlahmt und er seinen umlauf zu unterbrechen
genöthigt ist, lauft alles gefahr, und nichts ist den gütigen gottheiten angelegner als schleunig sie abzuwenden. heilungen und

beschwörungen vorzunehmen war ein frauengeschäft [1], darum sich auch hier vier hehre göttinnen des zaubers unterfangen, obwol vergebens; erst dem oberhaupt aller götter gelingt es ihn zu lösen. das erste lied gewährt uns einsicht in das amt höherer aber untergeordneter wesen; auf die ausdrücke idis und haptband habe ich alles gewicht gelegt, das sie zu fordern scheinen, sie . sind fingerzeige uralter und systematischer religion.

Das ergebnis wurde davon getragen, dasz die eigentliche abfassung der gedichte zurück zu verlegen sei bis in den zeitraum vor der bekehrung, mindestens in das 8. jahrh. wie viel oder wenig stände wol der annahme entgegen, die idisi seien, wenn nicht ganz der form, wenigstens dem gesammten inhalte nach im 2. oder 3. jahrh. unsrer zeitrechnung schon wie im 8. gedichtet gewesen? dankbar ziehe die altnordische mythologie beglaubigung des alters, deren abgang man ihr genug zur last geschoben hat, aus unsern handschriften des 8., 9., 10. jahrh. für die ihrigen mühsam das 12., 13. erreichenden.

Dem ersten geleise deutscher mythologie darf darum so weit hinauf nachgegangen werden, als den spuren deutscher sprache. immer schon ein gewaltiges alter, fast von zweitausend jahren, unvergleichbar freilich dem höher gemessenen oder auch noch ungemessenen griechischer, indischer mythologien, die von epischer bis zu dramatischer fülle ungestört sich entfalteten. unser einheimisches heidenthum litt unterbrechung, bevor es sinnliche kraft und anmut, die man ihm nach dem nordischen maszstab nicht absprechen wird, geistig erhöhte und grosz zog, was ihm vielleicht doch versagt geblieben wäre. es hat die keime des göttlichen. seine rohen, nicht unschönen bruchstücke rühren uns, sie reizen gleich allem vaterländischen zu öfterer betrachtung.

Wie man aber dem was ich auszuführen suchte zugethan sei oder abgeneigt, es erweitern oder einschränken möge; das

---

[1] Rindr singt galdr über Rán (Sæm. 97); Gróa über Thôrr und ihren todten sohn.

wird kaum widerspruch befahren, dasz von künftigen forschern
ältester deutscher religion, sprache, poesie oder geschichte die
Merseburger denkmale, nachdem sie nun einmal wieder aus licht
getreten sind, nicht vorbeigegangen werden dürfen.

ANHANG I.

(cod. merseb. fol. 16ᵃ sec. IX.)

25   Interrogatio sacerdotis.

Forsahhistu unholdun. ih fursahu.

Forsahhistu unholdun uuere. indi uuillon. ih fursahhu.

Forsahhistu allem them bluostrû indi den gelton. indi den gotum. thie im. heidene man. zi geldom. enti zi gotum habent. ih fursahhu.

Gilaubistu in got fater almahtigan. ih gilaubu.

Gilaubistu in christ gotes sun nerienton. ih gilaubu.

Gilaubistu in heilagan geist. ih gilaub.

Gilaubistu einan got. almahtigan. in thrinisse. inti in einisse.   ih
gilaub.

Gilaubistu heilaga gotes chirichun. ih gil.

Gilaubistu thuruh taufunga sunteono forlaznessi. ih gilaub.

Gilaubistu lib after tode. ih gilaub.

(cod. merseb. 52ᵃ sec. IX.)

Nec non et ab inferis resurrectionis. ioh ouh fon hellu arstan-
nesses. ioh ouh in himilun diurliches ufstiges brengemes prae-
clarae berehtero dinero heri fon dinan gebon ac datis inti giftin.

ANHANG II.

(cod. argentor. membr. sec. XI.)

Singula ter dicat.
Genzan unde iordan kéken sament sozzon
to uersoz genzan iordane te situn
to uerstont taz plöt
uerstunde tiz plöt
stant plöt
Vro unde lazakere kéken molt petritto
stant plöt fasto :·
Tumbo saz in berke
mit tumbemo kint de narme
tumb heiz ter berch tumb heiz taz kint
ter heilego tumbo uersegene tivsa uunda
Ad stringendum sanguinem.

DEUTSCHE GRENZALTERTHÜMER.

GELESEN IN DER AKADEMIE DER WISSENSCHAFTEN
AM 27 JULI 1843.

109   Ich will dem was das altdeutsche recht von den verhältnissen der grenze meldet aufschlüsse ab zu gewinnen suchen
über die landtheilung und für die mythologie. sollten sie noch
geringfügig erscheinen, die aus den rechtsquellen geschöpften
oder auch lebendiger volkssage abgehörten altväterischen bräuche
selbst wird man bei ihrer schmucklosigkeit gern vernehmen, hin
und wieder gewagte anlehnungen an das classische alterthum
gestatten. denn auch das musz dem unsrigen die geneigtheit,
deren es noch lange bedarf, eh man auf seine ergebnisse ein
wenig trotzen kann, leichter zuwege bringen, dasz nicht selten
gelingt den dürren buchstab der urkunden mit dem athem lebendiger überlieferung zu erwärmen und in der freien luft zu
erfrischen, die uns aus den so reichen und vielseitigen werken
der Griechen und Römer anweht, dasz sie selbst unsrer barbarei
begegnen können.

    Es leuchtet ein wie wesentlich der begrif der grenze mit
dem des eigenthums sich verknüpfe. wenn das unser eigen ist
worüber wir schalten und walten, so setzt solches schalten und
walten absonderung der gegenstände voraus. bewegliche sachen,
was unser recht fahrende habe nennt, sind ihrer natur nach
schon durch ihre gestalt gesondert; der aneinander hängende
liegende grund und boden fordert eine scheide, und diese landscheide ist es welche wir grenze heiszen: ohne grenze sind eigenthum und besitz am land unmöglich. damit dasz die völker

sich allmälich über die unbewohnte erde ergossen, wurde sie
ihnen soweit zu eigen als sich ihre herschaft erstreckte und
weder durch das flutende meer, durch unwirtliche urwälder und
gebirge noch durch den entgegen rückenden nachbar aufgehal-
ten war. alles dem grundeigenthum eines volks zugefallne land
muste aber, wenn es genutzt werden sollte, unter stämme, geschlechter und einzelne menschen weiter ausgetheilt werden; uo
hier entsprangen nach oder nebeneinander zwei arten, durch
welche wir die älteste lebensweise unmittelbar bedingt sehn.
entweder geschah nemlich der völligen zerlegung einhalt, sobald
ansehnliche ländereien in die gemeinschaft mehrerer genossen
gelangt waren, oder es wurde mit der sonderung in einzelne
stücke fortgefahren: im ersten fall bildete sich ein gesammt-
eigenthum, im andern ein sondereigenthum, wie jenes dem hirtenleben, dieses dem ackerbau angemessen ist. in die gemeinschaft der markgenossen fielen die groszen wälder und weide-
triften, an denen das alte Deutschland überreich war, viele
solcher markgenossenschaften haben sich von frühster zeit an
bis auf unsere tage hin, obschon in fortschreitender verminde-
rung, mit sehr alterthümlichen gebräuchen erhalten. in der regel
beförderte das dem ackerbau günstige ausrotten der wälder die
zunahme des willkürlich zertheilbaren sondereigens. beide arten
des eigenthums scheinen aber auch, wie sich zeigen wird, in
der weise ihrer abgrenzung wesentlich verschieden gewesen
zu sein.

Die grenze ist also eine äuszere und innere, eine grosze
und kleine, jenachdem sie ganze reiche und völker, genossen-
schaften oder einzelne eigner von einander trennt. sie musz
nicht blosz als trennendes, sondern zugleich als einigendes princip behandelt werden, aus welchem neben der nothwendigen
scheide ein band der nachbarschaft und gemeinschaft sich entfaltete, dessen heiligung und weihe unserm alterthum aufs höchste
angelegen war.

I. NAMEN.

Meine ganze folgende untersuchung hat von einer durch-
sicht der verschiednen wörter auszugehn, mit welchen der eben

entwickelte begrif der grenze bezeichnet wird. so wenig ist das
heutige wort grenze der echte ausdruck für den begrif einer
landscheide, dasz er unsrer ältesten, selbst der mittleren sprache
unbekannt, erst in den letzten drei oder vier jahrhunderten um
sich gegriffen hat. unser älteres schöneres wort lautete *marka*,
womit Ulfilas ὅριον verdeutscht, ahd. marcha, alts. marka, ags.
meare, und aus der bedeutung grenze * sehen wir es allmälich
vorschreiten in die des abgegrenzten landes oder dazu verwandten zeichens; gerade daher, dasz diese noch dem goth.
marka abgehn, leite ich ihre unursprünglichkeit. nun dürfte man
an das nach der lautverschiebung entsprechende lat. *margo* deu-
111 ken und ora, rand, äuszerstes ende als den eigentlichen sinn
des wortes aufstellen; erhöbe sich dawider nicht der altnordische
sprachgebrauch. dieser nemlich unterscheidet zwischen einem
fem. *mörk*, gen. markar silva, saltus und einem neutrum mark
oder merki limes, terminus; beide müssen eng verwandt sein.
die wurzel von mörk scheint sich aber zu ergeben, wenn man
das adj. *myrkr* obscurus hinzu hält, da in sprache und poesie
der schwarze, dunkle wald sein gutes recht hat [1] und die von
den Römern überlieferte benennung *marciana* silva, das eddische
Myrkviđr, die silva quae Miriquidui dicitur bei Dietmar von
Merseburg [silva Mirwidu Mircwidu bei Pertz 5, 869] richtig
übereinstimmen. jenes altn. mörk mag also die urbedeutung
von marka enthalten, die keine andere als wald sein kann. ** in
den ulfilanischen fragmenten mangelt überhaupt nur gelegenheit

---

* in marachou finibus Diut. 1, 497ᵇ. gemeine marcha communis terminus,
kemeinmerche, undermerche Notk. Arist. 43. marchôn huotera grenzhüter N.
Cap. 54. die undermarken Zellweger 3, 240. ûf zweier lande marke Gudrun 13, 2.
gemerchede termini Windb. ps. 330. daz gemerke, die grenze Tundal. 42, 16.
Ernst 718. Helbl. 4, 219. daz gemerke wern (die mark des landes), daz gemerke breit Wolfd. und Saben 328. des landes marke, diu sundermarke Diut. 1, 49.
ir lantmark underbint 1, 52. lantmark 1, 66. undermarke 1, 61. die marke un-
derscheiden 1, 61. ags. landmearca Kemble 3, 274. landgemyren Beov. 417.
bezug von metod auf marka und markon s. unten. Ovid met. 1, 126 läszt im eisernen zeitalter landmessung eintreten.
[1] S c h w a r z w a l d (silva nigra) zwischen Alemanien und Schwaben; *Monte-
negro* oder Tschernagora, slavisches waldgebirg.
** ein walt oder mark Kaiserrecht 4, 20, p. 244. in einer dänischen urkunde
von 1354 (Molbech no. 1) heiszt es markeskel oc skowfskel (skovskjel).

den begrif des waldes auszudrücken, wir wissen nicht, ob vidus, valds oder auch marka dafür zu gebot stand. *Marcomanni* sind gleich treffend bewohner des walds oder der grenze zu deuten *, da zu jener frühen zeit, wie vorhin gesagt wurde, ganz Deutschland waldbedeckt war. auch bewahrten sich das ganze mittelalter hindurch die inhaber der waldgenossenschaften den namen markgenossen oder märker, während in Niedersachsen, wo der ausdruck holt (holz) für silva geläufiger war, die benennung *holten* gleichbedeutig galt [1]; hieszen die märker ahd. kimarchon, so können sie goth. gamarkans [Gal. 4, 25 fairguni gamarkô mons confinis] geheiszen haben, es sind die *commarchani* der lex Bajuvariorum (11, 5. 16, 2. 21, 11) ** und sie dürfen, gleich jenen Marcomannen, welche die forschung als stamm der heutigen Baiern anerkennt, sowol für confines als silvicolae genommen werden. als kühne Nordmänner von Grönland aus lange jahrhunderte vor Columbus die nordamericanische küste erreichten, nannten sie das waldbedeckte spätere Neuschottland sehr treffend Markland d. i. waldland. aber nicht blosz das goth. marka, auch die altn. benennung Danmörk (Dänemark) ***, Hûnmörk (Hunenland, hunische mark) machen augenscheinlich, wie frühe die vorstellung silva übertrat in die von limes und regio. zugleich ist dies marka eins der deutschen wörter die von alter zeit an in alle romanischen sprachen mit der bedeutung von 112 terminus und nota eingieng, ohne dasz irgend eine verwandtschaft mit dem lateinischen margo geahnt wurde.

Wie der begrif von grenze aus dem sinnlichen wald, entfaltete er sich aus dem von *moor* (palus, lacus) weil in niederungen sümpfe die landscheide hergaben †. altn. ist *mœri, landa-*

---

* marbmanni im Ruodlieb 1ᵇ, 52 grenzbewohner; vgl. 1ᵈ, 28 finipolis.

[1] die Holtsâten sind also auch Marcomannen; bekanntlich ist aus Holsten = Holtsesten sinnlos das hochdeutsche Holstein gebildet.

** lex Bajuv. 21 commarcanus quem calasneo dicimus. ch. Frising. in omnibus calasnis et terminis. Schmeller 2, 428 lüchsinen grenzmarken. Schmid schwäb. wb. 337 mit marksteinen und lüchsen. aus hlah, lach? s. unten.

*** Danmörk wald. Rask afhandl. 1, 101.

† palus et stagnum in terminis. Lisch Hahn 1, 62. 68. mekl. urk. 1, 9, a. 1174.

mœri [*] nicht blosz ebene, planities, sondern auch grenze, terminus; kaum würde sich begreifen lassen, dasz aus der vorstellung endloser ebene zwischen völkern die einer trennenden
scheide entsprossen sei, ohne in der fläche zugleich den aufhal-
tenden sumpf anzunehmen. darum scheint auch in Hochdeutsch-
land, wo moor und marschland selten ist, kein entsprechendes
muori, lantmuori für grenze zu begegnen, während jener ausdruck auszer den nordischen ebenso den sächsischen völkern
gemein war. Westfälische urkunden des 9. jahrh. (bei Möser
no. 2. 13. 18. 19) liefern bei einer grenzangabe Drevanaměri,
Dunměri, wo der sinn blosz einen sumpf, kein meer gestattet,
daher auch in ihnen nur è als umgelautetes ô, nicht e statthaft
ist. ags. sind *mére, gemére, landgemére*, und noch heute eng-
lisch *meer* beides sumpf und grenze, das verbum *meer* abgren-
zen; mnl. *meer* grenze, *meeren* limitare [1]. schwierig bleibt, dasz
die gewöhnliche ags. schreibung, æ statt è verwendend, landge-
mære darbietet [2] und das altn. wort ebenfalls mæri geschrieben
werden darf, wozu selbst das fries. mâr, pl. mârar, welches in
den gesetzen mehr einen graben, als moor oder grenze ausdrückt, zu stimmen schiene. einem solchen mæri, gemære wüste
ich keine passende deutsche wurzel aufzuweisen, und an das
slav. mera [poln. miara] modus, meriti metiri wird doch nicht
zu denken sein.

Ein andrer ausdruck ist desto hochdeutscher und noch jetzt
auf allen unsern feldfluren üblich, aber mehr für die innere begrenzung der äcker, als die äuszere zwischen völkern. wir nennen *rain* einen am ackerfeld ungepflügt bleibenden, erhabnen,
grasbewachsnen landstreif; doch wird das wort auch für damm
oder überragenden meeresrand gebraucht. mhd. bî des meres
reine. Marc. 133 (184, 19); an eines stades *reine*. Diut. 3, 98.

---

[*] altn. mỳri palus, schw. myra, dän. myr. landamæri þar er mætiz Danmörk ok Frisland. Egilssaga p. 260. telja landamæri zwischen Schweden und Norwegen. Ol. helg. ed. Christ p. 28. schw. landamäre sv. folks. 1, 220. 239. finn.
määrä limes terminus. skr. marjâ limes, finis Bopp 260[b].

[1] belg. mus. 5, 78. Diutiska 2, 221[b].

[2] Kembles chartae anglosax. 2, 265. 384. 399. [über gemære s. Kemble 3,
IX—XI. landimare für gimere Kemble 3, 320. 321.]

Diemer 28, 11; ûf eime grüenen *reine*. Renn. 54. 115. [MSH. 3, 299*. holz an einem *reine* houwen. MSH. 1, 297*. drei tannen im *rain* bei einander. Zellweger 6, 148. sie schiet ein kleines *reine* kûm vierteil einer mîle breit. Dietr. 8464. habt dort verre ûf einem reine. Dietr. 9714. vor einem *scharfen rein*. Hätzlerin 160, 5. an dem obersten *hochrein*. weisth. 1, 93. hôhenrein Graff 2, 527.] ahd. urkunden gewähren ortsnamen wie Wâgreini im Pongau [1], Olreini bei Ried no. 86 (a. 901). die niederd. dän. schwed. form lautet *rên* und schon die altschwed. [113] volksrechte gewähren sie, die norweg. *rein* (Gulaþingsl. 460 markrein confinium), das isl. *rein* wird von Biörn porca, lira gedeutet, aufgeworfne furche und erhöhung. und wie die altschwedische formel *ren ok sten* (Vestg. lag 51. 192) verbindet auch·die hochdeutsche *rein* und *stein* (z. b. weisth. 1, 231. 3, 545. stock stein rein. MB. 25, 429. verraint verstaint und vermarket. das. 404.) so dasz unter *rein* ein erdaufwurf neben dem gesetzten stein zu denken ist. nirgends finde ich das R in rein aspiriert, aber auch in andern wörtern erlischt die aspiration, der wir in älteren formen begegnen könnten; offenbar würde *hreini* besser mit hrînan tangere, adhaerere [*], vielleicht mit hreini mundus, purus sich verknüpfen. fast noch sichrer erscheint seine unmittelbare verwandtschaft mit dem slav. *gran,* böhm. *hrana* ecke, mahlstein und *granitza,* böhm. *hranice* terminus [2], welches allen Slaven geläufige wort vom osten vordrang und uns den ausdruck g r e n z e zuführte [3], der jetzt unsere älteren wörter

---

[1] trad. juvav. p. 88 (a. 837): juxta Ipusa flumen ex utraque parte fluminis terminatur, quod theodisca lingua *wagreini* dicitur. [über den Wâgrein Helbl. 7, 197. 245 = Wagram vgl. ibid. p. 275. Speht*hreini* (besser wäre Spehtes-) MB. 11, 17. Isarrein. Lechrein. Schmeller 3, 94. Sorgenrein MS. 2, 188*.]

[*] schon Ten Kate 2, 687 bringt *reen* zu *gerinen*.

[2] lateinische in Polen abgefaszte urkunden des 14. jahrh. geben granicia, granicies. Ducange s. v. [granicia, greniciae. bei Lindenblatt immer grenitcze.]

[3] ich weisz noch nicht sicher wann und wo zuerst? Hoffmanns fundgr. 1, 374 bringen aus der Leobschützer willkür in Böhmes diplom. beitr. 1, 25. 26 grenitz bei [MB. 16, 392. a. 1343 grenitz], das wort mag schon im 14. 15. jahrh. und sehr allgemein vorgedrungen sein, weil wir auch das niederländische grens (pl. grenzen), niederdeutsche grensinge, grünsinge, schwed. gräns, dän. grändse finden, und das s dieser mundarten bezeugt den unorganischen ursprung des hochdeutschen z in grenze. nordische sprachforscher haben granne, dän. grande = vici-

verdrängt oder beeinträchtigt. es geschieht hier, wie öfter, was wir in *hrein rain* schon besaszen erborgten wir aus der fremde. daneben musz noch das slav. *krai,* böhm. *krag* ende, ort, rand und *kraina* [serb. krajina grenze], böhm. *kragina* grenzland, land, ganz im sinne von marca erwogen werden; von krai den kehlanlaut weggenommen das finn. *raja,* esthn. *raia,* lapp. *raje* grenze.

Doch an dieses raia gemahnt eben sosehr ein schwed. *rå,* das schon in den alten gesetzen zumal Uplands und Vestmannalag ganz geläufig ist und in der alliteration mit *rör* verbunden wird. das altn. *rå* (fem.) zeigt uns zwei bedeutungen, die von angulus und antenna, beide werden sowol schwed. als dän. in *rå, raa* limes, terminus und *vrå, vraa* angulus gespalten, für welche letztere sich auch das isl. *krå* darbietet. *rå* antenna ist das mhd. *rahe* mit gleicher bedeutung, welches sich doch niemals für grenze oder grenzpfahl verwandt findet. da nun *rör* als ein pfahl zwischen geordneten steinen erklärt wird, mag die formel *rå* ok *rör* mit *ren* ok *sten* beinahe zusammenfallen [*].

Snaat, snede, das noch heute in niederdeutschen gegenden für grenze gebraucht wird, hat sichtbar den begrif des einschnittes, sei dadurch ein zeichen in stein, baum oder blosz in den erdboden bewirkt worden [ein niuwe sneit. Hätzl. 155, 261]. ahd. *sneida* (Graff 6, 844), in den langob. gesetzen *sinaida,* das

nus, und zumal den ausdruck granzla ed (juramentum vicinorum) im Vestmannalag s. 56 erwogen. das ist freilich ein markgenosseneid, doch granni ist das goth. garazna, von razn domus, altn. rann, und der begriff des hauses würde im alterthum schwerlich auf den der grenze geleitet haben. wäre nicht das altn. *rein,* so dürfte an *grein,* schwed. dän. gren, ramus und dann distinctio, divisio gedacht werden. [zwisla in schweiz. grenzbegängen. Zellweger 3, 353. 354.] gar keinen anspruch auf verwandtschaft hat das ahd. mhd. grans (prora), eigentlich schnabel, vorragender schiffsschnabel. — [ags. *hlinc* agger limitaneus, quandoque privatorum agros, quandoque parochias et alia loca dividens finium instar. hodie *linch.* Lye s. v. engl. *linch* rain, grenzhügel. hlævas ne hlincas tumuli nec aggeres. cod. Exon. 199, 13. vgl. 507. in Kembles urk. 1, 249 ein ort Sveordhlincas; 2, 172; über hlinc 3, XXXI. — þveotan scindere findere, engl. thwite. daher twete ausgehauner weg? grenze? Outzen p. 371. vgl. Kemble 6, 342 þveit thwaite. ort grenze, ora Graff. Ortisveca? Pertz 3, 369. — ndd. termpt terminus. Diut. 2, 230ᵃ.]

* westg. tialdra, tiäldra limes Schlyter s. v. mit tiald zelt? — riftir Werlauff p. 41. altn. raftr stange.

kaum signata zu deuten ist. die ags. form gewährt ein männliches *snâd*, pl. *snâdas* (Kemble 1, 257. 261). das altn. sneid (segmen) hat meines wissens niemals die bedeutung von grenze. aus dem altn. skil discrimen entfaltete sich leicht die im schwed. und dän. skäl, skjel herschende bedeutung von grenze. [ebenso scheide (monscheit Vilmar in hess. zeitschr. 1, 242) von skaidan scindere, wie finis für fidnis von findo: enden unde scheden. Lisch Hahn no. 240. in alle eren scheden ib. 234. diu lantscheide wart beschreben Livl. 2059. landbescheidunge Livl. 9693. über scheid Vilmar in der hess. zeitschr. 1, 241. 242. mnl. besceet (neutr.) Karl 1, 2127 vgl. p. 276. — fries. *swethe, swithe* grenze, später swette. Richth. 1061. brem. wb. 4, 1118. Suedwinkil (münst. ort). sônswiththa Richth. 124, 21. ags. svaðu vestigium f. nach Lye auch fimbria, scissio. Lye hat auch myða meta finis limes, altfrz. es metes de Klerk 2, 702.].

Noch allgemeineren sinn gewährt unser ende, die äuszerste erstreckung in raum oder zeit, gleich dem lat. *finis* schon frühe für grenze gebraucht; enden und wenden stehen formelhaft verbunden, gewande ist grenze [gisceid nob giwant. Otfr. IV. 20, 27. di gewande duringischer lande. Diut. 1, 401. lantgrâve des gewande 1, 404. all umme in der gewande 1, 428. 457. keren und wenden. weisth. 3, 225. 2, 621. ez wâren disiu driu lant an einander gewant unde nâhen genuoc. Er. 6750.|, vgl, gr. ἀτραπός grenzpfad von τρέπω. schon Ulf. setzt Rom. 10, 18 den acc. pl. andjans (vom nom. sg. andeis) für τὰ πέρατα [hom. πείρατα, skr. pâra, goth. fêra ripa, grenze gr. πέραν]. ahd. treffen *anti* finis und *anti* frons zusammen, obgleich altn. *endir* finis, terminus und *enni* frons gesondert werden, welche verschiedne schreibung auf eine strengere ahd. unterscheidung zwischen anti finis und andi frons leitet, als ich sie beachtet finde [*]. indessen haben auch alle romanischen sprachen mit einem leibhaften germanismus aus *frons* stirne, vordertheil, ende einer sache ihr *frontieru, frontera, frontière* für grenze gebildet [1]. *andi, anti*

---

[*] altn. endimörk extremi limites. endamerki, dän. enemärker.

[1] auch das spanische bornear bedeutet enden und wenden, und die ital. borni sind wendesteine. es ist nicht leicht über den ursprung des mittellat. borna, franz. borne zu entscheiden, so sicher die bedeutung meta, limes, terminus scheint, denn

führe ich auf die partikel *and* zurück. [skr. anta grenze Böhtling 233.]

Ahd. *drum,* altn. *pröm* ist finis, ora, margo (Graff 5, 260. des meres drum Mar. 175, 8 = des meres rein 184, 19. wasser gemarkt, markstein gesetzt und daz drum getailt MB. 27, 404) und entspricht genau dem gr. τέρμα, τόρμος, lat. terminus, die liquiden laute sind umgestellt wie in unserm dritto, gr. τρίτος und lat. tertius. ergibt sich aber aus τέρμα verglichen mit τέρας, dasz das *m* nicht der wurzel angehört, so entspringt unmittelbare berührung jenes drum mit der präp. durch, goth. þairh, die sich dem sinn jenes and nähert. hierbei ist das verhältnis von per, περί und πέρας nicht zu übersehn.

Das lat. *limes* scheint gleich *limen* aus limus, obliquus, transversus abzustammen und sinnliches querlegen einer stange oder eines balkens anzuzeigen. dabei kann aber wieder die vorstellung trans angeschlagen werden.

In ὄρος darf die aspiration nicht hindern ὄρος berg hinzuzuhalten, da die jonische form οὖρος sowol für das männliche wort mit der bedeutung grenze, als das neutrale mit der von berg gilt. auch gewährt eine inschrift bei Böckh 2, 1104 (ω aus ού) ὦρος terminus und die slavischen sprachen haben in ihrem gora, hora gerade für berg den gutturallaut. von der sinnlichen bedeutung des abschlieszenden hügels oder bergs mag der begrif der grenze entnommen sein, wie unser marcha aus dem säumenden wald hervorgieng.

II. ZEICHEN.

Sieht man von einigen abstracten, aus dem begrif des äuszersten randes entnommnen ab, so gehn fast alle namen auf die beschaffenheit des zur begrenzung gewählten zeichens selbst zurück.

die form lauft über in bonna, bonda, bondula, bodula, bosula, und mag auf die botones, bodones der agrimensoren zurückgehn. das proven-. born bezeichnet rand und bord. aus dem franz. bonne, boonne, bonde, borne entsprang das engl. bourne, boundary, boundstone, nicht aus der deutschen wurzel binden. [sur la haute borne. Letronne in revue archéol. 3, 585 ff. 4, 40—45. 556—564.]

Diese zeichen müssen mannigfach gewesen sein. wo die
natürliche lage der gegenden wald, berg, hügel, graben, sumpf,
bach oder flusz darbot, fielen abtheilung und zeichen zusammen,
höchstens bedurfte es einfach hervorhebender merkmale. wurden aber beim innern anbau des landes weitere, wenig oder gar
nicht mehr von der natur des bodens abhängige scheidungen
vorgenommen, so muste auch für die art der bezeichnung zugleich gröszere willkür und festigkeit eintreten. was dem sinnlichen zeichen abgieng ersetzte die strengere regel. während der
grosze grenzenzug bergen, wäldern und gewässern nachfolgt
und gleich der natur selbst gerade linie meidet, behält zwar die
innere, kleine grenze hügel, bäume und graben zum zeichen bei,
pflegt aber schon nach stange oder schnur zu messen oder mit
dem pflug eine furche zu ziehen.

Zwischen landschaften und gebieten, wo völker oder stämme
sich von einander abschlossen, gewahren wir durchgängig natürlichen grenzlauf; geradlinige scheiden, wie sie nordamericanische landkarten aufweisen, wurden erst der todten berechnung 116
moderner zustände möglich: sie bezeichnen sehr treffend die
praktische langweilige sinnesart der jüngeren zeit. selbst da,
wo die natur wenig aushalf, hat in unserm alterthum kein seil
die völkergrenzen ermessen. Eginharts vita Caroli cap. 7: termini Francorum et Saxonum pene ubique in plano contigui,
praeter pauca loca, in quibus vel *silvae majores* vel *montium
juga* interjecta utrorumque agros certo limite disterminant; was
unbestimmt blieb, mochte lieber krieg und zwist herbeiführen.
aus den geschichtschreibern und sagen lassen sich beispiele berühmter waldgrenzen in menge anführen. als Hlödr in der
Hervararsage (fornald. sög. 1, 483) von seinem bruder die hälfte
des väterlichen reiches forderte, nennt er:

brîs þat ist mæra er *Myrkviðr* heitir,
gröf þâ hina helgu, er stendr à götu þioda,
stein þann inn fagra à stöðum Danpar,

den groszen, Myrkvidr genannten wald, den ich schon vorhin
der Marciana silva verglich, den heiligen graben der auf der
strasze der völker steht, den leuchtenden stein auf Danparheide.
sicher ist damit grosze landscheide gemeint, da gleich (s. 496)

ausdrücklich hinzugefügt wird, dasz Myrkviðr grenze zwischen
Húnaland und Reidgotaland bilde. der wald, welcher Schweden
von Ostgotland trennte, hiesz *Kolmörk*, gen. *Kolmerkr* (fornald·
sög. 1, 378)[1], der welcher Gestrikaland und Helsingeland schied,
Eyskogamörk (fornald. 2, 132), der zwischen Nerike und Vest-
manland *Kiägla* (Vestg. lag s. 173), heute Käglan; auch in diesen benennungen findet sich der alte sinn von marka unverkennbar. zwischen Thüringen und Sachsen machte der Harzwald
die alte grenze (Pertz 6, 159) und hart, harz bedeutet silva.
[Caesar 6, 10: silvam esse ibi infinitae magnitudinis quae appellatur *Bacenis,* ac longe introrsus pertinere et pro nativo muro
objectam *Cheruscos* a *Suevis,* Suevosque a Cheruscis injuriis in-
cursionibusque prohibere. MB. 28, 421. a. 1010: silva *Nortwalt*
separat Baioariam et Boemiam. Karidol und Tintajol geschieden durch einen gemeinschaftlichen wald. Frib. Trist. 2366.
disiu driu lant schiet der walt. Er. 6756. 6828.] Britannien und
Schottland wurden durch einen groszen wald gesondert (Saxo
gramm. 27). Pausanias 4, 1 gedenkt der Χοίριος νάπη (porci-
nus saltus) zwischen Messenien und Laconica, νάπη drückt sehr
eigentlich ein wildes waldgebirge aus.

Auch quellen, die sich vom gebirge ergieszen, und ihrem
ursprung nahe sind, mündungen und confluenzen ergeben passende scheide; in einer urk. von 1053 (Schultes histor. schrift.
s. 436. no. 17) heiszt es: hinc ad *fontem* ubi duae provinciae
117 dividuntur Suevia et Franconia. Lechus Bajoarios ab Alaman-
nis dividit. Eginhard cap. 12. [Sala fluvius, qui Turingos et So-
rabos dividit. Eginh. cap. 15. ain *klains pächl* ist das gemerkh
zwischen Behaim und Meichsen. Kovachich saml. 243. ain *gar
klains pächl* die gränitz zwischen Osterreich und Märhern das. 245.
ein bach zwischen Polen und Schlesien das. 269.] seltner scheinen jedoch weit ins land vorgeschrittene flüsse und ströme,

---

[1] Vostgötalag s. 173 verderbt in Colmarþ, heute Kolmárd, Kolmord (Ihre
s. v.). *Kolmörk* berührt sich genau mit dem altn. adj. *kolmyrkr* d. l. kohlschwarz,
es ist wieder der finstre Schwarzwald. mehr über die altschwed. waldgrenzen bei
Schlyter om Sveriges äldsta indelning i landskap. Ups. 1835. s. 13. 14. — [Hú-
funes skógr wald zwischen Vestragautland und Ránriki in Norwegen. fornm. sög.
8, 62.]

die ein täglicher verkehr ohne unterlasz zu überschreiten hat, für die grenze groszer völker, mehr schon für die zwischen stammverwandten landschaften geeignet. [Ìfiug Sæm. 33ª. Tanaqvisl. Sn.]. dann ist die mitte des baches und flusses [1] scheidepunct oder die mitte der darüber geschlagnen brücke: verbrecher die man sich gegenseitig zuwies pflegten im nachen mitten auf den flusz geführt oder mitten auf die brücke gestellt zu werden. ebenso scheinen in früher zeit bräute und leichen bis in diese mitte geleit zu fordern; auch von der übergabe königlicher bräute auf des grenzstroms mitte sind einige beispiele aufbehalten. ich habe anderswo alte zeugnisse für die zusammenkünfte deutscher könige mit fremden, die auf schiffen mitten im flusz oder auf der brücke statt fanden, gesammelt [2]: jeder der beiden fürsten, während er sich mit dem fremden einigte, blieb noch auf seinem eignen gebiete stehen.

In hohen gebirgen pflegten gipfel und ragende felsen zur länderscheide auserkoren [reinsteig zwischen Thüringen und Franken; die mark anfachen sol ze Portarisalp uf dem kammen. Zellweger 3, 49. spitze der Säntis landmark zwischen Toggenburg und Appenzell. Franz Wildhaus 39. die sieben kuhfirsten das. 40.] und gern mit besondern zeichen versehn zu werden, sei es dasz man diese eingrub oder äuszerlich daran befestigte. so soll schon zu Dagoberts zeiten an der grenze zwischen Burgund und Rhaetia curiensis am Rhein ein felsengipfel das ausgehaune bild eines mondes getragen haben; die bewährende unverdächtige urkunde rührt erst aus späterer zeit [3]. zwischen Chavannes und Simandre, gleichfalls in Burgund, wo heute das dep. du Jura und de l'Ain an einander reichen, heiszt die uralte grenze *quenouille* de la fée [4], ein höheres wesen hat den

---

[1] de rivo tobropotoch (d. i. dobropotok), quod teutonice guotpach dicitur, usque ad flumen Fiustriza et a summo vertice Crcinae montis usque in medium fundum Sowae fluminis. ch. a. 1073 MB. 29ª, 90. 184. [ein Dobrabach im Thüringer wald. — ursprung der bäche zur grenze dienend Wigand corv. güterb. 236. 240. under dem stein am ursprung des baches. Zellweger 4, 260.]

[2] in der vorrede zu den gedichten des X und XI jahrh. s. xiv.

[3] deutsche mythol. s. 671, vgl. Stälins würtenb. gesch. 1, 187. [Zellweger Appenzell 1, 21.]

[4] Mém. des antiquaires de Fr. 4, 409.

ungeheuern felsgrat unter seinen armen herangetragen. gerade
solch eine landmark, die *kunkel* genannt scheidet Elsasz von
Lothringen [1] und man ist befugt, einige der vielen Brunhilden
und Kriemhildensteine, die verschiedentlich spil oder spille genannt werden, aus spindel zu deuten und für alte grenzsteine
zu halten. die meisten solcher steine, je höher man in das alterthum hinaufzurücken vermag, gewinnen mythologische bezie-
118 hungen. in engpässen des Jura stand zur zeit der Heiden ein
haus oder tempel, isarnoduri (ostium ferreum) genannt, wahrscheinlich opferstätte und landscheide zwischen gallischen und
deutschen völkern. durchlöcherte steine die für heilig galten
(mythol. s. 1118) scheinen auch bei grenzen berücksichtigt worden zu sein; die grenze eines im jahre 1059 bestimmten wild-
banns führt ad apicem gemeinen gunbet (? guntpetti) und ad
durechelenstein MB. 29*, 143, und geradeso wird in einer ags.
urkunde bei Kemble no. 260 (a. 347) from *pyrelan* stáne ausgegangen.

Unsern grenzurkunden gereichen hügel und grosze steine
zu hauptanhaltspunkten. der hügel heiszt ahd. *houc*, altn. *haugr*,
und oft verbindet sich damit die vorstellung eines tumulus oder
grabmals, goth bláiv, ahd. hléo. [*] nakt aus dem boden hervor-
stehende steinblöcke werden *wacken* [**] genannt und meist in
weiszer oder schwarzer farbe angegeben. auch Il. 23, 329 sind
die λᾶε δύο λεύκω, zwar als todtenmale oder rennziele vorgestellt,
leicht aber als grenzzeichen aufzufassen, zumal sie ausdrücklich
an eichenpfäle angelehnt werden, ganz wie sich in grenzen steine
mit bäumen verknüpfen. Virgil (Aen. 12, 895—98) läszt den
Turnus einen ungeheuern stein aufgreifen:

[1] Schreibers feen p. 20.
[*] ags. od done hæðenan byrgels. Kemble 2, 250. in der meklenb. grenzurkunde von 1174 bei Lisch 1, 9 wird fortgeschritten von dem wili damb in quosdam tumulos, qui slavice dicuntur *trigorke*, antiquorum videlicet sepulcra. vgl.
Lisch 1, 18. 23. 33. 213. trigorke bedeutet dreihügel, poln. gorka collis.
[**] bis an den *wiszen wacken*. weisth 2, 151. der grosze wacke scheidet
der herren gerichte das 2, 216. drei wacken, drei schlacken an der grenze. Rott-
mann Simmern 145. groszer stein ὄρος ἀρούρης Il. 21, 403. litth. arikis, rako
akmû grenzstein.

saxum antiquum ingens campo quod forte jacebat
limes agro positus, litem ut discerneret arvis,
vix illud lecti bis sex cervice subirent
qualia nunc hominum producit corpora tellus.
in der litth. sprache ist *kapas* todtenhügel, *kapcsius* grenzhügel,
apkapiti begrenzen. aus dem slav. *kupa, kupice* haufe ist das
ahd. *kuffihoug* und *kuffiso,* grenzhügel. * unsere alten gerichts-
stätten und malberge waren von steinen umkränzt, auch den
ansehnlichen markscheiden wird solche umsteinung nicht ge-
mangelt haben; es. ist die στεφάνα griechischer grenzurkunden
(inscr. 2, 1103).

Ragende bäume, zu grenzzeichen auserlesen (olla veter arbos
templum tescumque finito. O. Müll. Etr. 2, 133), im Sachsenspiegel *malbome,* mahlbäume genannt, werden noch mit besondern malen oder merkmalen ausgestattet. solch ein zeichen führt
in unsrer alten sprache den namen *ldh,* vollständig mit aspiration *hldh,* und scheint den einschnitt, die incisio auszudrücken,
welche in bäume, aber auch wol in steine und felsen gemacht
wurde **, davon ist uns noch heute die benennung lochbäume,
lochsteine geblieben und man hat dazu den vorhin entwickelten begrif der snat oder sneida zu nehmen, obgleich ich niemals lach oder loch, wie jenes snat für die grenze selbst ge- 119
braucht finde. unter allen bäumen werden eiche, buche, tanne
vorzugsweise zur grenze verwendet: usque ad Treniches *eihi*

* collis Leohun houg qui a quibusdam dicitur Cuffiso. Dronke trad. fuld
p. 3. Kuffese das. p. 22. Kuffihog das. 62. daher Cufese (Kyfhausen) Pertz
8, 755.
** statt der lachen, die verhauen sind, steinin marken setzen. Zellweger
4, 382. 383. lachus cod. lauresh. 1, 24. zeichneten die heiden mit hamarsmark,
die Christen mit kreuz? quercus cruce signata, quod signum dicitur slavice *kneze-
graniza* (des herren, gottes grenze) Lisch 1, 9. 23. — Pardessus no. 111 a. 528:
habet lapides fixas, sed et *clares in arboribus figere* jussimus. in ipsis finibus arbor sita valde grandis et sub ipsa arbore *lapides grandes* figere jussimus. in arboribus *cruces facere* et sub ipsas lapides subterfigere. geheimnis beim legen und
überliefern der zeichen. W. Göthe Vegoia p. 15. schweiz. *plam* grenzzeichen an
einer tanne gehauen. Stald. 1, 180. zeichen in die bäume hauen. Kalevala 28, 599.
was sind *butinae* aut *mutuli?* lex Ripuar. 60, 4. vgl. dazu *butina* lach, *mutuli* mare-
steina Diut. 1, 342ª. limes marhstein. gl. Slettst. 4, 18.

(trad. fuld. Pistor. 2, 54. Schannat no. 146), auch in slav. urkunden dub peretnet, dub meznyi (Kucharski p. 23); in thia
houges *buochun* (Schlöppach no. 1. a. 983); altn. *merkibiörk* (betula terminalis) Gràgàs 1, 300. *magna quercus* sub qua et quidam magnus lapis affixus jacet, et a sua magnitudine accepit
nomen *wili* damb (pol. wielki dąb) in meklenb. grenzurk. von
1174 bei Lisch 1, 7. 22. beispiel einer grenzkiefer hat Schmeller
2, 603: ad duo *mantala.* *

Es scheint, dasz man auch an grenzgraben wilde kräuter,
die mit breiten blättern wucherten, unterhielt, woraus ich den
ahd. namen *reinefano* tanacetum (Graff 3, 521. Mone 8, 94) erkläre, gleichsam webte die pflanze ein tuch an der stelle, und
hiesz grenzfahne, grenztuch, von dem oben erläuterten rein,
hreini, heute *rainfarn*, von varm, farn filix; *rainweide* ist ligustrum vulgare, ein heckenstrauch (gal. *raineach* filix Mone
2, 118, ir. *raithneach*). Apulejus de herbis 114 erwähnt cannabis agrestis, quam Itali *terminalem* appellitant, Dioscorides 3, 156
χάνναβις ἀγρία, ʽΡωμαῖοι τερμινάλις, und in ags. grenzurkunden
finde ich ʻtô *fearnleage* geate' ad filiceti portam (Kemble 2, 215,
vgl. 2, 54) [1].

* serb. granitza grenze und *eiche.* schnedecicho weisth. 3, 225. to þære gemearcodan *ec* Kemble 5, 195. landscor *ác* 3, 403. tô þære ánlipan *ec* 3, 412.
on þá gemearcodan *lindan* 6, 182. on þá twislihtran *biriceun* 3, 391. un þone
ánlipigan *þorn* 3, 416. 467. on ánlipe *þyrnan* 3, 424. on sex þorn, of sexþorne
and ánne *þornpivel* 3, 418. on vines heáfdes (? svinesheáfdes) þorn 4, 103. tô
þám gemærþornan (grenzdörnern) 3, 404. on ánne *vidig þifele* 3, 426. on þone
ánlipian *stán* 3, 416. 467. in schweizer. urkunden häufig rothe und weisze tanne.
drei tannen Zellweger 6, 119. 148. — bei Neugart 451 a. 868 arbores quae cor-
ticem palabant? in grenzbegängen: dâr der spirboum *stuont*, sô sa diu Rabanes
buohha *stuont*. Wirzb. urk.
[1] das brem. wb. 2, 540 hat ein grensekruud, das ist aber das ahd. gren-
sinc (potentilla) Graff 4, 333. [in osnabr. urk. bei Möser no. 218. 19. *farnwinkil*
bei grenzangabe der ortsname Farnwinkel noch in andern nordd. gegenden vgl.
Osnabr. mitth. 2, 90. Farnewinkel bei Meldorp in Dietmarsen (Varenwinkel bei
Neocorus 1, 254). farnbühel? ferngáran Kemble 6, 171 vgl. biriegáran 6, 182. —
Lacombl. 1 no. 52 a. 837 ein bach *farnthrapa* (besser scheint-trapa, engl. trap
schlinge). vgl. das. nom. propr. Varrentrapp litt. eże die rainfarth (? rainfarn),
der rain zwischen zwei stücken ackers. Mielcke 1, 67. — hráme bedeutet ge-
nista, pfriemenkraut ahd. vepris, rubus (Graff 3, 304), soll niederd. auch grenze
bezeichnen. Wächters heidn. denkm. 71. ähnlich altn. *þang* alga und littus terminalis, silva terminalis: bera skiold yfir þáng ok þángbrúk. N, 59. finn. *sammas*

Im gegensatz zu diesen wäldern, sümpfen, felsen und bäumen erscheinen nun aber eingeschlagene p f ä l e und eingesetzte von menschenhand b e h a u e n e s t e i n e (marksteine), die von den natürlichen richtungen abweichen und nach schnurgeraden zeilen oder reihen die grenze zu bilden bestimmt sind.* hierauf wende ich zumal einige altnordische ausdrücke an. *vardi* ist strues lapidum, dann aber meta, scopus, hlada varda bedeutet grenzsteine aufrichten, thürmen.** in den schwed. gesetzen begegnet jene formel *rå* ok *rör:* zwei, drei, vier oder fünf steine stehn in bestimmter ordnung, mitten dazwischen ein pfal. unter solchen steinen pflegte man im innern Deutschland eirunde kieslinge, geldstücke, gläser, kohlen und andere der verwesung ununterworfne gegenstände einzugraben, die nach dem verlauf langer zeit den hergang bezeugen konnten. *** alle regeln, die dabei befolgt wurden, verdienen aus den nordischen gesetzen und den grenzurkunden des innern Deutschlands sorgfältig gesammelt zu werden.

Man ahnt es, dieser vorspringende unterschied der messung und theilung des landes müsse mit dessen anbau überhaupt, ich meine mit den schon oben hervorgehobnen gegensätzen der deutschen landbestellung zusammentreffen.

gen. samman lapis terminalis in silvis (Renvall), sonst auch aphthae mundschamm, vgl. sammal muscus. — wegbreite, wegerich (Farz. 180, 6), vigadeinö, βάτος, sentis zu sinþs?]

* gestockt und gesteint. Arnsb. urk. 1116. mit lochgraben und baumen. das. 1166. mit boimen geloichet, mit steinen gemerket. das. 1181. understockt und understainet, vermarkt und verstainet. MB. 25, 247. vermarket verrainet verstainet 25, 223. heide mit sampt dem pirkach umbfangn und vermarkt. 25, 375. in einen spitzigen stein mit *drei ecken.* Zellweger 4, 261. die *pale* van sinen lande. Karel 1, 2114. grenzstein Ducange s. v. *grunh.* Amm. Marc. 18, 2. cum ventum fuisset ad regionem, cui Capellatii vel Palas nomen est, ubi *terminales* lapides Alamannorum et Burgundiorum confinia distinguebant, castra sunt posita. grenze *ud gladios,* zu den schwertern. Danziger gr. in Voigt abhandl. p. 8. 10. 12. faden als grenze RA. 182. spiesz. Landau in hess. zeitschr. 1, 242. 2, 170. 172.

** þeir hlöðu þar varða, er blötit hafði verit, ok kölludu Flökavarða, þat er þar er mœtist Hördaland ok Rogaland. Landn. 1, 2. D a n a b a l l grenzstein zwischen Sunnerbo und Östbo. Wieselgren 475. *lirittar, lyrittar* tres lapides limitum indices. Biörn. Werlauff p. 41 *tialdrustenä skal tva i iorp grawa, pripiä a läggjä,* þer skulu vitni berä, är i iorþ liggi. Vestg. lag. 46. dän. *skjelsten.*

*** vgl. Lobecks Aglaoph. 981.

120   Tacitus berichtet, dasz ein haupttheil der Germanen zu seiner
zeit zwischen unermeszlichen waldungen einzeln und zerstreut
wohnte: ne pati quidem inter se junctas sedes, colunt discreti
ac diversi, ut fons, ut campus, ut nemus placuit, wer aber so
angesessen war, und einer geraden gasse der häuser auswich,
dem wird auch keine schnur die äcker eingefriedigt haben; da
muste noch der feldbau vor dem hirtenleben und der viehzucht
zurückweichen. von andern deutschen stämmen namentlich den
Sueven, die Caesar ins auge faszt, wissen wir dagegen dasz
ihnen damals schon regelmäszige ackerbestellung nach weise der
späteren dreifelderwirthschaft bekannt war. dürfen nordwestliche
Germanen diesen Sueven, darf lange nachher noch sächsische
sitte und lebensart der fränkischen und alamannischen entgegengesetzt werden, so ist wol anzunehmen, dasz wie unter jenen
höfe mit einzelnen häusern durch das land verbreitet waren,
unter diesen stattliche dörfer alle wohnungen an einander reihten,
auf den sächsischen triften länger der hirtenstab herschte, auf
den schwäbischen früher schon der pflug des bauers die furche
zog, darum auch in der feldflur dort die naturgrenze, hier eine
schon kunstgerechtere vermessung des bodens werde gefallen
haben. vielfache abweichungen und übergänge von der einen
zu der andern ordnung des anbaus mögen eingetreten sein, aber
ihre grundverschiedenheit ist eine durchgreifende, deren einflüsse
auf landeigenthum und ackerbau nach allen seiten hin gar nicht
ausbleiben konnten. nichts zeugt uns deutlicher von jenem freieren und zugleich roheren zustand der feldbehandlung als die lebendige eigenthümlichkeit der markgenossenschaften und nirgend
in Deutschland hat sie sich länger und treuer bewahrt als in
Niedersachsen und Westfalen. überwiegt bei einem volke schon
der ackerbau, so wird es geneigt sein, auch die äuszere grenze
seiner fluren, dörfer und städte durch den pflug oder die mesz-
rute zu weihen; waltet noch das hirtenleben vor, so finden die
alten bezeichnungen der triften und weiden auf die äcker anwendung. hier geht von der mark das ackerfeld, dort von dem
acker alles übrige aus.

III. ARTEN DER LANDTHEILUNG.

Wir wollen suchen von ganz einem andern puncte her dasselbe ziel zu erreichen und für die vorgetragnen ansichten desto willkommnere bestätigung zu gewinnen.

Auch die Römer scheinen bei anordnung der grenze zwei 121 durchaus verschiedne weisen gekannt zu haben, die sich als volksmäszige und gelehrte, als natürliche und künstliche, folglich als ältere und jüngere darstellen, wiewol verhältnismäszig schon der letzteren hohes alter zugesprochen werden musz.

In der römischen einrichtung tritt nemlich *finis* oder *limes*, *arcifinium* der *limitation* entgegen. arcifinal heiszt der gewöhnliche fundus und ager wie ihn natürliche grenze und althergebrachte zeichen scheiden. erwächst darüber streit, so gilt ein finium regundorum judicium. aber auch erobertes land, unvertheiltes gemeinland sind arcifinien. limitation hingegen ist eine öffentliche kunstfertige vermessung der mark, die von den **agrimensoren**, nach dem rigor, cardo und decumanus vorgenommen wird. [1] der finis endet und wendet nach kehre und biegung, rücken und wasserscheide, der limes hat gerade linien und wird durch steine und pfäle abgestreckt.

Diese lehre strenger landmessung, eng verbunden mit alttruskischen bräuchen scheint den freieren, ungekünstelten sitten der Griechen fremd geblieben.

Nicht ein gleiches, doch ähnliches verhältnis wie das römische würde sich für unser deutsches alterthum aus dem vorhin entwickelten unterschiede der markverfassung und geregelten ackerbestellung etwa ahnen, kaum nachweisen lassen, böten nicht die schwedischen volksrechte bestimmtere auskunft dar. hat man diese stellen erst gewahrt, so scheinen auch andere spuren in dem innern Deutschland aus weit älterer zeit erkennbar.

Im Uplandslag s. 215 heiszt es gleich zu eingang des ganzen vipärbobalkr, d. i. des titels vom anbau der nachbarn: viliä bön-

---

[1] Niebuhr röm. gesch. 2, 699. Rudorff zeitschr. f. rechtsw. 10, 360 ff [dän. *repning, rebning*, seilmessung. Werlauff 42. *taumburdr* das. *fötför* das. 20. 42. *immelata* Getarum jugera. Horat. Od. 3, 24, 11.]

där by aff nyu byggiä, äller *liggär* hau *i hambri* ok *i forni skipt*,
þa skal hvar sinä træþu sa, ok siþän gangi *ny skipt* a (wollen
landbauer ihr grundstück von neuem bauen, oder liegt es im
hammer und in alter theilung, so soll jeder seine trate, d. i.
brache besäen und dann die neue theilung ergehn). hier wird
verordnet, brach oder ungebaut gelegnes land, das zwischen
zwei nachbarn in alter weise geschieden sei oder im hammer,
d. i. hammerwurf liege, solle von jedem besät und dann nach
neuer weise getheilt werden. warum ausstellung des landes der
neuen theilung vorangehn müsse, ist mir unklar; hängt es etwa
122 mit gesetzen der dreifelderwirthschaft zusammen? dasz die neue
theilung aber sonnentheilung, rechte sonnentheilung, im gegensatz zur hammertheilung hiesz, folgt aus den am schlusz des
capitels s. 216 gebrauchten worten: by i *rättri solskipt* liggär,
vgl. s. 217.

Aus Södermannalag gehört eine s. 98 im capitel von der
grundtheilung (um tompta skipte) enthaltne stelle her: delä tve
um tompter, havi þen vizorþ, *solskipt* vill hava, vari all *hamarskipt* aflagd ok havi engin vizorþ: theilen zwei ihre höfe
(tompt, altn. topt entspricht dem lat. area), so wird der zum
beweis gelassen, welcher sonnentheilung verlangt, alle hammertheilung soll abgeschaft sein und keinen beweis haben. der weitere hergang bedient sich wiederum des ausdrucks rätt solskipt,
rechte sonnentheilung.

Vestmannalag, im beginn des bygninga balkär d. h. des
titels vom anbau, s. 195. 196 bedient sich völlig der aus Uplandslag angeführten worte, hat aber auch noch anderwärts s. 32 den
bemerkenswerthen ausdruck: läggi by *soldraghin,* liegt ein grundstück nach der sonne gezogen, dragin entspricht dem lat.
tractus. [Östgöt. 192 næmir solu, fiärmir solu, der sonne näher
und ferner, bei den grenzzeichen.]

Schlyter, nach dessen ausgabe ich diese gesetzstellen mitgetheilt habe, sträubt sich (Upl. s. 339. Söderm. s. 295. 337)
dawider, dasz in dem worte *hambr* hier der begrif von hammer,
malleus angenommen werde, er will darunter saxum, felsland
verstehn. ohne zweifel hat hamar beide bedeutungen und die
des geräths ist eben von der masse geleitet, da im alterthum

hämmer und messer aus den härtesten steinen gefertigt wurden. unser altes wort sahs, culter war ein steinmesser und ist völlig das latein. saxum, obgleich in unsrer sprache die bedeutung des felsens aufgegeben, in der lat. die des messers vielleicht gar nicht entwickelt wurde; das volk der Sachsen, die nach dem streitmesser benannt sind, läszt die sage aus felssteinen ἀπὸ πέτρης erwachsen. unbefangne auslegung unsrer gesetzstellen musz aber nothwendig den begrif von felsen ablehnen; was kann bedeuten: der grund, das grundstück liege im felsen, in felsichtem land, solle aber neu besät nach der sonne getheilt werden? auf steinigem boden wird niemand seinen acker angelegt haben und wie könnte es durch veränderte landtheilung in taugliches baufeld umgeschaffen worden sein? Schlyter, wo ich ihn recht fasse, scheint anzunehmen, dasz die alten landesanbauer ihre wohnungen auf felshügeln errichteten und nach diesem mittelpunct nun die umliegenden gründe geschieden wurden. dann aber würde kaum liggia i hambri und i forni skipt einander gleichgestellt, vielmehr a hambri gesagt, noch weniger die 123 zusammensetzung hamarskipt gebraucht sein, welche augenscheinlich theilen nach dem hammer meint, wie das entgegenstehende solskipt theilen nach der sonne sein musz. leicht aber kann, weil der alterthümliche brauch allgemein bekannt war, hamar für hamarkast, hammerwurf stehn: liggia i hamri heiszt darum nichts als durch geworfnen hammer geschieden sein.

Was mir den gewonnenen sinn hauptsächlich rechtfertigt, ist die wahrnehmung dasz auch in dem innern Deutschland nicht nur in zahlreichen urkunden des mittelalters, sondern einzeln in den alten volksrechten, deren abfassung weit über die der schwedischen gesetze hinaufreicht, auf ähnliche weise die grenze durch den wurf einfacher geräthe, vorzugsweise des **hammers** und **beils** ermittelt wird. beispiele sind in meinen RA. s. 55 ff. gesammelt *, eine neue ausgabe des buchs wird sie beträchtlich mehren und umständlich erörtern. hier genügt es zu bemerken einmal dasz das hohe alter und die weite verbreitung der sitte durch zahlreiche fast in allen gegenden vorkommende fälle ge-

---

* durch steinwurf den platz der kirche bestimmen Kaltenbäck 243.

sichert wird, dann dasz die überlieferung des hammerwurfs eben zu allerlängst unter den markgenossen haftete. die gemeinmarken waren aber arcifinium, das bei althergebrachter scheidung verharrte und jedwede limitation von sich ausschlosz. wären wir vom verhältnis altrömischer latifundien genau unterrichtet, ich zweifle kaum, es würden sich auch hier keilwürfe, beilwürfe, hammerwürfe nachweisen lassen. wie, sollte *arapennis*, arepennis ein bekannter ausdruck für ein masz der ackertheilung und schwerlich gallisches wort, nicht das geräth bezeichnen und nah verwandt sein mit *bipennis* beil, sollten nicht auch den Römern arapennis und bipennis im wurfe die flur geweiht haben? [1]

Auszer hammer- und beilwurf hielt sich die volksmäszige abgrenzung der flur und des grundeigenthums natürlich noch an manche andere bestimmungen, zumal wo die markscheide ganzer gemeinden und landgebiete vorgezeichnet werden soll. eine der schönsten oft wiederkehrenden formeln ist die der schneeschmelze, schneeschleife oder des divortium aquarum vom kamm hoher gebirge herab: als der schnee schmilzt und das wasser rinnt; als regen rinnt und flusz flieszt [2]; als

124

---

[1] Quinctilian VIII. 6, 73 theilt aus einem libellus jocularis Ciceronis folgendes distichon mit:

fundum Varro vocat, quod (al. qua, quem) possim mittere funda,
ni tamen exciderit, qua cava funda patet.

von diesem ciceronischen gedicht weisz man sonst aber nichts und ist geneigt es dem Laurea Tullius, Ciceros freigelassnen beizulegen. ebenso wenig mag dem Varro die im pentameter verspottete deutung von fundus gehören, den nach dem hexameter der geschleuderte stein bestimmt, falls so etwas wirklich aus den worten zu folgern ist. [vgl Meiers anthol. no. 65, wo Vetto vocat quem possit und das. annot. p. 26.]

[2] die genaue sprache unterscheidet zwischen rinnendem und flieszendem wasser (regen und flusz), vgl. MB. 29ᵇ, 309 — 317. Rauch 1, 243. — [svá vítt sem vatnföll deila til siofar. Landn. 1, 19. svá vítt sem vötn deila. das. 5, 11. als schne und wasser scheidet. Zellweger 3, 494. als der sné dô harin smilzet gên dem Rine. Schreibers freib. urk 1, 402. als der sné har abe smilzet. das. 1, 401. alse die snêsleipfina nider gânt. das. 1, 249 a. 1323. — dem *bachtal* oder *wasserruns* nach. Zellweger 6, 119. *bachtal* bergschlucht, worin der wetterbach rinnt. Schmeller 1, 143. *bachmutter* rinnsal. Schmeller 2, 545. die rothe bachtal. weisth. 1, 3. uf der bachtallen 1, 91. talaseiga Graff 6, 181. hinab in den bach und das tobel ab. hinuf in den hohen spitz, von dem spitz dem grat nach, wie sich das wasser auf beiden seiten *scheidet*. Zellweger 6, 120.]

schnee und wasser scheidet, sicut montes et convalles se respiciunt et aqua pluvialis a vertice montis se dimittit. wie der von der sonne aufgelöste schnee in unwandelbarer richtung nach den verschiednen seiten in die niederungen flieszt, sind die menschen auf die gefilde gleichsam herabgeströmt. nicht selten ist auch dazu das niederrollen eines runden gegenstandes ausgedrückt: wie kugel walzt und wasser rinnt; als stein und wasser rinnt; als der schlegel herab walgt (weisth. 3, 654) und man darf an den mythischen schlegelwurf denken, der fast die bedeutung des hammerwurfs zu haben scheint [1]; in dem Wilzhuter ehhaftrecht heiszt es: wan der vorstmaister irrig wurde, wo sein gericht angehet oder aufhört, soll er ein *ai* nemen und auf der höhe niederlegen, so weit es abwärts lauft stöszt sein forstgericht an das urbar (weisth. 3, 679), d. h. die mark an das angebaute ackerfeld, deren scheide anderwärts durch hammerwurf bestimmt wurde. [*] wenn aber f l u g v o n h a h n und h e n n e die strecke eines grundstücks ermitteln, gerade wie im altnord. gesetz eine weite nach dem flug des habichts am sommerlangen tag ermessen wurde, wen gemahnt das nicht an die fundos quantum milvi volant, quantum milvus oberrat?

Wenden wir uns nun auch zu der s o n n e n t h e i l u n g und forschen, welchen zusammenhang sie mit römischer oder etruskischer limitation haben könne, deren system wiederum gebräuche älterer volksmarkscheiden verwischt haben mag. Uplandslag s. 218, Suderm. s. 98 ist die grundregel ausgesprochen, dasz nach rechter sonnentheilung die *tompt,* d. h. area, d e s a c k e r s m u t t e r w e r d e: tompt är akärs moþer, nu er tompt teghs moþer; tegher, schwed. teg, altn. teigr finde ich bald arvum bald pratum bedeuten, teigr övuninn ager incultus, Landn. 4, 2. das wird keinen andern sinn haben als von der area geht das masz der ganzen flur aus, nach diesem mittelpunct wird sie geregelt [vgl. Östgöt. s. 192]. die nähere ausführung theile ich blosz in den übersetzten worten mit; acker soll man nach dem grund (der area) legen und dem endemann (ändäkarl, vgl. gr.

---

[1] deutsche mythologie s. 1205.
[*] durch pfeilschusz. Fr. Müller no. 304.

ἀμφιτέρμων, lat. amterminus) besserung geben, einen fusz vom
125 vogelrain, zwei vom gangrain, drei vom almondeweg, der zwischen kirche und stadt liegt. acker hat die wiese, wiesgrund
den waldgrund, waldgrund den rohrgrund zu messen, rohrgrund
das wasser, wasser den netzwurf zu theilen. da wo keine steine
liegen können, dasz man sie sehen mag, soll stange und stock
die rohrgründe scheiden.

Das ist die künstliche, von hammerwurf, schneeschmelze
und hahnflug völlig abweichende landmessung; aber die namen
solskipt und soldragen nöthigen vorauszusetzen, dasz dabei ein
bestimmter stand der sonne, man musz denken, in regelmäszig
kehrender jahrszeit beobachtet und nach den himmelsgegenden
orientiert wurde. wahrscheinlich fand auch dabei priesterliche
leitung und aufsicht statt. mittensommer oder die sonnenwende
(unser Johannistag), wird, wie ich muthmasze, dabei den aus-
schlag gegeben haben.

Nun ist bekannt, dasz auch die agrimensoren ihren cardo
und decumanus zur zeit des aequinoctium regelten, erst un-
wissendere messer mit dem zufälligen stand der sonne zu andern jahrzeiten sich behalfen. noch lange wurden die limites
nach sonnenuhr gezogen: limites in sextam horam conversi
(Frontinus p. 116. 134); zwischen landmessung und tempelschau
bestand aber deutlicher zusammenhang und alle limites scheinen
nach analogie des templum gezogen. das templum könnte die
mutter der gemessnen flur heiszen, wie jene schwed. tompt des
ackers mutter. da wo auf limitiertem felde cardo und decumanus sich durchschnitten, durften auspicien so gut als im tempel
selbst vorgenommen werden. der pflug aber risz die erste heilige
furche in den erdboden. [1]

Niemand wird die schon aussterbende schwedische solskipt

---

[1] Festus: primigenius sulcus dicitur, qui in nova urbe condenda tauro et
vacca designatur, ut haec copulatio jumenti velut exemplum conjugii sit (vgl. Tac.
Germ. cap. 18). es war altslavischer brauch, wenn ein dorf angelegt wurde, ein
joch ochsen vor den pflug zu spannen, deren einer weisz, der andere schwarz
sein muste. diese rinder umpflügten des neuen dorfes grenze, und die gezogne
furche hiesz poln. zagon, böhm. zahon, d. i. ackerbeet, auszerhalb des zagon war
alles cudzo, böhm. cuzo d. i. fremd.

begreifen wollen aus einer nachahmung der altrömischen limitation, die zur zeit wo ein frühster einflusz classischer gebräuche
auf den norden annehmbar wäre, unter den agrimensoren selbst
bereits verwildert war. es ist hier, wie so oft, urverwandtschaft
da, neben welcher besonderheiten und abweichungen unter jedem
volk in menge stattfinden.

Noch weniger darf befremden, dasz von der sonnentheilung, 126
die wie ich sagte in undenklich früher zeit entsprungen sein
musz, keine spur aufzutauchen scheint in dem innern Deutschland, das sie von der nothwendig noch ältern hammertheilung
in überflusz darreicht. denn diese fand gerade in den ungc-
theilten marken ihren .natürlichen anhalt, während die formeln
und gebräuche jener in der lebhafteren übung des privateigen-
thums vielfachen anstosz geben, und als mit dem untergang des
heidenthums alle angestammten rechtsgewohnheiten sich ver-
gröberten, bald in vergessenheit sinken musten. hat sich doch
auch auszer den eigentlich schwedischen landschaften weder in
gothländischen, norwegischen noch isländischen die vorgetragne
alte landscheidung bewahrt. * zugleich erkennen wir die beschaffenheit der altschwed. solskipt nur so unvollständig, dasz
schwer zu bestimmen ist, was in den übungen künstlicher landmessung des innern Deutschlands alterthümlich genug scheine,
um sich ihr vergleichen zu lassen, oder was uns aus der römischen agrimensur zugeführt worden sei.

IV. GÖTTER.

Es geht aus allen diesen nachrichten hervor, dasz schon
in hohem alter eine zwiefache art und weise die grenze zu ordnen gegolten habe, gleichwol die eine nothwendig als später hin-
zugetretene zu denken sei. sollte die künstliche, in scandinavischen strecken bestimmt nachzuweisende limitation, wie den
Griechen, auch dem herzen von Deutschland unbekannt geblie-

---

* das jütische gesetz 1, 55 redet zwar von *solskifte*, aber von keiner ham-
merskifte. noch eine urk. des 16. jahrb. (Molbechs tidskr. 2, 136) *ikke efter solskifte i by.* über solskifte Molbechs tidskr. 4, 420. 421.

hen sein; so müssen dafür die gebräuche der älteren volksmäszigen abgrenzung desto länger gehaftet und ihre wurzel noch
in jüngere zeiten ausgebreitet haben. unbedenklich aber schlägt
der ursprung beider arten noch in unser heidenthum selbst
zurück und es drängt sich die frage auf, in welchem zusammenhang zu der altdeutschen mythologie sie gedacht werden
müssen?

Die älteste weihe aller grenze, die ursprüngliche austheilung
des festen landes ist in dem glauben der völker von den göttern
selbst ausgegangen. * im finnischen epos wird berichtet, dasz
ehmals zwei göttliche wesen, Wäinämöinen und Joukahainen,
auf dem wege sich begegnend, einander.nicht ausweichen wollten und nun in wechselrede ihre macht und kunst zu rühmen
begannen, da sagt Wäinämöinen, der höchste und angesehenste
aller götter, unter andern, dasz von ihm das meer gepflügt und
127 das land in ackerrücken getheilt, das hohe gebirge gethürmt
und die felsenmasse gehäuft worden sei. ¹ so weit nun reichen
unsre deutschen mythen nicht, oder wir müsten es verstehn
volkssagen in die, wie nicht zu bezweifeln ist, ihnen unterliegende heidnische form zurück zu übersetzen. zwischen Schweden und Ruszland läszt das volk einen waldgeist die grenze
hauen ², wie in Frankreich die spinnende fee den felsgrat heran
trug; was man in Deutschland teufelsmauer nennt soll immer
vom bösen feind, hinter dem ein alter gott steckt, über nacht
aufgeworfen sein. lange stritt, wie eine Harzsage meldet, mit
dem lieben gott der teufel um die herschaft der erde, bis endlich eine theilung des damals bewohnten landes verabredet
wurde, und der teufel unter lautem jubeltanz da seine mauer
baute, wo zwischen Blankenburg und Quedlinburg neben einem
felsenrif eine fläche noch heute des teufels tanzplatz genannt

---

*   als die Macedonier über den Tanais giengen und die Scythen verfolgten,
sagt Curtius VII, 9, 15: transierant jam *Liberi patris terminos*, quorum monimenta
lapides erant crebris intervallis dispositi, arboresque procerae, quarum stipites hedera contexerat.

¹ Kalewala, herausgegeben von Lönnrot, Helsingfors 1835 theil II. s. 201.
30, 84—88, [Schröter 4. rottimos grenzgang 66. vgl. 139. in Kalewala öfter:
pyhäm pellon pientarelle (pientarilta), sancto agri limite. 7, 511. 560. 574.]

² deutsche mythologie s. 455.

wird.¹ die ältere heidnische überlieferung wird zwei götter über die grenze ihres gegenseitigen gebiets im streit dargestellt haben.

Bei Griechen so wie Römern heiligte die höchste gottheit den bestand der grenze. jenen hiesz Zeus ὅριος (nicht zu vermengen mit οὔριος, einem andern beinamen des gottes, der auch günstigen wind verlieh), den Römern hiesz Jupiter *terminalis*. Numa, wie uns Dionysius 2, 74 meldet, verordnete, jeder solle sein eigenthum umgrenzen und steine auf der scheide setzen, wo an bestimmtem jahrestage den unsterblichen göttern opfer zu bringen sei. diesen stein, unter dem namen *Termo, Terminus*, stellte man sich auch als eignes göttliches wesen vor, auf welches noch andere sagen, wie nach Lactantius, dasz es der von Saturn statt Jupiters verschluckte stein gewesen sei, anwendung fanden; ursprünglich gieng der abgeleitete gott immer auf Jupiter selbst zurück.*

In dem deutschen heidenthum, wie ich darzuthun gesucht habe, scheint ὅριος Ζεύς, oder auch ἄκριος, ἐπάκριος einen unmittelbar entsprechenden namen geführt zu haben, *Fairguneis* (von *fairguni* ὄρος) was buchstäblich dem litthauischen *Perkunas* und slavischen *Perun* begegnet, die alle den donner schleudern; doch der deutsche name bleibt am durchsichtigsten, allmälich wich er dem allgemeineren *Donar* oder *Thôrr*, ohne dasz dadurch die gottheit selbst geändert wurde. wie nun Zeus aus den wolken 128 sein geschosz (βέλεμνον, βελεμνίτης) niederfahren läszt, wird unserm Donar ein hammer beigelegt, der in der edda *Miölnir* (vergleichbar dem slav. molnija für blitzstrahl) heiszt und ein characteristisches zeichen seiner göttlichen macht ist. dieser hammer hatte kriegerische und friedliche geschäfte auszurichten; wie er

¹ deutsche sagen no. 189.
* Jupiter lehrt signare et partiri campum. Virg. Georg. 1, 126 f. Vegoia in agrim. p. 250. Festus s. v. termo: Termino sacra faciebant, quod in ejus tutela fines agrorum esse putabant. vgl. K. F. Hermanns gottesd. p. 62. Ἀπόλλων ὅριος Pausan. II. 35, 2. auch Hermes gott der grenzen und wege. ἑρμαι als grenze. das. II. 38, 7. Silvanus. agrim. p. 302. Hartung 2, 170. Limentinus deus liminum. Arnobius 4, 9. 11. — russ. grenzgott tschur, tschurpan. litth. usparinia, susparinia. Hannoch 372.

feindliche riesen zu boden stürzte, weihte er den geschlossnen
ehebund und heiligte land oder grenze.

Hammerwurf führt also unmittelbar auf Donar zurück.
sehr bezeichnend wird bei besitzergreifungen herrenloser gründe
das erworbne land dem Donar geweiht: helgaði landnám sitt
þôr, ok kallaði þôrsmörk heiszt es im isländ. landnáma bôk 5, 2
s. 218: er heiligte seine landnahme dem Thor und benannte sie
Thorsmörk, d. i. Donarsmark [1], was sich wiederum doppelt auffassen läszt, sowol Donnerswald als Donnersgrenze. der zuk-
kende blitzstrahl macht die äcker fruchtbar, zugleich hat er sie
von anfang an geweiht, ihre grenze, wenn man will, mit feuer
gezogen.

Dem donnergott ist unter allen bäumen des hehren waldes
vorzugsweise die eiche heilig, wie alle Donnereichen darthun, die von den christlichen bekehrern gefällt wurden: robur
Jovis, magna *Jovis* antiquo robore *quercus;* diesem ausdruck
entspricht der slavische *perunowa dub,* denn dub, poln. dąb bedeutet eiche. wenn wir nun in den meisten grenzbegängen die
scheide durch eichen bezeichnet finden, kann das weder zufall
noch bedeutungslos gewesen sein. im heidenthum wird das volk
zu Donnerseiche gezogen sein und unter ihrem schatten geopfert
haben; urkunden des slavenvolks gewähren bei grenzfestsetzun-
gen den bedeutsamen ausdruck: do *perunowa duba,* bis zu Pe-
runs eiche [Macieiowski 4, 473]; heilige wälder hieszen perunowa dubrawa, Jovis quercetum, Donares marcha.

Die hammertheilung und alles was ihr ähnlich ist, der beilwurf musz unter dem Donnergott gestanden haben. ich wage
aber zu mutmaszen, sonnentheilung werde auf Wuotan zurück-.
zuführen sein.

Das verhältnis dieser beiden götter, Wuotan und Donar,
wenn auch noch vielfacher aufklärungen bedürftig, läszt sich in
den hauptzügen schon klar erkennen. offenbar haben beide sich
getheilt in die gewalt, die dem griech. Zeus allein zusteht; doch

---

[1] vgl. deutsche mythologie p. 127. [der name metod, meotod, miötuðr und
das allitterierende metod *marcoda,* metod habed *gimarkod* Hel. 4, 13. 15, 17 deutet auf den *grenzmessenden* gott, sei es Wuotan oder Donar. vgl. Vilmar Hel. p. 9.
myth. 1199.]

Wuotan wird als Donars vater und ihm überlegen dargestellt, 129 wie der vater mächtiger als der sohn ist. Wuotan musz aber dem Donar einige ämter seiner waltung überlassen, dafür streifen auf ihn bezüge der gottheit, die Griechen und Römern das wesen Hermes und Mercurs bildete, der umgekehrt als sohn des Zeus dargestellt wird.

Wuotan erscheint ungleich milder und schöpferischer als Donar, seine ordnung ist vollendeter: man darf in Donar eine frühere, rohere gewalt, in Wuotan die nachher obenan tretende geistige von nicht geringerer kraft erkennen. hierzu würde jene aufeinanderfolgende der hammer und sonnentheilung treffen.

Keinen hammer schleudert Wuotan, er führt speer oder stab, und ist der sonne allsehendes auge, was die griechische mythologie durch einen andern ausflusz der höchsten göttlichen kraft, nemlich Phöbus Apollo darstellt, mit welchem Wuotan noch manche andere gaben, zumal der sage und dichtkunst, gemein hat. Hermes war gott der wege und masze, gleich Wuotan; ich finde keinen bezug des Hermes auf die markscheide, worin doch naher zusammenhang mit jenen geschäften gefunden werden dürfte.

Unser alterthum zeigt uns mehrfache freilich verdunkelte vorstellungen von drei oder vier wegen, welche den himmelsgegenden nach, von bestimmter mittelseule aus, ähnlich dem cardo und decumanus der römischen limitation, das gesamte land zu theilen scheinen. an dem heiligthum der *Irmansûl* hat sich noch nichts sicheres ausdeuten lassen; war sie, wie es am wahrscheinlichsten ist, eine heidnische weltseule, so dürfen auch auf sie die vorgetragnen angaben näheres licht werfen. selbst das alte sonnenlehn, das bei neuer besitzergreifung altes grundeigenthums, gleichsam von der sonne empfangen werden muste, kann in den zusammenhang treten.

Eine lateinische grenzurkunde vom jahre 862 in Kembles cod. diplom. aevi saxonici 2, 73. 6, 234, die aber für den genaueren ausdruck der markscheidung selbst, wie öfter geschieht, sich ags. sprache bedient, gewährt einigemal den merkwürdigen eigennamen *Vónstoc*, tô þâm *Vónstocce,* was ich ohne langes zaudern, schon weil auszerdem alle deutung des wortes ent-

wiche, in die vollständige form *Vôdenstoc* zurückleite. dazu bin
ich ermächtigt, in vielen anderen zusammensetzungen wird der
gen. Vôdens gerade so in Vôns, Vôn verkürzt. bekanntlich heiszt
es Wonstag, Gunstag für Wodenstag, Gudenstag d. i. dies Mer-
curii; ein niedersächsisches altes kloster, wahrscheinlich zur
stelle eines heidnischen heiligthums gestiftet führt den namen
130 *Wunstorp,* wofür ältere urkunden *Wodenstorp* liefern (z. b. eine
von 1179 in Falke trad. corbei. p. 770)[1]. in den Niederlanden
hiesz ein gewisses handmasz oder die spanne *Woenslett* (mythol.
145) d. i. wieder Woedenslet, Woedensglied, λιχάς, der raum
zwischen daumen und zeigefinger und auch in dieser anwendung
erscheint ja Wodan als gott des maszes. jenes ags. *Vôdensstoc*
drückt also buchstäblich nichts anders aus als Wuotani palus,
und stock oder pfal müssen, ein gegensatz zu der mark und
dem hammer des donnergottes, als zeichen fortgeschrittner, ver-
feinerter landmessung angesehn werden, welche regelmäszige
stöcke und raine an die stelle der älteren zeichen setzte. auch
in einer andern grenzurkunde bei Kemble 2, 250 der ausdruck
se *stoc.*

Diesen vermutungen, die sich bei fortgesetzter aufmerksamkeit vielleicht von andern seiten her bestätigen werden [*], füge
ich noch einiges über die heiligkeit der grenze und grenzzeichen
hinzu, das sobald man einmal ihren bezug auf bestimmte gottheiten, sei es Wuotan oder Donar anerkennt, wenig auffallen
wird. vorhin sahen wir, wie einzelne grenzfelsen nach höheren
wesen benannt sind.

Ich finde dasz gottesurtheile, namentlich zweikämpfe, häufig
auf der landesgrenze vorgenommen wurden, weil an solcher
stelle die gegenwart der gottheit jeden frevel abwehrte, und
zwischen zwei gebieten der grenzraum jedem kämpfer aus beiden theilen sicherheit gewährte.[**] so z. b. kämpft Thôrr selbst

---

[1] wie heiszt das baireutische Wonsiedel in alten urkunden? [Wotanes sedal?
umsomehr als auch ein Wotensdorf in der nähe liegen soll. auszer Wonsiedel
noch ein flecken Wonsesz (Wonsees) im Baireutischen (Taubmanns geburtsort).
Wonsfleth in Holstein.]

[*] Kuhn westfäl. sag. 2, 190. RA. 55.

[**] bräute an der marke zweier länder übergeben. Gudr. 13, 2. — er forderte
mich mit einem blanken degen auf die grenze. Felsenb. 3, 448.

mit dem riesen Hrûngnir 'at *landamæri*.' Sn. 108. darum fallen im mittelalter so viele holmgänge oder inselkämpfe vor; inseln oder auen lagen mitten zwischen zwei ländern. noch heute pflegen zweikämpfe auf der grenze stattzufinden, damit der überlebende theil ungehindert die flucht ergreifen könne.

Schwere strafen und buszen waren gegen jeden verordnet, der die grenze beschädigte, den rain abweidete oder laub von dem heiligen mahlbaum brach.[1] die härteste aber traf den frevler, der grenzeichen mutwillig verrückte und grenzsteine in trügerischer absicht ausgrub. einen solchen bezeichnet in den alt- 181 schwedischen gesetzen die schelte *ormylja* [Vestgöt. 51. 192], gleichsam ausreiszer, der die erde aus dem boden hebt. nach den welschen gesetzen verfiel, wenn die grenze zwischen zwei dörfern umgepflügt worden war, holz und eisen des pflugs, samt dem pflügenden ochsen dem könig und soviel des pflügers rechter fusz, des treibers linke hand werth waren, muste entrichtet werden. unsere weisthümer sprechen so grausame strafe in uralter formel aus, dasz man sicher annehmen darf, niemals weder unter Heiden noch Christen sei sie zu wirklicher anwendung gediehen; was in frommer scheu vor der entweihung des gottes entsprungen und lange zeiten hindurch fortgesagt worden war, lieszen auch die christlichen gerichte noch verkünden. aus einer menge ähnlicher und doch immer im einzelnen wieder abweichender fassungen wähle ich hier nur einige. am Hernbreitinger Petersgericht wurde im jahre 1506 gewiesen (weisth. 3, 590): der einen markstein wissentlich ausgrebt, den soll man in die erde graben bis an den hals und soll dann vier pferde, die des ackers nicht gewohnt sind, an einen pflug spannen, der da neu sei, und sollen die pferde nie gezogen, der enke (ackerer) nie geern (geackert), der pflughabe nie den pflug gehalten haben, und soll ihm so lange nach dem hals ern bis er ihm den hals

---

[1] so in einem cretischen grenzstreit, der beim altar der Diana Leucophryena verhandelt wurde (Böckh inscr. 2, 1103) νόμοις ἱεροῖς καὶ ἀραῖς καὶ ἐπιτίμοις ἄνωθεν διακεκώλυτο. ἵνα μηθεὶς ἐν τῷ ἱερῷ τοῦ Διὸς τοῦ Δικταίου μήτε ἐννέμῃ μήτε ἐναυλοστατῇ μήτε σπείρῃ μήτε ξυλεύῃ. doch mag dies verbot mehr auf des Zeus heiligen berg in Creta gehn als auf den ὅρος.

abgeern hat. * ein Corbacher weisthum von 1454 (3, 80) drückt
sich so aus: we den faerstein edder kam umme erede mit vor-
sate, den sol men in de erden graven und laten' sin hovet dar
ute, so ho als de faerstein gestanden hait uf der stedde, un sol
mid einen nygen ploge (eren) dar nicht mede geeret ist, un mit
vere vollen an den pflog gespannen, de nicht mer getogen heb-
ben, un nyge gescherre an den plog gedon un einen ploghelder
un driver (nemen), de nicht meer einen plog gehalden edder
gedreven hain und sollen den acker eren, un mag sich dan de
begraven man wat behelpen, dat mag er doen. zu Niedermen-
dig (an der Mosel) wiesen die scheffen 1564 (2, 494): auch so
iemants so vermessen, der markstein ausöre oder grübe, den sol
man gleich dem gürtel in die erden graben und soll ihm mit
einem pflug durch sein herz fahren, damit soll ihm gnug und
recht geschehn sein. dasz aber neuer pflug und neues geschirr,
junge fohlen und pflüger, die noch nie pflügten, erfordert werden, darin ist keine schärfung der strafe, sondern, wie mich
dünkt, nur die ehrerbietung zu erblicken, die man dem gott zur
sühnung des frevels schuldig war. auch bei andern anlässen
sind einem heiligen oder könige rosse vorzuführen, auf denen
noch nicht zaum und sattel gelegen hatte, wie viel mehr einem
132 gott? welche· busze die alten gesetze von Wales, so eigenthümlich und seltsam sie lautet, auf den grenzfrevel verfügen, über-
gehe ich, weil es sich nicht unmittelbar mit unsern deutschen
alterthümern berührt; anzuführen ist aber noch ein tief wurzelnder zug selbst des heutigen volksaberglaubens, wonach die seelen aller, die sich an marken und grenzen vergriffen, auf den
fluren als irwische oder feuermänner umwandern. unzählige
volkssagen melden davon die vielfachsten umstände und auch
landmesser, die mit falschem masz die äcker maszen oder ab-
grenzten, sollen nach ihrem tode mit feurigen stangen und schnü-
ren ihren fehler nachmessen und die furchen auf und abwandeln.
beim pflügen einer zweifelhaften schnat hört man unter dem gemeinen mann die äuszerung, es sei rathsamer nicht auf unge-

---

* Oestr. weisth. bei Kaltenbäck 1, 8*. — Numa Pompilius statuit eum qui
terminum exarasset et ipsum et boves sacrum esse. Festus s. v. termino sacra
faciebant.

wissem lande zu bestehn, als nach dem tode zu spuken.* die
heiligkeit der äcker und des ackergeräthes ist dem glauben unseres volks auf das tiefste eingeprägt; hätte es doch auch niemals den frevel erfahren müssen und sich gefallen lassen, dasz
der grenze des vaterlands grosze stücke von übermütigen nachbarn abgepflügt und abgerissen wurden, uns aber immer erst
einige derselben zurückgestellt sind.

V. BEGANG.

In gewissen fällen war es nothwendig die grenze zu be-
gehn, d. h. von wissenden oder kunstverständigen ihren lauf und
ihre zeichen untersuchen zu lassen. dies hiesz in der alten
sprache *lantleita, marchganc, markleita* [1], [ags. *ymbgang, se em-
begang.* Kemble 2, 249,] altn. *merkja gånga*, schwed. *rågång*
[dän. *markegang, gierdegang, delesgang.* norw. urk.]; in unsrer
späteren zeit s c h n a d g a n g und g r e n z b e g a n g [flurgang. Arndt
bei Schmidt 3, 255. landleitunge. Senckenberg sel. 3, 510].
urkunden des mittelalters haben circumducere terminos, circuire
fines, circuire marcham, auch da es bei groszen marken zu
pferd geschah *cavallicare marcam.* in slavischen gegenden finde
ich ugezd, ujezd, augezd, d. i. beritt, abritt von ugezditi, bereiten.   den Griechen hiesz es περιελθεῖν τὴν χώραν.

Ein solcher begang konnte gefordert werden, wenn ein grundstück aus einer in die andere hand übertragen wurde: der neu-
erwerbende ergrif eben dadurch leiblichen besitz, dasz er sich
zu dem grund und boden hinbegab, auf einem dreibeinigen stul
in dessen mitte niederliesz, dann aber auch alle enden und

---

* grenzabschwören auf heimlich mitgebrachter erde. Fr. Müller no. 302. 303.
Müllenhoff p. 189. 'der schöpfer' bairische annal. 1833. 2, 174.

[1] die marke beleiten. Kaiserrecht 2, 57. (Endem. 4, 20. s. 244. 245). [auf
die gemerche reiten a. 1291. Kopps Rudolf p. 577. ags. *ridan* and þá *gemæru
lædan.* Kemble no. 1073 (5, 140. 141). die loche (grenzsteine) mit den heiligen
und fanen begeben. hess. zeitschr. 7, 191 a. 1429. die grenze treten beim mähen
der wiese, litt. bristi. Nesselm. 345ᵃ. — mlat. circare, agrum deambulare, circa-
manni qui limites defigunt, circamanaria limitum fixio. altfr. cerquemanages, cher-
quemanages = bonnages. — grenzbegänge MB. 4, 47 a. 1134. Dronke tr. fuld.
no. 60. 731. Wigands Corveyer güterb. p. 228 ff.]

[123] wenden in augenschein nahm. so hatte selbst der neue könig, beim antritt der herschaft sein reich nach bestimmten wegen zu durchziehen und von allen marken feierlichen besitz zu nehmen. eine andere veranlassung zu den grenzgängen fand sich darin, dasz über ihre genaue stelle hader und streit ausgebrochen war und sachverständige oder markgenossen zu entscheiden hatten. endlich wurde, zumal in ansehnlichen marken die ganze grenze in bestimmter frist, gewöhnlich von sieben zu sieben jahren feierlich begangen oder beritten und ihre abzeichen dem gedächtnis der mitlebenden eingeprägt. * ein solcher begang glich den jahreszügen der gottheit durch das land oder der umtracht des gottes durch die fluren, und bildete ein wahres volksfest, dem die ganze gemeinde fröhlich beiwohnte, wobei es nicht an gelagen und schmäusen, im heidenthum gewis nicht an opfern fehlte. in Wales geleitete ein geistlicher das umziehende volk und sprach, wenn es zum grenzstein gelangt und mit entblöszten häuptern darum gestellt war, einen fluch gegen den aus, der des nachbars grenze verrücken werde, worauf alle amen riefen.

Unsere urkunden gewähren zahlreiche beispiele von grenzbegängen, an deren schlusz sie feierlich aufgenommen wurden; die bedeutendsten dieser urkunden verdienten zusammengestellt und aus allen die hergänge und terminologien des sprachgebrauchs vollständiger, als es bis jetzt geschehn ist, erörtert zu werden.

Es kam besonders auf die kundigen, erfahrnen männer an, welche von der grenzzeichen lage und beschaffenheit unterrichtet, sie sicher nachzuweisen im stande waren. aus einer meldung des 10. jahrh. dürfen wir entnehmen, dasz ein einzelner grenzführer gewählt wurde, der seine rechte feierlich mit dem handschuh bekleidend damit auf die zeichen fingerdeutete: circumductor efficitur, praecedens et indice demonstrans . . . . . ibat ergo, et *ciroteca*, quam rustici *wantum* vocant, manu superducta, demonstravit. [1] sollte sich aus dieser anwendung des im

---

* jährliche flurgänge myth. 1202.
[1] Sigehardi miracula sancti Maximini, bei Pertz 6, 232. — [incessione populi terminum loci praetitulare. cod. lauresh. 1, 208 a. 1094. *duodecim viri scientes terminos*. Lisch Huhn 1, 9 a. 1230. vier kundschopper beim grenzbegang

alten rechtsgebrauch oft vorkommenden handschuhs etwa der
bei mehrern örtern begegnende name Handschuhsheim, Hand-
schuhsleben erklären? [1]

Während die ältesten greise, die das höchste menschliche
ziel erreicht hatten, auserlesen wurden, um sicherste kundschaft
von der mark zu erstatten, säumte man nicht auf grenzbegän- 134
gen eine zahl von knaben mitzuführen, deren frischer sinn alle
hergänge lebhaft zu fassen und treu zu bewahren fähig war. in
einzelnen gegenden, namentlich bairischen pflegte man sie und
überhaupt alle zeugen am ohr zu ziehen (testes more bavarico
per aurem tracti); es geschah auch wol sonst etwas unerwartetes,
das die erinnerung an den vorfall nicht wieder erlöschen liesz,
Böhme in seinen beiträgen zu deutschen rechten 1, 76 meldet,
dasz bei einer schlesischen grenzhandlung a. 1587 des fürsten
von Liegnitz forstmeister nach der mahlzeit allen zugezogenen
männern die bärte abgeschnitten habe, wobei er aber hinzu setzt:
'ausgenommen den herrn bürgermeister, welcher nachdem er
diesen handel vermerket sich verborgen und danach stillschwei-
gend davongeritten.' gewöhnlich warf man auch geld, brot oder
kuchen unter das mitlaufende volk. die von Osterndorf dies-
seits, von Thierhaupten jenseits stritten um ihre grenze; da ritt
kaiser Ludwig der Baier durch das Lechfeld, liesz zwei wagen
mit brot nachfahren, kehrte sich um und warf das brot unter
die jungen leute: 'sage das einer dem andern und seinen kindern, dasz könig Ludwig heute kundschaft gegangen hat zwischen Baiern und Schwaben; was der Lech herüber legt gen
Baiern das soll Baiern gehören, und was er gen Schwaben legt,
soll Schwaben gehören.' als das brot zu ende gieng, nahm er

vorausgehend. Wigand Corv. güterb. p. 235. 236. praeire et circumducere, opti-
matibus et senibus circumducere, incipiebant in eodem loco alii testes praeire et ·
circumducere, girum pergere. aus der Wirzb. urk. bei Maszmann p. 183. in einer
Schweizer urk. von 1315: et hec limitum assignationes facte fuerunt locis omnibus
dictis *digito ad oculum demontratis.* Geschichtsfreund 3, 242. beim grenzbegang
schweren rasen auf dem kopf tragen. Reutz in Mittermeyers zeitschr. 12, 194.
  [1] Berliner jahrbücher für kritik 1842 sp. 794. [Andseöheshâm Kemble no. 85.
(I, 102). Handschuchsheim, bei Heidelberg, im Elsasz. weistb. 1, 729. 731. 732. 733.
Cassel thüring. ostn. 178. Förstemann 2, 669. Handschuhbach. Schambach nieders.
sag. no. 163.]

einen eisenhut, füllte ihn mit pfenningen und warf sie unter das
volk zu ewigem gedächtnis. [1]
    Bei bestimmten grenzzeichen, namentlich steinen, wurden
in gleicher absicht, um dem vorgang gröszere weihe zu verleihen,
symbolische handlungen oder spiele vorgenommen. noch bis auf
unsere tage herschte zu Lügde, einem paderbornischen städtchen
(unfern Pyrmont), am jährlichen grenzbegang folgende gewohnheit: neben einer mühle stand ein grenzstein, sobald sich diesem der zug nahte muste der müller hinzueilen und mit einem
aus dem zug carten spielen; jedesmal aber hatte er dabei anzugeben, welche carte das jahr zuvor trumpf gewesen war und
eine strafe zu entrichten, wenn er sich dabei irrte. ich zweifle
kaum, dasz die carten an die stelle eines andern spiels und
andrer angaben getreten sind. zu Adeldorf an der Vils in
Baiern war alljährlich auf pfingstmontag der sogenannte was-
servogelumritt um die markung: ein knecht, der am spätesten sich eingestellt hatte, wurde mit laub und schilf eingebun-
den und vom pferde herab in einen bach oder teich geworfen
(Schm. 1, 320. 4, 172). auch zu Köpenik in der hiesigen gegend feiert man alle zwei jahre zur sommerzeit den grenzbegang so, dasz feierlich von hügel zu hügel gezogen wird und
am letzten hügel diejenigen welche binnen diesen zwei jahren
bürger geworden sind von dem schulzen des Kiezes sechs schläge
mit der peitsche empfangen, den ersten für den könig, den zweiten für den magistrat, den dritten für die stadtverordneten, den
vierten für die bürgerschaft, den fünften für die nachbarschaft,
den sechsten thut der schulze für sich selbst (Ad. Kuhn märk.
sagen s. 371). bei westfälischen schnatgängen pflegte man torf
zu graben, durch ein haus zu gehn, welches mitten von der

---

[1] Freybergs erzählungen aus der bair. geschichte. München 1842. 1, 253.
[englische bräuche im yearbook p. 1179. 1108. grenzumritt zu Drübeck zwischen
Wernigerode und Ilsenburg. Pröhle in der zeitschr. für cultur. 1856 p. 406—415.
bei der gemeindebereinung in Steiermark mit ohrfeigen. Duller p. 54. war in
Litthauen ein grenzhügel zwischen zwei dörfern aufgeschüttet, so wurde ein junge
ergriffen, über den hügel gestreckt und empfieng eine tracht schläge, damit er
bis zum spätesten alter die stelle des hügels nicht vergesse. neue preusz. pro-
vinzialbl. 4, 156. knaben mit den köpfen in das loch stutzen und pistole lösen.
weisth. 1, 602.]

grenze durchzogen wurde und das haal auf dem heerde (woran
der kessel hängt) niederzuschürzen. es musz hoch in das alterthum hinaufreichen, dasz man die grenze zuweilen mitten über
heerd oder die haustenne leitete, beides waren heilige den göttern geweihte örter. ich führe noch einige belege hierzu an.
in dem östr. pantaiding von Wartenstein (weisth. 3, 710) wird
die grenze gezogen: von dem stein auf den spiegelhof **d u r c h
d e n   o f e n;** und in dem von Grimmenstein (ibid. 3, 717) 'durch
den stadel **m i t t e n   ü b e r   d e r   t e n n.**' zu Zscheiplitz bei Frei-
burg (in Thüringen), wo die grenzlinie mitten durch die schenk-
stube lief, muste bei dem fünfjährigen flurengang jedesmal ein
bürgersohn rückwärts zum stubenfenster hinein gehoben werden,
um die thür von innen zu öfnen, und man unterliesz nicht seinen namen in das protocoll aufzuzeichnen, damit die alte gerechtsame unverbrüchlich gewahrt bliebe (Rosenkranz neue
zeitschr. 1. 3. s. 4). [zu Schöneberg in Niederhessen gieng der
ganze zug durch ein loch, das in der wand des auf der grenze
stehenden hauses gelassen war, in die küche zum heerd. Falcken-
heiner hess. städte 2, 465. oder ein loch wird in die wände
gehauen, wodurch der ganze zug vom fürsten bis zum dümm-
sten jungen kriechen musz. Lyncker Wolfhag. p. 34.]

Es ist ein uralter ausdruck für gemeinschaft und nachbarschaft, dasz menschen zusammen am tische sitzen und brot
essen (wie das salische gesetz sagt: in beudo pultes manducare),
in einem weisthum (1, 395) heiszt es, dasz vier hirten, nachdem
sie geweidet haben, zusammentreffen und auf einem gespreite-
ten mantel mit einander essen. dieser friedliche zug findet eine
schöne anwendung in den markbegängen unseres deutschen alterthums, da wo das gebiet dreier markgenossen aneinander stöszt,
ahd. *drimarcha*, lat. *trifinium*, gr. τριορία, serb. *tromedia;* [*] dann

---

[*] drei broteberg, drei herrnbuche am Harz. Wh. Lachmann harzgebirg s. 243.
Mainz, Hessen, Waldeck. Curze p. 262. grenze geht durch die küche zu Honn-
scheid und von drei potten auf dem herd steht einer im stifte zu Mainz, einer
im lande Hessen, der dritte in der grafschaft Waldeck. Lyncker Wolfhagen 57.
Landau Hessengau 205. drei ortmal zwischen Massow, Stargard, Golnow. Balt.
stud. 10. 2, 165. zwei dreiherrensteine im Thüringerwalde, grenze in Schlesien
zwischen drei herrn (Schafgotsch). Dreiherrenstein, Dreimärker zwischen Hessen,
Nassau. Dieffenbach Wetterau 139. Wulfstein auf der grenze dreier gemeinden.

entspringt ein liebliches bild vollendeter eintracht, das nicht
besser erdacht werden könnte, in jeder der drei ecken steht ein
stuhl um einen tisch in der mitte, so dasz jeder auf seinem grund
und boden sitzt, alle von dem gemeinschaftlichen tisch essen.
Danaholm, ein platz unweit Göteborg, da wo Götaelf sich ins
136 meer ergieszt, soll vor alters die grenze zwischen drei könig-
reichen, Schweden, Dänmark und Norwegen gebildet haben. die
sage meldet, dasz die drei könige feierlich da zusammen kamen
den grenzbegang hielten und an einem und demselben tisch, doch
jeder in seinem reich saszen. nach einer schon ins westgotische
rechtsbuch s. 67. 68 [Holmberg Bohusläns histor. 1, 25. 3, 476]
aufgenommenen, freilich unhistorischen nachricht ordneten unter
könig Emund (etwa in der mitte des 10. jahrh.) zwölf männer,
vier aus jeglichem der drei reiche die streitig gewesene grenze,
und als nach vollbrachtem geschäft Emund zu pferde stieg, hielt
ihm der könig von Dänmark den zaum, der könig von Norwegen den steigbügel. ähnliche sagen gehen von andern orten in
Deutschland. auf der Desburg einem vorgebirge der Rhön steht
ein alter hoher grenzstein, in welchen eine schüsselähnliche ver-
tiefung und daneben drei löffel gehauen sind. hier grenzten die
ämter Lichtenberg, Kaltennordheim und Sand aneinander und
man erzählt, dasz vor alters beim grenzbegang die amtleute
der drei ortschaften aus dieser schüssel suppe mit einander
aszen. [1]

Wächters heidn. denkm. p. 77. — litt. räthsel: wo kräht der hahn dreien königen? in Smaleninken auf der grenze von Preuszen, Polen und Ruszland. das finn.
kolmen riikin riitamaalta, in dreier reiche streitland, Kalew. 24, 139, scheint die
grenze auszudrücken; vgl. Kalew. 13, 33 Ruszland, Schweden, Finnland. s. unten
streitmark.
   [1] Bechstein sagen des Rhöngebirgs s. 49. — [opfermal beim begang am trifinium. agrim. ed. Rudorff 2, 260. dreiherrenstein zu Teklenburg, Münster und
Osnabrück. mitth. 2, 90. 91. der bischof und graf frühstückten auf einem fels-
stein. das. 94. die drei herrensteine zerstöszt das volk und nimmt sie als arznei
ein. Dieffenbachs tagebuch p. 66. 67. in Wallis hölzerne tische mit löchern, aus
denen statt der teller gespeist wird. — Gregor. Tur. 10, 8: synodus episcoporum
in confinio termini arverni, gabalitani atque ruteni. 2, 35: conjuncti (Alaricus et
Chlodoveus) in insula Ligeris, quae erat juxta vicum ambaciensem territorii urbis
turonicae, simul *locuti*, *comedentes* pariter ac *bibentes* promissa tibi amicitia pacifici discesserunt. 5, 17 u. 577: Guntheramnus et Childebertus (ad pontem petreum
conjuncti) *manducantes* *simul* atque *bibentes* dignisque se muneribus honorantes

Folgende stellen der weisthümer gehören hierher:

1, 638 grenzbegang zu Kirburg a. 1583:

und ist von den alten geredt, wan man einen dreistailigen stul setzet mitten in die wolfskaule, solle drei herlichkeiten bereichen, nemlich Sain, Beilstein und Marienstatt.

1, 833 weisthum der grafschaft Wied a. 1553, ein brunnen Dodersbrunn genannt:

da soll man stellen einen dreistempligen stul, daran sollen sitzen die Colnischen, Wiedischen und Isenburgischen jeder in seines gn. herren obrigkeit und sollen aus einer schuttelen essen.

2, 51 weisthum von Fechingen 15. jahrh.

auf dem Scharberg: da stoszent der vier herren gericht des dorfs zusammen. [2, 606 an den staffelsteyn, da schieszent vier herrn gerichte zusammen. 3, 680. im burgtümpfel (ahd. tumpfilo gurges) stoszen vier gericht aneinander.]

2, 75 weisthum von Wiltingen 1504:

an dem scheitborn, wisen wir den hern von Falkenstein und unsers hern voigt von Broich in mins gn. h. vogdie von Trier und eines probsts vodien von S. Paulin: dasz die vier hern morgent sitzen uf dem born und ein yckliche dem andern zu essen mag geben uf den vier vodien.

2, 529 beschreibung des hofbanns zu Berisborn: 137

und die bach scheid drei hern hochheit, dem hern von Prüm, Gerhardstein und Kail, und kunten wol die drei heru alda an einem tisch sitzen, doch jeder auf seiner hochheit.

2, 765 weisthum von Dreiborn: da morgen vier landsbern sitzen an einem disch und ein jeder auf seiner herlichkeit.

2, 682 weisthum von Zinxheim 1622:

daselbst ein stein gestanden, darauf drei hern nemblich der churfürst von Köln, der herzog von Jülich und der graf von Blankenheim sitzen sollen und jeder auf seiner hochheit zusammen essen an einem tisch kees und brot.

pacifici discesserunt. — stand die Irmansûl zwischen Cherusken Chatten und Marsen? *Carne Usneach* heiliger hain der Iren, wo die grenze der vier landschaften zusammen traf und ein groszer stein errichtet war.]

5*

das genaue verhältnis fordert aber nur drei genossen, nicht den
vierten: unter vieren können immer nur drei von jeder seite an
einander stoszen.* 'driu lant an einander gewant' lautet auch
in Hartmanns Erec 6750 die rechte formel. die schottische sage
weisz von einem zauberkräftigen bogen, der aus den rippen eines da wo dreier herrn land zusammenstiesz [1] begraben liegenden mannes gemacht war; der todtenhügel bildete den mahlstein.
Pausanias 7, 10 erzählt, den zu Aroe, Antheia und Mesatis wohnenden Ioniern habe ein der Artemis Triklaria heiliger wald
und tempel (τέμενος καὶ ναός) gemeinschaftlich zugestanden: wahrscheinlich liefen auf dieser stelle die gebiete der drei gemeinden zusammen und selbst der göttin beiname Τριχλαρία ist eben
von κλᾶρος oder κλῆρος erbland, grundland herzuleiten, wie Diane
und Hecate auch anderwärts trivia und triformis heiszen, ohne
dasz ich jedoch aus griechischen schriftstellern die unsrer deutschen entsprechende sitte des feierlichen stul oder tischsetzens
an dem ort, wo die grenze sich begegnete, aufzuführen wüste.
die errichtung des göttertisches oder tempels war aber noch
heiliger. [vgl. oben die slav. trigorke.]

VI. GRENZSTREIT.

   Wenn über eines landes grenze unter nachbarn zwist aus-
brach, galt dieser für einen solchen, den die gemeine kundschaft
bald zu schlichten wuste.** es scheint beachtenswerth, dasz
138 gleich der lateinischen sprache, die hier statt lis das gelindere
jurgium, statt ligitare nur *jurgare* braucht [2], auch die unsere von
grenzirrungen lieber h a d e r als streit, die ältere aber *pága* an-

_____

* tisch in die thore setzen, ein bein hinein, das ander hinaus. weisth. 3, 888.
tisch mit drei beinen, zwei auswendig, eins inwendig der schwellen. 3, 417.
[1] where three lairds lands meet. Keightley fairy mythology 2, 161. vgl.
Robert Burns p. 13.
** lis quae fuit inter fratres Sceftlarenses et rusticos de Mosache de terminis
agrorum, sedata est *secundum consilium adfinium.* MB. 8, 430 (sec. XII). in Gallien entschieden die priester, si quod est admissum facinus, si caedes facta, si
de hereditate, *de finibus* controversia est. Caesar B. G. 6, 13.
[2] Horat. epist. II. 1, 38 excludat jurgia finis. Nonius s. v. jurgium. Rudorff zeitschr. 10, 346. finium causa jurgare. Amm. Marcell. 28, 5.

wendet, was einen bloszen zank meint. schon in einem gedicht des 9. jahrh. (Muspilli 64) finde ich: war ist denne diu marha, dar man dar êo mit sînên mâgon *pieh;* [vgl. Kchr. 13905 die *marke* si harte *geschieden,* vil unsanfte si *gebiegen;* mystik. 335, 6. biegen als die gellen.] darf auch dem griech. δηριάομαι dieser mildere sinn von jurgo beigelegt werden: ἀμφ' οὕροισι δύ' ἀνέρε δηριάασθον Il. 12, 421 von δῆρις hader? [ἔρις περὶ χώρου. Herod. 1, 82. litth. rubba streit um die grenze, rubežus grenze.]

Zog sich der streit in die länge, so scheint es im alterthum herkommen zu sein, während seiner dauer die stelle des grunds, worüber gehadert wurde auch schon aus der gewalt des bisherigen besitzers zu setzen. so verfuhr man noch in den westfälischen marken. Möser (werke 6, 45) drückt sich folgendergestalt aus: wenn zwei marken wegen ihrer grenzen in strcit sind, so macht man den raum, worüber beide theile nicht eins werden können, zur streitmark. beide theile müssen sich dessen mit holzhauen und plaggenschaufeln enthalten, das beiderseitige vieh aber kann das was darauf wächst mit dem munde theilen. [1]

Reich aber ist unsre volkssage an auskünften, wenn bei abgang aller kundschaft über die gerechte grenze keine sicherheit zu erlangen ist: dann schlägt sie mittel vor, die gleich gottesurtheilen schlichten, und auch ohne zweifel im höhern alterthum durch nichts als gottesurtheile vertreten wurden. [*] andere lösung des haders war nicht möglich.

Entweder läszt die sage eigens bestimmte thiere laufen, ein blindes pferd die grenze ermessen, oder gar einen rückwärts kriechenden krebs durch seine unregelmäszigen bewegungen die ecken und winkel hervorbringen, nach welchen die grenze abgesteckt scheint. schon unser altes thierepos erzählt, dasz

---

[1] bedenklich scheint Mösers annahme, diese streitmark sei im heidenthum durch den priester feierlich geheiligt worden. denn die 'incerta loca, quae colunt pro sanctis' im indiculus paganiarum haben schwerlich mit einem rechtsstreit etwas zu schaffen. [vom stritfelde. urk. a. 1374. Maltzan 2, 262. lüggia hälgþ a skogh, der getheilt werden soll, und afdœma hälgþius. Östg. 219. 227. finn. riitamalta s. oben s. 66 anm.]

[*] soviel einer, dem eine centnerschwere glocke umgehängt ist, an einem tage wald umschreiten könne etc. Pröhle Harzsag. 28.

widder um die grenze ihres grundstücks hadernd gegen einander laufen sollen und da, wo sie mit den hörnern zusammenstoszen die grenze gesetzt wird *; ungefähr wie eine scholie zu Pindar (Pyth. 4, 6) berichtet, dasz Zeus, als er den mittelpunct der bewohnten erde genau bestimmen wollte, von beiden enden im osten und westen zwei gleichschnelle adler ausfliegen liesz, die auf der davon benannten nabelstelle zu Delphi zusammentrafen. ** dieser heilige ὀμφαλός, ein weiszer, wie ein bienenkorb gebildeter stein gab gleichsam die grenze an [1]. in der Schweiz wiederholt sich an mehr als einem ort die rührende meldung von einem grenzlauf, den zwei männer aus den streitenden marken vollbrachten. als die Graubündner von Maienfeld mit dem fürsten von Lichtenstein uneins wurden, vertrug man sich dahin, dasz zu gleicher stunde zwei läufer aus beiden orten gegeneinander rennen und da, wo sie sich begegnen würden, immerwährend die länder geschieden sein sollen. unter groszem zustrom des versammelten volks brachen zwei rüstige jünglinge auf und sparten ihre schritte nicht; aber berganklimmend gewahrte der Maienfelder den von Balzers, der schon den gipfel erstiegen hatte und herabeilte. laut klagend schrie er ihm entgegen; das bewegte dem Balzerner, der schon viel gewonnen hatte, das herz, und er verhiesz seinem gegner so viel landes zurückzugeben, als er ihn auf die schulter nehmend im laufe noch hinantragen würde. mutig rafte sich der Maienberger auf und klomm mit der schweren last nicht blosz zur höhe des steilen bergs, sondern auch noch ein stück auf der andern seite hinab bis dahin wo ein quell in grüner wiese springt, da sank er ausathmend nieder, und da steht noch heute der markstein, auf der einen seite mit dem fürstlichen wappen, auf der andern mit der inschrift 'alt fri Rhätien'. [2]

Das ist noch schöner ausgeschmückt in der sage von ei-

---

* in der Wallachei sieht man auf den gronzhügeln häufig *widderköpfe* aufgesteckt, nach osten blickend. sie sollen viehseuchen abwehren. walach. märchen 301.

** Strabo 9, p. 419. Claudiani prolog. in Fl. Mall. Theod. cons. 11—15.

[1] vgl. Pausanias 10, 16.

[2] Alfons von Flugi volkssagon von Graubünden 101. [vgl. Steub sommer in Tirol p. 144.]

nem grenzstreit zwischen Uri und Glarus. biedermänner sprachen aus, zur tag und nachtgleiche solle von jedem theil früh
morgens beim ersten hankrat ein felsgänger sich erheben, nach
jenseits laufen, und wo beide männer auf einander stieszen, die
grenze bleiben. jedes volk wählte nun seinen mann und sorgsam den hahn, der den tag anzukrähen hatte und sich nicht
verschlafen durfte. die Urner aber nahmen den hahn, setzten
ihn in einen korb und gaben ihm sparsam zu essen und zu
saufen, weil sie glaubten hunger und durst müsse ihn früher
wecken. die Glarner dagegen fütterten und mästeten ihren hahn,
dasz er freudig den frühen morgen grüsze. als nun der herbst
kam und der bestimmte tag erschien, geschah es, dasz zu Alt-
dorf der schmachtende hahn zuerst erkrähte, da es kaum däm-
merte, und froh brach der Urner felsenklimmer gegen die mark 140
auf. drüben im Linthal stand aber schon die volle morgen-
röthe am himmel, die sterne waren erblichen und noch schlief
der fette hahn in guter ruhe; traurig umstand ihn die ganze
gemeinde, allein es galt redlichkeit und keiner wagte ihn zu
wecken, endlich schwang er seine flügel und erkrähte. wie
schwer wird es dem Glarner sein dem behenden Urner den vor-
sprung abzugewinnen! ängstlich sprang er und schaute gen
Scheideck, wehe, da sah er oben am grat schon den mann
schreiten und bergabwärts niederkommen, aber der Glarner
schwang die fersen und wollte seinen leuten noch retten so viel
als möglich. und bald stieszen die männer zusammen und der
von Uri rief: hier die grenze! nachbar, sprach betrübt der von
Glarus, gib mir des weidelandes noch ein stück das du errungen hast. das erbarmte jenen und er antwortete: so viel du
mich an deinem hals tragend bergan laufen wirst, sei dir gewährt. da faszte ihn der rechtschafne senner von Glarus und
klomm ein gut stück feldes hinan, manche tritte gelangen ihm
noch, endlich versiegte sein athem und todt sank er zu boden.
noch heutiges tags zeigen sie das grenzbächlein, bis zu welchem
der einsinkende Glarner den siegreichen Urner getragen habe.

Solche sagen müssen weit in Europa erschollen sein, ein
verwandter zug schlägt an in dem mythus von dem jüngling,
der seine geliebte nur um den preis erwerben soll, dasz er sie

auf den schultern tragend einen steilen berg ersteige, der nun
zwar mit den letzten kräften seines lebens die höhe erreicht,
oben aber erschöpft zu boden sinkt: auf diesem gipfel quillt
fortan labender brunnen und heilkräftige kräuter entspriesezen. [1]
statt der grenzscheidung hat hier die fabel eine andere absicht
zum grunde gelegt. allein das classische alterthum bietet eine
näher liegende grenzsage zum vergleiche dar. Valerius Maximus buch 5 cap. 6 erzählt, dasz einst zwischen Carthago und
Cyrene grenzhader waltete und von beiden städten beliebt wurde
zu gleicher zeit ein paar jünglinge auszusenden: wo sie auf
einander träfen sollte künftig die grenze sein. da machten zwei
Carthager, ein brüderpaar Philaeni mit namen, voll eifers ihrem
lande den vortheil zuzuwenden, vor der anberaumten stunde sich
auf den weg und erliefen eine grosze strecke landes eh sie mit
dem boten von Cyrene zusammenstieszen; aber die Cyrenenser
gewahrten den trug und wollten in den verlust nur dann willi-
141 gen, wenn die Philaenen lebendig sich an der stelle begraben
lieszen, wohin sie mit unredlicher eile vorgedrungen waren. aus
vaterlandsliebe gaben die brüder sich hin und wurden alsbald
in die erde verscharrt. wiederum weiht ein grabhügel die markscheide. ich habe absichtlich den jüngeren berichterstatter vor-
ausgeschickt und will dafür Sallusts sorgfältigere darstellung in
dessen eignen worten (bell. jugurth. cap. 79) ausheben: qua tempestate Carthaginienses pleraeque Africae imperitabant, Cyrenenses quoque magni atque opulenti fuere. ager in medio areno-
sus, una specie, neque flumen neque mons erat, qui fines eorum
discerneret, quae res eos in diuturno bello inter se habuit. postquam utrimque legiones item classes fusae fugataeque et alteri
alteros aliquantum adtriverant, veriti ne mox victos victoresque
defessos alius adgrederetur, per indicias sponsionem faciunt, uti
certo die legati domo proficiscerentur: quo in loco inter se obvii
fuissent, is communis utriusque populi finis haberetur. igitur

---

[1] Lai des deux amans, bei Marie de France und anderwärts. — [schöne
sage von den Lampsacenern und Parianern bei Charon (aus Polyaen) fragm. hist.
gr. 1, 34, wo die grenzläufer auch bei hanekrat aufbrechen, aber andere ursache
des aufenthalts. sage vom grenzstreit der Argiver und Lacedämonier um Thyrea.
Herod. 1, 82.]

Carthagine duo fratres missi, quibus nomen Philaenis erat, maturavere iter pergere; Cyrenenses tardius iere. id socordiane an casu acciderit parum cognovi. ceterum solet in illis locis tempestas haud secus atque in mari retinere. nam ubi per loca aequalia et nuda gignentium [1] ventus coortus arenam humo excitavit, ea magna vi agitata ora oculosque implere solet; ita prospectu impedito morari iter. postquam Cyrenenses aliquanto posteriores se vident et ob rem corruptam domi poenas metuunt, criminari Carthaginienses ante tempus domo digressos, conturbare rem, denique omnia malle quam victi abire. sed cum Poeni aliam conditionem tantummodo aequam peterent, Graeci optionem Carthaginiensibus faciunt, vel illi, quos finis populo suo peterent ibi vivi obruerentur, vel eadem conditione sese quem in locum vellent processuros. Philaeni conditione probata seque vitamque suam reipublicae condonavere. ita vivi obruti. Carthaginienses in eo loco Philaenis fratribus aras consecravere aliique illis domi honores instituti. [*]

Hier kann sich nun critik der sage üben. offenbar will Sallust die im mythus hervorgehobne list der Carthaginienser verwischen und das verspäten der Cyrener aus den hemmungen der sandwüste erklären; dessen bedurfte es nicht einmal, da die groszmütige hingabe der Philaenen in den tod alle flecken sühnte. dies eingraben lebendiger wesen am heiligen ort der grenze, wie 142 sonst in den grundfesten neu erbauter burgen oder thürme, welche allein dadurch stätigkeit erlangen können, kehrt auch in deutschen und slavischen überlieferungen wieder und wird durch nebenumstände auf das manigfaltigste ausgeschmückt. [*] der eingegrabne mensch, der begrabne heros ist das höhere die stätte heiligende wesen, und dasz grabhügel, grabsteine, wie wir oben sahen, in den begrif der grenzeichen übergehn, einzelne benennungen beider ganz zusammenfallen, wird uns dadurch verständlicher. volksüberlieferungen melden dasz zu pestzeiten,

---

[1] flache und kein gewächs hervorbringende gegenden.

[*] arae Philaenon. Sallust. c. 19. Philaenorum arae Plin. 5, 4, ex arena. auch Pomponius Mela 1, 7 meldet die sage.

[*] myth. 1095. Müllenhoff p. 242. trollagrof an einer grenze. Werlauff p. 35. vgl. 22. 24.

um der feindlichen seuche eingang ins land zu wehren, arme
kinder oder erkaufte zigeunerkinder als opfer lebendig auf der
grenzscheide in den grund vergraben wurden. aber unsere
Schweizersagen, welchen zwar das lebendigbegraben des schuld-
freien siegers fremd bleibt, sollten sie dennoch aus römischer
quelle geflossen sein? Valerius zumal war lange im mittelalter
gelesen, Heinrich von Müglein hat ihn schon 1369 verdeutscht.
doch zweimal an verschiedner stelle der Schweiz, wer weisz ob
nicht öfter, sehen wir und verschieden gestaltet den mythus erwachsen. ganz anders ist er in allen fugen gewendet, wir stehn
auf keiner sandfläche sondern athmen reine alpenluft. gegen
jene punische list und untreue wie sticht der Glarner redlichkeit ab, die den schlummernden vogel des tags umstehn und
zu wecken sich nicht getrauen. dieser gerade unmittelbar aus
dem munde des volks übernommne zug von den beiden hähnen
ist epischer als des Valerius ganze erzählung, und ein volk, das
fremde überlieferungen solcher gestalt zu verschönern fähig wäre,
musz ohne zweifel auch in sich selbst alle kraft besitzen sie
vollständig und unerborgt zu erzeugen. es ist besser gethan im
ganzen umfang des alterthums, seinem recht, seiner poesie und
sprache eine gleiche allgemeine wirksamkeit aller triebe, nach
nicht maszloser doch unermeszlicher fülle gewähren zu lassen,
als durch zurückführung des einen auf den andern ihnen will-
kürliche schranken engherzig zu stecken und eben damit ihr ge-
heimes und erfreuendes walten abzuschneiden.

ÜBER DAS FINNISCHE EPOS.

GELESEN IN DER AKADEMIE DER WISSENSCHAFTEN AM 13 MERZ 1845.

Höfers zeitschrift für die wissenschaft der sprache I, 1. Berlin 1845.

——— ···

Unter den drei dichtuugsarten fällt zu beurtheilen keine 12 schwerer als das epos, denn die lyrische poesie aus dem menschlichen herzen selbst aufsteigend wendet sich unmittelbar an unser gemüt und wird aus allen zeiten zu allen verstanden *; die dramatische strebt das vergangne in die empfindungsweise, gleichsam sprache der gegenwart umzusetzen und ist, wo ihr das gelingt, in ihrer wirkung unfehlbar: sie bezeichnet den gipfel und die stärkste kraft geistiger ausbildung, welche von begünstigten völkern errungen wird. um die epische poesie aber steht es weit anders, in der vergangenheit geboren reicht sie aus dieser bis zu uns herüber, ohne ihre eigne natur fahren zu lassen, wir haben, wenn wir sie genieszen wollen, uns in ganz geschwundene zustände zu versetzen. ebenso wenig als die geschichte selbst kann sie gemacht werden, sondern wie diese auf wirklichen ereignissen, beruht sie auf mythischen stoffen, die im alterthum wacher stämme obschwebten, leibhafte gestalt gewannen und lange zeiten hindurch fortgetragen werden konnten. sie kommt also schon völkern zu, deren aufschwung beginnt und 14 gelangt zur blüte bei solchen, die jener stoffe mächtig die ganz junge kunst der poesie darüber zu ergieszen vermochten; aber ein grund und anfang muste immer, man weisz nicht zu sagen

* lyrik so alt als epos. Haupt 9, 129.

wie, vorhanden sein und gerade auf ihm beruht der dichtung
unerfindbare wahrheit. hat uns die literatur im gebiete der lyrik
und dramatik neben treflichen erzeugnissen geringe und schlechte
aufzuweisen; so steht in der epischen poesie vielmehr dem ech-
ten nur das falsche entgegen, dessen erkenntnis von Virgil an
bis auf Ariost und Milton oder Klopstock freilich gröszere mühe
gekostet hat als jene ausscheidung des schlechten.

Kaum in abrede zu stellen wird es sein, dasz die mit vollem recht immer von dem homerischen ausgehende und auf es
zurückkehrende, nur damit lange nicht abgeschlossene betrachtung des epos an einsicht und klarheit gewachsen sei, seit der
deutschen, eddischen, romanischen und serbischen dichtungen
geachtet wurde. aus beispielen und vergleichung lassen sich die
epischen grundzüge am gedeihlichsten entwickeln; ich glaube sogar, dasz ein versuch auch der thierfabel epische natur beizulegen, zu welchem die geschichte unserer einheimischen poesie
vor allen anregte, nicht ohne fruchtbaren aufschlusz geblieben
ist. im epos sind nemlich lauter abstufungen oder ringe zu gewahren, nach welchen es sich allenthalben zu offenbaren und
wieder zu gebären pflegt, fast auf jeder stelle mit eigenthümlichen vorzügen und mängeln: sein ältestes mythisches element
strebt es allgemach mit heldensage zu vertauschen, es wird indem es dunklere, kräftigere bestandtheile ausstöszt, seinen ge-
heimnisvollen kern zum blühen bringt, menschlicher und anmutig
ausgebreitet. in unsern Nibelungen, wie wir sie übrig haben,
waltet entschieden diese verdünnung des mythus, wenn man den
15 ausdruck nicht misverstehn will; in der edda und bei Homer
ist noch den göttern ihr theil, obgleich die helden vorwiegen,
gelassen, unsere kindermärchen haben zugleich einfache und verworrene bruchstücke der alten structur bewahrt, wie wir ihnen
auch bei wilden jäger und hirtenvölkern in aller frische begegnen. das schickt sich zur grammatischen vollkommenheit einzelner züge, die unsre gemeine volkssprache wie die der wilden
darbietet, während die sprache halbgebildeter stämme z. b. der
Gothen, Litthauer, Finnen eine harmonische fülle edelster formen überhaupt aufzeigt, welche nicht der letzten, aber vorletz-
ten stufe des epos gerade zu statten kommen, ja damit schritt

zu halten vorzugsweise geeignet scheinen. an der ungemeinen
wichtigkeit, welche die nunmehr durch Klemms fleisziges werk
erleichterte beobachtung der gebräuche und überlieferungen der
wilden für unser alterthum haben musz, darf nicht gezweifelt
werden; da die heldenlieder der Gothen und anderer deutscher
völker aus früher zeit verschollen sind, habe ich nach beispielen
der epos begierig und ihrer bedürftig nicht unterlassen die serbische dichtung, deren schönheit jedem einleuchtet, zu erforschen,
bin aber vor einigen jahren durch eine neue erscheinung überrascht worden, die allgemeines aufsehn nach sich ziehen sollte
und von der ich gegenwärtig näher handeln will.

In Serbien hat das getreue gedächtnis des volks, zumal alter
und blinder männer eine menge von liedern bewahrt, deren jedes funfzig, hundert bis zu fünfhundert und tausend zeilen in
der reinsten, flieszendsten sprache enthält; wollte man solche
die einzelne gegenstände umfassen und zusammen gehören, namentlich die von Marko Kraljevitsch vereinigen, so könnten ganze
cykeln gebildet werden, die ein kleines epos ausmachten. * überall
findet sich dabei genauigkeit der hersagung, abweichung und 16
wiederkehr der formeln, die ein kennzeichen dieser dichtungsart
insgemein ist; abgesehn von dem wunderbaren inhalt der begebenheiten erhöhen einzelne mythische bezüge, namentlich das
verhältnis der vila, einer geisterhaften halbgöttin, zu den menschen den auszerordentlichen werth dieser gesänge, die in einem bisher geringgeachteten theil des slavischen gebiets dargeboten sprache und dichtung dieses groszen volksstamms reiner
auffassen lassen als es aus irgend einem denkmal der gebilde-
teren glieder desselben möglich war. jetzt aber hat sich in
Finnland ein noch reicherer schatz aufgethan und zwar nicht
einmal unter dem ganzen liederreichen und gesangliebenden volk
sondern fast in einer einzigen landschaft, in dem schon früher
mit Ruszland vereinigten Karelien: auszer vielen einzelnen besonders gesammelten liedern ein epos von 32 gesängen, deren
keiner unter 200 versen, die meisten über 300, 400, einzelne bis

---

* in der neuen ausgabe bilden sie no. 38 — 74 des zweiten bandes (Wien
1845) und füllen s. 215 — 444.

zu 600, 700 zählen, so dasz das werk überhaupt, wenn ich mich
nicht verrechne, 12649 zeilen stark ist und das masz einer epischen dichtung erfüllt. ohne zweifel sind aber noch nicht alle
lieder, welche zu dieser dichtung gehören, aufgefunden oder erhalten, während umgekehrt einzelne ihr gegenwärtig überwiesne
ausgesondert, andere anders verbunden werden könnten. einige
lieder oder bruchstücke derselben hatten zwar schon im vorigen
jahrhundert Porthan, Ganander, Lencqvist, im laufenden Tope-
lius, Gottlund, von Schröter und von Becker bekannt gemacht
und keine geringe vorstellung von dem werth dieser poesie für
die genaue kenntnis finnischer sprache und mythologie erweckt.
wie weit sind aber ihre arbeiten, deren verdienst ungeschmälert
bleibe, übertroffen worden, so dasz sie jetzt beiseite gelegt werden können, seit Elias Lönnrot durch längeren aufenthalt in
Karelien und Olonetz unmittelbar aus dem munde des volks und
17 der kundigsten sänger eine reiche samlung solcher lieder treu
und gewissenhaft zu stand brachte. in Finnland hat die los-
trennung von Schweden, wie in Belgien die von Holland, den
nationalgeist gekräftigt und für alterthum und sprache des vaterlands gröszere theilnahme erzeugt. schon vor zehn jahren ist
Lönnrots arbeit im druck erschienen unter dem titel: Kalevala
taikka vanhoja Karjalan runoja, Suomen kansan muinosista ajoista.
Helsingissä 1835, präntätty J. C. Frenckellin ja pojan tykönä
(Kalevala oder Kareliens alte lieder aus des finnischen volks
vorzeit. Helsingfors 1835 gedruckt bei J. C. Frenckell und sohn)
in zwei bänden [1], deren zweitem von s. 233 — 329 die den text
oft erweiternden varianten (toisintoja) angehängt sind: ein williges zeugnis sowol für die natürliche fluctuation der lieder als

----

[1] beide bände bilden den zweiten theil (osa) einer umfassenderen samlung,
welche betitelt ist: Suomalaisen Kirjallisuuden Seuran Toimituksia. der erste theil
kam mir nicht zu gesicht, der dritte führt den besonderen titel Kanteletar taikka
Suomen kansan vanhoja lauluja ja virsiä (Kanteletar oder altfinnische gesänge
und lieder), drei bände. Helsingfors 1840, worunter manche für die mythologie
wichtig sind, z. b. band 1 no. 94 ein lied von Ilmarinen, band 3 no. 21 Kalevalan
neiti, das mädchen von Kalevala, band 3 no. 30 Kullervon sotaan lähtö (Kullervos reise in den krieg). auch in diesen theilen werden varianten geliefert. im
fünften theil der samlung gibt Lönnrot 7077 mit recht nach den anfangswor-
ten geordnete finnische sprichwörter (sanalaskuja) Helsingf. 1842 auf 576 seiten.

für die sorgfalt ihrer aufnahme. hier sprudelt nun, wenn irgendwo, lauteres epos in einfacher und desto mächtigerer darstellung, ein reichthum unerhörter und wieder mit andern bekannten zusammentreffender mythen, bilder und ausdrücke; ich will besonders hervorheben ein reges sinniges naturgefühl, wie es fast nur in indischen gedichten angetroffen wird. zugleich ist in diesem epos auf einmal der ganze mehr als oberflächlicher bewunderung würdige reichthum der finnischen sprache weit glänzender entfaltet worden, als man ihn bisher aus den wör- 18 terbüchern von Juslen und Renvall gewahren konnte.[1] wenn in Serbien der name von Vuk Karadgitsch, hat in Finnland der von Lönnrot alle ansprüche darauf bei den kommenden geschlechtern unvergessen zu bleiben, die sich ihrer unermüdlichen gerade noch zu rechter zeit unternommenen arbeiten lange werden zu erfreuen haben. welch ein ungleich höherer werth ist solchen untadelhaften samlungen beizulegen als der vielgetadelten jener ossianischen gedichte, womit etwa vor achtzig jahren Macpherson zum erstenmal auftrat, und die allen wahrhaft epischen character verleugnen. aus dem empfindsamen Ossian kann unser deutsches alterthum nirgends, aus dem finnischen epos allenthalben erläutert werden; das ist die sicherste probe gegen jenen und für dieses. [*]

Ich will aber bevor ich es schildere einige bemerkungen über den umfang und das verhältnis der finnischen sprache voraussenden. für das celtische sprachstudium, das in ungerechte wenn auch nicht unverdiente geringschätzung gefallen war, ist unter uns ein groszer eifer aufgewacht. unleugbar haben in der vorzeit Celten ganze strecken des deutschen bodens eingenommen, auf welchen noch manche spur von ihnen wahrzunehmen sein musz. den in Europa eindringenden Germanen sind aber nicht blosz celtische sondern auch finnische bewohner vor-

---

[1] ich habe beim studium der finnischen poesie zu rathe ziehen können die trefliche schwedische übersetzung der Kalevala von Matth. Alex. Castrén. Helsingfors 1841 in zwei theilen. Castrén hat auch in andern arbeiten die gründlichste bekanntschaft mit der finnischen sprache und den ihr verwandten dargethan.

[*] hätte nie gesagt werden sollen.

angegangen, die im Nordosten wie jene im Westen zurückge-
schoben wurden. auch die Finnen haben in dem land selbst
und bei der berührung mit den Deutschen eindrücke hinterlassen,
wir gewahren sie in der sprache der Gothen und anderer hochdeutscher stämme, am stärksten in der scandinavischen, unabhängig von urgemeinschaft, die auch zwischen Finnen und Deutschen eintrat. einige beispiele dieser sprachverhältnisse werden
hier ausreichen. das goth. páida tunica, ahd. pheit, alts. pêda
scheint aus dem finnischen paita indusium, weil deutschen sprachen der anlaut P überhaupt fremd war; dem finn. moukari
malleus maximus wurde das dän. mukker nnl. moker entnommen, kein anderer deutscher dialect kennt den ausdruck und
ein finnischer schmiedegesell wird ihn nicht erst in später zeit
nach Dänmark und den Niederlanden getragen, er musz von
frühe her in diesen strichen gehaftet haben. der nordischen
mundart scheinen aber alle solche ausdrücke aus dem finnischen
zugeführt, die sie mit den übrigen Deutschen nicht gemein hat.
der Gothe drückt vulpes aus durch faúhô, ahd. fohâ, wozu das
masc. fuhs, ags. fox gehört; altn. aber sagt man refr, schwed.
räf, dän. räv, sie sind aus dem finn. repo, gen. revon übernommen. gleich fremd allen übrigen deutschen sprachen ist das isl.
pûki schwed. pojke puer, piga famula, dän. [pog puer,] pige
puella, deren quelle wiederum das finn. poika und piika bleiben. * das altn. alda unda rührt aus dem finn. alto. in das
finnische sind aus dem schwedischen seit der bekehrung manche
kirchliche ausdrücke aufgenommen. andere bewandtnis hat es
aber um urverwandte, weder aus dem deutschen ins finnische,
noch aus dem finnischen ins deutsche gekommne wörter z. b.
finn. mato vermis, goth. maþa, ahd. mado; finn. meri, lat. mare,
goth. mari, ahd. meri, slav. more; finn. nimi, goth. namô, lat.
nomen, slav. imja, altpreusz. emnes, gr. ὄνομα, skr. nâman; finn.
miekka ensis, goth. mêki, ags. mêce, altn. mækir; finn. multa,
gen. mullan, goth. mulda, ahd. molta, altn. mold humus, pulvis;
finn. kulta, gen. kullan, goth. gulþ, altn. gull, ahd. kolt aurum;
finn. akana, goth. ahana, ahd. agana, gr. ἄχνα, acus palea; finn.

---

* ebenso altn. piltr schwed. pilt knabe, bursche finn. piltti.

runo carmen, goth. runa mysterium, altn. rûn litera, secretum,
weil lied, gesang, schrift und gebeimnis aneinander rühren; finn.
äiti mater, goth. aipei, ahd. eidi; finn. tytti puella, filia, goth.
daúhtr, ahd. tohtar, altn. dôttr; finn. tursas gigas, altn. þurs,
ags. þyrs, ahd. durs; finn. hanhi für hansi, weil H und S öfter
sich vertreten, skr. hansa, lat. anser, ahd. kans, altn. gâs, und
eine menge ähnlicher.* die genaueren gesetze des verhaltens
einzelner vocale und consonanten in solchen wörtern können hier
nicht entwickelt werden.

Des grundabweichenden ist jedoch viel mehr, die finnische
sprache gehört einem ganz andern geschlecht an, als die deutsche,
das noch heute, allen erlittenen einbuszen zum trotz weit erstreckt ist. im süden Finnlands braucht man blosz das meer
zu überschreiten, um auf der gegenüber liegenden küste die Esten
zu treffen, deren sprache eine blosz entstellte, schwächere mundart der finnischen zu sein scheint. nördlich reicht der lappische
stamm an Finnland mit seiner formreichen merkwürdigen sprache,
die in einer menge von wörtern und grammatischen eigenheiten
der finnischen begegnet, während der volksschlag selbst ungleich
tiefer steht. ostwärts unter den völkerschaften Ruszlands bis zum
Ural und über diese bergkette hinaus gehören zu den Finnen
in manigfachen abständen Tscheremissen, Morduinen, Vogulen,
Syrjänen[1], Permier, Ostjaken, Votjaken, wenn auch ihre sprache
verwildert und fremden einflüssen ausgesetzt gewesen ist. im
tiefern süden können Ungern, im tiefern norden sogar Grön-
länder, deren sprache in formüberflusz fast erstickt, einen gewissen zusammenhang mit den Finnen nicht verleugnen.

Allen diesen sprachen ist der sie von den deutschen, slavi- 21
schen, litthauischen und vielen andern scharfscheidende zug eigen,
dasz ihr nomen kein genus sondert, dagegen in den meisten derselben, namentlich der finnischen durch eine menge casus zehn,
zwölf oder vierzehn flectiert werden kann. auch ihr verbum hat
eine sehr reiche eigenthümliche flexion, die der slavischen, wie
diese der deutschen überlegen ist. eine sonderbare eigenheit

* s. nachtrag.
[1] elementa grammatices syrjaenae. conscripsit M. A. Castrén. Helsingforsiae
1844.

des finnischen vocalismus ist, dasz die e und i der wurzel in
den flexionssilben ä, ö, ü statt a, o, u, zu fordern pflegen, z. b.
seppä faber, isä pater, was der regel des deutschen umlauts insofern entgegensteht, als dieser von der endung auf die voraus
gehende wurzelsilbe gewirkt wird, hier aber die wurzelsilbe auf
die folgenden einflieszt. dort schlägt der vocal zurück, hier
greift er vor. das finnische gesetz leidet jedoch sehr viele ausnahmen, eben das angeführte seppä lautet in unsern liedern gewöhnlich seppo. die finnische sprache kann aber allgemein betrachtet für eine der wollautendsten und gefügsten des erdbodens gelten.

Es ist bemerkenswerth, dasz die schon bei Tacitus vorkommenden namen der Finnen und Aestier von den Germanen ausgegangen [vgl. Zeusz 272], bei diesen völkern selbst aber
von jeher auszer gebrauch zu sein scheinen. der Finne nennt
sein vaterland Suomi, sich selbst Suomalainen, die estische form
lautet Some und Somelanne, ich werde auf den sinn dieses namens zurückkommen. Estland benennt der Finne Viro, den
Esten Virolainen. der ausdruck Finne ist um so unfinnischer,
als der sprache dieser völker gerade der F laut gebricht.

In der finnischen poesie, wenigstens dieser epischen, man-
22 gelt der reim [1] und die ältere alliteration herscht, dergestalt dasz
achtsilbige zeilen durch zwei oder drei anlaute der einzelnen
wörter gebunden werden:

28,29. Mielikki metsän emäntä,
        Tellervo Tapion vaimo.
28,55. sillon vanha Väinämöinen
        jo tuossa ohon tapasi.
28,306. tuli tullut taivosesta,
        tullut taivahan navalta.

nicht ganz selten laufen zeilen ohne band mit unter, z. b.

28,308. päältä taivahan kaheksan.
28,323. täynnä uusia lihoja.

ist das ein zeichen, dasz sie verderbt sind? übrigens ziehe ich

---

[1] er findet sich blosz zufällig und durch die einstimmung der flexionen herbei geführt.

aus den acht silben jeder zeile einen neuen grund für die von
mir verfochtene ansicht, dasz auch in der edda abgetheilt werden müsse

Sæm. 174. þú munt finna Fáfnis bœli
ok upp taka auð inn fagra,
gulli hlaða à Grana bôgo,

obschon sich die altnordische weise leicht zu zehn oder zwölf
silben versteigt, die stäbe der alliteration beherschen aber die
einzelnen zeilen wie in der finnischen poesie.

Am sichersten einführen in das finnische epos selbst wird
uns eine betrachtung der örter und länder in welchen es spielt
und hier stoszen wir durchweg auf einen gegensatz zwischen
beimat und fremde, dem lande der sieger und feinde, der sich
aber in einen noch höheren zwischen süden und norden, licht
und dunkel aufzulösen scheint. da beide länder unter mehrern
groszentheils durchsichtigen benennungen vorkommen, erleichtert
sich ihre untersuchung.

Zwei solcher namen des heldenlands, die auch in den liedern gern nebeneinander gestellt sind, verdienen nächste aufmerksamkeit, Kalevala und Väinölä. die finnische sprache
pflegt ländernamen aus persönlichen oder sächlichen begriffen 23
durch hinzufügung eines ableitenden ala (oder den umständen
nach ela, ola) zu bilden, z. b. von Tuoni mors wird Tuonela
orcus, von maa terra Manala für maanala, unterirdisches land,
unterwelt hergeleitet. Kalevala 1,26. 246. 5,15. 24. 15,464,
das vom herausgeber passend zur benennung des ganzen epos
gewählt wurde, bedeutet ohne zweifel land des Kaleva, Kaleva
ist ein göttlicher riese und stammvater aller helden. nicht anders scheint Väinölä 1,245. 5,14. 23. 15,463. 25,139. 148 abgeleitet aus Väinö, dem namen eines sohns des Kaleva, gewöhnlich in der verkleinernden koseform Väinämöinen geheiszen, der
in finnischer mythologie vor allen andern hervorragt und den
wir als mittelpunct des ganzen gedichts kennen lernen werden.
über den sinn und ursprung dieses wichtigen namens werde ich
mich noch im verfolg auslassen, Väinölä darf, glaube ich, nicht
nur als Väinös land, sondern auch als land der wonne aufgefaszt werden. Kalevala hingegen bedeutet zugleich riesenland,

heldenland, weil alle helden Kalevan pojat, riesensöhne heiszen;
diese begriffe haben in der finnischen poesie gar nicht das an-
stöszige, ihnen in der altnordischen zukommende, vielmehr was
diese von den göttlichen asen annimmt wird bei den Finnen
ganz auf die riesen geschoben, und die gehäszigkeit der nordischen riesen verlegt sich völlig auf die gegner der Kalevan
pojat. abgesehn also davon, dasz sie ihre rolle ändern, sind
die finnischen riesen vollkommen die eddischen iötnar und da
nach eddischen begriffen Iötunheimr in Finnland anzusetzen
ist, darf schon aus diesem grunde nicht bezweifelt werden, was
aus allem andern hervorgeht, dasz Kalevala und Väinölä nichts
anders als Finnland selbst sei. beide Kalevala und Väinölä werden als waldbewachsen und hügelig dargestellt, nemlich ihr genitiv episch mit aho silva recens, gerotteter wald und kangas
24 sandhügel verbunden, es ist ein schon von menschenhand ange-
bauter boden, der auch an der meeresküste gelegen und insel-
umgeben war, was ein dritter name Luotola, von luoto insula
anzeigt. 25,139. 148 stehn die pojat Väinölän, filii Väinölae und
25,140 lapset Luotolan pueri Luotolae, 25,147 kuuli Luotolan
populus Luotolae offenbar gleichbedeutig.

Wie dies Luotola nicht von einem stammhelden, sondern
einer sache hergenommen wird, sehn wir auch Pohjola und
Sariola, zwei benennungen des feindlichen gegensatzes von
sachbegriffen entlehnt. pohja bezeichnet fundus, dann septen-
trio, weil der norden im grund oder hintergrund der welt gedacht wird, auch die Schweden nennen das zwischen ihnen,
Finnland und Lappland strömende meer das bottnische, von
bottn, ahd. podam, nhd. boden fundus. * Pohjola, das land des
hintergrunds oder nordens wird aber häufig begleitet von dem
beiwort pimeä tenebrosus, caliginosus 2,34. 212. 3,15. 5,44. 117.
121, es ist der dunkle norden, und aus demselben pimeä leitet
sich ein dritter name Pimentola, tenebrarum sedes 5,95. 231.
6,20. 62. 13,4. 15,4. das alliterierende beiwort von Sariola lautet sumia d. i. nebulosa, tristis 2,213. 3,16. 5,45. 57. 11,149;
in Sariola selbst mutmasze ich einen ähnlichen begrif, den ich

---

* lapp. vuodn sinus maris und Norvegia, vuodo fundus. — vgl. Pott bei
Höfer 1, 186. Pohjola im märchen von Puuhaara scheint nicht Lappland.

nachzuweisen auszer stand bin, einen persönlichen namen Sarja
gibt es nicht. 6,251. 268. 7,209. 229. 595. 618 scheint Ulappala wiederum Lappland, und vielleicht dessen kältesten theil
anzuzeigen, vgl. ulappa locus vastus, hulappa apertura glaciei.
eine fünfte benennung Turja 1,270 wird von Renvall Norvegia
remota, transalpina gedeutet.

Waren nun Kalevala, Väinölä, Luotola Finnland, so läszt
sich in Pohjola, Pimentola, Sariola, Ulappala keinen augenblick
Lappland verkennen, und das wird durch Turja = norwegisches
Lappland vollends bestätigt. hierzu tritt, dasz auch in den ge- 25
dichten Suomi als heimat der helden von Väinölä bezeichnet
wird 13,35. 21,279. 24,324. 32,35 und Väinämöinens saitenspiel
Suomen soitto Finlandiae musica 22,312. 337 heiszt, er musz
also finnisch gesungen haben und die lappische sprache war
den helden unverständlich: als einer von ihnen auszieht, warnt
ihn die mutter 6,68. 69, dasz er turische sprache und lappische
lieder nicht verstehn könne. im ersten und sechsten runo ist
endlich auch Lappi oder Lappalainen selbst von dem bewohner Pohjolas gebraucht. zwar scheinen die Finnen sich auch
über Lappland die oberherschaft anzumaszen, wie ich aus der
stelle 1,79 Kave Ukko Pohjan herra folgere, zwischen beiden benachbarten und sprachverwandten völkern bestand hasz und feindschaft. ein bösartiger Lappalainen heiszt 1,137. 239 kyyttösilmä,
der scheläugige, schielende, weil die edler gebildeten Finnen
den Lappen mongolisch oder tatarisch geschlitzte augen zuschreiben, und auf Väinämöinen nährt er alten hasz, gleichwol
ist dieser sohn der schwester des Lappen, 1,210. und Pohjola
führt noch den beinamen miesten syöjä, virorum edax, ἀνδροκτό-
νος 2,35. 11,5. 150.

Auch andere benachbarte länder werden beiläufig genannt,
Venäjä Ruszland 13,33. 18,30. 19,8. 24,137, was ich nicht auf
die eddischen Vanir zu ziehen wage [vgl. Wieselgren 159];
Ruotsi Schweden 13,36 [lapp. Ruotti Schweden, Ruotteladzh
die Schweden], sicher nach Roden, Rodhin, Roslagen, dem
äuszersten Upland Finnland gegenüber; Viro Estland 24,164;
Saksa Sachsen, d. h. Deutschland; doch alle diese gegenden
greifen nicht in die handlung des epos ein und ihrer keine wird

von den helden des lieds betreten. unter den finnischen landschaften selbst ist Karjala Karelien 13,13. 24,138. 26,408,
Savoa Savolax 26,407 hervorgehoben. die ausschlieszung der
Russen, Schweden und Deutschen von dem inhalt des gedichts
scheint mir ein nicht unwichtiger grund für sein hohes alter:
26 es entsprang zu einer zeit als die Finnen nur mit ihren alten
nachbarn handgemein waren und jene später vorrückenden völker noch nicht kannten.

Nach diesen erörterungen läszt sich der begrif und umfang
des ganzen epos in kurze worte fassen. wie das homerische
den zwist und die feindschaft zwischen Griechen und Trojanern
hat es die zwischen Finnen und Lappen zum gegenstand. anlasz aber war die werbung der finnischen helden um eine schöne
braut aus dem Nordland und die ihnen gestellte aufgabe, einen
heilbringenden schatz herbeizuschaffen, der in Pohjolas gewalt
kommt, zuletzt aber von den Finnen in ihre heimat zurück geführt wird.

Beide hauptzüge haben bedeutsame ähnlichkeit mit dem altdeutschen epos, das gleichfalls auf eine brautfahrt nach der nordischen jungfrau und den erwerb eines hortes gegründet ist, der
in den Rhein gesenkt wird, wie jener finnische hort grösten-
theils in den fluten des meers untergeht. obgleich diese einstimmung auch noch in andern einzelnheiten vortreten wird,
folgen doch beide epen einer ganz abweichenden eigenthümlichen entfaltung, so dasz zwischen beiden nur eine ferne urgemeinschaft, kein unmittelbarer zusammenhang angenommen werden darf.

Schicke ich mich nun an, den inhalt des finnischen epos
darzulegen, so musz mir fast bangen, dasz das überreiche geflecht seiner märchenhaften in der kindlichen einfalt früher vorzeit entsprungnen begebenheiten ungeneigte hörer finden werde,
da natürlich unstatthaft ist hier den es ausfüllenden reiz der gedanken und worte in einem freigebigen und dennoch kargen
auszuge wieder erscheinen zu lassen. die rohen aber frischen
hebel, die einfachen aber starken bänder dieser wunderbaren
dichtung haben wenigstens für meine studien leicht zu ermes-
sende anziehungskraft.

Väinämöinen, ein held oder ein gott, liegt schon dreiszig 27
sommer und dreiszig winter im schosz der mutter und hat sonne,
mond und den wagen vergebens angerufen ihn doch endlich das
licht des tages schauen zu lassen. da wird er eines nachts geboren und gleich den folgenden tag schmiedet er sich ein pferd
leicht wie einen halm, auf dem er über das weite meer ausrei-
tet; ein schielender Lappe, alten hasz gegen Väinämöinen näh-
rend stellt sich im hinterhalt, da wo die heilige flut aufwirbelt,
und entsendet zwei pfeile umsonst, aber der dritte trift das pferd
und nun treibt Väinämöinen auf dem meer, ein spiel der winde
und wogen. während dieser irfahrt schaft er buchte, inseln und
felsen; plötzlich kommt ein adler aus Turja geflogen, baut auf
Väinämöinens knie ein nest und legt eier, Väinämöinen fühlt
seine glieder erwarmen und rührt sich, da fallen die eier ins
meer: aus diesen eiern schaft er sonne und mond, erde und
sterne. diese cosmogonische vorstellung hat es vergessen, dasz
er noch in mutterleib eingeschlossen schon die gestirne anrief,
aber wen gemahnt sie nicht an die indische von Brahma und
Vischnu, die auf einem blatt sitzend und an der zehe saugend
schöpferisch die meere durchziehen? doch das eierlegen auf des
gottes knie stimmt nicht minder seltsam zu der aesopischen fabel vom ἀετὸς καὶ κάνθαρος [Fur. 223. Remicius 3 s. 208, fab.
misc. s. 269. 270, Aristoph. pax 127. 129, Lysistr. 695], die überhaupt ein hohes alterthum kundgibt, und hier unerwartet will-
kommenste verbürgung findet. endlich treibt ein wind den helden gegen Pohjola, dessen herrin, Louhi genannt ihn empfängt
und die sehnsucht des klagenden nach der heimat zu stillen
verheiszt, wenn er ihr Sampo aus gewissen dingen, die sie ihm
angibt, schmieden wolle. Väinämöinen erklärt es nicht schmieden zu können, verspricht aber nach der heimkunft seinen bruder Ilmarinen zu senden, der damit besser zu stand kommen
werde, und auf solches gelübde hin entläszt ihn Louhi.

Sampo, gen. Sammon musz nun etwas allgemein bekanntes 28
gewesen sein, weil es Louhi geradezu unter diesem namen begehrt, Väinämöinen aber gleich darauf eingegangen wäre, wenn
ihm nicht die sache schwierig geschienen hätte. aber weder
die finnische noch eine andre mir bekannte sprache weisz den

ausdruck zu deuten. die vier dinge, aus welchen es geschmiedet werden soll, sind eine schwanfeder (joukkosen sulka), ein
kraut ackerwolle (villan kylki), ein gerstenkorn (otrasen jyvä)
und ein stück von einer spindel (värttinän muru). [1] in den s. 239
beigefügten varianten wird eines lammes knochen und einer un-
fruchtbaren kuh milch hinzugefügt. es scheint mir als solle
überhaupt pflügen, säen, viehzucht und spinnen dadurch bedingt
werden. das gerstenkorn hat bei vielen völkern für die grundlage alles landmaszes gegolten und drückt auch in unsern liedern anderwärts die geringste grösze aus 17,625. 27,138. villan
kylki, wenn ich diese worte richtig fasse, das schwed. åkerull,
dän. ageruld ein zauberkräftiges kraut (mythologie s. 1228),
griech. ἠριγέρων, lat. senecio hat wollige blätter und daher den
namen. welcher aufschlüsse über diese bestandtheile man auch
noch bedürfe; das fällt mir auf, dasz in einem färöischen volksliede das nahen und die hilfe der drei götter Odin, Hoener und
Loki an ein gerstenkorn, eine schwanfeder und an ein fisch-
samenei geknüpft ist. [2] auf jeden fall musz also in der vorstellung etwas enthalten sein, was ihr ein von frühe an im norden
gegründetes alterthum zusichert. beständig wird neben dem
sampo ein dazu gehöriger bunter deckel, kirjokansi genannt,
29 vielleicht ein buntes darüber gebreitetes tuch. Sampo selbst
scheint aber in pflanzenweise fortzuwachsen, es heiszt, dasz es
auf einem steinfelsen zu Pohja in der tiefe von neun faden wurzel faszte, die eine wurzel in die erde schlug, die andere im
rand des wassers. die dritte im berg der heimat (kotimäki) stand
(5,310) und diese festhaftenden wurzeln müssen späterhin, als
die finnischen helden wieder in den besitz des hortes gelangen,
ausgepflügt werden (23,65). doch das merkwürdigste ist die
eigenschaft des Sampo zu malen: gleich nachdem es geschmiedet war begann es bei tages anbruch drei kasten getraides zu
malen, einen zum aufessen, den andern zum verkaufen, den dritten zum bewahren. es ist also identisch mit der wunderbaren
müle des nordischen königs Fróði, welche alles was man ihr zu

---

[1] man erinnert sich bei dieser zusammensetzung an den eddischen Gleipnir,
der aus sechs stücken gemacht wurde. Snorra edda s. 34.
[2] Lyngbyes färöiske qväder. Randers 1822 s. 502—516.

malen aufgab malen konnte, gold, salz und jede art von glück *;
die vorstellung einer solchen wünschelmühle musz in früher zeit
unter allen deutschen völkern gewaltet haben, wie ich bei andrer
gelegenheit ausführlich beweisen werde: es sei hier nur an die
mülen unseres noch lebenden volksliedes erinnert, welche über
nacht oder an jedem morgen (ganz wie 5,299. 347 puhtehessa,
tempore antelucano) silber und gold malen (Uhland 1,77); ist
es von der aufsteigenden, den horizont vergoldenden tagesröthe
hergenommen? Sampo war ein wünscheling, dessen besitz,
gleich dem des Graal, jegliche art von glück zu wege brachte.

Im begrif nach haus zu fahren erblickt Väinämöinen die
schöne tochter des nordens auf dem regenbogen sitzen, ihre
goldne weberspule hin und her werfen. eingenommen von ihrem
liebreiz bittet er sie ihm zu folgen; sie aber stellt ihm zwei
schwere aufgaben, mit einem stumpfen messer ein haar zu spalten und um ein ei einen knoten, ohne dasz man ihn merken
könne, zu schlagen. als er beides geleistet hat fordert sie auszerdem, dasz er aus stücken ihrer spindel ein boot zimmere, ohne
mit der axt den felsboden zu berühren. drei tage hat er glück- 20
lich schon daran gearbeitet, am dritten aber trift die axt dennoch den stein, springt zurück und verwundet Väinämöinens
fuszzehe, aus welcher alsobald das blut in strömen rinnt. vergeblich ist alle mühe es zu hemmen; Väinämöinen hat den spruch
vergessen, mit dem man blut stillen kann, und aus der zehe des
göttlichen mannes strömt eine solche masse blutes, dasz die
ganze gegend davon bis zu den bergen überschwemmt wird.
gerade so läszt eine deutsche volkssage aus der verwundeten
zehe eines riesen eine überschwemmung aufwachsen. endlich
nach vielem umher suchen wird Väinämöinen eines zauberers
habhaft, der die hemmende formel weisz, sie aber erst dann auszusprechen bereit ist, nachdem ihm Väinämöinen den mythus
vom ursprung des eisens, einen der seltsamsten und tiefsinnig-
sten, den ich aber hier vorbeilasse, erzählt hat. **
In Väinölä angelangt zaubert Väinämöinen im wald eine

---

* kvärnen til at male sild og velling. Norske event. 314. til at male salt. 316.
** vgl. anm. des russ. übers. s. 22.

fichte, auf deren gipfel der mond, auf deren zweigen der him-
melwagen steht. dann fordert er Ilmarinen seinen bruder,
den kunstreichsten schmied auf zur fahrt nach Pohjola, wo er
Sampo schmieden und zum lohn dafür die schöne jungfrau des
nordens erlangen solle. Ilmarinen weigert sich nach dem män-
nermordenden lande zu ziehen; da lockt ihn Väinämöinen auf
jenen baum, um den mond und wagen herunter zu langen. Ilmarinen erklettert ihn eben, als Väinämöinen schnell einen wirbelwind herbeiruft, dem er befiehlt seinen bruder unverzüglich
nach Pohjola überzuführen. Louhi empfängt diesen gastfreund-
lich und Ilmarinen bringt Sampo zu stand, ohne dasz es ihm
gelingen will die liebe der schönen tochter zu erwerben. *
     Das lied führt uns jetzt einen dritten, jüngeren bruder auf,
dem es überhaupt grosze gunst zuwendet, wie das schon aus
31 seinem ständigen beinamen lieto (der frohe, muntere) Lemminkäinen hervorgeht. auch ihn gelüstet die fahrt nach Pohjola zu
bestehn, und aller warnung seiner abmahnenden mutter ungeachtet tritt er den weg an, nachdem er sich vorher die locken
gekämmt und den kamm auf den sparren geworfen hat: wenn
einmal blut aus den zinken des kamms triefe, sei es um sein
leben geschehn. ähnliche kennzeichen hinterlassen sich freunde
beim abschied auch in deutschen märchen. glücklich angelangt
begehrt Lemminkäinen Louhis tochter, ihm aber werden drei
andre aufgaben gestellt, ein wildes elenthier, ein schnaubendes
pferd zu fangen und einen schwan auf Tuonelas flut zu schieszen. der beiden ersten abenteuer entledigt er sich, doch dem
strome der unterwelt nahend wird auch er von einem lauernden
alten Lappen, den er beleidigt hatte, ins herz getroffen und in
den todesstrom geworfen. Tuonis sohn haut den leichnam in
stücke. in Lemminkäinens heimat war der hinterlassene kamm
täglich betrachtet worden, als blut von den zinken rinnt, fliegt
seine trauernde mutter mit flügeln, d. h. in gestalt einer lerche
nach Pohjola und zieht erkundigung ein nach dem geliebten
sohn. Louhi, durch drohungen genöthigt, bekennt endlich, welche
aufgabe ihm geschehn war. nun läszt sich die mutter einen

---

* Louhi auch im märchen von Puuhaara.

eisernen rechen schmieden, fliegt damit zum Tuonistrom, recht aus dem boden des flusses alle stücke von Lemminkäinens leib zusammen, fügt sie sorgfältig zu einander und wiegt sie solange auf ihrem schosz, bis das leben in sie zurückkehrt und der sohn zum andern male aus dem schosz der mutter geboren wird. wie lebhaft schildert das ihre liebe, dasz sie selbst für ihn sich den gefahren aussetzt, vor welchen sie ihn vorher gewarnt hatte.

Väinämöinen und Ilmarinen ihrerseits rüsten sich zu neuer brautfahrt nach Pohjola. Väinämöinen will durch zauberlied ein boot zimmern, kann es aber nicht vollenden, weil ihm drei 32 zauberworte gebrechen. der erste versuch ihrer in Tuonela habhaft zu werden misglückt; da besinnt er sich, dasz Vipunen, der schon lange begraben in der erde liegt und über dem ein dichter wald aufgewachsen ist, ihrer vor allen kundig sein müsse· zu dem grabe führt ein mühevoller pfad über frauennadelspitzen, männerschwertecken und heldenstreitäxte. Väinämöinen aber hat sich mit eisernen schuhen und handschuhen ausgerüstet und gelangt glücklich zur stelle. er fällt den wald auf dem grab und treibt eine eisenstange in Vipunens mund, der aus seinem todesschlummer erwacht, den mund weit öfnet und Väinämöinen verschluckt. dieser in Vipunens magen richtet sich eine schmiede ein und beginnt zu hämmern, dasz Vipunen in die gröste noth versetzt durch zaubergesänge sich von dem unbequemen gast zu befreien strebt. so wird Vipunen gezwungen seinen vollen wortvorrath zu erschlieszen: er singt tage und nächte, sonne, mond und wagen stehn still, meer und flut hören auf zu schwellen, um seinem gesang zu lauschen. * die ganze fahrt zum grabhügel Vipunens mahnt an Odins zug zum schneebedeckten hügel der Vala, die er zwingt ihm rede zu stehn. reichlich mit worten ausgestattet kehrt nun Väinämöinen heim und vollendet das begonnene boot. als er aber im boote nach Pohjola fährt, erlangt Ilmarinen kunde davon und macht sich auf den landweg, beide brüder treffen zu gleicher zeit ein und werben. die jungfrau erklärt sich dem jüngeren Ilmarinen, der

---

* Possart Estl. s. 173 macht aus Vipunen eine frau.

Sampo geschmiedet habe, geneigter, doch soll er vorher noch einen schlangerfüllten acker pflügen, wölfe und bären zähmen und in Tuonelas strom einen hecht ohne netz fangen, welchen forderungen er allen genügt.

Nun wird die hochzeit in Pohjola gerüstet. man will einen ungeheuern ochsen schlachten, dessen schwanz Tavastland, dessen haupt Kemi berührt, der eine fusz trampelt in Olonetz, der andere auf Turjas. alpe, der dritte am flusz Vuoxen, der vierte in Lappland. eine schwalbe hatte den ganzen tag zwischen seinen hörnern zu fliegen, das eichhorn einen ganzen monat vom einen ende des schwanzes bis zum andern zu laufen und muste in der mitte seiner wege auf dem schwanze zu nacht rasten. lange aber findet man keinen schlächter, der diesen ochsen gefällt hätte. endlich erhebt sich ein kleiner mann aus der meeresflut, daumenlang und drei finger hoch mit einem bart, der zum knöchel niederreicht und steinerner mütze; goldnes messer trägt er und tödtet mit einem streich das thier, mit dessen fleisch hundert körbe, jeder hundert faden grosz, mit dessen blut sieben bote gefüllt werden. darauf spricht Louhi, wir wollen bier brauen und ich weisz seinen ursprung nicht; siehe da sauset hopfen vom baum, rauschet wasser vom strom und schnurrt gerste vom acker her: wann werden wir zusammen kommen und in gährung gerathen? Osmotar die brauerin legt alles zu einander, sie wollen nicht gähren. ein eichhorn und ein marder, schnell durch händereiben erschaffen, werden in den wald entsendet um herbeizuholen, was das bier in gährung bringen soll, immer umsonst. zuletzt wird auch Mehiläinen die biene geschaffen, welche über neun meere fliegt zu einer in schlaf gesunknen jungfrau, um die herum goldne gräser, silberne blumen sprieszen. Mehiläinen taucht ihre flügel in den honigthau des grases und fliegt damit heim; kaum hat Osmotar dieses honigs einen tropfen in das bier gethan, als es zu gähren anhebt und gewaltig schäumt über eimer und gefäsz in die tonne des kellers: soll ich aber getrunken werden, musz man mich besingen, ruft das bier aus, sonst sprenge ich meine bande. * schnell läszt

---

* andres lied vom bierbrau. Kant. 1. no. 110.

die wirtin alles volk entbieten, arme und reiche, blinde und
lahme, Väinämöinen nicht zu vergessen, doch den unbändigen
Lemminkäinen läszt sie ungebeten. dann folgt umständlich wie **34**
bräutigam mit seinem geleit und die gäste zur hochzeit ein-
treffen, Väinämöinen, der es seinem bruder nicht entgelten läszt,
dasz er ihm die braut vorweg genommen hat, bleibt nicht aus
und erheitert alle gäste durch seinen süszen gesang.

Hierauf wird der braut abschied aus der heimat geschildert; Louhi wirft ihrer tochter vor leichtsinnig die wohnung der
voreltern aufzugeben, aus der mutter reden und der tochter antworten bricht warme vaterlandsliebe vor. wie kann ich, sagt
diese, meiner mutter milch, meines vaters güte bezahlen? (millä
maksan mammon maion, millä isoni hyvyyen? 15,344.) dann
verabschiedet sie sich von allen leuten und sachen der goldnen
heimat [Schiefner 24, 443. ed. 1849 s. 176. 1862. 24, 139. Castrén 1, 182], richtet an stube, kammer, thür, schwelle und hof
besondre worte.* und noch aus Ilmarinens schlitten ruft sie
den bäumen, sträuchen, zweigen, beeren und wurzeln ihr lebe-
wol zu. als sie ein stück weges mit dem bräutigam gefahren
ist und einen acker sieht, fragt sie: wer hat da querüber gesprungen? Ilmarinen versetzt: der hase hat hier querüber gesprungen, des hasen sohn die spur getreten; die braut erwiedert:
ach besser wäre mir auszusteigen und in des hasen fuszspur zu
treten, als hier im schlitten zu bleiben! dieselben fragen und
antworten wiederholen sich noch zweimal, als sie der spur eines
fuchses und bären vorüber fahren; die empfindung ist um so
zärter, da sie in den mund feindlicher Lappinnen gelegt wird.
in Ilmarinens wohnung bereitet dessen mutter der braut den
freundlichsten empfang und auch bei diesem anlasz sind die fallenden reden ein zeugnis für die gesittung der völker.

---

* den wenden danken P, 52. lebe wol, du guter boden, wie oft hat der
alte Daniel dich abgefegt, lebe wol du lieber ofen, der alte Daniel nimmt schweren abschied von dir. Schiller 137*. hütte. Göthe 57, 140. Stella zu den wän-
den. Göthe 10, 155. sie wollte nur zu guter letzt ihre vorige zimmer besehen
und von diesen leblosen dingen adieu nehmen. Celander verl. stud. 89. farewell
ye hills of Cannor! ye mossy tower! Smith antiq. 351. schöne stelle Renaus 74,
27—32. Philoktet bei Sophokles 1450 ff. nimmt abschied von haus und quellen.
etiam nunc saluto te, lar familiaris, priusquam eo. Plaut. mil. glor. 1340.

85   Lemminkäinen begibt sich auch ungebeten auf die fahrt,
trift aber erst ein als das fest bereits geendet hat; verdrieszlich
heischt er neues gastmal und Louhi entsendet ihre magd es zu
bereiten. diese ärgerlich legt giftige schlangen und nattern ins
bier, worauf er entrüstet hier gegen bezahlung verlangt; das
war der härteste schimpf, den man im alterthum der gastfreund-
schaft bieten konnte. auch ertragen ihn die Lappen nicht, und
Louhis sohn, dessen name so wenig als der seiner schwester genannt wird, fordert Lemminkäinen zum zweikampf. die helden
messen ihre klingen, der Lappe, der die längere aufzeigt, hat
den ersten hieb; Lemminkäinen enthauptet aber seinen gegner
und flieht nach haus. Lemminkäinens fernere abenteuer lasse
ich hier unberichtet.

Das lied wendet sich (runo XIX) zur erzählung, wie Ilmarinens eheglück bald zerrinnt. Kullervo ein riesensohn, der
schon drei nächte alt seine binden zerrissen hatte, wird als knecht
nach Karelien geführt und dem schmied Ilmarinen verkauft für
zwei zerbrochene kessel, drei alte hafen, fünf ausgewetzte sicheln,
sechs verdorbene messergriffe, also den allergeringsten preis.
gleich den ersten tag begehrt Kullervo arbeit von seinem herrn,
man giebt ihm das kind zu wiegen, er tödtet es und verbrennt
die wiege. am folgenden tag entsandt wald zu rotten zerstört
er den wachsthum der bäume und macht allen boden untaug-
lich zur saat. was man ihm aufträgt verrichtet er echteulen-
spiegelisch immer alles verkehrt. den sechsten tag soll er das
vieh hüten, die hausfrau durch den schlecht entschuldigten tod
ihres kindes hart verletzt backt ihm in sein brot einen stein;
als er frühstücken will und sein messer auf den stein stöszt,
erzürnt er und sinnt auf neue rache. nachdem er das vieh getödtet hat, fängt er wölfe und bären, macht sich aus der kuh
bein ein blashorn, aus des ochsen horn eine pfeife, aus des
kalbes fusz eine flöte, beginnt zu blasen und zu spielen die wilden thiere vor sich her treibend. die frau hört blasen und du-
deln, dasz ihr die ohren springen; sie tritt ihm entgegen und
86 meint ihre herde zu melken, als bären und wölfe von Kullervo
dazu aufgefordert über die arme herfallen und sie zerfleischen;
vor ihrem ende spricht sie eine verwünschung aus, der aber

Kullervo eine andere schnell entgegensetzt. dann zieht er fröhlich blasend in den krieg [1], unbekümmert um die ihm zulangende nachricht, dasz vater, mutter und frau gestorben seien. [2] diesen gesang halte ich für einen der schönsten des ganzen epos: Ilmarinens hausfrau, als sie ihre herde in den wald entsendet und wieder heim erwartet, spricht gebete zu deren schutz und gedeihen aus von seltner anmut, die uns einen tiefen blick in das finnische landleben werfen lassen, und der abstich ihrer innigen sanftheit von Kullervos rohem heldenübermut kann unmöglich seine wirkung verfehlen. [*]

Ilmarinen in trauer versunken um seine geliebte ehefrau, nach langem weinen und klagen, fällt endlich auf den gedanken, sich eine andere aus gold und silber selbst zu schmieden. diese seltsame vorstellung begegnet auch in estnischen und serbischen liedern; als der kunstreiche bildner, ein zweiter Pygmalion hand aus werk gelegt hat, gelingt es über die masze, doch der bildschönen braut vermag er weder sprache noch wärme einzuflöszen, sie ruht nachts an seiner seite, aber ihm entgegen aus dem gold und silber strömt nur kälte. da entschlieszt er sich, als müsten alle jungfrauen aus dem Nordland geholt werden, zu einer neuen fahrt nach Pohjola um Louhis jüngere tochter, kehrt jedoch unverrichteter dinge zurück. Väinämöinen fragt den heimreisenden, wie es dort im lande stehe? Ilmarinen antwortet: leichtes leben ist in Pohjola, weil sich dort Sampo findet, da ist pflügen, säen, wachsthum und ewiges glück.

Beide brüder, Väinämöinen und Ilmarinen, fassen jetzt den 87 plan, nach Pohjola zu ziehen und, es koste was es wolle, sich des Sampo wieder zu bemächtigen. unterwegs aber gesellt sich ihnen auch Lemminkäinen bei als dritter waffengenosz. auf dem meer rennt sich das boot auf den schultern eines ungeheuern hechtes fest, welchen Väinämöinen tödtet und dessen zähne ihm auf die erfindung der unter dem namen Kantele bekannten harfe

---

[1] vgl. Kanteletar 3 no. 30. (oben s. 17.)
[2] dem heimkehrenden Thôr verkündet Harbarðr, dasz seine mutter todt sei: daud hygg ec at þin mœðir sé. Sæm. edda. 75.
[*] Kullervo mahnt zugleich an Eulenspiegel und Sigfried. über Kullervo ein aufsatz von Schott in den Berl. abh. 1852 s. 209 – 236.

bringen. als sie vollendet ist versuchen alle darauf zu spielen,
doch niemand vermag es ihr die rechten töne zu entlocken. da
greift Väinämöinen selbst in die harfenstränge, weckt die freude
und singt allmächtige lieder, welchen thiere, vögel und fische
zu lauschen nahen, tausende von finken und zeisigen lassen sich
auf seine schultern nieder, alle helden brechen aus in thränen:
über Väinämöinens wangen selbst rollt eine flut von zähren, sie
flieszen hinab ins meer und bilden edelsteine [perlen 22,365].
wer wird, ruft er aus, meine thränen in den klaren wogen
pflücken? die blaue ente (sininen sotko) ist es, die ibren schnabel in die kühle flut taucht und Väinämöinens thränen pflückt;
wer die serbischen lieder kennt, weisz dasz es die wunderbare
utva zlatokrila, goldgeflügelte ente ist.

   Die froh und tieferregte gesellschaft erreicht nun Pohjola,
ohne zaudern erklärt Väinämöinen, dasz sie gekommen seien
Sampo zu theilen. Louhi sucht aber mit einem alten jägerspruch
auszuweichen: das hermelin könne nicht getheilt werden, das
eichhorn sei für drei zu wenig (ei oo kärpästä kahelle, oravass'
osoa kolmen 23,15. 16.). diese untheilbarkeit oder schwierige
theilung des hortes scheint wieder ein zug, der dem finnischen
und deutschen epos gemein ist: den Nibelungen entsprang zwist
und hader über der theilung des schatzes, bis Siegfrieds gewalt dazwischen fuhr. auch die finnischen helden, als die güte
as fehlschlägt, schreiten zur gewalt. Väinämöinen bringt durch zauber zu wege, dasz ein tiefer schlaf auf alle Nordleute fällt; seinem sang und Ilmarinens kunst öfnen sich dann die verrosteten
thüren zu der burg, in welcher Sampo verwahrt liegt, dessen
wurzeln ausgepflügt werden müssen, endlich ist es gelöst und
die helden tragen es zum boot, ihre rückfahrt beginnend. schon
drei tage sind sie unterwegs und die küste der heimat schimmert ihnen entgegen, als Väinämöinen allzufrüh ein siegeslied
erschallen läszt. ein kranich hat den gesang vernommen und
schreit so laut auf, dasz ganz Pohjola plötzlich erwacht. Louhi
findet sogleich, dasz Sampo geraubt ist und fleht zu Ukko dem
gott, dasz er sturm errege und die fahrt der helden aufhalte.
Ukko erhört die bitte, und nun werden die helden auf der flut
umgetrieben. Louhi hat ein fahrzeug gerüstet sie zu verfolgen,

als es naht, schaft Väinämöinen einen felsgrat zwischen beiden
schiffen. Louhi aber wandelt sich in einen adler, dessen riesen-
mäszige schwingen alle männer des nordens in sich aufnehmen,
und dieser adler fliegt auf den mast von Väinämöinens boot,
und schlägt die klaue in Sampo ein um es fortzuziehen. Ilmarinens und Lemminkäinens schwerter fruchten nichts, doch Väinämöinen führt kräftige streiche mit dem ruder und Louhi, nachdem sie alle finger auszer dem kleinen verloren hat, stürzt nieder
ins boot. dennoch war es ihr gelungen, das mit dem kleinen
finger [1] festgehaltene Sampo ins meer zu schleudern, dasz es in
stücke brach. ein theil dieser stücke fiel in den grund des
meers, und davon rühren die schätze des meers her, ein kleiner
theil wird vom sturm an den strand von Kalevala geworfen und
davon stammt Kalevalas wolstand, Louhi behielt nichts als den
deckel (kirjokansi), darum herscht nun in Lappland elend und
brotloses leben.

Väinämöinen sammelt die an den strand getriebnen stücke
und händigt sie dem Sampsa Pellervoinen ein, damit das gefilde
fruchtbar zu machen. das ist ein genius des ackerbaus und
sein name Sampsa hängt deutlich zusammen mit Sampo selbst.
Pellervoinen sät aus und alle bäume wachsen auf, nur die eiche
will anfangs nicht gedeihen, endlich aber schieszt sie so mächtig in die höhe, dasz ihre krone in die wolken reicht, und sonne
und mond durch ihre äste verdunkelt werden. sie heiszt gottes
baum, puu jumalan, genau wie die deutsche Donnereiche, die
griechische δρύς ὑψίκομος Διός. man beschlieszt endlich sie zu
fällen, wozu sich ebensowenig jemand vorfindet als zum schlachten jenes stiers, und gerade so musz wieder ein däumling mit

[1] 23,391 sormella nimettömällä, mit dem ungenannten finger, während es
vorher 378 hiesz, dasz nur der kleine finger, yksi sakari sormi, an der hand geblieben sei, der ungenannte finger musz also derselbe sein, obwol ihn andere
durch den ringfinger oder goldfinger erklären. auch in Hartliebs buch von der
zauberei (anhang zur mythol. s. LX) kommt die benennung ungenannter finger
vor. als der ungeborne Väinämöinen sich aus dem schosz der mutter zu lösen
beginnt, thut er es wiederum (1,103): sormella nimettömällä. [namenloser == vierter finger. Schiefner finn. märch. 620. vgl. Pott zählmeth. s. 284. 287. auch den
nordamericanischen Mönitarris heiszt der dritte finger der 'ohne namen', es ist
unser vierter, weil sie den daumen besonders rechnen und vom ersten finger zu
zählen beginnen. reise des prinzen von Wied 2, 567.]

der steinmütze dem meer entsteigen und den göttlichen baum
fällen. nun wird die saat und ausstellung vollendet, alle früchte
gedeihen in höchster pracht. jenes sammeln der am strand trei-
benden Sampostücke vergleiche ich den zwei bäumen, die Börs
söhne am ufer fanden und aus denen sie nach der sinflut ein
neues menschenpaar Askr und Embla schufen.

Louhi neidisch über Kalevalas wolstand strebt aber Väinämöinens edles werk zu vernichten. erst ruft sie krankheiten
und seuchen hervor, die Väinämöinen wieder verbannt, dann
schlieszt sie durch zauber sonne und mond ein in Pohjolas fel-
senberg, sechs jahre lang wird die sonne, acht jahre der mond,
40 neun jahre der wagen, zehn jahre das übrige himmelsgestirn
vermist [1]. Väinämöinen und Ilmarinen steigen auf das höchste
gewölbe des himmels, zu untersuchen, welche ursache das licht
der sonne und des mondes verberge.

Hier wird ein lied vom wunderbaren ursprung, verlust und
wiederfinden des feuers eingeschaltet, das nicht völlig an diese
stelle zu gehören scheint.

Als sonne und mond fortfahren unsichtbar zu bleiben, soll
Ilmarinen auf Väinämöinens geheisz andere aus silber und gold
schmieden, und die brüder festigen sie am gewölbe des himmels; aber sie strahlen kein licht aus, wie die geschmiedete frau
keine wärme. darauf wird ein neuer zug nach Pohjola beschlos-
sen, um zu erkunden, wohin sonne und mond gebracht seien.
Väinämöinen fordert des nordens söhne zum kampf, die klingen werden gemessen, seine ist um ein haar breiter und darum
hat er den ersten hieb. er tödtet alle gegner und will sonne
und mond aus ihren banden lösen, kann aber nicht in den fel-
senberg dringen, und kehrt heim, um bei Ilmarinen geräthe zu
holen, das die felsen aufschlieszt. während Ilmarinen geschäftig
ist es zu schmieden, kommt Louhi in gestalt einer lerche zur
schmiede geflogen und setzt sich ans fenster, wie Athene in der
Odyssee als schwalbe am μέλαθρον sitzt. was schmiedest du da

---

[1] auch in der edda (Sn. 45. 46) verlangt ein riese von den göttern sonne
und mond, die er mit sich nach Jötunheim führen will. [sonne in einem festen
thurm gefangen. Aen. Sylvius. aus ihm bei Tettau und Temme preusz. sag.
no. 24. und Kurländ. sendungen 2, 6. neue preusz. prov. bl. 1, 299.]

künstliches? fragt sie den Ilmarinen. einen halsring, antwortet
er, für die schlimme frau von Pohja. betroffen von diesen worten (die an einen zug deutscher sage mahnen, vgl. DS. no. 463)
entfliegt die lerche, schnell bringt Louhi sonne und mond wieder auf ihre alte stelle am gewölbe des himmels und fliegt als
taube in die schmiede um es zu melden. Ilmarinen säumt nicht
die frohe kunde dem Väinämöinen zu hinterbringen, der die
langvermisten gestirne erblickend sie mit einem feurigen liede
bewillkommt.

. Dies ist der eigentliche inhalt des in ununterbrochener hand- 41
lung fortschreitenden, die aufmerksamkeit der hörer unablässig
spannenden epos. es folgen aber noch fünf andere merkwürdige
und schöne, sämtlich auf Väinämöinen bezügliche lieder [1], von
welchen ich fast keinen auszug mittheile. wie liesze sich auch
ein solcher versuchen von dem 28 gesang, der mit wahrhafter
begeisterung und dem reichsten aufwande von poesie eine bären-
jagd schildert, das allen nördlichen völkern, Finnen, Lappen,
bis zu den Ostjaken behre und mit überall ähnlichen gebräuchen
noch jetzt gefeierte fest? wenn diese völker den bären, dem
von ihnen menschlicher verstand und zwölf männer stärke beigelegt wird, jagen und erlegen, pflegen sie lieder an ihn zu
richten, in welchen sie sich verblümt entschuldigen, dasz sie ihn
getödtet haben, unter wechselgesängen wird er heimgeführt, zer-
stückt, gekocht und genossen. dies 603 verse enthaltende lied
scheint mir wieder eins der wichtigsten der ganzen reihe und
voll willkommner aufschlüsse über die naturanschauung und
dichterische phantasie der Finnen. Runo 29 meldet dasz die
wunderbare harfe ins meer gefallen ist und nun Väinämöinen
eine neue aus einer birke schaft; sie entzückt dergestalt, dasz
der adler seine jungen im neste läszt und herangeflogen kommt
um ihren tönen zu lauschen: wie einfach und innig drückt dieser eine zug die unwiderstehliche wirkung der poesie aus. die
drei letzten gesänge schildern einen wettstreit zwischen Väinämöinen und Joukahainen, der an eddische lieder gemahnt, hier

[1] deren zusammenhang mit den vorausgehenden in einzelnen zügen nicht
zu verkennen ist; so spielt 28,306 ff. auf 26,52 ff. an und 29,7 auf 23,180.

7*

aber noch tiefere haltung hat. im letzten gesang knüpft sich
der mythus von Väinämöinen sinnreich an den christlichen, ein
42 neuer glaube schimmert, und droht den alten, an welchem die
seele des dichters bis auf den letzten verklingenden ton festhält,
zu stürzen.

Mitten durch die lebendige ausstattung, welche das epos
seinen helden verliehen hat, läszt sich auf mythischen grund
schauen. ihre menschliche schwäche wird nirgends versteckt,
sie klagen über ihr loos, weinen und sind unglücksfällen bloszgestellt, die sie nicht auf der stelle überwältigen können; öfter
hingegen und desto gewaltiger bricht ihre göttliche kraft und
thätigkeit vor. Väinämöinen, Ilmarinen und Lemminkainen sind
unverkenbar wirkliche götter und bilden eine bedeutsame tri-
logie, die wenn auch noch nicht vollkommen erklärbar denen
anderer mythologien gleicht. das introite nam et hîc dii sunt
darf ich ausrufen, und ich will versuchen einige nähere andeu-
tungen mitzutheilen.

Den finnischen sprachen ist wie der deutschen und slavischen ein allgemeiner ausdruck für das höchste wesen, seinem
lautersten begriffe nach eigen, der darum auch seit der bekehrung zum christenthum nicht brauchte aufgegeben zu werden.
unserm worte gott, dem slav. bog, entspricht das wolklingende
finnische jumala und wenig verändert reicht es vom äuszersten
Lappland bis über den Ural. für diesen jumala gibt es keinen
einzelnen namen, er kann allen göttern zugehören. so heiszt
Hiisi gen. Hiiden ein sonst beinahe teuflisch geschilderter riese
7,31 jumala, als er im begrif steht ein elenthier zu erschaffen.
25,276 redet den jumala eine gebetformel kaunonen jumala, milder gütiger an, 52,275 vakainen luoja starker schöpfer. zu jumala tritt aber ein verstärkendes yli superus, wenn Ukko der
höchste donnergott genannt werden soll, besonders in der wiederkehrenden gebetformel: oi Ukko ylijumala 17,360. 19,476.
23,167. 24,47. 25,61. 214. Ukko erscheint aber nicht mehr auf
erden und wird im himmel thronend gedacht, Ukko drückt zärt-
43 lich aus groszvater, die höchste gottheit wird altväterlich gedacht, weshalb es von dem donner heiszt: der altvater donnert,
Ukko pauha, [Ukko iskee tulta, schlägt feuer, blitzt,] und er

wird pauanetta (donnerer) angerufen 23,160. Ukko sendet schnee
und hagel 7,535. 17,372. 450, wie der griechische vater Zeus;
in wiederkehrender formel heiszt es von ihm: Ukko taivahan
jumala, 22,35 (gott des himmels); Ukko taivahan napanen, re-
mupilven reunahinen 7,523. 10,191 (des himmels nabel, der
krachenden wolke nachbar). 26,513 steht Ukko kultanen kuningas (goldner könig).

Nun zeigt sich aber spur seiner unmittelbaren verwandtschaft mit dem geschlecht der riesen oder helden. jener Vipunen nemlich, an dessen grabhügel Väinämöinen wandert, um
worte des gesangs und der weisheit aus des entschlafnen munde
zu vernehmen, wird 10,178 geradezu als Ukon poika (Ukkos
sohn) und 10,13 als vanha Kaleva (alter riese), 10,43 als Kaleva bezeichnet. den sinn des namens Vipunen kann ich noch
nicht enthüllen (da vipu tolleno, winde, unpassend scheint); es
genüge, dasz er sohn des Ukko und gleichviel mit Kaleva wiederum Väinämöinens vater, folglich Ukko Väinämöinens groszvater sein müsse. 31,65 ist Väinämöinen ausdrücklich Kale-
vainen, d. h. Kalevas sohn genannt; 10,180 ein ungenannter
bruder Vipunens als beherscher des himmels und der wolken
aufgeführt. zu dem geschlecht der götter steigt also das der
riesen auf, von den göttern gehn die riesen aus, die, wie schon
gesagt wurde, in der finnischen mythologie edler gehalten sind,
als in der nordischen. den nordischen göttern stehn die riesen,
wie den finnischen riesen die Lappen entgegen.

In dieser beziehung hebe ich noch hervor, dasz die nordischen riesen den beinamen der treuen und alten führen, genau wie Väinämöinen ständig der treue, alte (vaka vanha)
heiszt, und Kaleva der alte.

Sei nun Kaleva bloszes appellativ, um den begrif göttlicher riesen auszudrücken oder ursprünglicher eigenname, eine 44
grosze zahl von helden werden für seine söhne und nachkommen angesehn. jenes wird wahrscheinlicher, da in unserm epos
Kaleva nirgends leibhaft auftritt, blosz als ahne genannt ist.

Drei helden glänzen aber in ihm hervor, die drei brüder
Väinämöinen, Ilmarinen, Lemminkainen.

Die finnische sprache bildet allenhalben ableitungen auf

-inen, -ainen, -oinen, die den begrif des worts verkleinern oder
in eine vertrauliche, kosende form umsetzen. es ist schon oben
gesagt worden [vgl. Castrén myth. 309. 330], dasz statt des
üblichen Väinämöinen einigemal noch die einfache gestalt des
namens Väinö vorkomme (1,210. 22,299. 24,76. 31,238) und
nicht anders wird neben Ilmarinen das einfache Ilmari (12,281.
16,190. 215. 19,135. 145. 376. 431) angetroffen; für Lemminkainen begegnet keine solche urform, und das einfache Lempi
scheint vielmehr dessen vater zu bezeichnen. das M vor dem
öinen in Väinämöinen rechtfertigt sich durch die analogen bildungen Hyytämöinen von Hyytö, Uljamoinen von Ulja, Vanga-
moinen von Vanga, Ärjämöinen von äriä, emoinen von emo,
ämöinen von ämö, ich kenne aber seinen eigentlichen grund
nicht, denn kaum liegt darin das zuletzt angeführte emoinen
(mutter), wie etwan in Lemminkäinen ikäinen (maturus, pro-
vectus aetate). * halten wir uns an das einfache Väinö, so
bietet dafür aus der finnischen sprache selbst sich keine deutung, ich habe gewagt, das lappländische vaino desiderium hinzuzuhalten (mythol. s. XXVII), vainotet ist desiderare, cupere.
Väinö würde sich dem altdeutschen Wunsc, der ein schöpferi-
sches göttliches wesen bezeichnet, dem griech. Eros, lat. Cupido,
slavischen Radegast, indischen Käma an die seite stellen; ja
Wunsc ist mir gleichfalls abgeleitet von einem einfacheren Wuni,
45 Wunnio, das liebe und freude, wonne, wunnia zu bedeuten hatte,
und Wuni, wunia, goth. vinja nähert sich buchstäblich jenem
Väino. es kommt hinzu, dasz die heutige benennung von Väinölä, nemlich Suomi wiederum der wurzel suon faveo, bene
opto anheim zu fallen scheint, suoma bezeichnet favor, votum.
Väinö aber wird nicht wie Eros jung, sondern wie Wunsch und
Wuotan als alter meister und schöpfer, als der weise, sanges-
reiche vorgestellt. von dem was er bei der schöpfung der welt
ausgerichtet, handelt das dreiszigste lied, und merkwürdig ist
der ausdruck 30,91 olin ma miessä kolmantena, ich war dabei
der dritte mann. [1] zwar nur eine nacht später als Ilmarinen

---

* vgl. Schott Kullervo s. 230. über Lemminkäinen s. 233.
[1] vgl. die altnord. götterdreiheit Hâr, Iâfnhâr, þriði, d. i. celsus, aeque celsus, tertius. [Sæm. 177ᵇ Gunnar ok Högni ok þu gramr þriði = Sigurðr.]

geboren (14,287) steht er in liebesglück diesem, und noch mehr
dem jüngeren Lemminkäinen nach. er ist alt geworden 28,21
und heiszt vanha (der alte) wie sein vater Kaleva oder isä (vater),
wie sein ahne Ukko groszvater.

Schon diese beinamen erklären wie Ukko und Väinämöinen
vermengt und verwechselt werden. der ganze unser epos er-
öfnende mythus von Väinämöinen im mutterschosz (1,79) lautet
in einer andern überlieferung (Schröters finn. runen. s. 2) von
Kave Ukko, Pohjan herra, isä vanha Väinämöisen, d. h. Ukko
des Väinämöinen vater, und diese fassung scheint vorzüglicher,
weil sie dem oben bemerkten widerspruche ausweicht, dasz Väinämöinen die schon im mutterleib angerufenen gestirne im verfolg erst später geschaffen haben soll. jenes könnte von Ukko
erzählt worden sein, dieses von Väinämöinen. aber Väinämöinens göttliche natur leuchtet um so stärker ein, eine entschei-
dende stelle findet sich 21,291, wo das von ihm erbaute schif
luojan purtto, des schöpfers boot heiszt, als gott des gesangs
grenzt er unmittelbar an den nordischen Odinn, der den riesen
den köstlichen trank der dichtkunst wieder abgewinnt und von 46
einem riesen in adlergestalt verfolgt wird.

Väinämöinen erscheint einigemal noch unter drei andern
namen. Suvantolainen 1,204. 11,127. 27,107 leitet sich von
suvanto gen. suvannon, locus ubi aqua quiescit, das beinahe
gleichlautende Uvantolainen 2,115. 131, 9,199. 11,104 mag
damit zusammenfallen und blosz der alliteration halben abweichen [1]; Osmonen 31,65 gemahnt an osma, eine benennung des
bären.

Ilmarinen oder einfacher Ilmari scheint von ilma aër
geleitet, nach Renvall weil der schmiedende zu seinen bälgen
luft bedarf, vielleicht allgemeiner gefaszt, weil er gott der luft
und des feuers ist, wie er das feuer zuerst geschlagen hat. beständig heiszt er seppo der schmied, und schmiedet gleich
Hephäst und Völundr die köstlichsten sachen, als künstlichen
bildner und schöpfer des feuers darf man ihn mit Prometheus
vergleichen. [als inhaber des hammers gleicht er Thôr.] auf die

[1] vgl. Ulappala und Lappala.

frage, wie er die schmiedekunst erlernt habe? gibt er 27,200
die bedeutsame antwort

> kauan katsoin luojan suuhun,
> partahan jalon jumalan,

lange schaute ich des schöpfers mund, den bart des edlen gottes, eines bart schauen heiszt aber einem unmittelbar nahe sein,
wie man franz. sagt être à la barbe, en présence *, Ilmarinen
war bei dem göttlichen vater und erlangte da die gewalt über
das feuer. unter andern namen habe ich ihn nicht angetroffen.
Lemminkäinen aber, der jüngere bruder (18,9) heiszt häufig
auch Ahti und Kaukomieli. Ahti gen. Ahin 13,391. 396.
17,1. 7. 18,354. 358. 366. 411. 444. 31,268. 329 soll noch nachher besprochen werden **; Kaukomieli 6,2. 17,700 [Kauko 17,2.
47 21,260] bedeutet den nach der ferne trachtenden, wie ihn seine
kühnheit zu wiederholten abenteuern in die fremde treibt. Lemminkäinen scheint gleichbedeutend mit Lemmin poika (sohn des
Lempi) 6,254. 23,44, von welchem Lempi sonst aber nichts erhellt, und der von Lempo, gen. Lemmon 10,298. 301. 18,523,
einem riesenhaften mit Hiisi zusammengenannten wesen, unterschieden werden musz, wenn er ihm auch vielleicht verwandt
war. Lemminkäinen könnte wie lapsukainen kindlein von lapsu
kind gedeutet werden, denn er wird in blühender jugend, ein
gegensatz zu dem alten Väinämöinen dargestellt, weshalb er auch
gewöhnlich lieto der muntere und lieto poika der muntere
knabe (17,583. 589. 595) heiszt. ungenau aber ist, wenn ihn
Louhi 17,489 poika Lemminkäisen anredet, es wird hier Lemminkäinen zu lesen sein. 17,7 ist ihm das feinste ohr zugeschrieben, dem nicht der geringste laut entgehe, ganz wie dem
nordischen Heimdallr.

Es fällt auf, dasz Lemminkäinens in die dichtung mächtig
eingreifende mutter nie mit namen genannt wird, während umgekehrt alle eigennamen der feindlichen männer im liede verschwiegen sind und als oberhaupt des ganzen nordens, als die
gewaltigste widersacherin der finnischen helden, ein weib namens

---

* papin parran näkivat des pfaffen bart schauen. Kantel. 1 no. 177.
** Ahti saarella asuwi (A. in insula habitat) 13,400. 17,1. 21,259. Ahin
suu vähiten väärä (A. os tortum est) 13,406. muurti suuta, os torsit. 17,15. 500.

Louhi vorragt. ebenso bleibt uns im nibelungischen epos das
geschlecht der streitbaren Brunhild unentdeckt, aber auch Louhis
töchter, deren hohe schönheit lebhaft geschildert wird und die
Finnen zur werbung reizt, werden nicht genannt. Louhi entfaltet so vielfache unerschöpfte kraft, dasz man sie nur aus einer
göttlichen natur und stärke zu erklären vermag; ihr name selbst
scheint aber auf keine unmittelbare deutung zu führen. louhi,
gen. louhen bezeichnet nach Renvall ein steiniges feld, kann
eine göttin des felsenlandes, des nordlandes gemeint sein? die
finnische sprache, wie sie männliche wesen auf -ainen, -onen,
-inen ableitet, pflegt weibliche auf -atar, -etar, -otar zu bilden: 48
Louhiatar, die im 25 gesang auftritt und eine fülle von krankheiten gebiert, scheint wo nicht Louhi selbst, gänzlich von ihr
ausgegangen. in demselben liede ist Kivutar eine tochter der
personificirten krankheit, finn. kipu gen. kivun, sie gleicht unsern hexen und braut im kessel auf einem berge krankheiten
und seuchen, ein merkwürdiges zeugnis für die unentlehnte verbreitung der hexensage. Suonetar 4,311 ist göttin der adern,
von suoni vena. Päivätär und Kuutar 16,244. 22,268. 270.
26,296 sind töchter der sonne (päivä) und des mondes (kuu)
26,312. 320. 333. 356. tritt auch ein sohn der sonne (päivän
poika) auf, dessen name Panu 26,430. 507 steht. Hongatar
göttin der fichte 19,351, von honka, hongan pinus; Suvetar
19,151. 165. 207 göttin des sommers (suvi), doch auch etwa jenem
Suvantolainen verwandt. Etelätär 19,152. 164. von etelä süd-
wind (est. eddel südwest), luonnon eukko, mutter der natur genannt, und ihrer sorge ist die weidende herde übertragen. Osmotar, dem bierbrau vorstehend 13,103 ff., vielleicht wieder
dem männlichen Osmonen nah. Luonnotar göttin der natur,
von luonto, luonnon natura, ingenium 1,207. 17,72 sind ihrer
drei erwähnt, kolme Luonnotarta, und warnende, abmahnende
stimmen gehn von ihnen aus; sie lassen sich den drei gratien
oder parzen an die seite stellen, in einem liede bei Schröter s. 24
sind es die drei jungfrauen, aus deren milch das eisen erschaffen
wurde.

Es gebricht aber nicht an andern wortbildungen für höhere
wesen männlichen oder weiblichen geschlechts. Ahto heiszt

22,301 könig der wellen (aaltojen kuningas) und wird gleich
den römischen fluszgöttern mit grasbart geschildert, bei Renvall ist Ahto seegöttin, wie bei Juslen sogar Väinämöinen eine
meerfrau, die unentschiedenheit des grammatischen geschlechts
49 bei den Finnen zieht solche zweifel nach sich; Ahtolainen soll
nach Renvall ein berggeist sein. Ahtola [meervolk] 31, 337.
343 sind die meersbewohner, Ahin lapset 23, 405. 31, 268. 329
die kinder des meers, und Ahti gen. Ahin wird 23,407 die
meersflut genannt, als sie das zerbrechende Sampo in empfang
nimmt. da nun in andern stellen Lemminkäinen denselben namen Ahti führt, so musz er ursprünglich als ein gott des wassers gedacht worden sein, Ilmarinen hätte das feuer, Väinämöinen die erde zu übernehmen? Kullervo erscheint als Kalevan
poika 19, 1, war folglich göttlicher abkunft, sein name scheint
von kulta kullan gold, wie Pellervo und Pellervoinen, der
gott der aussaat, von pelto pellon (ager cultus), Tellervo eine
waldjungfrau, von telta tellan (tegmen) gebildet.[1] Tellervo bezeichnet also die laubverhüllte, sie war Tapios tochter oder frau
7, 177. 19, 220. 28, 30. 370. 475; [Tuulikki Tapios tochter 7, 357.
Mimerkki waldfrau 7, 455]. Tapio 7, 243. 22, 240. 28, 172
ist ein milder waldgeist und heiszt 28, 465 der gute Tapio,
seine flöte oder pfeife erschallt im hain 28, 604, man pflegt ihn
anzureden metsän hippa, waldes freund, benigne ac facete faune!
der belaubte wald, seine wohnung, heiszt Tapiola, seine kinder
oder dienstleute sind Tapiolainen und Tapiotar; Tapion vaimo
(Tapionis uxor) Tapion neiti (Tapionis virgo) werden 22, 244.
28, 30. 370 aufgeführt. Kuippana 19, 235, 350, ein beiname
Tapios soll langhals ausdrücken. hier mag ein gebet der hausfrau an die göttlichen wesen des waldes für ihre herde mitgetheilt werden (19, 206 — 244).

Suvetar du schöne herrin	Suvetar valivo vaimo
Etelä der fluren mutter,	Etelätär luonnon eukko,
Hermikki mit milch ausstatte,	heruttele Hermikkiä,
und Tuorikkis euter fülle	tuorustele Tuorikkia
aus der molkensüszen quelle,	herasesta hettehestä,

---

[1] von sini himmelblau sinervo ein blauer schmetterling.

aus dem honigreichen rasen,
dasz sie mit milchstrotzenden
steifen eutern wiederkehren
von des feldes grünen matten,
von den frischen weideplätzen
während diesem langen sommer,
unsers schöpfers warmem sommer.
Mielikki du waldesherrin,
Tellervo Tapios tochter,
feingehemdet, zartgesäumet,
mit den schönen, golduen locken.
du bist die der herde hütet
und das vieh der hausfrau weidet
in dem lieben wald Metsola
dem wachsamen Tapiola;
weid es mir mit milden händen,
treib es hin mit weichen fingern!
bring die herde jedes abends
heim mit angefüllten zitzen,
schwellenden und starrenden,
mit dem milchgedehnten euter
zu der hausfrau, die sie suchet
und besorgt ist für die herde.
Kuippana du waldes könig,
waldes milder edler graubart,
dir von weichen ästen ruthe,
von wacholder brich die geisel,
und rings um den berg Tapios
von des Linnaberges klippen
treib die herde heim zu hofe
bis man die badstube heize.
heim soll hauses herde kommen,
waldes herde gehn zu walde.

metiseltä mättäheltä;   50
tuoa maitoset maruet,
tuoa uhkuvat utaret,
turpehista tuorehista,
marehista maemmista,
tänä suurena suvena,
luojan hellennä kesänä.
Mielikki metsän emäntä,
Tellervo Tapion neiti
utu paita hehna hieno,
hivus kultanen koria;
sie olet karjan kaitselia,
viitsiä emännän viljan,
mielosasta Metsolassa,
tarkassa Tapiolassa.
kaitse kaunosin kätösin,
somin sormin suoritellos,
tuovos illalla kotihin,
nisillä pakottavilla,
tuntuvilla tummelilla,
utarilla uhkuvilla,
emännälle etsivälle,
muorille murehtivalle.
Kuippana metsän kuningas
metsän hippa halliparta
ota piiska pihlajainen,
katajainen karjan ruoska,
takoa Tapiovaaran,
Linnavaaran liepehiltä,
aja karja kartanolle,
saunan lämmitä panolle.
kotihin kotonen karja,
metsän karja metsolahan.

In diesem liede sehen wir auch Mielikki genannt eine an- 51
dere gütige waldfrau, sonst metsän miniä silvae nurus 7,178.
356. 19,219. 28,29. 405. 435. 447. Vellamo 26,288. 298 veen
emäntä, veen eukko ruokorintu! wassersfrau, wassers rohrbrüstige

mutter, in der finnischen mythologie wie in andern sind die göttinnen gern als mütter aufgefaszt, Vellamon neiot ihre töchter
31, 269. 330. 338. 344. das ähnlich gebildete Untamo 31,331.
335 scheint gott des schlafs oder traums, von uni, untelo somnus, 6, 213 legt ihm einen wolf bei, Untamon susi. weisen nun
schon nebengestalten unmittelbar auf mythischen hintergrund,
um wie viel stärker ist man berechtigt alle haupterscheinungen
des epos in die alte götterreihe zu versetzen.

Noch lange nicht ausgebeutet wäre es für diese untersuchung, doch ich eile in einigen beispielen augenscheinlich zu
machen, welches licht es auf unser einheimisches alterthum zu
werfen fähig ist. wie das gerstenkornmasz, das malende Sampo,
die blutströmende zehe Väinämöinens, der bluttriefende kamm
Lemminkäinens an die deutsche fabel klingen, ist bereits s. 16.
17 dargethan worden. die schweren vom freier zu verrichten-
den aufgaben, das reiben von federn und wollflocken im drang
der höchsten noth, worauf alsbald hilfreiche vögel und thiere
herbeilaufen (17, 328. 463), alles das begegnet fast wörtlich zügen unserer märchen. diesen gedenkt noch ausdrücklich einer
zeit, wo feuer und brotbacken auf der erde unbekannt war, ein
mädchen das zu dem riesen geräth sagt: „auch weisz man hier
nichts von feuer, wie soll ich zu feuer kommen?" sie reibt drei
haare und spricht drei worte, da kommt ein vogel geflogen und
bringt einen stein, den sie nur an der wand reiben solle, so
werde feuer herausspringen. [1] in der Normandie heiszt der
zaunschlüpfer réblo und gilt für heilig, weil er das feuer vom
himmel gebracht haben soll; wer ihn tödtet oder sein nest zerstört verfällt dem unglück. [2] aber auch Kalev. 16, 247 ist die
rede von

    ajalla tulettomalla,
    tulen tietämättömällä

d. i. tempore ignis experte, ignis ignaro. das ist die zeit vor
Prometheus bei den Griechen [Jacobis wb. 867. 869], und in

---

[1] hundert neue märchen im gebirge gesammelt von Friedmund von Arnim,
Charlottenburg 1844 1, 47. 48. [der riese kann kein feuer anmachen und friszt
das gefangne wild roh. Firmenich 2, 80. Kehrein Nassau 26.]
[2] Fred. Pluquet contes populaires de Bayeux. Rouen 1834. s. 44.

Scandinavien heiszt die uralte zeit schwed. arilstid, dän. arildstid,
d. i. des gefundnen feuers. * ein finnisches lied aber berichtet,
wie Ilmarinen feuer mit adlerfedern schlägt, das feuer als rothes
knäuel aus den wolken erst in die spitzen des seegrases ¹ (lat-
vahan merisen heinän) in einen see fällt, nacheinander von mehrern fischen verschlungen und von den menschen aus dem leib
des gefangnen fisches geschlitzt wird. fische wie vögel schaffen
das element herbei; gleich mächtig ist das der luft, und die
winde werden, wie fast in allen mythologien personificiert. Ahava,
der westwind, zeugt mit Penitar (der welpin), einer blinden frau
in Pohja die hunde (7, 204 ff.) wie Achills rosse Xanthos und
Balios von Zephyros mit der harpye Podarge (Il. 16, 150) ge-
zeugt werden, die hunde aber sind schnellfüszig gleich den rossen und Podargos ist name des rosses (Il. 8, 185. 23, 295) wie
Boreas des windhunds. unserer deutschen sprache hat sich dies.
verhältnis unmittelbar eingeprägt, da sie für wind ventus und
wind velter, windspiel dasselbe wort gebraucht. „den winden
brot geben" im schneegestöber, was schon Rûmelant Amgb. 11.
fälschlich auf hunde anwendet, heiszt ursprünglich die hungri-
gen sturmwinde füttern und besänftigen. ²

Der deutschen Reinhartssage ist ein merkwürdiger, in ihr ss
schon unverständlich gewordner zug eigen, der aus uralter überlieferung musz hervorgegangen sein. der könig der thiere zer-
tritt einen ameisenhaufen und die ameise nimmt dafür schwere
rache. ich habe den löwen auf unsern älteren, echteren thier-
könig den bären zurückgeführt und mit vollem recht. denn
vom löwen begreift niemand die zerstörung der ameisen, aber
schon Plinius weisz es 29. 6, 39: constat ursos aegros hoc cibo
(formicarum) sanari. mag nun aus Plinius mittelbar herrühren,
dasz auch der Renner sagt 19316

> swenne der ber ist niht gesunt,
> schirret er ameizen in den munt,
> swenner die gizzet, wirt im baz,

---

* Biörn s. v. arildstid foedissimus Danismus, quasi arineldstid remota anti-
quitas, qua homines primum usum ignis et fixas sedes invenerunt.
¹ Prometheus birgt das feuer im rohr, ἐν κοίλῳ νάρθηκι. Hes. op. et dies
52. theogon. 567.
² deutsche mythol. s. 602. Haupts zeitschrift 5, 373. 376.

unsre jäger haben anderswoher, dasz der bär ameisenhaufen auseinander breche und fresse, und jetzt bestätigt auch Kalevala
19, 289, dasz Ohto des waldes apfel, des waldes gold, der wald-
wandrer, die honigtatze, der stolze kerl, der schwarzstrumpf,
der goldne gast (denn alles das sind kosenamen für den bären)
ameisenhaufen anfällt:

> hakkoa lahoa puuta
> murra muura haiskekoa,

hau ein in faule stämme, brich dir auf ameisenhaufen; die ameise
heiszt muurainen, wie altn. maur, schwed. myra, dän. myre,
mnl. miere, gr. μύρμηξ, ein kleiner bär muuraiskarhu ameisen-
fresser, [lett. skudru lahzis ameisenbär, zeidelbär.] in wort und
sage lauter uralte gemeinschaft.

Von belebenden personificationen mögen noch einige beige-
bracht werden, die mit unsrer eignen poesie im einklang stehn.
das boot, wenn es der held besteigt und verläszt, empfängt von
ihm worte der anrede, des abschieds, und hebt zu klagen an,
wenn es überlang ungebraucht im wasser faulen musz. in unsern liedern und märchen ruft das veilchen auf der wiese dem
vorüberwandelnden ein brich mich, der apfelbaum am weg ein
schüttel mich zu; [in walach. märch. s. 146 ruft die blume:
vergiszmeinnicht! nimm mich mit!] nicht anders ruft hier 32, 44
die rothbeere (punapuola) und will gepflückt sein. in den mhd.
gedichten wird sich vor dem wege, gleichsam vor einem höheren, göttlichen wesen geneigt (deutsche myth. s. 28 [nîgen in
daz lant. GA. 2, 234. den stîgen fluochen. Ecke 88. dem tievel
sîn die stîge ergeben, die mich her nâch dir truogen. Ecke 87.]),
auch in der finn. poesie erfährt der weg (tie) diese ehrerbietung
noch feierlicher, der held neigt dem wege (tielle) wie dem mond
(kuulle) und der sonne (päivällä) 8, 103. 123. 145. Wolfram im
Parz. 673, 17 sagt „nâch mannes kumber gevar" für wundfarbig,
(vgl. rîter kumber Wh. 3, 17. 18), weil der verwundete, blutende
held abstehn musz vom kampf, oder weil die wunde sein schmerz
ist; * ich bezweifle, dasz der deutsche dichter auf den bildlichen

---

* er slnoc ein wunde lanc und tiefe, dâ von hete er *kumbers* genuoc. Dietr.
drachenk. 16. er kam dô *kumbers* was erliten. ibid. 65ᵇ. vgl. Wigal. 9537. daz

ausdruck schon durch den romanischen text geleitet wurde,
sicher aber ist der finnische vollkommen unabhängig; als Väinämöinen eine alte frau um stillung des strömenden blutes angeht, erhält er zur antwort 13, 167

> ci ole talossa taassa
> uron tuskan tuntioa,
> vammojen vakittajoa,

d. h. nicht ist hier in dieser hütte, der des mannes kummer
kenne und der wunden schmerzen stille. uron tuska bedeutet
wörtlich mannes sorge.

Vorhin erklärte ich einen lieblichen beinamen des Väinämöinen: von suvanto, der wasserstille heiszt er Suvantolainen,
es wird angenommen, wo der gott durch die wogen wandle,
entspringe augenblickliche ruhe des gewässers, sein gang hat
es gesänftigt. darum nennen die Finnen die μαλακία oder γαλήνη (von Γαλήνη Nereus tochter) Väinämöisen tie, Väinämöinens
weg, Väinämöisen kulku Väinämöinens pfad oder gang. dem
Odysseus macht ein fluszgott (ἄναξ) γαλήνη (Od. 5, 452.). auch
bei uns pflegt der gemeine mann da, wo feierliche ruhe und
stille herscht, sie dem dasein des höchsten wesens beizulegen: ss
hier wohnt der liebe gott (mythol. s. 18). wenn plötzlich unter
versammelten menschen stille entsteht, heiszt es: ein engel ist
hindurch gegangen, ein engel flog hindurch, sein hehres erscheinen hat den weltlichen lärm geschwichtigt. die Griechen sagten
Ἑρμῆς ἐπεισῆλθε, Hermes aber ist in mehr als einem sinn unser
Wuotan und ich denke auch der finnische Väinämöinen; Odinn
hiesz Bifliði der sanftbebende (myth. s. 135), Vòma der schauer,
und ein sanfter wind Oskabyr, Wunschwind; der gott weht
durch wind und wasser. vielleicht hatte das gothische vis (γαλήνη)
auch einen bezug auf Wuotan. * aber kein andrer gott eignet

---

die vinde kumbers mant: ein sper. jüngl. 664.. minnen kumber. Parz. 588, 6. vgl.
591, 26.

* goth. vis == altn. vera. Saem. 50 tranquillitas aeris: logn, lægi, vindslot, of
hlý, dagsævi, dags vera (mansio, quies). sobald die schiffenden Hnikar ins schif
genommen haben, legt sich der sturm: þá tók af veðrit. Völs. c. 17. Nornag. c. 6.
Saem. 184ᵃ. senem nave suscipere. Saxo gr. p. 52. das meer wird unruhig durch
die kreisende meerfrau. Müllenhoff 339. alts. weder stillodun, fagar ward an
flöde. Hel. 69, 3. smultro gibârean. 69, 2. ags. brimu svaðredon. Beov. 1135

sich so sehr für die dichterische, im finnischen epos bedeutsam
ilo, d. i. freude genannte begeisterung: wenn sie über ihn kommt,
setzt sich der vater auf den freudenstein, ilokivi ¹, und weckt
das lied, dem alle wesen lauschen.

NACHTRAG

ÜBER FINNISCHE WÖRTER.

(monatsbericht der academie Juni 1847 s. 175.)

In meiner am 13 merz 1845 gehaltnen vorlesung über das
finnische epos, welche durch eine 1845 zu Helsingfors erschie-
nene schwedische, sowie eine zu Petersburg 1846 gedruckte
russische übersetzung weiter verbreitet worden ist, konnte ich
nur beiläufig auf die vergleichung finnischer wörter mit andern
sprachen eingehn. hier mögen einige beispiele nachgetragen
werden. aika ajan tempus ist das goth. aiv aivis. ainoa unicus
das goth. ainaha, umsomehr entlehnt, als den Finnen die ein-
zahl yksi lautet. airo remus das altn. âr. airus legatus, nuntius
genau das goth. airus. ansas trabs genau das goth. ans. armo
gratia, favor, misericordia das goth. armaiô. hartio scapula humerus lapp. hardo das ahd. harti scapula, altn. herđar, mhd.
herte. liha caro goth. leik. luonto natura, indoles das altn. lund
indoles. pelto ager cultus das altn. fold terra, ungr. föld. napa
umbilicus das ahd. napalo. mesi meden honig das ags. meodo,
ahd. metu mulsum. vesi veden aqua das goth. vatô, gr. ὕδωρ.

---

wofür sonst sveđredon. es scheint gehörig zu Sviđr, Sviđrir = Ođinn. dän. blikstille,
havblik. altn. siåarblida malacia. ahd. bilan ther wint. Tat. 81. sô wâc gelint,
sô wint geliget. MS. 2, 135ᵇ. senfte an dem mere. unsemfte procella Roths pred.
s. 28 ff. lat. flustra. gr.νηνεμία windstille, γαλήνη vgl. galinê Gudr. 1132, 1. serb.
maina windstille. böhm. hladina moře aequor.
    ¹ istuvi ilokivelle 22, 197; istuvi ilon teolle kiviselle 29, 191; was das te-
hessä isän iloa 22, 236. 29, 227, das ilon teoksi 23, 105, ilon teentä 29, 4 be-
deute, ist schon mythol. s. 854 erläutert. io tuli ilo ilolle 21, 243, io küvi ilo
ilolle 22, 215 gilt vom freudenschlag der ruder wie der saiten.

veto vedon das goth. vadi pignus. tarvet tarpeen opus, necessitas, tarvitsen egeo, lapp. tarbatet indigere goth. þaurban egere þarba mendicus, ahd. durfan darf. muurainen formica das altn. maur, nl. miere, gr. μύρμηξ. vahto spuma das altn. hvaþô. nikuli merges des dän. neg, provinzialschwedische nek [aus Södermannland], ein wahrscheinlich von den Finnen entlehntes wort. merkwürdig sind einzelne einstimmungen zur keltischen sprache, z. b. neiti filia vergleicht sich dem irischen naoidhe kind. noch merkwürdiger, dasz die ungrische sprache ihre stummen consonanten gegenüber der finnischen ebenso verschiebt, wie die gothische oder deutsche überhaupt gegenüber den urverwandten, wie z. b. das angeführte pelto föld oder das finn. kala piscis ungr. hal beweisen.

ÜBER MARCELLUS BURDIGALENSIS.

GELESEN IN DER AKADEMIE DER WISSENSCHAFTEN
AM 28 JUNI 1847.

---

429 Schon oft haben Theodosius der grosze und sein zeitalter
den blick auf sich gezogen, weil man ihn gerne weilen läszt
bei der beruhigenden regierung eines fürsten, in dessen händen
eins der gewaltigsten weltreiche das letzte mal ungetheilt zu-
sammengehalten wurde. beruhigend aber nicht ruhig mag eine
zeit heiszen, die alle zeichen einer unhemmbar, wenn auch langsam anrückenden auflösung der bisherigen zustände an sich trug.
seit Constantin christ geworden war und aus dem stolzen Rom
den hauptsitz der römischen herschaft nach dem thrakischen
Byzanz verlegt hatte, muste ein wechsel in der öffentlichen stimmung greller vortreten, Julians apostasie die gemüter vollends
verwirren. das christenthum aber schlug seine wurzeln tiefer.
noch kein jahrhundert war abgelaufen, dasz ein ganz neuer anfangs verachteter glaube galt, der in den herzen der menschen
sich wieder ausgleichen und hergebrachten heidnischen prunk
durch die entsagungen einer zu desto gröszerem innerlichen anspruch auffordernden lehre ersetzen sollte. wie mancher mochte
an den alten tempeln, zwischen deren bildseulen nun gras sprosz,
kalt vorübergegangen sein, den der aus kerzenerleuchteter, weih-
rauchduftender kirche erschallende gesang einer andächtigen
christlichen gemeinde lockte und gewann. alles neue, wenn es
den sieg davon trägt, verbreitet sich mit hinreiszender kraft
schnell über die oberfläche, während noch still am boden das
alte haftet, um bei zahllosen anlässen wieder hervorzubrechen.

daraus entspringt eine lang nachhaltende mischung des glaubens
mit dem wahn, des gottesdienstes mit verworfnen, aber unaus-
gerotteten bräuchen, über welche uns Arnobius und Augustinus
den reichhaltigsten aufschlusz geben, wofür des Chrysostomus
werke, der unmittelbar vor Theodosius tagen patriarch zu Con- 430
stantinopel war, von merkwürdigen belegen voll sind. leute die
streng am christlichen dogma hielten und jeden zu verketzern
oder zu verdammen bereit waren, dem ein zweifel an der drei-
einigkeit aufstiesz oder der seine fasten gebrochen hatte, nahmen keinen anstand, sobald sie ein leiblicher schmerz quälte
oder ein glied des fingers ihnen weh that, beschwörungen her-
zusagen, worin die alten götter um hilfe angerufen wurden. *
neben dem öffentlichen glauben waltete noch ein häuslicher aberglaube, der mit den überlieferten mitteln fieber zu segnen und
wunden zu heilen fortfuhr.

Dies leitet mich unmittelbar auf den gegenstand meiner
heutigen vorlesung, die zusammenhängend mit einer früheren
(jahrgangs 1842), worin ich altdeutsche offenbar heidnische zaubersprüche bekannt machte, lateinische heilformeln aus dem werk
eines unter Theodosius dem groszen zu Constantinopel lebenden
arztes entnehmen, erläutern und auch zum behuf künftiger erläuterungen hier bequem neben einander stellen will.

Marcellus heiszt entweder burdigalensis oder empiricus,
weil er aus Bourdeaux (Burdigala) in dem damals noch den
Römern unterwürfigen theile Galliens gebürtig war und den em-
pirischen ärzten beigezählt zu werden pflegt. was man von ihm
weisz ist theils zu schöpfen aus dem inhalt und der vorrede
seines buchs de medicamentis, theils aus der anführung eines
späteren arztes Aetius, der zu Justinians zeiten eine medicina e
veteribus contracta griechisch schrieb.

Man hat gezweifelt, und bald den Marcellus in die zeit
des zweiten Theodosius (408—450) verlegen, bald zwei Mar-

---

* noch im 17 jahrh. opferte man in Nerike bei Örebro auf gewissen felsen
dem Thor gegen zahnschmerz. Dybecks runa 1848 p. 26. in einer alten beschwörung werden Thor und Odin, Frigg, Freyja, Enoch, Elias, Christus und
Maria neben einander angerufen. Finn Magnusen lex. mythol. 646. in die finnische
mythologie wird Maria gemischt.

celle unterscheiden, den älteren bei Aetius angezogneu für den
leibarzt Theodosius des groszen, einen jüngeren für den verfasser der zu besprechenden schrift erklären wollen.

Sie liegt vor mir in der ersten jetzt seltnen ausgabe, welche
Janus Cornarius [1] besorgte unter dem titel: Marcelli viri illustris
de medicamentis empiricis, physicis ac rationabilibus liber, ante
mille ac ducentos plus minus annos scriptus, jam primum in
lucem emergens et suae integritati plerisque locis restitutus.
Basel bei Froben 1536 in folio 252 seiten, ohne den nicht pa-
ginierten index. wiederholt in den medicis antiquis, Venetiis
apud Aldum 1547 p. 81 — 141 und in H. Stephani art. med.
princip. Paris 1567 2, 239 ff.

431   Das werk selbst beginnt mit einer an seine söhne gerichteten zuschrift: Marcellus vir inluster, ex magno officio Theodosii seu. filiis suis salutem dicit. Sequutus opera studiosorum
virorum, qui licet alieni fuerint ab institutione medicinae, tamen
hujusmodi causis curas nobiles intulerunt, libellum hunc de empiricis quanta potui solertia diligentiaque conscripsi, remediorum
physicorum sive rationabilium confectionibus et adnotationibus
fartum unde unde collectis. nam si quid unquam congruum sa-
nitati curationique hominum vel ab aliis comperi, vel ipse usu
approbavi, vel legendo cognovi, id sparsum inconditumque col-
legi, et in unum corpus quasi disjecta et lacera Aesculapius
Virbii membra composui. nec solum veteres medicinae artis
auctores latino duntaxat sermone perscriptos, cui rei operam
uterque Plinius et Apulejus et Celsus et Apollinaris ac Designatianus [2] aliique nonnulli etiam proximo tempore illustres honori-
bus viri cives ac majores nostri, Siburius, Eutropius atque Ausonius [3] commodárunt, lectione scrutatus sum, sed etiam a b

---

[1] mit deutschem namen Johannes Hanbut d. i. Hagenbutte, Hagedorn; er
war geboren 1500, starb 1558 und arbeitete thätig für die bekanntmachung der
classiker. die zueignung unsers werks ist bereits von 1535.

[2] Scribonius Largus Designatianus, ein arzt aus dem ersten jahrh. unter
Claudius. seine compositiones medicae hat Joa. Rhodius, Patavii 1655 in 4.
drucken lassen. cap. 26 p. 176 nennt Marcellus den Ambrosius Puteolanus medicus; cap. 29 p. 203, 205 den Julius Bassus, zwei noch ältere, schon bei Scribonius cap. 152 und 121 angeführte ärzte.

[3] Julius Ausonius, leibarzt Valentinians und vater des bekannten dichters

agrestibus et plebeis remedia fortuita atque simplicia, quae experimentis probaverant, didici. quorum vobis copiam labore nostro vigilinque faciendam, filii dulcissimi,
pro necessitate infirmitatis humanae piissimum duxi, orans primum divinam misericordiam ne vobis vestrisque experiendi hujus
libelli necessitas ulla nascatur. es ist kein grund da, diese
vorrede für später erdichtet und dem buche vorgeschoben zu
halten; des Marcellus und seiner söhne gedenkt auch Libanius
in einem briefe [1], der also noch in Theodosius des groszen lebenszeit fällt. doch musz Marcellus, schon als Libanius schrieb
ein betagter mann, den kaiser überlebt und darum konnte er 432
selbst oder ein abschreiber in jener stelle dem namen Theodosius das beiwort 'senior' zugefügt haben.

Theodosius war am 17 jan. 395 nicht zu Constantinopel,
sondern zu Mailand gestorben, und des Marcellus verdienste um
seinen fürsten müssen schon vor dessen letzter krankheit erworben gewesen sein. noch aus demselben jahr 395 weisen uns
zwei im theodosianischen codex enthaltne erlasse an 'Marcellus
magister officiorum' VI. 29, 8 und XVI. 5, 29, dasz ihm auch
mit einer staatswürde gelohnt war, eine auszeichnung, die gleich
dem titel 'vir illustris' seit Constantin dem groszen öfter gelehrten und hervorragenden männern zu theil wurde, wie könnte
aber dieser magister officiorum ein andrer Marcellus, als unser
leibarzt sein, der sich selbst ausdrücklich 'ex magno officio Theodosii' nennt?

Es ist wahr, dasz das buch einigemal ein aussehn gewinnt,
als sei es von einem schüler des arztes niedergeschrieben wenig

___

Ausonius, der 394, jener schon 377 starb. den Siburius und Eutropius kann
ich nicht nachweisen, Flav. Eutropius, der um 378 schrieb, war historiker, kein
arzt, und schwerlich hatte Eutropius der bekannte eunuch, welcher 399 consul
war, sich jemals der medicin beflissen.

[1] Libanii epistolae ed. Joa. Christoph. Wolf. Amst. 1738 fol. p. 179. 180
epist. 365: οἶσθά που Μάρκελλον ἀπὸ τῆς τέχνης, καὶ ἔτι γε πρότερον ἀπὸ τῶν τρό
πων. σὺ γὰρ μᾶλλον ἀγαθὸς ἰατρὸς ἢ χρηστὸς ἀνήρ . . . . . Μάρκελλος ὀψέ ποτε
γίγνεται πατήρ . . . . διὰ δὴ τοῦτο πάνυ γέρων ὢν πάνυ νέους υἱοὺς τρέφει, οὓς
ἄρτι γάλακτος ἀπαλλαγέντας εἰς στρατιώτας ὁ βασιλεὺς ἀνέγραψε, κ. τ. λ. auch epist.
362. 381. 387. 395 gedenken seines ärztlichen beistandes. Libanius starb ungefähr um 385.

stens durch zusätze überarbeitet. cap. 20 p. 145 heiszt es: 'oxyporium, quo Nero utebatur ad digestionem, quod Marcellus medicus egregius ostendit, quod et nos usu probavimus', und cap. 30
p. 216: 'confectio salis cathartici, quam Marcellus ostendit sic'.
der verfasser wird sich nicht selbst medicum egregium nennen,
es war spätere einschaltung, die ihm den ruhm sichern sollte,
das mittel zuerst gelehrt oder angegeben zu haben, wenigstens
von neuem gebraucht, nachdem es abgekommen war. denn
schwerlich hatte Nerons ὀξοπόριον einen älteren Marcellus zum
urheber. an vielen andern stellen redet auch der verfasser von
sich in erster person.

In solchem sinn der urheberschaft wird 'ostendere' gebraucht,
wie auch folgende, unsers Marcellus lebenszeit bestätigende stelle
zeigt. cap. 23 p. 168: ad splenem remedium singulare, quod de
experimentis probatis Gamalielus patriarchas proxime ostendit.
dieser Gamaliel war jüdischer patriarch zu Constantinopel unter
Theodosius dem groszen und nachher. Hieronymus epist. 57
ad Pammachium (opp. ed. Vallars 1, 334. 305) schreibt im jahr
395: dudum Hesychium virum consularem, contra quem pa-
triarcha Gamaliel gravissimas exercuit inimicitias, Theodosius princeps capite damnavit, quod sollicitato notario chartas
illius invasisset. die begebenheit selbst ist wol einige jahre früher ('dudum') zu setzen, Gamaliels ansehn musz sich aber länger aufrecht erhalten haben, denn der cod. theodos. XVI. 8, 22
liefert ein an Aurelianus den praeses provinciae erlassenes gesetz des kaisers Honorius vom jahre 415, dessen eingang lautet:
Quoniam Gamalielus existimavit se posse impune delinquere,
quod magis est erectus fastigio dignitatum, inlustris auctoritas
tua sciat nostram serenitatem ad virum inlustrem magistrum
officiorum direxisse praecepta, ut ab eo codicilli demantur ho-
norariae praefecturae, ita ut in eo sit honore, in quo ante
praefecturam fuerat constitutus, ac deinceps nullas condi faciat
synagogas. wie dem juden die ehrenpraefectur, konnte dem
leibarzt das magisterium zugetheilt worden sein, die jüdische
bekanntschaft mit arzneien leicht dem Marcellus ein besonderes
heilmittel nachgewiesen haben. lauter umstände, die auf einen

Marcellus unter dem ersten, nicht dem zweiten Theodosius deuten.

Es steht dahin, was aus einer anführung in cap. 26 p. 175 zu ziehen sei; beim erwähnen einer aqua pota in qua ferrum candens dimissum est, wird gesagt: hoc tractum est ab aquis calidis, quae sunt in Tuscia ferratae, quae mirifice remediant vesicae vitia, unde appellantur vesicariae, qui locus quondam fuit Milonis Brochi praetoris, hominis optimi, ad quinquagesimum ab urbe lapidem. ich gewahre eben, dasz dies aus Scribonius entnommen ist, der cap. 146 hat: aquae vesicariae, quondam Milonis Gracchi praetorii hominis optimi ad quinquagesimum lapidem reddentis. welche lesart richtiger sei entscheide ich aber nicht, da beides altrömische geschlechtsnamen sind, Brocchus und Gracchus. eines Gracchus praetor gedenkt Tacitus ann. 6, 16 im jahre 33 nach Chr.

Unter den römischen hofärzten mögen sich einzelne recepte lange zeit fortgepflanzt haben, auszer jenem neronischen oxyporium geschieht cap. 13 p. 96 einiger zahnpulver meldung, deren sich frauen des kaiserhauses bedienten: hoc dentifricio Octavia Augusti soror usa est ... Augustam constat hoc usam Messalinam, deinde aliorum caesarum matrimonia hoc dentifricio usa sunt. cap. 35 p. 238 nennt Marcellus ein ἄκοπον ad perfrictionem et lassitudinem, quo fere semper Livia Augusta et Antonia usae sunt. cap. 15 p. 105: hoc Livia Augusta semper compositum habuit et reconditum in vasculo vitreo.

Anziehender ist es des Marcellus gallische abkunft näher zu beleuchten und aus seinem werke für die sprachgeschichte keltische wörter zu gewinnen.

Auch zwei gallische Ausone gehören dem 4. jahrh. und Aquitanien an; man vermutet leicht, dasz eben sie den Marcellus angeregt und in die gunst des hofes gebracht haben. Julius 434 Ausonius gebürtig aus Cossio Vasatum, dem heutigen Bazas an der Gironde, lebte im nahen Bourdeaux, wurde aber hernach Valentinian des ersten leibarzt und versah ämter in Illyrien und Rom, er lebte von 287 bis 377; sein sohn Magnus Ausonius war der berühmte dichter, geboren schon vor 309, als erzieher

Gratians und Valentinian des zweiten gelangte auch er zu hohen
würden, ward quaestor und im jahre 379 consul, er starb in
seine heimat zurückgezogen um 394. ist es nicht wahrscheinlich, dasz Marcellus der verbindung mit seinen landsleuten den
eintritt in den kaiserlichen dienst zu danken hatte und dasz er
des älteren Ausonius schüler war? [1] auch Theodosius, seit 379
neben Gratian herschend, erwies dem dichter Ausonius vielfache
gunst. des 'Ausonius medicus' gedenkt Marcellus cap. 25 p. 172.
auf seine aquitanische herkunft weist übrigens eine angabe cap. 19
p. 129: Soranus medicus quondam ducentis hominibus hoc morbo
(mentagra) laborantibus curandis in Aquitania se locavit. man
kennt einen Soranus ephesius aus Trajans und Hadrians zeit
und einen spätern, ich weisz nicht welchen von beiden Marcellus meint. [2] dasz dieser, bevor er nach Byzanz gelangte, auch
in Rom gelebt hatte, ist aus seiner erzählung von einer Africa-
nerin (cap. 19 p. 204) zu schlieszen, die er in Rom kennen
lernte. [3]

Wie Dioscorides oft fremde kräuternamen anführt, verzeichnet Marcellus hin und wieder gallische und sie bezeugen uns
von neuem den aus Aquitanien stammenden gallischer sprache
kundigen verfasser des buchs. dort wohnten Bituriges Vibisci,
₄₃₅ bei Strabo s. 190 Ὀΐσκοι, bei Plinius Ubisci genannt [4], fern von

---

[1] nach einer äuszerung cap. 16 p. 114 sollte man dem Marcellus einen lehrer Valens zuschreiben, es heiszt: hoc medicamentum Apuleji Celsi fuit et prae-
ceptoris nostri Valentis; nec unquam ulli vivus compositionem ejus dedit, quia
magnitudinem opinionis ex ea traxerat. dies alles aber ist einfältig aus Scribonius cap. 94 erborgt, welcher sagt: hoc medicamentum Apulei Celsi fuit, prae-
ceptoris Valentis et nostri, et nunquam ulli se vivo compositionem ejus dedit,
quod magnam opinionem ex ea traxerat. Valens Vettius oder Vectius war arzt
zu Rom unter Claudius und das mittel hatte Celsus gefunden, dessen schüler
Valens und Scribonius es nachher anwandten. die stelle lehrt mit welcher vor-
sicht man solche angaben des Marcellus aufzunehmen hat.

[2] von beiden ganz unterschieden ist Serenus samonicus, dessen hexametrisch
gedichtete praecepta de medicina von mir im verfolg gebraucht werden. [Spartian.
Carac. c. 4. Geta c. 5. Lamprid. Alex. Sev. 30.]

[3] hoc medicamento primum muliercula quaedam ex Africa veniens multos
Romae remediavit. postea nos per magnam curam compositione ejus accepta,
id est pretio dato ei, quod desideraverat, qui venditabat, aliquot non humiles neque
ignotos sanavimus.

[4] Vivisca ducens ab origine gentem. Ausonii Mosella 438.

den Kelten, die wir heute an der armorischen küste, in Britannien und Hibernien kennen, es ist wichtig zu ermitteln, welchem dialect die aufbewahrten alten benennungen gleichen. cap. 3 p. 40 [vgl. Mone 105]: trifolium herbam, quae gallice dicitur uisumarus; es ist deutlich das ir. seamar, scamrog, gal. seamrag, woher das engl. shamrock und altn. smâri, jütische smäre. abweichend ist das welsche meillionen, armorische melchon, welche zum gr. μελίλωτον (it. span. meliloto) gehören und sämtlich ihre abkunft von μέλι, welsch mel zur schau tragen: der honig duftende, von bienen gesuchte klee. uisumarus gewährt uns die wollautende volle, in seamar schon entstellte form des namens; kühn wäre, sie mit unserm ahd. sumar, ir. samh, sambra, gal. samradh zu verknüpfen und sommergras, sommerblume zu verstehn. auch bei sumar schien ein anlautender vocal weggefallen (GDS. 316) gerade wie seamar aus uisumar entspringt.

cap. 7 p. 48 [Zeusz 27. 736.]: herba quae graece chamaeacte, latine ebulus, gallice odocos dicitur. hiermit verbinde man Dioscorides 4, 172 χαμαιάκτη, Ῥωμαῖοι ἔβουλουμ, Γάλλοι δουκωνί, welchem letzten wort nur ein vocal vorgesetzt zu werden braucht, um es mit odocos gleichbedeutend erscheinen zu lassen; des Dioscorides gewährsmann hörte es schon ohne diesen vocal aussprechen. bei dok denkt man ans ags. docce, engl. dock lapathum, rumex, die von den Kelten entlehnt scheinen; aber aus den heutigen keltischen sprachen kann ich den namen nicht aufweisen. dagegen ist das ahd. atah, nhd. attich ebulum sichtbar jenes odocos, doch nur einmal lautverschoben. mit unrecht stellt Graff 1, 153 hinzu das ags. atih zizania, denn dies ist âtih, von âte abzuleiten.

cap. 10 p. 86: herba proserpinalis, quae graece dracontium, gallice gigarus appellatur. das kraut ist polygonum centumnodia, die wörterbücher liefern aber keinen entsprechenden galischen oder welschen namen.

cap. 10 p. 87 [Zeusz 56. 57. Mone 88]: radicem symphyti, quod halum gallice dicunt. auch Plinius 26, 7, 26 halus, quam Galli sic vocant, Veneti cotoneam, und 27, 6 alum nos vocamus, Graeci symphyton petraeum, simile cunilae bubulae,

die Römer hatten also halus oder alus in die lateinische
sprache aufgenommen, wie bei uns das symphytum, consolida
major, beinheil, den Niederländern haelwortel heiszt, weil ihm
436 knochen und wundenheilende kraft beigemessen wird. σύμφυτον
von συμφύω drückt dasselbe aus. die irische und galische sprache
haben kein anlautendes H, in der welschen steht es häufig für
das S jener; irisch bedeutet ala wunde, oil alere, nutrire.

cap. 11 p. 88: serpillum herbam, quam Galli gilarum dicunt. thymus serpillum, gr. ἕρπυλλον, quendel. doch die heutigen keltischen sprachen lassen bei gilarus wie bei gigarus ohne
auskunft.

[cap. 11 p. 291 Adelung: hociamsami agrimonia, worin
schwerlich welsches hocysen malwe steckt. vielleicht ist hoc =
og jung und amsani, jamsani das gemeinte kraut. agrimonia in
andern sprachen kleine klette, schwed. småborre. gal. aimsir zeit
wetter, ir. aimsir time season. Zeusz 744. 796. 51.]

cap. 16 p. 121: ad tussem remedium efficax herba, quae
gallice calliomarcus, latine equi ungula vocatur. im zweiten
theil ist das ir. gal. marc, welsche march equus nicht zu verkennen, welchem ags. mear, ahd. marah entspricht. bekanntlich
gibt Pausanius X. 19, 6 bei erwähnung des galatischen τριμαρ-
κισία schon das keltische wort an. callio aber musz den begrif
ungula enthalten, welchem lat. wort das ir. gal. ionga nahe kommt.
wie wenn call für ioncall stände, vgl. ahd. anchal talus, und
ahd. chlôa, ags. clavu, engl. clow, altn. klô, lat. clavus gleichfalls aphaeresis erlitten hätten? denn unguis und ungula liegen
sich verwandt.

cap. 20 p. 144: fastidium stomachi relevat papaver silvestre,
quod gallice calocatanos dicitur. man darf mutmaszen catocalanus, wozu das irische codlainean papaver, gal. codalan
nahe stimmen, die wurzel ist codal, cadal somnus, wovon cada-
lan somnus brevis, weil der mohn schlafbringend, papaver somni-
ferum, altn. svefngras, spanisch dormidera heiszt. man sagt
auch papaver caducum, nhd. fallblume, er macht in schlaf fallen,
und ir. bedeutet cadaim, welsch codwm fall, vgl. lat. cadere.
ohne zweifel ist das franz. coquelicot, nnl. kollebloem auf das

keltische wort zurückzuführen. [vielleicht calo-catanos weiszer
mohn, von cal für gal, geal. catan == catal, codal?]

cap. 23 p. 162: herba quam nos utrum, Graeci isatida vocant, qua infectores utuntur. nos zeigt jedoch kein keltisches
wort an, vielmehr ein lateinisches des lateinschreibenden, und
für utrum setze man vitrum, welches der pflanze isatis entspricht. [Mone 106 vergleicht welsch gwydr glas.] Caesar B. G.
5, 14: omnes vero se Britanni vitro inficiunt, quod caeruleum
efficit colorem, vitrum aber, in diesem sinn, scheint das ags.
vâd, engl. woad, ahd. weit, woher weitin caeruleus. gleichviel
mit vâd und weit ist nun das mlat. guadum, guasdum, it. guado,
franz. guède, guesde, auch vouede. da auch mlat. glastum gilt
und in welscher sprache die isatis glas, glasddu, glaslys heiszt,
glas wiederum caeruleus, so gelangen wir bei diesem namen
wunderbar zu dem deutschen glas, glesum [gleste vitro. gl. argent. Diut. 2, 194*], wie zum lat. vitrum. galisch finde ich für
die pflanze gorman guirmein und gorm ist blau, weitin.

cap. 25 p. 174: herbae pteridis id est filiculae, quae ratis 427
gallice dicitur, quaeque in fago saepe nascitur. hier ist alles
klar. ir. rath, raith, raithneach, gal. raineach, welsch rhedyn,
armor. raden. auch das baskische iratzen entspricht, wonach
der august, in welchem die heide blüht, irailla, wie im poln.
der september wrzesień genannt wird.

cap. 26 p. 179 [Mone 92]: artemisia herba est, quam gallice bricumum appellant. ich bedenke mich kaum zu bessern
britumum, britunum, denn brytwn ist noch heute der welsche
name der artemisia. (Jones 332ᵇ. 364ᵃ.) [liegt abrotonum darin?]

cap. 33 p. 231: herba est quae graece nymphaea, latine
clava Herculis, gallice baditis appellatur. ir. und gal. bath
bedeutet see, wasser, duilleag-bhaite wörtlich seeblatt, nymphaea.
das unzusammengesetzte alte baditis mag geradezu eine nymphe,
wasserfrau ausgedrückt haben, deren name mythisch auf die was-
serpflanze erstreckt wurde.

Dies, soviel ich sehe, sind alle bei Marcellus verzeichnete
keltische pflanzennamen. er führt aber auch noch cap. 29 den
bekannten namen eines vogels an, p. 202: avis galerita, quae

gallice alauda dicitur, und 207 nochmals: corydalus avis, id
est quae alauda vocatur. das wort war den Römern längst
eingebürgert, auch Plinius II. 37, 44 berichtet: parvae avi, quae
galerita appellata quondam postea gallico vocabulo etiam legioni
nomen dederat alaudae. die krieger hatten ihre helme, gleich
dem vogel, der darum selbst cassita und galerita [1] heiszt, mit
kämmen geschmückt, Sueton im Jul. Caesar cap. 24: unam etiam
(legionem) ex Transalpinis conscriptam vocabulo quoque gallico:
alauda enim appellabatur. der legio alaudarum gedenkt Cicero
ad Attic. 16, 8 und Philipp. 13, 3. [alauda gallisch Varro LL.
8, 65. Zeusz 38. 753. Olloudius Mars.] noch Gregor von Tours
4. 31: avis corydalus, quam alaudam vocamus, und bis auf
heute dauert das franz. alouette fort, altfranz. auch unverklei-
nert aloe; it. mit aphaeresis lodola, voll allodola [carm. buran.
147. 185 laudula, alaudula], prov. alausa, sp. alondra. [vgl.
Mone 88.] von den heutigen keltischen sprachen hat nur die
armorische alc'houéder, allwéder, ec'houéder, c'houeder bewahrt,
die welsche uchedydd und üblicher hedydd, ehedydd, was auf
die wurzel hedegu, ehed fliegen, uchedu sich erheben führt,
hedydd, uchedydd ist der sich in die luft schwingende vogel. [*]
abweichend sind die ir. uiseog, fuiseog, gal. uiscag, ir. gal. riabh-
hag. auch unser deutsches lerche, ahd. lêracha, lêricha, ags.

[1] hauhenlerche, schopflerche, bei Theocr. 7, 23 ἐπιτυμβίδιος κορυδαλλίς, man
vergleiche die scholie und Babr. 72, 20.

[*] nach Villemarqué p. vii welsch alaw-adar oiseau de l'harmonie, alaw-hédez,
alaw-hed alawd harmonie ailée; alaw instrumental music, adar. pl. birds, fowls,
hed volatus. corn. ewidit alauda.

diu lérche uns daz himelrich kündet,
swenne sich diu zit mit wunne zündet,
sô stiget uf gên himelrich
fliegende und singende wunneclich.   Renner 19527.

chinesisch die lerche himmelstochter. Pott 2, 388. frijiu lerk in lüften hô. MS.
2, 92ᵇ. dô sich uf bunden (l. wunden) die lerchen mit gesange. Helbl. 8, 13.
daz dû sô suoze singes und dich alsô hô swinges. Kolocz. 117. si want sich uf
an der stat in die lüfte unde sanc. das. 119. diu lérche lüftet ihr gedœne. MS.
1, 12ᵇ. fliegende lerche in der mark zu Monre. weisth. 3, 623. den tac kôs
man niht bî lérchen sanc. Parz. 378, 7. die lawerke scone sanc. Walew. 6776.
tileke metter lewerken sanghe. 2670. altfranz. oft: que laloe chanta. prov. lied
bei Mahn s. 32 und der volksglaube bei Fauriel 2, 28. sang der fliegenden lerche
bei Du Bartac p. 124.

läferce, altn. lô pl. lær mahnt an alauda, doch ist das finn. leiwo und leiwoinen zu erwägen. das -icha scheint blosz verkleinernd [438] und R : D könnte sich verhalten wie in sirablas srebro und sidabras silapar.

Durch angabe dieser keltischen wörter hat Marcellus, wie früher schon Dioscorides, dem sprachstudium einen wahren dienst erwiesen, und sie lassen gewahren, wie tief die gallische zunge in Europa verbreitet war. gilarus und gigarus werden sich vielleicht künftig einmal aufklären. unverkennbar ist aber, dasz die im 4. jahrh. in Aquitanien herschende sprache, wie uisumarus, catocalanus, baditis, ratis zeigen, sich mehr der irischen und galischen mundart, als der armorischen anschlieszt; nur alauda und britumum haben armorischen und welschen klang.

Ich wende mich nun zum eigentlichen gegenstande meiner abhandlung. jene von Marcellus aus dem munde des volks, wie er sich ausdrückt, ab agrestibus et plebejis erkundigten heilmittel lassen, gleich allem volksmäszigen, hohes alterthum und weite verbreitung ahnen; sie müssen mit gebräuchen und lebendigen eindrücken der vorzeit zusammenhängen und können, so abgeschmackt und unnütz sie unsern heutigen ärzten erscheinen, die poesie und sitte der europäischen völker manigfach aufhellen. nachdem ich alles ausgezogen haben werde, was unter den angekündigten gesichtspunct fällt, sollen einzelne bemerkungen und aufschlüsse folgen.

1) cap. 1 p. 35. herba in capite statuae cujuslibet nasci solet. ea, decrescente luna, sublata capitique circumligata dolorem tollit.

2) cap. 1 p. 35. cum intrabis urbem quamlibet, ante portam capillos, qui in via jacebunt, quot volueris collige, dicens tecum ipse ad capitis dolorem te remedium tollere, et ex his unum capiti alligato, ceteros post tergum jacta, nec retro respice. [noch heute der aberglaube, abgeschnittne haare nicht ins feld zu werfen, weil sie sonst leicht ein vogel in sein nest baut, was dem menschen kopfschmerzen verursacht.]

3) ibidem. faecula, qua infectores utuntur, si spondam priorem, qua vir cubat, perunxeris, et spondae medio inligaveris, dolores capitis remediabis.

4) cap. 1 p. 36. hirundinum pulli lapillos in ven-
triculis habere consuerunt, ex quibus qui albi maxime fuerint,
si in manu etiam singuli teneantur, aut circa caput lino nectan-
tur, veterrimos et diutinos capitis mulcent dolores, nisi contactu
terrae lapillorum potentia minuatur. [andere sage vom schwal-
benstein. Bosquet 217.]

5) cap. 2 p. 38. hemicranium statim curant vermes ter-
reni pari numero sinistra manu lecti, cum terra de limine eadem
manu triti. [muscae impari numero infricatae digito medico.
Plin. 30. 12, 34.]

6) cap. 2 p. 39. herba vel hedera in capite statuae
cujuslibet nasci solet, ea si in panno rufo, acia rufa vel lino
rufo ligata capiti vel temporibus alligetur, mirum remedium he-
micraniae vel heterocraniae praestabit. [sedum involutum panno
nigro. Plin. 26. 10, 69.]

439   7) cap. 8 p. 56. cum primum hirundinem audieris vel
videris, tacitus illico ad fontem decurres vel ad puteum, et
inde aqua oculos fovebis, et rogabis deum, ut eo anno non
lippias, doloremque omnem oculorum tuorum hirundines auferant.

8) cap. 8 p. 57. si mulieris saliva, quae pueros, non
puellas ediderit, et abstinuerit se pridie viro et cibis acrio-
ribus, et inprimis si pura et nitida erit, angulos oculorum
tetigeris, omnem acritudinem lippitudinis lenies, humoremque
siccabis.

9) ibidem. lacertam viridem excoecatam acu cu-
prea in vas vitreum mittes cum annulis aureis, argenteis, fer-
reis aut electrinis, si fuerint, aut etiam cupreis, deinde vas gypsa-
bis aut claudes diligenter atque signabis, et post quintum vel
septimum diem aperies, lacertamque sanis luminibus invenies,
quam vivam dimittes, anulis vero ad lippitudinem ita uteris, ut
non solum digito gestentur, sed etiam oculis crebrius adplicen-
tur, ita ut per foramen anuli visus transmittatur. [lacertas quoque pluribus modis ad oculorum remedia assumunt. alii viridem includunt novo fictili, ac lapillos qui vocantur cinaedia
novem signis signantes et singulos detrahunt per dies. nono
emittunt lacertam, lapillos servant ad oculorum dolores. alii
terram substernunt lacertae viridi excaecatae et una in

vitreo vase anulos includit e ferro solido vel auro; cum rece-
pisse visum lacertam apparuit per vitrum, emissa ea, anulis contra
lippitudinem utuntur. Plin. 29. 6, 38. frosch in ameisenhaufen.
Plin. 32. 5, 18. Zingerle hexenpr. 29.]

10) cap. 8 p. 58. de manu sinistra mus cam capies, et dum
capias dicere debebis nomen ejus, cui remedium facturus es, te
ad curandos oculos ejus muscam prendere. tum vivam eam
ligabis in linteo et suspendes collo dolentis, nec retro
respicias.

11) ibidem. ut omnino non lippias, cum stellam cadere
vel transcurrere videris, numera, et celeriter numera, donec
se condat. tot enim annis, quot numeraveris, non lippies.

12) ibidem. qui crebro lippitudinis vitio laborabit, millefolium herbam radicitus vellat, et ex ea circulum faciat, ut
per illum aspiciat, et dicat ter 'excicumacriosos', et totiens ad
os sibi circulum illum admoveat, et per medium exspuat, et
herbam rursus plantet. quae si revixerit, nunquam is
qui remedium fecerit vexabitur oculorum dolore, ad utrumque
oculum hoc facito; quae si minus revixerit, ex alia iterum faciat,
oportet autem dari operam ut non nimis herba constringatur,
quo facilius plantata consurgat. [hanc (senecionem) si ferro cir-
cumscriptam effodiat aliquis tangatque ea dentem et alternis ter
despuat ac reponat in eundem locum, ita ut vivat
herba, ajunt dentem eum postea non doliturum. Plin. 25.
13, 106.]

13) cap. 8 p. 63. acriore collyrio ad cicatrices extenuandas
et ad palpebras asperas utimur, quod quia ex quatuor rebus,
ut quadriga equis constat, et celeres effectus habet,
harma dicitur.

14) cap. 8 p. 66. ad oculos scabros et palpebras perfora-
tas humore vetusto vel pedunculis exesas remedium praesens
barbaricum quidem, sed multis probatum. scarabaeum pilo- 440
sum, qui similis est scarabaeo vero, in sepibus vetustis, lapi-
dosis, aut in fossatis sepium requires, qui cutiones sunt colore
pseudoflavo quasi leonino, pilosi, lucentes. ante ergo quam illum
cutionem tollas, folium caulis primo mane cum suo sibi rore vel
gutta conclusa in eodem folio teneatur, ut ubi cutionem illum

inveneris, digitisque pollice et medicinali adprehenderis, confestim
supra folium illud caulis teneas, ut supra guttam illam
lotium ejus excipias, quia ubi manu adprehensus fuerit, statim
se submejit. providendum ergo ut velocius supra folium illud
caulis ponatur, ne lotium ejus, quod cito effundit, alibi excidat,
quod commixtum cum illo rore caulis per spicillum palpebris
impones et loca scabra vel exesa inter pilos perunges: effectum
rei cito miraberis.

15) cap. 8 p. 67. mel atticum et stercus infantis, quod
primum dimittit, statim ex lacte mulieris, quae puerum al-
lactat, permiscebis et sic inunges: sed prius eum, qui curandus
est, erectum ad scalam alligabis, quia tanta vis medica-
minis est, ut eam nisi alligatus patienter ferre non possit, cujus
beneficium tam praesens est, ut tertio die abstersa omni macula
mirifice visum reddat incolumem.

16) cap. 8 p. 70. digitis quinque manus ejusdem, cujus par-
tis oculum sordicula aliqua fuerit ingressa, percurrens et per-
tractans oculum ter dices

te tunc resonco bregan gresso,

ter deinde spues, terque facies. item ipso oculo clauso, qui car-
minatus erit, patientem perfricabis, et ter carmen hoc dices et
totiens spues

inmon dercomarcos axatison.

scito remedium hoc in hujusmodi casibus esse mirificum. [ter
cane, ter dictis despue carminibus. Tibull 1. 2, 56. terra despuere
deprecatione. Plin. 28. 4, 36. dreimal leise. Müllenhoff sagen
s. 508. ter novies. Ovid. met. 14, 58.]

17) ibidem. si arista vel quaelibet sordicula oculum
fuerit ingressa, obcluso alio oculo ipsoque qui dolet patefacto et
digitis medicinali ac pollice leviter pertractato, ter per singula
despuens dices

os Gorgonis basio.

hoc item carmen si ter novies dicatur, etiam de faucibus hominis vel jumenti os aut si quid aliud haeserit, potenter eximit.

18) cap. 8 p. 71. varulis id est hordeolis oculorum
remedium tale facias. anulos digitis eximes et sinistrae manus
digitis tribus oculum circumtenebis et ter despues terque dices

'rica rica soro'.

si in dextero oculo varulus erit natus, manu sinistra digitis tribus sub divo orientem spectans varulum tenebis et dices: 441
  nec mula parit,
  nec lapis lanam fert,
  nec huic morbo caput crescat,
  aut si creverit tabescat!
cum haec dixeris iisdem tribus digitis terram tanges et despues, idque ter facies.

19) ibidem. efficax hoc remedium hordeolis. novem grana hordei sumes et de singulis varum punges, perque singula puncta carmen dices, et projectis novem granis septem alia corripies et similiter de singulis punges et carmen septies dices. abjectis etiam iis quinque sumes et idem quinquies facies. idem de tribus granis similiter. idem de uno similiter. carmen autem hoc dices

κυρια κυρια κασσαρια σουρωρβι.
(Venet. 1547. 97ᵇ σουρωφβι.)

20) ibidem. item hoc remedium efficax. grana novem hordei sumes et de eorum acumine varolum punges, et per punctorum singulas vices carmen hoc dices

φεῦγε φεῦγε, κριθή σε διώκει.
item digito medicinali varum contingens dices ter

vigaria gasaria,
varumque grano hordei ardenti, aut stipula foeni, aut palea ures.

21) cap. 10 p. 85. scribes carmen hoc in charta virgine et linteo ligabis, et medium cinges eum vel eam, quae patietur de qualibet parte corporis sanguinis fluxum:

sicycuma cucuma ucuma cuma uma ma a.
(l. sicucuma.)

22) ibidem. item carmen hoc utile profluvio muliebri:
  stupidus in monte ibat,
  stupidus stupuit,
  adjuro te, matrix,
  ne hoc iracunda suscipias.
pari ratione scriptum ligabis.

23) cap. 11 p. 89. pustulae cum subito in lingua nascuntur,

priusquam idem (l. quidem) loquaris, e x t r e m a e t u n i c a e, qua
vestiris, o r a pustulam tanges et ter dices:

tam extremus sit, qui me male nominat!
et totiens spues ad terram, statim sanabere.

442   24) cap. 12 p. 93. carmen ad d e n t i u m d o l o r e m mirificum de experimento, luna decrescente, die Martis sive die Jovis,
haec verba dices septies

argidam margidam sturgidam.

dolorem rumpas etiam si calciatus s u b d i v o s u p r a t e r r a m
v i v a m stans caput r a n a e adprehendes et o s a p e r i e s et s p u e s
i n t r a o s e j u s, et rogabis eam, ut dentium dolores secum
ferat, et tum v i v a m d i m i t t e s, et hoc die bona et hora bona
facies.

25) cap. 12 p. 95. cum primum h i r u n d i n e m v i d e r i s,
tacebis et ad aquam nitidam accedes atque inde in os tuum
mittes. deinde digito obscoeno id est medio tam manus dextrae
quam sinistrae dentes fricabis et dices:

hirundo tibi dico,
quomodo hoc in rostro iterum non erit,
sic mihi dentes non doleant toto anno!

item alium annum et deinceps sequentibus similiter facies, si volueris remedii hujus quotannis manere beneficium.

26) cap. 14 p. 100. salis granum, panis micam, carbonem
mortuum in phoenicio alligabis.

27) ibidem. carmen ad u v a e dolorem, quod ipse sibi qui
dolet praecantet, et manus supinas a gutture usque ad cerebrum
conjunctis digitis ducens dicat

crisi crasi concrasi.
quibus dictis rursum manus a gutture ducat, et ter hoc faciat.

28) cap. 14 p. 102. uvam toto anno non dolebit, qui cum
primum u v a m viderit p r o c e d e n t e m, sinistra manu digito medicinali et pollice granum vulsum sic transglutierit, ut dentibus
non contingat.

29) cap. 14 p. 103. herbae cymbalitis radicem a n t e s o l i s
o r t u m c o l l i g e s sinistrae manus digitis pollice et medicinali
in nomine ejus qui uvam dolebit, et licio conligatam collo ejus
suspende.

30) ibidem. picem mollem cerebro ejus impone, qui uvam dolebit, et praecipue ut super limen stans superiori limiti ipsam picem capite suo adfigat.

31) ibidem. ad dolorem uvae scribes in charta et collo laborantis in linteolo suspendes:

> formica sanguinem non habet nec fel,
> fuge uva, ne cancer te comedat.

32) cap. 14 p. 104. araneam quae sursum versus su- 443 bit et texit prendes, et nomen ejus dices cui medendum erit et adjicies: sic cito subeat uva ejus, quem nomino, quomodo aranea haec sursum repit et texit. tum ipsam araneam in chartam virginem lino ligabis et collo laborantis suspendes die Jovis, sed dum prendes araneam, vel phylacterium alligas, ter in terram spues.

33) cap. 15 p. 105. sed praecipue contra synanchen prodest, si hirundininos pullos vivos in nido prendas et vivos incendas, ut pulvis ex his fiat, die Jovis, luna vetere. sed observa ut inpares in nido invenias, et quanti fuerint exuras. horum in calida aqua pulverem bibendum dabis et de ipso pulvere digito locum synanches ab intro continges. miraberis remedium, sed inlotis manibus remedium facies.

34) ibidem. praecantabis jejunus jejunum, tenens locum, qui erit in causa, digitis tribus id est medio, pollice et medicinali, residuis duobus elevatis dices: exi hodie nata, si ante nata, si hodie creata, si ante creata, hanc pestem, hanc pestilentiam, hunc dolorem, hunc tumorem, hunc ruborem, has toles, has tonsillas, hunc panum, has paniculas, hanc strumam, hanc strumellam, hanc relegionem evoco, educo, excanto de istis membris, medullis.

35) cap. 15 p. 108. si volueris explorare, utrum struma sit loci illius, qui tumebit, ante quam medicinam adhibeas, lumbricum terrestrem ad tumorem adplica et postea super folium pone: si struma erit, lumbricus terra fiet, si non erit struma, integer atque inlaesus permanebit.

36) cap. 15 p. 109. strumae optime medetur radix verbenae. si eam transversam reseces, extremamque ejus partem laborantis collo subnectas, priorem autem partem in fumo suspen-

9*

das. arescente enim ea strumae quoque siccabuntur et omnis earum humor arescet. cum sanus fuerit quem curaris, si tibi ingratus exstiterit, utramque partem in aquam conjicito, strumae renascentur.

37) cap. 15 p. 110. remedium valde certum et utile faucium doloribus. sic scribas in charta haec:

εἶδον τριμερῆ χρύσεον Ἰοάναδον,
καὶ ταρταροῦχον Ἰουσάναδον.
σῶσόν με σέμνε νερτέρων ὑπέρτατε.

quam chartam in phoeniceo obvolutam lino conligabis colloque
444 suspendes meminerisque ut mundus fias haec facias, et ne tertia manu scriptura tangatur.

38) cap. 15 p. 111. carmen mirum ad glandulas sic:

albula glandula,
nec doleas nec noceas,
nec paniculas facias,
sed liquescas tanquam salis (mica) in aqua!

hoc ter novies dicens spues ad terram et glandulas ipsas pollice et digito medicinali perduces, dum carmen dices, sed ante solis ortum et post occasum facies id, prout dies aut nox minuetur.

39) ibidem. glandulas mane carminabis, si dies minuetur, si nox, ad vesperam, et digito medicinali ac pollice continens eas dices:

novem glandulae sorores,
octo glandulae sorores,
septem glandulae sorores,
sex glandulae sorores,
quinque glandulae sorores,
quattuor glandulae sorores,
tres glandulae sorores,
duae glandulae sorores,
una glandula soror
novem fiunt glandulae,
octo fiunt glandulae,
septem fiunt glandulae,
sex fiunt glandulae,

quinque fiunt glandulae,
quattuor fiunt glandulae,
tres fiunt glandulae,
duae fiunt glandulae,
una fit glandula,
nulla fit glandula.

40) ibidem. ad ea quae faucibus inhaerebunt remedium: si os aut arista haeserit gulae, vel ipse cui acciderit vel
alius confestim ad focum adcurrat et titionem verset,
ita ut pars ejus, quae ardebat, forinsecus emineat, illa vero, quae
igni carebat, flammae inseratur; convertens vero titionem 445
ter dices remedii gratia te facere, uti illud quod haeserit in
faucibus tuis vel illius, quem peperit illa, sine mora et mo-
lestia eximatur. hoc inter certissima remedia subnotatum est.

41) ibidem. omnia quae haeserint faucibus, hoc carmen expellet: hcilen prosaggeri uome sipolla nabuliet onodieni
iden eliton. hoc ter dices et ad singula exspues. item fauces,
quibus aliquid inhaeserit confricans dices: xi exucricone xu crigrionaisus scrisumiouelor exugri conexu grilau.

42) cap. 15 p. 112. si de pisce os faucibus haeserit,
spinam mediam ejusdem piscis infringes et aliquam partem ex
ea pollice et medicinali digito super verticem ejus, cui os vel
spina haerebit, adpones, sed utilius erit, si nescienti id facias.

43) ibidem. ad os, sive quid aliud haeserit faucibus,
hi versus vel dicendi in aurem ejus qui offocabitur, vel scribendi
in charta, quae ad collum ejus lino alligetur, quo remedio nihil
est praestantius:

μή μοι Γοργείην κεφαλὴν δεινοῖο πελώρου
ἐξ Ἀΐδεω πέμψειεν ἐπαίνη Περσεφόνεια.

44) cap. 16 p. 116. foeniculi radicem viridem nitidam
in pila lignea contunde atque ejus succum jejunus cum vino
vetere per dies continuos novem in limine stans bibe, vali-
dissime adversus tussim quamlibet molestam tibi proderit.

45) cap. 17 p. 124. ad suspiriosos remedium salutare.
spumam de ore mulae collige et in calicem mitte, atque ex
aqua calida sive viro seu feminae, quae hanc molestiam patitur,
continuo da bibendam: homo statim sanabitur, sed mula morietur.

46) cap. 17 p. 126. serpentis senectus id est exuviae licio alligatae et vulso circumdatae mire prosunt.

47) cap. 19 p. 130. hic morbus (elephantiasis) peculiariter Aegyptiorum populis notus est, nec solum in vulgus extremum, sed etiam in reges ipsos frequenter inrepsit, unde adversus hoc malum solia ipsis in balneo repleta humano sanguine parabantur. mustelae igitur exustae cinis et ejusdem beluae id est elephantis sanguis immixtus et inlitus hujusmodi corporibus medetur.

48) cap. 20 p. 143. remedium physicum magnum adversum dolorem stomachi. in lamina argentea scribes et dices: arithmato aufer dolores stomachi illi, quem peperit illa. eandem 446 laminam lana ovis vivae involutam collo de licio suspendes et id agens dices: aufer mihi vel illi stomachi dolorem arithmato.

49) cap. 20 p. 144. cum te in lecto posueris, ventrem tuum perfricans dices ter:

> lupus ibat per viam, per semitam,
> cruda vorabat, liquida bibebat.

physicum hoc ad digerendum de experimento satis utile.

50) cap. 21 p. 154. praecordiorum dolorem catuli lactentes admoti visceribus humanis transferre in se adseruntur, idque exenteratis perfusisque vino deprehenditur vitiatis eorum visceribus.

51) ibidem. ad corcum carmen in lamella stagnea (= stannea) scribes et ad collum suspendes haec, ante vero etiam cane:

> corcu (corce?) nec megito (l. mejito) cantorem
> utos utos utos,
> praeparabo tibi vinum, leva
> libidinem, discede a nonnita.
> in nomine dei Jacob, in nomine dei Sabaoth.

52) item ad id aliud carmen (vgl. 75):

> corcedo, corcedo, stagne (l. stagna),
> pastores te invenerunt,
> sine manibus collegerunt,
> sine foco coxerunt,
> sine dentibus comederunt.

Tres virgines in medio mari mensam marmoream positam
habebant. duae torquebant et una retorquebat. quomodo hoc nunquam factum est, sic nunquam sciat illa Gajoseja
corci dolorem.

53) cap. 22 p. 160. de lupi praeda, id est de reliquiis
vervecis aut caprae aut cujuslibet animantis, quam comederit,
carnem vel pellem vel os collige et serva, et quando aliquis jecur
doluerit, inde eum tange, continuo sanabitur. [vgl. serb. vuko-
jedina. mythol. 1093.]

54) cap. 22 p. 161. lacertam viridem prende, et de acuta
parte cannae jecur ei tolle, et in phoenicio vel panno naturaliter
nigro alliga, atque ad dexteram partem lateris aut brachii laboranti epatico suspende sed vivam lacertam dimitte et dicito
ei: ecce dimitto te vivam: vide ut ego quemcunque hinc tetigero
epar non doleat!

55) cap. 23 p. 164. herba salutaris id est spina alba,
qua Christus coronatus est, quae velut uvam habet, lie- 447
nem leniter in eodem loco perfricata sanabit.

56) cap. 23 p. 166. lacerta viridis viva in ostio spleni-
tici ante cubiculum ejus suspenditur, ita ut procedens et
rediens eam semper manu sinistra et capite contingat, quo facto
mire ad sanitatem proficiet. [eo liberat et lacerta viridis, viva in
olla ante cubiculum dormitorium ejus, cui medeatur, suspensa,
ut egrediens reverteusque attingat manu. Plin. 30. 6, 17.]

57) cap. 23 p. 167. catellum lactentem de canna oc-
cide, et de ipsa canna splenem ejus tolle, ac nescienti
splenitico in carbonibus coctum vel assatum manducandum dato.

58) cap. 25 p. 171. pellem lupi aluminatam per dies sex
lumbis dolentibus impone, statim subveniet.

59) ibidem. remedium ad ischiadem sic. colliges herbam, quae dicitur britannice, die Jovis, vetere luna et liduna,
siccabis et repones, quia hieme non apparet. nam et viridis prodest. teres hanc cum tribus granis salis et cum piperis
granis quinque aut septem, addes et plenum grande cocleare
mellis et vini portionem bonam et si volueris modicum calidae
aquae adjicies et sic bibendum dabis. sed hanc herbam ter dum
teres et antequam colligas praecantare debes sic:

terram teneo, herbam lego,
in nomine Christi prosit ad quod te colligo.
medicinalibus digitis eam sine ferro praecides vel avelles.

60) cap. 25 p. 173. et cum daturus fueris remedium, a die
Jovis incipe et per dies septem continuos dato, ita ut qui re-
mediandus est, stans in scabello contra orientem bibat.

61) ibidem. remedium coxendicis mirum de experimento
sic. muscerdae novem tritae ex vini quartario super scabellum
vel sellam laboranti potui dantur, ita ut pede uno quem dolet
stans ad orientem versus potionem bibat, et cum biberit
saltu desiliat, et ter uno pede saliat, et hoc per triduum
faciat, confestim remedio gratulabitur.

62) p. 174. fel terrae (d. i. centauris, ahd. ertgalla, ags.
cordgealle) tritum ex vetustissimo vino bibere dabis jejuno supra
limen stanti uno pede, qui coxam dolebit, sed non in
vitro hanc potionem bibat.

63) ibidem. vermis terrenus exfoditur et in ligneo cauco
ponitur, si fieri potest, fisso, et ferro alligato. tunc aqua per-
funditur rursusque eodem loco unde prolatus est defoditur, aqua
vero in qua dilutus est, in eodem poculo bibitur ab ischia-
dico ob insigne remedium. [vermem terrenum catillo ligneo
ante fisso et ferro vincto impositum aqua excepta perfundere et
defodere unde defoderis, magi jubent, mox aquam bibere catillo,
mire id prodesse ischiadicis affirmantes. Plin. 30. 6, 18.]

64) cap. 26 p. 176. hoc medicamentum tunditur in pila
lignea et pilo ligneo, qui contundit anulum ferreum non habeat.

65) cap. 26 p. 177. ad lapides de vessica ejiciendos
remedium singulare. hircum segregatum vel clausum septem
diebus lauro pasces et postmodum a puero impubi occidi
facies et sanguinem ejus excipies munditer, ex eo dabis laboranti in vini cyatho scripulos tres. at vero ut ejus rei experi-
mentum capias lapillos fluviales in vessicam mittes, in qua sanguis exceptus fuerit, nam in vessica excipi debet, et signatam
repone. intra dies septem solutos penitus invenies. [ita ut a
puero impube et capiatur et importatur. Plin. 29. 6, 38.]

66) cap. 26 p. 179. artemisia — hanc ubi nascatur require

et inventam mane ante solis ortum sinistra manu extrahes et ex ea nudos renes praecinges, quo facto singulari et praesentaneo remedio uteris.

67) ibidem. mulier quae geminos peperit, renes dolentes supercalcet, continuo sanabit.

68) cap. 26 p. 181. calculosis expertus adfirmat incredibiliter succurri remedio tali. si hircum, melius si agrestem, melius si anniculum et si mense Augusto, claudas loco sicco per triduum, ut ei solas laurus edendas sumministres et aquae nihil accipiat, ad postremum tertio die id est aut Jovis aut Solis occidas. melius autem erit, si castus purusque fuerit et qui occidit et qui accipiet remedium. exsecto igitur gutture ejus sanguis excipitur, utilius si ab investibus pueris excipiatur, comburitur in vase fictili usque ad cinerem, vas autem in quo torrebitur coopertum et inlitum gypso in furnum mittetur etc. . . dabis infirmo die Solis aut Jovis coclearis mensuram in meri potione, providere autem debes ut digesto jejunoque potio detur. quam cum acceperit qui calculum patitur, mox lapides solutos omnes per urinam emittet. ut vero ammireris sanguinis hircini virtutem, adamas lapis invictus, qui neque igni neque ferro vincitur, si sanguine hircino perfusus fuerit, mox solvetur.

69) cap. 26 p. 183. pellem leporis recentem in olla munda vel tegula ita cum lana sua combures, ut in tenuissimum pulverem redigere possis, quem cribratum in vaso nitido servabis, inde cum opus fuerit tria coclearia in potione dabis bibenda, quae res sive calculos sive vessicae dolores continuo compescit, sed multo potentius erit remedium, si leporem vivum in olla nova claudas et gypso omnia spiramenta vasis obstruas et in furno usque ad favillam tenuissimam cremes tritamque et cribratam recondas.

70) cap. 26 p. 184. ad calculum remedium mirum sic. 449 hederam quae in quercu nata fuerit, vulnerabis cupro, et permittes humorem, qui inde manaverit, indurari in modum gummis, postea sublatum condito resolves, et admiscebis, et bibes quotiens usus exegerit.

71) cap. 26 p. 185. in cubili canis urinam faciat, qui

urinam non potest continere, dicatque dum facit, ne in cubili suo urinam ut canis faciat.

72) cap. 27 p. 190. tormina patientibus multi ventrem viventis anatis adponunt adfirmantes, transire morbum ad anatem, eamque mori.

73) cap. 27 p. 196. ad profluvium et incontinentiam ventris remedium sic. spongiam, quae in pruno silvestri vel in spina aut in rosa silvestri nascitur, colliges et supra batilum torrebis et diligenter teres.

74) ibidem. ut explorari possit ex latentibus morbis, qui sit ille qui vexat infirmum comprehendique qualitas vitii et pars viscerum possit, catulus foetae canis lactens die ac nocte cum eo qui laborat accumbat. is postea sectus inspicitor, translatusque in eo morbus haud difficile notatur, ita tamen ut aeger ei lac de suo ore frequenter infundat. eum tamen catulum cum fuerit exsectus obrui oportet. nec ab re est, si triduo idem catulus vivens cum aegro maneat. vitium enim aegri transire in eum usque adeo certum est, ut moriatur catulus, hominemque morbis latentibus relevet.

75) cap. 28 p. 200. [vgl. 52.] carmen ad rosas sive hominum sive animalium diversorum sic. palmam tuam pones contra dolentis ventrem et haec ter novies dices:

>   stolpus a coelo decidit,
>   hunc morbum pastores invenerunt,
>   sine manibus collegerunt,
>   sine igni coxerunt,
>   sine dentibus comederunt.

76) cap. 28 p. 200. si ventriculus perversatus (? praevexatus) fuerit alicui, aquam bibat unde pedes laverit suos, et de lana ovis, quae a lupo occisa fuerit, ad ventrem suum alliget. de herba quoque quae muris auricula diqitur novem folia tollat et cum piperis granis novem terat et ex aqua bibat per triduum.

77) ibidem. radix inulae in vino decoquitur, deinde succus ejus exprimitur, potuique datur ad tineas enecandas. sed ea radix postea quam eruta est, terram non debet adtingere.

78) cap. 28 p. 201. corrigia canina medius cinga-450 tur, qui dolebit ventrem, statimque remediabitur.

79) cap. 29 p. 202. lupi. stercus, dummodo non in terra inventum, sed supra fustem aut supra astulas aut supra juncum, colliges et servabis, et cum opus fuerit laboranti colico alligabis ad brachium vel ad collum in osse aut in auro clusum.

80) cap. 29 p. 206. anulus de auro texta tunica fit 'exusta, cui insculpitur vice gemmae piscis aut delphinus, sic ut holochrysus sit et habeat in ambitu rotunditatis utriusque id est et interius et exterius graecis literis scriptum

θεὸς κελεύει μὴ κύειν κόλον πόνους.

observandum autem erit, ut si in latere sinistro dolor fuerit in manu sinistra habeatur anulus, aut in dextera, si dextrum latus dolebit. luna autem decrescente, die Jovis, primum in usum adhibendus erit anulus.

81) cap. 29 p. 206. ad coli dolorem requires fimum lupi et ossa, quae ibidem inveneris, contundes et pulverem ex his facies et in aqua frigida jejuno bibendum dabis.

82) ibidem. ad coli dolorem scribere debes in lamina aurea de graphio aureo infra scriptos characteres luna prima vigesima et laminam ipsam mittere intra tubulum aureum et desuper operire vel involvere tubulum ipsum pelle caprina et caprina corrigia ligare in pede dextero, si dextra pars corporis colo laborabit, aut in sinistro, si ibi causa fuerit, habere debebit. sed dum utitur quis hoc praeligamine, abstineat Venere, et ne mulierem aut praegnantem contingat, aut sepulchrum ingrediatur, omnino servare debebit. ad ipsum autem coli dolorem penitus evitandum, ut sinistrum pedem semper prius calciet observabit. hi sunt characteres scribendi in aurea lamina

L Ж M Θ R I A
L Ж M Θ R I A
L Ж M Θ R I A

83) cap. 29 p. 208. si ad versus colum viro remedio opus erit, de ariete, quem lupus occiderit, fasciolam puer impubis faciat, et inde virum ad corpus adcingat. si vero

mulieri medendum erit, similiter de ove, quam lupus occiderit, puella virgo cingulum faciat, et mulierem circa corpus adcingat. efficaciter prodest.

451   84) ibidem. lepori vivo talum abstrahes, pilosque ejus de sub ventre tolles atque ipsum vivum dimittes. de illis pilis vel lana filum validum facies et ex eo talum leporis conligabis corpusque laborantis praecinges: miro remedio subvenies. efficacius tamen erit remedium, ita ut incredibile sit, si casu os ipsum id est talum leporis in stercore lupi inveneris, quod ita custodire debes, ne aut terram tangat aut a muliere contingatur, sed nec filum illud de lana leporis debet mulier ulla contingere. hoc autem remedium cum uni profuerit ad alios translatum cum volueris, et quotiens volueris proderit. filum quoque, quod ex lana vel pilis, quos de ventre leporis tuleris, solus purus et nitidus facies, quod si ita ventri laborantis subligaveris plurimum proderit, ut sublata lana leporem vivum dimittas, et dicas ei dum dimittis eum:

fuge, fuge lepuscule, et tecum aufer coli dolorem!

85) cap. 29 p. 209. lacertum viridem, quem graeci σαῦρον vocant, capies perque ejus oculos acum cupream cum licio quam longo volueris trajicies, perforatisque oculis eum ibidem loci ubi ceperas dimittes, ac tum filum praecantabis dicens:

trebio potnia telapabo.

hoc ter dicens filum munditer recondes, cumque dolor colici alicujus urgebit, praecinges eum totum supra umbilicum et ter dicas carmen supra scriptum.

86) ibidem. ovis agnum, quem primum pariet, manu excipies, ita ut terram non tangat, et de fronte ejusdem agni lanam tolles, sed et de ipsa ove, et verris, qui coitum cum scrofa faciet, semen eadem lana excipies, ita ut terram non tangat, et includes lanam cum semine verris in brachio, vel mediis partibus corporis colico suspendes.

87) ibidem. de novem coloribus, ita ut ibi album vel nigrum non sit, facies ex singulis singula fila, et omnia in se adunata acu argentea per oculos catuli novelli, qui nondum videt, trajicies, ita ut per anum ejus exeant. tum ipsa

fila in se counata torquebis, et pro cingulo ad corpus mediis partibus uteris. catulum sane vivum confestim in flumen projicies.

88) cap. 31 p. 221. ad ficos, qui in locis verecundioribus nascuntur, de orbita rotae collige calvos lapides non praegrandes neque parvos, et pone in foco ut bene candescant et lotio infantis eos extingue, postea de ipso lotio locum assidue 452 lava, ita ut frequenter mutes et lapides et lotium infantis; tantum proderit, ut sectione et ferro opus non sit. [quae sola (i. e. terram) signavit volvendis orbita plaustris, illine. Serenus 886.]

89) cap. 31 p. 222. luna XIII. hora nona ante quam exeant vel erumpant mori arboris folia, oculos tres tolles digitis medicinali et pollice manus sinistrae, et in oculis singulis dices:

absi apsa phereos,

mittesque in coccum galaticum et in phoenicio lino conchyliatae purpurae conligabis et dices:

tolle te hinc tota haemorrhoida,

absis paphar,

et nudum eum, cui remedio opus est, praeligamine illo cinges.

90) cap. 32 p. 225. ne inguen ex ulcere aliquo aut vulnere intumescat, surculum anethi in cingulo aut in fascia habeto ligatum in sparto vel quocunque vinculo, quo bolus aut obsonium fuerit innexum, septem nodos facies et per singulos nectens nominabis singulas anus viduas et singulas feras, et in cruce vel brachio, cujus pars vulnerata fuerit alligabis. quae si prius facias ante quam nascantur inguina, omnem inguinum vel glandularum molestiam prohibebis, si postea, dolorem tumoremque sedabis. surculum quoque ex myrto terra tactum si quis gerat, ab inguinibus tutus erit. inguinibus·potenter medebere, si de licio septem nodos facias, et ad singulos viduas nomines, et supra talum ejus pedis alliges, in cujus parte erunt inguina.

91) cap. 33 p. 229. si puero tenero ramex descenderit, cerasum novellam radicibus suis stantem mediam findito, ita ut per plagam puer trajici possit, ac rursus arbusculam conjunge, et fimo bubulo aliisque fomentis obline, quo faci-

lius in se quae scissa sunt coeant. quanto autem celerius ar-
buscula coaluerit, et cicatricem duxerit, tanto citius ramex pueri
sanabitur.

92) cap. 33 p. 231. mulierem, quam tu habueris, ut nunquam alius inire possit, facies hoc. lacertae viridis vivae
sinistra manu caudam curtabis, eamque vivam dimittes. caudam donec inmoriatur, eadem palma clausam tenebis, et mulierem verendaque ejus, dum cum ea cois, tange.

93) ibidem. si quem ad usum venerium infirmum volueris
esse, ubicunque minxerit, supra lotium ejus obicem id est axe-
donem ex usu figes.

94) ibidem. si quem coire noles, fierique cupies in usu
venerio tardiorem, de lucerna, quae sponte exstinguetur,
fungos adhuc viventes in potione ejus exstingue, biben-
damque inscio trade: confestim enervabitur.

95) cap. 34 p. 236. frumenti grana novem in tegula can-
denti combures et in cinerem rediges, et cymini, quot duobus
digitis pollice et medicinali tenere potueris, addes.

96) ibidem. verrucas minores congestas, quas Graeci
myrmecidas vocant, ut abstergeas hoc facito. nocte cum videris stellam quasi praecipitem se ad aliam transfe-
rentem, eodem momento locum, in quo verrucae erunt, qua-
cunque re volueris, deterge, protinus omnes excident. quodsi
manu tua nuda id feceris, continue ad eam transibunt.

97) ibidem. lapillum quemlibet involutum hederae folio ad verrucam admoveto, ita ut eam tangat lapillus, atque
ita celebri loco objicito, ut ab aliquo inventus colliga-
tur: miro modo ad illum, qui collegerit, verrucae trans-
feruntur, et ideo quot fuerint verrucae, tot lapillis tangi
debent.

98) cap. 35 p. 240. de tribus tumulis terrae, quos
talpae faciunt, ter sinistra manu quot adprehenderis tolles, hoc
est novem pugnos plenos, et aceto addito temperabis.

99) cap. 36 p. 246. pueri inpubis detonsi super pedes dolentis capilli atque illuc aliquandiu compositi com-
pescunt dolorem.

100) cap. 36 p. 260. carmen idioticum, quod lenire poda-

gram dicitur sic. in manus tuas exspues, ante quam a lecto
terram contingas, et a summis talis et plantis usque ad summos
digitos manus duces et dices

 fuge, fuge podagra, et omnis nervorum dolor
 de pedibus meis et omnibus membris meis!

aut si alii praecantas, dices illius quem peperit illa,
  venenum veneno vincitur,
   saliva jejuna vinci non potest,

ter dices haec et ad singulas plantas tuas, vel illius, cui medebere, spues.

 Solcher heilmittel und heilsprüche ist das alterthum aller 454
völker voll; es brechen, wie in sprache und mythen überhaupt,
hier gleich starke und wunderbare einstimmungen vor. cap.
XXXVI, XXXVII und **XXXVIII** der deutschen mythologie
habe ich davon schon vieles angezogen und geltend gemacht.
in Rudolf Roths literatur und geschichte des Veda, Stuttgart
1846 s. 12. 37—45 findet man merkwürdige indische sprüche,
welche gegen krankheiten und schädliche thiere schützen, an-
rufungen heilsamer kräuter und verwünschungen der feinde ausgehoben. Agni und Varuna, Indra und Mitra, die hohen götter
des feuers und wassers, der luft und sonne, werden wechselsweise angefleht um ihren beistand wider gefahr und seuche.
kuśṭa (costus speciosus), ein heilendes kraut, soll den takman
(eine hautkrankheit, wahrscheinlich den aussatz) vertreiben und
heiszt davon takmanâsana, takmans vernichter. kuśṭha, ein andrer
name des aussatzes, scheint mit jenem kuśṭa selbst zusàmmen-
zuhängen.

 Alle griechischen und römischen heilsprüche verdienten
eigne samlung, damit man ihren gehalt und ihr gewand vergleichen könne. wie bedeutsam ein von Cato überlieferter segen für verrenkte glieder mit unsern altdeutschen und den nordischen stimme, wurde bereits nachgewiesen. andere von Plinius
aufgezeichnete werden wir den marcellischen begegnen sehn.

Was mir zumeist anliegt, ist aber, den ursprung einiger
bei Marcellus enthaltnen, auf den ersten blick unverständlichen
formeln zu entdecken. es war natürlich, dasz zu Rom und Byzanz ihm vor allem lateinische und griechische formeln bekannt
wurden; es kann sein, dasz andere ganz verderbt oder sinnlos
erscheinen, wie 21, worin stufenmäszig von einem ausdruck einzelne buchstaben abgeschnitten werden, bis zuletzt nichts als
der vocal übrig bleibt; auch in 18. 24. 27. 41 wiederholen sich
die wörter. nicht so bewandt sein mag es um den sechzehnten
spruch zur vertilgung der ins auge gerathnen sordicula; denn
hier verrathen sich gallische formeln mit geeignetem sinn, die
dem Marcellus noch aus seiner heimat im gedächtnis gehaftet
hatten. alle wörter von unkundigen schreibern aus der fuge
gebracht scheinen, ohne dasz das geringste zugefügt oder weggelassen werde, herstellbar. [Mone gall. spr. 171.] ich will sie
erst zusammenschieben und dann von neuem, der gallischen
sprache gemäsz, zertheilen:

> tetuncresoncobregangresso
> inmondercomarcosaxatison

455 das ist:

> tet un cre son co bregan gresso
> inmon derc omar cos ax atison

oder nach heutiger irischer schreibweise:

> teith uainn cre soin ge breigan greasa
> inmhion dearc omar gus agus ait soin

es sind, wie der lateinische text lehrt, eigentlich zwei von einander unabhängige sprüche, deren ersten ich verdeutsche:

> fleuch von uns staub hinnen zu der lügen genossen!

den andern:

> lieblich (sei das) augenbett, weh und schwulst (sei) fort!

teith ist imperativ von teich, teatham fliehen, uainn bedeutet von
uns, wie uaim von mir, uait von dir, uaibh von euch. cre staub,
erde, unrat drückt die lat. sordicula aus. co für go entspricht
der altirischen schreibung, und nicht anders wird cus acus für
gus agus, derc für dearg gesetzt. breigan gen. pl. von breag
lüge. gresso erkläre ich greasa hospitibus, denn der von der
praeposition go verlangte dat. pl. kann nach Odonovan s. 84

auf -a oder -u, also auch -o endigen, statt des gewöhnlichen
-aibh, 'fri teora gressa' bedeutet with three processes, statt
gressaibh. könnte man übertragen: zu der lügen erfolgen? doch
scheint mir lügengästen vorzüglicher, d. i. teufeln, welchen die
sordicula überwiesen wird. im andern spruch ist inmhion, in-
mhuin gratus, dearc auge, omar trog, höle, rinne, bett, deargomar
also augentrog, augenhöhle = auge [Dercojedus inscr. Steiner
no. 996 oculi circulus], gus weh, schmerz, ax = acs acus agus
die bekannte conjunction, dem lat. ac, wie dem goth. jah verwandt [vgl. Zeusz 663]; ati das heutige ait, vielmehr at geschwulst.
son = soin hence, thence. unverkennbar sind aber die irischen
diphthonge in der alten sprache einfach.

Teuscht sich meine auslegung, wenn schon im einzelnen,
doch in der hauptsache nicht, so gewähren diese sprüche für
die kunde der aquitanischgallischen sprache im vierten jh. noch
einen wichtigeren beitrag als jene pflanzennamen, bestätigen die
nähe des irischen dialects, und entheben uns aller zweifel über
des Marcellus abkunft und sein verhältnis zum ganzen werk.
kein arzt zu Rom oder Constantinopel wäre so wie er ausgerüstet gewesen mit gallischen formeln. ich habe, ohne rechten
erfolg, versucht auch die sprüche 24. 27. 41 gallisch zu deuten
und will nun andere zähne in sie beiszen lassen. doch werde 456
ich auch zu 48 ein entschieden gallisches wort nachweisen
können.

Ueberblickt man aber alle diese abergläubischen mittel,
deren Marcellus gewis nur eine geringe zahl verzeichnete oder
kannte, so erhellt, dasz sie eigentlich nicht bei schweren, le-
bensgefährlichen krankheiten angewandt wurden, sondern fast
nur für leichte oder äuszerliche gebrechen wie kopfweh, zahn-
weh, flieszendes auge (lippitudo), gerstenkorn am auge (hordeo-
lus, varulus), kropf, zapfengeschwulst (uva), schlundentzündung
(συνάγχη), bruch, warze, huste, engen athem (suspirium), ma-
genweh, leibweh, milzweh, hüftweh, herzweh, leberweh, stein-
schmerz (calculus) und mancherlei drüsen und geschwulst. toles
und tonsilla 34 ist auch schlundweh, corcus 52 scheint ein herz-
übel und corcedo gebildet wie axedo 93 von axis. bei solchen
leiden läszt sich noch heute unter uns der gebrauch eines un-

schädlichen, sympathetisch wirkenden und die einbildung spannenden hausmittels nicht ganz verdrängen.

Die meisten arzneien wurden aus heilkräftigen kräutern gewonnen, einzelne gaben auch thiere her, zumal wurm, käfer,
spinne, fliege, eidechse, frosch, schwalbe, ente, hase, welf, bock,
maulthier und wolf. bär, hirsch, eber, hahn und viele andere
kommen hier nicht vor. wenn es angeht, wird aber die gebrauchte pflanze wieder in die erde gesetzt, die gespaltne wieder zusammengebunden, das thier, welches einen dienst geleistet
hat, lebendig entlassen. die ihnen angedeihende schonung för-
dert des menschen heilung, sie sollen gleichsam nur mitleidende
sein. alles ist voll geheimer sympathie und wie die spinne an
ihren fäden aufsteigt soll die geschwulst aufgehn (32), wie der
brand gedreht wird, die ähre im schlund sich umkehren (40).

Stein, kraut und thier sind kräftig, allein noch gröszere
macht üben die dazu gesprochnen worte. auszer den lateinischen und gallischen sprüchen begegnen vier griechische, worunter 43 aus Od. 11, 634 (vgl. Il. 5, 741) entnommen, doch ἐπαίνῃ
für ἀγαυή gelesen ist. woher 37 stamme, weisz ich nicht und
der goldne Toanados, der höllische Tusanados sind mir unbekannt, die νέρτεροι sind die inferi, unterirdischen. den trimeter
80 können vielleicht andere aufzeigen. aber die formel 20

φεῦγε φεῦγε, κριθή σε διώκει

kannte schon dreihundert jahre vor Marcellus Plinius 27, 11:
457 lapis vulgaris juxta flumina fert muscum siccum, canum. frica-
tur altero lapide addita hominis saliva, illo lapide tangitur im-
petigo, qui tangit dicit

φεύγετε κανθαρίδες, λύκος ἄγριος ὔμμε διώκει,

und das fuge, fuge lepuscule im spruch 84, das fuge uva in 31,
das fuge fuge podagra in 100, ja das irische teith (s. 455) musz
dazu gehalten werden. [vliuch vliuch trûren von uns verre.
Lichtenst. 545, 25. nû fliuch von mir hin langez trûren. MS.
1, 57ᵃ.]

Unter den lateinischen formeln ist die wiederholung von 52
in 75 bei verschiedenem eingang zu beachten und das 'sine foco'
dem 'sine igni' gleichbedeutend. focus verdrängte in den romanischen sprachen allmälich das ältere ignis. [focum facere.

Spartiani Pescenn. 10. nihil foci excutere. Greg. tur. mirac. 1, 57. focum mittere. lex Alam. 81. focus — pàvakas. Bopp vocal. 205.] in 49 hebt 'lupus ibat per viam' an, in 22 'stupidus in monte ibat' wie in anderen sprüchen 'ibant tres puellae in via virente' oder 'Christus in petra sedebat' (mythol. s. 1195. 1196), 'Petrus, Michael et Stephanus ambulabant per viam' (mythol. s. 1184) oder 'eiris sâzun idisi'. [tres boni fratres ambulabant. altd. bl. 2, 323.] der ganze spruch 22

> stupidus in monte ibat,
> stupidus stupuit,
> adjuro te matrix
> ne hoc iracunda suscipias

rührt offenbar an unsern althochdeutschen, den ich im jahrgang 1842 s. 26 bekannt gemacht habe, aber noch nicht zu deuten vermochte:

> tumbo saz in berke
> mit tumbemo kinde in arme,
> tumb hiez der berc,
> tumb hiez daz kint,
> der heilego tumbo
> versegene dise wunta,

ad stringendum sanguinem, wie hier carmen utile profluvio muliebri. wen dachte sich das vierte jh. unter dem stupidus, das eilfte unter dem tumbo? [= riese, bergriese. myth. 495. han blev til en kampesten graa og der staaer han hin dumme. DV. 1, 228. se dumba. cod. Exon. 433. der arge tumber. Martin. 160, 23. der dumme teufel. hûne auf dem gacksbiärg. Woeste 42. vgl. Oden står på berget, auch trollet satt i berget. myth. 1181.] auch die voraus erwähnten 'Genzan unde Iordan kieken, Vrô unde Lâzakêre kieken' erkenne ich jetzt für mhd. giegen d. i. stulti (MS. 2, 79ᵃ. 246ᵇ. der giege ûz Österlant 235ᵇ. von der bir 314 und Ls. 1, 509. [der vil tumbe giege Mart. 9ʳ. der hellegiege (diabolus). das. 111ʳ. klöstergiege Frauenlob 53, 3. dir giegen Laber 181, 50. Ben. 1, 539. Gekenbiunt MB. 10, 465. 12. vgl. Schalkesberg. Seibertz 1, 637. altn. gýgr?]) nhd. gecken. es scheint mir, dasz die Christen, wenn sie den überlieferten heilspruch in ihren mund nahmen, an des heidnischen

gottes stelle einen herabwürdigenden ausdruck wie stupidus,
tumbo, giego setzten, oder zu den fremden wörtern Genzan und
Iordan giego fügten. auffallend ist, dasz in jener formel Vrô,
worunter doch Frô, Frôho der gott oder herr gemeint wird,
haftete und daraus neue bestätigung des Frôcultus darf geschöpft
458 werden; Lâzakêre sollte es bedeuten 'der den speer im stich
läszt', wie der nordische Freyr sein schwert hingab, also ein
mythischer beiname des gottes sein? so will ich einmal rathen,
und wäre darauf zu lesen 'molt petrâtun' terram calcabant? oder
'molt' stellio, papilio (Graff 2, 719) 'tritto' tertius? 'petritto', das
ags. bedrida clinicus? wie dem sei, so gut die jüngere formel
sagte: Tumbo saz in berge, konnte die ältere haben: Wuotan
saz in berge (wie jenes Christus in petra sedebat), folglich das
Stupidus in monte ibat im vierten jh. irgend einen heidnischen
gott ersetzen.

In den drei jungfrauen, deren marmortisch mitten im meer
steht, deren zwei (den faden) drehen, die dritte zurückdreht
(no. 52), sind alte schicksalsgöttinnen zu erkennen, die im
deutschen spruch idisi, später puellae (mythol. s. 1196) oder
Marien heiszen. statt dasz sie ihren tisch oder thron auf berge
und wiesen setzen, ist er hier absichtlich ins meer gestellt.

Spruch 75 beginnt mit den worten: stolpus a coelo deci-
dit, wofür Casaubonus zu Persius sat. 5, 13 lesen will stlopus,
sonus quem buccae inflatae edunt. ich ändre nichts und lasse
dem ausdruck die bedeutung des litth. stulpas, sl. stlp" columna,
russ. stolb', serb. stup, walach. stulp, altn. stôlpi, dän. stolpe.
dem poln. slup, böhm. slaup, ungr. oszlop ist das T nach dem
S entfallen, wie auch das goth. sauls, ahd. sûl, altn. sûla für
stauls, stûl, stûla stehn, die dem gr. στῦλος und στήλη entsprechen [1], vgl. ahd. stollo basis. vielleicht wird ags. stypel
turris, engl. steeple dasselbe wort sein. im estnischen tulp ist
umgekehrt das S aufgegeben, die Finnen gebrauchen ein un-
verwandtes patsas.

Hat nun stolpus columna seine richtigkeit, so erlangt für

---

[1] vgl. das welsche seren mit unserm stern. [ähnliche beispiele des wegfallen-
den T nach S gibt Schiefner über Sampo p. 2.]

die gewöhnlich erst mit dem sechsten jh. angebobne geschichte der slavischen sprache werth, dasz hier schon zur zeit des vierten in lateinischen zauberformeln ein slavischer oder litthauischer ausdruck begegnet. nach meiner ansicht unterliegt es kaum dem zweifel, dasz bereits in den ersten jahrhunderten und sogar vorher Slaven als Sarmaten den Griechen und Römern benachbart wohnten, und gleiches musz von den vorfahren der Litthauer gelten.

Im spruch 41 klingen einige wörter: nabuliet anodieni iden beinahe slavisch, was aber, da ich die übrigen nicht damit zu vereinen weisz, spiel des zufalls sein mag. wie fehlerhaft die abschriften dieser stellen sein müssen zeigt der folgende spruch, in welchem ich nichts verstehe, doch erkenne, dasz das xi 459 exucricone sich vier mal wiederholt, wie nun die rechte lesart laute.

Entschieden christlich sind 55. 59, vielleicht 24, jüdisch klingt 51, alles übrige darf heidnisch sein. nonnita 51 bedeutet mädchen, nicht nonne.

Ich schliesze mit einigen bemerkungen zu den einzelnen heilmitteln.

1 und 6) herba in capite statuae, vgl. Athenaeus lib. 15 p. 68: Νίκανδρός φησιν, ἐξ ἀνδριάντος τῆς κεφαλῆς Ἀλεξάνδρου τὴν καλουμένην ἀμβροσίαν φύεσθαι ἐν Κῷ. Plinius 24, 19 vgl. mythol. s. 1129. 1143.

2 und 88) lapilli in via. nicht zurückschauen 2. 10.

4) schwalbensteine vgl. Dioscorid. 2, 60. Schmeller 3, 399.

4, 77, 84 und 86) die erde nicht zu berühren, aber 18. 90 zu berühren. [zu myth. 552. si terram non attigerit. Plin. 20. 1, 3. 28, 4. ne terram attingat. 20. 4, 14.]

7 und 25) die erste schwalbe im frühling sehn, mythol. s. 853. 1085. abergl. no. 517. 1086. das chelidonium heiszt so, weil es mit ankunft derselben sprieszt, mit ihrem abzug verdorrt. Diosc. 2, 211.

8) pura et nitida. 84 purus et nitidus. [nitidus pulcherque. Tib. 2. 5, 7.]

9 und 85) lacerta viridis geblendet, der leber und des schwanzes beraubt 54. 92, vor der thür aufgehängt 56.

11 und 96) fallender stern. mythol. s. 685.

17) os Gorgonis, vgl. caput Gorgonis 43.

19. 20. 25) neun gerstenkörner.

24) dem frosch in den geöfneten mund speisen, wie dem fisch, weisthümer 2, 528, vgl. Matth. 17, 27 und Hel. 98, 24. [dem erstling seines fischfangs spie er mit gehöriger feierlichkeit von wegen des glückbringens ins maul. ir. märch. 2, 161.]

27) wäre in crisi crasi ein ir. greis gürtel, greas heil enthalten?

28) die geschwollne uva im gaumen hat den namen von der traube, wird daher durch ein verschlucktes traubenkorn geheilt.

30. 44. 62) super limen stare.

34) toles gallica lingua dicuntur, quas vulgo per diminutionem toxillas (al. tusillas) vocant, quae in faucibus turgescere solent. Isid. orig. XI. 1, 57, vgl. tonsilla bei Festus O. Müll. 356, 27. 224, 16 und Serenus samon. 291. ir. toll a head, tola superfluity.

38. 39) die glandula wird angeredet, die glandulae gelten für schwestern. wie wenn das ahd. druos glandula (Graff 5, 263) personification ankündigte? altn. ist drôs femina.

40) umkehren des feuerbrandes, vgl. myth. s. 1185.

40. 48. 100) quem peperit illa.

42. 57) nescienti facere, vgl. mythol. s. 1151. [ignorantis pulvino subjicere. Plin. 26, 11. 69. inscio sub capite positum. 27, 7.]

44) dies pilum ligneum auch bei Scribonius cap. 152.

46) serpentis senectus, bei Plinius senectus serpentium, altn. ellibelgr. [ἐκδύεσθαι τὸ γῆρας. Athen. 3 p. 105.]

48) arithmato ist das gal. ardhmhath summum bonum, das als δαιμόνιον angerufne τὸ ἀγαθόν, von ard arduus summus und math bonum. dem ir. und gal. vocativ wird heute ein a oder o vorgesetzt, hier scheint es suffigiert. ob dem schreiber, als er arith für arth setzte, das gr. ἀριθμός vorschwebte oder arith der alten sprache gemäsz war, weisz ich nicht. das ἐρίῳ στέφειν war bei den Griechen häufig, aber auch deutschem alterthum nicht unbekannt.

50. 57. 74. 87) catuli lactentes. mythol. s. 1123 und Serenus 443.

53. 76. 83) lupi praeda. mythol. s. 1093.

52) illa Gajoseja, vielleicht besser: illa Gaja Seja, was wir heute durch N. N. ausdrücken. [Seja a serendo. Plin. 18, 2.]

56) so wurde nach der lex Alam. 102 der getödtete hund dem das ganze wergeld forderndeи vor die thür gehängt, vgl. RA. s. 665.

58) die wolfshaut heilkräftig. mythol. s. 1123.

59. 64) die pflanze ohne eisen abschneiden und stoszen. zur britannica vgl. mythol. s. 1247.

61. 62) stare in scabello, pede uno. mythol. s. 1189.

65. 68) kraft des bocksblutes. Plin. 28, 9. 37, 4. Augustinus de civ. dei 21, 4. Notk. Cap. 69. Erec 8428 ff. MS. 1, 180 a.

68) der lorbeer war heilig und δαφνηφάγος hiesz den Griechen auch ein begeisterter seher. [vera cano, sic usque sacras innoxia laurus vescar, sagt die Sibylla. Tib. 2, 5, 63. lauris folia manducasse vates furoris causa notum cf. Spanheim ad Callim. in Del. 94.]

70) hedera in quercu nata, d. i. viscus, mistel, vgl. mythol. 1156. 1157.

72) übergang auf enten. mythol. s. 1123.

73) spongia in rosa silvestri, der schlafdorn. mythol. s. 1155.

87) faden von neun farben. licium varii coloris filis intortum. Petronius cap. 131.

90) beim knotenmachen werden alte weiber als zauberinnen und böse unthiere genannt.

91) den gebrochnen knaben durch einen baumspalt ziehen. mythol. s. 1119.

Die aufgedeckten überbleibsel gallischer sprache aus dem theodosianischen zeitalter sollen, traue ich, fortan dem Marcellus gröszere theilnahme zuwenden, als ihm um seiner abergläubischen arzneien willen, die mich dennoch beschäftigten und nicht ganz leer ausgehn lieszen, bisher geschenkt worden ist.

ÜBER DIE MARCELLISCHEN FORMELN.

GELESEN IN DER AKADEMIE DER WISSENSCHAFTEN
AM 30 APRIL 1855.

Es sind acht jahre, dasz ich vor der akademie eine von philologen und alterthumsforschern vernachlässigte schrift des Marcellus, leibarztes von Theodosius dem groszen, überschrieben de medicamentis empiricis, in doppelter absicht besprach.

Die menge der in diesem buch überlieferten abergläubischen heilformeln und zaubersprüche wollte ich zusammenstellen, dergleichen von alters her in merkwürdiger einstimmung durch alle theile von Europa ziehen. schon früher 1842 hatte ich aus offenbar noch heidnischer zeit den spruch vorgelegt, wie Wodan Balders pferd einrenkte, unter welchem man sich wahrscheinlich dasjenige dachte, das dem gott nach seinem tod auf den scheiterhaufen folgen muste. diese formel ist mir seitdem noch in acht andern jüngern fassungen bekannt geworden (einer deutschen, zwei norwegischen, zwei schwedischen, einer schottischen, einer finnischen, einer estnischen), wo Jesus und Maria oder blosz der herr gott an die stelle von Wodan und Balder treten. ohne zweifel begegnet sie auch noch anderwärts und war in der vorzeit weit verbreitet. sie ist das gelegenste, lehrreichste beispiel einer solchen wunderbaren gemeinschaft mythischer stoffe unter den völkern.

Dann aber suchte ich die entdeckung geltend zu machen, dasz einzelne der von Marcellus, einem aus Aquitanien bürtigen Gallier, verzeichneten sprüche in keltischer sprache abgefaszt, aus ihr zu deuten seien. was man sonst für sinnlose, unge-

waschene reden hielt, die, wie ein deutsches sprichwort mit bezug auf jene verrenkung sagt, keinen lahmen gaul heilen könnten, erschien nun auf einmal als frühstes denkmal gallischer
sprache, um dreihundert jahre den ältesten irischen handschrif- 52
ten vorausgehend, beinahe an die zeit der unsterblichen reste
unsers Ulfilas reichend, deren edle fassung freilich unvergleichbar höheren werth besitzt. ganz wie die alte luxationsformel
bei Cato keinen unsinn enthält, keine ἄσημα oder joculariter composita, sondern etwa in der sabinischen sprache gegründet war,
sind auch viele der unverständlich scheinenden marcellischen
sprüche aus gallischer zunge verstehbar.

Wenn man erwägt, dasz der fund der schrift, einmal gemacht, nicht leicht wieder vergehen konnte und in der alten
welt tiefer vorgedrungen war, als die gewöhnliche annahme ist;
so bleibt zu bedauern, dasz auch begabtere stämme, zumal der
keltische und deutsche, es unterlieszen dauernde denkmäler auf
stein und erz einzugraben und der nachwelt dadurch sichere
kunde von sich und ihrer sprache zu verleihen. zwar gehört
zu solchen denkmälern auch die gunst des griechischen und ita-
lischen himmels, unter welchem die schrift kaum verwittert: doch
hatten ja eben die Gallier lange vor beginn unsrer zeitrechnung
einen groszen theil des obern Italiens inne, und nachbarn etruskischer, umbrischer, römischer völker konnten sie diesen den
brauch und die anwendung der schrift auf stein und erz abse-
hen. es ist aber keine spur einer gallischen inschrift aus so
frühen zeiten vorhanden *, die uns den kostbarsten aufschlusz
über den damaligen zustand der gallischen sprache gewähren
und eine unzweifelhaft höhere formvollkommenheit derselben darlegen müste. die oskischen inschriften verstehen wir jetzt beinahe ganz, die umbrischen zur hälfte oder zu zwei dritteln, das
rätsel der verhüllten etruskischen wird sich wol noch einmal
lösen. gallische aber würden wir aus den späteren keltischen
sprachen eben so leicht oder leichter erklären können, als die
oskische und umbrische sprache mit hülfe des lateins und des

* keltische inschrift bei Mommsen 3, 206. mem. de l'acad. celt. 1, 164.
in Nôtre-dame zu Paris tarvos trigaranos. Graff 4, 613. Mone heidenth. 2, 488
gall spr. 737. ir. tarbh taurus, arm. tarv, w. garan arm. guran γέρανος. ir. corr.

verwandten sanskrits zu ergründen war. denn alle diese sprachen fallen unter das gesetz der indoeuropäischen, möglicherweise selbst die etruskische.

Bei so bewandten dingen schien es ein unverächtlicher gewinn keltische sprachproben mindestens aus dem vierten jh. nach Chr. zu erlangen, deren ständige formeln sogar auf weit frühere zeit zurück weisen dürfen, nächstdem bestätigt zu finden, dasz die aquitanische mundart, glaublich die gallische sprache überhaupt der irischen näher müsse gelegen haben, als der welschen oder cambrischen. meiner frisch in die welt geschickten und der entfaltung fähigen entdeckung ist jedoch anfangs wenig dank zu theil geworden. [anerkannt wurde sie von Villemarqué im avant propos seines diction. bretonfrançais. Paris 1850 p. VII.] Mone, ein verdienter, rastloser forscher, ruft mir die seltsame warnung zu [1], man dürfe das keltische nicht ungebührlich ausdehnen; ich begreife von selbst, wie einem gelehrten, der viel keltisches sieht, wo es nicht ist, gerade da dessen anerkennung entgehe, wo es wirklich ist. von gröszerem gewicht scheint der ausspruch, welchen Zeusz am schlusz der vorrede seiner grammatica celtica, eines für die keltische sprache epoche machenden, vortrefflichen werkes thut: quae apud Marcellum burdegalensem, Virgilium grammaticum, in glossa malbergica leguntur peregrina, inaudita vel incognita, si quis quaesiverit in hoc opere non inveniet, in his omnibus enim equidem nec inveni vocem celticam nec invenio. dem eindrucke dieses werkes erliegend und eigne forschung hintansetzend haben die berichterstatter nicht gesäumt, die hochfahrende stelle schadenfroh auszubeuten. [2]

---

[1] die gallische sprache und ihre brauchbarkeit für die geschichte von F. J. Mone. Karlsruhe 1851 s. 172. nicht minder abgünstig urtheilt A. de Chevallet in seinem buche origine et formation de la langue française. Paris 1853 s. 7. 8. er scheint aber mit fremdem kalbe zu pflügen.

[2] im literarischen centralblatt. Leipzig 1854 s. 14: 'die vermutung, dasz alle continentalen Kelten oder Gallier dem britischen sprachstamm angehören, ist durch Zeusz zur gewisheit geworden. verderblich genug lautet das urtheil: quae apud Marcellum etc.' und Pott in der deutschen wochenschrift 1854 heft 15 s. 7: 'her Zeusz sagt am schlusse des vorwortes sehr trocken, man finde von angeblich keltischen wörtern aus Marcellus etc. bei ihm nichts etc. ein aus solcher feder so gut wie vernichtendes und in dieser rücksichtslosen kürze etwas grausames urtheil'.

Der grammatiker Virgil, mit dem ich mich nie abgegeben
habe, bleibe hier ganz bei seite, über die malbergische glosse
sagt weder mir noch andern Zeusz etwas neues, da ich schon
1850 in einer eignen abhandlung geurtheilt hatte, dasz auch
nicht ein sterbenswörtchen keltisch in ihr stecke. was den Marcellus anlangt, so führt dieser eilf (vielmehr zehn) pflanzen namen und die benennung eines vogels immer ausdrücklich als
gallische wörter auf, und ich gestehe nicht einzusehen, dasz man
sie nach einer so bestimmten angabe als solche verkennen kann
oder darf. ein paar derselben stehn wiederum als gallische auch
bei Cicero, Varro, Plinius, Dioscorides, welche Zeusz aus ihnen
anführt, ohne den Marcellus, welchem er trotz bietet, zugleich
als zeugen zu nennen. die übrigen, nur bei Marcellus vorhan-
denen pflanzen verschweigt er ganz, obgleich sie auf einem un-
verderbten text beruhn und für die gallische spracheigenheit
merkwürdig sind. einige derselben blieben mir dunkel und ich
werde bemerkungen dazu nachtragen.

Freilich gewähren diese pflanzen nichts als namen, keine
lebendigen sprachsätze; gallische eigennamen von menschen und
örtern kennt man sonst aus den classischen schriftstellern der
älteren zeit, so wie aus lateinischen inschriften in ziemlicher
menge, die für die flexion und fügung der wörter kaum etwas
entnehmen lassen. das älteste echte sprachdenkmal wären also
die beschwörungsformeln bei Marcellus, wenn sie wahrhaft gallisches enthalten und wenn sie alle oder doch zum theil aus dem
dunkel gerissen werden können, in dem sie bisher vergessen
blieben. mag ihr inhalt fremd, unerhört und unbekannt scheinen, das ist für die meisten leser auch ein groszer theil der
zeuszischen grammatik selbst. ich that blosz den ersten anbruch oder anbisz und überliesz andern, wie ich mir damals
zu sagen erlaubte, ihre zähne gleichfalls zu versuchen; Zeusz,
der die gesammte keltische sprachregel eben gründlich durch-
forschte und überschaute, wäre vor allen dazu im stand gewesen, hätte er nicht ein unscheinbares, ihm ich weisz nicht
wodurch verleidetes denkmal von sich abgewiesen, zu dem er
nun leicht wider seinen willen wird zurückkehren müssen.

Rechte genugthuung war es mir, dasz ein andrer gründ-

licher und befugter kenner der keltischen sprache, herr Adolphe
Pictet, professor zu Genf [1] nicht nur meinen deutungen und
ihrer grundlage beitritt, sondern dasz ihm auch gelungen ist,
von mir noch unberührte oder vergeblich versuchte formeln auf
eine weise zu erschlieszen, die beinahe keinen zweifel an der
richtigkeit und dem erfolg des verfahrens übrig läszt. er hat
mir eine reihe scharfsinniger auflösungen mitgetheilt und die erlaubnis gegeben darüber zu verfügen; ich säume nicht, im in-
teresse der wissenschaft, sie dankbar zu veröffentlichen und ihnen
einiges beizufügen, was mir selbst bei wiederaufnahme des ge-
genstands eingefallen ist. dadurch dasz alles, was von Pictet
herrührt, in französischer sprache abgefaszt ist, meine einschal-
tungen deutsch geschrieben sind, wird man auf der stelle unterscheiden was dem einen oder dem andern gehört. zur be-
quemlichkeit der leser ist auf die seitenzahlen meiner früheren
abhandlung aus dem jahrgang 1847 verwiesen worden.

Unter den kräuternamen wird s. 435 mit dem merkwürdigen ausdruck *nisumarus* für den klee angehoben, wie er heute
im irischen *seamar, seamrog* nachhallt und selbst in das engl.
shamrock übergegangen ist; den welschen und armorischen mundarten bleibt er hingegen fremd. der seamrog ist ein emblem
der nationalität geblieben und wird von den Irländern immer
noch am hut getragen [2], die benennung dieser heiligen pflanze
versteht man längst nicht mehr, ihren sinn scheint uns die vol-
lere alte gestalt des wortes aufzuschlieszen. das ir. *samh* ist
sowol sonne als sommer, die zeit der heiszen sonne; unser *sommer*, ahd. *sumar*, ags. *sumor*, altn. *sumar* stimmt zu jenem *seamar* klee. *sum* für *seam* wird der alten sprache gemäsz gewesen sein und auch andere wörter zeigen übergänge des kurzen
u in a oder gebrochnes, inficiertes ea, z. b. *mug* puer, servus

[1] er ist verfasser der bekannten, vom Pariser institut gekrönten schrift de
l'affinité des langues celtiques avec le sanscrit. Paris 1837, so wie andrer ge-
schätzten abhandlungen, unter denen ich nur le mystère des bardes de l'île de
Bretagne ou la doctrine des bardes gallois du moyen age sur dieu, la vie future
et la transmigration des ames. Genève 1853 hervorhebe.
[2] Lappenberg in dem artikel Irland (allg. encycl. der wissenschaften) s. 11ᵇ.
[nach O'Brien auf Patriks day, zur ehre des heiligen. vgl. Brands pop. antiq.
1, 108—110.]

scheint sich zu berühren mit goth. *magus*, ir. *mac;* [gael. gun =
ir. gan]; *dula* folium wird in der welschen sprache zu *dâl; druith*
druida lautet später *draoi*, noch häufiger ist ein solcher wechsel zwischen *u* und *a* in unsern deutschen sprachen, wo z. b.
das goth. *tunpus* zu ahd. *zand* wird. in dem vorgesetzten *ui*
von *uisumarus* erblicke ich das heutige *ua* oder *o*, kind, sohn,
enkel, welches vielen eigennamen (O'Brien, O'Reilly, O'Donovan, O'Neil), wie sonst *mac* = sohn voran geht und welchem
anomalen substantiv im gen., voc. sg. wie im nom. pl. ui, i gegeben wird (O'Donovan s. 108), wahrscheinlich galt aber in der
früheren sprache ui auch für den nom. sg. (wie neben cno nux
der nom. cnu, cnui), und man möchte ihm das gr. υἱός vergleichen, zumal die aspirierte form hui, hi begegnet. *uisumar*,
mit lateinischer endung *uisumarus* meint also kind, abkömmling
(vgl. die praep. o, ua von) der sonne, des sommers [*], ein treffender ausdruck für die sommerwonne, von der auch unsere
deutschen dichter des mittelalters oft singen:

    ich klage dir ougebrehender klê. Ms. 1, 3ᵇ; vgl. engl. eye-
                               bright augenweide.
  ich brehender klê wil dich mit schîne reoben. daselbst;
  gar in saelden swebet
  liehtiu. sumerwunne,
  diu nu winters wêwen
  mit ir grüenen klêwen
  frîlîch widerstrebet. daselbst 2, 91ᵃ;
  der klê den snê
  von hinnen vertriben hât. Ms. H. 1, 91ᵃ;
  sô mac der wirt wol singen von dem grüenen klê. Walth.
                                    28, 9;   56
  'du bist kurzer ich bin langer',
  alsô strîtens ûf dem anger
  bluomen unde klê. 51, 35;
  dâ sach ich bluomen strîten wider den grüenen klê,
  weder ir lenger wære. 114, 27;
  prüefe uns die bluomen und den klê. Ms. 1, 157ᵇ;

---

[*] hidealan filius fulguris. mactire wolf, sohn der ebne. gal. mac-an-dogha
klette.

brüevent daz, die bluomen und den klê. Neifen 48, 22;
ich sazte mînen fuoz
an des sumers klê. frühlingslied bei Wiggert 1, 36.
wenn heute wie vor alters der fund vierblättrigen klees als ein
glückszeichen erfreut, in schwedischen landschaften der klee
solgras, sounengras heiszt und man daraus, dasz er seine blätter zusammenlegt, auch bei bewölktem himmel den eintritt von
sonnenuntergang folgert; so darf er den Kelten, die vorzugsweise pflanzen für heilig hielten, die eigentliche frühlings- oder
sommerblume gewesen und wie in den angezogenen deutschen
liederstellen personificiert worden sein. hinzutritt, dasz in Schweden und Norwegen die benennung *smære*, auf Island *smâri* für
den klee vorkommt, welche sich nur aus dem keltischen *seamar*
deutet und einen neuen zeugen altes zusammenhangs zwischen
Scandinavien und Irland abgibt. in seamrag, seamrog mag das
angehängte *og*, *ag* die bekannte diminutivendung sein (O'Donovan LXXIX) und durch das suffix nichts ausgedrückt werden,
als was auch im praefix *ui* liegt, *o*, *ua* ist kind, enkel, *og* jun-
ger oder knabe. ich war sehr versucht, auch das gleichver-
dunkelte slavische wort für klee, russ. *djatlina*, serb. *djetelina*,
poln. dzięcielina (thymus quendel), böhm. getelina, auch getel
dětel, mit russ. *ditja* kind, serb. *dijete*, poln. dzieci, böhm. djte
in verbindung zu bringen*; doch stimmen die feineren lautver-
hältnisse nicht völlig und alle beziehung auf sonne oder sommer gebricht. wie im irischen worte das *o*, kind schwand,
wäre im slavischen kind geblieben, das wort für die sonne ge-
schwunden.

Auf derselben seite 435 steht *odocos*, χαμαιάκτη, lat. *ebulum*,
worin sich unverkennbar das verwandte ahd. *atah*, nhd. *attich*
findet, os ist wie in *uisumarus* und im folgenden gigarus nichts
als angehängte lat. endung. das gr. ἀκτῆ für ἀκτέα stellt blosz
die buchstaben um und ἀτκέα, ἀδκέα würde das keltische und
deutsche wort erreichen. Zeusz, der von *odocos* nichts wissen

---

* vgl. dak. teudila, teudeila calamintha, minza. vorr. zu Schulze XXI.
GDS. 808.

will, bringt s. 27. 736 aus Dioscorides das verderbte δουχωνέ
bei und es bezeugt ihm die ableitung ôn.

p. 435, herba proserpinalis, quae graece dracontium, gallice 57
gigarus appellatur. je crois qu'on peut le rapporter à l'irlandais *geig*, *geag*, membre, branche, d'où *geagach*, *geaguighte*,
geagamhuil, branchu, qui a beaucoup de membres. *geagar* signi-
fierait la même chose, et traduit assez bien centumnodia et
polygonum. man vergleiche unser knöterich von knote, gelenk,
glied.

p. 437, *britumum* hatte ich aus Ellis Jones geiriadur llogell
cymreig a seisonig, d. i. welschem und englischem taschenwör-
terbuch. Caernarfon 1840, welchem s. 319 — 394 ein brauch-
bares botanisches wörterbüchlein beigegeben ist, entnommen.
s. 332ᵇ wird bei *Brytwn* verwiesen auf *Henwr*, und 364ᵃ liest
man: *Henwr*, field southern wood artemisia campestris, abrotonum. *henwr* will nun sagen alter mann, und hängt mit der benennung *brytwn* nicht zusammen, die 'vielleicht aus abrotonum
entstellt wurde. möglicherweise ist also Marcells *bricumum* festzuhalten.

Wir schreiten nunmehr fort zu den heilsprüchen.

p. 439 no. 12: qui crebro lippitudinis vitio laborabit, millefolium herbam radicitus vellat et ex ea circulum faciat, ut per
illam aspiciat et dicat ter

excicumacriosos

et toties ad os sibi circulum eum admoveat et per medium exspuat, et herbam rursus plantet.
je divise la formule ainsi:

exci cuma criosos

et je traduis: *vois la forme de la ceinture.*

Voici comment je justifie cette traduction. *exci* peut s'ex-
pliquer de deux manières sans changer le sens de *vois!* *ex* peut
être le préfixe, ou la préposition, devenu *es, ess* dans l'ancien
irlandais (maintenant *eas*). dans *ess* la réduplication semble pro-
venue de l'assimilation de la gutturale. la forme gauloise était
sûrement *ex*, identique au latin (vid. Zeusz gr. celt. 57. 147. 865).
c'est ce que prouve entr' autres de nom de la centaurée, *exa-*

con, ainsi nommée par les Gaulois dit Pline, quoniam omnia
mala medicamenta potum e corpore *exigat* per alvum. je compare *acon* avec l'irlandais *aice, aiceachd*, action de conduire
(leading); *exacon* est le remède qui *conduit hors* du corps, le
purgatif, explication plus simple et plus précise que celle que
propose Zeusz (gr. c. p. 761). nous retrouverons la préposition
ex répétée plusieurs fois dans une des formules du no. 41. il
68 est à remarquer que l'x qui manque complètement à l'irlandais
moderne, se rencontre quelquefois dans les anciennes gloses de
St. Gall et de Würzbourg, où elle remplace le groupe *cs*, ainsi
foxlid ablativus, *forróxul* tulit, *dixnigur* appareo etc. (Zeusz g.
c. 80). si *ex* est bien le préfixe, le second élément *ci* ne peut
être que l'impératif du verbe irlandais cim ou cighim, je vois
(cf. sanscr. *ki*, noscere).

A côté de cette interprétation, qui laisse intacte la forme
exci, il s'en présente une autre dans la racine irlandaise *ec*,
voir, des mots *ecet* viderunt, *ece, ecna, ecside*, manifestus, cla-
rus, que donne O'Reilly. comme cette racine *ec* se lie évidem-
ment au sanscrit *iksh*, avec perte de l'*s* (cf. *aksha* et *oc-ulus*)
on peut même soupçonner que l'*s* se trouve encore dans *exci*,
où le *c* serait alors de trop. *exi* repondrait ainsi à l'impératif
sanscrit *iksha*. les formules 18. 24 et 27 nous offriront d'autres
exemples de l'impératif en *a* et en *i*.

cuma est encore identiquement l'irlandais *cuma, cum*, forme,
modèle.

criosos ne peut être qu'un génitif de *crios, cris*, ceinture,
et cette forme est très remarquable, parcequ'elle offre un reste
du génitif masculin sanscrit en *sya*, qui d'ailleurs a complètement disparu des langues celtiques. déjà dans l'irlandais du
7. et 8. siècle, les noms terminés par des consonnes ne prennent au génitif singulier que la voyelle *a* ou *o* (Zeusz g. c. 254).
l'irlandais *cris, crios*, répond à la racine sanscrite *çlish* (primi-
tivement *krsh*) amplecti, ligare, d'où *çlêsha*, ligature, embrasse-
ment. le thème complet de *crios* serait donc *crioso*, et le génitif *criosos*, le sanscrit *çlêshasya*.

Le procédé recommandé est d'un caractère tout symbolique.
les ceintures *(cris)*, que nous retrouverons dans la formule

no. 27, paraissent avoir joué un grand rôle dans la médecine celtique [1]. en faisant regarder l'oeil au travers du cercle formé par la plante, on lui mettait en quelque sorte une ceinture, et c'est pour quoi la formule dit: vois la forme ou le modèle de la ceinture. l'action de cracher ensuite au travers du petit cercle exprimait symboliquement l'expulsion du mal.

p. 440 no. 16. Le seul doute que je conserve sur la traduction de cette formule par Grimm est la manière dont elle rend *co bregan gresso*, zu der lügen genossen. la construction, 59 en effet, n'est pas conforme à la règle irlandaise qui place toujours le génitif à la suite du nom qui le régit. les sens variés que l'on peut donner soit à *breg* soit à *gres* ne permettent pas une interprétation bien sûre. je crois qu'il faut prendre *gresso* dans le sens de *greas*, procédé, façon, manière, d'autant plus qu'il correspond exactement avec le *gressa* de l'ancien irlandais que cite O'Donovan p. 84. *fri teora gressa*, with three processes. je lirais donc plus volontiers *co breg an gressa*, en irlandais *co brigh an greasa*, par la vertu, la force du procédé, c-a-d. de la formule magique.

Die unhaltbarkeit meiner früheren übersetzung der worte *co breg an gresso* habe ich längst eingesehen, gestehe aber, dasz mir auch die eben vorgeschlagne nicht zusagt, weil sie für eine verwünschung, wie sie den worten tet un cre son folgen musz, zu schwach und zu abstract klingt. ich bringe also einen gegenvorschlag. *breg* scheint mir was sonst *brech, breach* geschrieben wird und wolf bedeutet, skr. *vṛka*, goth. *vargs*, altn. *vargr*, in den slavischen sprachen *vrag*, und da der teufel hellewarc, höllewolf genannt wurde, so gelangen wir auf ihn besser als durch die vorstellung der lüge, deren vater er auch heiszt. *gres* nehme ich für das heutige irländische *greas*, welches einen fremden, wiederum also hostis, feind ausdrückt und dessen gen. sg. nach Zeusz 254 *greso*, nach O'Donovan s. 93 *greasa* lauten würde, der ausgang — o ist aber alterthümlicher. das augenweh, der staub wird zum wolfe des fremden, des feindes,

---

[1] voyez la curieuse formule intitulée *mochris*, du manuscrit de Klosterneubourg du 11. ou 12. siècle, que Zeusz a publiée et traduite dans sa gr. celt. p. 933, et qui est sûrement beaucoup plus ancienne que le manuscrit.

d. i. nach jedem dieser wörter zum teufel verwünscht, wie überhaupt die alten zauberformeln ein unheil von dem heimischen weg zu dem feinde, aus dem gebiet der stadt in die fremde bannen. so wird in estnischen bannsprüchen die geschwulst in den wald, in das dickicht, in den bau des wolfs, in die schneetrift verwünscht, s. die magischen lieder der Esthen von Kreutzwald und Neus. Petersburg 1854 s. 90. 91. [vos contestor ... chaos incolatis. carm. bur. 35. 36. fahr zum wolf, dem wolf in den mund! vargen i mynnen! Ruszwurm p. 264. teich do'n fhasaich! fleuch in den wilden wald! in den wilden wald verfluchen. Ayrer fastn. 63ᶜ; far in das wild rörich nausz. 72ᵃ.]

   p. 440 no. 18.

   Varulis id est *hordeolis oculorum* remedium tale facias. anulos digitis eximes et sinistrae manus digitis tribus oculum circum tenebis et ter despues et ter dices

rica rica soro.

je traduis: viens, viens, o mal! c. a. d. sors de mon oeil! j'explique *rica* par le verbe irlandais *roichim, riachaim*, aller, venir, d'où *reac, rec, recne*, prompt, rapide. la forme ancienne est exactement *ric*, comme on le voit par les exemples que cite Zeusz (g. c. p. 492) con *rictar* donec veniunt, con *ricci*, donec attingit etc. *rica* est un impératif en *a*, coincidant exactement avec ceux des verbes sanscrits de la 1. classe, comme *bhara*, fer, de bhṛ, *bôdha*, scito, de budh etc. dans l'irlandais moderne la seconde personne de l'impérativ est toujours la racine même du verbe, comme en latin dic, duc, fac, fer; mais dans l'ancien irlandais on trouve encore la terminaison en *e*, né *dene*, ne fac (rac. *den*), *cuire*, pone (r. *cur*), *decce*, vide (r. *decc*), cf. Zeusz g. c. 457, identique à l'ε de φαῦγε, fuge etc. la voyelle s'affaiblissait aussi en *i*, comme on le verra plus loin. ce qui l'indique, c'est que les verbes anciens, qui ont déja perdu le suffixe, le remplacent par une flexion interne *i*, laquelle, comme dans d'autres cas, n'est que le suffixe deplacé et incorporé à la racine. ainsi *imcaib*, devita, pour *imcabi* (rac. *cab*); *leic*, sine, pour *léci* (r. *lec*); *tuic*, sume, pour *tuci* (r. *tuc*); *comtuairc*, contere, pour *comtuarci* (r. *tuarc*) etc. (Zeusz l. c.). cet *i* répond à celui du latin *veni* et de l'ancien slave *vezi*, vehe.

Soro est le vocatif de *sor*, en irlandais *saor*, mal, douleur, aussi sár, sáraighim, je blesse, je nuis; d'où probablement le nom du pou, *sor, sar* [1]. le cymrique a *sòri*, saraû offendere, cf. goth. *sair*, douleur, ags. *sár*, ahd. *sér*. la racine sanscrite est *s;* laedere, occidere, d'où *sára*, maladie == soro de la formule. en persan sàr signifie aussi douleur, affliction.

Nous avons encore ici, dans *soro*, la forme de l'ancien vocatif, qui a disparu en partie de l'irlandais moderne, et qui coincide avec le vocatif sanscrit des noms en *a*, lequel n'est que le thème sans aucune flexion. dans l'irlandais moderne le vocatif est toujours égal au génitif des noms masculins, et il ne conserve ainsi sa voyelle finale que dans les noms de la 3. déclinaison qui prennent *a* au génitif, comme *cath*, bataille, gen. et voc. *catha; dath* couleur, *datha; sruth*, fleuve, *srotha* etc. l'identité des formes provient ici de ce que le génitif ayant perdu l'*s* débris du sanscrit *sya*, est reduit comme le vocatif au simple thème du nom. je crois donc que dans la forme *arithmato*, de la formule 48, que Grimm a interprété par *ardmath*, summum bonum (p. 460), il faut voir aussi un vocatif égal au thème primitif, et non une transposition de l'*o* vocatif qui ordinairement si précède le nom.

p. 441 no. 20.

Remedium efficax *hordeolis*. grana novem hordei sumes et de eorum acumine varolum purges, et per punctorum singulas vices carmen hoc dicas:

φεῦγε φεῦγε, κριθή σε διώκει.

item digito medicinali varum contingens dices ter:

cigaria gasaria

varumque grano hordei ardenti aut stipula foeni aut palea ures.

Le second mot *gasaria* est le plus clair et doit signifier charme, enchantement, d'après l'irlandais *geasaim*, je conjure, je prédis l'avenir; *geasa*, charme, serment, divination, *geasróg* sorcellerie, *géasroir*, sorcier etc. ces deux dernières formes derivent de *geas* par un suffixe *r* comme *gasaria*. il est impos-

---

[1] nicht anders φθείρ von φθείρειν und laus von liusan, vgl. geschichte der deutschen spr. s. 855.

11*

sible de reconnaître si la terminaison *ia* est un singulier ou un pluriel.

Vigaria est d'un sens moins sûr. en irlandais *fiughar* signifie attente vive, espérance, *fiughairneach*, qui espère, attend. on pourrait donc traduire *charme, plein d'attente,* c. a. d. qui promet l'efficacité. mais comme il est question de brûler l'orbet de l'oeil et qu'on le pique avec les grains d'orge, *vigaria* pourrait se rattacher à l'irlandais *feigh*, aigu tranchant, *feg,* coupure, *fegead,* morsure etc. dont il deriverait par le suffixe *ar.* le sens serait alors celui de *charme incisif* ou *mordant,* au singulier ou au pluriel.

Beide vorschläge liefern doch, wie mich dünkt, für die auszusprechende formel allzu abgezogne vorstellungen. wie wenn man *vigaria* von *fichim* frangere leiten und darin einen imperativus passivi sehen dürfte? das keltische passivum hat, gleich dem lateinischen, den character R, Zeusz s. 472 legt dem imperativ conjunctivisches *ar* bei, wenn aber dem des activums früher ein vocalischer ausgang zustand, musz ein solcher auch für das passivum wahrscheinlich werden und *figaria* oder *ficharia* gesagt haben frangere! *ficharia* würde aber ebenfalls in fichare abgeschliffen erscheinen können. nach diesem imperativ müste *gasaria* der sg. sein und die formel übertragen werden

frangere incantatio!   .

[feuchar domh an oigh! videre mihi virgo. Caomh. 215. tachair rium! occurre = videre mihi. 202.] zugleich nehme ich auch die
62 neunzehnte formel hinzu und berichtige vor allen dingen einen übersehenen druckfehler, sie ist mit griechischen buchstaben geschrieben und lautet

κυριακυριακασσαριασουρωφβι (nicht ωρβι),

was ich auflöse

curia curia casaria sor obhi = *uaibh,*

und übertrage: setze (lege) zauber das weh von euch, removeat, removeat imprecatio dolorem a vobis! wenn rica rica formelhaft wie φευγε φευγε verbunden stehn, werden auch curia curia alte conjunctive oder imperative des ir. cuirim setzen oder legen sein, sor wurde vorhin zu no. 18 gedeutet und casaria kam geschrieben gasaria in no. 20 vor. sehr merkwürdig ist die schreibung oſbhi, obhi für das heutige uaibh (O'Donovan s. 144 Zeusz s. 340), wahrscheinlich lautete der dat. pl. früher -bhi für -bh und dem lat. -bis noch näher. *uadib* wäre ex eis (Zeusz 342). Nicht minder wichtig ist das von Pictet treffend gedeutete *gasaria* oder nach der älteren schreibung casaria. denn in *geasaim* oder *gasam*, zaubern darf man unbedenklich unser deutsches *kiesen*, wählen, sehen erkennen, da sich die vorstellungen sehen und zaubern berühren und durch den blick gezaubert wurde, der zauber verblendete. ebenso führt wählen auf loszen, losz werfen und *sortilegus* ist ein zauberer, franz. sorcier. das schwedische tjusa zaubern scheint gleichviel mit kjusa, wählen, kiesen. vielleicht läszt sich auch im keltischen verbum der begrif des sehens, wählens und prüfens nachweisen.

p. 442 no. 24.

Carmen ad *dentium dolorem* mirificum de experimento, luna decrescente, de Martis sive die Jovis haec verba dices septies:

$$\text{argidam margidam sturgidam.}$$

Je divise *argi dam. margi dam. sturgi dam.* et je traduis: chasse la douleur, déplore (ou maudis) la douleur, dissipe la douleur!

Je vois dans *argi, morgi, sturgi* trois impératifs en *i* (vid. supra no. 18) et qui se rapportent aux verbes irlandais *airgim*, je chasse, j'expulse, j'enlève, *mairghim* (pour *mairgnighim*) je déplore, par conséquent aussi je maudis, de *mairg* malheur, et *stroighim*, je dissipe, disperse.

Quant à *dam* répété trois fois, c'est l'irlandais *dámh* souffrance, douleur (O'Reilly dict. suppl.), *daimh*, qui tourmente, *daimhne*, mal, dommage, de même origine sans doute que *damnum*, et que le sanscrit *dama, damana*, contrainte, châtiment, 63 de la racine *dam*, domare. man dürfte auch das altnordische *tion*, damnum, amissio vergleichen, vielleicht zu margidam ein altwelsches mergidhaham evanesco bei Zeusz 71. 1076, was zu andrer deutung des dam führen könnte.

p. 442 no. 27.

Carmen ad *uvae* dolorem, quod ipse sibi qui dolet praecantet et manus supinas a gutture usque ad cerebrum conjunctis digitis ducens dicat:

crisi crasi concrasi.

quibus dictis rursum manus a gutture ducat et ter hoc faciat.
Je traduis :

mets la ceinture jusqu'à la guérison.

Le verbe à l'imperatif en *i* est *crasi*, que je rapporte à l'irlandais *creasaim,* je mets, je pose.

crisi ceinture est au *crioso* de la formule no. 12, comme l'irlandais *cris* à *crios*, ce qui semblerait indiquer déja dans le
celtique de la Gaule un principe analogue à celui de la con-
cordance des voyelles, ce que d'autres faits cependant paraissent
contredire. *crisi* doit être un accusatif, et par consequent avoir
perdu la flexion *m* pour revenir au thème nud. dans l'irlandais
ancien et moderne l'accusatif ne diffère jamais du nominatif. [1]

con pour *co in*, est la préposition actuelle *go*, anciennement *co*, usque, usque ad, avec l'article *in*.

crasi me semble devoir être l'irlandais *greas*, protection,
salut, guérison, anciennement *creas*, comme *gris*, feu == *cris*, et
beaucoup d'autres cas où le *c* initial s'est affaibli en *g*. ce terme
se rencontre dans les vieilles formules irlandaises publiées par
Zeusz, mais qu'il n'a pas tenté de traduire, vu leurs obscurités.
à la suite de la formule intitulée *argalar fuail*, contre la maladie de l'urine, on trouve (Zeusz g. c. 926): *forcertar inso do
grés i maigin hi tabair thúal* (= *do fhual*). c. a. d. soit em-
ployée cette (formule) *pour la guérison* dans un petit coin (en-
droit) en lâchant ton urine. cette traduction de *do gres,* pour
la guérison pourrait en effet se défendre, il vaut cependant mieux
attribuer à ces mots le sens de *semper,* qu'ils ont ordinairement,
et les rapporter à *grés*, memoria, *gresach*, continuus (Zeusz
565), ce *do grés* diffère donc du *con crasi* de notre formule 27.
la préposition *co,* usque ad, régissait anciennement l'accusatif
(Zeusz g. c. 586), *crasi* est donc comme *crisi* un accusatif sans
flexion.

Le procédé de guérison rappelle celui de la formule no. 12.
on mettait symboliquement une ceinture à la gorge par le mouve-
ment des mains.

---

[1] vgl. die accusative sor und dam in formel 19. 24.

p. 445 no..41.

J'arrive aux deux formules les plus longues et les plus difficiles, bien qu'elles ne semblent pas résister mieux que les autres à l'application de l'irlandais.

Omnia quae haeserint faucibus hoc carmen expellet. *Heilen prosaggeri uome sipolla na buliet onodieni iden eliton.* hoc ter dices et ad singula expues.

Je commence par diviser et ponctuer comme suit:

Heilen, prosag geri uome! sipolla, na buliet ono dieni! i den e liton! ce qui me parait signifier:

ordure, sors promptement de moi! pars afin que ne (te) frappent pas les hommes! vas vîte au large!

Voici la justification détaillée.

Heilen est l'irlandais *eilne*, ordure, malpropreté. l'*h* prosthetique est d'un usage très fréquent dans l'ancienne langue et l'on trouve indifféremment *uile* et *huile*, omnis, *aui* et *haui*, nepotes (bei Zeusz 59. 286, sonst *ui*, *i*, O'Donovan s. 108, vgl. oben s. 56), *iris* et *hiris*, fides, etc. il en était de même dans le gaulois *Esus* et *Hesus*, le dieu de ce nom, *Elvetius*, *Elvius* et *Helvetii*, *Elvii*, *alus halus*, nom de plante (p. 435) etc. O'Brien donne *eilne, eilned*, uncleanness, Zeusz lui même présente les deux formes *ælned* (p. 51) et *hælned* (p. 766), illuvies, inquinatio, ce qui prouve l'ancienneté du terme.

Prosag est un impératif composé du préfixe *pro* et de *sag* = irlandais *saighim*, je viens, *saighsiot*, ils vinrent etc. d'après les observations déja faites sur l'impératif il faudrait *sagi* ou *sage*, mais la voyelle pouvait faire défaut à quelques verbes comme en latin, ou bien elle a été omise par les copistes. Quant au préfixe *pro* = sanscr. *pra*, latin *pro*, etc. il s'est changé en *for, far* déja dans l'irlandais ancien (Zeusz 583) et signifie tour à tour *super, contra* et *ante*. ainsi *prosag* ou *prosagi* serait maintenant *forseigh* come forth! komm hervor! le *p* initial est en général devenu rare en irlandais, où souvent *f* le remplace.

Geri est sûrement l'irlandais *géir, géar, géur*, anciennement *gér*, aigu tranchant, vif, prompt. le sens est ici adverbial. [1]

---

[1] vgl. das den deutschen imperativen häufig vorausgehende oder folgende bald. deutsches wörterbuch I, 1081. 1082.

65   *Uome* est l'irlandais *uaim*, ex me, de la préposition ancienne
ua (le sanscrit ava), maintenant *ó*, ex (Zeusz 588), et du pronom *me* qui a conservé sa voyelle. c'est la pendant de *un*, ex
nobis dans la formule expliquée par Grimm, et *tet un* a un sens
tout analogue à *prosag uome*. [1]

Sipolla est un impératif en *a*, comme *rica* de la formule
18, et répond à l'irlandais *siubhal* de *siubhlaim*, je pars, je m'en
vais. en cymrique *syfalu*, se mouvoir, être instable. cf. sanscr.
srp, ire, et *sap*, sequi. le *p* est affaibli en *bh*, comme cela arrive
souvent dans l'interieur et à la fin des mots.

Na buliet est la troisième personne du pluriel du conjonc-
tiv précédé de la negation avec le sens du latin *ne*. la racine
bul s'écrit *bual* dans l'irlandais moderne *buailim* je frappe, mais
l'*a* disparait dans *buille*, ictus. la terminaison *et*, *at* se trouve
encore dans l'ancien irlandais, *ar na epret*, ne dicant, de *epiur*,
dico; *ar na erberat*, id. (Zeusz 455). plus tard elle s'est changée
en *eadh*.

Ono dieni, homines. *ono* est l'article irlandais *an*, au pluriel *na* pour *ana*. la forme complète *ono* répond exactement
au thème du pronom sanscrit *ana*, et mieux encore à l'ancien
slave ono (v. Bopp vergl. gr. p. 537) [2]. *Dieni* est l'ancien pluriel irlandais *duini*, homines, de *duine*, en cymr. *dyn*, en armor. *den*.

I den. je crois reconnaître dans *i* l'impératif, identique au
latin, du verbe *éit*, *ét*, ire, que présentent les anciennes gloses
irlandaises: *cach con éit*, quemvis qui adit. (Zeusz 492). Zeusz
admet que la racine puisse être *é*. dans l'irlandais plus moderne
on trouve *eathaim*, je vais, *eathadh*, action d'aller; en cymrique
athu, aller etc. Toutefois comme, en sanscrit même, on a les
formes *at*, *aṭ*, *iṭ* à côté de *i* ou *í*, il se pourrait que les deux
racines entrassent dans la conjugaison du verbe [3], ainsi que cela

---

[1] vgl. uaibh, a vobis, formel 19, wofür nach O'Donovan s. 144 die südliche
mundart bhuaibh verwendet.

[2] litt. anas, goth. jains, altn. inn und hinn, nhd. jener. wie die keltische
und romanische sprache den artikel dem subst. vorangehen läszt, suffigierte ihn
die nordische und die deutsche, vgl. gesch. der deutschen spr. s. 960.

[3] le participe passé *eatha* allé = sanscr. *ita* semble appartenir à *i*.

parait avoir lieu dans le slave ancien où l'on trouve au présent *id-u*, eo, et à l'infinitif i-ti, ire. le russe écrit cependant *it-ti*, et le polonais iś-ć, mais l'illyrien i-ti. le même fait semble se reproduire dans le goth. *iddja*, ibam à côté d'un impératif *i*, que Bopp a signalé dans *hir-i*, hic veni (Bopp vergl. gr. 123).

Quant à *den*, je l'explique par l'irlandais *déin*, *deineachd*, se hâte O'Reilly (suppl.), *dian*, prompt, agil, véhément etc. von diesem *den* gilt das oben bei *ger* gesagte.

E liton est l'irlandais i leathan, au large, au loin; en cymrique *llyden*, arm. lédan. la forme lit se reconnaît dans les noms gaulois *Litana sylva*, la vaste forêt, *Litavicus*, *Convicto-litanes* etc. (Zeusz 103).

Je fais observer, en terminant, que cette longue formule s'explique sans y changer la moindre lettre, ce qui est assurément remarquable.

La seconde formule du no 41 a un aspect encore plus barbare que la première, et semble exiger deux légères corrections. en voici le texte:

Fauces quibus aliquid inhaescrit confricans dices: *xi exu cricone xu crigrionaisus scrisumiouelor exugri conexu grilau*.

Je rétablis d'abord comme suit la divison des mots: *xi ex u cricon, ex u crig rion aisus. scris u mi ouelor. ex u gricon. ex u grilau.*

Ce qui me parait signifier:

sors, hors du gosier! hors de la gorge (par) la voie du vomissement! glisse hors de mon cou: hors du gosier! hors des entrailles!

Je fais suivre l'analyse justificative.

Xi ne donne aucun sens, et semble avoir perdu une voyelle initiale. je lis donc *exi* (ex - i) et j'y vois le préfixe *ex*, déja discuté dans le no. 12, et l'impératif i, que nous venons d'examiner dans la formule précédente. la coincidence avec le latin *exi* est complète.

Ex u. ex est encore la préposition, et *u* est le *ua, ó*, ab, a, de, que nous avons reconnu dans *uome* de la formule précédente.

Cricon est une forme augmentée de *cric*, qui reparait tout de suite après avec un *g* final. c'est l'irlandais *craig* gosier (O'Reilly suppl.), aussi *graig*, d'où *graigiu*, glouton. la pureté de la forme gauloise *cric* est prouvée par le sanscrit *kṛka*, gorge larynx, et *cricon* répondrait à un thème *kṛkaṇa*, irland. *craigean*. [1]

Ex u crig, même interprétation.

Rion est exactement l'irlandais *rian*, chemin, sentier, voie.

Aisus se retrouve presqu'intact dans *aisios*, nausée, vomissement.

67   *Scris* est l'impératif sans flexion du verbe irlandais *scriosaim*, balayer, frotter, essuyer la surface de quelque chose. appliqué à un corps arrêté dans le gosier il exprime la friction qu'il exerce en sortant contre les parois. la traduction *glisse hors* n'en rend pas tout à fait la force.

U mi ouelor. l'accumulation insolite des voyelles *ioue* indique ici une corruption. je lis *u mi cuelor*, et je compare l'irlandais *cuiléir*, cou, *o mo cailéir*, ex meo collo. *mi* possessif pour *mo* actuel se rapproche plus du sanscrit mê génitif de *aham*.

Ex. u grilau. c'est l'irlandais *grealach*, entrailles, pris ici dans le sens général d'organes intérieurs du corps. la préposition *u (ua)* régissant le datif, on peut reconnaître dans *grilau* un datif pluriel en *u* au lieu du suffixe ordinaire *ib, ibh*, comme dans l'ancien irlandais *rigu, naemhu, slogu* etc. (O'Donovan gr. irl. p. 84).

Je ne sais si je m'abuse, mais il me semble que ces interprétations si précises, si rationelles, obtenues, comme celle de Grimm, presque sans changement aux textes de Marcellus, confirment d'une manière remarquable le resultat mis en lumière par ce savant, à savoir l'existence d'un dialecte de la branche gaëlique dans l'Aquitaine au 4. siècle, resultat d'une haute importance pour l'histoire des langues celtiques. l'analyse de ces textes gaëliques, les plus anciens que nous possédions, nous montre la langue en possession encore de quelques formes gram-

---

[1] dem kṛka, kṛkaṇa gleicht das ahd. *hracho*, guttur, gen. *hrachin*, welches wort Graff unrichtig 2, 385 im reinen R aufstellt. man vgl. litt. kaklas guttur, altn. kverkr, finn. kurkku und kulku.

maticales perdues dès lors et qui la rapprochent d'avantage du type primitif, que le sanscrit a le mieux conservé. il est bien probable que si nous avions des textes celtiques du temps de César, tout le système des flexions s'y montrerait encore avec ses traits caractéristiques.

Da hier noch raum für mich bleibt, komme ich abermals auf das anziehende wort *uisumar*. die gewonnene, vielmehr erst gewagte deutung würde sich bestätigen, stände in irischen urkunden irgend ein eigenname O'sumar, O'seamar, Mac'seamar aufzuweisen oder lieferte uns der irische volksglaube zeugnisse für die verwendung des klees beim eintritt und empfang des frühlings. ins irische wapen wird die pflanze doch nicht zufällig gerathen sein und am allerwenigsten mit ihren drei blättern den band der drei britischen reiche symbolisieren sollen, weil sie dann, was nicht der fall ist, ebenwol in England und Schottland gelten müste wie in Irland. doch mag zweifel walten, ob unter seamar bestimmt trifolium (welsch tairdalen, d. i. dreiblatt) verstanden werde oder eine andere den frühling zierende blume, zumal die caltha. möglich wäre sogar, dasz unser noch unaufgehelltes deutsches wort *klee* unmittelbar und buchstäblich zusammen hienge mit *caltha,* wenigstens die glossen bei Graff 4, 540 setzen chlèo zu calta, caltha (calendula officinalis Linn.) und auch die Schletstädter glosse bei Haupt 6, 341 gibt ròtiz clèo calta. mit andern namen heiszt diese caltha dotterblume, goldblume, ringelblume, butterblume, merkwürdig aber auf italienisch *sposa del sole* [Megenberg 394, 19 sunnenwerbel sponsa solis, ringelkraut, cicorea] und mahnt sonnenbraut wieder an sonnenkind, sonnenenkel? die Finnen nennen den klee apilas und maitokukka, milchblume, wie die Schweden die caltha palustris tremjölksgräs, weil im mai dreimal täglich gemolken wird, der angelsächsische Thrimilci kann füglich den frühling personificieren und unser deutsches landvolk sagt auf den heutigen tag, dasz die weide der butterblume dem vieh reichliche und fette milch gebe; wie im altnordischen landnàmabòk 1, 2 von einem fetten fruchtbaren boden steht, dasz in dem lande butter aus jedem halme triefe. was apilas besage, entgeht mir noch, es ist das lettische ahbolites, dahboli, littauische dobilas, dobilatis, wahrscheinlich auch das schwedische väpling. die slavischen namen wurden oben angeführt. will man das ui in uisumar nicht dem alten nom. sg. gestatten, so dürfte man es auch als pl. collectivisch fassen: die söhne des sommers, die blumen, der klee, doch ziehe ich den sg. vor.   Pictet, der meine erklärung gut heiszt, erinnert an den namen der Bituriges Vibisci, die gerade in Aquitanien hausten (s. meine erste abhandlung über Marcellus s. 434) und ui bescna wäre söhne des friedens, die endung isc also keine ableitung, wie Zeusz 775 meint.

ÜBER SCHENKEN UND GEBEN.

GELESEN IN DER AKADEMIE DER WISSENSCHAFTEN
AM 26 OCTOBER 1848.

———

Heimgekehrt nach fast halbjähriger abwesenheit wende ich [121] von bald erhebenden bald niederdrückenden geschäften unsers öffentlichen jetzt sturmbewegten lebens mich froh wieder zur gewohnteren stillen arbeit, der in meinen augen nichts von ihrem reiz abgegangen ist. ich bin willens heute den gebrauch des alterthums beim geschenk zu erörtern und hoffe ihm auch aufschlüsse für die sprache zu entnehmen.

Wenn insgemein alles recht aufgestiegen ist aus dem schosz der sitte, so zeigt sich dieser zusammenhang zwischen beiden ganz augenscheinlich an der schenkung. die rechtslehrer sind sogar unschlüssig wie sie die schenkung ansehen sollen, und einige stellen sie zu den verträgen, andere fassen sie auf als etwas allgemeines, das in mehr als einem rechtsgeschäft vorkommen kann. offenbar überläszt bei dieser einfachsten aller handlungen das recht das meiste noch der sitte und hat nur für gewisse fälle seine bestimmungen beizufügen für nöthig erachtet. wie jeder vertrag zwei leute, z. b. der kauf einen käufer und verkäufer, setzt auch die schenkung einen geber und empfänger voraus und dem geben stellt unsere sprache ein nehmen [geben und nemen. Parz. 7, 9. nu ist hie geben und genomen. Dietl. 7028.], dem gifan die ags. ein þicgan, dem gefa die altn. ein þiggja, d. i. annehmen zur seite [1]. geben ist ein

---

[1] 'epli ellefu mun ec þer gefa.' 'epli ellefu ec þigg aldregi.' Sæm. 83ᵃ 84ᵇ; gaf hann Sigmundi sverð at þiggja. 112ᵃ; 'þigg þu her Sigurðr!' 173ᵉ.

sinnliches darstrecken, darbringen, aus der hand thun oder lassen, legen in des andern hand, einhändigen. [1] zum wesen des
122 schenkens gehört, dasz der empfänger die gabe sich gefallen
lasse, da keinem wider seinen willen ein geschenk aufgedrungen
werden kann:

> ich hân gehört her al mîn leben,
> daz niemen dem andern müge geben
> iht guotes under sînen danc,

heiszt es in Lichtensteins frauendienst 230, 29. [2] genieszt der
eingeladete was ihm von speise und trank vorgesetzt wird, so
thut er dadurch seine annahme des geschenkes kund, niemand
aber hat je im gastmal einen rechtsvertrag erblickt. der begrif
des übertragnen eigenthums gehört also gar nicht wesentlich zur
schenkung.

In der regel scheint zwar nur des geschenks empfänger zu
gewinnen, der geber zu verlieren, doch insgeheim fordert gabe
zur gegengabe [*], ja bei feinerem gefühl selbst zur höheren, über-
bietenden auf. 'widir gift' sagt Wernher von Elmendorf (bei

---

[1] die ausgestreckte hand war den Ägyptern hieroglyphe für geben (Potts
zählmethode s. 272) und den Griechen bedeutete δῶρον zugleich breite der flachen
hand, wie Il. 4, 109 ἐκκαιδεκάδωρος sechzehn hände breit, [ὁδώρος, παντάδωρος.
Graeci antiqui doron palmum vocabant et ideo dora munera, quia manu darentur.
Plin. 35, 14. arm. dsicrn manus. alban. δόρα manus. sl. dlan'. lett. duhre. ir.
gal. dorn pugnus, welsch dwrn pugnus, manus. vgl. Bopp alban. spr. 34. 81. über
dora, dara tragende, nehmende (gebende).]

[2] auch das ablehnen der gabe [mhd. die gebe firwideren. Diut. 3, 85. ahd.
widarón rennere. versprechen. Nib. 165, 3. 1430, 2] hatte im alterthume seine
formeln, deren einige ich in Haupts zeitschrift 2, 1 erläutere. aufgedrungen konnte
ein geschenk gewissermaszen durch die drohung werden, den dargebotnen gegenstand vernichten zu wollen, ein merkwürdiges beispiel findet sich in der ge-
schichtsbeschreibung der Felsenburger 4, 129 und 155: alle dargereichten sachen
sollen in die see geworfen werden, wo sie am tiefsten ist, wenn man sich der
annahme weigert. [prius hoc in profundum maris projicio, quam quilibet hominum tam vili et turpissimo pretio illud acquirat. Mon. sang. Pertz 2, 737. drang
mit gewalt mit dem ringe zu nehmen auf mich, welches ich nicht thun wollte,
schüppe solchen ring von mir dasz er in den kot fiel, blieb auch alda liegen.
Schweinichen 2, 261. geschenktes glas absichtlich fallen lassen dasz es bricht.
Pertz 2, 84.]

[*] nu gib du mir, sô gib ich dir. MS. 2, 169ᵇ. wer gâbe enpfât, verbindet
sich dem der si gît. Bon. 27, 31. enpfangen gâbe binden kan. 95, 63. vicissi-
tudo munerum. Greg. tur. 5, 19 (18).

Haupt 4, 298) 'sal man gâbe warten', oder wie es auch heiszt, 'wer gibt der lehrt geben' [gialda giöf vid giöf. vidrgefendr ok endrgefendr erosc lengst vinir. Sæm. 15ᵇ]. solche gegengabe oder widergabe nennen wir lohn *, oder in der alten sprache löngelt, alts. löngeld, langob. launechild, ags. leánum gife gildan. Cædm. 27, 4. die Langobarden scheinen für feierliche, im gericht erfolgte schenkung eine kleinigkeit als launechild gefordert zu haben, was die urkunden ausdrücken: accepi launegild, suscepi launegild, es war entweder handschuh oder ring oder münze, die dem geber feierlich musten dargereicht werden. die Italiener gebrauchten dafür den ausdruck guidardone guiderdone, die Franzosen guerredon [Eracle 4603. Charrette 24. 30], die Provenzalen guazardon guizerdon guazardine (Rayn. 3, 450. 451), die Spanier galardon. im altfranzösischen Tristran (v. 2730), als der held seiner geliebten königin den hund Husdent schenkt, sagt sie:

'qant du brachet mavez saisi,
tenez lanel de gerredon.'
de son doi loste, met u son,

sie nimmt den ring von ihrem finger und steckt ihn an seinen. im guidar des italienischen worts scheint mir nichts als das [123] deutsche widar enthalten, doch musz auch guadagnare, prov. guazanhar gazanhar, sp. ganar, franz. gagner, ja zu diesen das goth. gageigan κερδαίνειν erwogen werden, vielleicht das altn. gagna prodesse, denn der gewinn ist ein lohn oder pretium.

Dies vorausgesandt kann ich an einzelnen gegenständen der schenkung die bräuche der vorzeit entwickeln, auf die es mir hier abgesehn ist; dahin gehören, auszer liegendem grund und boden **, vorzugsweise speise und trank, thiere, kleider, ringe, waffen und anderes geräthe:

---

* widerlegung. Kaiserb. par. der selben 36ᵇ. 38ᶜ. widergift. unw. doct. 156. 191. widerlön En. 796. ze danke und ze löne geben. 115, 19. nû lön ich iu der gâbe. Nib. 2138, 1. Cunnewârn si gâben Clamidê, sinen lip gap err ze löne. Parz. 327, 29. engi er launat, nema iammikit kome igegn sem gevet var. Gulaþ. p. 54. illom huga launadir þû þâgôdar giafir. Sæm. 77ᵇ. Giafarefr hiesz Refr, weil er für jede empfangne gabe eine wieder gab. fornald. sög. 3, 46.

** einer fahrenden frau zu lohn land schenken. Sn. 1.

lieht gesteine, rôtez golt,
liute, wâpen, ors, gewant,
des nim sô vil von mîner hant,
daz du nâch dînem willen varst
unt dîne mildekeit bewarst.   Parz. 9, 6.

eigentliches geld pflegte weniger geschenkt zu werden; während
also der alte tausch in kauf übergegangen war, d. h. für den
hingegebenen individuellen gegenstand ein allgemeines mittel angenommen wurde (wie auch andere vertragsleistungen sich in
geld anschlugen), blieb bei geschenken noch die besonderheit
der sachen vorwaltend, und bis auf heute hat es etwas wider-
strebendes geld zu geben oder als gabe zu empfangen, es werde
dann gebettelt. der wahren gabe soll immer noch ein eigner
bezug auf die absicht und neigung des gebenden oder empfangenden einwohnen. [*]

Bei allen schenkungen fahrender habe glaube ich nun den
grundsatz aufstellen zu können, der auch für den erwerb der
liegenden im alten recht gilt, dasz sowol der geber sich der geschenkten sache sinnlich entäuszern, als auch der empfänger
derselben sinnlich unterziehen müsse. [**] wie des übergebnen
grundstücks eigenthum erst durch wirkliche besitzergreifung d. h.
durch leibhaftes niederlassen mit dem stuhl auf dem acker selbst
erworben zu werden pflegte, wie dem abtreten ein antreten entgegensteht, sind auch für bewegliche sachen gebärden und handlungen üblich, welche über leibliche hingabe und annahme derselben keinen zweifel lassen. man unterwand sich eines landes
mit symbolischen gebräuchen (Parz. 146, 21. 25), auch für fahrende habe musz ein solches unterwinden gegolten haben.

Ich stehe nicht an den uralten gebrauch der libation hierher zu nehmen. dem gott wurde ein theil der dargebrachten
sache auf den altar geschüttet, damit anzudeuten, dasz sie vom
darbringenden freiwillig geopfert werde, prolibare diis (Plinius
14, 18). griechische bildwerke stellen vor, wie der gott eine

---

[*] friundes gâbe, swie diu sî, dâ sol merken liebe bî. Ls. 1, 7. giafar þû gaft,
gaftattu âstgiafar, gaftattu af heilom hug. Sæm. 182ª.
[**] dedit cum chirotheca, chirothecam abstulit. Lappenberg no. 119 a. 1091. —
sich der gebe underwinden. Diut. 3, 85. vgl. Wigalois 9000 — 9006.

schale, worin man ihm die libation gieszen soll, entgegen hält. wahrscheinlich galt auch bei mahlzeiten, wenigstens feierlichen gastgelagen ein solches praelibieren oder praegustieren, dem man erst späterhin die wendung gab, dasz dadurch verdacht des gifts beseitigt werden sollte. noch heute ist es unter Türken üblich, [124] dasz der wirt, nachdem er in wolriechendem wasser seine hände gewaschen hat, mit den fingern aus der reisspeise kugeln bilde und dem gegenübersitzenden gaste selbst in den mund stecke. aus denkmälern unsrer vorzeit fällt mir nichts bei, was auf vorschmecken oder credenzen der speise sich bezöge [1]; doch in einem roman aus der ersten hälfte des vorigen jh. [2] lese ich, dasz ein mädchen in den apfel oder die apricose den ersten bisz thut und dann dem geliebten hinreicht, wie es sicher im leben genug vorgekommen ist, weil was sonst ekel erregen könnte unter liebenden den genusz der frucht erhöht. wir alle wissen, dasz unsre urmutter erst in den apfel bisz, bevor sie ihn Adam bot; der angelsächsische dichter sagt: þäs ofätes onbát, von onbítan, alts. anbítan, mhd. enbîzen, gleichsam anbeiszen, gustare, praegustare. in einem serbischen volksliede (bei Vuk th. 1 no. 483 seite 352) findet eine jungfrau auf der wiese des geliebten mantel und tuch, auf dem tuch einen apfel liegen, sie sinnt nach und beiszt in den apfel, ihm ein zeichen ihrer anwesenheit zu hinterlassen:

загриппnjу му зелену јабуку,
нека знаде, да сам долазила,
да сам моје драго обалзила.

загристи ist anbeiszen, облазити, обилазити besuchen. wie nah kommen sich die unschuldigen gefühle und bräuche aller zeiten, auch bei Lucian (έταιρ. διαλ. 12) heiszt es: τέλος δὲ τοῦ

<hr>

[1] beim anschneiden der kuchen oder der butter hat man noch heute abergläubisches bedenken: omina principiis inesse solent.
[2] der im irrgarten der liebe taumelnde cavalier. 1740 seite 16: risz eine apricose ab, that einen einzigen bisz darein, wickelte hernach dieselbe in ein reines papier und sagte: da bringet diese euerm herrn. [Göthes briefe von Jahn s. 182: den apfel den sie angebissen, das glas worans sie trank, mir reicht. auch Bürger 19' vom pfirsich. — ahd. winigift? species pomi. gramm. 3, 376. Graff 4, 125.]

μήλου ἀποδακὼν ... εὐστόχως προσηχόντισας ἐς τὸν κόλπον αὐτῆς
... ἡ δὲ φιλήσασα μεταξὺ τῶν μαστῶν ὑπὸ τῷ ἀποδέσμῳ παρεβύσατο.
In einem andern liede bei Vuk th. I. no. 386 seite 283 bietet der jüngling seiner geliebten попудје, krankenspeisen an,
unter andern

> и јабука зубом загризени,
> загризени, ал ненајѣдени,
> apfel mit dem zahne angebissen,
> angebissen und unaufgegessen;

wobei der herausgeber anmerkt: и сад је у Србији обичај,
кад се јабука коме своме шаље да се мало загризе, само
да се познају зуби, d. i. und noch ist in Serbien der brauch,
wenn man einen apfel einem verwandten oder angehörigen sendet, ihn ein wenig anzubeiszen, so dasz man nur die spur der
zähne darin sieht.

Desto häufigere meldung geschieht dieses vorkostens beim
trank, und der Grieche nennt es προπίνειν προεκπίνειν, woher das
lateinische propinare entliehen ist, wie noch unter uns der wirt
den becher erhebt, ansetzt und dann dem gaste reicht. oft läszt
auch unser alterthum königin oder königstochter im kreise der
helden wandeln und jedem aus dem becher zutrinken. [1] das
125 erste war, dasz man den wegemüden und durstenden gast, sobald er über die schwelle trat, mit einem trunk labte. Loki
beim eingange in Oegis halle, ruft (Sæm. 60ᵇ [vgl. 32ᵃ]):

> þyrstr ec com þessar hallar til
> Loptr um lângan veg,
> âso at biðja, at mer einn gefi
> mæran dryck miaðar;

und Beyla trägt ihm den becher zu mit den worten (67ᵃ):

> heill ver þû nû Loki, oc tac við hrimcalci
> follom forns miaðar!

welche anrede sich auch in einem andern liede wiederholt (86ᵇ).
gewöhnlich hiesz es (Sæm. 201): 'tak her við horni ok dreck!'

---

[1] Paul. Diac. 3, 30. Beovulf 1232—42. Waltharius 223. [Bathildis als
sclavin gekauft um dem könig wein zu schenken. Eccard fr. or. 1, 238. frau
nelja öls, vins. Sn. 128.]

in unserm mittelalter aber sagte man 'den gesten schenken'
Nib. 125, 4. 392, 1. 1127, 2 und der ruf erscholl 'schenkâ sân' [1]
'schenkà hie', 'iu sî geschanct' MSH. 3, 186ª; man rief auch
'trink vaste' cod. Kolocz. 173. 174; ags. 'drinc hâl' (auf 'ves
hâl'ª; altn. 'dreck nû' Völs. saga p. 142; 'trac her, giuz în!'
Renn. 49ᵈ und ähnliches. [2] der anziehendste ausdruck wird aber
das wort s c h e n k e n selbst [3], welches eigentlich fundere, infundere aussagend ganz allgemein in den abgezognen sinn von donare übergetreten ist; der brauch gästen und dürftigen einzu-
schenken musz so alt und verbreitet gewesen sein, dasz dadurch
der begrif des gebens überhaupt wo nicht verdrängt, doch entschieden bestimmt werden konnte. s c h e n k e n steht uns jetzt
von g e b e n etwa so ab, wie das lateinische donare von dare,
und bei den wörtern schenkung und geschenk pflegen wir uns
nur donatio und donum zu denken, gar nicht mehr an die alte
vorstellung des gieszens zu erinnern. es mag hier dahin gestellt bleiben, auf welche weise schenken = gieszen selbst aus
ahd. scancho, ags. scanca, crus, tibia (vgl. schenkel femur),
wozu es offenbar gehört, eigentlich geleitet wurde: die bedeutung tibia mochte leicht auf die röhre des gefäszes führen, aus
dem man einschenkte. [4] ich bemerke, dasz wir noch heute von

[1] 'darnâch biez si schenken sân' Parz. 29, durch welches sân (gramm. 3, 197)
eile und hast ausgedrückt werden. ebenso: fuor enbizen sân' Parz. 20, 28; 'var
sam mir in mîn gezelt und enbizen wir darinne,' Maria 157, 6. [ich biez sâ
trinken bringen dar. Frauend. 539, 26.]

[2] im roman de Brut: custume est, sire, en lur pais, quant ami beivent entre
amis, que cil dist *washail* qui deit beivre, et cil *drinkhail* qui deit receivre. (nach
andrer hs.: de dire *weshail* et repondre *drinkhail*, et de beivre plein u demi et
dentre baisier ambedui.)

[2] den kopf mit win bieten und lân sitzen (sitzen heiszen) weisth. 1, 378.

[3] schenken bei der kirchweihe zu Ebringen (a. 1495.) Schreibers Freiburger
urk. 2, 617. bekanntlich biesz noch später ein 'geschenktes' handwerk das den
wandergesellen wein schenken liesz.

[4] den Griechen hiesz αὐλός jede röhre aus rohr, holz, knochen oder metall
zum blasen oder eingieszen; sie brauchten aber für αὐλός auch ἀλέκτωρ oder
ἠλεκτρυών, wie wir die röhre am fasz hahn nennen, vgl. Athenäus p. 185, der
auch p. 183 einen αὐλὸν ἐκ νεβροῦ κώλων κατασκευαζόμενον anführt, wie im märchen flöten aus beinen eines getödteten kindes gemacht werden. führt in der
malbergischen glosse der mittelfinger den namen t a p h a u o (zapfhahn) von seiner
ähnlichkeit mit einem zapfen? das mlat. pipa bedeutete sowol fistula als vasculum

12*

der säugenden, stillenden mutter sagen, die schenke denr kind
[Ettner hebamm. 832], im alten sinne des eingieszens. ahd.
scenchan, ags. scencan drücken auch nie etwas anderes aus als
infundere, propinare und eben so wenig erscheint bei guten mhd.
dichtern schenken bereits für largiri, donare, dare, zuerst bei
Reinmar von Zweter MS. 2, 143ᵇ finde ich rât schenken für rât
geben, [Gottfried MSII. 2, 276ᵃ die wernden frôude schenken.
Burkard MS. 1, 89ᵇ sorge oder spil schenken. Nithart MS. 2,
82ᵃ (Haupt s. L, 5) dar zuo schenke ich mîner teigen birn. Heinr.
v. Krol. 3804 ir vleische si schancte. Frauenl. p. 74. 13 zwîvel,
lœne schenken. Rumezl. MS. 2, 224ᵇ der wîse geist den uns der
vater schenke. daz schenkt dir Muscatpl. 47, 7. 9] Lohengrin
s. 74. 78. 164 schenken = largiri, s. 101 schenk = donum [fastn.
sp. 655, 6. H. Sachs II, 4, 9ᵃ] und bei Bonerius 37, 30 spîse
schenken, was freilich dem wîn schenken nahe liegt und vom
einschütten der speise in die schüssel verstanden werden könnte. [1]
die vorstellung donum wird, wie goth. durch giba, ahd. nie anders als durch kepa, ags. durch gifu, altn. durch giöf bezeichnet, und erst nach dem jüngern hochdeutschen sprachbrauch
scheint sich bei den Isländern ein skenkja largiri eingefunden
zu haben. 'ene schenke' donum setzt Detmar der minorite
2, 205, ['gave und schenke' derselbe 2, 235,] 'schenken oder
geben' verbindet eine willkür von 1377 (weisth. 1, 507) und auch
das schwed. skänka [2], dän. skienke, geschweige das nnl. schenken [schenken donare. Potter 1, 2295. 2312. 2, 3477], gewähren
beides die sinnliche und unsinnliche wortbedeutung. [3]

An sich betrachtet dürfte diese letztere dennoch schon sehr

und piparc (unser pfeifen) fistula canere, vielleicht nach dem lat. pipire (unserm
piepen), das franz. pipe (unser pfif) ist zugleich ein masz beim weinschenken.
calamelar war den Provenzalen flöten, das franz. chalumer drückt aus boire à
l'aide d'un chalumeau. κεράννυμι aber, das zu κέρας trinkhorn gehört, hat nur
die bedeutung von mischen und einschenken, nicht die abgezogene von geben.
[1] echte Nitharte sind es schon darum nicht, worin eine aventiure oder ein
niuwez liedlin geschenkt wird. MSH. 3, 299ᵃ.
[2] woher mit abgeworfnem S das estn. kinkma schenken, kinkitus geschenk,
kink schinke, finn. kinka perna, kenki donum.
[3] 'eine minne schenken' oder 'geben', altn. 'gefa öl' führt sich auf altheidnischen brauch (mythol. s. 54) zurück.

alt sein. denn es ist merkwürdig, auch das gr. προπίνειν tritt aus der vorstellung des zubringens, zutrinkens oder schenkens beim trunke über in die des bloszen darreichens, gewährens und gebens, ohne dasz dabei getrunken wird. nicht anders steht 127 lat. propinare zuweilen allgemein für praebere, conciliare, noch mehr mlat. propinare (Ducange 5, 479) und so auch schottisches propine (Jamieson 2, 240ᵇ, suppl. 2, 242ᵇ).

Ganz nahe lag es nach dem zutrinken auch den becher, aus welchem wein dargebracht wurde, dem gast zu verehren, ihn mit dem becher zu ehren *, unser altes 'ez bieten' (gramm. 4, 337) bedeutete geradezu das glas oder trinkgefäsz darreichen. die helden gaben χρύσεον δέπας ἀμφικύπελλον. Il. 6, 220 und Od. 8, 430 heiszt es:

χαί οἱ ἐγὼ τόδ᾽ ἄλεισον ἐμὸν περιχαλλὲς ὀπάσσω
χρύσεον, ὄφρ᾽ ἐμέθεν μεμνημένος ἤματα πάντα
σπένδῃ ἐνὶ μεγάρῳ Διί τ᾽ ἄλλοισίν τε θεοῖσι.

hier ist blosz vom folgenlassen, ὀπάζειν, des bechers, nicht vom zutrinken die rede. berühmt ist die schöne stelle Pindars (Olymp. 7, 5):

φιάλαν ὡς εἴ τις ἀφνειᾶς ἀπὸ χειρὸς ἑλών,
ἀμπέλου ἔνδον καχλάζοισαν δρόσῳ
  δωρήσεται
νεανίᾳ γαμβρῷ προπίνων
οἴκοθεν οἴκαδε, πάγχρυσον, κορυφὰν κτεάνων,

die goldschale, sprudelnd von rebensaft wird dem schwiegersohn zugetrunken und geschenkt. ἤνῖδε τοι τὸ δέπας läszt Theocrit 1, 149 den hirten sagen. aus Athenæus sind zeugnisse dafür anzuführen, dasz die Griechen bei groszen festen und hochzeiten becher zutranken und schenkten, 4, 2 s. 128 ist gemeldet, wie könig Caranus in Macedonien zwanzig gäste zur hochzeit ladete und allen silberne trinkschalen verehrte. dem der zuerst ausgetrunken hatte, ward auch der becher zum lohn: ἐπεὶ πρῶτος

---

* trinket ûz disen win, der kopp sal ûwer eigen sin. Morolt 1500. 1516. vgl. Kchr. 14252. Dietr. 1354. Suchenw. 4, 499. bunum and beagum. cod. Exon. 338, 23. alle gefäsze und schüsseln zum fenster hinaus werfen. turn. von Nantes 7. 9. 10.

ἔπιες, ἔχε πρῶτος καὶ τὸν σκύφον δῶρον (daselbst 4, 4 s. 129).
Cleopatra beim groszen für Antonius veranstalteten mahl gestattete jedem anführer die ihm vorgesetzten trinkgefäsze als
geschenk mitzunehmen (daselbst 4, 29 s. 148). * ich will auch
ein deutsches beispiel aus Ruodlieb 5, 11 anführen:

> post haec sat cocti domino, sat ponitur assi,
> potus at in patera summi tuberis nucerina
> praecipui vini piperati sive medonis,
> in qua bis bina sunt aurea flumina sculpta,
> 128   dextra dei fundo paterae confixa stat imo, [1]
> quam, dum pernoctat ibi, quidam summus ei dat.

statt der griechischen goldschalen nennt die einfachheit und ar-
mut unsrer vorzeit nur einen aus knotigem nuszbaum geschnitz-
ten becher (patera nucerina) [2] und die weisthümer tischen überall
weisze holzbecher [zwelf nuwe schenkebecher 1, 666. weisze
trinkbecher 1, 562] auf: dem richter wird der höchste stul, die
schönste schüssel und der weiszeste becher zugesprochen (3, 59.
113. 124. 161), dem richter einen neuen becher (3, 71), schenken in einen witten beker (3, 84) [3], ein schenkbecher vol rotes
wines (1, 340). die trinkgelage des alterthums erklären den

---

* donatos calices singulis per singulas potiones. Capitolin. in Vero c. 5. do-
navit convivis omnem apparatum poculorum. Lamprid. Heliog. 29.

[1] Fischart in der trunkenen litanei (geschichtskl. m. s. 88ᵇ) läszt einem trin-
ker zurufen: 'findst grund? siehst den herrgott am boden?' es werden sich wol
noch in samlungen becher finden, auf deren boden gottes bild eingegraben steht.
[Lazarillo de Tormes (zuerst Taragona 1586) c. 3: quando no me cato veo en
figura de panes, como dicen, la cara de dios dentro del arcaz.]

[2] vgl. henap mazerin (aus maserholz) im Garin 2, 79, [hanap de mazre.
Trist. ed. Michel 2, 24.]; bekannt sind die aus birkenrinden in der mailust zu-
sammengefügten 'birkenmeier'. [chüpfe, mäsor, glasevaz. kindh. Jes. 95, 21. vil
süeze litgebinne, ir sult füllen uns den maser. Helmbr. 1003. Harald schenkt
einen mösurbolli, mit silber und gold verziert. fornm. sög. 6, 184. 185. ahorne
kanne. weisth. 1, 786. dännlein, tannenbecher. Garguntua 98ᵇ. vgl. pocula fa-
gina Virgl. ecl. 3, 36. Tib. 1, 10, 8. Ovid. met. 8, 669. fast. 5, 522. guttum
faginum, quo sacrificant. Plin. 16, 38. mollibus ex hederae torncntur pocula
lignis. Seren. Samon. 408.]

[3] swenne ich sihe bringen in wizem becher guoten win, daz nim ich für
des meien schin, Haupt 7, 408. [Burchart der wisse beger. Freib. urk. no. 30.
58. 66.]

vorherschenden gebrauch der bechergabe und bestätigen das einschenken als älteste verehrung oder ehrengabe.

Thiere schenkt jeder nach seinem stand, der hirt rinder und schafe, der edelmann rosse, hunde und habichte [habicht und wind. Dietl. p. 71. 72] zur jagd. ich schränke mich hier auf die rosse ein, und darf mutmaszen, wenn die gabe feierlich erfolgen sollte, dasz der geber ab, der empfänger aufstieg. *. wie aber vorhin das verbum schenken aus dem lebendigen übergieng in den abgezogenen begrif, gewahren wir hier ähnliches bei einer benennung der geschenkten sache. schon Ulfilas setzt maiþms für gr. δῶρον und das alts. mêthom, ags. màðm, altn. meiðm drücken kostbarkeit, cimelium aus. wir würden über das wort im dunkel bleiben, führte uns nicht die mhd. sprache meidem, meiden deutlich als eine gattung von pferden vor [ein ros und zwêne maiden. Suchenw. 8, 111. sehzehn maiden, vier grôze ros 8, 197], wobei die abstechende consonanz schwerlich. an maitan secare denken läszt, auch bezeichnet das in oberdeutschen mundarten unseltne wort gar nicht das verschnittne thier. nun darf auch die den ags. dichtern geläufige verknüpfung 'mearas und màðmas' (ahd. marahâ joh meidumâ?) im rechten licht erscheinen. [vgl. schatz aus skat vieh, altn. gripr pecus, res pretiosa.]

Mit der gabe des rosses sehn wir häufig zugleich die des gewandes verbunden **, 'den fremeden und den kunden gap er ros und gewant' heiszt es Nib. 28, 4, und 1092, 1 ûz mîner kamere sô heiz ich dir geben

* der annemer soll den steigbügel halten und dann aufsitzen. Schweinichen 2, 90.

** pelz und pferde. Rudl. 2, 161. ros, gewant und schaz geben. En. 174, 11. 20. 115, 20. beide ros unde gewant. Erec. 1411. phert unde gewant. Eracl. 2258. ros unde gewant. Nib. 1469, 4. Gudr. 175, 4. 173, 3. Haupt 1, 88. Crane 2287. den lotern gëben. Renner 17995. vihe unde gewant. Diem. 179, 9. schoeniu ors und rîchiu kleit. Barl. 29, 37. hôhiu ràvît und guotiu kleider. Strickers Kl. 58. guote rosse und phellelîne rocke. Roth. 1333. schœniu ros mit setelen. Nib. 635, 4. nuwe sadelo unde pert. Diut. 1, 360. vgl. Tac. Germ. 15. 14. equum et arma dare, francisco more veterno. Erm. Nig. 4, 607. Beov. 2062 ff.

von rossen und von kleidern allez daz du wil.

MSH. 3, 171ᵃ des edeln ritterschaft ich sach an dich geleit mit
129 rosse und mit gewande. Nib. 1207, 1 wird die ausrüstung der
rosse mit sattel und zeug 'pfertcleit' genannt, wie die gedichte
des zwölften jh. 'rossekleit und vanen' zusammenstellen (Kaiserchr. 1161. Rother 398). auch in dem 'geben mit schatz und
mit gewande' Gudr. [34, 1. 133, 4. 190, 2.] 422, 4. [Diem. 198, 6]
liesze sich schatz auf die ursprüngliche bedeutung von armen-
tum zurückführen. den bezug zwischen geber und empfänger
bei gewändern meine ich wieder so annehmen zu müssen,
dasz sie von jenem aus, von diesem angezogen wurden, und
das auf liegende grundstücke angewandte exuere und induere,
disvestire und investire (RA. s. 555. 556) mag ursprünglich der
gabe und annahme von kleidern abgesehn gewesen sein. fahrende habe war der menschen ältestes eigenthum und die art
und weise ihrer übertragung galt hernach auch für äcker und
wiesen. in den kerlingischen gedichten geschieht nicht selten
der gabe des gewandes meldung, z. b. im Garin le loherain
2. s. 22:

> je te donrai mon pelisson hermin
> et de mon col le mantel sebelin,
> mais que le roi me feras ci venir.
> et cil a dit: vollentiers, non envis,
> 'or ça la robe, et jel ferai venir.'
> il li geta, li charteriers la print,
> il safubla maintenant et vesti.

ebendaselbst 2, 224:

> il défubla son mantel sebelin:
> 'tenez, biaus ostes, vous venrez avec moi.'
> et cil le prent, si l'en a fait enclin.

milde und freigebige legten gewand und mantel von sich ab,
um sie gästen oder dürftigen über zu hängen, wie mehr als eine
stelle unserer dichter lehrt:

Nib. 1310, 2 swes iemen an si gerte, des wâren si bereit,
     des gestuont dô vil der degene von milte blôz âne cleit.
Gudr. 1676 der künec von Nortlande gap sô rîche wât,

er und sîne degene gestuonden kleider blôz in kurzen
stunden. *

Als Hugdieterich die amme mit seinem kinde erblickte (Haupt
4, 428)

sinen mantel liez er slifen, der was sô rîlich gar,
nider ze den füezen, daz sagich iu für wâr,
der was mit liehtem golde rîche wol durchslagen,
den hiez er dô die ammen mit dem kindelin fürder tragen.

Roseng. 999: ein maget spilte mit einer rotten vor der küne- 186
gin rich,

alle die ez hôrten die wurden freuden rich (l. gelich),
hinder sich trat der margrâve, zôch abe daz gewant,
und gab ez der spilmennen mit sîner milten hant.

was spielleute (vgl. Trist. 335, 40. 337, 26) und bettler lieszen
im höheren einfacheren alterthum wol auch gäste und freunde
sich gefallen; allmälich sträubten sich stolz oder widerwille ge-
tragne kleider anzunehmen. im gegensatz zu jenen volkssän-
gern erklärt der edlere dichter:

getragene wât ich nie genam. Walth. 63, 2.

swer getragener kleider gert,
der ist niht minnesanges wert MS. 2, 181',

weshalb es anderwärts ausdrücklich heiszt 'gewant unverschrôten' En. 12988 [pellele ungescrôtin. Roth. 1502. samît unverschrôten. Dietr. 655. kleider unverschrôten. Rab. 93. phelle
ungesniten. Gudr. 64, 3. phelle ganze, die man nie versneit.
Parz. 11, 17], das noch neu, von der schere unberührt war,
und unserm alten recht zufolge nicht in die frauengerade ge-

---

* her gap sinen mantel guoten
eineme armen spilmanne:
er was ze heile dar in gegangen.
sô tâten die anderen al ensamt,
dar ne behielt nieman sin gewant,
die mit ime dâr wâren.
sie ne ruohten zwâren
wer ez in ûz der hant nam.
ir mantele nequam nichein dan. Roth. 1878 — 86.

Eracles gibt alle seine kleider weg 6188 — 91. einen mantil her ime gab. Roth.
210. dem sänger mantel und pelz schenken. Wolkenst. 56. spielleute mit tuch,
pelz, rossen und mäulern beschenkt Guill d'Orange 3, 1883.

rechnet wurde (welcher alles zufiel, was die schere begangen
hatte).

Nackte schifbrüchige [1] empfangen im liede unmittelbar gewand, von Faustinianus erzählt die kaiserchronik 1715

> nacket stuont er âne wât
> wan in sînem nazzen hemede,

und darauf 1764 von dem eselœre

> er zôch ûz sîn gewendelîn,
> den hêrren sloufte er dar în,

wie dem nackten Odysseus φᾶρος und χιτών (6, 214) dargereicht werden. [*] von dem milden Cimon war überliefert (Athenaeus p. 533): ποιεῖν δὲ καὶ τοῦτο πολλάκις, ὁπότε τῶν πολιτῶν τινα
ἴδοι κακῶς ἠμφιεσμένον, κελεύειν αὐτῷ μεταμφιέννυσθαι τῶν νεα-
νίσκων τινὰ τῶν συνακολουθούντων αὐτῷ. etwas anderes ist, dasz
Diomedes und Glaucus im kampfe die rüstung tauschen (Il. 6,
235), als ξεινήιον aber werden Od. 8, 392 wiederum φᾶρος und
χιτών genannt, und vom Agrigentiner Gellias, bei welchem zu
winter fünf hundert reiter eingekehrt waren, meldet Athenaeus
s. 4 ἔδωκεν ἑκάστῳ χιτῶνα καὶ ἱμάτιον, und von selbst versteht sich,
dasz die hingabe des eben ausgezognen kleids nicht auf den fall
gehn kann, wo der reiche aus seinen vorräthen viele zugleich
mit kleidern versorgen läszt.

¹³¹ Solche in groszem maszstab geübte freigebigkeit ruft mir
einen dunkeln vers aus den Nibelungen ins gedächtnis, der,
wenn ich ihm mit einer etwas mutwilligen besserung aufhelfen
kann, gerade hierher gehören und einen brauch unsrer vorzeit
beim kleiderschenken aufhellen würde.

Als Rüedeger nach dem Rhein zieht, fordert er die ge-

---

[1] vgl. was ich in unsern abhandlungen vom jahre 1845 s. 200 über das
gothische naqadai vaurþun für ἐναυάγησαν sage.
[*] Kchr. 16172 von Heinrich 2:

> swâ der chunic hin vuor,
> und im der arme bôt sine hant,
> er slouftin in sîn gewant.

den nackenden insloufen. Griesh. 2, 55. Elisabeth gibt ir ummecleit und einen
roc einer armen. Diut. 1, 375. vgl. Kolocz. cod. 286. GA. XIII. XIV. LXVII. —
ein von der jagd heimkehrender jäger thut das horn ab und schenkt es dem
bettler und kauft es hernach um soviel es werth ist zurück. Liudprand ant. 2, 34.

gemablin auf vorher seine helden reichlich zu beschenken, und
nun läszt sie ihnen gewänder tragen. das lied 1113, wie ich
es herzustellen wage, lautet:

hei waz man rîcher pfelle von ir kameren truoc,
der wart den edelen recken ze teile dô genuoc
erstivelt vlîzecliche von halse unz ûf die sporn;
die in dar abe gevielen, die het im Rûedegêr derkorn.

die sitte des alterthums, für das was feierlich dargeboten und
zur schau gestellt werden sollte [Rudl. 3, 165 ff.], ein gerüste
zu errichten, ist anderwärts von mir erläutert worden, hier sei
blosz an den waizenberg mit seinen ruthen, nägeln und beuteln
aus dem Sachsenspiegel erinnert, der des 'dagewerchten' wergeld orduete. * so liesz nun, stelle ich mir vor, Gotelind die
dargetragnen reichen pfelle (pallia, stoffe zu mänteln) an stäben
oder stangen ** zu schau und auswahl den helden aufstellen und
das heiszt 'erstivelen' ahd. arstifulen fulcire (Graff 6, 662), wie
man mhd. understiveln unterstützen (Mones anzeiger 8, 491),
understibel fulcrum [Leysers pred. 136, 11] sagte, vielleicht auch
das goth. stiviti constantia eigentlich fulcrum aussagt und zu
stabs und stôjan gehört. die kleiderstoffe standen vor den aus-
wählenden helden hoch aufgerichtet, dasz sie ihnen vom hals
bis zu dem sporn nieder reichten, 'die in (so setze ich für im) dar
abe gevielen', die ihnen von der stange fielen, d. h. die sie nicht mochten, die geringsten darunter, behielt der milde, bescheidne Rûede-
ger für sich selbst [vgl. Orendel Ettm. s. 9 str. 10]; er liesz
erst seine leute wählen, und nahm vorlieb mit dem, was übrig
blieb. man kann auch 'im' lassen und erklären, dasz R. mit
dem ihm von der stange zufallenden sich begnügte. so scheint
mir eine sonst matte strophe leben und farbe zu empfangen. [1]

* dem gegebenen gewand ein reiches netz von gold und gestein über hängen. Gudr. 1683. 1684.
** mit edeln gewanden wâren die ricke wol geladen. Herb. 9248. der mantel banget ame ricke. Diut. 1, 382. bring mir ab miner stange min gewant, rok
und mandel. GA. 2, 442. grif an die stang, nim daz cleit. Altswert 81, 25.
köstliche kleider auf der stangen. Bocc. 2, 127ᵃ (robe per le stanghe).
[1] lesart der hss. ist 'ir sulet' oder 'erfullet' und für jenes hatte Lachmann
s. 148 'irsiwet' fertig genäht vorgeschlagen, hernach s. 350 'erfüllet' billigend
pelzgefüttert verstanden [kleider gefült mit hermelin. Gute. fr. 2722. gefullet mit
zindâle. Diut. 1, 360. man könnte auch ervillet setzen. vgl. Er. 1567. 1957. das

132   Also grosze gaben, wenn dies bestätigung erhält, wurden,
wie unsre bescherung am Christtagsbaum, feierlich aufgehangen,
kleine gaben von schmuck und geräthe pflegten voraus frauen
und kindern so zu geschehn, dasz sie ihnen auf den schosz gelegt, an hand oder arm gespannt, an den ermel geheftet oder
gebunden, in den busen geschoben wurden [1]. erst dadurch giengen sie in den leibhaften besitz der empfangenden über. hier-
von ist nun mancherlei nähere auskunft zu ertheilen.

Nach einer auch sonst wichtigen stelle in Hervararsaga
(fornald. 1, 494) soll jeder jungfrau eine spange an den hals
gespannt werden.

meyju spenni ek hvörri men at hâlsi. [*]

im gedicht von zwein kaufmann 528, 730 wird der dirne, die

geville. Lanz 5737. inville.]. es heiszt aber wenig poesie aufgewandt zu sagen,
den helden seien kleider von oben bis unten gefüttert vorgetragen worden und
ich zweifle auch, ob das folgende 'die im dar abe gevielen' bedeuten könne, wie
man dann auslegen musz: die ihm darunter behagten, [doch liest C statt gevielen behageten,] dar abe steht fast nur sinnlich, nicht abstract, und ein schreiber hat helfen wollen mit 'dar zuo'. doch müste 'erstivelt', um beifall zu finden,
wenigstens von einer hs. selbst gestützt sein, und für das ausfüttern der gewänder liesze sich aus Diut. 3, 90 geltend machen, was von Josephs tunica poly-
mita (Genes. 37) gesagt wird:

einen roch er ime scuof,
der gieng ime an den fuoz
mit phellole bestalt.

(pellicias usque ad talos. Pertz 3, 201 a. 817. loricae talo immissae. Saxo
gram. s. 94. Müll.]

[1] gabe soll man lieblich bieten, nicht hinwerfen. MS. 2, 186b:

si bâtens vaste eteswaz geben mir,
des si an ir lange hæte gehân,
alsô warf si mir ir nadelbein dort her,
in süezer ger
balde ich ez nam.
si nâmen mirz und gâbenz ir wider dô,
und erbâten si, das si mirz lieblich bôt.

[*] serb. boschtschaluk geschenk von hemd, strümpfen, kleidern, die unmittelbar den leib berühren. Vuk gloss. 38b. Talvj 1, 308. lett. puschkot mit geschenken, (handtüchern, sträuszen, handschuhen, bändern) auf hochzeiten behängen.
Büttner no. 14. 24 und s. 242. in Serbien werden die auf der hochzeit geschenkten tücher dem bräutigam an das haupt, andere gaben an die pferde der braut-
führer gebunden (Vuk mündlich). auch in Littauen. prov. bl. 4, 148.

etwas werben soll, und dann der frau selbst geld in den busen und das kleid geschoben:

> dô schoup er ir zer selben stunt
> in ir buosen wol ein pfunt
> und bôt ir grôze mieten.
> er schoup der frouwen in ir kleit
> al dâ zuo derselben stunt
> mêr danne zehen pfunt,

wie noch heute bei kindtaufen der amme geld in den busen gesteckt wird. das weisthum von Niederprüm (2, 533) sagt: und
da die fraw mit iren kindern erschiene (soll man) dero kind
jedem ein verzigpfennig (verzichtpfennig) geben und der frawen
auch sunderlich einen in den boesen stecken. das nemliche
wird im weisthum von Walmersheim und Gondenbret (2, 537.
544) wiederholt. [pfennig in den hemdligeren knüpfen. weisth.
1, 655. in sîn hemde gestrict. Eracl. 614. der vor sîn almuo-
sen mangem armen truoc zuo buosen. GA. 2, 416. on bearm
álecgan þát sveord. Beov. 4384. hin to bearme cvom mâððuin-
fât. Beov. 4803.]

Keisersperg in der predigt vom kaufmanschatz (brösamlin, 133
Straszb. 1517 bl. 92ª. 95ᶜ) redet zweimal von kleinen flitterge-
schenken, welche die buhler den ehfrauen machen, die sie auf
den ermel stecken und daran tragen: sie kromen etwan ein hel-
lerwert guffen oder ein blasbalg vff einen ermel, daruff müssen sie in den tragen, und die man lachen sein. die andere
stelle ist ausführlicher: mein meinung ist auff hüt wöllen sagen
von den vnnützen kremern vnd kauflüten, der war nüt not ist,
sie haben leichtfertige ding feil, als schnurren, rechen, blosbelg,
abbrechen, flöchfallen, blawenten, die vff holdtschuhen gon, und
scheiden, vnd dergleichen thorechte ding, die wil ich nennen
frawenkremer .... vnd etwan so kummen sie vor denselben
kremen zusamen, vnd so musz er ir ein blasbalk kauffen, so
kramet sie im ein abbrechen, die ding machen sie dann vff
den ermel, vnd so verstond sie dan einander was es bedütet,
vnd der eeman lachet sein dan vnd ist gar ein fein ding vnd
ist als narrenwerk. 'was wiltu vns davon sagen?' sprichstu. es
wird mir nicht leicht die hier genannten galanteriewaaren alle

zu deuten, Meusebach, den ich nur darum zu fragen brauchte,
lebt nicht mehr. unter den blasbälgen darf man nicht das
küchengeräth selbst verstehn, sondern zierrat, das die gestalt
des blasbalgs nachahmte und wer weisz wozu diente; abbrechen
sind lichtputzen bei Frisch 130ʳ, der s. 279 auch die flöhfallen
schildert. guffen heiszen noch heute in der Schweiz und dem
Elsasz nadeln [1]; worauf es mir ankommt, ist, dasz solcher flitter
als geschenk und gegengeschenk an den ermel befestigt
und so getragen wurde. [2]

[1] franz. Simplicissimus s. 179: gofen und nadeln.

[2] spätere anmerkung. Meusebach hätte mich vor allem auf eine ganz hierher sich fügende stelle Philanders von Sittewald gewiesen, in dessen drittem gesicht von den Venusnarren s. 134 der Straszburger ausgabe von 1677 folgendes
gelesen wird: dise sind die rechte mansverderberinnen, die man in redlichen gesellschaften weder leiden noch dulden solte, als die ihren ehemännern die seele
quälen, das handwerk verstimplen, das gewerb und die handthierung verderben
und alles, was sie ertappen und erschnappen können, an überflüssigen unnützen
nichtswertigen losen leichtfertigen bernhäuterischen abenteuerlichen lächerlichen
närrischen fantastischen grillischen barmherzigen zauberischen und wider die natur selbst streitenden hausrat henken, als da sind zinnine kehrbürsten, zinnine
kehrwische, zinnine krätzerlein [II. Sachs II. 4, 304 und solt ir auch dein lieb
beweisen, ein hechel und ein bürsten kaufen], zinnine liechtbutzen, zinnine blas-
bälge, zinnine ofengabeln, zinnine bratspiesze, zinnine küchelgäbelein, zinnine
feuerstecken, zinnine herdkesselein, und in summa zinnine holen, zinnine kluften,
zinnine brandreiten, zinnine herde, zinnines holz und zinnines feuer machen lassen. was also Kaisersberg zu ausgang des funfzehnten jh. aus der sitte des El-
sasses entnahm, konnte 150 jahre später Moscherosch (geb. 1601 † 1669) eben
da noch beobachten, der brauch solches zinnernes geräthe als galanterie zu tragen hatte sich forterhalten; wie lange mag er wol gedauert haben? noch die
heutigen französischen wörterbücher erklären 'galanterie' durch petit présent, 'fa-
veurs' durch rubans très étroits und auch Philander im ersten gesicht s. 27 sagt:
andere närrisch verliebte sind wunderlichen anzuschauen und möchte mancher
meinen, er sehe einen kramgaden aufgethan, so mit mancherlei farben von
nesteln, bändeln, zweifelstricken, schlüpfen und anderen so sie favores nennen
(am rand steht 'favorn' s. Dwb. 3, 1385) sind sie an haut und haaren, an hosen
und wambs, an leib und seel verändert verstellet behenket beschlenket beknöpft
und beladen. woraus sich ergibt, dasz männer und frauen solche geschenke als
zeichen des heimlichen verständnisses anhiengen oder anknüpften; war die sitte
aus Frankreich eingedrungen oder nicht, gewis gieng sie dort um die angegebne
zeit auch im schwang. da aber oft falschheit und lüge mit unterliefen, so erklärt sich die noch heute fortdauernde ausdrucksweise 'einem etwas aufbinden,
aufheften.' Frisch 1, 649ᵃ führt aus Petri Apherdiani methodus discendi formu-
las latinae linguae. Colon. 1577 p. 17 die redensart an 'einem etwas auf den
maw (ermel) binden' farcire centones [iemand blauwe bloemkes wys maken of

Das halsband wird umgewunden, umgespannt [1], noch heute 134
heiszt in der Schweiz und in Schwaben ein hochzeitsgeschenk,
geburtstaggeschenk oder pathengeschenk die helseta oder wör-
geta (gleichsam ahd. halsida, wurgida) von helsen, würgen d. i.
um den hals drehen, winden, weil das geschenk um den hals
gehangen wird, und wörga bedeutet am namenstag beschenken,
gleichsam drosseln und würgen, worgetli halsband, helse,
hälse pathengeschenk, mhd. helsinc laqueus, collare Bon. 57,
92, über welche sitte man Stalder 2, 37. 457, Tobler 451,
Schmid s. 259. 639 nachlese.

Doch wer von uns entsinnt sich nicht des fast in ganz
Deutschland herschenden und noch heute, auch wenn der brauch
selbst zu verschwinden anfängt, gangbaren ausdrucks angebinde für geschenk? 'hast du schon dein angebinde?' fragt zu
weihnachten oder neujahr ein knabe den andern, ohne dabei an
binden zu denken, es sind die bloszen geschenke gemeint. in
einzelnen gegenden wird aber wirklich dem pathen bei der taufe
oder auf geburts und namenstag an den arm oder um den
hals gebunden, was jenem alemannischen würgen gleich-
kommt, in der Wetterau hängt man bretzeln zu neujahr um des
knaben hals. statt angebinde heist es auch eingebinde, Be-
sold erklärt einbindgeld: munusculum, quod recens baptizato
infanti datur fasciis quasi indere, numum charta involutum mu-
neri dare. in Luzern einbund [auch in Baiern, Schmeller 1,
181], in Schlesien gebindnis, in Oestreich bindband oder
nach Höfer 1, 85 bundband. im Elsasz hingegen strick, in
Schwaben strecke (Schmids idiot. 513), in der Schweiz ein- 135
strickete [Stald. 2, 409], von einstricken, festbinden, dem pathen schenken, was wieder mit jenem helsen und würgen zu-
sammentrift. aus Niederdeutschland kenne ich keinen solchen
ausdruck, die Westfalen nennen das pathengeschenk pillegift
(von pille, pathe, vgl. franz. filleul, filiolus; auch nnl. pillegift.
Weiland s. v.) geldgeschenke, bei welchem anlasz sie nun erfolgten, pflegten im sechszehnten jh. an den arm, auf den

op de mouw spelden. belg. mus. 8, 168]. der ermelbänder gedenkt Riemer im
polit. maulaffen 1680 s. 74 und im polit. stockfisch 1681 s. 81. 82.
    [1] halsband umwenden == umthun. Ettners unwürd. doctor s. 156.

ermel gebunden zu werden, wofür Schweinichens lebensbeschreibung 1, 49. 71. 232. 244. 249. 342. 3, 289 bei den jahren 1567. 1572. 1576. 1578 zeugt. auch in Joh. Strizers deutschem schlemmer Magdeb. 1588 bogen DVII' steht 'auf die ermel binden'. aus Fischart und Hans Sachs schwebt mir die redensart nicht vor.

Wer jedoch die schlesischen dichter des siebzehnten jh. genauer gelesen hat, weisz dasz sie, namentlich Opitz, Gryphius und Fleming keinen namenstag vorüber lassen, ohne in damals zierlichen gelegenheitsgedichten zu binden, anzubinden, oder ein band zu knüpfen. abwesenden wurden bänder mit dem reim übersandt, anwesenden ohne zweifel um den arm [um die hand. Fleming p. m. 69. 93. 242. 268] gewunden. ein solcher bindebrief findet sich bei Opitz in den poetischen wäldern (Amst. 1645 s. 48), worin er unter anderm singt:

doch mein williges gemüte,
darmit ich euch zugethan,
übertrift des bandes güte,
welches ich jetzt knöpfen kan:
weil der sinn nun nicht gebricht,
so verschmeht das band auch nicht.

Gryphius in einem sonnet auf den namenstag seines freundes sagt von der treue: 'die ists mit der ich binde' (Leipzig 1663 s. 700), in einem andern heiszt es s. 704 als der besungne von drei freunden auf seinen namenstag gebunden wurde:

drei seelen binden dich, die ein in einem mund,
drei binden mit sich selbst, drei wünschen dich gesund.

und am schlusz:

disz alles was du sihst, herr bruder, musz verschwinden,
doch freundschaft pocht den tod [1] und trotzt die ewikeit, [2]

---

[1] 'einen pochen' verböhnen. 'du wirst auch nicht die ganze welt pochen' proin non insultabis hominibusque diisque. Casp. Stielers sprachschatz s. 1463. 'wenn mich mein hasser pochete' Luther ps. 55, 13, si is qui oderat me super me magna locutus fuisset, [die leute pochen. Petrarch 187']. die heutige sprache fügt zu pochen wie zu trotzen den dativ, wir sehn aber auch zu letzterm wort bei Gryphius den accusativ gestellt. Adelung führt unter trotzen noch andere beispiele aus Gryphius und Günther an [Fleming s. 212. das deine stärke trutzt. 226. trotzen ie den tod]. Schmeller 1, 504 hat: 'einen trützen' lacessere, 'die not trützen' in noth und elend grosz thun, der noth trotz bieten.

[2] nicht unrichtig schreibt diese ausgabe stets so und traurikeit sterblikeit

sie ist das stärkste b a n d, sie lacht in höchstem leid   **186**
und zwingt dich selbst, mein freund, den drei nur können
binden.

bei weitem die artigsten bindgedichte rühren aber von Fleming
her, in allem wenn ich recht zähle, sogar 35, von welchen ich
einige hier ausschreibe. ein sonnet auf seinen eignen namenstag 'unter wehrender reise auf Ocke [1] begangen' im jahre 1636
(Jena 1685 s. 571):

So komme du denn her, du schönste der najaden,
    weil meine Basile, des himmels schönes kind,
    mich itzt nicht b i n d e n kann, ûmm dasz wir ferne sind,
kom Ocke, zier der lust, mit deinen oreaden
und hamadryaden, die oftmals mit dir baden,
    kom b i n d e m i c h für sie. der kühle westenwind
    bricht blumen durch den thal [2], da manche nymfe rinnt,
und schwimmet auf uns zu, mit farben schwer beladen.
Lies rosen, münze, klee, borrag und quendel aus,
    m a c h f ü r m e i n h ä u p t u n d h a n d m i r e i n e n k r a n z
        u n d s t r a u s z,
und hauch ein lüftlein drein, das nach der liebe rieche. [3]
Ihr andern gehet aus, führt ein belaubtes zelt
    von jungen ästen auf, so ist es wol bestellt,
so wil ich frölich sein, bisz Föbus sich verbleiche.

geschwindikeit bestandikeit, denn im K ist die ursprüngliche gutturalis des aus-
lauts mit dem H des anlauts heit verschmolzen, dem mhd. CH in frümecheit
(und auch schon frümekeit) irrecheit entsprechend. gleich Gryphius schreiben
auch frühere, z. b. Keisersberg selikeit trurikeit messikeit. das nhd. GK dar-
man also für pedantisch erklären. schon die Breslauer ausgabe von 1698 verf
wischt jene eigenheit [vgl. erzschrein 173. 174].

[1] die Ocka, ein bedeutender flusz, der bei Nishnij Nowgorod sich in die
noch breitere Wolga giesst. nach des Olearius reisebeschreibung (Schleswig 1663
fol. s. 333 ff.) waren sie im brach und heumonat 1636 an den Occagründen.

[2] auch ahd. O. 1. 23, 23 then dal rinan. mhd. den tal. rosengarte 1719.
1765.

[3] so steht gedruckt und der sinn fordert: das nach der liebe dufte, aber
der reim rieche: bleiche fällt auf. was könnte heiszen: nach der liebe reichen,
hinlangen? einen andern gleich ungenauen reim können (künnen): sinnen [ebenso
Opitz Zlatna 445. bürgerinnen: Pierinnen: können. Fleming 95. 152.] führe ich
nachher an statt verbleiche [l. verkrieche. vgl. Flem. 171].

187 aus dem gedicht 'auf herrn Godfried Simmerlins seinen geburts-
tag' (s. 437):

und da werd ich dich auch finden,
freund, und eine dicke schaar,
die dir bunte kränze winden
in dein schwarzes krauses haar;
die mit blumen auf dich streiten [1]
und mit grünem ganz bespreiten,
die in einem schreien schrein:
freund, du sollst gebunden sein!
Ich der kleinest unter allen
an person, an freundschaft nicht,
wil dir auch thun zu gefallen,
was alda ein ieder spricht:
sei gebunden! ich musz sorgen,
dasz ie besser du dich morgen
lösen wirst, ie mehr wirst du
diese schlingen ziehen zu.

was es mit dem 'lösen' auf sich hatte, zeigt ein bindelied auf
Martin Münsterberger, der gebundne pflegte die bindenden zum
nächsten tag einzuladen (s. 451):

wol. damit du seist gebunden,
so sei dieser eppichstrausz
in dein weiszes haar gewunden.
freund, es geht auf lösen aus:
du wirst nicht ohn deinen schaden
uns dafür ein müssen laden.

zuletzt noch aus dem auf Philipp Kruse (s. 457):

herr, dieser kranz wird nicht verwelken,
den wir euch winden in das haar,
kein klee, kein eiszwig [2], keine nelken,

---

[1] sin kintheit, diu ûf in mit dem tievel streit. Greg. 158. dem Bernære
helfen striten ûf den künec Ermenrich. Dietr. 5357 [striten ûf in. Krone 16316]
und ebenso ûf einen vehten, ûf einen hern [gevochten up dat heidensche deit.
Eberh. gandersh. 486ª. up sin land, up one orloghede 486ᵇ. 477ᵇ. 481ᵇ]. schon
um der dichter des siebzehnten jh. willen kann man des mhd. nicht entrathen.

[2] vielleicht eisznig zu bessern, bei Nemnich 2, 1274 eisnach, alsnicium, seli-

ganz keine von der blumen schaar,
die kaum so lange, tauren können,   188
die dienen euren grünen sinnen.

diese bindgedichte scheinen in unserer späteren dichtkunst ganz
verschwunden, die sitte bänder, sträusze und blumen anzuhef-
ten, kränze aufs haupt zu winden dauert allerdings noch heute
fort.

Von Deutschland aus scheint das angebinde auch zu Böhmen, Polen und Letten, auf welche unsere gebräuche groszen
einflusz hatten, gelangt zu sein. der böhmische ausdruck lautet wázané von wázati binden, der polnische wiązanie von wią-
zać, der lettische pecśeeni, pecśeenamaji von pec an und seet
binden. daraus dasz bei Russen, Slovenen, Serben nichts * ähnliches angemerkt wird, geht mir die unslavische natur der sitte
hervor. in der serbischen volkspoesie würde ein so lieblicher
brauch gar nicht mangeln.

Bei seiner groszen örtlichen verbreitung darf man ihm auch
unter uns viel höheres alter zutrauen als sich jetzt nachweisen
läszt. freilich scheint er auch unsern minnesängern unbekannt,
welche doch genug anlasz gehabt hätten der geschenke zu erwähnen, die sie ihren geliebten anhefteten oder anbanden, die
ihnen angeheftet und angebunden wurden. findet sich etwas
davon, so wäre es mir bei dichtern wie bei chronisten des mittelalters entgangen; Bertholds vollständig bekannt gemachte
predigten könnten am ersten auf die spur leiten. brîsen und
ermel brîsen (Ben. 1, 255) wäre der beste ausdruck.

Gâwân schlägt den von Obilôt als kleincete empfangenen
ermel [1] auf seinen schild (Parz. 375, 10—23) und hernach hef-
tet sie den zerhaunen ermel wieder an ihren bloszen arm, von

---

num palustre. [in abd. gl. olsnich. Oberlin 1162. Meyer Preuszons pflanzengatt.
s. 210. poln. oleśnik, böhm. oleśnik selinum. aber auch bei Fleming s. 368 eysz-
wig (1642 s. 461 eiszwig), eisewig hyssopus vulg. hat Hoffmann schl. wb. aus
Schwenkfeld. vgl. Nemnich unter Verbena offic., Krünitz unter hyssopus offic.]

* sloven. und serb. povoj binde, povojak blumenstrausz, povojniza angebinde,
kindbettgeschenk. auch serb. povezati einbinden.

[1] im mnl. Lancelot 37240. 37288. 37540. 42454 heiszt das liebliche kind
darum 'die joncfrouwe metten cleinen mouwen'; aber Wolfram hat sie mit den
frischbesten farben geschildert.

13 *

welchem er abgelöst worden war (Parz. 390, 29), wie Parz. 111,
10 — 26 der ritter das frauenhemd über den harnisch, die frau
hernach das zerhaune wieder an ihren leib legt: das mag gelten
für sinnreiche fortbildung und erhöhung des geschenks. solch
eines ermels auf dem schild ist auch Lanzelet 4433. 4436 erwähnt. *

Uebrigens gleicht das anbinden der geschenke dem der
heilmittel und reliquien, wovon ich mythologie s. 1125. 1151 gesprochen habe; die ihnen beiwohnende kraft sollte durch das
binden auf das kranke glied übergehn und es wäre denkbar,
dasz man auch von geschenken, die aus geliebten händen empfangen werden, ähnliche einwirkung erwartete. [1]

Wenn der angeheftete ermel uns mitten in die ritterzeit zurückgeführt hat, so musz nun überhaupt zu dem für das ganze
alterthum wichtigsten geschenke der waffen und den dabei ob-
waltenden gebräuchen fortgeschritten werden. alsbald thun sich
hier die quellen ergibiger auf und desto sicherer läszt sich nach
dem vorausgegangnen zurückblicken.

Keines von allen kriegerischen geschenken erscheint aber
unter dem eröfneten gesichtspunkt bedeutender als das der armringe, welche unser alterthum mit dem namen ahd. pouc, ags.
beág, altn. baugr belegte. sie wurden um den arm gewunden,
und kommen, wenn sie kostbar von golde gefertigt sind, auch
mit der benennung des gewundnen goldes vor. [2] gleicht

---

* die weiber senden zimierde. Wh. 357, 7: fuorten an ir liben, des man
danken sol den wíben. 364, 20. 373, 20. 376, 22. 401, 11. 408, 20. stûche geben zu kleinôte. Herbort 9509 ff. 9883. 9930. Frommann s. 293. am sper ein
risen füeren, kleinot von der frau. Lichtenst. s. 186. 187. seiden binde. Galmy
c. 18. goldringe von jungfrauen an speeren. Athis s. 44. 48. hauptstelle über
solche kleinode. En. 12017 — 60. vgl. 8772. auch provenzalische dichter gedenken solcher bänder, die sich liebende schenkten. Vidal 7, 23. 9, 37. 30, 23. Ar-
naut de Carcass. leseb. 26, 60.

[1] liebhaber pflegten ein haar aus der locke ihrer geliebten um den arm zu
winden. [tricas capillorum feminae brachio sinistro circumligare. Caesar. hoisterb.
12, 40. frauenhaar festes band. Parz. 299, 3. eins deiner güldnen haare, das
du mir gibst, o klare, ist mir ein festes band. Fleming 501. Gryph. Horrib. p. m.
804. Brands pop. ant. 1, 110. 2, 90 ff.]

[2] gramm. 4, 752. myth. 1226.

dies umwinden der ringe nicht sichtbar dem umspannen des
halsbandes, dem umbinden des bandes oder strauszes?

Die casus sancti Galli (bei Pertz 2, 81) berichten aus dem
schlusz des' neunten jh. etwas merkwürdiges. Petrus bischof
von Verona verhiesz den Sanctgaller mönchen durch insgeheim
abzusendende boten ein geschenk goldes zu übermachen: aurum
cruribus eorum fasciolis circumligabo, et dimittam eos, den
pilgrimen selbst sollte das gold nicht gegeben sein, sondern
ihren herrn; aber das circumligare gestattet zu folgern, einmal
dasz hier kein massenhaftes, noch gemünztes gold, sondern ring-
gewundenes gemeint ist, dann dasz insgemein geschenkte ringe
auf solche weise um beine oder arme geflochten wurden.

Dies letztere findet sich nun durch anderweite zeugnisse
ganz auszer zweifel gesetzt. hierher gehört vor allem die eddische redensart gulli oder hríngom reifa [binda bauga
Sæm. 191ᵇ. gœða gulli. 241ᵃ], mit gold oder ringen bereifen,
d. i. umwinden, bewinden, wie auch für den berühmten reipus
des salischen gesetzes nunmehr das rechte verständnis geöfnet
wird, sobald man sich gewundnes gold darunter denkt. Gudrun
singt von sich selbst Sæm. 230ᵇ

> unz mik Giuki gulli reifði,
> gulli reifði, gaf Sigurði,

bis er mich mit gold bewand, d. h. reich ausstattete, dem Sigurd anvermählte. der fränkische reipus war ganz eigentlich
der umgewundne brautring, ags. ráp, ahd. reif, mit dem man
bereifte, bewand, aber auch andere wurden auf solche weise beschenkt oder bewunden, Sæm. 249ᵇ:

> hríngom rauðom reifði hon húskarla

und endlich Sæm. 252ᵇ:

> ockr mun gramr gulli reifa glôðrauðo.

wenn also könig Wenzel von Böhmen MS. 1, 3ᵇ in einem schönen tageliede singt: 'der wahter wolte sîn bespunnen mit
miete', so ist hier kein verführen und bestechen gemeint, es ist
kein tropus, vielmehr drückt das alte bewinden mit goldringen
(umspinnen mit goldfäden, spinnen und spannen sind sich nah

140

verwandt), hoch mit golde belohnen aus. *   auch in einem andern minneliede MS. 1, 48* heiszt es:

>   wahter, nim mîn golt!

Für solches anspannen, anwinden der goldringe steht aber noch eine reihe anderer belege zu gebot.
Als Volker vor Gotelinde gefiedelt hatte und scheiden wollte, Nib. 1644:

> ir hiez diu marcgrâvinne eine lade tragen:
> von vriuntelîcher gâbe muget ir hœren sagen,
> dar ûz nam si zwelf pouge unde spien ims an die hant,
> 'die sult ir hinnen füeren in daz Etzelen lant.'

man sieht, Gotelind verstand sich auf den alten brauch ringe wie kleider den helden zu schenken, ich glaube aber männer konnten beides arm und beinringe, frauen nur armringe verehren, wie es auch von Kriemhilt 1262, 2 heiszt:

>   dô gap diu küneginne zwelf armbouge rôt
>   der Gotlinde tohter.

kaiser Conrad im jahre 1033 einen abt beschenkend: juxta quod regem decuit armillam auream, quam baugum[1] nominant, ei pro munere porrexit (Pertz 6, 84). im porrigere liegt hier zugleich ein voraus erfolgtes detrahere, wie folgende stelle aus Saxo gramm. (ed. Müll. 206) zeigt: cui continuo rex armillam brachio suo detractam decretae mercedis loco tradidit. [Beov. 5613 dide him of healse hring gyldenne, þegne gesealde. Hrolfs kr. sag. tôk gullhring af heudi ser ok gaf honum.]

---

* Waltharius 403 ff.
>   o si quis mihi Waltharium fugientem
>   afferat evinctum, ceu nequam forte liciscam
>   hunc ego mox auro vestirem saepe recocto
>   et tellure quidem stantem hinc inde onerarem,
>   atque viam penitus clausissem vivo talentis.

Hervarar sag. fornald. 1, 494:
>   Manni gef ek hvörjum margt at þiggja,
>   meyju spenni ek hvörri men at halsi.
>   Mun ek þik sitjanda silfri mæla,
>   en ganganda þik gulli steypa,
>   svâ â vegu alla veldi baugar.

vgl. RA. 677. hon tôc II gullringa ok spenti ödrum um hialmband enum hœgra megen, en ödrum enum vinstra megen. Thidr. sag. s. 329. 330.

[1] den lesefehler bangum hat Waitz 6, 885 sogar ins glossar aufgenommen.

Ich will gleich zu der bedeutenderen stelle, die jedem aus dem Hildebrandsliede einfallen wird, übergehn:

> want er dô ar arme wuntanê bougâ
> · cheisuringû gitân, sô imo se der chuninc gap
> Hûneo truhtîn, 'dat ih dir it nû bî huldî gibu`.

Hadubrand aber versetzt:

> mit gêrû scal man geba infâhan
> ort widar orte.

gewis ist in dieser überlieferung der brauch nicht einmal vollständig berichtet und das besser aufgenommne lied hätte wahrscheinlich Hildebrands worte noch mit der zeile, oder einer ähnlichen, schlieszen lassen:

> bougâ barne willu ih sperû biotan,

denn sollte auch das uns gerade wichtige darreichen der losgewundnen ringe dem sinn entbehrlich sein, dieser begehrt dringend eine Hadubrands hernach folgende vorwürfe des trugs und der teuschung begründende äuszerung des vaters, die kaum anderes als das geständnis der von Hildebrand bereits erkannten, für Hadubrand noch unglaublichen vaterschaft enthalten durfte; erwäge man das vorhergegangne 'ding gileitan mit sus sippan man'. sei dem wie ihm wolle, wir lernen, dasz statt des anheftens der ringe unter kriegern des alterthums selbst die sitte herschte, sie auf der speerspitze darzureichen und von seiten des empfängers mit dem speer entgegenzuneh men. in den liedern oder sagen wird bald das eine, bald das andre weggelassen, zur eigentlichen vollbringung des geschäfts der schenkung scheinen aber beide momente erforderlich.

Beide, darreichen und annehmen genau unterschieden, treten in einer ganz hierher gehörigen stelle der altn. Egilssage s. 306, die von könig Adalsteinn und einem ins jahr 926 gefallnen vorgang redet, heraus: ok tôk gullrîng af hendi ser mikinn ok gôðan, ok drô â blôðrefilin. stôð upp ok gekk â gôlfit ok retti yfir eldin til Egils. Egill stôð upp ok brâ sverðinu ok gekk â gôlfit, hann stack sverðinu î bug hrînginum ok drô at ser. hier wird vom könig der ring ab der hand gezogen, auf die spitze des schwerts gesteckt und dargereicht. Egill zieht sein schwert und nimmt mit dessen spitze

von des gebers schwert den ring ab. das ist völlig jenes 'mit
gêrû scal man geba infâhan, ort widar orte (spitze gegen spitze
gerichtet, ort ist acc. sg.).

Wiederum heiszt es in Snorraedda s. 153: Hrôlfr kraki tôk
hringinn Sviagrîs ok kastaði til hans, ok bað hann þiggja at
giöf. Adils konûngr reið at hrînginum oc tòc til með spiots
oddinum, oc rendi upp à falinn; nur dasz hier der ring zu
boden geworfen, dann von der speerspitze des empfangenden
aufgenommen wird und herab zum grif rollt, womit sich dann
die übergabe vollendet.

Die Vilkinasaga, indem sie cap. 375 bis 377 Hildebrands
begegnung mit Alebrand (wie er hier schon heiszt) ausführlich
erzählt, hat doch bereits den zug des dargebotnen rings vergessen und ebensowenig nennt ihn das spätere immer noch
schöne volkslied.

Dafür bewahrt uns Vilkinasaga den gebrauch bei darstellung der heldenüberfahrt an der Donau cap. 339 s. 459, Hagene
ergreift seinen goldring, hält ihn in die höhe und bietet ihn dem
fergen zur gabe: ok tekur sinn gullring oc heldur upp: 'sie hier
gôður dreingur þîna skipleigu, hier er einn gullringur, hann gef
ek þier î þinn ferjoskatt, ef þu flytur mik'. einleuchten wird
die einstimmung des Nib. lieds 1493, 1:

  vil hôhe anme swerte ein bouc er im dô bôt,
  lieht unde schœne was er vol goldes rôt,

am schwert wird er dargeboten, den Vilkinasaga blosz in die
höhe heben läszt. aber noch in einem der entsprechenden dänischen volkslieder ist das abstreifen des armrings, der jedoch
nicht dem fergen selbst, sondern seinem weib als wergeld für
ihn geboten wird (D. V. 1, 111):

  han strög guldringen af sin arm, han gav den färge-
                                    mands viv

'det skal du have til vennegave for färgemands unge liv.'
zur vollen erläuterung aller dieser bräuche mögen noch andere
beispiele aus nordischer und deutscher quelle dienen.

Fornm. sögur 6, 198 wird von Arnor gemeldet: Magnûs
konûngr gaf honum fyrst gullhring, geck hann svâ utar eptir
höllinni, at hann drò gullhrînginn à spiotsfalinn ok

mælti: hâtt skall bera hvâratveggja konùngsgiöfina!' hoch tragen
soll man beiderseits die königsgabe, fast wie im Hildebrandslied 'mit gêrû scal man geba infâhan', wer sie an den speer
nimmt trägt sie hoch.

Die Novaleser chronik 3, 22 (Pertz 9, 104) gibt den spruch
vielleicht noch getreuer. als Carl den Adelgis, des Desiderius
sohn verfolgen liesz, reichte des königs nacheilender bote dem
flüchtling eine goldspange auf schwertes spitze als königs
gabe dar und Adelgis rief: 'was du mir mit dem speere reichst,
will ich mit dem speer empfangen (si tu cum lancea mihi ea
porrigis, et ea ego cum lancea excipio), sendet dein herr trüg-
lich solche gabe, so werde ich nicht nachstehn und ihm auch
eine gabe senden.' darauf nahm er seine armspangen und reichte
sie am speer dem boten, der sie dem könig hintrug. Carl legte 143
sie sogleich an, da fielen sie ihm bis auf die schulter nieder (so
viel gröszer und stärker war Adelgis).

Dasz aber auch, wovon ich gleich anfangs ausgieng, die
sitte eingreifen konnte in den wirklichen rechtsbrauch, lehrt das
überliefern der langobardischen reparia mittelst dargereichtem
und empfangnem schwert und mantel (tendere, accipere, RA.
s. 426) und noch deutlicher die alte formel von der Schwaben-
ehe. wenn der vogt die frau in des mannes hand geben will,
nimmt er die frau, ein schwert, ein gülden fingerlin, einen pfen-
nig, mantel und hut auf das schwert, 'daz vingerlin an
die helzen' und überantwortet sie so dem mann. die altfeier-
liche dargabe des armrings an speer und schwert hatte sich noch
beim gericht erhalten, ohne zweifel war schon im höheren alterthum die braut auf solche weise mit dem boug am speer übergeben worden. hierzu ganz fügt sich im Ruodlieb 188, 63:

anulus in capulo fixus fuit aureus ipso,
affert quem sponsae sponsus, dicebat et ad se:
'anulus ut digitum circum capit undique totum,
sic tibi stringo fidem firmam vel perpetualem,
hanc servare mihi debes aut decapitari.'

Und wahrscheinlich steht das abnehmen des rings mit der
einen speerspitze von der andern in zusammenhang mit dem
ringelrennen bei turnieren, das sich bis auf heute als spiel

erhalten hat, und wobei es darauf ankommt im schnellritt einen
aufgehangnen ring mit der spitze eines speers zu fassen. es
war die alterthümlich dargereichte und empfangne turniergabe.
Warum sollte nicht auch auszer ringen und spangen andrer
schmuck am speer oder schwert dargeboten worden sein? Wigalois 308:

> den gürtel leit er ûf daz sper,
> mit guotem willen reichte er
> der frouwen sine gâbe dô,

freilich konnte der oben auf der burgmauer stehenden königin
von unten der gürtel nicht anders eingehändigt werden, als mit
dem speer. bei der feierlichen schwertleite wurde dem neuen
ritter das schwert umgürtet, es heiszt bald 'daz swert geben'
(En. 13030) bald 'umstricken' (Conrad von Ammenhausen in
Wackernagels auszug s. 182). schwerter waren sehr oft gegenstand der gabe, im griechischen alterthum wie in unserm, ohne
144 dasz dabei eines anschnallens oder anhängens erwähnung geschieht, vgl. ἄορ Od. 8, 402; mar ok mæki gefa, Sæm. 61ᵃ; ros
unde schatz, En. 12984.

Für die freigebigkeit mit gold hat unser alterthum noch
einige denkwürdige ausdrucksweisen, die ich hier nicht über-
gehe. allbekannt ist die altnordische sage, dasz der milde könig Frôdi gold malen liesz, und ich werde ein andermal aus-
führen, dasz von diesem mythus bei uns im innern Deutschland
spuren hinterblieben sind. im weisthum von Rachsendorf (3, 687)
heiszt es von einem der seines halses für verlustig erklärt worden ist: und ob er den nit wolt lassen, so solt er niederlegen
einen schilt auf das erdrich, den solt er ausfüllen mit gemal-
tem gold, damit er sich löst von dem fürsten, und nochmals
im weisthum von Wartenstein (3, 712) wahrscheinlich in andern
mehr: ist er verfallen ein schild voll vermaltes gold. im
schild wurde gewogen, und es steht darum in den liedern,
Nib. 1963, 3

> dem fult ich rôtes goldes den Etzelen rant,

vgl. Vilkinasaga s. 486. 487: Nib. 1958, 3

> bietet den recken daz golt über rant,

Wigal. 11251 mit gesteine unde golde
    fulte man in die schilde,
Lanz. 7707 einen schilt vollen goldes,
Tit. 4258 gesteine, golt, daz er dô mit dem schilte
    ze gâbe wolte mezzen,
Helbl. 7, 345 golt gewegen, daz iz abe riset (vgl. oben s. 131
                         das abe vallen);
Gudr. 496, 2   der nie golt gewan,
    dem heize ich es mezzen mit vollen âne wâge,
Nib. 254, 2 silber âne wâge, darzuo daz liehte golt.
[Waltharius 1263 rutilo umbonem completo metallo.
Thidrekss. 329 ek man fylla þinn skiold af raudu gulli.
Orendel Ettm. s. 56 schild voll gold geben.
Dietleib 6700   gold auf einem schild
              was sein viere mochten tragen
Rother 3045   si was des goldes milde,
              si legetez ûf die scilde:
              vorsten den richen.
              gab si richlîchen.
Kaiserchron. 5443 ungewegen rôtis goldes geben.
Helbling 7, 374   silber und gold geben,
              sam iz an die vinger brante.
Wigamur 2523 er gab daz guot als ez wære unreine.]
    Der vorstellung des gemalnen goldes nähert sich aber, dasz
es von freigebigen ausgesät wird, was von Hrôlf kraki Snorr-
raedda 153 wirklich erzählt: tôk hœgri hendi gullit ofan î hornit
oc sôri. alt um götuna; Sæmundar edda 249ᵃ von Guđrûn:
    gulli seri in gaglbiarta
    sköp lêt hon vaxa en skîran mâlm vađa,
unter welchem glänzenden melm oder staub wieder gold gemeint
ist. noch ein dichter unsers mittelalters (Amgb. 3ᵃ) braucht die
wendung:
    des milten Salatînes hant gesæte umb êre nie sô grôzen schatz.
[MS. 2, 6ᵃ mit fröude *ströuwet* er uns sîn guot.] Eckehards
casus S. Galli (Pertz 2, 111) gewähren ferner einen beachtens-
werthen zug. als im j. 937 ein Sanctgaller mönch dem könig Conrad messe gelesen hatte, ward ihm zum lohn dafür gold auf des

königs fůsze gelegt: post missas peractas vix ille coactus pedes
imperii, ut moris est, petere, auri uncias in eis positas sustulit.
ad imperatricem autem, ridente imperatore, per vim tractus, et
ibi aurum ejus sumpsit e pedibus. Mahtilda quoque soror ejus
anulum illi in digitum, vellet nollet, inseruit. die worte 'ut
moris est' bezeugen, dasz nach damaligem hofgepränge kaiser
und kaiserin das geschenkte gold nicht selbst übergaben, sondern von ihren fůszen abnehmen lieszen. die auri uncia schlieszen nicht aus, dasz es, wenigstens beim ursprung der sitte, ab-
gewundne beinringe [fasciolae crurales vermiculatae, Pertz 2, 747]
waren, und wie malerisch ist es sich einen hohen gebieter zu
denken, welcher seinen fusz hinhält, damit der, den die gabe
beglücken soll, sie selbst erst losbinde. das abbinden scheint
hier so bezeichnend wie das anbinden, jenes darreichen mit dem
speer so symbolisch wie das empfangen mit dem speer.

    Ich nehme noch mit was dieselben casus s. 84 von diesem
könig Conrad berichten: infantulis per ordinem lectitantibus et
analogio descendentibus aureos in ora ad se elevatis misit.
quorum unus pusillior cum clamitans aureos exspueret: 'iste'
inquit 'si vixerit bonus quandoque monachus erit'. mich gemahnt dies stecken der goldstücke in den mund an die art und
weise, wie des reichen Ölvaldi söhne sich in das geerbte gold
theilten, jeder nahm immer einen mundvoll. Sn. edda p. 83.
[vgl. Wackernagel bei Haupt 6, 290.]

    Doch ich thue dieser zusammenstellung alterthümlicher
bräuche beim geschenk einhalt, vielmehr ich hätte sie überhaupt
hier unterlassen, wäre mir nicht angelegen gewesen einen phi-
lologischen aufschlusz zu wagen, dem zu gefallen sie voraus
gehn muste.

    Fällt es nicht, wenn wir die deutsche sprache zu den ihr
urverwandten halten, höchlich auf, dasz eins unsrer geläufigsten
und in allen dialecten gleichen verba in keiner einzigen jener
sprachen zu spüren scheint? ich meine geben, goth. giban, ahd.
këpan, ags. gifan, altn. gefa, das überall einfaches dare und
donare, also den begrif ausdrückt, dessen sinnliches auftreten
ich eben vorhin zu schildern gesucht habe.

    Die unabweisbare herkunft von schenke dono aus schenke

fundo erwogen finde ich auch giba gaf dennoch in dem griechischen χέω wieder. das lautverschobne G stimmt zu X, in χέω 146
mag, wie so häufig zwischen beiden vocalen Φ unterdrückt sein[1],
gerade wie sich ὑφαίνω und ὑφή zu ahd. wipu wap (folglich
gothischem viba vaf) altn. vef vaf, skr. vap (Bopps glossar 308ᵇ)
pers. bâften, oder ahd. nëpal, altn. nifl, lat. nebula und nubes
zu gr. νέφος und νεφέλη verhalten. χέφω zu sprechen war nach
griechischem lautgesetz unthunlich und der inlautenden labialis
wegfall ganz in der ordnung.

Wie nun die beiden bedeutungen des gieszens und gebens
einigen? das räthsel ist durch den gewinst der vorigen untersuchungen gelöst. freilich war schon unsre älteste sprache des
alten in giban gelegnen sinnes vergessen, wie auch die gothische
bei Ulfilas nicht mehr sich darauf besann, dasz maiþms eigentlich pferd, skatts rind aussagen. bei geschenk denken wir heutzutage ebensowenig an fusio, bei schenken nicht an fundere,
sondern haben den alten begrif auf das zusammengesetzte einschenken infundere beschränkt, schenken, ohne ein zugefügtes
wein bier milch u. s. w. drückt uns überall donare aus, bin ich
aber auf rechter fährte und lag auch in geben ursprünglich die
vorstellung des eingieszens, so lehren beide verba geben und
schenken einstimmig, dasz unsre gastfreien vorfahren aus dem
darreichen des trunks den abstracten begrif des gebens überhaupt ableiteten. das gr. προπίνειν schlug ähnlichen weg ein.[*]

Nun ist aber ein einwand zu entfernen. dem gr. χέω entspricht bereits und zwar in seinem sinn vollkommen das goth.
giuta, ahd. kiuzu und nach diesem könnte man für χέω wiederum ein vollständiges χέδω (vgl. χυδαῖος) mutmaszen; sollen
giba und giuta ihre bedeutung spalten und einer wurzel sein?

Der neben χέω in χεύσω ἔχευα χεῦμα κέχυκα κέχυμαι χυτός
vorbrechende vocallaut weist offenbar auf das IU und U unsrer
deutschen fünften reihe, während das E in χέω unsrer zweiten

---

[1] vgl. altn. sjö, goth. sibun; Iornandes Eburnand.
[*] trado atque transfundo. Neug. 109 a. 790. tradimus atque transfundimus.
112 a. 790. donamus atque transfundimus. 116 a. 791. dono, trado atque transfundo. cod. dipl. fuld. 53 a. 775. 59 a. 777. dono atque transfundo. cod. Wizenb.
211. 22 a. 798. trado atque transfundo 26 a. 772.

gleicht [1]; den einklang des sinus zwischen χεύω χεύσω und giuta
bestätigt also der des ablauts. schwer aber fällt es zu entscheiden über den ursprung der bei giuta und kiuzu in unsrer sprache
147 althergebrachten lingualis. mit dem unwurzelhaften T des gr.
χυτός hat sie nichts gemein, da diesem goth. þ, ahd. D entspräche, dem adverbialen D in χύδην würde sie gänzlich gleichstehn. [2] noch offenbarer ist die verwandtschaft zwischen lat.
fundo fudi und giuta gaut, da hier lat. F aus H hervorging
und hundo hudi nach der lautverschiebung sich zu giuta gaut
stellt. das lat. N in fundo ist wie in tundo und vielen andern
dem rhinesmus zu danken. [lat. futis vas aquarium. Aufrecht
zeitschr. 1, 120. fons zu fu = gu. Pott 2, 273. 448.]

Im sanskrit hat den meisten anspruch auf gr. XΥ und GU
die wurzel HU, welche opfern bedeutet und zwar dem gr. θύειν
verglichen wird. doch wie lat. F bald dem gr. Θ bald dem Χ
zur seite tritt, darf sich χεύω und χυ dem skr. hu, lat. fundo,
χέω dem giba anschlieszen. den begrif des opferns bestimmt
sowohl gieszen als darbringen und in fundere liegt auch ein porrigere.

Hoffentlich gibt uns künftige forschung noch einmal ge-
nügenden aufschlusz über das verhalten der formen giba und
giuta neben einander, worin zugleich die trennung der bedeutungen dono und fundo gerechtfertigt sein musz. alle wurzeln
verwandter sprachen entfernen sich von einander theils durch
wechsel des ablauts, theils durch ausgeworfne oder zugefügte
consonanten; hierauf führen sich alle wesentlichen erscheinungen
der sprachgeschichte zurück.

Einstweilen sind mir noch andere bestätigungen der naben
berührung zwischen χέω und giba zur hand, die ich in meinen
vortheil zu ziehen nicht unterlasse.

Unserm geben allgemein entgegengesetzt ist nehmen,
sowohl im sinn des annehmens und empfangens als des weg-
nehmens. nun glossiert ahd. nimit haurit, nâmi hauserit

---

[1] wie πνέω = ahd. fnihu fnah ebenfalls πνεύσω πέπνυμαι entfaltet und ῥέω
ῥεύσομαι ῥεῦμα ῥυτός, κλέω κλυτός, νέω νεύσομαι, πλέω πλεύσομαι, welchem wechsel der ablaute das ahd. gihu neben alts. giuhu und andres mehr nahe kommt.

[2] vgl. κλυτός mit ags. hlûd, ahd. hlût, nhd. laut.

(Diut. 2, 353ᵃ. 352ᵇ), was dadurch im rechten licht erscheint,
dasz kepan infundere bedeutete. wer den eingeschenkten trank
trinkt, von dem heiszt es nimit, haurit poculum, bibit[1], die
sanskritwurzel nam drückt nach Bopp 190ᵇ aus inclinare, flectere,
ulnam extollere, surgere 191ᵃ, leicht könnte die annahme, das
aufheben des bechers durch eine gebärde, durch ein neigen [vgl.
altn. hella fundere und inclinare, schwed. hälla] ausgedrückt
worden sein. dabei fällt mir wieder ein, dasz den Serben poklon 148
geschenk oder verehrung, pokloniti schenken, den Polen pokłon
ehrengeschenk, den Böhmen poklona verbeugung bezeichnet.
kloniti ist neigen, pokloniti sich verbeugen, adorare; doch meint
poklon das geben, nicht das nehmen. wie das lateinische hono-
rare in die bedeutung von praemio afficere, donare, honorarium
in die eines ehrengeschenks übergeht, gebrauchen auch wir 'verehren' für schenken, doch galt es bei schriftstellern des sechzehnten und siebzehnten jh. blosz für beschenken, so dasz es
den acc. der person und die praeposition mit zur sache forderte.[2] aus dem donare aliquem aliqua re entfaltete sich aber
hernach ein donare alicui aliquid, das heutige verehren, ein offenbarer soloecismus. die mhd. sprache kennt überhaupt kein solches 'verêren', allein vom starken geben gap = donare alicui
aliquid unterscheidet sie ein schwaches geben gebete = donare
aliquem aliquo, nur dasz dabei die person auch im dat., nicht
im acc. steht; belege gramm. 4, 713 und bei Benecke 1, 508.
[Diemer 235, 13 ime gebeten. fundgr. 2, 86, 7 grôzlîch er in
gebete. Lanz. 9197 die herren gebeten varendem volke.] diese

_____

[1] schaffen berührt sich unmittelbar mit schöpfen und ahd. glossen gewähren
'scuafun hauriebant'. vgl. Graff 6, 449. [zeinem brunnen wazzer nam. kinth. Jes.
69. 49.]

[2] z. b. Hans Sachs IV. 3, 21ᵇ. Opitz poet. wäld. s. 104 'den himmlischen
verstand mit dem er euch verehrt.' (den er euch geschenkt hat), s. 170 'sei
nun mit meinem schatz verehrt. Ettners unwürd. doct. 545. [verehre mich
mit dir. Fleming 276. — verert mich mit orlichen gabungen. Geo. von Ehingen
s. 12 (a. 1454). wollen wir euch mit disem cleinot vereren. Rosenplut bei Gott-
sched 47. mit seinem werden kleinet verern. fastn. sp. 655, 16. mit einem
gröszern verern. 666, 21. vererten mich mit einem silbern kopf. Sastrow 3, 62.
vererten uns mit groszen bechern. Felix Platter 182. vor ein thaler win, dormit
verehre ick uwere gunsten. Mel. jocos. 2 no. 459. mit einem gaul verehren.
Schweinichen 1. 161; doch bei Schweinichen schon häufig: einem etwas verehren.
1, 166. 167. 172. 178 ff.]

bedeutung von geben (ahd. gebôn gebôta oder gebên gebêta)
nähert sich nun auffallend der sinnlichen von schenken auch in
der construction, es hiesz sowol 'gebete mit gewande' Gudr.
422, 4 als 'schancte mit dem bluote' Gudr. 773, 4 und wahrscheinlich hatten beide fügungen auf die des verehrens mit der
sache einflusz. nhd. einem etwas verehren = ihm schenken, ihn
beschenken.

Die ags. und alts. sprache besitzen das bisher unerklärte
wort gifen, geofon, geban für das meer, und wahrscheinlich bestand auch ein ahd. këpan, wenn ich den ortsnamen Gebenes-
wîlare (Stälin 1, 598) Gebeni villare (Pertz 10, 635) [Gebenes-
bach. Ried cod. ratisp. 71. 83. Gebeneslêva a. 1136 Thür. mitth.
2, 297, heute Gevensleben im Braunschweigischen, Cassel thür.
ortsn. 196] richtig heranziehe. * die eddische Gefjon war meer-
göttin. mit recht stellte zu diesem giban, welches auf gothisch
nur gibans kann gelautet haben, bereits mythol. s. 219 das gr.
χιών, ohne gleichwol damals schon den wahren zusammenhang
beider einzusehen. χιών frost und schnee stammt sicher von
χέω **, denn Il. 12, 281, nachdem eben vom schnee erregenden
Zeus die rede war, heiszt es ausdrücklich χέει, er giesst, d. i.
hier schneit. jenes geban scheint aber nichts als die brausende,
tosende, gieszende see, wie im ags. Beovulf 3378 geradezu steht
'gifen geotende' und ahd. giozentaz abundans, [giezo torrens,
χύτρα,] irgiuzit redundat mare (Graff 4, 281. 283. 284), in solcher anwendung also giban und giutan dasselbe aussagen. [1]

149   Jetzt darf ich noch andere redensarten heranrufen, in welchen beide verba sich ganz nahe rücken. wie es mhd. heiszt
schal geben, dôzes klac geben, sagte der Grieche χέω φωνήν,

---

* was bedeutet der name des niedersächsischen ortes Gifhorn? 1074 als
curtis regia, im dreizehnten jh. Jefhorne. herno winkel ecke? oder füllhorn,
gieszendes füllendes horn? trank im horn reichen myth. 345. 391. 1055. unweit
Hannover ein ort Gotteshorn. Gieshorn dorf in Overyssel, Geefhorn. de vrije
Fries 4, 257. παροψίς Matth. 23, 26 in der alten übersetzung gebfaz, bei Tat.
scenkifaz = gifhorn. vgl. ags. gifstôl, gifheal.

** Pott 1, 141 zweifelt, doch Bopp gl. 389. 401ᵃ. χιών zu χεῖμα hiems.

[1] ich entschlage mich nicht einer seltsamen analogie. in der irischen sprache
bedeutet tabbair geben und tabhairn see, ocean. [gal. tabb, Fingal 2, 123 taif
oceanus.]

αὐδήν, Wolfram guz geben, Parz. 572, 1 und war sich dabei keines pleonasmus bewust. 'diu ougen gâben wazzer' vergossen thräuen, nul. 'die wolk geeft veel regen' gieszt viel regen, 'herze geben' Trist. 68, 24 heiszt mut machen, einflöszen, eingieszen. ' χέω βέλη ist fundo sagittas (βέλεα χέοντο Il. 15, 590) und ἰοχέαιρα ¹ Il. 8, 159 die pfeilschüttelnde. βάλλουσιν οἶνον Matth. 9, 17, in der vulg. mittunt vinum verdeutscht Ulfilas giutand vein, wo der ags. übersetzer hat dôd vîn. in Bertolts Crane (Haupt 1, 70): ungezalte vingerlîn de gôz her an die hande sîn, wo gieszen unmittelbar an geben streift, (doch vgl. schuo giezen, Rother 2017). allgemein sagen wir arznei geben für eingeben, eingieszen, in jenem altn. 'gefa öl' (s. 126) liegt wiederum beides, und das gr. κεχυμένος εἴς τι bedeutet einer sache hingegeben, gleichsam in sie ergossen.

Finnisch ist annan, antaa geben, estnisch andma, ungrisch aber ontom oder öntöm fundo. zu jenem schickt sich das norweg. lappische addet addam geben, schwed. lapp. waddet. nicht anders scheint [ir. gal. leagh,] sl. lijati fundere, böhm. ljti, poln. lać, litth. lĕt, lĕju, lapp. leiket leikkit láikkot fundere, skr. lî liquefacere dem finnischen lahjan donare, lahja lapp. laihhe donum zu begegnen. wie verhält sich lat. litare opfern zu libare? in so auffallendem anklang der begriffe kann ich keinen bloszen zufall finden. **

Wir haben die vorstellung des gieszens in den wörtern schenken und geben ermittelt, sollte die des bindens und anheftens andern im hintergrund liegen? grosz und anerkannt ist der urverwandten sprachen übereinkunft in den formen skr. dâtum, pers. dâden, sl. dati, litth. dûti, lett. doht, lat. dare, gr. διδόναι, welche sämtlich geben ausdrücken, während unser thun,

---

* gâbon regen. Wh. 53, 6. ir ougen gâben saf. Wh. 251, 7. manigen zäher si gâben. Diemer 263, 1. vil kamerær dâ wazzer gap. Parz. 809, 16. mergiezen für die swin giezen. Haupt 1, 270. in giezen und geben. Renner 18904. gosz und gab. Garg. 173ᵇ. got giuzet und git in menschen niuwe sêl. Freid. 16, 25 (18, 1). gôz sîn leben. Pass. 213, 3. vgl. 249, 54. gôz ir bluot. der im die gnâde gôz. 326, 19. vreude giezen 294, 34 altn. nû gefr à skipit aestus maris inundat navim.

¹ Lobeck pathologia sermonis graeci p. 259.

** goth. lêvjan prodere ags. læван, goth. leihvan ahd. lîhan commodare.

alts. ags. dôn facere bedeuten und nur in den begrif von dare
streifen, donare ist aus donum, skr. dâna, gr. δῶρον, sl. dar"
150 gebildet. ich wage auch bei dàtum und dare den begrif des
bindens zu vermuten und wir sähen das hohe alter unseres
angebindes wiederum durch die sprache selbst bestätigt. die
berührungen brechen deutlich durch. zwar wird gr. δίδωμι von
δόω, das nirgends vorkommt, δίδημι von δέω hergeleitet, aber
beide formen würden im skr. dadàmi zusammentreffen, da gr.
ω und η auf skr. à zurückführen. δίδωμι ich gebe scheint demnach wieder die abstracte bedeutung des sinnlichen δίδημι ich
binde, obschon ich letztere für skr. dadâmi nicht aufzuweisen
vermag. doch ist dàman funis taenia (Bopps gloss. 167ᵃ) und
gleicht dem gr. διάδημα, uddàna ist binden, nidâna strick; sodann verräth das lat. dedo noch in sich die bedeutung von ob-
stringo, ligo und deditus ist ebensowol obstrictus, vinctus, als
datus. man darf daran denken, dasz die opferthiere dargebun-
den wurden; merkwürdig scheinen also beide vorstellungen des
gieszens wie des bindens ursprünglich auf eine heilige opferhand-
lung zurück zu weisen.

Da jedoch einfache gebärden, gleich der unendlichen manigfaltigkeit der wortformen, in einander überlaufen, so soll durch
die begriffe des gieszens und bindens dem weiten umfang der
besprochnen verbalstämme keine gewalt geschehn, sondern eingeräumt sein, dasz auszer ihnen auch andere sinnliche entfaltungen, wie die des hand ausstreckens, wovon oben ausgegangen
wurde, in betracht kommen dürfen, wobei selbst das immer
noch dunkle 'donare per andelangum' unseres alten rechts angeschlagen werden mag.

Sind aber die gelieferten erläuterungen, binnen ihrer schranke,
probehaltig, so sollen sie beispielsweise darthun, dasz die sprach-
wissenschaft ebenso sorgsam die manigfalten übergänge der geistigen vorstellungen als die leiblichen wortgestalten zu erforschen
habe und dasz beide wege bis in das höchste alterthum zurückleiten.

UBER DAS VERBRENNEN DER LEICHEN.

GELESEN IN DER AKADEMIE DER WISSENSCHAFTEN
AM 29 NOVEMBER 1849.

Mitten im geräusch und in der arbeit des lebens werden wir allenthalben an seinen ausgang gemahnt, dessen ernster betrachtung unser nachdenken nicht ausweichen kann; nur kurze schnell vorbei rauschende zeit und wir sind selbst unter dem groszen heer versammelt, in das jeder einrücken musz und von wannen keiner wiederkehrt.

Vor den todten empfindet der mensch ein grauen. mit dem ausgestoszenen letzten athem sind sie uns abgeschieden und einem fremden unbekannten land anheim gefallen, das alle festhält; der erkaltete leib beginnt sich aus seiner fuge zu lösen und unaufhaltsam zu zerstören. zwar pflegt den ersten tag oder die erste nacht nach dem tode noch einmal des verstorbnen antlitz sich abzuklären und was der schwere kampf verzerrt hatte, rein und ruhig aus zu prägen [1]; bald aber melden sich alle boten der verwesung, und der leiche anblick und dunst werden unerträglich. den meisten völkern galt wer sie anrührte, wie das haus, worin sie liegt, für verunreinigt und schon um der lebenden willen ist es geboten sie bei seite zu schaffen. selbst unter den thieren, die sonst für den tod von ihres gleichen gefühllos scheinen, sollen die, deren haushalt dem menschlichen ähnelt, uns hier entweder nachahmen oder vorbild geben. ich ziehe Virgils schöne worte von den bienen an (Georg. 4, 255):

[1] wie die gebrochene blume fortglänzt und duftet:
cui neque fulgor adhuc, nec dum sua forma recessit.

14*

> tum corpora luce carentum
> exportant tectis et tristia funera ducunt,

192 und was Plinius den ameisen nachsagt: sepeliunt inter se viventium solae praeter hominem.

Nur die rohsten grausamsten menschen könnten es über sich gewinnen ihre todten offen auf das gefilde zu legen, wo sie den wölfen und vögeln zur beute würden. das sprechen die dichter blosz als herbes geschick der gefallnen [1], als drohenden fluch oder verwünschung aus, und davon genau zu unterscheiden ist, dasz einzelne alte oder wilde völker ihre leichen wirklich aussetzten, gerade mit bezug auf geheiligte thiere, denen sie überlassen bleiben sollten. [2]

Das menschengeschlecht, durch vielfache bande an einander hängend würde aber seine ganze natur verleugnen, wenn jenem recht der lebendigen sich der todten zu entledigen, nicht auch von jeher gleichsam ein letztes recht der todten beigemischt erschiene. angehörigen und verwandten, an die unser herz ge-

---

[1] Κυσὶ κύρμα γενέσθαι, οἰωνοῖσιν Γλωρ καὶ κύρμα γενέσθαι bei Homer, die heilige schrift redet von adlern (Luc. 17, 37. Matth. 24, 28), die poesie unseres alterthums von wölfen, adlern, raben; stellen habe ich gesammelt Andr. und El. XXV—XXVIII. in einem schwedischen volkslied Sv. vis. 1, 301. 304. 2, 82 heiszt es: liggen nu här för hund och för raven! [Dietl. 3779. Dietr. 9864. 8437. 6421. die sol man heben alzehant schöne von der erden, daz se iht ze teile werden decheime wolf, decheime raben. Wh. 462, 20. und bestatte si zer erden daz ir vleisch niht dorfte werden den vogelen ze heile, noch den tieren ze teile. Karl 8947. dô mich in ein graf heven! ich heiz ein konine riche ind stoende mir lesterliche, æzen mich die hunde. Karlm. 93, 34. la les manjuent li lou et li mastin. mort de Garin 114. liggr gefinn ulfom. Sæm. 231b. þá heyrir þú hrafna gialla, örno gialla, œzli fegra, varga þiota um veri þinom. Sæm. 231b. Hræsvelgr iötunn í arnar ham. Sæm. 35b. kein grab gaben den todten wir, rufend die geier des himmels. sie kamen zum leichenschmause der feinde. Cathl. 3, 131.]

[2] bekanntlich warfen die Perser und Hyrcanier ihre leichen den hunden vor, wie noch heute die Mongolen den hunden und raubvögeln. Klemm culturgeschichte 3, 173. die Kaffern den wölfen, welche selbst für unverletzbare thiere gelten. Klemm 3, 294. [über die persische sitte vgl. Agathias 2, 22. 23 und 31. leichen der Parsen fleischfressenden thieren bloszgestellt; es ist ein glück, davon verzehrt zu werden. Schwenck 5, 384. vgl. Herod. 1, 140. Kalmüken legen leichen in die freie steppe für raubthiere und hunde. Bergm. 3, 154. Cicero tusc. disp. 1, 44, 106 hält den inhumatus für nicht unglücklicher, als den combustus und spottet über das wehvoll gernfne 'sepeli natum, priusquam ferae volucresque'.

fesselt war, soll nicht nur eine ehre, deren sie würdig sind, sondern auch ein dienst erwiesen werden, dessen sie bei der über-
fart und zur aufnahme in eine andere welt bedürfen. * diese
kann nun bald als über uns im himmel, bald als unter uns im
abgrund der erde gelegen erscheinen und gleich den himmlischen mächten erheben auch die unterirdischen ihren anspruch
auf die todten, der ihnen nicht verkürzt werden darf. in solchen rücksichten allen liegt ein grund zum begang der leichenfeier, die wir auf manigfalte weise bei den verschiednen völkern
der erde veranstaltet sehn.

Die beiden ältesten über die ganze erde am weitesten verbreiteten arten des bestattens, welchem ausdruck ich hier den
allgemeinen begrif des lateinischen sepelire beilege, sind das begraben und verbrennen, und je tiefer man in ihr wesen eindringt,
desto stärker überzeugen wird man sich, dasz sie eine nothwendige, den bedürfnissen und der entwicklung der völker un-
entbehrliche unterscheidung darstellen.

Erwägen wir beide weisen für sich, so scheint das begraben vorangegangen, im verbrennen ein fortschritt geistiger volks-
bildung gelegen zu sein, von welchem zuletzt wieder abgewichen 193
wurde, als die menschheit fähig geworden war noch allgemeinere stufen ihrer veredlung zu betreten.

Unleugbar sagt es dem nächsten menschlichen gefühl zu,
dasz die leiche unangetastet und sich selbst überlassen bleibe.

* coelo tegitur qui non habet urnam. Augustin de civ. dei 1, 12.
    swenne wir ersterben,
    alein wir nit ne werden
    begraben in neheime grabe,
    einen trost habe wir doch dar abe
    daz uns bedecke der himel.   Lampr. Alex. 4689.
  sô sprichstu, man begrebt in niht.
    waz darumbe, ob daz geschiht?
    den ein stein decken sol,
    den deckt der himel harte wol.   Welsch. gast. 5410.
    und ob daz lihte geschiht
    das man in brennt, waz wirret daz?
    im enwirt weder wirs noch baz.   5416.
corpora, sive rogus flamma, seu tabe vetustas abstulerit, mala posse pati non ulla
putetis; morte carent animae. Ov. met. 15, 156. über den vorzug des verbrennens. Göthe 9, 320.

deckt sie der lebende mit erde oder birgt er sie tiefer in der
erde schosz, so geschieht seiner pflicht genüge und es tröstet
ihn, dasz der geliebte todte noch unter dem nahen hügel weile.
dem todten hat sich das auge wie im schlaf geschlossen, er
heiszt ein entschlafner, es ist kindlichem glauben gemäsz, dasz
er aus diesem schlummer wieder erwachen werde, wer wollte
den schlummernden verletzen?[1] sein gebein soll sanft ruhen
und von der erde nicht gedrückt.[2] einer mutter gleich hat die
erde den aus ihr gebornen in sich zurück empfangen und lieblich nannten die Griechen einen todten δημήτριος, den der mutter gehörigen; in das element das ihn erzeugt hatte wird er
aufgelöst und gleich dem fruchtkorn eingesenkt. at mihi quidem, sagt Cicero (de legib. II. 22, 56) antiquissimum sepulturae
genus illud fuisse videtur, quo apud Xenophontem (Cyri inst.
VIII. 7, 25) Cyrus utitur. redditur enim terrae corpus, et ita
locatum ac situm quasi operimento matris obducitur. einem
nackt liegenden erschlagnen wirft der vorübergehende und er-
barmende eine handvoll erde auf die brust, gleichsam um jenes
recht der unterwelt, dem er nicht entzogen werden soll, symbolisch anzuerkennen.[3] staub soll wieder zu staub werden.[4]

[1] auch läszt der volksglaube den begrabnen ein gewisses leben fortsetzen,
d. h. unzerstört bleiben. um ihn geweinte thränen lebender netzen dem todten
das hemd; mitternachts tritt die mutter aus ihrer gruft und geht heim den ver-
waisten säugling zu stillen, die kinder zu kämmen. der sohn naht sich des vaters grab, zwingt ihn zur rede und heiszt sich das schwert heraus reichen. andern begrabnen soll ein fenster im hügel offen stehn bleiben, durch welches ihnen
die nachtigall den frühling ansingen könne. alle diese vorstellungen müssen aufhören sobald man sich den leib in staub zerfallen denkt.

[2] daher die schönen formeln: sit tibi terra levis! ne gravis esse velis! tu
levis ossa tegas! molliter ossa cubent! amica tellus ut des hospitium ossibus
u. s. w.

[3] wo das rothkelchen einen erschlagnen im walde liegen sieht, läszt es der
volksglaube hinzu fliegen, einen zweig und blätter auf ihn tragen. dasselbe thun
menschen, Parz. 159, 12:

Iwânet ûf in dô brach
der liehten bluomen zeime dach.

[hie brach er über den töten beidiu loup und gras. Wolfd. und Saben 578. —
bären, füchse begraben, wo man sie liegen findet. Herod. 2, 67.]

[4] daz ze molten wurde diu molte. Servat. 1720. [cedit item retro, de terra
quod fuit ante, in terras. Lucr. 2, 999. til moldar kominn. Saem. 97ª. kominn
undir græna torfu.]

Allein auch dem verbrennen liegen sehr einfache und erhebende vorstellungen unter. von anfang an war dem menschen
das feuer heilig, dessen gebrauch ihn wesentlich von allen thieren abscheidet; im feuer bringt er seinen göttern opfer dar, 194
ausdrücklich benennt unsre alte sprache opfern blôtan, was dem
gr. φλοιδοῦν, d. i. entzünden, brennen entspricht. ein von den
göttern ungnädig angesehnes opfer lodert gedämpft nicht in
flammen auf, das ihnen willkommne steigt mit hoher rauchseule
in die lüfte empor. das feuer, den dargebrachten gegenstand
verzehrend hat ihn gleichsam dadurch vermittelt. den menschen
muste also anliegen auch ihre todten den göttern darzubringen
und gen himmel zu senden; wie das grab den irdischen stof
der erde, erstattete die brunst den seinen dem element des feuers,
von welchem alle lebenswärme ausgegangen war. man glaubte
die seelen der abgeschiednen zu beruhigen und begütigen, wenn
man sie des ihnen gebührenden feuers theilhaft werden liesz. [1]

Die leichte flamme leckt aufwärts [*], während die schwere
erde nieder strebt; aus des scheiterhaufens feuer hebt sich der
enthundne geist zum vater, den unsre vorfahren allvater, die
Römer Jupiter nennen, wie durch die erde der leib in der göttlichen mutter arme zurück sinkt. eine gr. grabschrift (Böckh
no. 1001) sagt ausdrücklich

γαῖα δὲ κεύθει

σῶμα· πνοὴν δ' αἰθὴρ ἔλαβεν πάλιν, ὅσπερ ἔδωκε,
oder eine andere (no. 938)

ἀλλὰ τὰ μὲν κεύθει μικρὰ κόνις ἀμφιχυθεῖσα,

ψυχὴν δ' ἐκ μελέων οὐρανὸς εὐρὺς ἔχει. [2]

[in cineres corpus et in aethera vita soluta est. Meiers anthol. 1187.]
alle erfahrung lehrt uns, dasz die der erde anvertrauten leichen
faulen und in staub gewandelt werden; das feuer geht demnach
mit den todten nicht härter um als die erde, nur dasz es schnell
vollbringt was diese langsam verrichtet. hat den noch unent-
stellten leib die gefräszige flamme verschlungen und sinkt sie

---

[1] πυρὸς μειλισσέμεν Il. 7, 410, auch πυρὸς χαρίζεσθαι.

[*] sursus enim versus gignuntur et augmina sumunt. Lucr. 2, 188.

[²] zwei seelen gehn mit dem leib verloren, die dritte bleibt: bustoque su-
perstes evolat. Claudian IV cons. Hon. 228—35.

zusammen, so enthält die hinterbleibende asche keinen andern
bestandtheil als den staub des grabes, dessen enge, moder und
leides gewürm den gedanken peinigen. nach dem brand werden
jene überreste, gleichsam ein alsbald auf sich zurück geführter
auszug des geläuterten leibes gesammelt in krüge und beigesetzt,
so dasz auszer dem feuer zugleich noch der erde genüge ge-
schicht; das verbrennen war immer mit einem hegen der brandstätte und bergen der knochen verbunden, darum ist auch auf
195 den grabinschriften verbrannter das κεῖμαι, κεῖται, κατάκειται und
das sit ei terra levis gerecht.

Wie schön ist, wenn verwandte oder freunde in weiter ferne
sterben, dasz ihre asche ohne mühe gefaszt und beim getragen
werden kann[1], da das fortschaffen der ganzen leiche groszen
schwierigkeiten ausgesetzt bleibt.[2] und alle todtenkrüge lassen
in gedrängter schicht sich von schwachen hügeln decken, ihre
ausdünstung gefährdet nicht, wogegen die den völligen leichnam
umschlieszenden gräber weit gröszern raum und entlegne stätte
begehren.

Wer wollte miskennen, dasz die gewohnheit des leichenbrandes uns höher stehende völker und ihren freieren blick in
die natur der dinge kund thut? dieser brauch hängt zusammen
mit einer schon durchdrungnen heiteren ausschmückung des
menschlichen lebens, dessen ende selbst feste herbeiführt, die
die trauer mäszigen und erheben. was anders hätte dem ausgang des groszen griechischen epos solche ruhe verliehen, wie
es der beiden helden bestattung und eines jeden unter eignen
beschwichtigenden eindrücken vermag? feierliches ausstellen,
opfer, gastmal, leichenspiel, das ergreifende mitsterben der gattin,
des freundes, der diener und hausthiere, alle diese zurüstungen

---

[1] zu Elektra sagt Orestes bei Sophocl. Electr. 1113: φέροντες αὐτοῦ σμικρὰ
λείψαν ἐν βραχεῖ τεύχει θανόντος, ὡς ὁρᾷς, κομίζομεν. [Ovid, wenn er zu Tomi
sterbe: ossa tamen facito parua referantur in urna. Trist. III. 13, 65. ὡς κ' ὀστία
παισὶν ἕκαστος οἴκαδ' ἄγῃ. Il. 7, 335. ossa relata domum: cinis hic adoperta
quiescit. Meiers anth. no. 1188. Agrippina ascendit classem cum cineribus Ger-
manici et liberis, miserantibus cunctis, quod femina nobilitate princeps . . . tunc
ferales reliquias sinu ferret. Tac. ann. 2, 75.]
[2] im mittelalter pflegte man die im kampf gefallnen armen zu begraben, die
edlen auf bahren zu lande zu führen. Wh. 451, 12. 462, 29.

konnten eigentlich nur beim verbrennen, und entweder gar nicht
oder nur nach kleinerem maszstab beim begraben der leichen
eintreten, da sich schon neben dem leichnam für die der rosse
und übrigen menschen im hügel kein raum geboten hätte. selbst
allgemeine, unter den völkern des alterthums weitverbreitete vorstellungen von einem ungeheuren brand, der an aller dinge ende
die erde und zugleich die ganze welt verzehren solle, dürfen
nicht ausgeschlossen bleiben, wenn man sich wie tief diese sitte
vorwalte vollkommen erklären will: in dem was den sterbenden
menschen geschieht erscheint vortypisch der ausgang der sterbenden welt.

Alles wessen sich die dichtkunst groszartig bemächtigen
kann, das musz im leben der menschen wahrhafte wurzel geschlagen haben. auf diese poesie des verbrennens folgte zuletzt
wieder eine rückkehr zur prosa des begrabens, das zwar nie
ganz auszer gebrauch gerathen, sondern neben dem brennen für
einzelne zustände beibehalten worden war, auf welche meine
nachfolgende untersuchung sorgsam bedacht nehmen wird. es
gibt sodann einen allgemeinen fall, in welchem jederzeit das
brennen ausgesetzt werden muste, den der kein gebot kennen-
den noth. war in einer schlacht und in holzarmer gegend eine
menge zugleich gefallen, so blieb nichts anders übrig als sie in
grosze gruben auch unverbrannt zu senken, wie dann noch heutzutage unsre krieger uneingesargt vergraben werden; aus derselben ursache unterblieb der brand, wenn eine verheerende
seuche plötzlich zahllose opfer forderte.[1] da wo aber sonst
beide bestattungen neben einander gelten, scheint der leichenbrand vorzugsweise für die edleren, höheren bestandtheile des
volks, namentlich für die herschenden männer und krieger angewandt worden zu sein, während mindestens bei einzelnen völkern frauen, kinder, unfreie meistentheils nur des begräbnisses
theilhaftig wurden. im verlauf der zeit aber begann überhaupt
wie in andern lebenszuständen ein menschlich strenger und her-
ber sinn um zu greifen, welchem der mühsame aufwand des

---

[1] so heutzutage in Siam, wo wie in Indien noch verbrannt wird, als die
cholera überhand genommen hatte, vergl. deutsche zeitung 1849 s. 2655. [nec
locus in tumulos, nec sufficit arbor in ignes. Ov. met. 7, 613.]

todtenverbrennens lästig geworden war, und der gern die älteste,
scheinbar einfachste weise des bestattens allgemein geltend zu
machen trachtete.

Am leichtesten läszt sich der gegensatz beider bestattungen
durch die annahme fassen, dasz das verbrennen nomadischen,
kriegerischen völkern, das grab aber ackerbauenden angemessen
erscheint. dem schweifenden unstäten hirten war feuer sein un-
entbehrlichstes element, dessen er zum braten und opfern täglich bedurfte. die groszen festfeuer durch welche das vieh getrieben wurde, rühren aus der nomaden zeit, wälder und selbst
auf weitgestreckten steppen sattsames gesträuch nährte die flammen; welche bestattung wünschen können hätte sich der krieger
als vor den augen des volks, geschmückt und begleitet, von der
flamme verzehrt zu werden? dem einsameren ackermann sagte
stille beisetzung im engen hause zu; wer das korn in die erde
grub dem muste geziemen auch selbst in die erde versenkt
zu sein.

Man hat nunmehr der äuszern gestalt und dem inhalt der
alten gräber, wie sie fast durch ganz Europa sich erstrecken,
die nothwendige sorgfalt gewidmet und einen unterschied nicht
übersehn können, der den angegebnen weisen der leichbestattung
auffallend zu begegnen scheint. in mächtigen steinkammern,
deren bauart fernste vorzeit verräth, sind beigesetzte leichname
197 mit steinwaffen, in erdgräbern aschkrüge mit verbrannten knochen
und ehernem geräth [1], in noch andern hügeln ganz, sei es in
gestreckter oder hockender, kauernder gestalt, bestattete leichen
mit eisernen waffen anzutreffen. hiernach ergäbe sich ein steinalter, erzalter, eisenalter, die zugleich als grabalter, brennalter
und anderes grabalter betrachtet und auf die hergebrachte, doch
in abweichendem sinn entsprungne unterscheidung eines goldnen, ehernen und eisernen weltalters bezogen werden könnten.
auch gewänne es allen anschein, dasz die steinbauten einem

---

[1] der heroenzeit gibt Pausanias III. 3, 6 eherne waffen, an deren stelle
hernach eiserne traten; die benennung χαλκεύς für den schmied galt später fort,
als er auch eisen bearbeitete. nach Strabo XI s. 781 hatten die Massageten genug kupfer und gold, kein silber und eisen.

fremden in unvordenklicher vorzeit das land bewohnenden volke
beizumessen seien, wogegen erzalter und eisenalter füglich von
demselben stamm, der nach dem verbrennen sich wieder dem
begraben seiner todten zuwandte, gelten dürfen, wie die ackerbauer aus den hirten des nemlichen und nicht eines andern volks
hervorgegangen sind. dennoch bleibt diese ganze, wiewol im
allgemeinen nicht unhaltbare ansicht einer menge von ausnahmen
und näheren bestimmungen im einzelnen bedürftig, da sich in
felsengräbern verschiedner gegenden nicht nur eisengeräth sondern auch aschkrüge finden, und ohne zweifel eine schon in
vollen besitz des erzes gesetzte, ihre leichen brennende heroenzeit zugleich auf den brandstätten steindenkmale thürmte. weder
ist dem steinalter aller leichenbrand, noch dem brennalter aller
gebrauch des eisengeräths abzuleugnen, wie das ganze brennalter hindurch neben dem brennen zugleich ein begraben mehr
oder minder sitte geblieben scheint.

Unter den Heiden des alterthums überwog bei weitem, wie
meine forschung offenbaren soll, das verbrennen der leichen,
welches Juden und Christen, die von anfang an immer begruben, unerträglicher greuel schien. in der jetzigen welt hat längst
das begraben über das verbrennen, dessen anwendung sich stets
enger beschränkt, den sieg davon getragen. Chinesen, Maho-
medaner, Christen, deren glaube über den ansehnlichsten theil
der bewohnten erde vorgeschritten ist, beerdigen ihre todten.
wohin das christenthum drang, da erloschen vor ihm alle leichen-
brände. die Christen begruben, weil im alten testament, soweit
dessen kunde reicht, nur begraben worden und weil Christus
aus dem grab erstanden war; hierzu trat dasz die christliche
lehre ihrem ausgleichenden wesen nach den unterschied der
stände aufhob und den armen wie den reichen, den knecht wie 193
den herrn bestattet wissen wollte, also ein vorrecht des adels
auf den leichenbrand nicht länger bestehen durfte: denn der
adel hat überhaupt ein heidnisches, folglich unchristliches element. dem allgemein werden des begrabens kam sicher auch
zu statten, dasz ihm im voraus ansehnliche, noch heidnische
secten huldigten und der einfluszreiche buddhismus zugethan

war: den ganzen im mittelalter abgöttisch betriebnen reliquien-
cultus sehn wir wesentlich auf dem begraben der leichname beruhen. *

Wo sich einer neuen untersuchung vielfacher anhalt darbietet, darf sie weder unergibig noch überflüssig zu sein fürchten. das classische alterthum, wie man sich denken kann, liegt
auch auf dieser strecke nicht unangebaut, hat aber so reichen
vorrath, dasz er von immer unangerührten seiten her versucht
und erschöpft, vielleicht auch aus der gemeinschaft mit barbarischen völkern neu beleuchtet werden mag. unsre eigne vorzeit, in dieser beziehung wie den meisten andern wissenschaft-
lich ganz vernachlässigt, reicht uns jetzt nur bruchstücke dar,
die gleich allem abgebrochnen die einbildungskraft desto stärker
anregen und lichter streifen lassen können auf jene reicheren,
darum doch nicht alle fragen beantwortenden denkmäler der
Griechen und Römer. dieselbe bewandtnis hat es beinahe um
das alterthum der übrigen europäischen völker, und nur das
indische, mit welchem meine betrachtung endigen wird, darf
hier dem classischen gewachsen oder gar überlegen sein.

Meine abhandlung schlieszt das begräbnis, dessen bräuche
vieler und anziehender erörterungen bedürfen, von sich aus, insofern sie nicht allzu nahe mit ihr zusammen hängen, hervor
zu heben ist, in welchen fällen und aus welcher ursache neben
dem brennen begraben wurde; über diesen wichtigen punkt ertheilen uns die quellen freilich lange nicht befriedigende auskunft. bei beurtheilung der geschichteten und entzündeten
scheiterhaufen wird an sich gar nichts verschlagen, ob sie für
ein heiliges opfer oder fest, zum verbrennen der lebendigen oder
todten bestimmt waren. denn wir sahen auch dem brennen der
leichen die vorstellung eines opfers unterliegen, und der sich
freiwillig noch in den letzten stunden seines lebens den flammen
weihende held, die dem todten gatten folgende gattin wollen
sich selbst zum opfer darbringen, ja der dem feuer übergebne
missethäter (RA. 699) soll als sühnopfer sterben, und was dem

---

* leichen ins wasser werfen: bevulhen si dem wäge, daz was ein ungenâde.
Gudr. 1538, 1. 2.

todten zur ehre, konnte dem lebenden zur strafe gereichen, [199] gerade wie gleich den leichen auch verbrecher lebendig in die erde gegraben wurden. es scheint demnach die gewohnheit der menschenopfer durch das feuer und des feuertodes der verbrecher für das verbrennen der leichen wo nicht voll zu beweisen, doch die vermutung zu begründen, dasz unter dem stamm, der sich einem dieser bräuche ergab, wenigstens früher auch die andern im gang gewesen seien. [1] unsere deutschen Oster und Johannisfeuer z. b. müssen ursprünglich als heidnische opfer angesehen werden und die schichtung ihrer scheiterhaufen wird wahrscheinlich denselben gebräuchen unterlegen haben, die beim leichenbrand herschten; selbst wo ketzer und zauberinnen im späten mittelalter verbrannt wurden [2] konnte sich durch überlieferung manches von der beim brennen der todten früher gültigen weise erhalten. die gewohnheiten und deren anlässe, auf welche hier rücksicht genommen werden musz, sind also höchst manigfaltig, der gewinn kann aber nicht gering angeschlagen werden, der aus einer genaueren bekanntschaft mit ihnen allen für die sage wie die geschichte des alterthums hervorgehn musz.

Nach dieser einleitung gehe ich auf die verhältnisse des leichenbrandes bei den verschiednen völkern selbst ein.

Für die GRIECHEN, von welchen billig auch hier anzuheben ist, um sogleich festen und rechten anhalt zu gewinnen, bewähren das verbrennen der todten sowol mythische als historische zeugnisse. ein scholiast zum ersten buch der Ilias [2] leitet der ganzen sitte ursprung ab von Herakles, welcher dem Likymnios verheiszen seinen sohn aus dem heerzug heim zu führen, und den gefallnen verbrannt habe, um wenigstens asche und gebein dem trauernden vater zurück zu bringen. man weisz

---

[1] verschieden von dem förmlichen verbrennen einzelner menschen ist das in unserm alterthum häufige anzünden eines hauses, worin sich viele zusammen befanden und ihren tod finden musten, wenn sie den jeden ausgang sperrenden feinden nicht entrinnen konnten. berühmte beispiele liefern das 'vereiten' des sals in den Nibelungen XX und die Niâlsbrenna, vergl. RA. s. 700.

[2] ein ketzer auf der schiterbige verbrannt. Fel. Platers leben s. 186. merkwürdige beispiele Caesarius heisterb. 3, 16. 17. 5, 18. 19. 21. 400 Albigenser. 5, 21.

[3] Schol. Il. A, 52, vergl. fragm. hist. gr. ed. C. et Th. Müller 2, 350 b.

dasz dieser halbgott selbst von schmerzen gequält auf der thes
salischen Oeta seinen eignen holzstosz erbaute und dann an
zünden liesz *; wie sollten nach solchen beispielen die leichen
andrer heroen den flammen entzogen worden sein? bei Homer
sind uns drei grosze scheiterhaufen in allgemein bekannten stellen geschildert, des Patroklos im 23, des Hektor im 24 buch
der Ilias, und des Achilleus im 24 der Odyssee, unter welchen
doch die erste die ausführlichste und ergreifendste ist.** nachdem holz im walde gefällt und das gerüste errichtet war, wird
des Patroklos leiche darauf gehoben (sie kam ganz oben auf
den scheiterhaufen ἐν πυρῇ ὑπάτῃ zu liegen. Il. 23, 165. 24, 787),
Achilleus schneidet sich sein haupthaar ab und legt es in des
todten freundes hand, wirft dann vier hohe rosse, zwei von neun
hausbunden geschlachtet und zwölf getödtete zum sühnopfer
ausersehne Troer aufs gehölz, das nun die flammen verzehren.
Zephyros und Boreas werden angerufen die glut anzufachen,
als das gerüste zusammen gesunken und die flamme gestillt war,

τῆμος πυρκαϊὴ ἐμαραίνετο, παύσατο δὲ φλόξ,

kehrten die winde heim, die krieger sammelten das weisze gebein aus der asche [1], legten es in ein goldgefäsz und schütteten
darüber auf der brandstätte selbst den hügel. ebenso verfahren
die Troer mit Hektors leichnam, nur dasz keines mitverbrennens
der thiere, noch begreiflich der gefangnen erwähnung geschieht.
sowol des Patroklos als Hektors leiche waren mehrere tage liegen geblieben bevor sie zum brand gelangten, ausdrücklich heiszt
in der Odyssee von Achilleus, dasz er erst am achtzehnten tag
nach dem tode sei verbrannt worden. auf die bestattung selbst
folgten bei Achilleus wie Patroklos leichenspiele, kampf und

---

* an der ἑορτή des Herakles pflegte man zur erinnerung an seinen tod einen
scheiterhaufen anzuzünden. Lucian Amor. in fin. μνημεῖα πρὸς πυρὰν ἐμήν sagt
Herakles Soph. Phil. 1432. vgl. Preller 2, 112. 177.

** Nestor ermahnt zum verbrennen der leichen. Il. 7, 333—335. λελάχωσι,
λελάχητε πυρός. Il. 7, 80. 15, 350. 22, 343. 23, 76. 9, 546. vom kalydonischen
eber πολλοὺς δὲ πυρῆς ἐπέβησ' ἀλεγεινῆς. Eetion verbrannt 6, 418. Elpenor Od.
12, 12 ff. Memnon Ovid. met. 13, 582. 600. (vgl. Diod. 2, 22). Chione 11, 332.
Coronis. 2, 619. Narcissus. 3, 508. Meleager 8, 538.

[1] Ὀστεολογία, ὀστολογία Diodor 4, 38 lat. ossilegium.

wagenrennen.[1] beim heerzug der sieben gegen Thebae standen,
wie Pindar sagt (Nem. 9, 54. Ol. 6, 23) ἑπτὰ πυραί vor der
stadt sieben thoren [Eurip. suppl. 1207 ἑπτὰ πυρκαιὰς νεκρῶν], man
hat doch anzunehmen, eigentlich nur um die leichen der gefallnen Thebaner zu verbrennen. wahrscheinlich zehrten stattliche scheiterhaufen, wenn ihre menge nicht zu grosz war, alle
im treffen gefallnen krieger gemeinschaftlich auf (Il. 7, 333—336)
und was von der zeit verheerender seuche gilt musz sich auch
auf die des kriegs anwenden lassen.

Dasz bei den Griechen verbrennen der leichen vorwaltete
lehrt am deutlichsten der technische ausdruck θάπτειν, der gar
nicht weiter aufs verbrennen andrer gegenstände angewandt
wird, da er doch ursprünglich der unmittelbaren wirkung des
feuers gehörte, wie die sanskritwurzel tap calefacere, urere, pers.
taften, lat. tepere, folglich auch das ags. þefjan, ahd. depan,
vgl. nhd. dampfen weisen. doch hat sich das wort τέφρα cinis
erhalten, welchem ich jetzt, der unterbrochnen lautverschiebung
ungeachtet, das ags. tifor, ahd. zepar d. i. opfer zu vergleichen
geneigt bin. θάπτω aber, wie gesagt, bezeichnet nicht mehr das
brennen selbst, wofür καίω gebraucht wird, sondern das bestatten
der verbrannten leiche, sowie τάφος und ταφή ursprünglich brandstätte aussagen musten, allmälich das auf ihr geschüttete mal,
folglich grab und grabmal ausdrücken. nah verwandt liegen
τύμβος und τύφειν dampfen, rauchen. θάπτειν wird demnach Il.
21, 323. Od. 12, 12. 24, 417 in der sache richtig durch verbrennen aus zu legen sein, Od. 12, 13 folgt auch unmittelbar
ἐπὶ νεκρός ἐκάη, und ein gedicht der anthologie darf treffend
πυρὶ θάπτειν igne sepelire verwenden. wenn Herodot 9, 85 die
bestattung der leichen auf dem schlachtfelde von Plataea (479
vor Chr.) schildernd sich nur der ausdrücke θάπτειν und τάφος
bedient, nie von καίειν redet, so könnte zwar angenommen werden, dasz er den bekannten brauch des brandes voraus setzt;
richtiger aber scheint mir hier jene unthunlichkeit des verbrennens eingetreten zu sein, wie die grosze menge der todten aus

---

[1] leichenspiele Il. 23, 258. Od. 8, 100. 24, 70. Statius Theb. 6, 296. Virg.
Aen. 5, 104.

dem hervor heben der einzelnen griechischen stämme bei diesem
begraben hinweist. [5, 92 ist θάπτειν offenbar bestatten, im gegensatz zu κατακαίειν, verbrennen. auch 2, 41 braucht er θάπτειν
vom begraben, einscharren gestorbener stiere, 2, 67 von bären,
wölfen, füchsen.] Thukydides hingegen bei darstellung des groszen
athenischen sterbens (434 vor Chr.) läszt 2, 52 neben θάπτειν
und ταφή die wörter πυρά und καίεσθαι einflieszen, so dasz kein
zweifel bleibt, dasz das allmäliche fallen der opfer dennoch den
brand gestattete. bei Sophokles als Antigone auf den nackt liegenden bruder Polynikes durstigen staub (διψίαν κόνιν) schüttet,
werden θάπτειν, τάφῳ καλύπτειν oder κρύπτειν, ἄταφος und ἄθα-
πτος überall auf begraben bezogen, ohne dasz die vorstellung des
verbrennens ausdrücklich hinzu träte. [1] im Phaedo s. 115 läszt
Plato den Sokrates von Krito gefragt werden: θάπτωμεν δέ σε
τίνα τρόπον; und der antwortende stellt ihm art und weise des
bestattens gänzlich frei, unterscheidet aber ein σῶμα καόμενον
und κατορυττόμενον, so dasz beide arten damals im schwang ge-

---

[1] die tragiker denken sich zwar unter θάπτειν und τάφος gewöhnlich ein
beerdigen ohne die vorstellung des brandes; bei Aeschylos in den Choeph. 894
sagt Orestes zu Klytaemnestra
                        τοιγὰρ ἐν ταὐτῷ τάφῳ κείσει,
und 906   τούτῳ θανοῦσα ξυγκάθευδ'
wo das zusammenliegen, zusammenschlafen eher auf unverbrannte leichen geht.
doch tritt das verbrennen, schon dem mythus nach, nicht selten deutlich vor, in
des Sophocles Antigone 1201 wird des Polynices leib zuletzt auf frisch gebrochnen zweigen (ἐν νεοσπάσιν θάλλοις) verbrannt, und in der Electra ist des Orestes
list darauf berechnet, dasz sein verbranntes gebein im aschenkrug heran getragen
werde: 56 ὅπως λόγῳ κλέπτοντες ἡδεῖαν φάτιν
             φέρωμεν αὐτοῖς τοὐμὸν ὡς ἔρρει δέμας
             φλογιστὸν ἤδη καὶ κατηνθρακωμένον.
          757 καί νιν πυρᾷ κήαντες εὐθὺς ἐν βραχεῖ
             χαλκῷ μέγιστον σῶμα δειλαίας σποδοῦ
             φέρουσι.
Im Ajas aber 1065 soll dieser unbegraben den vögeln anheimfallen
          1089 καί σοι προφωνῶ τόνδε μὴ θάπτειν, ὅπως
             μὴ τόνδε θάπτων αὐτὸς εἰς ταφὰς πέσῃς.
wo kein gedanke an brennen ist, wie sie ihm auch zuletzt die gruft bereiten,
κοίλην κάπετον, 1403 (vgl. s. 204). wenn aber auch das begraben häufiger wurde,
geschieht des brennens dennoch meldung: τὰ δὲ λείψανα τοῦ σώματος ἑκάστου
πολὺν χρόνον παραμένειν, ἕως ἂν ᾗ κατακαυθῇ ᾗ κατασαπῇ. Platons Phaedon 86.

wesen sein müssen [1], κατορύττειν drückt humare im eigentlichen sinn aus. Κητέως ταφή bei Diodor 19, 34 ist deutlich die stelle wo Ceteus eben erst soll verbrannt werden, folglich kann auch hernach ἡ τῶν τετελευτηκότων ταφή auf ein verbrennen aller andern in der schlacht gefallnen gehn. Athenaeus IV s. 159 berichtet aus Chrysippus von einem geizhals, der sich geld in den χιτών genäht hatte, καὶ ἐνδόντα αὐτὸν ἐπισκῆψαι τοῖς οἰκείοις θάψαι οὕτως, μή τε καύσαντας, μή τε ὑεραπεύσαντας. er wollte weder verbrannt noch ausgekleidet sein, damit man des geldes nicht gewahre. schwerlich dürfte in älterer zeit θάπτειν für ein bestimmtes ὀρύττειν, d. h. eingraben unverbrannter leichen gesetzt werden, obschon τάφρον ὀρύσσειν bereits in der Ilias graben ziehen 202 bedeutet. ein noch allgemeinerer ausdruck des bestattens war κηδεύειν von κῆδος sorge, trauer und leichbegängnis. aber noch Lucian (de luctu cap. 21) als er die characteristischen leichenbestattungsarten der verschiednen völker angibt, stellt verbrennende Griechen den begrabenden Persern entgegen: ὁ μὲν Ἕλλην ἔκαυσεν, ὁ δὲ Πέρσης ἔθαψε.

Um beispiele berühmter männer, deren leichen verbrannt wurden, auszuheben, so gehören nach Plutarch dahin Solon, Alcibiades, Timoleon, Philopoemen und Pyrrhus. Alexanders des groszen leichnam kam bekanntlich auf keinen holzstosz, sondern wurde einbalsamiert und nach Aegypten gesandt. gewöhnlich aber mangelt die angabe der bestattungsart oder lautet unbestimmt; wenn es bei Arnobius 6, 6 von Cecrops heiszt 'terrae mandatus', so schlieszt das kein vorgängiges verbrennen aus, wiewol nach Cicero de leg. 2, 25 dieser von Aegypten hergekommne Cecrops in Athen gerade die humation eingeführt haben soll.

Die griechische sage und geschichte ist voll treuer knechte, freunde und frauen, die sich aufzuopfern bereit sind. Euadne, als Kapaneus ihr gemahl verbrannt wurde, stürzte sich in den

---

[1] wie auch eine stelle bei Strabo s. 486 entnehmen läszt, nach welcher auf der heiligen insel Delos ein todter weder begraben noch verbrannt werden durfte: οὐ γὰρ ἔξεστιν ἐν αὐτῇ τῇ Δήλῳ θάπτειν οὐδὲ καίειν νεκρόν. so war auf der insel Reichenau im Rhein ein ungetauftes kind zu bestatten untersagt. (d. mythol. s. 567 anm.)

scheiterhaufen um den tod mit ihm zu theilen, wie aus den supplices 934. 990. des Euripides erhellt. Pausanias 4, 2 meldet,
dasz Marpessa, Kleopatra und Polydora, drei messenische frauen
desselben geschlechts, nach ihrer männer absterben sich selbst
tödteten, ἑαυτὰς ἐπικατέσφαξαν, man darf folgern dasz sie hernach
auch mit ihnen verbrannt wurden. Lucian de luctu cap. 14 von
den mit verbraunten pferden, kebsen, weinschenken und kleidern
redend bedient sich gerade so der ausdrücke ἐπικατέσφαξαν und
συγκατέφλεξαν. nach einer angabe des Duris Samius (fragm.
hist. gr. 2, 486) war es griechischer, wenigstens makedonischer
brauch, dasz die töchter bei der leiche des vaters den scheiterhaufen anzündeten.

Den scheiterhaufen nannten die Griechen πυρά oder πυρ-
καϊά, was feuerstätte allgemein bezeichnet, den aschenkrug oder
die urne σορός. Pindar Pyth. 3, 68 bedient sich der worte τεῖ-
χος ξύλινον, hölzerner wall, welches ich im sinne von crates
nehme. als des Patroclus leiche verbrannt werden sollte, giengen die männer, die κηδεμόνες, die bestattenden (Il. 23, 63. 674)
zur waldanhöhe, fällten hohe bäume, die sie spalteten (διαπλήσ-
σοντες) und auf mäuler geschnürt zur ebne hinab trugen; nun
wurde die πυρή hundert fusz ins gevierte (ἑκατόμπεδος ἔνθα καὶ
ἔνθα) errichtet, es kommt zumal auf den ausdruck an νήσον ὕλην,
203 μενοεικέα νήσον ὕλην Il. 23, 139. 163 und νεκροὺς πυρκαϊῆς ἐπενήνεον
Il. 7, 428. 431. man pflegt πυρὰν νῆσαι [νήησαν ξύλα πολλά Od. 19,
64. πυρὰν νήσαντες Arist. Lysistr. 269. νῆσαι πυράν. 373. πυρὰν
νήσας Lucian. Peregr. c. 1. ξύλα ξυννήσαντες Procop de bell. goth.
2, 14] häufen oder schichten des holzes auszulegen, ich möchte
den gewöhnlichen sinn von νέω, nemlich nere und nectere fest-
halten, wie auch lat. nere für nectere, plectere verwandt wird,
Plinius 17. 20, 33 sagt von sich schlingenden pflanzen: inter se
radices serpunt, mutuoque discursu nentur. das lat. glomerare
kann lehren, wie aus nectere, involvere der begrif übergeht in
den von σωρεύειν.[1] für den scheiterhaufen lag es daran schnell-
entzündbares holz zu schaffen und die frischgehauenen waldbäume

---

[1] Πξρινέειν ὕλῃ τὸ ἄλσος. nemus circumnectere lignis Her. 6, 80; freilich
σῖτον παρανήνεον ἐν κανέοισι Od. 1, 147. 16, 51 heiszt sie legten, schichteten brot
in körben, und ἅμαξας φρυγάνων ἐπινέουσι Her. 4, 62 sie beladen wagen mit rei-

würden dazu ohne zwischengeflochtne dörner nicht gedient haben: die bäume gaben blosz den festen theil des gerüstes ab, das mit reisig durchwebt werden muste. das scheint mir πυρὰν νῆσαι und für meine ganze abhandlung wird entscheidend, dasz ich gewicht darauf lege. dabei kommt mir eine stelle Theocrits 24, 87 zu statten, die zwar von keinem holzstosz für menschliche leiche redet, vielmehr worauf giftiges gewürm verbrannt werden soll. eben hat die schlangen des jungen Herakles kraft erdrückt, und Tiresias ermahnt Alkmenen

ἀλλὰ γύναι πῦρ μέν τοι ὑπὸ σποδῷ εὔτυχον ἔστω,
κάγκανα δ᾽ ἀσπαλάθω ἐύλ᾽ ἑτοιμάσατ᾽ ἢ παλιούρω
ἢ βάτω ἢ ἀνέμῳ δεδονημένον αὖον ἄχερδον·
καῖε δὲ τώδ᾽ ἀγρίῃσιν ἐπὶ σχίζῃσι δράκοντε.

ἀσπάλαθος ist ein dornstrauch, wofür es aber einen bestimmten deutschen namen geben musz, παλίουρος (sonst ῥάμνος) unser hagedorn, βάτος weiszdorn, ἄχερδος zaundorn, also vier dornarten, gewis mit absicht und nach alter vorschrift auserlesen; das καίειν ἀγρίῃσιν ἐπὶ σχίζῃσι stimmt zu einem ἀγρίοις κατακαῦσαι ξύλοις bei Phrynichus dem grammatiker [1], der, wie ich belehrt werde, seine beispiele gewöhnlich attischen dichtern, zumal comikern entlehnt. ich mutmasze, als die Griechen noch nomaden waren, bedienten sie sich zum leichenbrand bestimmter vielleicht geheiligter dörner, deren bedeutsamkeit allmälich verloren gieng und im andenken des volks zuletzt nur noch für das verbrennen von drachen und ungeheuern haftete [*], wie in manchem andern fall auf thiere die längste anwendung behielt, was vordem für menschen recht und sitte war. im allgemeinen dürfen solche dörner φρύγανα heiszen von φρύγω φρύσσω torreo. Homer nennt sie schon

---

sern. νητός ist gesponnen. gewunden und dann gehäuft, wie sich gewundnes garn um den glomus häuft. νηνέω mag aus ἀνανέω entsprungen sein.

[1] Bekkers anecd. gr. 10, 26.

[*] Macrob. Saturn. 2, 16: arbores quae inferum deorum avertentiumque in tutela sunt, eas *infelices* nominant, alternum sanguinem, filicem, ficum atrum — *rubum sentesque*, quibus portenta prodigiaque mala combari jubere oportet. vgl. Bergk monatsn. s. 49. 50. auch Sifrit verbrennt lintwurm, kröten und attern. lied 9. 10. Theocr. 5, 64 ἐρείκα (erica) heide zum feuerbrand. aus Aristoph. Thesmoph. 728. 740 ergibt sich dasz das reisig zum scheiterhaufen κλῆμα, κλημάτις hiesz: κληματίδας παραβάλλειν. zweige zum scheiterhaufen auswählen. Soph. Trachin. 1196. πυρὰν κορμῶν συχνῶν χλωρῶν Lucian Peregr. c. 24.

204

nicht mehr, wenn er nicht unter jenem νῆσαι dörner flechten
verstand.

Ohne zweifel war von allen bestattungsarten wenigstens im
höhern alterthum der Griechen verbrennen die vorherschende
und nicht auf krieger und vornehme, deren scheiterhaufen nur
prächtiger eingerichtet wurden, beschränkt [*]. dasz nicht allein
die durchs schwert getödteten, auch die von der pest wegge-
raften der flamme verfielen lehrt schon der homerische vers

αἰεὶ δὲ πυραὶ νεκύων καίοντο θαμειαί,

als Phoebus Apollon seinen pfeil im lager hatte erklingen lassen, und noch mehr die schon vorhin angezogne beschreibung
des groszen sterbens zu Athen bei Thucydides. aber die κε-
ραυνωθέντες, weil sie der himlische strahl getroffen hatte, blieben
des irdischen feuers untheilhaft, und wurden, wie Artemidor
2, 8 meldet, alsbald an der stelle begraben, wo der blitz sie ge-
rührt hatte. über Kapaneus müssen des Euripides supplices 934 ff.
verglichen werden. nicht anders liesz man selbstmörder, die
das feuer verunreinigt hätten, unverbrannt, wofür Philostratus
imag. 2, 7 des Ajas beispiel anführt, den Agamemnon, ohne ihn
den flammen übergeben zu haben, eingraben liesz und bei dessen tod auch Sophocles keines feuers gedenkt [1]. beides sind
jedoch nur seltne ausnahmen, die gegen die häufige anwendung
des brands bei den Griechen kaum in betracht kommen. gröszern
eintrag gethan haben musz ihm schon frühe die absonderung
zahlreicher theile des volks in bestimmte gesellschaften, wobei
ich vorzüglich die anhänger der Eleusinien, so wie die Pytha-
goraeer ins auge fasse. die richtung der weitverbreiteten Eleu-
sinier auf geheimnisse der Demeter und Trioptolems durfte,
scheint es, grundsätzlich zwar reinigungen durch mystisches
feuer, keinen leichenbrand gestatten und auch in den verstorbnen nur Δημητρίους oder Cereales anerkennen. darum wird in
des Dialogos grabschrift

---

[*] nach K. Fr. Hermann antiq. p. 204. 206 herschte im classischen Griechenland beerdigen vor und galt das verbrennen nur für krieg und pest. Agathias
2, 23 nennt das verbrennen griechischen brauch.
[1] auch nach dem volksglauben des mittelalters kommen selbstmörder nicht
auf die grüne wiese (ius paradies). Flore 2422.

ἐνθάδε Διάλογος καθαρῷ πυρὶ γυῖα καθήρας
ἀσκητῆς σοφίης ᾤχετ᾽ ἐς ἀθανάτους

die reine flamme der πυρά, keine eleusinische gemeint. nicht
minder galt bei den Pythagoraeern, dasz keine todten verbrannt
würden; die Platoniker lieszen sich beides, verbrennen oder be- ²⁰⁵
graben gefallen. der Stoa, welche sich das feuer göttlich, einen weltbrand am ende aller dinge dachte, hätte eine ἐκπύρωσις
auch für die leichen nicht können widerstreben, doch weisz ich
kein zeugnis dafür. wer alle mysterien und philosophischen
systeme bei den Griechen in dieser beziehung untersuchen wollte,
dem würde vielleicht ausbeute lohnen. man darf wol annehmen,
dasz in den letzten drei jahrh. vor Christus das verbrennen der
leichen zwar noch in Griechenland fortdauerte, dasz aber auch
häufig blosz beerdigt wurde.

Unter den RÖMERN sind Cicero und Plinius einverstan-
den darin, dasz für ihr volk dem brennen ein älteres begraben
der todten voraus gegangen sei, welches zu jener annahme eines
steinalters vor dem brennalter stimmen würde. ipsum cremare,
drückt sich der letztere schriftsteller 7, 54 aus, apud Romanos
non fuit veteris instituti; terra condebantur. at postquam lon-
ginquis bellis obrutos erui cognovere, tunc institutum. et tamen
multae familiae priscos servavere ritus, sicut in Cornelia nemo
ante Sullam dictatorem traditur crematus, idque cum voluisse
veritum talionem, eruto C. Marii cadavere. Cicero, in der dem
Plinius augenscheinlich vorliegenden stelle de legibus II. 22, 56
vom alterthum des beerdigens redend fährt also fort: eodemque
ritu in eo sepulcro, quod ad Fontis aras, regem nostrum Numam
conditum accepimus, gentemque Corneliam usque ad memoriam
nostram hac sepultura scimus esse usam. C. Marii sitas reliquias
apud Anienem dissipari jussit Sulla victor, acerbiore odio inci-
tatus, quam si tam sapiens fuisset, quam fuit vehemens. quod
haud scio an timens suo corpori posse accidere, primus e pa-
triciis Corneliis igni voluit cremari. das hier von Numa gesagte
findet sich auch bei Plutarch cap. 22 bestätigt, nach welchem
Numa seinen leichnam zu verbrennen selbst untersagt hatte, so
dasz gleichwol der leichenbrand als bereits vorherschend angenommen werden musz. war dies aber der fall zu Numas zeit,

so mag 300 jahr später, als die zwölf tafeln gegeben wurden, das brennen noch entschiedner im schwang gewesen sein, wie das 'hominem mortuum in urbe ne sepelito neve urito', das 'rogum ascia ne polito', 'vino rogum ne respergito', und 'homini mortuo ossa ne legito' verkündigen.

Virgil [1] läszt in seinem gedicht, dessen eilftes buch die grosze leichenfeier so schön darstellt, auf seite der Trojaner alle todten verbrennen, auf seite der Latiner auch viele beerdigen (11, 204), was vielleicht die ansicht ausdrücken soll, dasz die alten landesbewohner, im gegensatz zu den trojanischen ankömmlingen, noch dieser gewohnheit huldigten. auch des trojanischen Misenus leiche wird den flammen übergeben. wer aber wollte glauben, dasz die Trojaner die sitte des leichenbrandes erst in Latium eingeführt hätten? man kann blosz das einräumen, dasz von altersher daneben auch unverbrannte leichen in die erde gesenkt wurden und einzelne geschlechter, wie das cornelische, diesem brauch lange anhiengen. sicher aber wurde das verbrennen nicht gebräuchlich, um dem zerstören der gräber einhalt zu thun, da man auch die urnen in hügeln beisetzte, die umgewühlt werden konnten. Plutarch tom. 2 s. 499 (ed. paris. 1841. 3, 604) meldet, dasz ein Decius (welchen der dreie meint er?) auf einem in der mitte des heeres errichteten scheiterhaufen (πυρὰν νήσας) dem Saturn sich geweiht habe, was die sitte des leichenbrands und deren zusammenhang mit opfern voraussetzt.

Man weisz, dasz die berühmtesten männer der römischen geschichte auf scheiterhaufen verbrannt wurden, ich will hier blosz Sulla (Mommsen 2, 359), Antonius, Brutus, Julius Caesar (in foro. Cic. ad Attic. 14, 10. ante rostra epit. Liv. 116. vgl. Suet. Caes. 84. Plutarch. Caes. 68), Pompejus, Octavius Augustus, Tiberius, Caligula und Nero nennen [2]. erst mit dem vor-

---

[1] was Lucrez 6, 1275 ff sagt von mos sepulturae, humari, rogorum exstructa ist alles aus Thucydides 2, 52 entnommen und für den römischen brauch unerheblich.

[2] die Poppaea liesz Nero einbalsamieren: corpus non igni abolitum, ut romanus mos, sed regum externorum consuetudine differtum odoribus conditur, tumuloque Juliorum infertur. Tac. ann. 16, 6. [Cato majors sohn verbrannt Cic. de senect. 83. Ciceros college ad div. 4, 12. 15, 17. Lepidus Plin. 7, 53. könig Juba. Caes. b. afric. 91. Scapula Caes. b. hispan. 33. Drusus. Dio Cass. 55, 2.

dringen des christenthums im römischen reich begann das verbrennen auszer gebrauch zu gerathen, im dritten jh. hatte es zu Rom völlig aufgehört [1] und gegen den schlusz des vierten bezeugt dies aufhören Macrobius Saturn. 7, 7, der uns noch eine ihm bekannt gewordne merkwürdige nachricht aufbewahrt [2]: licet urendi corpora defunctorum usus nostro seculo nullus sit, lectio tamen docet, eo tempore quo igni dari honor mortuis habebatur, si quando usu venisset ut plura corpora simul incenderentur, solitos fuisse funerum ministros denis virorum corporibus adjicere singula muliebria, et unius adjutu quasi natura flammei et ideo celeriter ardentis cetera flagrabant. ita nec veteribus calor *207 mulierum habebatur incognitus. ob das wahrnehmungen neuerer physiologen bestätigen weisz ich nicht, nach diesem zeugnis gehörten also die Römer nicht zu den das verbrennen auf männer einschränkenden völkern, und zugleich erhellt, dasz ein und derselbe scheiterhaufe mehrere leichen zu umfassen pflegte. stellen Tertullians lehren dasz wenigstens im zweiten jh. der leichenbrand zu Carthago üblich war. de corona militis cap. 9: et cremabitur ex disciplina castrensi Christianus, cui cremare non licuit, cui Christus merita ignis indulsit? de resurr. carnis cap. 1: sed vulgus invidet, existimans nihil superesse post mortem. et tamen defunctis parentant et quidem impensissimo officio pro moribus eorum, pro temporibus sepultorum, ut quos negant sentire quicquam, etiam desiderare praesumant. at ego magis ridebo vulgus tunc quoque cum ipsos defunctos atrocissime exurit, quos postmodum gulosissime nutrit, iisdem ignibus et promerens et

Germanicus. Tac. ann. 2, 73. 75. söhne des Germanicus. grabinschriften bei Zell 778. Lollia Paullina. Tac. ann. 14, 12. Antonia. Suet. Calig. 23. Ovid dachte sicher verbrannt zu werden. ex Ponto IV. 16, 48. Trist. III. 3, 60. 65. 69. 83. auch Properz I. 18, 21 ff. 20, 17 ff. II. 9, 4. III. 4, 15 ff. IV. 7, 7. 14, 46. 15, 24. V. 7, 79. 11, 8. Tibull I. 1, 61. 2, 48. 3, 6. II. 4, 45.]

[1] Apollinaris Sidonius, ein christlicher schriftsteller aus der zweiten hälfte des fünften jh. bedient sich epist. 3, 13 eines vom leichenbrand entnommnen gleichnisses, ohne dasz man daraus folgern dürfte, die sitte habe sich vielleicht in Gallien länger behauptet: enimvero illa (persona) sordidior atque deformior est cadavere rogali, quod facibus admotis semicombustum, moxque sidente strue torrium devolutum reddere pyrae jam fastidiosus pollinctor exhorret.

[2] ich gewahre, das schon früher Plutarch quaest. conviv. 3, 4 dasselbe berichtet.

offendens. o pietatem de crudelitate ludentem: sacrificat an insultat, quum crematis cremat. gemeint scheinen die zum dienst der verbrannten leichen mitverbrannten sachen.

Die römischen dichter liefern uns erhebende, für den gebrauch lehrreiche darstellungen des leichenbrandes. auszer Virgils lieblicher schilderung des bestatteten Pallas (11, 64 — 192)[1] und der des Misenus (6, 179 — 235) sei hier nur auf Tibulls [Lygdamus?] zweite elegie des dritten buchs gewiesen, wo es unter anderm heiszt

> ergo cum tenuem fuero mutatus in umbram
> candidaque ossa super nigra favilla teget,
> ante meum veniat longos incompta capillos
> et fleat ante meum maesta Neaera rogum.
> sed veniat carae matris comitata dolore:
> maereat haec genero, maereat illa viro.
> praefatae ante meos manes animamque precatae
> perfusaeque pias ante liquore manus,
> pars quae sola mei superabit corporis, ossa
> incinctae nigra candida veste legent,
> et primum annoso spargent collecta Lyaeo,
> mox etiam niveo fundere lacte parent,

---

[1] dies grab des Pallas wollte man im mittelalter gefunden und eröfnet haben, nach Veldeckes Eneit 8324 ff. zur zeit kaiser Friedrich Rotbbarts im jahre 1150, nach den chronisten schon früher unter Heinrich dem dritten um das jahr 1045, vergl. Pistorius 1, 1140. 3, 117 und Fel. Fabri evagatorium 3, 54. [Ettmüllers vorr. zur En. XV. XVI. Heinrich von Herford a. 1051. Willelmi gesta reg. Angl. bei Pertz 12, 472.] unsre dichter des mittelalters hatten natürlich kunde des römischen leichenbrandes:

> ir töten sie dâ branden,
> alse man zuo den geziten pflac,

En. 7913, vgl. Herbort 8106. 8120, ohne die leiseste erinnerung an den alteinheimischen brand. auch Albrecht von Halberstadt (Wikram 371ᵃ). man übertrug es auf Sarazenen (zu 266). [mnl. Lancelot 34296 ff.

> si toghen van beiden siden dan
> int forest, daer si *hout* namen,
> ende *bernden die licghamen*,
> *die man niet kende,* sonder sparen;
> ende dire bokennt waren,
> se nemen de lichgamen daer of
> ende *grafse in eenen kerchof.*]

post haec carbaseis humorem tollere velis

    atque in marmorea ponere sicca domo.

aber noch mehr aus dem menschlichen leben gegriffen sind die zahlreichen epitaphe, voll des herzlichsten gefühls; ich meine, kein volk der erde war so bereit und gerüstet zu einfachen sinnreichen inschriften bei allen anlässen des lebens, aber auch keine andre sprache so geschickt dafür wie die lateinische, zumal wo in prosa abgefaszt wird, denn in metrischen grabschriften möchten es die Griechen den Römern noch zuvor thun. welchen schatz von kenntnissen verdankt die nachwelt diesen in marmor gehauenen klaren buchstaben; rechten gegensatz bildet die dürre des inhalts der runen auf nordischen gräbern, oder das barbarische zwar wortreiche doch gedankenarme deutsch auf den leichensteinen unsrer kirchhöfe, dessen schnelles verwittern kommenden zeiten keine sehnsucht wecken wird.

Die Römer gebrauchen sepelire für bestatten in so allgemeinem sinn, dasz es bald terra condere, humare, bald auch concremare und comburere ausdrücken kann [1]. bustum deutete

---

[1] Plaut. Men. I. 2, 43 ist sepulcrum brandstätte, wie das folgende comburamus und incendo rogum ergibt. Terent. Andr. 1. 1, 102. ad sepulcrum venimus, in ignem inpositast. vgl. sepulcrum Tac. Germ. 27. — der lat. sprache scheint es mit sepelire, das ich sonst dem goth. filhan commendare verglich, nicht anders ergangen als der griechischen mit θάπτειν, auch sepelire mag ursprünglich brennen, leuchten ausgesagt haben und zum sl. paliti, planutise, wie zum gr φλέγειν, aber auch zum finn. palan, palo und altn. bál fallen; das se in sĕpelire sĕpultus verhält sich wie in sējungere abhinden, sēvocare abrufen, nur mit eingetretner kürzung des e [solvo solutus aus se-luo, so-luo. Pott 1, 26. 209. Bopp gl. 303. vgl. sēcordia, sŏcordia, sŏcors]: sepelire ist abbrennen, verbrennen, zerbrennen und verwandt vielleicht pulcer, pulcher nitens, splendidus. aber schon sehr frühe artete es in die vorstellung des begrabens oder bestattens überhaupt aus, wenn die zwölf tafeln sagen: hominem mortuum in urbe ne sepelito neve urito; si cui auro dentes vincti escint, im eam illo sepelire urereve se fraude esto, wird es als beerdigen dem verbrennen gegenübergestellt, wie es auch rogum bustumve novum heiszt, wo bustum, die brandstätte wiederum als grab zur seite steht. [cinis ipse sepulti. Ov. met. 13, 502. sepeliri semiustum cadaver. Suet. Domit. 15. vgl. Liv. 8, 24. Spartian. Hadrian. 25. 27.] bei den uralten redensarten sepultus morte meroque Festus 340; urbem somno vinoque sepultam Virg. Aen. 2, 265; lingua sepulta mero Prop. III, 9, 56 dachte längst kein mensch weiter an brennen. doch wird unterschieden humandi sepeliendi jus potestas, humatus sepultusve, vgl. sepelire urereve. auch funus scheint wie fumus (favilla asche, fuscus verbrannt) der wurzel fu == dhu == hu zugehörig, also todtenverbrennung. Pott 1, 211.

ich in einer jüngst vorgelesenen abhandlung über die wörter des leuchtens und brennens aus ambustum *, was die verba amburere und comburere bestätigen. Festus sagt, bustum proprie dicitur locus in quo mortuus est combustus et sepultus, diciturque bustum quasi bene ustum; ubi vero combustus quis tantummodo, alibi vero sepultus, is locus ab urendo ustrina vocatur, sed modo busta sepulcra vocamus. demnach ist bustum gleich dem gr. τάφος aus seinem ursprünglichen begrif einer brandstätte in den des grabs allgemein übergegangen, nur dasz den Römern der bezug auf urere fühlbarer blieb als den Griechen bei τάφος und θάπτειν. auch den namen urna, der häufig vom aschkrug des grabes gilt (man sagte cineres in urnam condere und caelo tegitur qui non habet urnam) leite ich lieber als vom skr. vàri aqua oder vom gr. οὐρεῖν und οὐράνη einfach ab vom lat. uro selbst, sei damit der gebrannte thon oder die verbrannte asche gemeint. dem scheiterhaufen gaben die Römer bald die gr. benennung pyra, bald die ihnen eigne rogus, welches von regere, wie toga von tegere stammt; regere mag ursprünglich ausdrücken struere, congerere und dem goth. rikan entsprechen, so dasz sich für rogus der begrif von strues, congeries von selbst einfindet **. der genauere sprachgebrauch wendet auch pyra auf den ignis rogi an, rogus auf die strues lignorum, in qua imposita cadavera cremantur. man sagte in rogum imponere, inferre und ascendere rogum.

Ich kann hier anzuführen nicht umhin, dasz nach Pollux 9, 46 (ed. Bekker s. 369) ῥογοί auch kornschober und σιτοβόλια hieszen, wie gr. σορός todtenbehälter an σωρός getraidehaufe und haufe überhaupt mahnt. dazu verglich ich gesch. der deutschen spr. s. 235 ein thrakisches σειρός sirus, welches getraidehöle bezeichnet mit deutschen und finnischen wörtern; jetzt liegt mir an hervorzuheben, dasz den Etrusken oder Tusken die pforte der unterwelt für einen kornbehälter galt und der erde segen mit dem wirken einer unterirdischen welt in berührung stand (O. Müller 2, 98), wie die aegyptischen pyramiden so wol kö-

* Pott 1, 269 und bei Kuhn 5, 243 sieht in b die partikel ab.
** structi rogi Ovid. Trist. I. 3, 98. III. 13, 22. IV. 10, 86. exstructi rogi epist. 15, 16. structi ignes. Prop. IV. 5, 28.

nigsgräben als kornkammern, ὡρεῖα βασιλικὰ σιτοδοχά heiszen [1], wir werden noch mehr ausdrücken begegnen, die zugleich scheiterhaufen und kornschober bezeichnen. pila, was sonst columna, κίων aussagt, findet sich nicht für rogus, doch das mlat. pila nimmt den sinn von strues an, woher das engl. pile, scheiterhaufe.

Das zündbare holz hiesz cremium, lignum aridum, quia facile crematur, aber auch sarmen (von sarpo): ignem et sarmen circumdari. Plaut. Most. V. 2, 65; ligna et sarmenta circumdari, ignemque subjicere. Cic. Verr. II. 1, 17. inschriften haben die formel: subito conlectitioque igne cremare, wofür dörner sich eignen. dennoch finde ich nie einen der ausdrücke, woran das latein reich ist, spinus, rubus, dumus, prunus, vepris, sentis (neben sentix und dem adj. sentus) beim entzünden des rogus verwandt[*], und weisz nicht, ob Catull, wenn er carm. 34 des Volusius scripta 'infelicibus ustulanda lignis' bezeichnet, infelix [s. oben 203 die stelle aus Macrobius] etwan im sinn jenes gr. ἄγριος setzt. zur zeit aus welcher uns schilderungen römischer scheiterhaufen zustehn hinterbleibt also von jenem nomadischen gebrauch der dörner zwar keine spur; doch beachte man, dasz prunus durch seine verwandtschaft mit pruna und prurio, rubus durch die mit rubeo gleichwol auf die vorstellung des brennens weisen.[2] auf schnelles niederbrennen des holzstoszes und volles zerstören der leiche wurde bedacht genommen. wenn bei Sueton im Caligula gesagt wird cap. 59: cadaver tumultuario rogo semiambustum, so drückt das verachtung aus, und bei dem im voraus um seine leiche besorgten Nero heiszt es, dasz sein gefolge mit mühe erlangte ut totus cremaretur, wie auch bei 210 Tibers bestattung der ruf erschollen war: in amphitheatro semiustulandum. nichts anders will ambustulare sagen: ambustu-

---

[1] etymol. magn. 632, vgl. Gregor. turon. 1, 10. [pyramides bei Cairo: horrea Pharaonis ab incolis vocantur. Ludolf von Suchen bei Deycks s. 20.]

[*] Aen. 6, 180 piceae, ilex, fraxinus, rcbur, ornus 6, 214. taedis et robore secto ingentem struxere pyram, cui frondibus atris intexunt latera et ferales ante cupressos constituunt.

[2] schon Isidor: pruna a perurendo; man nimmt sonst pruna carbo für prusna, wie dumus für dusmns, leitet aber prunus vom gr. προῦνος = προύμνος.

latum objiciam magnis avibus pabulum. Plaut. Rud. 4, 65. [eve-
nit ut tempestate dejecto funere semiustum cadaver discerperent
canes. Suet. Domitian. 15.]

Man pflegte das holzgerüste auszuhobeln (wie jenes zwölf-
tafelverbot lehrt), mit tüchern, gewändern und waffen zu
schmücken, auch anzumahlen und starkduftende cypressen rings
aufzustellen. wer anzündete, und gewöhnlich war es der nächste
verwandte, wandte das gesicht ab (subjectam more parentum
aversi tenuere facem. Aen. 6, 223). blumen, vögel und andere
opferthiere wurden reichlich auf die flamme geworfen und mitverbrannt, wein und wolgerüche gesprengt; eines mitverbrennens
der frauen und witwen gedenken römische quellen nicht[1]. die
aus dem brand gelesnen knochen und aschen setzte man in
hügeln und gräbern bei. columbarium hiesz der raum des grabs,
wo die aschkrüge zusammengestellt waren; da dieser ausdruck
eigentlich das lager der tauben im gebälk, von wo sie ausfliegen,
bezeichnet, darf man vielleicht einen bezug auf den flug der
seelen vermuten, die oft den tauben verglichen werden.

Ausgenommen vom brand waren einmal kinder die noch
nicht gezahnt hatten. Plinius 7, 16 spricht es als allgemeinen
brauch aus: hominem priusquam genito dente cremari mos gen-
tium non est; des kindes knochen sind noch unfest und dem
feuer widerstand zu leisten unfähig. auch Juvenal 15, 138:

  naturae imperio geminus, quum funus adultae
  virginis occurrit, vel terra clauditur infans
  et minor igne rogi,

durch welchen gebrauch die erst beim zahnen erfolgenden geschenke für das kind in unserm alterthum bedeutsamkeit er- .
langen.

Ferner blieben unverbrannt fulguriti (Plin. 2, 54), wegen der
heiligkeit des vom blitz getroffnen bodens. ob der tod durch
krankheit oder in der schlacht erfolgte scheint keinen unterschied der bestattungen zur folge zu haben, und dasz frauen
neben männern verbrannt wurden, lehrt Macrob. wichtig aber

---

[1] wenn es bei Plautus im Rudens III. 4, 62 von zwei mädchen heiszt: imo
hasce ambas hic in ara ut vivas comburam, so sollen sie als brandopfer der Venus
fallen, und die stelle ist nachahmung einer griechischen.

wäre genauer zu wissen, welche altrömischen geschlechter auszer
dem cornelischen ihre todten, während der leichenbrand vor-
herschte, unverbrannt begraben lieszen. wahrscheinlich bestan-
den auch schon vor dem sieg des christenthums, seit griechische, 211
jüdische und christliche secten vordrangen, genug anhänger derselben, die ihre leichen der flamme entzogen.

Die bestattungsgebräuche der ALTITALISCHEN völker,
von jenem durchbrechenden gegensatz zwischen Latinern und
Trojanern abgesehen, sind uns verschollen. auch in Etrurien
scheint beerdigung ältere sitte, die später dem verbrennen wich
und nur noch für blitzerschlagene beibehalten wurde. in den
gräbern finden sich ganze leichen eingescharrt und grosze stein-
särge neben den gewöhnlichen urnen aufgestellt (O. Müller 2, 160).

Von den leichen der GALLIER ertheilt Julius Caesar wichtige nachricht 6, 19: funera sunt pro cultu Gallorum magnifica
et sumtuosa, omniaque quae vivis cordi fuisse arbitrantur in
ignem inferunt, etiam animalia, ac paullo supra hanc memoriam
servi et clientes, quos ab iis dilectos esse constabat, justis fu-
neribus confectis, una cremabantur. das brennen ist also hier
unzweifelhaft und zum überflusz sagt Mela III. 2, 3: itaque cum
mortuis cremant ac defodiunt apta viventibus. olim negotiorum
ratio etiam et exactio crediti deferebatur ad inferos, erantque
qui se in rogos suorum velut una victori libenter immitterent.
[Diodor 5, 28 sagt dasz die Gallier in die flamme des scheiterhaufens geschriebene briefe an die verstorbnen zu werfen pflegten.] mit Caesars meldung musz man aber noch verbinden,
was er 6, 17 voraus geschickt hatte: alii immani magnitudine
simulacra habent, quorum contexta viminibus membra vivis hominibus complent, quibus succensis circumventi flamma exani-
mantur homines. hier handelt es sich nicht von leichen, sondern von menschen, verbrechern oder unschuldigen, die den
göttern zum opfer dargebracht und der flamme übergeben werden. [nach Diodor 5, 32 werden die missethäter alle fünf jahre
auf solchen groszen scheiterhaufen verbrannt. Strabo 4, 198
nennt diesen scheiterhaufen einen κολοσσὸν χόρτου καὶ ξύλων.] das
weidengeflecht (sarmen) mahnt wieder ans νῆσαι πυράν, und an die
zurüstung des scheiterhaufens bei andern völkern. Busta Gal-

lorum hiesz ein ort in den Appenninen, wo eine niederlage der
Gallier erfolgt war (Procop. b. goth. 4, 29).

Aus dem spätern alterthum der Kelten weisz ich kein
zeugnis für den leichenbrand aufzuweisen und es befremdet darüber gar nichts weder in irischen noch welschen quellen zu entdecken[*]; Ossians nebelgeister der helden sind sich keines verbrennens, bevor sie der hügel deckte, bewust. aber nichts wird
auch einzuwenden sein gegen die aschenurnen und brandüber-
reste, die in entschieden keltischen gräbern allenthalben wahrzunehmen sind. und sollte nicht das ir. draighean, gal. droi-
ghionn dorn, droighneach schwarzdorn, draighbhiorasg zunder,
drag feuer auf das entzünden des feuers mit dörnern leiten?
draighean ist das welsche draen, armor. drëan = sl. tr'n", goth.
þaurnus, hd. dorn, die nicht minder den begrif des brennens in
sich zu tragen scheinen; ja eine andre wurzel, das ir. gal. teine,
welsche tàn feuer schlieszt sich, obschon ohne lautverschiebung,
an das goth. tains, ags. tàn, altn. teinn, ahd. zein virgula, vimen,
sarmentum, vielleicht sogar an goth. tandjan, ahd. zuntan incendere.

Von der bestattungsweise bei den SKYTHEN hätte man
gern genauere auskunft. Herodot 4, 71. 72 beschreibt höchst

* in D'Achery spicilegium ed. Paris 1723. tom I. 492—507 finden sich aus-
zugsweise capitula selecta ex antiqua canonum collectione facta in Hibernia sec.
circiter VIII. ex libro 42, 26: primis temporibus reges tantum sepeliebantur in
basilica; nam ceteri homines sive *igni* sive *acervo lapidum* conditi sunt. O'Brien
gibt *oilbhreo* a funeral fire, rogus. breo ist feuer, oil aber sonst fels, kunkel. breo
= lasair, flamme. Stokes three irish gl. p. 131. vgl. O'Kearney's battle of Gabhra
p. 62: It does not appear that any portion of irish history is found to support the
theory of burning the dead; but we have numerous instances recorded by tradition
of *persons guilty* of *great* and *unusual crimes being burned* at a stake, while every
person who attended the execution was bound *to fetch* a *bundle of dry fagots* to
add to *the fire.* as such criminels were held in general detestation, it is probable
that their ashes were scattered *to the winds* instead of honourable monuments being
raised for their reception. if we take a survey of the numerous cills or places
of burial, never dedicated to christian purposes, we find them *too numerous* to
warrant the opinion that the remains of the dead were wont to be burned instead
of having been interred in graves formed with flagstones. . . . . if the ancient
Irish had been accustomed to burn the remains of the dead, so many old pagan
places of interment would not exist. die *arten der gräber* werden nun nach einem
alten buch Keatings von 1620 beschrieben, und merkwürdig dabei ist die verschiedenheit nach rang und geschlecht.

lebendig das verfahren der am Borysthenes wohnenden Gerrhen mit der leiche ihres königs. erst wird eine grube gegraben, dann der leichnam einbalsamirt und auf einem wagen bei allen unterwürfigen völkern herum geführt. darauf kommt er in die grube, auf beiden seiten werden spere in die erde gesteckt, hölzer darüber gelegt und mit geflecht bedeckt. in dem grabe wird auch eine der frauen, vorher erdrosselt, bestattet, der weinschenk, koch, marschall und bote, dann pferde, erstlinge von allen andern sachen und goldschalen, zuletzt erde aufgeworfen und ein groszer hügel errichtet. nach verlauf eines jahres werden funfzig diener und eben so viel pferde getödtet, allen der leib aufgeschnitten und an die stelle des ausgenommnen eingeweides mit stroh gefüllt und wieder zu genäht. dann festigen sie halbe radfelgen auf zwei hölzern in die erde, stoszen eine stange der länge nach bis zum hals durch die pferde und setzen sie auf die felgen, legen den pferden zaum und gebisz an und lassen auf jedes pferd einen der funfzig jünglinge nieder, denen eine stange durch den rückgrat bis zum halse getrieben ist, deren unteres ende in dem durch die pferde reichenden holze haftet. dies gerüste bleibt um das grab aufgestellt. das ganze gerüste gleicht nun auffallend der pyra equinis sellis constructa, auf welcher der verwundete Attila, um nicht seinen feinden in die hände zu fallen, sich selbst verbrennen wollte (Iornandes cap. 40) und wahrscheinlich war auch die später über seinem grabe errichtete strava d.' i. strues (vom goth. straujan sternere, Iornand. cap. 49*) ebenso errichtet, auch das im Sachsenspiegel geschilderte alterthümliche wergeldsgerüste und die anordnung nordischer und angelsächsischer scheiterhaufen wird licht darauf werfen. Herodot gedenkt dabei keines feuerbrands (wie auch in Lucians Toxaris cap. 43. 59 blosz von θάπτειν geredet wird); man darf ihn aber sich hinzu denken, wie auch die τάφοι πατρώιοι der Skythen, nach allem was vorhin über den gr. sprachgebrauch erörtert wurde, verbrennen nicht ausschlieszen. der Skythen vorwaltende neigung zu feierlichen gerüsten erhellt am aller deut-

* stravam super tumulum ejus, quam appellant ipsi, ingenti commessatione concelebrant. Schafarik 1, 252. 327. 329 sieht darin das sl. strawa leichenmahl. Jungmann 4, 332ᵇ. strava ist victus, essen.

²¹³ lichsten aus dem drei stadien langen und breiten reiserhaufen, ὄγκος φρυγάνων, welchem jährlich 150 wagen frischen vorrath zuführten (Herod. 4, 62) *. da sich φρύγανον von φρύσσω ableitet, mutmasze ich, dasz die dörner eben zum zünden der opfer dienten, die hier dem Ares gebracht wurden, dessen altes eisernes schwert oben auf der spitze des haufens prangte.

Nicolaus Damascenus fragm. 117 (fr. hist. gr. 3, 459) berichtet von wahrscheinlich pontischen Kianern: Κίοι τοὺς ἀποθανόντας κατακαύσαντες καὶ ὀστολογήσαντες ἐν ὅλμῳ τὰ ὀστᾶ καταπτίσσουσιν, εἶτα ἐνθέντες εἰς πλοῖον καὶ κόσκινον λαβόντες ἀναπλέουσιν εἰς πέλαγος καὶ πρὸς τὸν ἄνεμον ἐξοδιάζουσιν, ἄχρις ἂν πάντα ἐκφυσηθῇ καὶ ἀφανῆ γένηται [1].

THRAKISCHER gräber gedenkt Herodot 5, 5 ** bei den Krestonaeern, einem den Geten und Trausen nahverwandten stamm. die geehrteste und geliebteste frau wird auf des verstorbnen mannes hügel vom nächsten freund getödtet und mitbegraben: σφάζεται ἐς τὸν τάφον ὑπὸ τοῦ οἰκηιωτάτου ἑωυτῆς, σφαχθεῖσα δὲ συνθάπτεται τῷ ἀνδρί. auch hier darf unter τάφος vorzugsweise die brandstätte verstanden werden, da das mitsterben der frauen ursprünglichen leichenbrand voraussetzt. dazu sagt Mela II. 2, 4 von den thrakischen frauen: super mortuorum corpora interfici simulque sepeliri votum eximium habent, und gleich darauf arma opesque ad rogos deferunt.

Ueberall, wo mitverbrennen lebender statt fand, liesz man ein erwürgen vorausgehen.

* πυρὰ παρεβέβυστο τῶν φρυγάνων ward erfüllt mit reisern. Lucian Peregr. 35.

[1] im Ruodlieb 6, 48 bittet eine verbrecherin selbst den richter: sed rogo, post triduum corpus tollatis ut ipsum et comburatis, in aquam cinerem jaciatis, ne jubar abscondat sol, aut aer neget imbrem, ne per me grando dicatur laedere mundo.

** 5, 8 θάπτουσι κατακαύσαντες ἢ ἄλλως τῇ κρύψαντες, χῶμα δὲ χέαντες. leichenverbrennung bei pannonischen Illyriern (?). Chmels notizenbl. 6, 582. Meyer anthol. s. 17 no. 69 (vgl. s. 28) nach einem griechischen opigramm der anthol. palat. 7, 542:

Thrax puer adstricto glacie dum ludit in Hebro,
  pondere concretas frigore rupit aquas.
dumque imae partes rapido traherentur ab amne,
  abscidit tenerum lubrica testa caput.
orba quod inventum' mater dum conderet urna,
  hoc *peperi flammis*, caetera, dixit, aquis.

Indem ich mich nun zu der untersuchung wende, ob leichenbrand oder bestattung unverbrannter leichen bei den DEUT
SCHEN der vorzeit gegolten habe; so überhebt uns ein kostbares zeugnis des römischen schriftstellers, ohne welchen insgemein unser frühstes alterthum dunkel und glanzlos geblieben
wäre, aller zweifel. diese unverwerfliche beobachtung des Tacitus (denn Caesar hat hier von den Germanen gar nichts berichtet) musz demnach an die spitze aller übrigen nachrichten
treten. er sagt cap. 27: funerum nulla ambitio. id solum observatur, ut corpora clarorum virorum certis lignis crementur.
struem nec vestibus nec odoribus cumulant: sua cuique arma,
quorundam igni et equus adjicitur. sepulcrum cespes erigit;
monumentorum arduum et operosum honorem ut gravem de- 214
functis aspernantur. diese kunde, obgleich auf wahrnehmungen
gestützt, die den Römern an westlichen Germanen zu gebot
standen, wird sich vollständig bewähren, auf die worte 'ut corpora clarorum virorum certis lignis crementur' musz ich sowol
nach dem was schon voraus gesagt worden ist als nach allen
ergebnissen der folgenden forschung das entschiedenste gewicht
legen. wie sollte irgend ein volk der Germanen, die zwischen
leichenbrennenden Galliern, Römern, Griechen, Thrakern, Littauern und Slaven eingeschlossen wohnten, sich dieser sitte entzogen haben?

Billig aber nehme ich zuerst auf die GOTHEN rücksicht,
welche östlich gesessen, in sprache und gebräuchen vorzugsweise
unsern zusammenhang mit andern völkern des alterthums am
reinsten kund geben. wir lernen aus Procops bericht (bell. goth.
2, 14), dasz unter den unleugbar gothischen Herulen noch bis
in das fünfte, sechste jh. nach Chr. die vorhin bei den thrakischen Krestonaeern angetrofne sitte des mitbestattens der frauen
sich fortgepflanzt hatte. die wiederum mangelnde ausdrückliche
angabe des leichenbrandes darf aus der natur des ganzen gebrauchs, noch sicherer aus dem zusammenhang der stelle selbst
gefolgert werden, da unmittelbar vorangeht, dasz nach herulischer gewohnheit auch die alten und kranken, nach vorher beigebrachtem todesstosz auf scheiterhaufen verbrannt wurden:
οὔτε γὰρ γηράσκουσιν οὔτε νοσοῦσιν αὐτοῖς βιοτεύειν ἐξῆν, ἀλλ' ἐπειδάν

τις αὐτῶν ἢ γήρᾳ ἢ νόσῳ ἁλιῴη, ἐπάναγκές οἱ ἐγίνετο τοὺς ξυγγενεῖς αἰτεῖσθαι ὅτι τάχιστα ἐξ ἀνθρώπων αὐτὸν ἀφανίζειν. οἱ δὲ ξύλα πολλὰ ἐς μέγα τι ὕψος ξυννήσαντες, καθίσαντές τε τὸν ἄνθρωπον ἐν τῇ τῶν ξύλων ὑπερβολῇ, τῶν τινα Ἐρούλων, ἀλλότριον μέντοι, σὺν ξιφιδίῳ παρ᾽ αὐτὸν ἔπεμπον. ξυγγενῆ γὰρ αὐτῷ τὸν φονέα εἶναι οὐ θέμις. ἐπειδὰν δὲ αὐτοῖς ὁ τοῦ ξυγγενοῦς φονεὺς ἐπανῄει, ξύμπαντα ἔκαιον αὐτίκα τὰ ξύλα, ἐκ τῶν ἐσχάτων ἀρξάμενοι. παυσαμένης τε αὐτοῖς τῆς φλογὸς ξυλλέξαντες τὰ ὀστᾶ τὸ παραυτίκα τῇ γῇ ἔκρυπτον. Ἐρούλου δὲ ἀνδρὸς τελευτήσαντος ἐπάναγκες τῇ γυναικὶ ἀρετῆς μεταποιουμένῃ καὶ κλέος αὐτῇ ἐθελούσῃ λείπεσθαι βρόχον ἀναψαμένῃ παρὰ τὸν τοῦ ἀνδρὸς τάφον οὐκ εἰς μακρὸν θνῄσκειν. οὐ ποιούσῃ τε ταῦτα περιειστήκει τὸ λοιπὸν ἀδόξῳ τε εἶναι καὶ τοῖς τοῦ ἀνδρὸς ξυγγενέσι προσκεκρουχέναι. τοιούτοις μὲν ἐχρῶντο Ἔρουλοι τὸ παλαιὸν νόμοις. die hochgeschichteten reiser gleichen dem skythischen ὄγκος φρυγάνων und nicht zu übersehen ist, dasz zwar die verwandten die scheiter anzünden, den todesstosz jedoch durch einen fremden beibringen lassen.

215   Die gothische geschichte selbst reicht nicht weit genug ins heidenthum zurück um uns andrer beispiele des leichenbrands zu versichern. eine stelle des Sidonius Apollinaris gestattet vielleicht folgerungen, epist. 3, 12 von einem bestattungsplatz der todten redend drückt er sich so aus: campus autem ipse dudum refertus tam bustualibus favillis, quam cadaveribus nullam jam diu scrobem recipiebat. damals in der zweiten hälfte des fünften jh. waren die Gallier längst Christen und dem leichenbrand fremd, aber Westgothen hausten zugleich in jenen landstrichen, entweder noch heidnische oder arianische, und es ist möglich, dasz sogar die Arianer ein verbrennen der todten gestatteten; die bustuales favillae können hier aber auch uralte römische oder gallische grabhügel meinen. epist. 3, 3, als des Ecdicius sieg über die Gothen (um 470) geschildert wird, heiszt es von diesen: tum demum palam officiis exequialibus occupabantur, ... sic tamen, quod nec ossa tumultuarii cespitis mole .tumulabant, quibus nec elutis vestimenta, nec vestitis sepulcra. tribuebant, juste sic mortuis talia justa solventes. jacebant corpora undique locorum plaustris convecta rorantibus, quae raptim successis conclusa domiciliis culminum super labentium rogali-

bus fragmentis funerabantur; es scheint dasz die Gothen, vom
feinde gedrängt, ihre leichen auf den wagen verbrannten.

Das bruchstück eines gothischen calenders verzeichnet uns
ein gedächtnis oder gaminþi matyrê þizê bi Vêrêkan papan jah
Batvin bilaif aikklêsjôns fullaizôs ana Gutþiudai gabrannidaizê,
das waren christliche bei noch unbekehrten Gothen im feuer
verbrannte märtyrer; [so wird auch der heilige Marinus in Nori-
cum von den Vandalen grandi igne, cumulo lignorum copioso
verbrannt. MB. 1, 346]. die strafart wird auch auf das verbrennen der leichen einen schlusz gestatten. noch deutlicher weisen
dahin einzelne ausdrücke, deren sich Ulfilas in seiner verdeut-
schung bedient. Marc. 5, 2. 3. 5 bei dem besessenen, der in
bergen und gräbern hauste, wird das gr. μνῆμα dreimal ausgedrückt aurahi oder aurahjô, wo die vulg. monumentum setzt.
was ist dies bisher ungedeutete wort? ich halte es für genau
entsprechend dem lat. urceus, was hier den heidnischen τάφος,
worin die verbrannte leiche bestattet war, bezeichnet; für das
männliche urceus galt dem Gothen ein weibliches aurahi mit
dem sinn von urna; der bischof stand nicht an, die wohnstätte
eines ungeheuern gespenstes mit dem für das heidnische grab
hergebrachten ausdruck zu verdeutschen, und es scheint uns
damit die sitte des leichenbrands unter den Gothen erwiesen,
der aschkrug oder die urne setzen sie voraus. Luc. 8, 27 steht
für μνήματα das goth. hlaivasnôs gräber, hügel, wie auch sonst 216
das bekannte und einfache hlaiv, ahd. hlêo = lat. clivus verwandt wird. nun dürfte selbst der ahd. ortsname Uraha, das
heutige Urach in Schwaben (Graff 1, 459. Stälin 2, 453) auf
heidengräber bezogen werden [1]; dem urceus und urceolus ent-
sprach sonst ein ahd. urchal, mhd. urgel (Diut. 1, 480. 486) und
mit übergang in zischlaut urzal urzil, wofür ich bisher nur die
bedeutung scyphus, nicht die von urna sepulcralis nachweisen
kann. [*] Ürzel heiszt ein dorf am Vogelsberg.

Aber noch wichtiger wird ein andres goth. wort. wie in
aller welt gelangt Ulfilas dazu, das einfache gr. βάτος, in der

---

[1] falls man keinen bach (aha) darin sehn will, wie in der thüringischen
Oraha (Pertz 2, 344).

[*] auch χρωσσός ist beides wasserkrug und graburne, aschenkrug.

vulg. rubus, zu übertragen aihvatundi *, was doch wörtlich besagt equi incensio oder combustio? denn ist auch Marc. 12, 26.
Luc. 20, 37 gerade der brennende busch gemeint, in welchem
gott dem Moses erschien, so wird doch Luc. 6, 44 nichts als
der blosze strauch verstanden. offenbar musz dieser rubus oder
was sich Ulfilas unter βάτος dachte den Gothen ganz allgemein
eine heilige bestimmung zum opfer gehabt haben, und hier liegt
uns wieder das certum lignum des Tacitus oder das dornreisig
bei Theocrit vor augen. zunächst zwar geht aihvatundi auf das
den Germanen wie andern Heiden feierliche pferdeopfer, warum
sollte der strauch der dies zündete nicht auch für den scheiterhaufen des leichenbrands gedient haben? selbst der gr. name
πυράκανθα, den ich für einen wildwachsenden strauch gebraucht
finde, scheint mir anzuklingen. unter crataegus oxyacanthus,
mespilus pyracantha hat Nemnich die gangbaren benennungen
feuerdorn, feuriger busch, brennender busch, buisson ardent,
und auch dem brennenden busch des alten testaments dürfen
wir schon mythischen sinn beilegen [1], so dasz der Gothe mit
vollem fug sein aihvatundi für βάτος, rubus, weiszdorn verwendet im gegensatz zu þaurnus, ἄκανθα, spina, schwarzdorn. beide
dornarten dienten wol zu verschiednen opfern. denn das merk-

217 (margin)

---

* vgl. skr. açvattha ficus religiosa, männliches reibholz zu çami dem weiblichen. litt. aszwókle, eszokle, szwokle ribes (stachelbeere, sonst auch wegdorn).
facem praeferre ex spina alba. Festus 245, 3.

[1] die dichter des MA. wenden den brennenden busch auf Maria an:

  iu in deme gespreidach
  Moyses ein fiur gesach,
  das holz niene bran;
  den louch sah er obenan,
  der was lanc unde breit:
  daz bezeichent dine magetheit.

Hoffm. 2, 142. vgl. Wernher vom Niederrhein 43, 17 ff. ein provenz. dichter, P. de Corbiac sagt:

  domna vos etz l'aiglentina,
  que trobet vert Moysens
  entre las fiamas ardens.

für aiglentina sagen die Nordfranzosen aiglantier, agalancier, agarancier, garan-
cier; ein ortsname Garencières heiszt bei Irmino 262 b. Warenceras, vergleichbar dem flecken Παλίουρος in Cyrenaica (Strabo XVII, 839) oder dem slav. Glo-
gau, poln. Glogow von glog hagedorn.

würdigste ist, dasz auch þaurnus unser dorn auf feuer hinleitet
und einer verlornen wurzel þairan = τείρειν, lat. terere angehört, folglich geriebnes feuer aussagt [1]; das n in þaurnus trat
der wurzel zu und ist ihr unwesentlich wie in horn, korn, u. a. m.
hierzu halte man die vorhin beim keltischen draighean und draen
vorgetragnen bemerkungen.

Die geschichte der HOCHDEUTSCHEN volkstämme hat
uns nicht die geringste kunde von einem heidnischen verbrennen der todten überliefert; als Schwaben, Baiern, Burgunder,
Langobarden bekannter werden, war die christliche begräbnis-
weise schon durchgedrungen. keins ihrer volksrechte enthält
verbote des brandes, das bairische redet 18, 6 ganz entschieden
von humation und erdwurf auf den todten. allein zahllose in
alamannischer, bairischer, burgundischer erde aufgedeckte, weder
römische noch keltische grabhügel zeigen uns in ihren aschkrü-
gen spuren des leichenbrands, oft noch neben beerdigten ganzen
gerippen; es genügt mir hier auf die zuletzt entdeckten gräber
bei Oberflacht in Schwaben [2] und Selzen unweit Mainz [3] zu ver-
weisen. beide rühren wahrscheinlich von Alamannen her und
die letztern reichen, weil sie münzen aus dem constantinischen
haus und von Justinian gewähren, nothwendig bis ins 6 jahrhundert herab.

Entgienge uns aber diese geschichtliche und örtliche bestätigung, die ahd. sprache würde in einer reihe bisher unbeach-
tet gebliebner ausdrücke uns des leichenbrands versichern. warum sollten ahd. wie goth. unmittelbar von ihm entnommne
wörter ohne anlasz dazu gebraucht worden sein, wären sie nicht
vollkommen gangbar und damals noch unausgerottet gewesen?

Für rogus und pyra liefern ahd. glossen den ausdruck eit
(Graff 1, 152), dem ags. ád entsprechend; die bedeutung ist
ganz die des gr. πυρά, feuer und brand. unverstanden aber war
ein in den gl. Jun. 191 und in andern bei Graff 6, 148. 149 213

---

[1] Graff 5, 699 hat zura paliurus, was ich nicht von zeran, goth. tairan leite,
sondern von jenem þairan, mit verworrener lautverschiebung.

[2] im dritten heft des würtembergischen alterthumsvereins.

[3] dargestellt und erläutert von den gebrüdern W. und L. Lindenschmit.
Mainz 1848.

enthaltnes saccari rogus, ignis, pyra, zu welchem kein andrer
deutscher dialect etwas ähnliches darbietet [1]. desto bedeutsamer
zeigt sich hier eine noch in mehr uralten wörtern vorbrechende
verwandtschaft mit der littauischen sprache, die uns żagaras oder
im plur. żagarai und die vorstellung eines trocknen strauches
an hand gibt [*]. saccari also, dürfen wir mit hoher wahrscheinlichkeit annehmen, bezeichnete unsern vorfahren den scheiterhaufen im sinn eines zum brand heran getragnen, aufgerichteten
und verflochtnen strauchwerks, wobei man natürlich an eine bestimmte dazu auserwählte dornart zu denken hat. ich stelle dem
żagarai das lettische sarri, pasarri strauchwerk, sars zweig, rebe
an seite, da litt. ż und lett. s einander begegnen (litt. żolĕ, lett.
sahle gras; litt. żaltis, lett. saltis schlange), sarri scheint aus sa-
gari, sars aus sagars gekürzt. mit übergang des s in ś hat die
lettische sprache noch heute śahrts für scheiterhaufe, śahrti für
strauchschichte in rodungen, śahrtôs kŕaut für strauchwerk zum
verbrennen schichten aufbewahrt vgl. s. 247.

Gleichen oder noch höheren werth hat die ahd. glosse depandorn rhamnus (gl. Hrab. 973 a. Graff 5, 227), welche vielleicht in depadorn zu berichtigen wäre und dem ags. þefeðorn
spina, rhamnus, anderwärts þyfeðorn sentis qui prehendit, sentis
ursinus, þyfel frutex, sentis [besser þifel, þefel: þornþifel dornbusch Kemble 3, 418, ryscþifel juncetum, viđigþefel weidenbusch
3, 426. 5, 194, brembelðyfela 5, 340. hundes þifel 3, 425. hor-
đivel 4, 8.] entspricht. zwar scheint dies þyfeðorn auf þeof
fur zu leiten, wie das latein servos furaces, an denen was sie
anrühren hängen bleibt, sentes nennt [2], allein dann würde þeo-
fesðorn gesetzt sein, und die herleitung von deba, diba, was in
den malb. gl. incendium aussagt, ist weit vorzuziehen. depadorn
scheint demnach brenndorn, der gleich goth. aihvatundi und
saccari das cremium beim anzünden der pyra hergab. ich habe

---

[1] Ziemanns mhd. sackære ist unbefugt nach dem ahd. erfunden.

[*] aber ahd. sahar, saharahi carex, carectum Graff 6, 148 käme so gut wie
ags. sccq in betracht.

[2] Plauti Casina III. 6, 1 läszt den Olympio zum koch sagen:
vide fur, ut senteis sub signis ducas. cocus: qui vero sunt sentes?
Ol. quia quod tetigere, illico rapiunt: si eas ereptum, illico scindunt.

mit diesem deba þefe incendium und einem verbum debian incendere, ags. þefiau aestuare gewagt (gesch. d. deutsch. spr.
s. 232) die mythischen namen Tamfana und Tabiti = Vesta zu
verknüpfen, welche gleichfalls der wurzel tap, tepere und θάπτειν
zufallen, und den uralten bezug von depadorn auf todtenverbrennung bestärken. die urkundliche form depandorn liesze sich
vollkommen rechtfertigen, wenn in dēpan das starke part. praet.
von dēpan dap (wie kēpan kap kēpan *) gelegen ist und com- ²¹⁹
bustus, accensus aussagt. enthält aber schon dorn an sich denselben begrif, so bietet depandorn einen unsrer alten sprache
höchst angemessenen pleonasmus dar. welche fülle von uralten
bezügen erschliesst uns eine einzige glosse. weit jüngere nachrichten vom anzünden der osterfeuer melden ausdrücklich, dasz
man vorzugsweise dazu des bocksdorns (engl. goatsthorn) τρα-
γάκανθα sich bedient, ja das sunwends oder Johannisfeuer selbst
'bocksdorn' geheiszen habe (d. myth. s. 583); diese feuer gehn
augenscheinlich zurück auf heidnische opfer, und beim darbringen des rosses oder bocks galt ohne zweifel die anzündungs-
weise des leichenbrands, der auch ein opfer war.

Allgemeiner verbreitet also uralt ist der ahd. ausdruck hurt,
welcher den buchstaben wie dem sinne nach dem lat. crates genau entspricht; das r hat nur seine stelle gewechselt. bezeichnet dadurch wird wiederum ein geflecht von weiden und reisig
zu vielfachem gebrauch, namentlich zu kähnen und brücken,
weshalb es liburna und pons glossiert (Graff 4, 1030). man flocht
aber auch körbe, schilde und vorgehängte thüren, das goth.
haurds, altn. hurđ stehn gerade zu für thür; ags. ist hyrdel crates, craticula, engl. hurdle, thornhurdle, mhd. hurt das ge-
flochtne oder geschichtete reisig auf welchem einer verbrannt
wurde:

---

* vgl. ahd. dewôn cauteribus cremari, dôan depere (Graff 5, 234. 233) thauen,
aufthauen. — ahd. prâma vepres Graff 3, 304, ags. brembel brember engl. bramble;
ahd. brenbrâma βάτος bei Graff, wie brennîsarn, brenniwurz oder für brembrâma
brember? brâmalbusc rubus Graff 3, 218, einer brâmen kraz. Wh. 449, 15. —
ahd. agalcia rhamnus paliurus, auch hagaleia (Graff 1, 130), agalthorn (5, 227;
vgl. Sir Agilthorn in Scotts minstrelsy 3, 370) nhd. aglei, woraus man aquilegia
gemacht. Nemnich s. h. v. es ist das franz. galantine, aiglantine. hierher Haga-
nons vater im Waltharius 629? dorn und agleisze: sweisze. Keller erzähl. 19.

diu hurt was bereit
untz viur dar under geleit.   Iw. 5155.
ir werdet beide erhangen
oder ûf einer hurt verbrant.   Trist. 324, 31.
ûf einer hûrde, diu fiuric sî.   Wh. 44, 29.

in den gesetzen des mittelalters heiszt es 'mit der bürde rihten',
im Ssp. 2, 13 upper hort bernen, d. i. auf dem scheiterhaufen.
mnl. findet sich horde für geflecht, z. b. bei Potter 4, 2006;
nhd. hat sich hürde zumal für den um die schafherde geflocht-
nen zaun erhalten. zur eignen bestätigung des wortes und seines sinnes gereicht aber das altfranzösische ré, welches ich aus
crates (wie né aus natus) entsprungen glaube (vgl. unten zu
s. 229) und wie unser hurt für bücher verwandt finde. man
sagte 'ardoir en ré' Trist. 161. 846. 1180 von verbrechern, die
den feuertod erleiden sollten:
          menée fu la roïne
          jusques au ré ardant d'espine, Trist. 1054,
also wieder zum brennenden dornbusch oder depandorn *, wofür
noch bedeutsamer eine vorausgehende stelle spricht, nach wel-
220 cher könig Marc die weiszen und schwarzen dörner zum verbrennen der königin sammeln läszt, 831:
          li rois commande espines querre
          et un fossé faire en terre.
          li rois tranchanz de maintenant
          partot fait querre les sarmenz,
          et asenbler o les espines
          aubes et noires o racines.
dieser dichter mag noch gewust haben, warum für Isents feuertod gewisse dörner (sarmenta, spinae albae et nigrae) auserlesen
wurden. auch in Chretiens chevalier de la charrette, Reims
1849 s. 16 heiszt es: ars en feu d'espinel, verbrannt auf dorn-
feuer. [Jonckbloet 413. heiszt balde machen ein grôz viur von
dornen (für Ganelon). Karlm. 531, 52.]

---

* so gehe feuer aus dem dornbusch. richter 9, 15. das feuer musz aber
angemachet werden von dem holze welches heiszt kreuzdorn. zeitschr. des vereins
für thür. gesch. 1, 189. der rechtsbrauch mit dörnern zu begraben (RA. 691.
694.) weist auf verbrennen.

Bis in die heutige sprache hinab reicht das ahd. pigo oder
piga, congeries, acervus, strues sowol lignorum als manipulorum.
bair. beige, holzbeige (Schm. 1, 158), schweiz. beige, byge, or-
dentlich geschichteter haufe, holzbeige, holzstapel (Stald. 1, 153),
big schitter, holzstosz, scheiterhaufe (Tobler 52), [scheiterbeige.
Maaler 350'], schwäb. beug, holzbeug (Schmid 57) [1]; ich finde
auch in östr. mundart schwanken zwischen vierter und fünfter
ablautsreihe. ein ort in Oestreich heiszt Jedenspeigen, ein andrer
Persenbeug [Persinbiugen MB. 29', 227 a. 1111; in rure quod
dicitur biuga. das. 228], und jener in ältern urkunden Iedun-
gespiuge Idungsspiuge (gesch. d. deutsch. spr. 500) Ydunspeu-
gen (Wiener quellen und forsch. s. 167ᵇ). das ahd. piugo sinus,
curvatura scheint dafür wenig passend, Iedunges bîge (von den
bîgen. Lanz. 1540. gein den bîgen 2337) aber congeries Iedungi,
verstehe man es von geschichtetem holz oder getraide, wobei
sich wiederum die behälter für feuer und korn begegneten. denkt
man an den alten volksnamen Iedunc Iodunc, so würde Iedunges pîgo combustura Iedungi, den ort bezeichnen, wo vielleicht
im heidenthum ein berühmter held dieses altsuevischen stammes
als leiche verbrannt wurde.

Neben pîga setzen ahd. glossen fîn, welches denselben begrif von rogus und strues ausdrückt [*], Otfried sagt fînu, und
sein versmasz räth langen vocal anzusetzen. von Abraham, als
er Isaac opfern wollte, heiszt es II. 9, 48:

in then alteri er nan legita, sô druhtin imo sagêta,
thia liebûn sêla sîna ufan thia wituvîna,
joh es oub ni dualti suntar nan firbranti.

<hr>

[1] auch die italienische sprache hat dies bica congeries in sich aufgenommen.
[*] auch ahd. harst crates, pyra, rogus. Graff 4, 1042, eigentlich rost craticula, ags. herst, ahd. kiberstit confricatus. gl. sletst. 26, 22. — ahd. witufêlah
strues. Graff 3, 500. goth. gafilh, usfilh sepultura, ahd. felahan struem incendere,
cremare, später humare, condere, falah ligna composuit, pifelhan immolare. Graff
3, 501. aber schon goth. filhan abscondere, *befehlen* mandare flammis. wb. 1,
1258. — wenn man sie (die bösen alten weiber) wolte secken, *brennen*, darzuo
trüeg ich gerne ein zoun. Karaj. Teichner 59. darzuo *trüege ich gerne schit,* daz
man *brennen* wolt die bösen. das. schitle zum Johannis fürle. Germania 1, 442.
die gŷgr trägt zu Brynhilds brand einen langen baumast: þessu wil ek beina til
brennu þinnar. Nornag. c. 9. s. oben zu s. 211 die stelle aus O'Kearney.

diesem worte entspricht das ags. vudufin und umgesetzt fin-
vudu strues ligni; noch im westfälischen holting to Ettelen von
1411 (weisth. 3, 82. 83) lieszt man vineholt. den Finnen ist
pino strues lignorum ordinata, den Esten pinno, den Lappen
fino acervus, muora fino acervus lignorum, von muor arbor,
lignum, und diese verwandtschaften verbürgen ein sicher in das
heidenthum zurückgehendes uraltes wort.

Nicht minder scheint unser heutiges allgemein gültiges haufe,
ahd. hûfo und houf strues, agger (Graff 4, 833. 835) und witu-
hûfo = witufina, ags. héap acervus, congeries früher zugleich
die vorstellung des scheiterhaufens in sich zu enthalten, denn in
den gl. argent. (Diut. 2, 194) wird zur redensart rogum sibi
construit ein alts. hâp gefügt*. unsre schleppende zusammensetzung scheiterhaufe mag nicht weit über die letzten jahrhunderte hinaufreichen, Luther verwendet sie nie, doch hat sie Aven-
tin (Frankf. 1580 fol. 56ᵇ), auch Spreng († 1601) in der Ilias
z. b. 527. 528. 589 neben holzhaufe**. hûfo und houf entsprechen
dem slav. koupa acervus [böhm. kup, kupa] und litt. kaupas
haufe, kapas hügel, grabhügel, todtenmal, kapczius grenzhügel,
so dasz uns auch diese benennung zugleich auf leichenbrand und
grab leitet.

Die unerforschte wurzel von hûfo houf getraue ich mir in
hiufan lugere, ululare zu suchen, dessen praet. houf pl. hufum
lautet (Graff 4, 837), die labialis schwankt in hiuban, hiupan,
was sich zum goth. hiufan hauf hufum θρηνεῖν, ags. heofan oder
heofian schickt. hiernach ist hûfo oder houf entweder rogus
oder sepulcrum, wobei geweint, gejammert wird, holzstosz, ὄγκος,
hügel des weinens, der wehklage, ein treffender ausdruck für
den scheiterhaufen des alterthums, der allmälich in den begrif
der anhäufung überhaupt erkaltete***. zugleich würde nun verständlich, warum ahd. hiufo und hiufaltar rubus, tribulus, paliurus bezeichnen (Graff 4, 836), denselben strauch, der zum
leichenbrand geschichtet wird, den dorn des trauerns. das ags.

---

* Weigand (ortsnamen 287) erklärt daraus Hapesfeld für Hatzfeld.
** ein scheiterpuschen angezünt. Schade pasq. 22, 111.
*** altn. hiupr linteum ferale, hiup fœra, hiupa ferali linteo induere. fornald.
sög. 1, 456.

heope, hiope ist rosa silvestris, dornröschen, mhd. hiefe, engl.
hep, hip, dän. hybe, schwed. njupon; dem dorn selbst legt der
volksglaube fortwährend eine heilige bedeutung bei, wofür auch
der name schlafdorn, altn. svefnþorn zu erwägen bleibt. merkwürdig scheinen das slavische koupa acervus und kupina rubus
in gleicher weise einander zu begegnen. früher nahm ich verwandtschaft zwischen unserm haufe und dem lat. copia an, welche
aber schon der wahrscheinlichkeit weichen musz, dasz copia zu
ops und opus gehöre und aus conopia, dessen zusammenziehung
das o verlängerte, entspringe. ja mit kûpa oder kupina könnte
selbst kupalo, die sl. benennung des Johannisfeuers, gleich jenem bocksdorn, zusammenhängen, oder das altsl. schipok rosa 222
canina, russ. schip' dorn, böhm. šip, šjpek hagedorn mit jenem
hiufo, hiefo, da slav. sch öfter unserm h entspricht.

Bustum wird in ahd. glossen (Diut. 1, 167), nach beiden
lateinischen bedeutungen, übertragen fiuristat, dar man prinnant,
edo daz crap taotero, edo crap tôandero (gl. Ker. 46.), ubi homines comburuntur aut sepultura mortuorum; dann auch durch
aimuria, eimurra, altn. eimyrja, ags. æmyrie, d. i. glühende usche
im gegensatz zu falawisca, der todten asche *. die tradit. fuld.
nennen ein dorf Beinrestat, d. i. peinirô stat, locus ossium.

Zuletzt sei noch einer in alemannischen landstrichen gäng-
baren benennung gedacht, mit welcher man vorchristliche, heidnische grabhügel unter dem volke kennzeichnet. sie heiszen dort
schelmenacker, schelmengrube, schelmengasse, oder auch blosz
schelm und schelme [1]. ahd. scalmo, scelmo drücken aus pestis,
lues (Graff 6, 491), jener name scheint also auf die durch eine
seuche oder schlacht weggerafften menschen zu gehn, wie ahd.

---

* iz zergât und wirt ein valewisk, Diemer 286, 7. — Otfrid von der auferstehung redend V. 20, 25.

   thie selbê irstantent allé fon thes lichamen falle,
   fon themo fûlen legare, iro werk zi irgebanne,
   ûz fon theru *asgu*, fon theru *falawisgu*,
   sô wanne sôso iz werde, fon themo irdisgen herde.

er würde nicht von asga und falawisga (mhd. falwische altn. fölski. Graff 3, 497)
geredet haben, wäre ihm nicht das verbrennen der vorfahren bekannt gewesen.

[1] Mones urgeschichte des badischen landes 1, 215—218 hat eine menge
von belegen.

wuol strages clades, das ags. vôl hingegen lues, pestis besagt, beide rühren an den begrif der walstätte. beachtenswerth ist eine von Mone s. 215 beigebrachte angabe aus dem jahre 1475 'im brand zen haidengrebern', hier hat sich, scheint es, unter dem volk die erinnerung an das verbrennen fortgepflanzt.

Ich wende mich zu den FRANKEN. auch bei diesem tief in Gallien eingedrungnen volksstamm, dessen übergewicht und frühere geschichtschreibung vorzugsweise nachricht über die bestattung der todten erwarten lassen sollte, gehn wir leer aus an unmittelbaren zeugnissen. Gregor und Fredegar, denen der heidnische brauch sicher noch bekannt sein muste, enthalten sich seiner zu erwähnen [1]. im jahr 1653 wurde zu Tournay ein reiches grab entdeckt, in welchem sich ein schwert mit goldnem grif, eine goldschnalle, über hundert römische goldmünzen, alle des fünften jahrh., dreihundert goldne bienen, die knochen eines groszgewachsnen mannes, daneben der schädel eines jünglings fanden. die eisenklinge des schwertes zerfiel an der luft, alles übrige ist sorgsam zu Paris aufbewahrt [2]. höchst wahrscheinlich sind es die überreste Childerichs, der im jahre 481 noch als 228 Heide starb (erst sechzehn jahr später gieng sein sohn Chlodovech über zum christenthum) und im königssitze Tornacum bestattet wurde. diese merkwürdigen alterthümer, erneuter betrachtung werth und bedürftig, lassen gleichwol nicht bestimmt auf einen dem bestatten vorausgegangnen leichenbrand schlieszen, obschon jenes jünglings vom rumpf gelöster schädel, als eines mit verbrannten, vielleicht dahin weist.

Das salische noch zur zeit des heidenthums abgefaszte volksrecht konnte fast nur da, wo aus missethaten anlasz zur composition entsprang, also wo von beraubung der grabhügel die rede ist, gelegenheit haben des leichenbrands zu denken. in der that liefert titel 55 de corporibus exspoliatis zwar nicht durch

---

[1] Freilich im Hunibald steht einmal: Salagastus moritur et combustus urnae imponitur. Trithemii opera, Francof. 1601 fol. p. 83.

[2] Chifletii anastasis Childerici. Antv. (1655) 1661. Mabillon cérémonies sepulcrales des rois de France. — [gesta Treviror. (Pertz 10, 131): Trebete mortuo Hero filius in principatu successit, qui patrem secundum ritum gentilitatis igne *combustum* in vertice Jurani montis *tumulavit*.]

die fassung des textes selbst, wol aber durch die beigefügten
malbergischen glossen, wenn ihnen die rechte auslegung abge-
wonnen wird, unverkennbare beweise.

Es sind hier zwei fälle unterschieden, der erste, si quis
corpus occisi hominis antequam in terra mittatur, exspoliaverit,
worauf blosz 2500 denare stehn, und si quis corpus jam sepul-
tum effodierit, et expoliaverit, wofür 8000 denare zu entrichten
sind, auszerdem dasz der thäter zugleich aus dem lande verbannt wird und von niemand aufgenommen und beherbergt werden darf, bis er sich mit den verwandten des todten ausgesöhnt
habe. es scheint jedoch nur von bestattung des leichnams und
ausgraben des bestatteten die rede, ein vorgängiges verbrennen
durch den ausdruck corpus, der für asche und gebein nicht recht
taugt, fast ausgeschlossen.

Indessen findet sich zu dieser verletzung des grabs und aus-
grabung der leiche die merkwürdige glosse thornechale, thurni-
chale LV, 3; turnicale, tornechallis sive odocarina [1], thurnichalt
(1. thurnichall oder chali) 3, 4; thornechales, turnichalis 143, 1.
in thurni, thorne liegt ganz deutlich das goth. þaurnus, ahd.
dorn vor augen, dessen bezug auf den leichenbrand schon soviel andere benennungen rechtfertigen, in chalc chali chalis challis erblicke ich das im text selbst tit. XLI und 227 erscheinende,
durch die zusammenstellung mit ramis erläuterte callis hallis allis.
challus oder challa vergleicht sich dem ahd. hala siliqua, win-
tarhalla labrusca (Graff 4, 851. 859); winterhehlen heiszen nach
Nemnich noch in Oestreich herlinge; thurnichallus oder wie man 224
die endung bilden wolle, drückt also dorngezweig, dorngeflecht,
dornschichte aus, womit man ursprünglich den scheiterhaufen,
dann aber, wie bustum und τάφος in den begrif des grabs über-
giengen, den grabhügel bezeichnete. man dürfte bei challus auch
ans goth. hallus petra, altn. hallr lapis und höll aula, ags. heal,
ahd. halla steinsal denken und thurnichallis auffassen als dorn-
halle, dornstein; seit das verbrennen mit dem begraben tauschte,
konnte es natürlich sein, dasz der bisher geheiligte dornstrauch

---

[1] Odocarina berichtige ich in chrëotarginn cadaveris sepimentum. lex sal.
ed. Merkel s. LIII.

auch auf das unverbrannte leichen umschlieszende grab gepflanzt
wurde, es geschah vielleicht aus ähnlichem grund auch bei den
hügeln verbrannter leichen. hierzu stimmt sogar die ahd. glosse
thornhûs ram (gl. Ker. 236. Hattemer 203ᵇ.) dornhûs rar (Diut.
1, 270), wo ich statt des sinnlosen rar und ram vorschlage zu
lesen ramnus, rhamnus oder ein romanisches ramale, ramata, in
beiden fällen scheint damit ein bedornter grabhügel gemeint.
ferner dürfte man tit. XLI 'de ramis aut hallis cooperuerit'
durch ein bedecken mit ästen und steinen deuten; dadurch wird
nun auch in einer urkunde des jahres 786 bei Wenk im dritten
band der ausdruck 'tumuli qui vocantur hagenhougi' vollkommen
erläutert, es sind dornhügel, von hagan paliurus und houc tumulus [1]. diese einzige glosse thurnichallis versichert uns also,
wenn man meinen erörterungen folgen mag, dasz die Franken,
gleich den übrigen Deutschen, ihre todten auf dörnern verbrannten und zugleich einen dorn über der grabstätte pflanzten.

Noch unsern volksliedern ist es unvergessen, dasz auf oder
vielmehr aus gräbern dorn und weiszdorn sprieszen. in der
sageberühmten schlacht Carls des groszen mit den Heiden, als
der gefallnen leichen unerkennbar untereinander lagen, geschah
ein wunder: man fand bei anbrechendem tag durch jeden Heiden einen hagedorn, bei jedes Christen haupt eine weisze blume
gewachsen, ich will Strickers worte selbst ausheben, 118ᵇ.
(10854 B.):

zwei ungelîchiu wunder
sach man an in beiden:
durch iegelîchen heiden,
der dâ ze tôde lac erslagen,
gewahsen was ein sûre hagen; [2]
die heiden wâren rehte gestalt,
als wæren si sehs jâr alt,

---

[1] aus hagan, mhd. hagen paliurus entsprang das nhd. hain, eigentlich dumus,
dumetum, zuletzt lucus, silva überhaupt.
[2] bei Schilter: was gewahsen ein hagen; ich bessere nach Trist. 449, 12
und schalte in der folgenden zeile 'heiden' ein, da das sechsjährige aussehn, in
verschrumpfter zwerggestalt, auf die hagendörner selbst nicht zu beziehen ist.
[hagedorn schimpfname. Berthold s. 56. de Hagedornstén. Seibertz 2, 295. gericht unter dem hagendorn. RA. 797.]

sus lâgen die unwerden
gezwicket zuo der erden;
die cristen lâgen baz hindan,
dô sach man iegelichem man
gar bî sînem houbte stân
ein wîzen bluomen wol getân.
dô die werden pilgerîne
von des liehten tages schîne
die hagendorne sâhen,
begunden sie dar gâhen
und sâhen die heiden sô geschant,
daz bîme zeichen wart erkant,
ir sêle verlorn wæren
und aller genâde enbæren;
die cristen lâgen michels baz,
got het an in erzeiget daz,
daz er ir helfer wolte wesen,
dôs alsô lâgen ûz gelesen
gezieret mit den bluomen wîz:
got het sîner genâden flîz
an ir lîchnâmen dô bewant.

in des pfaffen Conrad überlieferung, wie bei Turpin selbst, geht
das alles verloren; doch auch eins der altfranzösischen gedichte
meldet, dasz um die beerdigung der auf dem schlachtfeld ver-
mischt liegenden leichen zu vollbringen ein gebet wunder gewirkt habe und früh morgens alle Heiden in dörner verwandelt
gewesen seien, die nicht blühen können[1]. darunter scheint
offenbar der schwarzdorn, spina, verstanden, der, wo genau gesprochen wird, dem weiszdorn rubus entgegen steht, und den

[1] Monin roman de Roncevaux. Paris 1832 s. 52. den helden Olivier läszt
diese sage (s. 38) wol mit absicht bei einem weiszdorn sterben:
desoz un pin, delez un aiglentier,
la trova mort le cortois Olivier.
[li dus tresbuche d'alés nn aiglentier (vom sterbenden Begon). Garins bei Monc
s. 232. de rensas et despinas e daiglentiers. Girart bei Bartsch 14, 10. Merlins
grab bei einem sehr alten dornstrauch. San Marte sagen von Merlin s. 13. wie
kommt Wirnt 196, 4, als er von dem wilden *mut* eines kämpfenden heiden redet,
zu dem bild: darinne der tôt, als ein *dorn* in dem meien blüete?

Heiden zum opferbrand diensam war. bedeutungsvoll aber nannten die Franken jene grosze walstätte Ronceval, span. Ronces-
valles, bei Turpin Runciae vallis, von runcia, franz. ronce rubus,
sentis, und dieser altfränkischen sage [1] traue ich noch ein nach-
gefühl des heidnischen begriffes thurnichallis zu.

226   Um nochmals zum salischen gesetze zurückzukehren, nimmt
man tit. XLI, wo von einem werfen des getödteten in den brunnen und zudecken mit reisern und dörnern die rede ist, callis
entschieden für dörner, so verdient der zusatz 'aut incenderit'
in 318 (ed. Merkel s. 86) hervor gehoben zu werden, weil coope-
rire et incendere an den leichenbrand mahnt und formelhaft
hierher übertragen scheint, wo gar kein brand angewandt wäre.
diese worte gewährten dann den einzigen bestimmten ausdruck
des textes selbst für das verbrennen. [entscheidend aber ist
tit. CV die überschrift creodiba, chrêothiba (vorr. p. XLVI)
leichenbrand.]

Was bedeuten die worte: si quis cheristadona (cherista-
duna, aristatonem) super hominem mortuum capulaverit, mit der
malb. glosse madoalle oder mandoado 144 und 256? charistado
cheristado haristato aristato scheint mir eine auf dem grabhügel
am ofuen weg, wohin die heidnischen gräber gelegt zu werden
pflegten, errichtete heerseule oder irmenseule. die kaiserchronik
meldet z. 624, dasz die Römer des getödteten Julius Caesar gebein auf (vielmehr unter) einer irmenseule begruben, ganz wie
die griechischen hermen auch am wege standen [2]. [man erwäge
avarà imago, statua, pyramis, irmansûl, aber auch pyra, ignis,
flamma, Graff 1, 181. Criachesavara myth. 272. 274.] aus Paulus Diaconus wissen wir, dasz die Langobarden stangen (per-
ticas id est trabes) an ihren gräbern errichteten, und der cha-
ristadonen scheinen mehrere auf einem grab gewesen zu sein,

---

[1] die geschichte redet blosz von einem treffen der Franken mit dem Vasco-
nen im jahre 778. Eginhart cap. 9.

[2] vgl. deutsche myth. s. 105. 107. Heinrichs von Müglein ungrische chronik
(nach Keza) erzählt, wie Kewe der Heunen feldherr bei Tulna in der schlacht
gegen Dieterich von Bern blieb: do kamen die Hewnen und huben iren haubt-
mann auf und machten in ein steinen sewl pei der strasze und pestaten in mit seiner
geselschaft, die des wirdig waron. man halte hierzu hernach den slavischen be-
stattungsbrauch.

da von einem jeden (unoquoque) die gesetzte busze von 600 de-
naren zu zahlen ist. 339 heiszt es schlecht erläuternd: si quis
aristatonem, hoc est stapplus super mortuum missus, capulaverit,
aut mandualem, quod est ea structura sive selave, qui est pon-
ticulus, sicut mos antiquorum faciendum fuit, qui hoc distruxerit
aut mortuum exinde expoliaverit, de unamquamque de istis 600
denarios culpabilis judicetur. in diesem barbarischen satz ist
staplus das ags. stapol, ahd. staphol, altn. stöpull columna, basis, fulcrum, dän. stabel pila; mandualis oder mondoalle ein git-
ter, wenn das ags. mond, engl. mound corbis und Ducange s. v.
mandalus, clausura zur erklärung genommen werden darf*. selave, silaue, 144, 4 sogar si levaverit, vermag ich gar nicht zu
deuten. endlich 145: si quis hominem mortuum super alterum
in nauco (naufo naupho naucho) aut in petra miserit, malb. edul-
cus (idulgus vgl. altn. dylja celare), sol. 35 culpabilis judicetur. 227
naufus scheint ein sarg zu sein **, denn Gregorius turon. de
gloria confess. sagt: sancta corpora pallis ac naufis exornata,
reliquien in kostbare tücher gewunden und in särge gelegt; vielleicht hängt nauchus nauphus mit unserm nachen und dem lat.
navis zusammen (vgl. altn. nôi vasculum) und mit dem heidnischen brauch im schiffe zu begraben, in schiffen leichen zu verbrennen oder den särgen und gräbern gestalt des schiffes zu
geben. beides zu schiffen und särgen werden bäume ausgehölt,
und wenn tit. 18 der lex Bajuv. de mortuis et eorum causis mit
einem capitel de navibus schlieszt, so kann dabei dieser zusammenhang obwalten.

Alle diese in erwägung gezognen stellen des salischen gesetzes bieten noch mehrfache dunkelheit dar und lassen zwar in
der glosse thurnechallis den leichenbrand vorblicken, gewähren
aber über das begräbnis selbst so vielfache bestimmungen, dasz
man der annahme sich kaum enthalten kann, unter den Franken
habe schon vor ihrer bekehrung auch das begraben neben dem
verbrennen geherscht. was in Benedicts capitularien 2, 197

---

* nach Dioscorides 4, 37 nannten die Daker den βάτος oder sentis μαντεία.
sollte es zu mandualis, mandoado gestellt werden können?

** vgl. goth. naus, navis und navistr. nofus gefäsz. Guérard prol. zu tom.
I. CXCIV.

(Pertz 4', 83) gesagt ist: admoneantur fideles ut ad suos mortuos non agant ea, quae de paganorum ritu remanserunt, ist zu
unbestimmt, als dasz man daraus für die eine oder andre bestattungsweise etwas folgern dürfte. Rogge (über das gerichts-
wesen der Germanen s. 38. 39) stellt mit gewohnter kühnheit
auf, das begraben sei die regel gewesen und habe für den natürlichen tod, das verbrennen für die ermordeten, in der fehde
und dem volkskrieg gefallnen gegolten. das wergeld habe nur
von dem noch im grabe liegenden leib können gefordert werden.
an beweisen hierfür gebricht es ganz.

Die, wie es scheint, zu anfang des achten jh. abgefaszte,
in Mabillons acta Bened. gedruckte vita Arnulfi metensis enthält cap. 12 eine wichtige meldung, nach welcher sich nicht
zweifeln läszt, dasz zur zeit Dagobert des ersten, folglich noch
in des siebenten jh. erster hälfte die heidnischen THÜRINGE
ihre todten brannten. als nemlich im gefolge des Frankenkö-
nigs Arnulf nach Thüringen gelangt sei (patrias Thuringorum
intrasset), habe sich an einem orte daselbst ein kranker, dem
sterben naher jüngling befunden, mit welchem Oddilo, einer der
vornehmen in des königs geleite, verwandt und befreundet war.
bei der bevorstehenden abreise des königs sei nun diesem Oddilo in seiner bekümmernis und angst kein andrer rath geblieben als den befehl zu ertheilen: ut languentis capite amputato,
cadaver 'more gentilium' ignibus traderetur; vielleicht wollte er
die asche mit sich führen. Arnulf jedoch um hilfe angegangen,
228 habe durch sein gebet des kranken gesundheit hergestellt. das
abschneiden des haupts erklärt etwa den unverbrannt bestatteten jünglingsschädel in Childerichs grab; genau aber stimmt zu
der herulischen sitte sich ihrer abgelebten greise zu entledigen
oder der skythischen und altnordischen ihre alten vom fels zu
stürzen, dasz auch in Thüringen gestattet war, aufgegebnen und
verzweifelten siechen, bevor der natürliche tod eintrat, das leben
zu nehmen, wodurch sie wol gar erst des feuerbrandes würdig
wurden. aus der lex Angliorum et Werinorum steht für diesen
nicht das geringste zu gewinnen.

Noch minder als bei Franken und Thüringen läszt sich unter den länger dem heidenthum anhängenden SACHSEN das

verbrennen der todten in abrede stellen. die epist. 72 Bonifacii
(ed. Würdtw. p. 192) vom jahre 745 besagt: nam in antiqua
Saxonia si virgo paternam domum cum adulterio maculaverit,
aliquando cogunt eam propria manu per laqueum suspensam
vitam finire, et super bustum illius incensae et concrematae cor-
ruptorem ejus suspendunt; die an sich selbst hand an zu legen
genöthigte wurde nachher verbrannt, weil es brauch war alle
todten zu verbrennen. das im jahre 785, wahrscheinlich zu Paderborn ergangne capitular Carl des groszen verordnet cap. 7
(Pertz 3, 49): si quis corpus defuncti hominis secundum ritum
Paganorum flamma consumi fecerit et ossa ejus ad cinerem re-
degerit, capite punietur; und cap. 22: jubemus ut corpora Christianorum Saxanorum ad cimeteria ecclesiae deferantur et non ad
tumulos Paganorum. diese an ihrer gestalt kennbaren tumuli
und der brand war den bekehrern ein so groszer greuel als das
essen des pferdefleisches.

Dasz im zehnten und eilften jh. unter dem niederdeutschen
volk noch manche erinnerung an das verbrennen der todten
haftete, verraten uns züge bei den geschichtschreibern. Thietmar von Merseburg erzählt 1, 7, zur zeit bischofs Balderich von
Utrecht (928 bis 977) habe ein priester in der morgendämme-
rung eine neuerbaute kirche zu Deventeri betretend die todten
opfer bringen sehn und sei in der folgenden nacht, als er auf
des bischofs geheisz in der kirche wache hielt, von den geistern
heraus geworfen, endlich in der dritten nacht von ihnen ergriffen und dem altar gegenüber zu asche verbrannt worden: et
ecce solita venientes hora elevaverunt eum, coram altari eum
ponentes et in favillas tenues corpus ejus resolventes. der volks-
wahn liesz diesen verstorbnen geistlichen von (heidnischen) geistern, denen der kirchenbau zuwider war, den flammen übergeben. als im jahre 1017 zu Magdeburg feuer ausgebrochen **229**
und ein geistlicher darin verbrannt war, sammelte man sorgfältig die asche: corporis perusti tenues favillas mane patres sum-
opere colligentes suis apposuere praedecessoribus. Thietmar 7, 43.
das wäre nichts heidnisches und noch heute bleibt das gebein
der im feuer verunglückten nicht unbegraben; allein der beidemal gebrauchte ausdruck 'tenues favillae' scheint mir noch einen

unterschied zwischen der asche des leibs und des holzes anzudeuten, auf welchen man sich bei verbrennung der leichen ohne
zweifel wol verstand: es ist das was Horaz 'favilla nigra' nennt
im gegensatz zum cinis e carbonibus.

Gewis deuten einzelne ortsnamen sächsischer gegenden auf
heidnische brennstätten; ich will einige hervorheben. in Gel-
dern liegt ein dorf Eede, wahrscheinlich von êd, ags. âd, ahd.
eit ignis rogi. Kemble no. 983 hat Adeshâm, heute Adisham
in Kent, was in ahd. Eitesheim zu übertragen wäre. Balahor-
non der trad. corb. §. 51, Balchornon in pago Pathergô des re-
gistr. Sarachonis 209, [urk. bei Wigand arch. 2, 100. 102. vita
Meinw. bei Pertz 119. 139. 156. 159,] Baleharnon in der Freckenhorster rolle 15. 31. 34. und in Kindlingers münst. beitr. 2, 59,
die heutige bauerschaft Ballhorn im kirchspiel Enniger und wol
noch anderwärts in Niedersachsen [1], leitet sich zurück auf bâl
rogus, ags. bǣl, altn. bâl und horna angulus, ags. hyrne, fries.
herne, weil man wahrscheinlich in jedem landstrich gewisse ab-
gelegne örter zum leichenbrand aussersah. im ags. Bǣle bei
Kemble haben wir das einfache, jenem Eede vergleichbare wort
selbst, und in Bǣleshâm, heute Balsham ein gegenstück zu Adeshâm [2]. Falke trad. corb. 792. 795 führt aus braunschweigischen
urkunden eine villa Sekere [in Helmstädter urk. a. 1160 Sikere.
Thür. verein 1. 4, 40] an, die ich einmal wagen will jenem ahd.
saccari rogus an die seite zu stellen, wenigstens sonst gar nicht
auslegen könnte. sollte nicht im itiner. Antonini der ortsname
Combusta oder ein Combustica in Mysien [*], gleich jenem Busta
Gallorum und Jedensbeige in Oestreich stätten des leichenbrands
anzeigen?

Die trad. corbeienses 229 gewähren den seltnen manns-

---

[1] auch die trad. fuld. cap. 6 s. 41 ed. Dronke haben 'in villa Balhurne',
man sieht nicht wo gelegen. [in Balahorna. Wenk 2 urk. no. 12. heute Balhorn
in Niederhessen, amts Naumburg. Landau Hessengau s. 217. 218. Balberg Heine-
mann Gernrode 166. 168.]

[2] Svilberg, der name eines sächsischen gaus [Suilbergiorum marca. tr. corb.
465 Wig.], scheint brennberg, ahd. Sulziberg cod. lauresh. 2703 für Suilizoberg,
von suilizo incendium. [Eitberg, heute Eidberg bei Winterthur. Meyer no. 731.
habsb. urb. 208, 4. 244, 16. Eitler, Eidelerberg bei Usseln im Waldeckischen.]

[*] vielleicht aber ist combustica dürres verbranntes land, gr. κατακεκαυμένη.

namen Horobolla, welcher ungefähr bedeuten musz urna lutea,
aschenkrug. bei den Sachsen, wie aus einer in Albrechts von
Halberstadt gedicht vorzunehmenden verbesserung des textes erhellt, hiesz im mittelalter der scheiterhaufe râte mhd. ràze, was
dem altfr. ré entspricht und aus dem lat. crates abzuleiten ist.
denn crates galt vom rogus wie vom favus, mhd. râze ràz, mnl·
rate, frz. rée, rai de miel. Haupt 8, 421.

In niederdeutschen gräbern finden sich nicht allein verbrannte menschenknochen und geräth, das vom leichenbrand
verbogen und gesprengt wurde, sondern auch unverbrannte, 230
und sachen, die keinem brand ausgesetzt waren [1]. gehören diese
hügel dem Sachsenvolk oder einem andern deutschen an, so
ist offenbar, dasz die leichen, nach einem uns unbekannten unterschied bald verbrannt, bald unverbrannt begraben wurden.

Alle bisher für den leichenbrand unter gothischen, hoch und
niederdeutschen volkstämmen aufgebrachten beweise sind mühsam aus einzelnen glossen und ortsnamen oder vereinzelten nachrichten der gesetze und geschichtschreiber zusammen gestellt
worden [*]; ungleich lebendigere und bedeutendere meldungen gehen aus angelsächsischen und altnordischen quellen hervor, nicht
nur weil diese auf einer längeren dauer des heidenthums und
seiner denkmäler sondern auch auf der bei jenen stämmen fast
erloschnen einheimischen poesie beruhen.

Für die ANGELSACHSEN liefert uns das epos von Beovulf, dessen jetzige gestalt höchstens dem siebenten oder gar
achten jh. angehört, dessen grundlage schon von den auswan-
dernden Angeln und Sachsen nach Britannien mitgebracht wurde,
die schilderung zweier groszer scheiterhaufen, die freilich prächtiger und geschmückter hervor treten, als des Römers einfache
beschreibung ergab. der erste leichenbrand ist der des helden
Hnäf (ahd. Hnebi), nach dem es auch in einer urk. von 976

---

[1] Lisch meklenb. jb. 11, 368 — 372. was alles Bolten (Ditmarsische gesch.
1, 315 — 310) von gräbern und leichenbrand meldet ist schmählich erdichtet.

[*] in unsern kindermärchen werden noch öfter scheiterhaufen angezündet
no. 3. 9. 10, wie in den nordischen (s. 55). gelübde zwischen ehgatten, sich mit
dem gestorbnen lebendig begraben zu lassen, KM. no. 16. nach einem märchen
sollte Snewittchen nach dem tode von den zwergen verbrannt werden. bd. 3, 88.

bei Kemble 3, 130 heiszt tô Hnäfes scylfe, zur bank oder zum
stul (engl. shelf) des Hnäf. die ganze roń 2207 — 42 reichende
stelle musz hier ausgehoben und erwogen werden.

ád väs geäfned and icge gold
âhäfen of horde herescyldinga,
betst beadorinca väs on bæl gearu.
ät þäm åde väs éðgesýne
svåtfåh syrce, svîn ealgylden,
eofer îrenheard, äðeling manig
vundum åvyrded, sume on våle crungon.
hêt þà Hildeburh ät Hnäfes åde
hire selfre sunu sveoloðe befästan,
bånfatu bärnan and on bæl dôn,
earmê on eaxle. ides gnornode,
geomrode giddum, gûðrinc åståh,
vand tô volcnum välfýra mæst
hlynode for hlåve, hafelan multon,
bengeato burston, þonne blôd ätspranc,
låðbîte lîces lig ealle forsvealg,
gæsta gifrost þåra þe þær gûð fornam
bêga folces, väs hira blæd scacen.

da die ganze erzählung von Hnäf nur eine episode des gedichts
bildet, bleibt in den persönlichen verhältnissen einiges dunkel.
Hnäf war, wie aus Vîdsîðes liede erhellt, ein Hôcing, also chauki-
sches geschlechts, und die schlacht, worin er fiel, auf friesischem
grunde geschlagen, weshalb alle diese gebräuche für Friesland
mitgelten müssen. Hildeburg, Hôces tochter (2146) verlor in
der schlacht geliebte kinder und brüder, ich nehme den Hnäf
für ihren bruder, auf dessen scheiterhaufen sie zugleich den gefallnen sohn bringen, und mit dem arm an jenes achsel stellen
liesz, earmê scheint instrumentalis. sveoloð von svelan brennen
ist ein mit åd gleichbedeutiges wort für die glut. auszerdem
waren andre im kampf gebliebne krieger, das blutige hemd des
Hnäf, sein eberhelm und schweres gold auf den holzstosz gelegt. unter lautem wehklagen Hildeburgs erhob sich nun die
gierige um den hügel spielende flamme und des helden geist
erstieg mit ihr in die luft: so glaube ich das 'gûðrinc åståh'

auslegen zu dürfen, denn ein steigen des todten auf den scheiterhaufen kann unmöglich damit gemeint sein; oder wäre zu ändern gûðrêc, heftiger rauch? [vgl. vudurêc àstâh. 6280.]

Die zweite stelle am ende des ganzen lieds geht auf den gefallnen Beovulf selbst 6268 — 90

> him þâ gegiredon Geâta leode
> âd on eorðan unvâclîcne
> helmbehongne, hildebordum,
> beorhtum byrnum, svâ he bêna väs.
> àlegdon þà tô middes mærne þeoden
> häleð hiofende hlâford leofne.
>
> ongunnon þâ on beorge bælfyra mæst
> vîgend veccan: vudurêc àstâh
> sveart of svîcþole, svôgende lêt
> vôpê bevunden, vindblond (ne) geläg,
> oð þät he þà bânhûs gebrocen häfde
> hât on hreðre.

die helden behiengen den scheiterhaufen mit helmen, schilden, brunien, legten ihren geliebten herrn in deren mitte und begannen das feuer zu wecken, das nun den leichnam verzehrte. wie dort välfyra mæst heiszt der brand hier bælfyra mæst; vudurêc **232** âstâh käme dem vorhin gemutmasten gûðrêc àstâh zu statten: schwarzer rauch stieg unter wehklagen (hiofan s. 221) der leute prasselnd aus der glut (vielleicht für svîcþole zu lesen sviološe?) und der wind legte sich nicht, bis das beinhaus (der leichnam) gebrochen war. in den folgenden leider beschädigten versen wird hinzugefügt, wie die männer über der brandstätte einen hohen und breiten hügel aufwarfen, zwölf helden den hügel umritten und ihres herrn preis aussprachen. mitverbrannter rosse ist in keiner der beiden stellen gedacht.

Hier sind noch einige andere desselben gedichts:

> bronde forbärnan, on bæl hladan. 4247.
> hlæv gevyrcean beorhtne äfter bæle. 5600.
> ær he bæl cure, hâte heaðovylmas. 5632.
> þâ sceal brond fretan, äled þeccean. 6025.
> þe us beágas geaf on àdfære

ne sceal ânes hvät meltan mid þam môdigan. 6012.
hêht þät hie bælvudu feorran fêredon.   6219;
die letzten worte mahnen an das herbeischaffen des holzes zur
pyra im homerischen epos, welches holz unter bælvudu gemeint
sei, möchte man wissen.

Cædmon, da wo Abraham und Isaac, oder die drei männer im feurigen ofen besungen werden, verwendet überall noch
die heidnischen ausdrücke; er sagt âd hladan 175, 25, âd und
bælfŷr 173, 3. 4. on bæl âhôf 175, 30. 177, 14 âdfŷr onbran
203, 4. bælblyse 203, 9. 230, 12. tô bæle gebeodan 242, 4.
die schottische sprache hat bail für feuer und flamme bewahrt;
es klingt auch an das galische bealteine, beilteine an *.

In den ags. gesetzen begegnen ebensowenig verbote des
heidnischen leichenbrands als in den fränkischen und thüringischen; mehr fällt auf, dasz die canones Edgari, capitula Theo-
dori, das confessionale Ecgberhti unterlassen abergläubische überreste des gebrauchs zu rügen, er scheint schon verschollen. was
bei Beda 3, 16, als vom anzünden einer stadt die rede ist, gesagt wird: advexit illo plurimam congeriem trabium, tignorum,
parietum virgearum et tecti foenei, lautet in der übersetzung:
micelne âd gesomnode on beámum and on räftrum and on và-
gum and on vatelum and on þacum. hier drückt âd nicht die
flamme aus, sondern den gehäuften, geschichteten holzstosz und
die parietes virgeac sind crates.

Noch länger als unter den Sachsen dauerte der heidnische
glaube bei den SCANDINAVEN, noch reichlicher verzeichnet
²⁸⁸ sind hier die denkmäler in gedicht wie prosa, und hier werden
die ausführlichsten nachrichten und beispiele für das verbrennen
der leichen anzutreffen sein. selbst die heutigen sagen und lieder weisen noch manigfach darauf zurück.

* on bæle forbärned cod. exon. 312, 25. — die gl. Jun. 374 beel vel aad
rogus, daher die gl. lugd. bei Haupt 5, 196 beel vel accd (l. aad) und gl. sletst.
15, 20 beel vel ead vel harst, das letzte begegnet dem ahd. harst und lautet
sonst ags. herst, herste cremium, fax von herstan, hyrstan rösten, frigere. âd
pyra, vudufîne strues Haupt 9, 464* s. oben s. 220. breác strues, acervus. engl.
reak. ags. pflanzennamen s. 218. ortsnamen s. 229. Balesbeorg Kemble no. 90.
sängetþorn (l. sänged, ustulatus. vgl. Sengebusch) 5, 184. tô þâm ealdan âdfî-
nie, tô þám fînie 5, 194. andlang bæle 6, 177.

Snorri in der vorrede zu seinen königssagen geht sogar vom verbrennen aus und meldet, das erste zeitalter habe bruna-öld geheiszen, wo man alle todten menschen brannte und über ihnen bautasteine aufwarf; als aber Freyr unverbrannt im hügel, dem man drei fenster offen liesz, nachher auch der dänische kö-nig Danr samt waffen, rüstung, pferd und sattelzeug gleichfalls im hügel beigesetzt worden sei, habe dieser brauch zumal in Dänmark um sich gegriffen und ein haugs öld begonnen, in Schweden und Norwegen das brennen länger angehalten *. in Ynglîngasaga cap. 8 folgt aber die bestimmtere angabe, dasz erst Oðinn das brennen der leichen auf dem scheiterhaufen ver-ordnet und jedem verbrannten aufnahme in Valböll zugesichert habe: so viel von eines gut auf den scheiterhaufen gebracht sei, werde ihm nachfolgen, die asche solle man ins meer schütten oder in die erde begraben (also das vom feuer übrig gelassene den andern elementen zuführen). nach dieser vorstellung ist an-zunehmen, dasz vor Odins zeit gleichfalls begraben und später dazu wiedergekehrt wurde. cap. 10 sagt, nach seinem ableben sei Oðinn selbst verbrannt und nun das brennen allgemein ge-worden; man habe geglaubt, je höher der rauch in die luft auf-steige, desto geehrter sei der verbrannte im himmel, wodurch sich der vom ags. dichter gewählte ausdruck 'âstîgan' bestätigt: jeder natürliche mensch beim anblick des leichenbrands muste so empfinden [1].

Gleich Oðinn war auch Niörðr und Odins sohn Baldr ver-brannt worden, an Freys leichnam glaubten die Schweden seien

* Sn. 4 heiszt es bei erschaffung des ersten menschen: gaf honum önd, þá er lîfa skal ok aldri týnaz, þótt likaminn *fûni at moldu* eða *brenni at ösku*. hier stehen in der erde faulen und verbrennen gleich nebeneinander. die vala liegt beschneit, beregnet, bethaut in der erde Sæm. 94ᵇ. ebenso die Grôa: til moldar komin. Sæm. 97ᵃ. dis tumulus, disja tumulare Eyrb. 172. nû ero brûðir byrgðar *í haugi*. Sæm. 168ᵃ. byrgja ags. byrigean tumulare. þeir urpu haug eptir Gunnar ok lêtu hann sitja upp í hauginum. Niala c. 79 a. 993. nû liggr vorpinn haugi. fornm. sög. 12, 72. þá var haugr eptir Harald vorpinn. 10, 423. er í baug Hauðar lögðu sikling þann á Sæheimi. 10, 424. grundu austun, hauðri huldr. 10, 431.

[1] Maria 158, 1 von einem opfer:

er brant beidiu fleisch und bein;
dô sich der rouch ûf bouc,
der engel al dâmite flouc.

fruchtbarkeit und friede im land gebunden, darum wollten sie
ihn nicht brennen, sondern unversehrt im hügel beisetzen. von
den folgenden königen wurden Vanlandi, Visbur, Domarr, Agni,
Haki dennoch verbrannt, dazwischen auch einer oder der andre
begraben, bis endlich die gewohnheit des bloszen begrabens allgemeiner um sich grif. nach Yngl. saga 24 Alfr oc Yngvi heygdr.
ebenso Ön, Egill, Adils, Yngvar, Hálfdan (das. 29. 30. 33. 36.
264 49). Hálfdan svarti wurde in vier stücke zerlegt und an vier
stätten beerdigt, um dem land fruchtbarkeit zu verleihen, es gab
daher mehrere Hálfdanar haugar. Harald wurde unverbrannt in
den hügel gelegt, nicht anders Hákon gódi samt seinen waffen.

Neuere scandinavische gelehrten sind geneigt, alle gräber
mit ehernem geräth für keltisch zu erklären, die mit eisernem
und verbrannten leichen den Schweden und Norwegern, grab-
lager mit unverbrannten leichen und zugabe des rosses den Dänen anzueignen. gleichwol ist jene sage von Dan nicht unmy-
thischer als die von Frey, und ich bezweifle kaum, dasz auch
bei den Dänen, wie bei den Gothen und den übrigen Germanen in bestimmter zeit leichenbrand herschte; nur hat er in Norwegen und Schweden, wie das heidenthum insgemein, sich länger
behauptet.

Odinn selbst, wo er auftritt, ist blosz im licht des mythus,
nie der geschichte zu fassen. verlege man seinen zug aus Sky-
thien oder Thrakien vor oder nach Christus, wir wissen durch
Tacitus, dasz zu beginn unsrer zeitrechnung die Germanen verbrannten; die sitte musz nothwendig unter ihnen weit älter gewesen sein und ihre einführung kann gar nicht von dem vordringen der asen gegen westen und norden abhängen.

Diese halbgöttlichen asen und die von ihnen entsprosznen
helden und könige unterlagen wie der griechische Herakles,
gleich allen andern sterblichen, dem tod und scheiterhaufen;
wie sollte dessen gebrauch bei dem deutschen volk überhaupt
nicht in ein unvordenkliches alterthum zurück reichen?

Ein berühmteres · beispiel des leichenbrands gibt es nicht
als das von Baldr Odins sohn *: nachdem er durch verrat allen

---

* Baldr hné at banaþúfo (sank zum todeshügel) Sæm. 117ᵇ. vgl. araþúfa 84ᵇ.

unerwartet und zu tiefer trauer gefallen war, brachten die asen
seine leiche zur see auf ein schif und errichteten da den scheiterhaufen. Nanna seine frau starb vor groszem harm und wurde
auch in die flammen gelegt, welche Thôrr mit seinem hammer
weihte; einen ihm vor den füszen laufenden zwerg [1] stiesz er
gleichfalls in die glut. Baldrs pferd wurde herangeleitet und
mit allem sattelzeug verbrannt, Odinn that seinen kostbaren ring
Draupnir hinzu und hatte dem geliebten sohn, bevor ihn die **ass**
flamme verzehrte noch worte ins ohr geraunt [2]. noch dem könig
Heidrekr legt in Hervararsaga cap. 15 Gestr die frage vor:

> hvat mælti Odinn î eyra Baldri,
> âdr hann var â bâl borinn?

und dem Vafprudnir (Sæm. 38) Gangrâdr:

> hvat mælti Odinn, âdr â bâl stigi *
> sialfr î eyra syni?

wie Vegtamr die vala fragt:

> hverr mun hefnt Hedi heipt of vinna,
> eda Baldurs bana â bâl vega?

woraus sich ergibt, dasz Hödr, der den Baldr unwissend er-
schossen hatte, zu vergeltung (von Rindrs neugebornem sohne
Vali) getödtet und auf dem scheiterhaufen verbrannt werden
sollte; das wird auch gesagt in Völuspâ 38. bei dieser leichenfeier Baldrs treffen wir also das mitverbrennen der guttin, des
rosses und andrer gegenstände als wesentliche grundzüge; dasz
im mittelalter bis auf heute das ritterpferd (En. 8041. 8170) der
leiche folgen musz, erklärt sich aus diesem mitverbrennen, hat
aber seinen rechten sinn verloren.

Wenn es Völuspâ 26 heiszt

> er Gullveigo geirom studdo,

---

[1] Litr, vielleicht Liotr, deformis, denn die zwerge waren häszlich. der zug
mahnt an den mexicanischen brauch, auf dem scheiterhaufen des königs auszer
seinen dienern auch einige ungestalte männer mit zu verbrennen, die er zum
zeitvertreib in seinem palast unterhalten hatte. Klemm 5, 51. [über die weihe s.
Mannhardts zeitschrift 4, 295.]

[2] auf Baldrs scheiterhaufen beziehen sich stellen der hûsdrâpa. Laxd. saga
p. 387. 388.

* wo â bâl stiga statt â bâl borinn verda. — ridr at vilgi vidu (Hroptatŷr)
sonar bâli. Sn. (1848) 1, 234. (Heimdallr) ridr at kesti þeim er god hlôdu. 1, 240.

ok i höll Hârs hana brendo:

þrisvar brendo þrisvar borna,

so drückt das der dreimal wiedergebornen Gullveig dreimaliges verbrennen aus, auf jede geburt in die welt folgt zuletzt die bestattung. das geirom styðja läszt ein feierliches legen oder erheben auf sperschäften beim brand vermuten.

Rührend ist in der eddischen Brynhildarqviða Sigurðs und Brynhilds scheiterhaufe besungen; das muste in den hörern des lieds ganz andern eindruck hervorbringen, als Siegfrieds, wenn auch ergreifend dargestellte bevilde in den Nibelungen. Brynhildr läszt zwischen sich und Sigurð das schwert legen, wie es einmal im bett zwischen beiden gelegen hatte; ihr zur seite soll der geliebte mann brennen; ihm zur seite ihre geschmückten dienstboten, zwei zu häupten und zwei habichte; wenn ihm fünf mägde und acht diener folgen [*], kann die thür der unterwelt nicht auf seine füsze fallen. die einfachen worte selbst lauten so (Sæm. 225):

lâttu svâ breiða borg à velli,

at undir oss öllum iafnrûmt sê,

þeim er sulto með Sigurði.

tialdi þar um þâ borg tiöldom ok skiöldom,

valaript vel fâð ok vala mengi,

brenni mer inn hunska â hlið aðra.

[*] auch Sæm. 215: vgl.

swelber sô wello,

der var hinze helle,

heize sin chnehte mit varn,

dâ sint si alle mit verlorn. Karajan 11, 1. 2.

nach Völsung. sag. c. 31 wurde auch Sigmundr, Sigurðs dreijähriger knabe (Sn. 141), den Brynhild hatte tödten lassen, und Guttorm der mörder, den Sigurð sterbend noch erlegt hatte, mit verbrannt. Brynhild tödtet sich vorher dem schwert, wie Dido, Sn. 141. Völs. s. c. 31. daher sagt sie Sæm. 226[b] undir svella. wenn Atli zu Guðrûn sagt (Sæm. 262[a]):

brend mundu â bâli ok barið grioti âðr.

þâ hefir þû annat þaxtu æ beiðiz,

so bezeichnet das gewaltsamen tod zur strafe; auch Völs. s. c. 38. so auch: Hrollaugr lêt þâ fœra Heiðrek konung til skôgar ok skyldi hann þar à bâli brenna, fornald. sög. 1, 461. hun bad þâ konu à bâli brenna, er bygði at svîkja hann. fornald. 1, 460. über feuertod als strafe vgl. Niebuhr 2, 417. die kinder sammeln holz, um Judas auf einem scheiterhaufen zu verbrennen. Firmenich 1, 458. vgl. unten s. 240.

brenni enum huuska à blîd adra
mîna þiona menjum göfga,
tveir at höfdum ok tveir haukar:
þà er öllu skipt til iafnadar.
liggi ockar enn i milli màlmr hrîngvaridr,
egghvast iarn svà endr lagit,
þà er vit bædi bed einn stigom,
ok hêtom þà hiona nafni.
hrynja hànom þà à hæl þeigi
hlunublik hallar hrîugi litkod,
ef hànom fylgir ferd mîn hedan,
þeigi mun vàr för aumlig þyckja,
þvîat hànom fylgja fimm ambôttir,
àtta þionar edlom gôdir,
fôstrman mitt ok faderni,
þat er Budli gaf barni sîno.

auch ihre milchschwester (fôstrman, coalumna) und all ihre väterliche mitgift (faderni) ward verbrannt. mit bemerkenswerther
abweichung heiszt es in dem prolog zu helreid Brynhildar, nach
ihrem tode seien zwei holzstösze errichtet worden, einer für Sigurd, der brann zuerst, und Brynhild ward hernach verbrannt,
sie fuhr auf einem mit kostbarem gewand bedeckten wagen ihren
helweg; vgl. Nornagests saga cap. 9 *.

Diener, rosse, hunde, falken, waffen wurden mit verbrannt,
um den helden bei ihrer ankunft in der unterwelt alsbald wieder zur hand zu sein, weil man sich vorstellte, dasz dort die
irdische lebensart ganz auf die alte weise fortgesetzt werden
sollte. in der Vilkinasaga cap. 246. 247 (273. 274) ist berichtet,
wie Dietrich von Bern den Iron unter einem hoch von balken
aufgerichteten gerüste bestatten liesz und auf dem gebälk pferd,

---

* Brynhild sagt auch von Gudrûn 224:
        sæmri væri Godrûn systir ockor
        frumver sînom at fylgja daudan.
Herborg sagt Sæm. 212*:
        sialf skyldac *göfga*, sialf skyldac *götva*,
        sialf skyldac *höndla* helför þeirra.
diese verba drücken einzelne gebräuche der bestattung aus, vielleicht der verbrennung. zu götva vgl. sl. gotovati parare. götvadr = heygdr. Island. sög. 2, 481.

hunde und habichte des todten standen. hier hatte die sage das
verbrennen schon vergessen und doch die zurüstung des scheiterhaufens beibehalten [1].

Das mitsterben der ehefrau, obgleich weit unter den völkern
verbreitet, scheint vorzugsweise der nordischen und germanischen
227 sinnesart überhaupt zusagend. als im jahre 1011 dem berühmten Niall von seinen feinden das haus über dem haupt angezündet wurde, wodurch er das leben verlor, wollten sie Berg-
thora, Nials frau, herausgehn lassen, sie sagte ich bin dem Niall
jung vermählt worden und habe ihm gelobt, dasz ein schicksal
über uns beide ergehn solle: ek var ûng gefin Niâli, hefi ek þvî
heitið honum at eitt skyldi gânga yfir okkr bæði; sie wich nicht
aus dem haus und liesz sich mit verbrennen. schon Tacitus
cap. 18 versichert von den germanischen ehfrauen: ipsis inci-
pientis matrimonii auspiciis admonetur venire se laborum pericu-
lorumque sociam, idem in pace, idem in proelio passuram ausu-
ramque. die frau erscheint hier nicht gleich einer dienenden
magd im geleite des mannes, es war ihr freier wille mit ihm
zu leben und zu sterben. ein rührendes beispiel dieser treue
gaben Hagbarth und Sygne bei Saxo 132 St. 345. M., das viele
volkslieder feierten; auch Gunilda nach Asmunds tod, bei Saxo
46 M. [kimbrische frauen. Plut. Mar. 27. selbst Signy stürzt sich
ins brennende haus, um sich mit ihrem ungeliebten gemahl Sig-
geir zu verbrennen. Völs. s. c. 8: skal ek nû deyja með Sig-
geir konungi lostig, er ek átta hann naudig [*].]

Dasz aber nicht blosz ehfrauen mitverbrannt, sondern auch
andre frauen nach ihrem tod verbrannt wurden, lehrt vor allem
ein allgemeiner spruch in Hâvamâl 80, dasz man den tag erst

---

[1] Müllers sagabibliothek 2, 611. 612 theilt eine ganz andre sage, eine offenbar
jüngere märchenhafte entstellung der sitte mit. in den hügel werden das ge-
sattelte pferd, waffen, habicht und hund lebendig eingeschlossen, der todte steht
nachts auf, friszt habicht und hund auf u. s. w. [vgl. die langob. stangen mit
tauben auf gräbern. P. Diac. 5, 34.]

[*]   auch sol ich niht sûmen mê,
       ich wirde din geselle
       ze himel oder zer helle.
sagt Jafite (Wigal. 7705) über ihren todten mann und ihr herz bricht. 7744.

zu abend loben solle, eine frau erst wenn sie verbrannt ist, d. h.
nach ihrem tod:

> at qveldi skal dag leyfa,
> kono er brend er,

wie ein andrer spruch 70 blindr er betr enn brendr sê nichts
ausdrückt als dasz blindheit dem tode vorzuziehen sei. Snæ-
friðr, Haralds hàrf. vor ihm versterbende gemahlin wurde auf
dem bàl verbrannt. Haralds saga cap. 25. formm. sög. 10, 207.
208. ich finde nirgends eine angabe, dasz frauen geringeres
standes vom leichenbrand ausgeschlossen waren. ebenso wenig
findet sich auskunft über das begräbnis noch ungezahnter kinder.

Ich will andere zeugnisse für den leichenbrand im Norden
anführen, die zugleich seinen übergang in das blosze begräbnis
anschaulich machen [1].

Als in der groszen Bravallaschlacht (ums jahr 720) könig
Haraldr gefallen war, liesz könig Hringr des gegners leiche
waschen, schmücken und auf dessen wagen setzen, dann einen
groszen hügel weihen, die leiche samt wagen und pferd in den ²⁸⁸
hügel fahren und das pferd tödten. darauf nahm er seinen eignen sattel und übergab ihm Haralds leiche, nun zu thun was er
wolle, nach Valhöll reiten oder fahren. alle helden, bevor der
hügel geschlossen wurde, warfen ringe und waffen hinein. so
meldet das sögubrot in fornald. sög. 1, 387 und hier scheint
das verbrennen ausgeschlossen. Saxo gramm. gibt s. 147 Steph.
391 Müll. bei demselben anlasz folgenden bericht: tandem cum
corpore reperta clava Haraldi manibus parentandum ratus equum,
quem insidebat, regio applicatum currui aureisque subselliis de-
center instratum ejus titulis dedicavit. inde vota nuncupat ad-
jicitque precem, uti Haraldus eo vectore usus fati consortes ad
tartara antecederet atque apud praestitem orci Plutonem sociis
hostibusque placidas expeteret sedes. deinde rogum exstruit,
Danis inauratam regis sui puppim in flammae fomentum con-
jicere jussis. cumque superjectum ignis cadaver absumeret,

---

[1] auch in der fremde hielten die Normannen den brauch ihre todten zu verbrennen fest, wie uns Regino zum jahre 879 (Pertz 1, 591) bezeugt: Nordmanni
cadavera suorum flammis exurentes noctu diffugiunt et ad classem dirigunt gressum.
gleich den Gothen bei Sidonius.

moerentes circuire proceres impensiusque cunctos hortari coepit, uti arma, aurum et quodcunque opimum (l. optimum) esset liberaliter in nutrimentum rogi sub tanti taliterque apud omnes meriti regis veneratione transmitterent. cineres quoque perusti corporis urnae contraditos Lethram perferri ibique cum equo et armis regio more funerari praecepit. unbedenklich trägt hier Saxos erzählung kennzeichen höheres alterthums, lehrt aber mit jenem bericht des sögubrot verglichen, wie auch in ähnlichen fällen die angabe des leichenbrands verwischt wurde.

In dieselbe heldenzeit fällt Starkađr. als Saxo s. 158 Steph. 406 Müll. dessen tod erzählt, fügt er hinzu: verum ne tantum athletam busti inopem jacere pateretur, corpus eius in campo, qui vulgo Roelung dicitur, sepulturae mandandum curavit. hier kann nicht einmal bustum bestimmt auf verbrennen bezogen werden, es meint blosz grab [1].

289 Nicht übergangen werden darf aber was Saxo s. 87 Steph. 234 Müll. von seinem dritten Frotho anführt: lege cavit, ut quisquis paterfamilias eo conciderat bello cum equo omnibusque armaturae suae insignibus tumulo mandaretur. quem si quis

[1] das christenthum drang auf Island in den jahren 995—1000 ein, aber schon vorher war daselbst begraben und beerdigen (heygja, iarða vgl. mhd. erden En. 7920) unverbrannter leichen üblich. im jahre 946 öfnete man einen hügel, um eine neue leiche in ihm beizulegen. Egilssaga s. 601. Egill selbst, der noch als heide nach 980 starb, wurde mit waffen und kleidern zu Tialdanes bestattet, und man fand später sein gebein. ebenda s. 768. 769. nicht anders war Thorolf im jahre 926 mit waffen und kleidern bestattet worden. ebenda s. 300. Skalagrim im jahre 934 ins schif geführt und mit pferd und waffen begraben. ebenda s. 399. die Laxdœlasaga redet von i haug setja s. 20, haug kasta, verpa s. 104. 142. 152, nie von verbrennen; doch wurde sie erst im dreizehnten jh. abgefaszt und die einzelnen ausdrücke können schon nach dem späteren brauch gewählt sein. s. 16 liest man: Unnr var lögd i skip i hauginum ok mikit fé var i haug lagt hia henni, var eptir þat aptr kastaðr haugrinn. während in Islendinga bók cap. 7 das aussetzen der kinder und essen des pferdefleisches (barnútburðr, hrossakiötsät) als heidnisch bezeichnet ist, steht der leichenbrand (dauðra brenna) nicht auf gleicher linie und musz früher abgekommen sein. [út hefja (efferre) Sæm. 264b. giöra bât ok brenna fé þetta allt. formm. sög. 5, 328. Haki var brendr á báli þar er brimslöðir öðu. Skaldsk. 303. Yngl. s. c. 27. útför in Hervarars s. 463. haugagiörðar 429. verpa haug 424. heygja 499. 508. i haug setja 448. settu eptir hann bautasteinar. Egilss. 94. hlóðu at grioti 129. 300. spenti gullhring á hvara hönd honum 300. pferd, waffen, schmidgeräte mit begraben 399.

vespillonum scelesta cupiditate tentasset, poenas non solum sanguine, sed etiam inhumato cadavere daret, busto atque inferiis
cariturus. si quidem par esse credebat, ut alieni corruptor ci-
neris nullo funeris obsequio donaretur, sortemque proprio refer-
ret corpore, quam in alieno perpetrasset. centurionis vero vel
satrapae corpus rogo propria nave constructo funerandum con-
stituit; dena autem gubernatorum corpora unius puppis igne consumi praecepit; ducem quempiam aut regem proprio injectum
navigio concremari. dies alles scheint kein allgemeines leichen-
gesetz, sondern blosze anordnung für den eben beendigten heerzug, daher auch der frauen und unfreien nicht erwähnt wird;
aber die abstufung der verschiednen bestattungsweisen ist merkwürdig. die vornehmen sollen auf holzstöszen im schif, zehn
zusammen oder einzeln verbrannt, die übrigen krieger blosz mit
pferd und rüstung im hügel beerdigt werden; es wird, wenn man
cinis allgemein nimmt, für sie keiner brennung gedacht und doch
könnte sie vorausgesetzt sein, da der hier bedrohte leichenraub
auch an hügeln verbrannter denkbar wäre.

Von Hotherus heiszt es s. 41 Steph. 119 Müll.: Gelderum
Saxoniae regem, eodem consumptum bello, remigum suorum cadaveribus superjectum ac rogo navigiis exstructo impositum
pulcherrimo funeris obsequio extulit. cineres ejus perinde ac
regii corporis reliquias non solum insigni tumulo tradidit, verum
etiam plenis venerationis exequiis decoravit.

Nach dieser stelle, nach Frothos anordnung und nach dem
mythus von Balders tod wurden die leichname der asen, könige
und helden auf schiffen verbrannt, die man sobald der scheiterhaufe entzündet war, der flutenden see überliesz; nach Yngl.
saga cap. 27 befahl der todtwunde Haki auf einem schif den
scheiterhaufen zu entzünden: göra bâl â skipinu, Haki var lagiðr
â bâlit, geck skipit logandi ût um eyjar î haf. hier also empfiengen beide elemente, feuer und wasser, den todten gemeinschaftlich. dieser merkwürdige gebrauch scheint zusammenzuhängen
mit der weit umgreifenden vorstellung des alterthums, dasz der
todte über das gewässer in ein fernes land, auf eine insel der
seligen fahren müsse, wovon ich in der deutschen mythologie
s. 790 ff. ausführlich gehandelt habe. daher mag auch in spä-

terer zeit, als man vom verbrennen zum begraben zurückgekehrt
war, sich eine zwiefache sitte herleiten, einmal dasz man die
leichen in schiffen selbst oder in schifsförmig gestalteten särgen
dem erdhügel übergab, dann dasz man auf dem hügel steine
und felsen in gestalt eines schiffes ordnete. solcher schifssetzun-
gen haben sich zumal in Schweden manche erhalten, man sieht
die seiten und schnäbel des schifs deutlich gelegt, in der mitte
aber einen höheren felsenrif als mast sich erheben. wirkliche
schiffe sind zwar nirgend in nordischen noch deutschen gräbern
aufgefunden worden, wol aber die schwäbischen todtenbäume
aus stämmen ganz wie nachen gehölt, und nicht blosz altnordische auch deutsche sagen erzählen ausdrücklich von leichbe-
stattungen im schif[1]. dieser volksglaube mag also allgemein
und über den norden hinaus unter unsern vorfahren und viel
weiter noch gehaftet haben[2].

Für rogus findet sich altn. kein dem ahd. eit, ags. ád gleiches eidr (denn eiđr jusjurandum, ahd. eid, ags. áđ ist unterschieden davon); der übliche ausdruck lautet bâl, dem ags. bæl
und vermuteten alts. bâl entsprechend, wogegen kein ahd. pâl
zu bestehn scheint. die goth. völlig zweifelhafte form wäre bêl;
schwed. gilt bâl, dän. baal. dies bâl bezeichnet mehr den holzstosz als die flamme selbst, gleichviel ob zum verbrennen der
leichen oder zu andern zwecken dienend; bei der berühmten
Niàlsbrenna heiszt es cap. 130: tôku eld ok gerđu bâl mikit
fyrir dyrunum. Egilssaga cap. 45 s. 222: bâl mikit, lögđu þar
î eld, es musz also, wenn das geschichtete bâl brennen soll,
erst feuer dazu kommen. in den altschwedischen gesetzen z. b.
Uplandslag s. 150. 254 wird häufig das 'î bâli brinnä', der scheiterhaufe, als strafe[*] des verbrechers ausgesprochen, in den nor-

---

[1] im goldnen schif begraben, sage bei Müllenhoff n. 501. [Sæm. 264ᵇ von
Atlis sarg: *knör* mun ek kaupa ok *kista* steinda,
                     vexa vel blæju at verja þitt líki.
knörr navigium ags. cnear. Völs. s. c. 38 gera steinþró (steinkiste)].

[2] noch heute pflegt in China den särgen schifsgestalt ertheilt zu werden.
Klemms culturgeschichte 6, 131.

[*] s. oben zu 235. wie hexen wurden auch gespenster verbrannt d. h. die
leichen der menschen ausgegraben und verbrannt, die als geister umgiengen und
schadeten. merkwürdiges beispiel von Bœgifôtr in der Eyrbyggja s. 172 (disja
ramliga, tief eingraben?). 314. 316. (die asche ausgestreut, wie im Rudlieb.)

megischen das 'dœma til brands ok til bâls.' schwedische volkslieder schildern diese strafe dichterisch, z. b. eins bei Arwidsson 1, 312, der könig entsendet seine diener in den wald holz
zu hauen:

> i gån åt skogen och huggen ett bål!

als es geschichtet ist, werfen sie die unschuldige ins feuer: 241

> så kastade de liten Kerstin på rödaste bål,

und sie jammert über das rothe kissen, den blauen polster, auf
welchen sie schlafen solle:

> mina dynor brinna röda, mina bolstrar brinna blå,
> gud nåde mig liten Kerstin, som skall sofva deruppå!

man vergleiche dazu die ausdrucksweisen s. 315. 317. 319 und
zumal 352. 373, so wie in dänischen liedern (D. V. 3, 339. 340).

Dennoch mag in bål ursprünglich der begrif der flamme
selbst gelegen haben, wie ich aus dem lappischen buolam flagro,
finnischen palan flagro, palo incendium, slavischen paliti urere
folgre, und jenes irische bealteine, worin man tine durch feuer,
beal aus eines gottes namen deutet (deutsche myth. s. 579), ja
der name des verbrannten gottes Baldr, ags. Bældäg könnte dabei in betracht kommen. jedenfalls schlägt hier eine uralte,
weitverbreitete wurzel ein. in Bohuslän heiszt mittsommer oder
das sunwendfeuer noch heute håbåln, das hochfeuer, der hohe
scheiterhaufe [1].

Seltner als bål wird das altn. hladi strues verwandt, von
blaða struere, acervare, ags. bæl bladan, slav. klasti; ferner altn.
köstr, gleichfalls strues von kasta aufwerfen, wozu sich noch
das einfachere kös congeries, vielleicht das dän. kost (besen, a
congerendo, converrendo) halten läszt. Sæm. 268ᵇ heiszt es:

> hladit er iarlar eikiköstinu,
> låtið hann und himni hæstan verða,

schichtet den eichnen haufen, laszt ihn hoch aufsteigen unter
dem himmel.

> [i huggen den veeden af eeke,
> så brinner den elden dest heeter. Sv. vis. 1, 317.

qvista bål, ramis decisis pyram struere. Eyrbyggja sag. p. 314.]

---

[1] Dybecks runa 1844 s. 21. [Linnaei skånska resa p. 8. 10. de pyris festa
nocte accensis.]

18*

noch einen ausdruk weisz ich nicht befriedigend zu deuten, die
wörterbücher geben budlûngr (auch bolûngr, bulûngr), rafta
budlûngr strues lignorum. nun ist raftr, ags. räfter tignum; bezeichnete budli, ahd. putilo praeco, lictor, so wäre rafta budlûngr, perticarum praeco, princeps = rogus? wahrscheinlich geht
die benennung blosz auf die holzschicht und nicht auf pyra.

Die Dänen nennen einen scheiterhaufen brändestabel (oben
s. 226) oder vedkast, den entzündeten, brennenden aber baun,
den hügel, worauf er glüht, baunehöi. in diesem worte hat man
den diphthong au wie anderwärts (gramm. 1, 523) zu fassen,
242 folglich wird baun hervorgegangen sein aus baven = ags. beá-
cen, ahd. pouchan zeichen und dann feuerzeichen auf berg und
hügel. doch ist das altn. bûnki congeries zu erwägen.

Gern empfienge man bestimmte nachrichten über die besonderheit des zum altn. scheiterhaufen verwandten holzes. ei-
kiköstr, strues ilignea fanden wir vorhin in der edda, und wie
bei Homer gehn im schwed. volkslied die männer zu walde,
holz für den scheiterhaufen zu fällen; es heiszt (Arwidsson 1,
317) huggen den veden af eken. doch Yngl. saga cap. 27 steht
einmal leggja eld i tyrvið, ignem imponere cremio, tyrviðr oder
tyrviði scheint harzholz, cremium zu bezeichnen, wofür ich sonst
auch eldsneyti, ignis consortium finde. Olaus Magnus 16, 11
gibt an, man habe sich zum leichenbrand des wacholders (schwed.
enbär, enbusk) bedient, der zwar kein dorn ist, aber gleich ihm
einen verworrenen, stachelichten strauch bildet, den man allgemein zu reinigendem räuchern verwendet und der im alterthum
für heilig galt. ich denke zumal an den weitverbreiteten mythus
vom gemordeten knaben, dessen aufgelesnes, zusammengebundnes-
nes gebein die treue schwester unter einen machandelbaum legt:
aus dem immergrünen gezweige erhebt sich ein neubelebter vogel. sogar die bekannte deutung des lat. wortes juniperus (a
junior et pario, quod juniores et novellos fructus pariat antiquis
maturescentibus), liesze sich hinzunehmen. ags. cvicbeám.

Nicht zu verkennen ist sodann die bedeutsamkeit verschiedner arten des dornstrauchs auch in altn. sage, wie in unserm
alterthum überhaupt. mit dem schlafdorn (svefnþorni) stach
Oðinn die valkyrie Brynhild, d. h. er steckte ihn an ihr gewand,

worauf sie in todähnlichen schlummer sank; noch jetzt heiszt uns die dornrose (sentis canina) schlafrose und ein moosartiger auswuchs daran schlafapfel. diese Brynhild ist nun dieselbe, welche, wie wir vorhin sahen, auf prächtigem scheiterhaufen neben Sigurd verbrannt wurde und im deutschen märchen das von der spindel gestochne schlafende Dornröschen genannt wird, weil eine undurchdringliche hecke von dornen um sie gewachsen war. es wird sich im verfolg ausweisen, dasz der südschwedische volksglaube einen dorn auf gräber pflanzt und für heilig hält; dort ist auch die sage verbreitet, dasz die trolle frühlings, wenn sie ihr gold sonnen, es auf dornsträuche hängen und diese in der meinung der leute dann brennend erscheinen [1], was nochmals auf den brennenden busch führt. unmittelbarer weist zum ²⁴³ verbrennen der gebrauch, dasz für das bâl der mittsommernacht, wie in Deutschland beim Oster und Johannisfeuer neunerlei holz und neunerlei blumen verwandt werden müssen [2].

Was uns jedoch keine der altnordischen sagen gewährt, die sicherste, ihrem ganzen gepräge nach auf das höchste alterthum zurückgehende nachricht vom schichten der scheiterhaufen hat ein in Småland überliefertes kindermärchen [3] bewahrt, dessen beweiskraft von denen nicht unterschätzt werden wird, die auch in Perraults belle au bois dormant reste altfränkischer überlieferungen von Brunihild anzuerkennen bereit sind. alle hierher gehörigen züge verdienen sorgsam ausgehoben zu werden.

Eine königstochter zur kröte verwünscht hauste ihrer erlösung harrend einsam in entlegnem prächtigem hof und garten. sie hatte einen jüngling als diener angenommen, wies ihm im

---

[1] Dybecks runa 1847 s. 19. [vgl. s. 216. buisson ardent. ital. lampone rubus idaeus, dornstrauch, dren. Biondelli 65ᵃ. s. zu 244.]

[2] Dybecks runa 1844 s. 22.

[3] Svenska folksagor och äfventyr samlade och utgifna af Cavallius och Stephens. Stockholm 1844. 1, 251—263: 'den förttrollade grodan'. [groda ist rana bufo, eigentlich aber kröte, norweg. gro pl. grö. Aasen 147. hierzu stimmt merkwürdig das Tiroler märchen bei Zingerle 2, 353 mit dem haselreis und dem steinhaufen. in allen krötenmärchen liefert die kröte ihrem bräutigam das feinste tuch oder garn. Zingerle 2, 18—21. 350. 351. Büschings paddemärchen. im ähnlichen märchen der niedersächs. sagen und märch. 270 reis abschneiden von zwölf jahren; 368 holzschichten und die katze in die flammen werfen.]

garten 'einen groszen strauch, desgleichen ihm nie vor augen
gekommen war', und trug ihm auf jeden tag, wo die sonne am
himmel stehe, sonntag wie montag, jultag wie mittsommertag
einen zweig von dem strauch zu schneiden, mehr aber nicht.
weiter hatte er das ganze jahr durch nichts zu verrichten und
lebte ruhig in allem überflusz. als der letzte zweig geschnitten
war, hüpfte die kröte heran und schenkte ihm ein wunderbares
tuch, das er mit nach haus nehmen und zu julabend auf seines
vaters tisch breiten solle. die weiteren begebenheiten fallen nun
hier aus, nach jahresablauf gelangte der jüngling von neuem in
den krötengarten, wurde wieder in dienst genommen und empfieng diesmal den auftrag von einem ihm überreichten garn-
knäuel (bundt efsingar) jeden tag einen faden an einen der voriges jahr (i fjol) abgeschnittnen zweige zu knüpfen, doch wieder
nicht mehr als einen, sowol sonntags als montags, jultags und
mittsommertags. auch dies geschäft verrichtete er genau nach
der vorschrift und empfieng, als der letzte zweig gebunden war,
von der kröte einen kostbaren trinkbecher geschenkt, den er da-
heim julabends seinem vater auf den tisch setzen solle. es war
ihm aber beschieden nochmals in denselben garten zurückzukehren, wo ihm zum drittenmal die aufgabe geschah, jeden tag,
244 an dem die sonne leuchte, mittwoch wie donnerstag, jultag und
mittsommertag einen der geschnittnen und gebundnen zweige
im hof zu schichten, immer nur alltäglich einen einzigen, nach
ablauf des jahrs aber, sobald der letzte zweig geschichtet sei,
den haufen (bålet) anzuzünden und was in der asche übrig bleibe
zu bergen. der jüngling that alles wie ihm geboten war, und
als der grosze reiserhaufe stand, entzündet wurde, aufloderte
und verglomm, erhob plötzlich aus der asche sich eine wunder-
schöne jungfrau, die der jüngling eilends der glut entrisz und
die nunmehr seine braut ward.

Hier scheint lange jahrhunderte hindurch in märchenhafter
verkleidung unter dem volk sich noch ein unverkennbares andenken an das heidnische bål und die ganze art und weise vielleicht seines feierlichsten aufschichtens fortgepflanzt zu haben *.

---

* brändes paa baalet. norske event. no. 8. merkwürdig die angabe der holzarten: espe, eiche, tanne, esche. das. s. 484.

den dazu ausersehnen oder erforderlichen dornstrauch nennt die
aufgezeichnete überlieferung nicht, doch sie bezeichnet ihn; das
langsame schneiden und binden der zweige verkündet heiligen
opferbrauch und gemahnt ans skythische dorngerüste oder ans
aufhängen des sächsischen wergelds, das aus verglühender asche
emporsteigende neue leben an die dem leichbrand nothwendig
zum grund liegende vorstellung, dasz aus den flammen die un-
sterbliche seele sich gen himmel erhebe. diese unversehrte
frische einer schwedischen bauersage, die keine phantasie so er-
sonnen hätte, gewährt uns einfachen aufschlusz über das verbrennen der leichen bei unsern vorfahren insgemein: wie die
erlöste königstochter in des jünglings arme, werden sie geglaubt
haben, dasz auch Brunhild in Siegfrieds aus der glut gesprungen sei.

Hier darf ich aber noch etwas geltend zu machen nicht
säumen. Nilsson [1], von ganz andern gesichtspuncten als ich aus-
gehend, hat 6, 4. 5 bei scharfer und sorgsamer untersuchung
der auf Schonen liegenden grabhügel wahrgenommen, dasz alle
dem brenn oder erzalter angehörigen von ihm für keltisch gehaltnen gräber durch einen dorn d. i. hagedorn (crataegus oxya-
cantha) gekennzeichnet sind und dasz dieser dorn bei dem volk
noch jetzt für heilig erachtet, von keinem beil angegriffen wird
und ein hohes alter erreicht. mich dünkt vollkommen zulässig
dergleichen dornhügel auch dem germanischen und skandischen
alterthum anzueignen, da die heiligkeit des dornstrauchs ebenso- 245
wol in deutscher sage vorbricht und in dem altfränkischen thorni-
challis gerade ihre sicherste gefähr findet. schonische grabhügel

---

[1] Skandinaviska nordens urinvånare. Lund 1838—1843; man vgl. Dybecks
runa 1847 s. 19. 20. (zu s. 242). [Nicolovius Skytshärad 103. zu Soest auf dem
hofe der Marienkirche ein sehr alter weiszdorn von etwa 20 fusz höhe bis in die
spitze der krone und am fusze von anderthalb fusz dicke. obgleich ganz hohl,
trägt er doch jedes jahr wie übersäet eine menge blüten und früchte. Wilh. Tappe
alterthümer der deutschen baukunst in der stadt Soest. Essen 1823 s. 4. there
is a *quick thorn* of a very antique appearance, for which the people have a su-
perstitious veneration. they have a mortal dread to lop off or cut any part of it,
and affirm, with a religious horror, that some persons, who had the temerity to
hurt it, were afterwards punished for their sacrilege. statistical account of Scot-
land 3, 609. (Brand 3, 271).]

führen nicht blosz den namen Bålhögen (brandhügel) sondern
auch Tornhögen (dornhügel)[1], die zeugnisse dafür haben im
fortgang der untersuchung sich so ansehnlich gemehrt, dasz sie
nun wechselsweise einander unterstützen.

Noch aber bin ich mit dem deutschen gebrauch hier nicht
zu ende, falls ich grund hatte, gleich den alten Aestiern auch
spätere ESTEN für Germanen zu erklären[2], deren name zuletzt an einem benachbarten und nachrückenden finnischen stamm
haftete; auf solche weise war der keltischen Bojen name mit
dem besitz des landes erst auf die deutschen Baiern, zuletzt auf
die slavischen Böhmen übergegangen. an jener nordöstlichen
seeküste hatte bereits Pytheas Ostiacer neben Guttonen gekannt,
Tacitus hernach die ihm noch unzweifelhaft germanischen Aestier
am suevischen meer den Sueven, wenn auch in bezug auf ihre
sprache nicht ganz verglichen; viel später unterhielt mit ihnen
verbindung der gothische Theodorich. Finnen standen bereits
im ersten jahrh. und warum nicht weit früher in oder an diesem
landstrich neben Germanen; wer könnte sagen, wann der germanische stamm ausgezogen, der finnische an dessen stelle getreten, wann vielleicht eine mischung zwischen beiden entsprungen sei? war was im neunten jahrh. Esten heiszt entschieden
ungermanisch und schon finnisch oder waltete damals noch das
deutsche element vor? auch wenn man letzteres für möglich hält,
konnte sprache und sitte durch manchen einflusz von auszen her
gestört und verändert worden sein.

Vulfstán hat uns in einer Älfreds Orosius eingeschalteten
nachricht folgendes über die estische leichbestattung, wie sie,
wir wollen annehmen, zur zeit des neunten jh. galt, mitgetheilt.

Stirbt unter den Esten ein mann, so bleibt er bei seinen
verwandten einen monat, bisweilen zwei unverbrannt, ja reichere
und könige noch längere zeit. in dem haus, wo der todte liegt,
ist trinkgelag und spiel bis dasz er verbrannt wird. am tage
aber, wo sie ihn zum scheiterhaufen tragen, theilen sie seine
habe, so viel von dem trinken und spielen noch übrig ist, in

---

[1] Sjöborgz nomenklatur för nordiska fornlemningar Stockh. 1845 s. 73, 74.
[vgl. ahd. baganhoug s. 224.]

[2] geschichte der deutschen sprache s. 719.

fünf, sechs oder mehr theile. diese legen sie dann auf einer
mindestens meilenlangen strecke aus, so dasz der gröszte haufe 244
am fernsten, der kleinste am nächsten dem hause des todten
liegt. hierauf sammeln sich alle, die im land die schnellsten
pferde besitzen, wenigstens fünf oder sechs meilen von dem aus-
gelegten gut und reiten nun zusammen um die wette darnach.
wer das schnellste pferd hat, erlangt den gröszten haufen und
so jeder nach dem andern, bis alles weg genommen ist, der geringste fällt dem zu, welcher dem hause zunächst bleiben muste.
ist auf solche weise des todten ganze habe ausgetheilt, so trägt
man ihn aus und verbrennt ihn mit seinen waffen und kleidern.
durch das lange einlager und auslegen der güter auf dem weg
wird die habe schnell verschwendet. übrigens verbrennen die
Esten alle ihre leichen und wo man ein unverbranntes gebein
findet, musz starke busze dafür erlegt werden. sie verstehn sich
aber darauf kälte hervor zu bringen und darum können die
todten bei ihnen lange liegen ohne zu faulen.

Diese zauberei sieht eher lappisch und finnisch als deutsch
aus und auch die grosze güterverschwendung scheint dem geregelten erbrecht unsres geschlechts widerstrebend; doch wem
wird Vulfstans beobachtung ganz genügen? leichenmale, leichen-
wachen und spiele waren auch unserm alterthum gemäsz. das
wettrennen, wen mahnt es nicht ans pferderennen bei Patroklus
leiche? aber um Beovulfs brandhügel ritten gleichfalls die helden (6332).

Vierhundert jahre später kann es nur undeutsche, finnisch
redende Esten geben. Heinrich der Lette († um 1228) [1] meldet
zum jahre 1210: sed Estones tristia funera multis diebus colligentes et igne cremantes, exequias cum lamentationibus et po-
tationibus multis more celebrabant. und zum jahre 1225: et
receperunt uxores suas tempore christianitatis suae demissas, et
corpora mortuorum suorum in coemeteriis sepulta de sepulchris
effoderunt et more paganorum pristino cremaverunt. wie man
sonst verbrannte leichen begrub, werden begrabne hier wieder

---

[1] in Grubers origines Livoniae sacrae et civilis. Francof. et Lips. 1740
s. 58. 155.

ausgegraben um sie des heiligen brandes theilhaft werden zu
lassen.   auch von den Kuren wird das verbrennen der todten
s. 68 zum jahre 1209 versichert: Curones a civitate recedunt et
collectis interfectis suis ad naves revertuntur et transita Duna
triduo quiescentes et mortuos suos cremantes fecerunt planctum
suum super eos.   in diesen kurzen nachrichten Heinrichs ist
247 nichts was denen Vulfstans widerspräche, aber auch nichts was
sie bestätigte.   niemand wird in zweifel ziehen, dasz die finni
schen Esten gleich den germanischen, littauischen und slavischen
Heiden ihre todten der flamme übergaben.   ich werde hernach
noch auf die Finnen zurückkommen und will zuvor von den
Littauern und Slaven reden.

Den alten Aestiern wie den späteren Esten unmittelbar an-
stoszend lagen die LITTAUISCHEN völker, deren alterthümliche sprache und sitte der unsrer vorzeit so oft begegnet.   groszes
gewicht in der hier angestellten untersuchung empfängt der wahrgenommene einklang des littauischen žagaras und ahd. sakkari.
das littauische wörterbuch kennt aber žagaras nur im ursprünglichen sinne von dornstrauch, nicht in dem von scheiterhaufen,
wofür ich láužas angegeben finde, das zu láužu ich breche gehörig scheint.   doch im lettischen šahrts scheiterhaufe und
strauchschicht, das ich zu sarri = žagaras nehme, walten beide
bedeutungen. [s. 218. lit. auch žardas scheiterhaufe, gerüste.
ráksztas grabmal. auch ráksztis. raksztis und raksta dorn. vgl.
ungr. s. 259.]

Da die littauischen völker zum theil bis ins vierzehnte,
fünfzehnte jahrh. heidnisch blieben, darf nicht verwundern, dasz
sich bei ihnen noch ganz späte beispiele des leichenbrands aufzeigen lassen.   in einer urkunde von 1249, worin die neubekehrten Preuszen mit dem deutschen orden vertragen werden [1],
geloben sie, quod ipsi et heredes eorum in mortuis comburen-
dis vel subterrandis cum equis sive hominibus, vel cum armis
seu vestibus vel quibuscunque aliis preciosis rebus, vel etiam in
aliis quibuscunque ritus gentilium de cetero non servabunt, sed
mortuos suos juxta morem Christianorum in cemiteriis sepelient

---

[1] Dregers cod. diplom. Pomeraniae no. 191 s. 286—294.

et non extra; wonach also verbrennen und begraben nebeneinander zulässig gewesen scheint. die dem ausgang des dreizehnten
jahrh. zufallende livländische reimchronik berichtet von den etwa
zur mitte des jahrh. bekriegten Samen z. 3869—3888:

> in disen dingen wurden brâcht
> ir liute, die dâ lâgen tôt;
> sân ir wîsten in gebôt,
> daz sie die tôten branten
> und von hinnen santen
> mit ir wâpen ungespart:
> sie solden dort ouch hervart
> unde reise rîten;
> des geloubtens bî den zîten.
> der rede volgeten sie mite,
> wan ez was der liute site.
> ûf hôher ze hant si trâten,
> ir tôten, die sie hâten,
> die brantens mit ir ziuge
> (vûrwâr ich niht enliuge):
> spere, schilde, brünje, pfert,
> helme, keyen unde swert
> brante man durch ir willen,
> dâ mit solden sie stillen
> den tiuvel in jener werlte dort.
> sô grôz tôrheit wart nie gehôrt.

von dem was seine eignen vorfahren thaten hatte dieser dichter
nichts gehört. die mitverbrannten waffen und thiere, wähnte
man, würden gleich den ins grab gelegten gegenständen im neuen
leben hergestellt und ihren alten eignern zu dienste sein. diese
Samen bildeten den kern der alten Preuszen, welche zum littauischen stamm gehörend, auch den Samogeten (im gedicht Sa-
meiten genannt) benachbart und verwandt waren. die Samei-
ten müssen aber nicht minder ihre todten verbrannt haben, wie
schon daraus folgt, dasz sie ihren göttern menschen zum opfer
brannten, z. 4700:

> die gote die sint wol wert,
> daz man brünjen unde pfert

und ouch rische man dâ mite
brenne nâch unser site.

Dirc Potter, ein holländischer dichter schon aus dem beginn
des fünfzehnten jahrh. erzählt in der Minnen lôp 1, 509 — 524
von einem heidnischen volk, das er nicht näher nennt:

want het is noch huden mede
over al heidenscip ene sede,
als couinc of hoghe vorsten sterven,
so plachmen him daer bî te werven
horen heimclixten camerline
ende merrien melc, dits ware dinc,
die graeftmen mede mitten here,
dat houden si vor grote ere,
want si meinen, twaer grote schande,
dat hoer hêr in enen anderen lande
comen soude sonder ghesinde
ende sonder dranc diemen minde:
want melc van merrien houden si daer
vor den edelsten dranc vor waer,
die men den heren schenken mach.

diese ausstattung des herrn durch mitbegraben seines ver-
trautesten dieners und ein gefäsz stutenmilch stimmt zu jenem
samländischen glauben; auch in deutschen gräbern werden die
meistens zu füszen der gerippe gestellten krüge oft den mit-
begrabnen trank enthalten haben. stutenmilch war bei den
alten Samen wie bei den Skythen beliebt [1]. woher Potter den
ihm allgemein heidnisch erscheinenden brauch schöpfte weisz
ich nicht. Bartholomaeus anglicus oder Glanvil (um 1350)
schreibt von den Livonen [vgl. die stelle aus einer Berner hs.
bei Haupt 4, 486]: mortuorum cadavera tumulo non trade-
bant, sed populus facto rogo maximo usque ad cineres com-
burebat. post mortem autem suos amicos novis vestibus vestie-
bant et eis pro viatico oves et boves et alia animantia ex-
hibebant. servos etiam et ancillas cum rebus aliis ipsis as-

---

[1] geschichte der deutschen sprache s. 721. Montevilla p. m. 170 erzählt,
dasz die Tataren der milch wegen stuten samt ihrem füllen mitbegraben.

signantes una cum mortuo et rebus aliis incendebant, credentes
sic incensos ad quandam vivorum regionem feliciter pertingere
et ibidem cum pecorum et servorum sic ob gratiam domini com-
bustorum multitudine felicitatis et vitae temporalis patriam in-
venire. Lasicz aber de diis Samagitarum p. 57 (bei Haupt 1,
148. 149) überliefert merkwürdige, mit dem vorgetragnen oft
eintreffende züge: defunctorum cadavera vestibus induuntur et
erecta super sellam locantur, quibus assidentes propinqui per-
potant ac helluantur. lamentatione absoluta dantur cadaveri
munuscula, mulieri fila cum acu, viro linteolum collo ejus im-
plicatum. cum ad sepulturam effertur cadaver, plerique equis
funus prosequuntur et ad currum obequitant, quo cadaver vehi-
tur, strictisque gladiis verberant auras vociferantes 'geigeite begaite pekelle!' eia fugite daemones in orcum! qui funus mortuo
faciunt numos projiciunt in sepulcrum, futurum mortui viaticum.
panem quoque et lagenam cerevisiae plenam ad caput cadaveris
in sepulcrum illati, ne anima vel sitiat vel esuriat collocant. des
verbrennens geschieht bei Lasicz noch Potter keine meldung,
ibre nachricht rührt schon aus einer zeit, wo nur begraben wurde,
die einzelnen bräuche dabei stimmen aber zu denen des leichenbrandes, wie schon die vergleichung mit Bartholomaeus lehrt.
das setzen der leiche auf den sattel mahnt bündig an die pyra 250
equinis sellis constructa des Attila und das skythische grabge-
rüste, das reiten der schwertschwingenden an das estische pferderennen. begaite ist von bégti currere zu erklären und pekelle
entweder von pekla hölle oder pekulas, pikulas dem höllischen
geist.

Sebastian Munsters cosmographie, buch 4 s. 907 der ausgabe von 1559 bemerkt von den Samogeten und ihren heiligen
wäldern ausdrücklich: habebant praeterea in silvis praefatis focos,
familias et domos distinctas, in quibus omnibus carorum et fa-
miliarum cadavera cum equis, sellis et vestimentis potioribus incendebant. locabant etiam ad focos hujusmodi ex subere facto
sedilia, in quibus escas ex farre in casei modum praeparatas de-
ponebant, medonemque focis infundebant, ea credulitate illusi,
quod mortuorum suorum animae, quorum illic combusta fuerunt
corpora, nocte venirent escaque se reficerent. nicht viel später

bezeugt Matth. Stryikowski in seiner polnisch geschriebnen, zu
Königsberg 1582, Warschau 1766 gedruckten chronik s. 148
von denselben samogetischen Littauern, dasz sie mit ihren todten
die klauen von lüchsen und bären (rysie i niedźwiedzie paznok-
cie) zu verbrennen pflegen, durch deren schärfe ihnen das über-
steigen eines furchtbar steilen bergs in der unterwelt erleichtert
werden solle. dieser gläserne berg heiszt Anafielas und auf ihm
wohnt ein die thaten der menschen richtender kriwe kriweito,
worüber Narbutts litt. mythologie s. 385 nachzulesen ist. die
jüngste mittheilung rührt von Alexander Guagnini, einem Italiener her, der lang in sarmatischen ländern gelebt hatte und
1614 zu Cracau starb; in seinem buch de origine Lithuanorum
(Pistorii script. rer. polon. 2, 391) schildert er die littauischen
bestattungen folgender gestalt: corpora mortuorum cum pretio-
sissima supellectile, qua vivi maxime utebantur, cum equis, armis
et duobus venatoriis canibus falconeque cremabant, servum etiam
fideliorem vivum cum domino mortuo, praecipue vero magno
viro cremare solebant, amicosque servi et consanguineos pro hac
re maxime donabant. ad busta propinquorum lacte, melle mul-
sato et cerevisia parentabant, choreasque ducebant tubas inflan-
tes et tympana percutientes. hic mos adhuc hodie in partibus
Samogitiae confinibus Curlandiae ab agrestibus quibusdam observatur.

Wir schreiten fort zum leichenbrand bei den SLAVEN,
wofür es an alten und lehrreichen nachrichten nicht gebricht.
Die früheste darunter bezieht sich auf die den Norddeutschen zunächst wohnenden Wenden und ist in einem briefe des
Bonifacius vom jahre 745 (ed. Würdtwein no. 72 s. 191. vgl.
Helmand bei Heinrich von Herford a. 754. Potth. s. 20.) enthalten: ad Ethibaldum regem Merciorum: laudabilis mulier inter
illas (mulieres Winedorum) esse judicatur, quae propria manu
sibi mortem intulit, ut in una strue pariter ardeat cum viro suo.
die frau tödtet sich selbst um des scheiterhaufens mit ihrem
gatten theilhaft zu werden.

Für die Polen zeugt einige jahrhunderte später Thietmar
von Merseburg, der 8, 2 mehrere gebräuche dieses volks unter
Bolislaus verzeichnet, dessen sohn Otto im jahre 1018 mit Oda,

des markgrafen Ekkehard tochter vermählt wurde: in tempore
patris sui, heiszt es, cum is jam (d. i. adhuc) gentilis esset, una-
quaeque mulier post viri exequias sui igne cremati decollata sub-
sequitur. sie wurde, hat man anzunehmen, nicht blosz enthauptet, sondern auch mit verbrannt, denn ihre tödtung geschah eben
in dieser absicht. bei den Littauern und Esten war gerade von
gemeinschaft des todes zwischen den ehegatten keine rede. heutzutage nennen die Polen den scheiterhaufen gorzelina oder stos
drewny (holzstosz), auch blosz stós, [altsl. palesh rogus von paliti. Miklosich 107*. 4.]

Was die Böhmen angeht, so findet sich in der mater verborum 17* (ed. 1840 p. 230*): piram, rogum, i. lignorum con-
structionem, in quo (rogo) mortui comburuntur, sarouisce, oder
nach der heutigen schreibung žarowišče, žarowišté (Jungmann
5, 830), von žuřjti accendere *. jetzt pflegt man scheiterhaufe
durch branice acervus, branice dřjwj acervus lignorum auszudrücken. eine stelle der Königinhofer handschrift, gegen den
schlusz des liedes von Čestmir a Wlaslaw (1829 s. 106), wo
gesagt ist, dasz die dem mund entfliegende seele von baum zu
baum flattre,

doniž mrtew nezžen,

bis der todte verbrannt sei, diese stelle würde man mit vertrauen
hierher nehmen, wenn nicht verdacht wider alle dichtungen der
handschrift [1] geweckt wäre. Cosmas von herzog Břetislaw redend, der sich im jahre 1093 mühte die überreste des heidenthums unter den Böhmen auszurotten, sagt p. 112: similiter et
lucos sive arbores, quas in multis locis colebat vulgus ignobile,
exstirpavit et igne cremavit. item ..... sepulturas, quae fie-
bant in silvis et in campis, atque scenas, quas ex gentili ritu 252
faciebant in biviis et in triviis, quasi ob animarum pausationem,
item et jocos profanos, quos super mortuos, inanes cientes manes

---

* Hanusch 407. Schafarik alterth. 1, 518. spaliti verbrennen. formel der
hexenverbrennung Kulda s. 563. 567.

[1] gesteigert hat ihn zuletzt Haupts beweis, dasz das zwar nicht in ihr enthaltne, aber ähnlich klingende minnelied könig Wenzels trug ist (berichte über
die verhandlungen der gesellschaft der wissenschaften zu Leipzig 1847 s. 257
bis 265).

ac induti faciem larvis bacchando exercebant . . . exterminavit [1]. leichenbrandes wird dabei nicht erwähnt, er hat wahrscheinlich dennoch stattgefunden; die auf scheidewegen, wo man oft grab-hügel findet, errichteten hütten gleichen dem was Munster bei den Samogeten häuser nennt, und auch der vorhin angeführte Guagnini versichert von den Sarmaten und Slaven insgemein: sepulturae eorum erant in silvis et agris, tumulosque aggestis la-pidibus vestientes emineuter muniebant, quod genus in Prussiae regionibus passim adhuc visuntur: nonnulli quoque more romano cadavera cremare, cineresque collectos in urnas recondere sole-bant. an krügen mit asche und verbrannten knochen ist auch in slavischen gräbern überflusz. den technischen ausdruck trizna liefert die mater verborum 11*. (ed. 1840 p. 228) für inferiae, placatio inferorum vel obsequiae, vel infernalium deorum sacri-ficia, mortuorum sepulturae debitae; wir werden ihm gleich noch bei Nestor begegnen, der aber trysna schreibt. Kopitar im Gla-golita hat trizna lucta, Miklosich trizna ἀγών certamen, vgl. Jung-mann unter tryzna.

Bei den südlichen Slaven, sowol Slovenen als Serben und Kroaten hat sich keine kunde des leichbrandes erhalten, in den serbischen liedern keine anspielung darauf. ich vermag nur einige benennungen des scheiterhaufens hervorzuheben. den Slo-venen in Krain und Steier heiszt er germada, germazha, was von germ strauch, busch abstammt; das serb. grm bezeichnet nach Vuk eine art eiche, ich vermute robur, donnereiche, von grmiti donnern; gromila oder mit ausgestosznem r gomila be-deutet acervus. sollte nicht auch das russ. poln. gromada, böhm. hromada, obwol ihnen die bedeutung von rogus gebricht, gleich unserm haurds und hürde auf die vorstellung geschichteter rei-ser und zweige zurück zu leiten sein? darin bestärkt mich ein slovenisches koster und kust rogus, russ. koster", was wieder von kust" gesträuch stammt, aber auch dem altn. kostr an die seite treten dürfte. des sl. tr'n" = goth. þaurnus, ahd. dorn, sowie koupa, kupina und kupalo geschah oben erwähnung.

[1] auch bei Helmold 1, 83 §. 18 von den obotritischen Slaven: et praecepit comes populo Slavorum, ut transferrent mortuos suos tumulandos in atrium ec-clesiae.

Ungleich wichtigeres ergibt sich über die heidnischen Rus- 253
sen. Nestor, der seine chronik nach dem jahre 1110 zu Kijev
vollendete, berichtet (Schlözer s. 12. Jos. Müller s. 76) uns das
brennen der leichen bei den noch unbekehrten Radimitschen,
Wjatitschen und Sjeveriern; es musz unbedenklich für alle alt-
russischen stämme gelten. starb ein mann, so wurde trysna
über ihn veranstaltet, dann eine grosze klada geschichtet und
darauf die leiche verbrannt. die nach dem brand gesammelten
knochen legten sie in einen krug (sosud") und stellten ihn auf
eine seule am weg; so thun namentlich die Wjatitschen, aber
auch die Kriwitschen und andere Heiden mehr. klada stammt
von klast' schichten, legen und entspricht genau dem ags. hladan, altn. hlaða. vom begang dieser trysna ist oft die rede
(Jos. Müller s. 117. 118. 120. 185), sie musz leichenmal und leichenspiel gewesen sein, weil das wort lucta, certamen ausdrückt,
und die bräuche der ags., estischen und littauischen leichenfeier
gleichen. das stellen der todtenseule an die heerstrasze kommt
meiner deutung des salischen haristato, cheristado, der hermen
und irmenseulen zu statten, begegnet auch dem böhmischen gebrauch an den kreuzwegen.

Es gibt aber eine fast zweihundert jahre ältere, höchst an-
schauliche und lebendige schilderung des russischen leichenbrands von dem Araber Ibn Foszlan, der im jahre 921 und 922
nach Chr. auf seiner gesandtschaftsreise von Bagdad zum könig
der Slaven, d. i. der Wolgabulgaren die sitten und gebräuche
der heidnischen Russen erkundigte. wir besitzen seine schrift
gleichwol nur in dem auszug, welchen ein späterer schriftsteller
namens Jakut, der von 1178 bis 1229 lebte, einem umfassenden
geographischen lexicon unter dem worte Rus einfügte; danach
ist sie durch Frähn zu Petersburg 1823 herausgegeben und verdeutscht worden.

Ibn Foszlan sah diese Russen am Itil (an der Wolga) wohin sie mit ihren schiffen aus dem innern land gekommen waren.
man hatte ihm vom verbrennen ihrer todten erzählt, er war neu-
gierig die gebräuche kennen zu lernen, als man gerade den tod
eines ihrer groszen meldete.

Sie legten den todten in ein grab und schlugen ein dach

darüber für zehn tage, bis sie mit dem zuschneiden und nähen seiner kleider fertig waren. ist ihnen ein armer mann gestorben, so bauen sie für ihn ein kleines schif, legen ihn hinein und verbrennen es. beim tode eines reichen aber sammeln sie seine habe und theilen sie in drei theile. das eine drittel ist für seine familie, für das zweite schneiden sie ihm kleider zu, für das dritte kaufen sie berauschendes getränke.

Sobald unter ihnen ein oberhaupt verschieden ist, fragt man dessen mädchen und diener 'wer von euch will mit ihm sterben?' dann antwortet einer 'ich', und hat er dies wort ausgesprochen, so ist er gebunden und darf es nicht zurückziehen. meistentheils aber sinds die mädchen die es thun. bei jenes mannes tode war schon die frage ergangen und eins der mädchen hatte geantwortet: ich. man vertraute sie nun zwein andern mädchen, die sie bewachten, überall wohin sie nur gieng begleiteten und ihr bisweilen die füsze wuschen. während die kleider bereitet und alle übrigen zurüstungen getroffen wurden, blieb das mädchen fröhlich, trank und sang.

Als der tag des verbrennens herangekommen war, zog man das schif des verstorbnen ans ufer, trug eine ruhebank darauf, über welche ein altes weib, das sie den todesengel nennen, gesteppte tücher, goldstoffe und kopfkissen spreitete. dann giengen sie zum grabe, räumten die erde vom holzdach und zogen den todten samt dem leichentuch, worin er gestorben war, heraus, kleideten ihn in prächtiges gewand, und trugen ihn unter das schifszelt auf die gesteppte decke, indem sie sein haupt mit dem kopfkissen unterstützten. berauschendes getränk, früchte und basilienkraut wurden neben, brot, fleisch und zwiebeln vor ihn hingelegt. darauf brachten sie einen hund, schnitten ihn in zwei theile und warfen beide ins schif, legten dann dem todten alle seine waffen zur seite und führten zwei pferde herbei, die so lange, bis sie von schweisze troffen, gejagt und dann auch mit schwertern zerhauen und alle stücke ihres fleisches ins schif geworfen wurden. auf gleiche weise verfuhren sie mit zwei ochsen, einem hahn und huhn, die sie gleichfalls zerhieben und ins schif warfen.

Das dem tode geweihte mädchen wurde nunmehr zu einem

vorspringenden, dem gesims einer thür ähnlichen gerüste geleitet, indem sie ihre füsze auf die flachen hände der männer setzte
emporgehoben und nachdem sie auf das gesimse niederschauend
einige worte gesprochen hatte, wieder herabgelassen. alles dies
wurde zum zweiten und drittenmal wiederholt. alsdann reichten sie ihr eine henne hin, deren kopf sie abschnitt und weg-
warf; die henne selbst nahm man und warf sie auch ins schif.

    Als der Araber sich nach den ihm unverständlichen worten
erkundigte, die das mädchen gesprochen hatte antwortete der
dolmetsch: das erstemal sagte sie 'sieh, hier sehe ich meinen ²⁵⁵
vater und meine mutter.' das zweitemal 'sieh, jetzt sehe ich alle
meine verstorbnen anverwandten sitzen.' das drittemal aber 'sieh,
dort ist mein herr, er sitzt im paradiese. das paradies ist so
schön, so grün. bei ihm sind die männer und diener, er ruft
mich: so bringt mich denn zu ihm!'

    Nun nahmen und führten sie sie zum schiffe hin. sie aber
zog ihre beiden armbänder ab und gab sie dem weibe, das man
den todesengel nennt und das sie morden wird. auch ihre beiden beinringe zog sie ab und reichte sie den zwei ihr dienenden mädchen, töchtern des todesengels.

    Dann hob man sie auf das schif, liesz sie aber noch nicht
ins gezelt, sondern männer kamen mit schildern und stäben und
reichten ihr einen becher berauschenden getränks, den sie annahm und singend leerte. hiermit, sagte der dolmetsch, nimmt
sie abschied von ihren lieben. darauf ward ihr ein andrer becher
gereicht, den sie auch nahm und ein langes lied anstimmte. die
alte aber hiesz sie eilen und ins zelt treten, wo ihr herr lag.
das mädchen schien jetzt bestürzt und unentschlossen, sie steckte
nur den kopf zwischen zelt und schif; stracks faszte die alte sie
beim haupt, brachte sie ins gezelt und trat selbst ein. die männer begannen mit den stäben auf die schilder zu schlagen, dasz
kein laut der schreienden gehört würde, der andere mädchen er-
schrecken und abgeneigt machen könnte auch einmal mit ihrem
herrn in den tod zu gehn. dann traten sechs männer ins gezelt,
streckten sie an des todten seite nieder, indem zwei ihre füsze,
zwei ihre hände faszten, und die alte, welche todesengel heiszt,
ihr einen strick um den hals legte, dessen ende sie dem fünften

19*

und sechsten mann reichte; mit einem groszen breitklingigen
messer selbst hinzu tretend, stiesz sie dem mädchen zwischen
die rippen das messer ein und zog es wieder aus. die beiden
männer aber würgten mit dem stricke bis es todt war.

Nun kam nackend der nächste anverwandte des verstorbnen, nahm ein scheit holz, zündete es an und gieng rückwärts
zum schiffe, das holz in der einen hand haltend, die andere auf
seinen rücken gelegt, bis das unter das schif gesteckte holz entzündet war. darauf nahten auch die übrigen mit zündholz und
anderm holze, jeder trug ein stück das oben schon brannte und
warf es auf den haufen. bald ergrif diesen das feuer, hernach
das schif, dann das zelt, den mann, das mädchen und alles was
256 im schiffe war. es blies ein heftiger sturm, wodurch die flamme
verstärkt, die lohe noch mehr angefacht wurde.

Neben dem botschafter des chalifen stand einer von den
.Russen, den er mit dem dolmetsch sprechen hörte und nach
dessen worten er sich erkundigte. es waren diese: 'ihr Araber
seid doch ein dummes volk. ihr nehmt den, der euch unter
den menschen der geliebteste und geehrteste ist, und werft ihn
in die erde, wo ihn die kriechenden thiere und würmer fressen.
wir dagegen verbrennen ihn in einem nu, so dasz er ohne aufenthalt ins paradies eingeht.' dann in unbändiges lachen aus-
brechend fügte der Russe hinzu: 'seines gottes liebe zu ihm
machts, dasz schon der wind weht und ihn im augenblick weg-
raffen wird.' und traun, keine stunde vergieng, so war schif
und holz und mädchen mit dem verstorbnen zu asche gebrannt.

An der stelle, wo das aus dem flusz gezogne schif gestanden hatte, führten sie einen runden hügel auf, in dessen
mitte an einem groszen büchenscheit der name des verstorbnen
und des königs der Russen geschrieben wurde. alsdann bega-
ben sie sich weg.

So weit reicht Ibn Foszlans nachricht, welcher Frähn s. 104.
105 noch ein paar andere aus arabischen schriftstellern beifügt.
Mas'udy * sagt von den Russen und Slaven, die einen theil der

---

* auszer den Slaven legt auch Mesudi (Wiener sitzungsber. 4, 209.) den
Bordschanen todtenverbrennung bei. das. 210. diener und gefolge mit verbrannt.

Chasarenhauptstadt Itil bewohnten: hi defunctorum cadavera una cum jumentis, supellectili et ornatu comburunt. uxores cum maritis defunctis cremantur, non item viri cum uxoribus. si quis caelebs moriatur, mortuo tamen feminam uxoris loco addunt. hae autem omnes hoc mortis genus comprimis expetunt, sic enim aeternam felicitatem. adepturos esse credunt. hactenus autem illi populi ab Indis hac in re differunt, quod apud hos nulla uxor, si noluerit, cum viro comburitur. von den heidnischen Slaven (Saklab) berichtet Schemseddin Dimeschky: diese verbrennen ihre könige, wenn sie gestorben sind, und mit ihnen knechte, mägde, weiber und alle, die zu ihrer nächsten umgebung gehörten, den schreiber, wesir, den gesellschafter beim becher und den arzt.

Auch der Byzantiner Leo Diaconus, der um die mitte des zehnten jahrh. in Kleinasien geboren, im jahre 966 nach Constantinopel gekommen, von den verhandlungen zwischen Johannes Zimisces und Svätoslav (Σφενδοσθλάβος) aber genau unterrichtet war, erwähnt (ed. bonn. p. 149 ff.) unter dem jahre 972 von den ihm als Skythen erscheinenden Rôs d. i. Russen folgendes: ἤδη δὲ νυκτὸς κατασχούσης καὶ τῆς μήνης πλησιφαοῦς οὔσης 257 κατὰ τὸ πεδίον ἐξελθόντες τοὺς σφετέρους ἀνεψηλάφων νεκρούς· οὓς καὶ συναλίσαντες πρὸ τοῦ περιβόλου καὶ πυρὰς θαμινὰς διανάψαντες, κατέκαυσαν, πλείστους τῶν αἰχμαλώτων, ἄνδρας καὶ γύναια, ἐπ' αὐτοῖς κατὰ τὸν πάτριον νόμον ἐπανασφάξαντες. ἐναγισμούς τε πεποιηκότες, ἐπὶ τὸν Ἴστρον ὑπομάζια βρέφη καὶ ἀλεκτρυόνας ἀνέπνιξαν, τῷ ῥοθίῳ τοῦ ποταμοῦ ταῦτα καταποντώσαντες. λέγεται γὰρ Ἑλληνικοῖς ὀργίοις κατόχους ὄντας.

Wer wollte hier griechischen brauch suchen? dringender ist es nach dem einflusz zu fragen, den warjagische einwanderung seit der mitte des neunten jahrh. auch auf die sitte des nördlichen Slavenlands gewonnen haben könnte. in der that gleicht die von dem Araber gelieferte schilderung des russischen leichenbrandes auffallend dem altnordischen, zumal darin, dasz der scheiterhaufe auf dem schif geschichtet wird und das sich aufopfernde mädchen unmittelbar in das grüne paradies überzugehn wähnt, wie unsre vorfahren in den grünen wang oder heim der götter (mythol. s. 782. 783). mit dem schlachten der pferde stimmt auch die altdeutsche gewohnheit und zu dem nochmals durch Leo Diaconus bestätigten würgen der hennen oder hähne darf das galli caput bei Saxo gramm. (St. 17. Müll. 51) gehalten werden, nach dessen wurf über die mauer der vogel neues leben empfängt. allein verbrennen zu schiffe war hier den auf der Wolga fahrenden, sonst im land fremden Russen von selbst geboten und mitopfer der thiere ein fast allgemeiner, bei den meisten, zumal auch littauischen scheiterhaufen wiederkehrender zug, den man gar nicht erst nöthig hat aus Scandinavien herzuleiten. auszerdem ist in des Ibn Foszlan schilderung, der überhaupt diese Russen als ein höchst unreinliches und wollüstiges volk darstellt, von mir absichtlich vorhin etwas empörendes unterdrückt worden; er berichtet nemlich, dasz die sechs ins gezelt getretnen männer, welche dem mädchen hände und füsze halten und es mit dem strick erdrosseln musten, ihm zuvor samt und sonders beigewohnt hätten. solch eine unthat stände aber altnordischer wie altdeutscher sitte fern, und nimmt man hierzu, dasz auch unter den übrigen Slaven, namentlich Wineden und Polen das verbrennen der todten üblich war und Nestor für die Wjatitschen und Radimitschen sich dabei des slavischen aber undeutschen ausdrucks trysna bedient; so sehe ich keine ursache, 258 den an der Wolga unter den Russen des zehnten jahrh. beobachteten hergang auf scandinavische Warjager zurück zu leiten [1]. die natürlichste annahme bleibt, dasz unter Slaven und Germanen von altersher dies verbrennen der leichen auf sehr ähnliche obwol im einzelnen abweichende weise im schwange gieng; wir würden uns davon noch besser überzeugen, wenn unsre einheimischen schriftsteller es verstanden hätten, die gebräuche so anschaulich darzustellen, wie bei Herodot der skythische, bei Procop der herulische, bei Vulfstan estische, bei Ibn Foszlan der russische beschrieben sind.

FINNISCHE überlieferungen von dem brand der leichen sind mir unbekannt oder jetzt noch unzugänglich. in Kalevala kommt vor, dasz der riese Vipunen mit ganzem leib, also un-

---

[1] wie Ernst Kunik in seinem reichhaltigen und belehrenden werke über die schwedischen Rodsen, Petersburg 1844. 1845 2, 441. 453—458 thut.

verbrannt, zu grabe liegt, was ans steinalter und die steinkam-
mer der riesenzeit erinnert.   die neue ausgabe des finnischen
epos [1] gewährt aber XXXI, 145—160 die umständliche beschreibung eines scheiterhaufens, den Untamo schichten läszt,
um darauf den knaben Kullervo zu tödten, welchen er vorher
schon im wasser vergeblich umzubringen gesucht hatte. es heiszt
mit wieder kehrenden zeilen:

> käski orjansa kerätä
> koivuja kovia puita,
> honkia satahavuja,
> tiettäviä tervaksia,
> tuohia tuhat rekeä,
> sata syltä·saarnipuita,

er liesz die knechte sammeln weiszer birke hölzer, tannenzweige
hundertnadliche, ... harzige, birkenrinde tausend schlitten,
hundert klaftern eschenholz (vgl. Schiefner übers. s. 194ᵇ. Borgs
übers. s. 100). . hier wird kein dorn genannt, aber die zusammenfügung aus birken, tannen und eschenholz in groszen haufen
mahnt an den skythischen ὄγκος φρυγάνων. für den scheiterhaufen besitzt die finnische sprache den namen pino (lapp. fidno,
muorafino), strues lignorum ordinata, dessen schon oben beim
ahd. fina meldung geschah, sonst gilt auch kokko für strues
lignea. kanto, bei Renvall caudex, truncus arboris, bezeichnet
nach Juslenius zugleich bál, und diese bedeutung legt er dem
worte miehusta bei, das nach Renvall truncus corporis humani
ausdrückt.

Das UNGRISCHE wörterbuch gewährt rakas fa und rakas 259
tüz, d. i. holzhaufe und feuerhaufe, rakas aber scheint wieder
an rogus und das goth. rikan acervare zu klingen. den wirklichen und alten brauch des leichenbrandes bei den Ungern setzt
uns aber ein zeugnis des Ekkehardus bei Pertz 2, 105 auszer
zweifel; als sie im jahre 925 zu Sanct Gallen einbrachen und
zwei ihrer leute umkamen, heiszt es: quos ambos inter postes
valvarum dum cremassent, rogusque flammivorus super liminare

---

[1] Kalevala. toinen painos. Helsingissä 1849. [in Livland bei Werro gräber
mit verbrannten leichen, wahrscheinlich finnische. Kreuzwald in Burges archiv
6, 83. 84 (leichen an den holzstosz sitzend befestigt). vgl. s. 99.]

et laquear vehementer invaderet, contisque incendio certatim
plures miscerent, nequaquam templum Galli .... incendere qui-
verant. sie thaten gleich jenen Gothen, Normannen, Esten und
Russen nach der schlacht.

Forscht man von der ungrischen und finnischen sprache
ab weiter gegen osten, so wird sich für den begrif des scheiterhaufens eine reihe solcher wörter, die bald der flamme, bald
dem geschichteten holz entnommen sind, ergeben. zu anziehen-
dem aufschlusz könnte erst eine vollständigere samlung derselben führen. jetzt genüge an wenigem. der TÜRKISCHE ausdruck ujum urum mag zusammen hängen mit dem MONGO-
LISCHEN norom, dies aber mit norma glühender asche. auch
mandschuisch bedeutet noran den scheiterhaufen und nora den
haufen schichten. tibetisch schingkrov holzstosz. in der mongolischen sage von Gesser Chan s. 34 wird ausdrücklich das
verbrennen der todten auf dem holzstosz berichtet, und s. 209
ein scheiterhaufe aus den pfeilen der gefallnen krieger gebildet.

Von uralter zeit an bis auf heute herscht in INDIEN * un-
vertilgbar die gewohnheit des leichenbrands und ohne zweifel
hat auch die festigkeit indischer kasteneinrichtungen dazu bei-
getragen ihn unverändert zu erhalten, obschon sie ihn zugleich
einschränkten. denn abgesehn von den Brachmanen wird er
hauptsächlich den Kschatrijas d. h. helden und kriegern zu theil,
während die kaste der kaufleute, ackerbauer und handwerker
von ihm ausgeschlossen bleibt. er zeigt sich also wiederum als
vorrecht und auszeichnung der höheren stände.

Abbruch thut ihm sodann der unterschied der glaubens-
secten. die anhänger Vischnus sind ihm ergeben, die des Śiva
sollen ihn verabscheuen oder doch meiden [1]. auszerdem brennen
auch die zahlreichen Buddhisten ihre todten nicht, sondern übergeben sie der erde, was sich von den in Indien verbreiteten

---

* Roth die todtenbestattung im indischen alterthum. zeitschr. der morgenl.
gesellschaft bd. 8. 1854. Max Müller die todtenbestattung bei den Brahmanen.
das. bd. 9. 1855.

[1] Vischnus anhänger verbrennen ihre leichen, um nicht das wasser durch
sie zu verunreinigen; die des Śiva als feueranbeter werfen sie in den Ganges
oder begraben sie.

Mahomedanern von selbst versteht. wie also das verbrennen der leichen in Griechenland durch glaubensgenossenschaften beschränkt wurde, fällt ein noch gröszerer theil der einwohner Indiens zu den einfach begrabenden. im Mahâbhârata 1, 3616 ist ausdrücklich unterschieden zwischen todten die verbrannt, begraben und eingescharrt sind.

Des leichenbrandes thun die gesetzbücher von Manu und Yâjnavalkya verschiedentlich erwähnung. Manu 5, 167 Yâjn. 1, 89 verordnen, wenn der gatte die gattin im feuer verbrannt hat, nehme der vorschrift gemäsz er eine andre gattin und andres feuer. einstimmig mit der römischen gewohnheit soll nach Manu 5, 68 ein kind unter zwei jahren in reiner erde begraben werden, nach Yâjn. 3, 1 soll man es begraben und keine wasserspende dazu vollziehen *.

Der sterbende, wenn ein Sûdra, wird auf ein bett von kuśagras, wenn von einer andern kaste, in die freie luft getragen.

Der leichnam wird gewaschen, ein stück gold in seinen mund, in die nasenlöcher und ohren gelegt; dann trägt man ihn zu einer heiligen stelle im wald oder am wasser und legt ihn auf ein kuśalager mit dem haupt gegen süden. die söhne oder nächsten verwandten rüsten den scheiterhaufen, auf welchen nach nochmaliger waschung die leiche mit dem haupt gegen norden gelegt wird. blumen schmücken den scheiterhaufen, ein gewand ist darüber gespreitet, der berechtigte verwandte entzündet ihn mit den worten: mögen die götter mit flammendem mund diese leiche verbrennen! er entzündet ihn zunächst am haupt des todten gegen süden schauend und das linke knie beugend und ruft aus: namô namah! das feuer wird so eingerichtet, dasz einige knochen aufgelesen werden können. die verwandten nehmen sieben spannen lange holzstücke, wandeln um den scheiterhaufen und die stücke über ihre schulter ins feuer werfend rufen sie: grusz dir, der du das fleisch verzehrst! ist die leiche verbrannt, so gehn die verwandten nochmals um den scheiterhaufen, doch ohne in die glut zu schauen, dann nahen sie sich dem

* Stenzler Pâraskara s. 540. eine sati (verbrennung) geschildert. Ausland 1857, 1057 f. 1071 f.

wasser und reinigen sich; es folgen gebete, opfer und fasten.
die knochenlese geschieht (nach Râmaj. 2, 62 erst den dreizehnten tag nach dem brand) in ein irdnes gefäsz, eine tiefe grube
am flusz wird mit kuśa bestreut, mit gelbem gewande bedeckt,
dann das irdne gefäsz eingestellt, lehm, dörner und moos darü-
261 ber geworfen und ein baum gepflanzt, oder ein damm aufge-
mauert und eine fahne errichtet. den schlusz machen lustratio-
nen, opfer und geschenke.

Wird die leichenfeier eines in fremdem land verstorbnen
oder dessen gebein nicht aufzufinden ist begangen, so bilden
sie eine gestalt aus dreihundert und sechzig blättern des strauches butea, oder eben so viel wollenen fäden, womit sie die
verschiednen theile des menschlichen leibs darstellen nach bestimmten zahlenverhältnissen; um die ganze gestalt musz ein
lederner rieme von der haut einer schwarzen antelope und darüber noch ein wollenfaden geknüpft werden, dann bestreichen
sie diese figur mit gerstenmehl und wasser und verbrennen sie
als ein sinnbild des leichnams. wen überrascht nicht die höchst
bedeutsame übereinstimmung dieses gebrauchs mit dem uns im
schwedischen märchen aufbewahrten?[1]

Vom mitverbrennen der indischen witwen hatten römische
und griechische schriftsteller längst kunde[2]. Cicero (tusc. disp.
V. 27, 78) sagt: mulieres in India quum est cujusvis earum vir
mortuus, in certamen judiciumque veniunt, quam plurimum ille
dilexerit: plures enim singulis solent esse nuptae. quae est
victrix, ea laeta, prosequentibus suis, una cum viro in rogum
imponitur; illa victa maesta discedit. Propertius IV. 12, 15:

---

[1] die indischen leichengebräuche schöpfe ich hauptsächlich aus H. T. Colebrooke on the religious ceremonies of the Hindus, nach den asiatic researches,
Calcutta 1795, wieder abgedruckt in seinen miscellaneous essays, London 1837
vol. 1, wo die funeral rites s. 155 — 186 und die schilderung der figur aus butea-
laub s. 159 enthalten ist. die abhandlung on the duties of a faithful Hindu wi-
dow findet sich s. 114 — 122. [griechische nachrichten vom indischen leichenbrand
Lassen 2, 725. 3, 347. von der witwenverbrennung Bohlen altes Indien 1,
293 — 302. 2, 51. 55. Lassen 3, 347. W. Humboldt Kawisprache 1, 87 — 95.]

[2] auch in unser mittelalter war sie gedrungen, man vgl. z. b. das niederländische gedicht die kinderen van Limborch 8, 822.

felix Eois lex funeris una maritis,
quos Aurora suis rubra colorat equis.

namque ubi mortifero jacta est fax ultima lecto,
uxorum positis stat pia turba comis:
et certamen habent leti, quae viva sequatur
conjugium, pudor est non licuisse mori.
ardent victrices et flammae pectora praebent,
imponuntque suis ora perusta viris.

Herodot 3, 38 gedenkt des verbrennens der eltern, nicht der
frauen, was er nicht unangeführt gelassen haben würde, wäre
es ihm zu ohren gekommen; auf jenes kommt er zu sprechen, 262
als er den Darius Hystaspes sohn erst Griechen, dann indische
Kalatier (oder Kalantier) nach dem aufzehren der eltern fragen
läszt. die Griechen stellten es ganz in abrede, Δαρεῖος δὲ μετὰ
ταῦτα καλέσας 'Ινδῶν τοὺς καλεομένους Καλατίας, οἳ τοὺς γονέας κατ-
εσθίουσι, εἴρετο, παρεόντων τῶν 'Ελλήνων καὶ δι' ἑρμηνέος μανθα-
νόντων τὰ λεγόμενα, ἐπὶ τίνι χρήματι δεξαίατ' ἂν τελευτέοντας τοὺς
πατέρας κατακαίειν πυρί· οἱ δὲ ἀμβώσαντες μέγα εὐφημέειν μιν ἐκέ-
λευον. allgemein aber bezeugt Plutarch tom. 2, 499 nicht blosz
das mitverbrennen der frauen, sondern das verbrennen der lei-
ber bei den Indern überhaupt: 'Ινδῶν δὲ φίλανδροι καὶ σώφρονες
γυναῖκες ὑπὲρ τοῦ πυρὸς ἐρίζουσι καὶ μάχονται πρὸς ἀλλήλας, τὴν δὲ
νικήσασαν τεθνηκότι τῷ ἀνδρὶ συγκαταφλεγῆναι, μακαρίαν ᾄδουσιν αἱ
λοιπαί. Τῶν δὲ ἐκεῖ σοφῶν οὐδεὶς ζηλωτὸς οὐδὲ μακαριστός ἐστιν,
ἂν μὴ ζῶν ἔτι καὶ φρονῶν καὶ ὑγιαίνων, τοῦ σώματος τὴν ψυχὴν πυρὶ
διαστήσῃ, καὶ καθαρὸς ἐκβῇ τῆς σαρκὸς, ἐκνιψάμενος τὸ θνητόν. Nicolaus Damascenus fragm. 143 (fragm. hist. gr. 3, 463): 'Ινδοὶ
συγκατακαίουσιν ὅταν τελευτήσωσι τῶν γυναικῶν τὴν προσφιλεστάτην.
αὐτῶν δὲ ἐκείνων ἀγὼν μέγιστος γίγνεται, σπουδαζόντων νικῆσαι ἑκά-
στην τῶν φίλων. das wenige was Strabo p. 699 vom mitverbrennen der witwen meldet, entnahm er aus Onesikritos und Aristo-
bulos und bezieht es blosz auf die landstriche Kathaea und
Toxila: ἴδιον δὲ τῶν Καθαίων καὶ τὸ συγκατακαίεσθαι τεθνεῶσι τοῖς
ἀνδράσι τὰς γυναῖκας κατὰ τοιαύτην αἰτίαν· ὅτι, ἐρῶσαί ποτε τῶν νέων,
ἀφίσταντο τῶν ἀνδρῶν, ἢ φαρμακεύοιεν αὐτούς· νόμον οὖν θέσθαι τοῦ-
τον, ὡς παυσομένης τῆς φαρμακείας· οὐ πιθανῶς μὲν οὖν ὁ νόμος,

οὐδ' ἡ αἰτία λέγεται. p. 714: παρά τισι δ' ἀκούειν φησί, καὶ συγκαταχαιομένας τὰς γυναῖκας τοῖς ἀνδράσιν ἀσμένας· τὰ δὲ μὴ ὑπομενούσας, ἀδοξεῖν· εἴρηται καὶ ἄλλοις ταῦτα. denselben nichtigen grund des gesetzes führt auch Diodor 17, 91, wo von Alexanders heerzug gegen die Kathaer die rede ist, an: παρὰ δὲ τούτοις νόμιμον ἦν τὰς γυναῖκας τοῖς ἀνδράσι συγκατακαίεσθαι. τοῦτο δ' ἐκυρώθη τὸ δόγμα παρὰ τοῖς βαρβάροις διὰ μίαν γυναῖκα φαρμάκοις ἀνελοῦσαν τὸν ἄνδρα *.

Diodor berichtet aber 19, 33. 34 ausführlich ein in die schlacht zwischen dem macedonischen Antigonus und Eumenes (Ol. 116, 1. 316 vor Chr.) fallendes ereignis. Ceteus, anführer der aus Indien angelangten krieger war geblieben und hinterliesz zwei frauen, die ihm ins lager gefolgt waren. ein altes gesetz der Inder verordnete, ὅπως συγκατακαίωνται τοῖς τετελευτηκόσιν ἀνδράσιν αἱ γυναῖκες πλὴν τῶν ἐγκύων ἢ τῶν ἐχουσῶν τέκνα. doch durfte nur eine der frauen mit verbrannt werden und nun entsprang zwischen beiden wettstreit, der weil die ältere sich schwanger befand, zu gunsten der jüngeren entschieden wurde. ἡ δὲ ἐπὶ τῇ νίκῃ περιχαρὴς ἀπῄει πρὸς τὴν πυράν, στεφανουμένη μὲν μίτραις ὑπὸ τῶν οἰκείων γυναικῶν, κεκοσμημένη δὲ διαπρεπῶς ὥσπερ εἴς τινα γάμον προεπέμπετο ὑπὸ τῶν συγγενῶν ἀδόντων ὕμνον εἰς τὴν ἀρετὴν αὐτῆς. ὡς δ' ἐγγὺς ἐγενήθη τῆς πυρᾶς, περιαιρουμένη τὸν κόσμον ἑαυτῆς διεδίδου τοῖς οἰκείοις καὶ φίλοις, ὡς ἄν εἴποι τις, καταλείπουσα τοῖς ἀγαπῶσι μνημεῖον. ὁ δὲ κόσμος ἦν περὶ μὲν τὰς χεῖρας δακτυλίων τε πλῆθος ἐνδεδεμένων λίθοις τε πολυτελέσι καὶ διηλλαγμένοις τοῖς χρώμασι, περὶ δὲ τὴν κεφαλὴν χρυσῶν ἀστερίσκων οὐκ ὀλίγος ἀριθμὸς παντοδαποῖς λίθοις διειλημμένων, τῶν δ' ἐκ τοῦ κατ' ὀλίγον ἀεὶ καθ' ὑπέρθεσιν μειζόνων. τὸ δὲ τελευταῖον ἀσπασαμένη τοὺς οἰκείους ὑπὸ τἀδελφοῦ μὲν ἐπὶ τὴν πυρὰν ἀνεβιβάσθη, ὑπὸ δὲ τοῦ συνδραμόντος ἐπὶ τὴν θέαν πλήθους θαυμασθεῖσα κατέστρεψεν ἡρωικῶς τὸν βίον. ἡ μὲν γὰρ δύναμις ἐν τοῖς ὅπλοις πᾶσα πρὶν ἅπτεσθαι τὴν πυρὰν τρὶς περιῆλθεν, αὐτὴ δὲ τἀνδρὶ παρακλιθεῖσα, καὶ κατὰ τὴν τοῦ πυρὸς ὁρμὴν οὐδεμίαν φωνὴν ἀγεννῆ προεμένη, προεκαλέσατο τῶν ὁρώντων τοὺς μὲν εἰς ἔλεον, τοὺς δ' εἰς ὑπερβολὴν ἐπαίνων.

---

* der indische Calanus, krank und alt, läszt sich einen scheiterhaufen bauen und verbrennt sich. die nähern umstände bei Plutarch im Alexander c. 69. Strabo p. 717. Lucian Peregrin. c. 25.

das austheilen des schmucks erfolgt gerade wie beim russischen
mädchen s. 255 und bei Brynhild (Völs. sag. c. 31), auch bei
andern todesarten. Crescentia Kaiserchr. 11880.

Was Strabo und Diodor hier νόμος und νόμιμον nannten
mag auf geheiligte sitte und herkommen, nicht gerade auf ge-
schriebnes gesetz bezogen werden; auch die gesetze unseres
oder des griechischen alterthums enthielten kein gebot des verbrennens oder mitverbrennens, erst einschränkung des aufwands
und zuletzt verbot pflegten sie auszusprechen. ebensowenig ge-
bietet das gesetz des Manu das mitverbrennen der ehefrau; im
Rigveda reden jedoch mehrere stellen ausdrücklich vom feuertod, den getreue witwen freiwillig erwählen: er soll für keinen
selbstmord gelten; die vom Brachman bei solchen scheiterhaufen gesprochnen gebete werden mitgetheilt. in den Puránas
heiszt es, das mitverbrennen der frau solle des mannes sünde,
selbst wenn er einen Brachmanen getödtet, einen freund ermor-
det habe, sühnen. an der stelle, wo sie sich verbrannte, wird
der witwe ein denkmal gesetzt und wer ihrem zuge zu fusz
folgt soll für jeden dabei gethanen schritt dasselbe verdienst sich
erwerben, als hätte er das feierlichste opfer, ein aśvamédha d. h.
pferdeopfer dargebracht. nach Lassen 1, 639 ist das älteste beispiel das verbrennen der Mádré auf dem scheiterhaufen ihres
gemahls Pándu aus dem Mahábhárata *.

Die gebräuche selbst werden so geschildert: wenn die witwe ᴪₑₗ
gebadet und in reine gewänder gekleidet ist, faszt sie heiliges
gras ' und schlürft wasser aus ihrer hand. dann schaut sie gen
osten und norden, während der Brachmane das geheimniszvolle
wort om ausspricht; hierauf neigt sie sich Náráyana und spricht
das sankalpa aus: in diesem monat möge ich zu Arundhatí (gemahlin des Vasishtha) kommen und in Svarga (dem himmel)
wohnen; mögen die jahre meines wesens zahlreich sein wie die

---

* Parvati verbrennt sich für Shiwa. Rhode 2, 469. Upakosa besteigt nach
ihres gatten vermeintem tod den scheiterhaufen. Somadeva 1, 42. verbrennung
der leichen. Somadeva 1, 31.

' herba pura, chrénecrûda, skr. kuśa, poa cynosuroides, welche die Inder in
heiligen gebräuchen oft verwenden. durva agrostis linearis, ein anderes heiliges
gras, entspricht dem ags. torf cespes, ahd. zorba.

haare des menschlichen leibs, möge ich mit meinem gemahl die
wonne des himmels genieszen, meine väterlichen und mütterli-
chen vorfahren und die voreltern des vaters meines gemahls
heiligen und selig sein mit meinem herrn in den reichen der
vierzehn Indras. ich rufe zu euch, ihr hüter der acht welt-
theile, zu sonne, mond, luft, feuer, aether, erde, wasser, zu meiner eignen seele, Jama, tag, nacht und zwielicht! und du gewissen, sei mir zeuge, ich folge meines gemahls leiche auf den
scheiterhaufen! dann das sankalpa wiederholend wandelt sie dreimal um den holzstosz, und der Brachmane spricht: om! lasz
diese gute frau, unverwitwet, gesalbt und klare butter haltend
sich dem feuer weihen! unsterblich, weder kinderlos noch ge-
mahllos, geziert mit edlem gestein lasz sie ins feuer eingehn,
dessen element das wasser ist![1] om, lasz diese treue frau sich
selbst rein und schön dem feuer übergeben mit der leiche ihres
mannes.

Der sohn oder ein andrer naher verwandter des verstorbnen zündet darauf den holzstosz an.

Keine schwangere oder unreine darf ihn beschreiten[*]. stirbt
und wird ein Brachmana in der ferne verbrannt, so darf seine
frau in der heimat nicht einen zweiten scheiterhaufen besteigen.
wol aber ist dies der frau eines Kschatrija gestattet: sie musz
dann etwas von des ferngestorbnen gatten geräth, namentlich
seine sandalen auf ihrer brust zum feuer tragen.

265   Nicht allein witwen verbrennen sich mit dem gemahl, es
kommt auch vor dasz eltern der leiche des geliebten sohns in

---

[1] Rigveda VII. 6. 27. 2
      imâ nârîr avidʼavâh supatnîr âriganena sarpisâ samvisantu !
      anaʼsravo 'namivâh suratnâ ârohantu ganayo yonim agre !!
      diese frauen, unverwitwet, gute gattinnen heran mögen sie mit salbe
                                        und butter treten,
      ohne thränen, ohne krankheit, mit ihrem schmuck die mütter zuerst
                                        den schosz betreten.

[*] die verwandten leiden nicht dasz die schwangere frau dem manne in den
tod folge. Somadeva 2, 79. eine frau will des mannes scheiterhaufen besteigen.
Somadeva 2, 147. auch die mutter verbrennt sich nach dem tode des sohns.
Somad. 2, 23. frauenverbrennung auf der insel Bali (gegen die küste von Java)
in Indien, als sehr kostspielig und selten geschildert. Ausland 1857 s. 880 vgl.
Lassen 3, 348. Frank weltb. 205ᵇ. 206ᵇ.

die flamme folgen; so starben in einer episode des Râmâjana
der blinde vater und die mutter des einsiedlers, den Daśaratha
aus versehn erschlagen hatte [1]. im Vetâlapanćaviṅśati verbrennt
sich ein freier mit der gestorbnen geliebten.

Unheilbare kranke veranstalten selbst ihre verbrennung und
bringen sich auf diese weise ums leben, was an Herakles und
den herulischen wie thüringischen brand erinnert.

Ueberall aber stand es im freien willen der witwen, ob sie
sich mitverbrennen wollten und nicht zu bezweifeln ist, dasz es
oft unterblieb, wie auch, wenigstens neuere reisende das mitverbrennen als ausnahme darstellen, die jedesmal groszes aufsehn errege [2].

Der scheiterhaufe heiszt im skr. tschitâ oder auch tscha-
jana [*], beide von der wurzel tschi colligere (Bopp 119ᵇ. 123ᵃ.
124ᵃ), d. i. der geschichtete holz und reiserhaufe, ignis collecti-
tius. im Râmâjana 2, 76 findet sich aber eine ausführliche, lehrreiche schilderung des holzstoszes, auf welchem Daśaratha verbrannt wurde und auch seine gemahlin Kausalija mitsterben
wollte, obgleich es nicht dazu kam. der leichnam wird auf einer bahre ausgetragen, gold und gewänder werden vor ihm ge-
streut. geschichtet aber wird der scheiterhaufe aus dêvadâru-
holz, götterbaumholz, pinus dêvadâru (Lassen 1, 46. 252); in
Bengalen verwendet man dazu die uvaria longifolia, im Dekhan
erythroxylon sideroxyloides, welches ein wilder dornstrauch ist,
prunus silvestris, so dasz unsre aufmerksamkeit hier wieder dahin gerichtet wird, wo wir schon die einstimmung des griechischen und altdeutschen brauchs wahrnahmen [*]; auch in unserm

---

[1] Holtzmanns Valmiki s. 137.

[*] man vergleiche die anziehenden beispiele, welche Arnkiel im cimbrischen
heidenthum 3. 104—110 und Klemm in seiner culturgeschichte 7, 143—147
gesammelt haben.

[*] auch âkâja. Bopp 27ᵇ. agnisariskâra verbrennung eines todten. Böhtlingk 35.
âmasâna locus in quo corpora mortua comburuntur vel sepeliuntur. Bopp 354ᵇ.

[*] Colebrooke 1, 151 sagt: the fuel used at sacrifices must be wood of the
racemiferous figtree, the leafy butea, or the catechu mimosa. It should seem
however, that the prickly adenanthera (śami, adenanthera aculeata, ein dornstrauch)
or even the mango may be used. the wood is cut into small loges, a span
long, and not thicker than a mans fist. anderwärts finde ich noch andre sträuche

alterthum müssen bestimmte holzarten heiliges feuerholz gewesen
sein. duftende gerüche werden gesprengt und unter priesterli-
chem weihgesang die scheiter entzündet.

266 Es kann nicht meine absicht sein die sitte des leichenbrandes in gleicher ausführlichkeit über den ganzen erdboden zu
verfolgen; ich wollte, die deutschen völker im auge habend, auf
alle ihnen benachbarten und urverwandten mich erstrecken und
so den weg nachweisen auf welchem die gebräuche aus Europa
zurück nach Asien verfolgt werden mögen. nur mit wenigem
sei hier angemerkt, dasz gleich den Hebraeern die Araber und
namentlich Beduinen nur begraben, nicht verbrennen, weshalb
auch dies den Mahomedanern insgemein fremd blieb. da die
heidnischen Canaaniten ihren göttern menschenopfer brannten,
ihre erstgeburt durchs feuer gehn lieszen, darf man vermuten,
dasz sie auch ihre todten den flammen übergaben. Abraham
sollte seinen sohn im feuer opfern, und der brennende busch
des alten testaments verräth zusammenhang mit feuercultus; ich
weisz nicht, ob man daraus einen älteren leichenbrand folgern
darf [1]. wahrscheinlich brannten die alten Assyrier ihre leichen,

und hölzer genannt. [feuer aus premna spinosa gerieben. Böhtlingk 1, 404. sonst
kantaka spina. Bopp 63.]

[1] auch im buch der richter 9, 15 wird der dornbusch (bei Gerh. von Min-
den no. 33 der blanke hagedorn) zum könig der bäume erwählt und feuer soll
aus ihm gehn. in bezug auf die Hebräer könnten zweifel obwalten, J. D. Mi-
chaelis hat sogar de combustione et humatione mortuorum apud Hebraeos (syn-
tagma comment. 1, 225) geschrieben. es steht fest, dasz vor Sauls zeiten kein
todter verbrannt wurde, ja ein solcher brand für die höchste strafe galt. hätte
sich das seit dem beginn der königlichen herschaft in Israel geändert? nach
1 Sam. 31, 12. 13 nahmen die Jabesiten Sauls und seiner söhne verstümmelte
leichen von der mauer zu Bethsan, wohin die Philister sie gehängt hatten, und
verbrannten sie zu Jabes. wahrscheinlich aber blosz um sie den feindlichen Philistern dadurch schnell zu entziehen. II chron. 16, 14 wird bei des Assa begräbnis eines groszen brandes gedacht und aus II chron. 21, 19 erhellt, dasz es
gewohnheit war verstorbnen königen einen brand zu machen, worauf sich auch
Jerem. 34, 5 bezieht; allein damit ist blosz anzünden von wolgerüchen gemeint,
Josephus bell. jud. 1, 33, 9 nennt bei des Herodes leichenbegängnis ausdrücklich
die ἀρωματοφόροι. gewöhnlich wird von allen königen des südlichen und nördlichen reichs ausdrücklich angeführt, dasz und wo sie begraben, niemals dasz sie
verbrannt wurden. wenn die LXX in jener stelle Jerem. 34, 5 ἔκλαυσαν schreiben, könnte man ein ursprüngliches ἔκαυσαν mutmaszen, doch lesen schon cod.
alex. und vatic. ἔκλαυσαν, welches freie deutung des hebr. textes, nicht entstellung

Sardanapal liesz für sich und seine frauen den prächtigsten
scheiterhaufen rüsten, welchen aus Ctesias Athenaeus p. 529
(12, 38. Diodor 2, 27) umständlich beschreibt. Chinesen, Japaner, Mongolen begraben zwar, doch spuren des brennens treten auch bei ihnen vor [1]. alle indogermanischen völker hiengen
wesentlich dem brennen an und was davon abweicht, bleibt
blosz näher zu untersuchen und zu begründen. so musz die
zendische lehre, weil sie das feuer hoch heiligte, brennen der
todten, gleich den zahlreichen Sivadienern, untersagt haben [2];
manche bräuche der blosz begrabenden Buddhisten stehn mit
christlichen in zusammenhang. während die alten Mexicaner

scheint. endlich ist Amos 6, 10 zwar von einem verbrennen des todten die rede,
aber wol in pestzeit, wo man gezwungen war von der landessitte abzuweichen.
man scheint also von den nachbarn her den leichenbrand gekannt und in besondern fällen ausnahmsweise geübt zu haben. nach dem exil kommt von einem
verbrennen der leichen bei den Juden gar nichts vor. Tacitus hist. 5, 5 sagt
von den Juden: corpora condere, quam cremare, e more aegyptio, sie begruben,
wie die Aegypter, verbrannten nicht. ich verdanke diese aufschlüsse groszentheils
meinem freunde Bertheau in Götingen. [— und das ganze tal der leichen und der
aschen wird dem herren heilig sein. Jer. 31, 40. umb drei oder vier laster willen Moab wil ich ir nicht schonen, darumb das sie die gebeine des königs zu
Edom haben zu aschen verbrant. Amos 2, 1. — in Ludwig dem frommen 2421.
2426 wird den Sarazenen verbrennen beigelegt. das scheint aber verwechselung
mit römischem brauch. s. oben zu 207.]
   [1] nach Thunbergs reisen 2, 2 s. 31. 32 war in Japan der leichenbrand ehmals allgemein und gilt jetzt nur noch für die vornehmen. [Köln. zeitung 1862
no. 46 in Siam wird der gestorbene könig ein jahr lang in goldner urne aufbewahrt und dann erst verbrannt. Kalmüken haben leichenbrand für vornehme und
den lama. Bergmann streif. 3, 153. 154. 157. 159 — 162.]
   [2] was aber nicht hindert, dasz art und weise der anzündung heiliger opfer
und spenden vielfach mit der des scheiterhaufens übereinstimme. nach Vendidad
Sade (herausg. von Brockhaus, Leipzig 1850) heiszt es s. 315: baévare vazjanam
seçmanam khraojdvanam pairistanam âthrê Ahurahê Mazdáo ashaja vaôhuja uruné
cithim niçarenujât, d. i. zehntausend wagen von hart sein müssenden trocknen
ausgewählten scheiten spende er dem feuer des Ahura Mazdah um guter reinheit
willen als busze für seine secle. ich folge der von Benfey in den Gött. anz. 1850
s. 1225 gegebnen übersetzung. [vgl. Spiegel Avesta s. 203. 239. über leichenverbrennung und wohlriechende bäume s. 153. 154. 168. 203. 222. 240. der Perser Cyrus läszt einen groszen scheiterhaufen schichten, darauf den lydischen könig
Crösus gefesselt mit zweimal sieben lydischen knaben setzen, regen aber löscht
die flammen. Herodot 1, 86. 87. Boges der Perser errichtet einen groszen scheiterhaufen auf dem er sich, kinder, frau, kebsweiber und diener verbrennt. Herod.
7, 107.]

brannten, begruben die Araukaner (Klemm 5, 50. 51). in Australien pflegen jüngere begraben, ältere verbrannt zu werden. er-
trunkene oder an bestimmten krankheiten gestorbene wurden des
267 verbrennens nicht theilhaftig (Klemm 5, 51). oft scheinen die
beobachtungen ungenügend.

——— ———

Des Tacitus ausspruch, der den Germanen einfachen leichenbrand mit bestimmten holzarten zuschreibt, hat sich vollkommen bewährt. man wird es für mehr als bloszen zufall
ansehn müssen, dasz die ältesten ausdrücke für den scheiterhaufen von dörnern, die für viele dörner vom feuer entnommen
sind. es war hirtenvölkern natürlich zündbares reisig zum brand
zu verwenden [1] und einzelne dornarten auszuwählen, die ihnen
für dies heilige geschäft die geschicktesten zu sein schienen.
alle in Europa eingezognen stämme brachten die sitte ihre todten
zu verbrennen schon aus Asien mit.

Der einklang unseres alterthums mit dem indischen fällt in
die augen, wie die wörter unsrer sprache denen des sanskrit,
begegnen deutsche bräuche den indischen. ich kenne kein schla-
genderes beispiel solches zusammentreffens als das der jahrtau-
sende hindurch fort getragnen überlieferung eines schwedischen
märchens mit dem indischen leichenbrand. die ein volles jahr
hindurch zu brechenden, fädelnden und schichtenden zweige eines baumes gleichen den 360 blättern des indischen baums und
dem knüpfen der wollenfäden vollkommen.

In diesen bezügen des grases, der kräuter und aller elemente auf die ereignisse und handlungen des menschlichen lebens
offenbart sich ein unschuldiger glaube, eine kindliche feierlichkeit der vorzeit, die uns noch so roh dünken kann und doch
einnehmen und rühren wird. der mensch je weiter er in der
weltgeschichte vorschreitet fühlt sich immer ernsthafter gestimmt
und zu dem wesentlichen von dem zufälligen, zum gehalt der

---

[1] man sagt noch heute 'reiser zum scheiterhaufen tragen' für einen beitrag
geben.

sache von dem bloszen bild hingezogen. hochzeit und leichenfeier gehn heute schnell an uns vorüber, wie ein schauspiel, erscheinen nicht mehr gipfel aller lust und trauer des lebens;
längst wurden dem volk seine frohen brautläufte und leichenmale verkümmert und abgeschnitten, unter dem vorwand oder
im wahn es müsse dem aufwand gesteuert werden da, wo er
gerade an der rechten stelle ist.

Es war ein heiterer der menschheit würdiger gedanke ihre
todten der hellen und reinen flamme, statt der trägen erde zu 263
überlassen; vom verbrennen der leiche bis zum einbalsamieren
und verharzen ist aber der gröszte abstand den man sich denken kann. die brennenden völker erkannten klares auges, was
für den leiblichen stof gar nicht ausbleibe [1]; aegyptische schwer-
mut und befangenheit wähnte ihn gerade festzuhalten. den blosz
eingewundenen, der erde übergebnen leichnam erreicht verwesung ungehindert; des hölzernen kastens bretter, den die griechische sprache fleischfressend, unser schwäbischer landmann
noch heute todtenbaum nennt [2], halten sie doch nur kurze zeit
auf; schwere särge, wie sie bei Chinesen üblich sind, oder die
doppelten, metallnen unserer fürstengrüfte, hemmen sie ein klein
wenig länger und nähern die leiche dem zustand eingemachter
mumie.

Wie hat sich die oft gefühllose weichherzigkeit der neueren
luft gemacht gegen den herben brauch des mitverbrennens der
frauen im alterthum, und doch billigen wir, dasz die ehe, wenn
sie ihres (gesetz ausdrückenden) namens werth sei, ewig und
unauflösbar heisze, und preisen als seltnes glück, dasz hoch-
bejahrte ehleute auf denselben tag hingerafft werden. denn er-
hebend ist es wenn gesagt werden konnte

bis sex lustra tori nox mitis et ultima clausit,
arserunt uno funera bina rogo. Martial 10, 71.

---

[1] καὶ τί Θεοδώρῳ μέλει, πότερον ὑπὲρ γῆς ἢ ὑπὸ γῆς σήπεται; Plutarch II
p. 499.
[2] auch in der Schweiz todtabomm sarg, bömmli kindersarg. [fries. dotbholt.
Ehrentraut 363ᵇ. todtenbaum. Schimpf und ernst 95ᵇ. russ. koloda klotz, block
und sarg aus baum gehauen. vgl. altsl. klada pedica, mhd. lade, altn. hladi strues.
oben s. 241 klaeti.]

20*

wer es versteht, dasz bürger für das vaterland *, freund für den freund, geliebter für die geliebte, so lange die welt steht, starben und sterben, wird nicht zweifeln, dasz die meisten frauen freudig mit den männern gestorben sind [1]; selbst die starke macht der sitte muste ihren freiwilligen und viele ausnahmen duldenden entschlusz bestimmen, und niemand schilt gewohnheit oder gesetz, die ein kriegsheer zur schlacht entsenden, in welchem auch unentschlossene oder unfreiwillige mitstreiten und fallen. barbarisch und grausam sollten also nicht die heidnischen völker heiszen, deren chefrauen mit den männern verbrannt werden durften, sondern die christlichen, unter denen haufenweis ketzer und hexen unmenschlich der flamme überliefert wurden; jenes beruhte auf einem geheiligten band der natur, dies auf der priester verblendetem eifer.

259   Kein volk, meines wissens, war von den schauern des engen dumpfen grabes stärker ergriffen, als das der alten Sachsen und Friesen, seit sie vom brennen zum begraben sich zurück gewandt hatten. lese man nur die gespräche der seele mit dem begrabnen leichnam im cod. exon. s. 367 — 377 [2] oder ein kleines 'das grab' überschriebnes gedicht in Thorpes analecten s. 142, dessen worte und wendungen denen des friesischen rechtsbuchs begegnen, wo ein kind klagt um seinen vater, der es gegen hunger und nebelkalten winter schützen sollte: quod ille tam profunde et tam obscure cum illis quatuor clavis est sub quercu et pulvere conclusus et coopertus **, ich habe die lateinische fas-

---

* saepe universi exercitus, dum pro terrena patria morerentur, ubi postea jacerent, vel quibus bestiis esca fierent, non curaverunt. Augustin. de civ. dei 1, 12.

[1] nach Caesarius von Heisterbach 5, 19 verbrannte sich eine jungfrau freiwillig mit dem ketzer Arnold, ihrem lehrer. [auch andre todesarten wählen die frauen beim tode des gatten. die gattin des Kyzikos erhängt sich. Orph. Argon. 397. bei Hagbards aufhängen erhängen sich die frauen. Saxo s. 345. M.]

[2] auch in mhd. gedichten:

   ich sihe din gebeine rozzen,
   daz hât diu erde gar vernozzen. tôdes gehügde 631.

[daz fûla legar. O. V. 20, 27.

   si legent dich under die erde,
   dâ muostu in der fûlen
   stinken unde vûlen. vom geloubeu 2525.]

** erdu bithekkian, diopu bidelvan. Hel. 8110 K.

sung ausgehoben, obgleich die ursprüngliche friesische noch einfacher klingt. liegt in dieser unbeschreiblichen wehmut auch
etwas keltisches? denn bei Ossian heiszt es öfter 'ans an talla
chaol gun leus', im engen dunkeln hause ohne licht *.

Wir nennen das grab ein bett [1], eine ruhestätte der entschlafnen (κοιμητήριον), wo sie nach irdischer arbeit ungestört
rasten, ein haus des friedens [2] und der stille. das mag viel mehr
von den heidnischen grabhügeln, die noch kein pflug aufgeackert,
keine habsucht oder neugier erbrochen hat, als von den gräbern
christlicher kirchhöfe gelten; der todtengräber und die clowns
im Hamlet wissen, wie lang es dauert, bis ein platz für neue
gräber wieder umgegraben werden musz. es gibt keine unsrer
städte, · in der nicht straszen über alten kirchhöfen gepflastert
wären; so mächtig waltet das bedürfnis der lebenden raumbe-
engten menschen, dasz es nur wenig rücksicht auf die todten
zu nehmen gestattet. kaum wird auf unsern todtenhöfen ein
grab nachzuweisen sein, das sich über einige jahrhunderte hinaus behauptet hätte, und bald liegt alles vergraset, verrostet,
verwittert [3], das sind keine houses which last till doomsday; wie
tiefe wahrheit liegt in jenen worten des Tacitus von den Germanen: sepulcrum cespes erigit, monumentorum arduum et ope- 270
rosum honorem ut gravem defunctis aspernantur. was hilfts
schweren stein über denen zu thürmen, welchen die erde leicht
sein soll? wollte man für jeden der zahllosen millionen von gestorbnen menschen gehegten grabraum fordern, die oberfläche
würde sich bald mit hügeln decken. es läszt sich ein grauen-
vollerer anblick nicht denken, als den das schichten menschli-

___

* ags. dimhûs latibula. Haupt 9, 520ᵇ. wirt in engem hûse. MSH. 3, 464ᵃ.
gedrungenes haus. Günther 366. in jenes feste haus. Göthe 20, 159. wer folgt
mir bis zum finstern haus? Schiller 49ᵃ. bis zu dem engen kalten hause. knecht
Uli 291.

[1] intheket mir thaz ketti,
thaz mines friuntes betti. O. III. 24, 82.
[bringen zuo ir langen betreste. Kl. 1190. in touber molten ligen. Krone 2414.
in ermen melwe begraben. MS. 2, 166ᵃ. bidja sælan sofa. Sæm. 198ᵇ. finn. lepa-
kammio rukekammer. gal. leaba bett und grab.]

[2] friedhof, mhd. vrithof, ahd. frithof atrium, geschützter, eingefriedigter raum.
[3] schon Sidonius Apollinaris epist. 3, 12: jam niger cespes ex viridi, jam
supra antiquum sepulcrum glebae recentes.

cher gerippe und schädel in den grüften einiger italienischer
klöster gewährt. für die angemessenste, das andenken am läng-
sten sichernde bewahrung unsrer überreste wird die gelten müssen, welche den geringsten raum kostet und die vergehende
gestalt zu erhalten aufgibt.

Unter der mähenden sense gefallne gräser und kräuter
duften wolgeruch, die verwesung des entseelten fleisches wird
unsern sinnen unerträglich. nicht das rohe bedürfnis sich der
leiche, die man nicht bei sich behalten konnte, um jeden preis
zu entledigen war es, was die menschen antrieb sie tief in die
erde zu graben, durch die reinigende flamme zu verbrennen oder
gar den raubthieren als beute hinzuwerfen; sondern liebreiche
sorge um die todten selbst, deren gebein gehegt, ehrbietige rücksicht auf die götter, welchen sie geweiht werden sollten, walte-
ten ob. wol hat ein strenges gesetz des bestattens aufwand
einschränken zu müssen geglaubt, mangel an holz und gedörn
in der wüste den leichenbrand untersagt, nie aber forstmännische
furcht vor waldverödung, erst der veränderte lauf des glaubens
eine so mächtige sitte abkommen lassen. *

Wir können nicht wieder zu den gebräuchen ferner vergangenheit umkehren, nachdem sie einmal seit lange abgelegt
worden sind. sie stehn jetzt auszer bezug auf unsre übrige ein-
gewohnte lebensart und würden neu eingeführt den seltsamsten
eindruck machen, obgleich selbst der sprachgebrauch immer
noch [wie s. 222 bei O. V. 20, 27 und Mar. 210, 14 ersterben
und ze valwiske werden,] duldet von der asche unsrer unverbrannten eltern zu reden.

Die vorstellung der ἀνάστασις oder auferstehung ist eine
höchst einfache, ehrwürdige. der entschlafne erwacht, die mü-
den gebeine erheben sich mit neuer kraft und stehn auf, die
vorige gestalt durch ein göttliches wunder wird geläutert hergestellt. sammeln und wiederbeleben der aufbewahrten knochen,
sogar von thieren, war auch der heidnischen fabel bekannt. an
mehrern orten hat man alte gräber eröfnet, in welchen die leichen

---

* der leichnam des englischen dichters Shelley wurde im jahre 1822 auf einem
scheiterhaufen verbrannt und seine asche bei der Cestiuspyramide in Rom beigesetzt. Conversationslex. 10, 200.

weder der länge nach gestreckt noch sitzend, sondern mit händen, haupt und beinen zusammengebogen lagen, gleichsam um
den leib wieder in dieselbe richtung zu versetzen, die er vor 271
der geburt im schosz der mutter eingenommen habe [1], so dasz
die rückkehr in die mütterliche erde anzeichen werde künftiger
neuer geburt und auferstehung des embryons.

Kein nachdenkender kann umhin den begrif des auferständ-
nisses von dem der fortdauer oder des künftigen lebens zu unterscheiden. selbst dem auferstehn ist das verbrennen der leiche
nicht mehr entgegen als das begraben, da wir aus erfahrung
wissen, dasz alle bänder und fugen des leibs im verwesen gerade
wie im brand aufgelöst werden. von allen bestattungsweisen
wäre, sinnlich angesehn, das einbalsamieren den gekleisterten
und verklebten gliedern und beinen wiederaufzustehn am hin-
derlichsten. aber der unsäglich viele menschen quälenden vorstellung des lebendig begrabens machte das verbrennen ein un-
mittelbares ende.

Für ein sacrament der christenwelt kann weder das begraben gelten, noch das verbrennen für ein hindernis der selig-
keit, welche niemand den sonst in flammen oder im wasser
umgekommen abspricht. die kirche aber befiehlt den todten
zu begraben, wie sie befiehlt das neugeborne kind, nicht erst
das erwachsne, seiner vernunft mächtig gewordne zu taufen. man
weisz dasz auch viele heiden die neugebornen mit wasser be-
sprengten, also beim eintritt ins leben wie beim austritt durch
die beiden elemente des wassers und feuers weihten.

Bei dem durchdringenden gefühl dasz unser irdischer theil
verloren gehe, raunt in der innersten brust eine geheimnisvolle
stimme uns unwiderstehlich zu, der seelische theil bleibe erhalten.

Oben führte ich das beispiel einzelner thiere an, die gleich
dem menschen ihre todten unter der erde bergen sollen. in er-
hebender dichtung stellen uns sage und poesie des alterthums
einen fabelhaften vogel dar, von dem sich behaupten liesze, dasz

---

[1] wie eng er læge gevangen,
dâ im knie und diu wangen
ruorten sich.   Renner 19019.

er beide bestattungsweisen des menschlichen geschlechts zusammen geübt habe. Herodot 2, 73 vernahm zu Heliopolis, dorthin
alle fünfhundert jahre komme aus Arabien der Phoenix geflogen,
um in des Helios heiligthum seinen verstorbnen vater zu begraben. er bereite aus myrrhen ein ei, so grosz ers tragen könne,
höle es, lege seinen vater hinein und klebe es mit myrrhen zu;
dann sei das ei gerade wieder so schwer als da es noch nicht
ausgehölt war. das legt Tacitus ann. 6, 28 anders aus: confecto
annorum numero, ubi mors propinquat, suis in terris struere ni-
dum eique vim genitalem adfundere, ex qua fetum oriri; et primum adulto curam sepeliendi patris, neque id temere, sed sublato
myrrhae pondere tentatoque per longum iter, ubi par oneri, par
meatui sit, subire patrium corpus inque Solis aram perferre atque
adolere. adolere hier, wie oft, verbrennen. noch andre sagen
ausdrücklich, wenn der phoenix fünfhundert jahre erfülle, baue
er einen scheiterhaufen von gewürz, verbrenne sich auf ihm und
sterbe; aus der verwesung gebäre er sich neu und trage grosz
geworden die gebeine seines alten leibs in myrrhen geschlossen
nach Heliopolis, wo er sie verbrenne. Pomp. Mela 3, 8. vgl.
Ovid. met. 15, 392.

Dies schöne edle beispiel für des lebens erneuerung nach
dem tode ist auch von christlichen dichtern oft aufgenommen
und eingeprägt worden. dem verbrennen der todten widersetz-
ten sich Juden und Christen, weil Abraham und Sara (von keinem ihrer vorfahren sagt es die schrift), Jacob, und dann alle
bis auf Lazarus herab begraben wurden, und Christus, unsers
glaubens stifter, aus dem grab erstand.

Das ist dem menschen eingeimpft, dasz er an wunder, die
ihn zu gott führen, glaube. ich glaube an ein wunder des sa-
mens, der in die erde gelegt aus seinem inneren haft hinauf
treibt und sich zu zartem, farbigem, duftigem kraut entfaltet;
ich glaube nicht, dasz das zerstörte auseinander fallende haftlose
korn in dem boden treiben würde. selbst die geheimnisse sind
den gesetzen der natur unterworfen. wie vermöchte der an seiner seele fortdauer gläubige, neues leben ahnende mensch für
wahr zu halten, dasz die durch feuer oder erde, schnell oder
langsam, verflüchtigten theile seines vergänglichen und vergeben-

den leibs ihrem stoffe nach wieder zusammengeheftet würden;
wie könnte ihm die auferstehung oder das emporsteigen der
rauchseule mehr als ein bild jener geistigen fortdauer sein? des
mit höchster weisheit auf die sinne eingerichteten leibes fleisch-
liche herstellung müste ein anderes sinnliches leben nach sich
ziehen und ein höheres hindern; die art und weise der uns
geschehenden erhöhung oder vergeistigung spricht aber keine
zunge aus *.

Desto gleichmütiger dürfen wir dem verbrennen der leichen
sein geschichtliches recht widerfahren lassen und von diesem
standpunct her die wahrheit der worte des dichters empfinden,

> höre mutter nun die letzte bitte: 272
> einen scheiterhaufen schichte du,
> öfne meine bange kleine hütte,
> bring in flammen liebende zur ruh.
> wenn der funke sprüht,
> wenn die asche glüht,
> eilen wir den alten göttern zu.

* auferstehung aus den gräbern am jüngsten tag weissagt Jesus. Joh. 5, 28.
vgl. Notkers ansicht Bth. 176. ichn weiz war ich nâch tôde sol. Freid. 178, 9.
keine auferstehung des todten, Zeus hat keine beschwörung dafür. Aesch. Eum. 647 ff.

ÜBER DEN LIEBESGOTT.

GELESEN IN DER AKADEMIE DER WISSENSCHAFTEN
AM 6 JANUAR 1851.

Vor anderthalb jahren entwarf uns in behenden, gedrängten zügen, wie er sie zu liefern pflegt, Gerhard den griechischen Eros, denen ich wenig anzufügen oder abzubrechen hätte, läge mir nicht im sinn, die dabei ganz zur seite gelassenen vorstellungen anderer völker, namentlich unsers eignen alterthums vorzuführen und nachzuholen; es zieht an ihre einstimmung zu gewahren und kann sein, dasz ihre beschaffenheit auch auf den griechischen mythus einiges licht fallen lasse und ihn näher entfalten helfe. ich unterscheide mich aber von meinem vorgänger wesentlich darin, dasz mir gar keine bildwerke zur stütze dienen, deren reiche fülle ihm allenthalben handhaben darbot: denn kaum gibt es überhaupt altdeutsche götterbilder, und den längst verschollnen gott, welchen ich neu aufrichte, muste ich, wie man sagt, erst wieder mit nägeln aus der erde graben. aber gleich den philologen, die gar nichts ohne noten schreiben, können die griechischen archäologen keine abhandlung geben ohne bilder, und doch, dünkt mich, würde ein ideal sprachlicher und mythologischer untersuchung eben alle anmerkungen und bilder schon entbehren. die bildende kunst ist verführerisch, und wenn sie anfangs unbeholfen auftrat, getreu am typus haftete, geht sie allmälich ihrer macht sich bewust werdend ganze schritte über ihn hinaus und mehr einer wohlgefälligen schönheit der gestalten nach. dort erreicht sie den gehalt des mythus nicht, ohne ihn zu entstellen; hier will sie ihn abändern und für sich ge-

recht machen. auch die dichter schalten nach willkür, allein
der durch das ohr zum geist dringenden poesie steht eine ungleich freiere macht des ausdrucks zu gebot als der stumm ins
auge fallenden kunst und ihre quelle flieszt sowol voller als lau-
terer. es soll damit ungesagt sein, dasz wir nicht eifrig aus
den blühenden werken der kunst wie den minder anschaulichen
der poesie zu schöpfen hätten; am aller wenigsten wollte ich
meiner vielleicht nur unbefriedigenden, stückhaften untersuchung ?
aus dem nothgedrungnen abgang aller bildlichen darstellungen
und jedweder sonst hier verschwenderisch dargereichten augen-
weide gar einen vortheil bereiten.

Plato hat in einem seiner geistreichsten und gewandtesten
dialoge, im symposium das wesen des Eros unvergleichlich besprochen. eine gesellschaft von freunden war verwundert, dasz
unter allen göttern allein Eros unbesungen und ohne preis bleibe;
man kam überein, jeder nach der reihe solle auftreten und ihm
die lobrede halten. zuerst spricht Phaedrus und führt aus, Eros
sei einer der gröszten und ältesten götter, den Hesiod alsogleich
hinter dem chaos neben der erde nenne, er treibe und feuere
alle wesen an. Pausanias besteht darauf, dasz man zwei Erote,
den himmlischen und gemeinen zu unterscheiden habe, wie es
eine himmlische und gemeine Afrodite gebe [1]. Παυσανίου δὲ παυσα-
μένου, heiszt es wortspielend, soll Aristophanes reden, der aber
eben vom schlucken befallen wird und dessen stelle Eryxima-
chus einnimmt, er trägt vor, dieser doppelte Eros walte in allen
dingen der ganzen natur, wovon manche sinnreiche anwendung
gemacht wird; nun hat des Aristophanes schlucke nachgelassen
und der redner verdeutlicht des gottes grosze macht durch eine
sagenhaft klingende fabel von drei menschengeschlechtern, die
anfangs vorhanden gewesen, einem männlichen, weiblichen und
mannweiblichen, deren seltsame gestalt geschildert wird, die
aber Zeus unter Apollons beistand umgeschaffen habe, bei welchem anlasz dann die leidenschaft der liebe entsprungen sei.
auf diese wunderbare erzählung folgt Agathons gelungne rede,

---

[1] vom himmlischen Eros leitet er die liebe zu verständigen jünglingen ab;
man vergleiche über den gegensatz der frauenliebe und knabenliebe die reden
des athenischen Charikles und korinthischen Kallikratides in Lucians Amores.

die nicht sowol des gottes einflusz und wirkung sondern ihn
selbst darstellen will als den schönsten, seligsten aller, den jungen, zarten, allerzeugenden gott, der den menschen friede, dem
meer stille, den winden ruhe schaffe, er sei χαρίτων, ἱμέρου, πόθου πατήρ, alle zuhörer stimmen diesem beredten preise laut bei.
endlich erhebt sich Sokrates, der nicht eigentlich seine meinung
zum besten gibt, vielmehr hinterbringt, was ihm einmal die
weissagerin Diotima mitgetheilt hatte. weder schön und gut
sei Eros, weder gott noch mensch, sondern zwischen beiden ste-
hend ein daemon, kein seliger gott, weil ihm ja das gut mangle,
göttlichkeit mangel ausschliesze. Diotima erzählt eine sage von
Eros erzeugung am geburtsfest der Afrodite, als Penia sich dem
methtrunknen Poros zugesellt habe, Eros sei darum ewige sehnsucht nach unsterblichkeit. sichtbar ragen unter allen gehaltnen reden die beiden des Agathon und Sokrates hervor, eben
hat dieser geendet, als man klopfen an die thür vernimmt und
Alkibiades angetrunken eingelassen wird. er kommt plötzlich,
ja auszer sich und bekränzt den Agathon, dann zwischen Agathon und Sokrates niedersitzend zieht er von Agathons haupt
wieder blumen und zweige, mit ihnen auch Sokrates zu bekrän-
zen. nun beginnt das trinkgelag von frischem und an Alkibiades ergeht die aufforderung seinerseits Eros zu preisen, er aber
will den Sokrates preisen und beginnt eine kühne rede, die erhebende ohne zweifel historische züge des mutigen, standhaften
betragens einflicht, welches zur zeit des feldzugs Sokrates an
Alkibiades seite beobachtet hatte: damit endet das gastmal. man
kann sich keinen edleren übergang aus den gedanken einer geistigen betrachtung in die verhältnisse des wirklichen lebens denken und gegenseitig müssen beide sich dadurch erheben und
erhöhen.

Aber auch im Phaedrus redet Plato merkwürdiges und tief-
sinniges von dem wesen des Eros, indem er die natur der geflügelten seelen darstellt, die sich zu den göttern empor schwingen: einem theil derselben fällt ihr flügelpaar ab und sie kehren zum irdischen leib zurück, nähren sich auf dem felde der
wahrheit und gewinnen neue flügelkraft, um nach verlauf von
vielen tausend jahren wieder gen himmel auf zu steigen. in

solchem irdischen zustand beginnen ihnen nun beim anblick der
schönheit die neuen flügel schmerzhaft zu keimen und auszu-
brechen, wie bei dem zahnenden kind die zähne; die erinnerung
an das einmal augeschaute göttlich schöne erwärmt und bese-
ligt sie, diese empfindung, diesz süsze durchdringen heiszt ἵμερος.
zwei von den Homeriden überlieferte gedichte nennen den Eros
selbst aus solchem grunde Πτέρως, was sie so ausdrücken, dasz
der von den menschen als Eros bezeichnete gott in der eignen
göttersprache Pteros, der geflügelte heisze:

τὸν δ' ἤτοι θνητοὶ μὲν Ἔρωτα καλοῦσι ποτηνόν,
ἀθάνατοι δὲ Πτέρωτα, διὰ πτεροφύτορ' ἀνάγκην.

nicht also von den philosophen, schon von den dichtern war
die ansicht ausgegangen und fragen dürfte man wenigstens, ob
es möglich sei, das wort ἔρος und ἔρως (liebe) und ἔραμαι überhaupt als kürzung einer volleren form zu betrachten, welcher
ein abgefallener anlaut πτ oder πετ gebührt habe? überverwe-
gen wäre doch etwa lat. ala zu deuten aus ptala und dem skr.
patatra, gr. πτερόν, ahd. fedara zu nähern, da es richtiger aus
axla axilla zusammengedrängt wurde. wir wollen nachher eine
bessere erklärung von ἔραμαι finden.

Abgesehn vom ursprünglichen sinn des wortes ist aber festzuhalten, dasz Eros das göttliche kennzeichen der flügel vorzugsweise in anspruch nimmt und damit die vorstellung geflügelter,
ausfliegender seelen, die vom liebesgott fast unzertrennlich sind,
seit ältester zeit zusammenhängen musz. zwar soll nach einer
scholie zu Aristophanes seine in gut attischer kunst allgemein
anerkannte beflügelung erst um ol. 60 von einem bildhauer Bu-
palos [1] eingeführt worden sein, welches zeugnis doch hier nichts
entscheiden kann, da die wenn immer an dieses meisters bild-
werken zuerst wahrgenommenen flügel sonst weit früher bekannt
gewesen sein dürfen. auch Properz III. 2, 1 weisz den erfinder
nicht, dessen arbeit er anerkennt,

quicumque ille fuit, puerum qui pinxit Amorem,
nonne putas miras hunc habuisse manus?
hic primum vidit sine sensu vivere amantes,

---

[1] dem man noch anderes aufgebracht zu haben nachsagt. Pausan. IV. 30. 4.

> et levibus curis magna perire bona.
> idem non frustra ventosas addidit alas,
> fecit et humano corde volare deum [1].

sehnsüchtiger ruft Tibull II. 2, 17 den Amor heran

> utinam strepitantibus advolet alis,

von dem Moschus sagt 1, 16

> πτερόεις ὡς ὄρνις ἐφίπταται ἄλλοτ' ἐπ' ἄλλους,

und noch der archipoeta unsers mittelalters (carm. bur. 158°)

> valet et duplicibus semper plaudit alis
> Amor indeficiens, Amor immortalis;

unter allen menschlichen leidenschaften ist keine, die der flügel
mehr begehrte und bedürfte als die liebe,

> wenn ich ein vöglein wär, flög ich zu dir,

und vögel sollen die botschaft liebender tragen, das reicht über
alle olympiaden hinaus, was kümmert mich jener scholiast?

5   Ein andrer für meine untersuchung entscheidend werden-
der umstand tritt hinzu, auf welchen Plato freilich nicht hin-
führte, den aber genug zeugnisse unzweifelhaft lassen.

Eros musz zwar überall als sohn der Afrodite, zugleich
aber des Hermes betrachtet werden, deren beider vereinigung,
wie der name des hermafroditen an sich lehrt, jene auch in
Platons erzählung vorbrechenden androgynischen vorstellungen
herzu ruft. näheres darüber zu sagen, könnte nur in einer abhandlung der Afrodite selbst versucht werden, auf welche ich
hier nicht eingehe. aber Eros ist, wie Gerhard mit vollem
recht aufstellt, eine dem Hermes durchaus entsprechende, beinah
ursprünglich gleiche gottheit. denn auch in Hermes wohnt
schöpferische kraft, wie er wird Eros in pelasgischer weise als
roher stein verehrt, und ist gleich ihm ein hirtengott, der als
götterbote nieder zur erde steigt. nun aber sind wiederum flügel an achsel und füszen vor allen andern göttern dem Hermes
beigelegt und schon indem wir ihn uns mit Eros innig verwandt
und gleichartig darstellen, dürfen wir gar nicht anstehn dem
vater wie dem sohn beflügelung als wesentlich zuzuerkennen.

---

[1] vgl. hierzu Eubulus bei Athenaeus lib. 13. p. 562. Meineke fr. comicor.
3, 226.

Eros und Hermes sind schnelle boten durch die lüfte, Eros von
Afrodite, Hermes von Zeus entsandt.

Bevor ich weiter schreite, soll noch einmal auf die schon
angedeutete, von Plato ausgesprochne ansicht zurück gelenkt
werden, liebe sei eigentlich erinnerung (ἀνάμνησις, μνήμη) der
seele an die früher angeschaute göttliche schönheit, demnach
mit μένος, mens unmittelbar verwandt. wer sieht nicht, dasz wort
und vorstellung der griechischen sprache hier ausdrücklich denen der unsrigen begegnen? minna bezeichnete unserm alterthum
nicht nur erinnerung, andenken [1], sondern auch die ganze leidenschaft der liebe, und noch die dichter des mittelalters säu- 6
men nicht uns frau Minne als ein persönliches, der liebe vor-
stehendes, die liebe weckendes, die herzen bindendes wesen
aufzuführen [2]; wer den liebesgott als ihren sohn, wie Eros der

---

[1] [GDS. 904 minia. daher = mun. at mannskis munom Sæm. 84ᵃᵇ. vgl. ir.
mian gal. miann lust liebe wunsch, arm. menò menoz animus, anima, welsch my-
noed pensée, desir, arm. menna penser desirer. ahd. meinan sentire, velle, me-
morare Graff 2, 786. minnen unde meinen Haupt 8, 456. 460. 462 — 464.
Trist. 19315. Heinr. Trist. 316. MS. 1, 203ᵃ. 204ᵇ. troj. kr. 17023. ir minne
und ir meine Tr. 19305. 19463. 19546. Heinr. Tr. 300. 470. meinen an ein wip
gram. 4, 813. ich minne ein wip, dä mein ich hin. MS. 1, 66ᵇ. eine meine
vor in allen. MS. 1, 88ᵇ. diese jungfrau der du scheinst, meinet dich wie du
sie meinst. Fleming 436. skr. smara amor aus smŗi nicminisse. μνάομαι μιμνήσκω
μνηστήρ freier, meiner.] das unablässige sinnen und trachten der minne drückt
Properz III. 25, 7 treffend aus durch instare:

> instat semper Amor supra caput, instat amanti
> et gravis ipsa super libera colla sedet,

weshalb auch, da sie ihren gegenstand nie ans dem auge verliert und alles andenken für unauslöschlich, für oder gegen sie kein eidschwur nöthig, kein meineid
strafbar ist. [Tibull 1. 4, 21 und Dissen comment s. 93.] Freidank sagt 99, 4.

> minne nieman darf verswern,
> si kan sich selbe ân eide wern.

des meineids liebender statthaftigkeit bezeugt Pausanias in Platons convivium 183:
ὡς γε λέγουσιν οἱ πολλοί, ὅτι καὶ ὀμνύντι μόνῳ συγγνώμη παρὰ θεῶν ἐκβάντι τὸν
ὅρκον. ἀφροδίσιον γὰρ ὅρκον οὔ φασιν εἶναι. ganz wie ein dichter des mittelalters
den bulern zu lügen erlaubt. Hätzlerin p. LXVII. [zumal MS. 2, 209ᵇ. auch
Manu gesetzb. 112 (Stenzler ind. gottesurth. s. 662). at lovers perjuries, they
say, Jove laughs. Romeo 2, 2.]

[2] vgl. DM. 846. 848 [Minne frowe! MS. 1, 201ᵇ. fronwe Minne. MS. 1, 89ᵇ.
2, 143ᵃ. Krone 13531. fraw Venus edlew Minn. Suchenw. XXVIII, 320. 337.
Venus die edle Minn. Uhland 761. Minnen hâr, capillus Veneris. Mones anz.
8, 403. Minne süeziu füegerin. MS. 1, 36ᵃ. Minne füege den rät 2, 92ᵃ. Minne

Afrodite fassen und dem sohn alle eigenschaften der mutter einräumen wollte, könnte nicht irren, auf diesem punct, rinnen
mutter und sohn ganz in einander. in einer schönen stelle des
wolframischen Titurel 63 [vgl. Albr. Tit. 698] heiszt es geradezu:
    fliuget minne ungerne ûf hant, ich kan minne locken,
d. h. sie erscheint als fliegender vogel, den man heran lockt
(dasz er mit den flügeln rauschend schlage), oder selbst als be-
flügelt, und nicht anders werden ihr sper, lanze, pfeil oder stral,
mit welchem sie, mutter wie sohn, die menschen verwunde, zugeschrieben. wenn aber ebenda auch die naive frage gestellt
wird: minne ist daz ein er, ist daz ein sie? oder im gedicht
von Mai 64, 26:
            ist minne wîp oder man?*
so gemahnt mich das an des Sokrates frage (sympos. 199) πό-
τερόν ἐστι τοιοῦτος οἷος εἶναί τινος ὁ Ἔρως ἔρως, ἢ οὐδενός; εἰ μητρός
τινος ἢ πατρός ἐστι; die fragenden wusten nicht, wie sie das gei-
sterhaft niedergeflogene wesen auffassen sollten, männlich oder
weiblich? darum gilt Eros für einen zwitter.

Nicht anders als frau Minne auf denken und sinnen ist
auch ein göttliches wesen altnordischer mythologie, welcher
sonst der frauenname Minne abgeht, einleuchtend auf dasselbe
seelenvermögen zu beziehen. denn auszer Freyja, der groszen
liebesgöttin und Frigg der göttermutter, deren benennung zum
goth. frijòn amare, skr. prî, sl. prijati fällt, zählt die edda unter

---

ist lieb ein füegerin. 1, 203ᵇ. Minne füegærinne. MSH. 1, 93ᵃ. da erzeigete in
diu Minne daz si ein rüegærinne ist über allez daz ie wart. gute fr. 302. die
slüzzel treit si beide ze liebe und ze leide. 307. diu gewaltærinne Minne. Trist.
26, 1. Minne aller herzen lägerin. 294, 37. dô stiez se ir sigevanen dar. 294, 40.
du minnenwolf. H. Sachs 1, 226ᵃ.] allegorische gedichte schildern ihre burg und
ihr gefolge; aber auch in der heimischen heldensage treten frau Minne und Sigeminne [Dietr. ahnen 2351. von der sigeminnen kraft. Dietr. u. ges. 1026. Minne.
ahnen 901. 1737.] auf, im wald und im meer wohnen waltminnen und mermin-
nen, DM. 404. 405. 455. Minna als frauenname bei Dronke n. 607 [domina Minna
cod. Wangian. s. 152 a. 1202. im Hamb. vers. aus der mitte des dreizehnten jahrb.
(zeitschr. 1, 339. 346). reg. von Fraubrunnen no. 100. Kopp eidg. 2, 384. 385]
und Minne MS. 1, 14ᵃ.

    * ich wuste nicht ob er sie oder er wäre. Simpl. buch 1 c. 19. fragen was
minne si? Keller erz. 465, 36. von welcherlei geslehte diu werde liebe mohte
gesin, wîp, man oder tieres schîn. Eselberg s. 34. v. 86.

den göttinnen auch eine Siöfn her, die alle herzen zur liebe
reize. nun heiszt siöfn zugleich braut, siafni bräutigam, freier,
bule, und diese wörter hängen doch zusammen mit sefi, ags.
sefa, alts. sebo mens, animus, insofern sefan sôf, goth. safjan
sôf == sapere, intelligere aus einem ältern sifan saf, siban saf
abstammt, da siöfn und siafni nothwendig ein goth. sibna (wie
goth. ibns ibna == altn. iafn iöfn) fordern. hierdurch würde zugleich ein übergang gewonnen auf die dem wort und der sache
nach verwandte, doch von Siöfn unterschiedne göttin Sif; das [7]
goth. sibja, ahd. sippa, ags. sib bedeutet freundschaft, folglich
liebe und sifi, ahd. sippo einen freund oder verwandten, ganz
wie freund zu frijôn, amicus zu amare gehören, weshalb auch
ans ahd. seffo satelles (Graff 6, 169) erinnert werden darf. einen
männlichen liebesgott könnte sogar Freyr neben Freyja darstellen [1], in der ganzen nordischen sage ist aber keine spur weder
eines sohns jener göttinnen, dem die liebe als amt übertragen
sei, noch andrer erotischer genien, es müsten sich denn über
die álfar neue aufschlüsse ergeben. das mannweibliche bricht
doch vor in dem doppelnamen Freyr und Freyja.

Diotima hatte guten grund, von den göttern Eros auszu-
schlieszen und als daemon zu bezeichnen. in der götter reihe
wäre er das einzige kind und schon darum kann er als solches
nicht den rang mit ihnen theilen, in seiner natur liegt deutlich
etwas elbisches. gleich ihm führen unsere in schönheit glänzenden elbe ein geschosz, mit dem sie gefährlich verwunden,
und zur elbkönigin verhalten sie sich wie Eros zur liebesgöttin,
seiner mutter, dazu stimmt treffend, dasz eine ganze rotte nack-
ter liebesgötter, eine turba minuta, nuda gedacht werden [2], und
das elbische geschlecht schon darum geflügelt vorzustellen ist,
weil es in die gestalt der schmetterlinge übergeht. auf diesem
grund empfängt auch der liebliche, von Apulejus warm erzählte,

---

[1] wobei des Fricco simulacrum ingenti priapo fictum (deutsche myth. 193.
1209) von gewicht ist, und Πρίαπος von der wurzel prl.

[2] Propertius 3, 24. bei Ovid aber met. 10, 515 heiszt es von einem neugebornen kinde:

qualia namque
corpora nudorum tabula pinguntur Amorum
talis erat.

ein mhd. dichter läszt sogar frau Liebe als kind gemalt werden (Diut. 2, 104).

noch in unsere kindermärchen lebendig herabreichende mythus
von Amor und Psyche sein rechtes licht, es ist der bund zwischen Eros und der sehnenden seele; selbst Augustin läszt die
seele mit ihren flügeln sich zu gott aufschwingen: quisquis di-
lexit deum, animam habet pennatam liberis alis volantem ad
deum, was ein christlicher prediger des mittelalters näher aus-
führt [1]. hier stehn wir unmittelbar an jenen platonischen seelen,
die sich zur ewigen schönheit zurück sehnen und die irdische
liebe ist zur geistigen, himmlischen verklärt: darum eben gab
es einen doppelten Eros, den gemeinen und den himmlischen,
und des Eros anschlusz an Hermes, der die seelen geleitet findet
sich auch von dieser seite bestätigt. immer aber erscheint Eros
nicht selbst als hoher gott, nur als ein geistiges, von den göttern gesandtes und die menschen zu ihnen heimführendes wesen.

Man hat gemeint und ausgesprochen, dasz gegenüber der
griechischen die römische mythologie in dem umfang dieser vorstellungen wenig oder nichts eigentliches aufzeige, ihre personificationen Cupido und Amor geradezu den Griechen abgeborgt
und nachgeahmt seien. der römischen Venus ist man wol genöthigt, auszer ihrem unentlehnten namen auch noch manches
besondere zu lassen, was sie vor Afrodite auszeichnet, wovon
hier nicht kann geredet werden. ich behaupte, dasz auch Amor
und Cupido, wie bereits ihre altlateinischen namen verbürgen,
altrömischen ursprungs waren, wenn gleich mit der einreiszen-
den griechischen literatur dieser entwandte vorstellungen auf sie
übertragen wurden und nun verdrängten oder trübten, was sich
bei den Römern besonderes gefunden hatte. dahin wäre ich geneigt auszer anderm einzelnes über Amors bewafnung mit bogen
und pfeil zu rechnen, zumal den unterschied seines goldnen und
bleiernen geschosses, welche liebe wecken oder scheuchen [2], was

---

[1] Haupts zeitschrift 7, 144.

* cupere = hoffen, hugen. Cupido = Huginn vgl. Muninn.

[2] Ovid. met. 1, 468:

> eque sagittifera prompsit duo tela pharetra
> diversorum operum: fugat hoc, facit illud amorem.
> quod facit auratum est, et cuspide fulget acuta,
> quod fugat obtusum est, et habet sub arundine plumbum.

[s. Haupts Neidh. s. 107. 108.]

ich bei den Griechen nicht finde, die den Eros zwar δίδυμα τόξα χαρίτων spannen lassen, deren eins aber lebensglück, das andere unheil bringt und die der auszeichnung durch die metalle entbehren [1]. unsere mhd. dichter folgen der römischen weise, und auch bei Veldeck, welcher Virgils zwölftes buch durch die ausgesponnene liebesgeschichte sehr erweitert, schieszt Amor mit goldnem und bleiernem gêr (En. 9947. 10053); Wolfram legt Parz. 532. Wh. 25, 14. 24, 5 dem Amor den gêr, dem Cupido die strâle bei, doch im Wigal. 830 führt Amor die strâle und den brand. Veldeck lâszt (9884) die Venus mit einer scharfen strâle schieszen. Amor und Cupido sind brüder (En. 9993 neben einander, Parz. 532) [2]. nach Tibull II. 1, 67 soll Amor, auf ländlichem gefilde geboren [3], seine pfeile zuerst gegen das wild gebraucht, hernach auf die menschen gewandt haben.

Cupido nun steht zunächst dem griechischen Pothos, dem gott der sehnsucht, der trauer und des süszen verlangens [4], unsern minnesängern heiszt die liebe überaus häufig diu senende nôt, diu senende swære oder sorge, ein liebender heiszt senedære, ich glaube, dasz zu diesem der älteren wie der volkssprache

[1] Eurip. Iphig. aul. 549, die worte werden aber bei Athenaeus lib. 13 p. 562 auch dem Chaeremon zugeschrieben, von dem sie vielleicht Euripides entlehnte.
[2] der werde got Amûr, der süeze got Amûr. MS. 2, 198ᵇ. 199ᵃ. der Minnen strâle MS. 1, 60ᵃ. [Minne strâle Neif. 13, 20. diu strâle ist von rôtem golde, niht von stâle. Nith. 10, 8 mit Haupts anm. der Minnen bolz Dietr. u. ges. 1000. carm. bur. 188 glünde stral. ring 15ᵉ, 3. bll. Krone 4980. Amors strâle und bogen 17255. Cupido mit feurîn oder gulden strale. Haupt 6, 36. Minne gêr. MS· 2, 143ᵃ. Minne spiez GA. 3, 45. engel der liebe mit einem goldnen schwert. Prühle märchen für die jugend s. 52. 53. der Minne lanzen ort. Ben. 370. riutelstap. 416. Amor vackel MS. 1, 13ᵃ.], sonst auch strik und bant. MS. 1. 60ᵃ. 61ᵃ. Gerhart 3043. 64. 2, 54. 3, 53. [Minne diu strickerinne. Trist. 306, 22. der Minnen seil Dietr. u. ges. 349. 1002. stric 1004. MS. 2, 100ᵇ. Lichtenst. 280, 17. bant GA. 3, 53 f. Neifen 5, 5. 26, 8. 39, 21. gute fr. 525. Greg. 662. MS. 1, 36ᵃ. bant und snüere Ben. 311.] diu Minne vort en sprunge. Herb. 2538. [der Minnen tor, hûs. Trist. 427, 11. 35. zelle. Ben. 312. hamit. Wigal. 108, 35. — Hermannus Minnevuz Lacomblet no. 359. 464. 474. Minnevot Möser 9, 260. Weignant der minnerlein. a. 1329. Bamberger verein 10, 106.]
[3] pervig. Ven. 76 :
   ipse Amor puer Dionae rure natus dicitur.
   hunc ager, cum parturiret ipsa, suscepit sinu.
   ipsa florum delicatis educavit osculis.
[4] γλυκὺς ὁδοὺς ὁ τοῦ πόθου δάκνει. Luciani Amores cap. 3.

abgehenden senen sich das altn. sakna, schwed. sakna, dän. savne
desiderare, missen halten, also ein ahd. sachanian, sahnan seh-
nan voraus setzen läszt. wie Cupido von cupio ist Πόθος von
ποθέω gebildet, und schwerlich, was man vorgibt, ein samothra-
kisches wort, da es sich ungekünstelt zu πάσχω ἔπαθον πέπονθα
πέπηθα πάθος πένθος fügt [1], alle diese wörter, gleich dem lat.
patior, leid und sehnsucht ausdrücken. nach Athenaeus führte
auch eine auf gräber gepflanzte blume den namen πόθος, etwa
wie heute noch die alchemilla vulgaris den eines trauermantels.
bei Bopp 208* heiszt die den Indern heilige, zu vielen gebräuchen dienende seeblume (nymphaea nelumbia) padma, und von
ihr Lakschmi, die göttin der schönheit Padmâ, was wiederum
auf Sigeminne und Minne als seeblume, nixblume, wassermuhme
(DM. 457) führt.

Wie aber Amor? hier liegt die wurzel amare offen, und
ich möchte mit Amor das noch unaufgeklärte ἵμερος verbinden,
das Pindar ganz für ἔρως setzt. unbefugt nemlich scheint mir
dessen zusammenstellung mit dem inselnamen Ἴμβρος, die nach
Stephanus dem Hermes heilig war. in ἵμερος ist der a laut abgeschwächt, und ἄμερος, unbeschadet des kurzen e vor dem r,
würde sich unmittelbar zu amor stellen, dem zwar das reine a
geblieben, die anlautende gutturalis dagegen, von welcher im
gr. wort noch der spiritus asper übrig scheint, abgestreift ist.
amor müste demnach in chamor oder camor vervollständigt
werden, wie vielen lat. wörtern der anlaut c verloren gegangen ist.

Bopp hat längst gelehrt, dasz das lateinische amo und amor
aus camo und camor entsprungen sind, womit auch unsrer mythologischen betrachtung sich ein weiteres feld öfnet. amare
entspricht also dem skr. kam desiderare, velle, amare, und sobald man cârus aus camrus (wie κόρος, κοῦρος aus kamâra puer)
herleitet *, zeigt uns carus auch den erhaltnen, in amare und
amor abgelegten kehllaut. Amor wird folglich vielleicht für Himeros, sicher für Camor genommen werden dürfen. im sanskrit

---

[1] πάθος und πένθος wie βάθος und βένθος.
* vgl. ir. cara amicus. caraim früher cairim amo.

aber bedeutet das subst. Kâma, mit verlängertem *a*, nicht nur
amor, cupido, desiderium, voluntas, sondern unmittelbar einen
persönlichen liebesgott, welcher zugleich den namen Kandarpa
führt, von darpa stolz und derselben wurzel kam *, deren *m* vor
dem anstoszenden *d* sich in *n* wandelte, gerade wie das abstracte
subst. kânti desiderium aus kâmti erwuchs. dieser Kâma scheint
nun freilich noch nicht in den veden als gott aufzutreten; doch
im achten veda, der eine mischung sehr alter mit neuen bestandtheilen enthält, findet sich die wichtige zu jener griechischen bei Hesiod stimmende meldung, dasz aus des chaos finsternis alsbald Kâma, d. i. lust und sehnsucht sich hervorgethan
habe. die gangbaren späteren nachrichten nennen Kâma oder
Kâmadêva einen sohn des himmels und der teuschung, und er
wird dargestellt auf einem papagei reitend, ausgerüstet mit bogen von zuckerrohr und fünf oder sechs pfeilen **, deren spitzen
duftende blumen sind; ob er auch anderes schädliches geschosz
entsende, bleibt verschwiegen. flügel scheinen ihm hier unbei-
gelegt, doch dem fluge kommt das reiten auf dem vogel gleich,
wie vor Afrodites wagen tauben gespannt sind. von kâma und
duh mulgens zusammengesetzt ist Kâmaduh, der name einer ge-
feiten wünschelkuh, aus deren euter man alles was begehrt wird
melken kann. zumal gewinnt bedeutung, dasz Vasanta der frühling Kâmas unzertrennlicher freund ist, die wonne der blühenden erde trift zusammen mit der liebeswonne, worauf ich hernach zurück komme. andere namen des Kâma, die hier fast
nur angeführt werden mögen, sind Ananga [Weber Màlav. 98]
der leiblose, Manmatha [Meghaduta s. 29] der herzbewegende,
Manôhara der herzgreifende, in beiden letzten liegt enthalten
manas mens oder μένος, folglich wieder unser minne, die minne,
die liebe heiszt manôbhava, im herzen entsprungen. Rati oder
Ratî voluptas ist gemahlin des Kâma [Somad. 1, 181], vgl. das
sl. rad lubens, radost laetitia. da auch Kamala eine benennung

* andere deutung Somadeva 2, 52.
** Meghaduta s. 29. 107. nach fünf liebespfeilen heiszt Kâmadêva Pantsha-
vàna, Pantshaçara. vgl. Webers Màlavikà s. 97, wonach die vorstellung von bogen
und pfeil vielleicht aus dem griechischen entnommen. Müller Meghadûta s. 75.
vgl. Somad. 1, 6. 2, 51. 52.

des lotus ist, bestätigt sich vielleicht dadurch was vorhin über
padma gesagt wurde.

Es ist zeit zu dem deutschen gott vorzurücken, dessen aufnahme, glaube ich, nun von allen seiten vorbereitet sein wird,
ich habe ihn längst erkannt, und er trägt den namen Wunsch,
d. i. desiderium, voluntas, amor, genau wie dieser begriffe übergang sich im sanskrit erzeigte: die sache hat ihre volle richtigkeit. unsere minnesänger des dreizehnten jahrh. sind es, was
sich gebührte, die neben frau Minne das andenken ihres alten
herrn und meisters sicherten; doch haben sie, wie über verab-
säumung des Eros bei den griechischen dichtern klage gieng,
auch nicht seine macht in der liebe, nur seine schöpferische
kraft, freilich eine höhere und jener zum grund liegende gefeiert.
sie thun es aber in frischen, neu wiederholten bildern und gleich-
nissen; so oft die höchste menschliche schönheit geschildert
werden soll, wird sie als unter seiner hand gebildet und geschaffen dargestellt, der Wunsch hat daran seine gewalt, seinen fleisz
gekehrt, seine meisterschaft erzeigt, das geschöpf ist sein kind,
dessen er sich freut, ein wunschkind; seine aue, seine blume,
sein kranz, seine wünschelrute werden bei allen anlässen genannt,
auch sein gürtel gleicht dem der Afrodite [1]. darf des Wunsches
blume wieder an Pothos, die sehnsuchtsblume, an Kamala, an
Kâmas blumenpfeile mahnen? alle jene redensarten müssen noch
aus tiefem heidenthum abstammen, damals nur reicher und un-
verhüllter ausgedrückt worden sein, als es im munde christlicher
dichter zulässig war, doch die obwaltende personification läszt
sich in den meisten stellen gar nicht verkennen [2].

Dasz unter Wunsch wirklich ein alter gott gemeint war,
ist schon daraus zu ersehn, dasz die nordische edda Oðins vielen beinamen gerade zu Oski einverleibt, ohne uns dessen

---

[1] Wuntzgürtel in Karajans Wiener gültenbuch s. 192[b], wie der Minne gewalt
und kranz zusteht, Neifen 7, 1. 8, 30. Tit. 3349. 3363. [wunsches gewalt. Suso
bei Wackern. 883, 39. wunsches fleisz. — pfligt sie (die Minne) der wunschel-
rise Alb. Tit. 701. wie wunschkind, so der Minne kind. Minne, der sî dîn
kint! Walth. 102, 13. der Minnen holde. Turh. Wh. 38[b]. 43[a]. 108[b]. des Wunsches holde 85[a]. da wo Iw. 6469 auf Wunsch anspielt, redet das altschwed.
gedicht 4335 von Cupido.]

[2] gesammelt sind sie DM. s. 126—131.

eigenheit irgend zu schildern: sie war ihr schon verschollen,
der name wurde blosz in der überlieferung fortgeführt. die
schwache wortform Oski begehrt ein ahd. Wunscio, Wunsco
oder mhd. Wünsche, statt deren die starke angenommen war,
der altn. Oskr entsprechen würde, wie als weiblicher name Osk
vorkommt. ältere denkmäler könnten solche abweichungen leicht
ausgleichen.

Wie gesagt erscheint nun Wunsch, und das ist uns hier
hauptsache, da auch Eros die schaffende, welterhaltende fort-
zeugende kraft ausdrückte, soviel sich jetzt entnehmen läszt,
nicht als gott der liebe, obgleich noch in deutlichem bezug auf
die schönheit der gestalt, sondern als schöpfer und ausflusz des
höchsten aller götter, wofür sonst unsern vorfahren Wuotan, der
dem griechischen Hermes gleichsteht, galt. Hermes heiszt δώτωρ,
wuotan Gipicho (von gēpan), der alles was man wünscht ge- 12
bende und eine menge begabter wünscheldinge gleichen jener
indischen Kâmaduh. der Wunsch hat aue und hain gleich Wuotan an vielen orten und wie dem Eros ein hain zu Leuktra beigelegt wurde. Wuotan ist ferner, nicht anders als Eros, ein
wehender, säuselnder gott, Biflindi, die zitternde, sich bewegende
luft selbst.

Hier bestätigt sich nach allen richtungen das oben erkannte
unmittelbar nahe verhältnis zwischen Hermes und Eros, die einander vertreten können wie Wuotan und Wunsch. Hermes und
Eros erscheinen vorzugsweise geflügelt, kaum zu zweifeln ist,
dasz auch Wuotan im höheren alterthum so dargestellt wurde:
seit das reiten auf rossen den götterwagen vertrat, dachte man
ihn sich durch die luft reitend, zu pferde fliegend, auf geflügel-
tem ros oder wie den indischen Kâma auf einem vogel. durch
die luft geleiten ihn schöne kriegsjungfrauen, die nun wunsch-
kinder, wünschelfrauen, ôskmeyjar heiszen, einigemal in gestalt
von schwänen, als schwanjungfrauen erscheinen, von deren liebesbund mit helden die sagen wunder berichten. nicht zu übersehn aber ist, dasz solchen schwanfrauen ausdrücklich þrâ, d. h.
trachten und sehnen beigelegt wird, sie sehnen sich von den
menschen zurück in ihre heimat und entfliegen dahin. die ent-
fliegenden schwäne sind demnach jene seelen bei Plato, die

geflügelt sich zu den göttern erheben, nachdem sie eine zeit
lang sehnsuchtsvoll auf erden geweilt hatten.   diese seelen ziehen im geleite und heere Wuotans durch die luft, welches heer
im verlauf der zeit als ein wildes und wüthendes dargestellt
wurde, aber elbische, daemonische, erotische schaaren mit sich
führt: die ausgelassenheit der elbenreigen und endlich sogar der
hexentänze hat darin ihre volle gewähr.

Allen solchen vorstellungen schlieszt sich Hermeswuotan,
der psychopomp und götterbote an, dessen κηρύκειον unsre im
volksglauben lebendig fortgehegte wünschelrute oder wünschel-
gerte ist, des Wunsches stab, eine ῥάβδος ὄλβου καὶ πλούτου, ja
des Eros glück oder unheil sendender pfeil wird damit zusammengestellt werden dürfen.

Diesz geschosz heiszt aber ausdrücklich τόξον χαρίτων, und
wiederum weist das prächtige haar, welches Hartmann 'hâr dem
Wunsche gelich' nennt, bedeutsam hin auf bezüge der Chariten
oder Gratien zu Eros, deren Plato gedenkt, auf Homers κόμαι
χαρίτεσσιν ὁμοίαι, ich lese auch bei Lucian (pro imag. cap. 26)
13 κόμην ταῖς χάρισιν ἀπείκασε, es wird sich schon nachweisen lassen,
dasz Eros und Afrodite, wie sie selbst durch die zierde der
locken geschmückt sind, auch ihren günstlingen liebreizendes
haar bereiten.

Des Eros einflusz auf die menschen ist endlich auch eine
gewalt über die leblose natur, eben aus jener hohen allgemeinen göttlichen gabe entspringend und abzuleiten, an die seite
zu stellen. wie den menschen friede, schaft er dem meer stille,
den winden ruhe, πελάγει δὲ γαλήνην, νηνεμίαν ἀνέμων, die auch
Afrodite den schiffenden sendet [1]. dazu stimmt, dasz Hnikar,
eine andere personification Odins den segelnden sobald er in ihr
schif getreten ist, allen meeressturm stillt und sänftigt, der
günstige, schiffart fördernde wind bezeichnend Wunschwind,
Oskabyr genannt wird, byr, buri der sich hebende. ebenso erfolgt augenblickliche ruhe des gewässers, wenn der finnische
gott Väinämöinen, dessen nahen bezug auf Wuotan und Eros

---

[1] αὐτῆς, οἶμαι, τῆς θεοῦ λιπαρᾷ γαλήνῃ πομποστολούσης τὸ σκάφος. Luciani
Amores cap. 11.

ich hier andeute, nicht ausführe, die wogen durchwandelt, denn
von suvanto der wasserstille führt er den beinamen Suvantolainen und die μαλαχία oder γαλήνη heiszt den Finnen Väinämöisen
tie, Väinämöinens weg oder pfad. doch habe ich bei unsern
deutschen dichtern noch keine voraus zu setzende anwendung
des göttlichen Wunsches auf das hervorbringen des frühlings
entdecken können, wie der indische Kâma und Vasanta eng
verbunden scheinen und Eros im neuen lenz der erde be-
samer ist.

Da das wort wunsch, ags. vysc, engl. wish, altn. ôsk durch
alle heutigen deutschen sprachen läuft und nur der eigenheit
jeder derselben angemessene änderungen erleidet, musz es auch
in der gothischen erwartet werden, unsere bruchstücke des Ulfilas hatten nirgends ein πόθος zu verdeutschen und man wird
der glaublichen form vunsk nicht sicher. selbst die buchstaben
nsk erscheinen in keinem goth. wort verbunden, widerstreben
aber dieser mundart ganzen weise nicht. ich bin darauf verfallen, das ahd. wunsc zu fassen als wunisc, d. h. ihm wunna,
wunia deliciae, gaudium unterzulegen; in vielen andern wörtern
reihen die vorstellungen wonne, freude, lust und liebe an einander. da nun für wunna die goth. sprache vinja sagt, wäre ihr
auch vinsk gerecht, wodurch sogar die vorherschende ags. schreibung visc und das engl. wish bestätigt werden könnte, während
für das *u* in wunsc das nordische *o* in ôsk zeugt. indessen
bietet auch das sanskrit mehrere sich vielleicht verwandte ausdrücke für den begrif des wunsches dar. einmal bedeutet isch 14
desiderare, velle, ischt desiderium, wozu Bopp das gr. προίσσο-
μαι, selbst das von mir anders gedeutete ἵμερος, gleichsam ἵσμε-
ρος gehalten hat. wiederum ist ischja ver optatum, ersehnte
frühlingszeit. da auch eine andere wurzel vaś desiderare, op-
tare, vaśa voluntas, uśî desiderium ausdrückt, möchte ich nach
sich oft ereignendem wechsel das ś mit reinem *s* [1], jenes schon
einigemal angeführte vasanta frühling, folglich das lat. ver veris
für ves vesis, gr. ἔαρ ἔαρος heranziehen und wirkliche verwandt-

___

[1] z. b. in skr. anśa und ansa (goth. amsa, lat. umerus, humerus f. umesus,
gr. ὤμος f. ὄσμος = ὄμσος) oder in skr. aśru und asru lacrima.

schaft zwischen ἔαρ und ἔρος, Ἔρως ahnen lassen, wie die mythischen begriffe Kàma und Vasanta einander begegnen, wobei
auch das goth. vis malacia zu erwägen wäre; doch aller berührung der buchstaben von Ἔρως und Πτέρως müste entsagt
werden. [vgl. ἔρομαι frage, forsche, also verlange, ἐράω liebe,
verlange.]

Noch aber ist das skr. unserm wunsch zu allernächst stehende wort unangeführt. die wurzel kam, sahen wir, drückte
aus amare, desiderare; auszer dem weiter gebildeten kângkâ desiderare, kânghâ desiderium, welche ich ihr zuführe, und deren
n für *m* aus einflusz des nachfolgenden kehllauts erkläre, wie
es in kânta amatus vor dem *t* eintrat, finden sich auch noch
vântschh oder vângksch desiderare, vântschhâ desiderium, dessen
unmittelbarer zusammenhang mit wunsch ins auge fällt. lieszen
sich aber vângksch mit kângksch identificiren, so würde am ende
auch wunsch der wurzel kam zuzusprechen sein und dann die
einheit zwischen Amor, Kâma und Wunsch noch klarer.

Wie Oski ein beiname Odins war, sehen wir diesem in der
edda auszerdem einen bruder Vili zugesellt, welcher deutlich
Wille, ahd. Willo, goth. Vilja voluntas und voluptas ausdrückt,
also da wünschen und wollen dasselbe sind, beide begehren
oder lieben enthalten, der vorstellung des persönlichen Wunsches genau entspricht [1], so dasz gleich Wuotan und Wunsch
den Römern Amor und Cupido, den Griechen Himeros und Pothos identisch neben einander treten. Vili der gott ist demnach
nichts als Wuotans eigner ausflusz und dem Wunsch völlig über-
15 ein gedacht, sein bloszes dasein im mythus verbürgt uns von
neuem den auch in Wuotan enthaltnen begrif der allmächtigen
liebe.

Meine untersuchung nimmt in anspruch nicht nur in unsrer
heimischen mythologie zum erstenmal liebesgötter aufgestellt,
sondern auch nachgewiesen zu haben, dasz in Eros, Pothos, Hi-

---

[1] DM. 1198 wurde gezeigt, dasz unser alterthum den jagdhunden die namen
heidnischer götter beilegte, in welcher beziehung ich geltend machen darf, dasz.
Helbling 4, 441 einen hund Wunsch, Hadamar von Laber 289, und nach ihm
Altswert 126, 23 einen hund Wille vorführen.

meros, Amor, Cupido, Kàma, Wunsch und Wille eine und dieselbe gottheit des liebens, begehrens, denkens, minnens, trach-
tens und sehnens walte, mit welchen ausdrücken unsre dichter
die vom gott angefachte, aus trauer in lust, aus lust in trauer
übergehende leidenschaft zu bezeichnen pflegen. von der liebe
schöpferischer kraft wird des menschen seele gleich der ganzen
natur aufgeregt und beruhigt. diese vorstellungen treffen wir
unter allen völkern fast in der nemlichen weise entsprungen an,
und dabei bald auf die eine, bald auf die andre seite das gewicht gelegt. im Eros war das lieben, in unserm Wuotan das
schaffen hervorgehoben, doch nicht ohne dasz auch bei jenem
die allgewalt der schöpfung [1], bei diesem die liebliche schönheit
und anmut unverhalten ausbrächen. der liebe und sehnsucht
waren, wie der trachtenden seele die flügel von selbst gewachsen, ja man sagt, dasz auszer dem wunsch auch das verwün-
schen, die imprecation, der fluch unaufhaltsam in die luft steigen
oder in die höhe fliegen.

Vor der lichten anschauung des göttlichen wie des irdischen
bei Plato sahen wir fast alle erotischen vorstellungen schon in
ihrer fülle erschlossen oder im keim angedeutet. schwer gelungen sein möchte es irgend einem werke bildender kunst auch
nur einen geringen theil derselben klar in sich zu fassen, und
wie die dichter diese gottheit sollen vernachlässigt haben, hat
kein versuch sie bildlich darzustellen genug gethan. denn nicht
allein das nothwendig scheiternde bestreben jenes androgynische
verhältnis leiblich auszudrücken muste in widernatürlichen, zu-
rückstoszenden darstellungen auf abwege führen, sondern, wie
mich dünkt, sind auch aus dem verzerrten bilde ewiger jugend
des Eros in eine ihrem begriffe nach unentwickelte, gezwungen
frühreif gemachte kindergestalt die vielen geflügelten engel hervorgegangen, mit welchen freilich schon alte bildhauer, noch
weit mehr die mahler an der kunst sich versündigt haben [2]. ein

---

[1] bei Athenaeus lib. 13. p. 561 wird Eros nach alten zeugnissen als urheber
der freundschaft, der freiheit und des siegs geschildert.

[2] Luciani Amores cap. 32: μόνον ἡμῖν σύ, δαῖμον οὐράνιε, χαιρίως παράστηθι,
φιλίας εὐγνώμων ἱεροφάντα μυστηρίων Ἔρως, οὐ κακὸν νήπιον, ὁποῖα ζωγράφων

16 Eros als sanfter knabe in entfalteter schönheit oder als zarter albgeist mag uns gefallen, als tändelndes bausbäckiges kind geht er hinaus über die grenze, die ihm von der ursprünglichen idee und von der natur angewiesen ist.

παίζουσι χεῖρες, ἀλλ' ὃν ἡ πρωτόσπορος ἐγέννησεν ἀρχή, τέλειον εὐθὺ τεχθέντα. σὺ γάρ ἐξ ἀφανοῦς καὶ κεχυμένης ἀμορφίας τὸ πᾶν ἐμόρφωσας.

ÜBER EINE URKUNDE DES XII JAHRH.

GELESEN IN DER AKADEMIE DER WISSENSCHAFTEN
AM 14 AUGUST 1851.

Im hohen sommer des jahrs 1839 oder 1840, als ich zu
Cassel bellevuestrasze no. 10 ebner erde wohnte, wurde ich eines morgens zwischen drei und vier uhr durch heftiges klopfen
an die hausthür aus dem schlafe geweckt, und empfieng, nachdem einige minuten verstrichen waren, die meldung, dasz ein
fremder da sei, der mich dringend zu sprechen verlange. kaum
hatte ich mich notdürftig angekleidet, so trat ein mir unbekannter mann ins zimmer, und begann, eine rolle papier in seiner
hand haltend, ohne umschweif mir zu eröfnen, mit der westfälischen post eben angelangt und im begrif um fünf uhr auf dem
Frankfurter eilwagen seine reise fortzusetzen, habe er gelegenere
zeit nicht finden können, den mir zugedachten besuch abzustat-
ten, dessen zweck kein andrer sei, als eine mitgebrachte urkunde
meinen augen vorzulegen und mich um die deutung eines darin
vorkommenden ihm unverständlichen ausdrucks zu ersuchen.
offenbar gehörte dieser mann zu den nicht seltnen leuten, welche
sich einbilden, wer im ziemlich leicht zu erwerbenden rufe deutscher sprachgelehrsamkeit stehe, müsse, gleichsam ein lebendi-
ges lexicon, im stande und bereit sein alle an ihn gerichteten
fragen auf der stelle zu beantworten und über jedes dunkle
wort sich nachschlagen zu lassen. er entrollte nunmehr die urkunde, welche im jahr 1120 niedergeschrieben war, und hob aus
ihr den satz 'manifesto autem dei judicio eo morsacio interfecto'
mit der bitte hervor, ihm den schwierigen ausdruck 'morsacio'

zu erklären. eines solchen morsacio wegen einen aus den armen des schlafes zu reiszen! es war nicht das original der urkunde, was mir vor augen gelegt wurde, nicht einmal des ori-
ginals, sondern des in Falkes Corveier traditionen enthaltenen
druckes abschrift. ich las den satz durch, überlief den zusammenhang der urkunde, holte das mir zur hand liegende werk
362 von Falke herbei und hielt dessen text zur abschrift: beide stimmten zusammen. eine unmittelbare auskunft über das fragliche
wort aber versagte sich durchaus, das entweder auf interfecto
zu ziehen war, und dann die person, von welcher die rede gieng,
bezeichnete, oder einen ortsnamen enthalten konnte. weder
diesen noch den persönlichen wuste ich sogleich zu erraten,
mir lag daran in kühler morgenluft des frühen unbequemen
gastes mich zu entledigen, und indem ich beide möglichkeiten
der ausführung kürzlich vorschlug, machte ich mich anheischig
ihm die ergebnisse fortgesetzter forschung künftig einmal in
briefen mitzutheilen. er entfernte sich allem anschein nach sehr
unbefriedigt, ich aber säumte nicht nach solcher unterbrechung
mich noch einige stunden der süszen gewohnheit des schlum-
mers vielleicht mit der hofnung zu überlassen, dasz im traum,
nach dem bekannten homerischen ἐναργὲς ὄνειρον νυκτὸς ἀμολγῷ,
das verschleierte wort sich mir leibhaft enthüllen möge, wie über
ihren gedanken einschlafenden etymologen oft geschieht, obgleich
die dann allzuleicht gewonnene deutung den erwachenden bald
wieder zu zerrinnen pflegt. indessen hatte mir auch der letzte
morgenschlaf diesmal nichts zugeraunt oder eingegeben, und als
ich das bette verlassen und die noch aufgeschlagen zu tische
liegende urkunde wiederum nüchtern und bedächtig gelesen hatte,
verstand ich morsacio, das auch von Falke in den dritten index rerum praecipuarum mit dem nominativ morsacius rätselhaft
eingestellt war, um kein haar besser; allein andere mir jetzt
stärker auffallende stellen und wörter der urkunde schienen ähnliche, wo nicht gröszere bedenken darzubieten, so dasz ihr ganzer zusammenhang, zugleich anziehend und abschreckend, wol
verdiente bei schicklicher gelegenheit einmal eigens vorgenommen zu werden. manche andere arbeiten und geschäfte traten
dazwischen, diese urkunde blieb jahrelang beiseits liegen, doch

der öftere gebrauch der Corveier traditionen rückte sie mir immer aufs neue zu gesicht, ja endlich fand sich ungesucht sicherer aufschlusz über morsacio, welchen ich jenem frager, dessen tod mir unterdessen berichtet worden war, nicht mehr hinterbringen konnte. allmälich begannen auch die übrigen anstösze, die das alte diplom gab, sich zu ebnen, und ich musz gestehu, selbst jene energische, unvergeszliche weise, mit der es sich das erstemal bei mir eingeführt hatte, machte mich ihm geneigt; ich bitte um die erlaubnis, zu gegenwärtiger augustheiszer nachmittagsstunde, niemand aufweckend, ich besorge eher einschläfernd, es hier vorlegen und zum gegenstand einer genaueren betrachtung machen zu dürfen.

Es lautet [1] folgendermaszen:

In nomine sanctę et individuę trinitatis. Erkenbertus corbeiensis abbas presentibus atque futuris. placuit nostrę humilitati omnibus notum facere, in quibus tempore nostro pro posse ęcclesie nobis commissę providimus, et quanto labore quę inutiliter emergebant resecare studuimus, ea videlicet intentione, ut successoribus nostris, si qua super causis per nos quoquo modo finitis inquietudo mota fuerit, dum qualiter composita sint noverint, defensionem certissimam hęc nostra scripta proferant. loco autem prodesse volentes opprobium suę dissidię habeant, si non solum ipsi pro se non laborare, sed nec aliorum laboribus provisa curaverint conservare. fuit igitur in diebus nostris quidam Twaetihaoyc, qui magistratum sibi et dominatum super has curtes vendicabat: Gudelmon. Ovenhuson. Hestinon. Ziatesson. Ikkenhuson. Munichuson. Medesthorp. Sologon. Bramhornon. Fridderun. Visbike. Bernesthorp. Sutholt. et per hoc prebendam fratrum sibi, non fratribus utiliter usurpare intendebat. officium autem ipsum sibi hereditarium affirmabat, unde res ita se habet. pater ejus Reinfridus de ipsis curiis annuatim solebat ad manus prepositi reditus colligere. post hoc ausus est dicere, sui juris esse, inibi villicos statuere, pro libitu cuncta disponere. manifesto autem dei judicio eo Morsacio interfecto, predecessor meus beatę memorię Marcwardus filio ejus adhuc ad mamillas posito officium et benificium patris concessit, sed puer paulo post obiit, officium autem et beneficium in potestatem abbatis rediit. tum mater cum hoc Godefrido adhuc perparvo adjutorio eorum, quos attrahere potuit, beneficium vix hac conditione optinuit, ut officium coram abbate multisque affuerant perpetim abdicaret. hoc pacto mater conticuit cum filio. a me quoque officium non quesivit, cum beneficium suum suscepit. post autem quum nupsit, et justis suis fautoribus fretus pro quo XXX jam annis conticuerat officium requisivit. unde cum me nunc per principes et cęteros liberos homines meos, nunc per ministeriales meos nimium sollicitaret, premio ab hac sententia eum revocare contendi, sed non recepit. judicio igitur quesito, cum jam lege ministerialium partem suam videret infirmari, quod prius obtuleram recipere tandem consensit, quia officium remanere sibi non posse persensit. dedi itaque ipsi VII marcas, et coram subscriptis testibus officium voluntarie abdicavit.

364   Gerberto decano. Wulframno camerario. Godefrido preposito. Hugone preposito omnique congregatione. Sigifrido comite et advocato. Widikindo viceadvocato. Conrado de Everstein. Sigeberto nobili. Reinoldo vassallo. Gumberto de Wartberg. Reinboldo fratre ejus de Koanstein. Bernhardo de Waldekke. Folcmaro de Ittera. Folcnando. Conrado de Everskute. Heinrico Olepe. Thiedrico. Bern. Thietmaro. ministerialibus. Adelrado. Godescalco et fratre ejus Annone. Heriboldo. Liudolfo. Waldrico camerario. item Waldrico pincerna. item Waldrico juniore. Godescalco parvo. Gerberto. Reinhero. Annone. Wernhardo. Walone. Karolo. Altolfo. Widolone. Odone. Wazone. Thiedrico. Helmwigo. Wagone. Waltberto. Folcberto. Godescalco. Albwino. socero Godefrido, de quo racio est. Skerpoldo. Conrado. Reinboldo.

Actum Corbeię anno domini M. C. XX. regnante Heinrico V. idus Maji. hęc ut nulli sint in dubio firmamus domini nostri sancti Viti sigillo.

Es folgt das monogramm für Vitus zwischen den worten signum sancti Viti martyris.

Bevor ich mich nun auf den eigentlichen inhalt dieser urkunde einlasse, soll etwas, das mich darin am allerlängsten gequält hat, auch nachdem morsacio seine aufklärung empfangen

hatte, abgehobeu und ich hoffe glücklicherweise ganz beseitigt
werden. es ist dies der unerhörte name der in ihr auftretenden
hauptperson, welcher bei Falke Twaetihaoyc lautet, und von
ihm s. 215 höchst unwahrscheinlich ausgelegt wird, Twaet solle
mannsname, haoyc aber name des gaues Ahugo sein. Corvei
lag bekanntlich im gau Auga, d. i. aue, wofür sich wol Augagô
auegau, kaum Ahugô sagen, doch aus solchem Ahugô nimmer
ein haoyc, incola pagi, herleiten liefse. nirgend begegnet sodann
ein altsächsischer oder westfälischer mannsname Twaeti, dessen
seltsame gestalt auch in hochdeutschen urkunden nicht ihres
gleichen findet. nach lange vergeblichem herumraten entschlosz
ich mich in twaeti [1] eine entstellung von twêthi, twêdi, ags.
tvæde, fries. twêde duplex (woraus das nl. twêde, nhd. zweite,
secundus, statt des organischen ander entspringt) [2], in haoyc ein
haoik, nd. hoike, kappe, mantel zu suchen, so dasz sich ein
beiname, wie sie im zwölften jahrh. aufzukommen beginnen, mit ₃₆₅
dem sinn von doppelmantel ergäbe. dafür schienen sogar urkunden des dreizehnten jahrh. hinreichende analogien darzubieten, ja man hört noch heute wendehoike von einem menschen
sagen, der den mantel nach dem winde dreht. Erhards westfälische urkunden s. 132. 149 gewähren aus dem eilften jahrh.
den mannsnamen Hoico, Langs regesta 2, 333 liefern einen Henricus dictus hoige im jahre 1243 und 3, 431 Henricum et Her-
mannum dictos hoge im jahre 1274; noch zutreffender war ein
Wernerus dictus ellevenhoyke in Jungs historia beuthemensis
nach einer urkunde von 1290. solch ein eilfmantelträger bestätigte er nicht den zunamen des doppeltgemantelten in unserm
diplom vollkommen? der schein triegt. das original der urkunde war durch die wechselfälle unsrer zeit von Corvei in das
archiv zu Münster versetzt worden und in seine regesta historiae
Westfaliae, band 1, Münster 1847, s. 146. 147 nahm Erhard einen
berichtigten abdruck des ganzen denkmals auf. nun rate man,
was statt des verwünschten twactihaoyc in der urkunde wirklich
steht: nichts anders als Godefridus, das der schreibende mönch

---

[1] wie z. b. der eigenname Dadi, Dedi auch Daedi geschrieben erscheint.
ann. hildesh. ad a. 1034. 1035. (Pertz 5, 99. 100.)
[2] die Corveier hoberolle bei Wigand 2, 2. 4. gewährt *tuede*.

im jahr 1120 mit griechischen buchstaben ausgedrückt hatte, die
Falke oder sein schreiber nicht verstand. aus einem ΓΩΔΕΦΡΗ-
ΔΟΥ'C ward das ungeheuer Twaetihaoyc, jetzt ist alles klar, Godefridus stimmt zum ganzen übrigen inhalt der urkunde, unter
deren zeugen Albwin, als schwiegervater Godefrids, de quo ratio
est, von dem die rede ist, ausdrücklich auftritt.

Abt Erkenbert waltete über Corvei vom jahr 1106 bis
1128, die urkunde wurde 1120 ausgestellt, schreitet aber auf
ältere, dreiszig jahre früher eingetretne händel zurück, die unter
den vorausgehenden abt Marcward (von 1082—1106) fallen.
sie reichen also in die unselige, verworrene zeit kaiser Heinrich
des vierten, dessen schwankende, bald lässige bald gewaltsame
regierung alle verhältnisse des frischen aber noch wilden deutschen volks in ihren fugen erschütterte. die urkunde selbst gehört schon den tagen Heinrich des fünften, seines nachfolgers an.

Ein mann, wie anzunehmen ist, aus dem adelstande, namens
Reinfried, in der obern Wesergegend angesessen und begütert,
befand sich mit dem geistlichen stift Corvei in näherem verband. er hatte, in den achziger jahren des eilften jahrh. oder
etwas früher schon, gefälle der abtei an verschiedenen ortschaften, deren lage und benennung hernach erwogen werden soll,
einzunehmen und dem probst einzuhändigen. indem er sich als
stiftischen beamten und beneficiaten betrachtete nahm er das amt
366 für ein erbliches in anspruch, kraft dessen ihm zustehe nach
seinem freien belieben zu schalten und namentlich alle meier an
solchen orten anzuordnen, was der abtei zuwider sein muste.
durch Reinfrieds, wie sich ergeben wird, im jahr 1092 erfolgten
frühen tod gewann die angelegenheit für das geistliche stift gün-
stigere gestalt, Erkanbert drückt sich aus, manifesto dei judicio
eo Morsacio interfecto, das dunkle wort ist keine Reinfrieden
herabsetzende bezeichnung, wie man auf den ersten blick denken könnte, sondern gibt den ort an, wo er, der abtei höchst
willkommen, mit tod abgegangen war. Er hatte einen an der
mutterbrust liegenden sohn hinterlassen, dem abt Marcward das
väterliche officium und beneficium wieder zu verleihen keinen
anstand nahm, das kind starb aber bald darauf und nun wurden vom stift beide, amt und lehen, zurückgezogen. die mutter

jedoch that hernach für sich und den kleinen Godefried, unter
dem schutz ihrer freunde, einspruch, es bleibt in der urkunde
ungesagt, ob Godefried neben jenem erstbelehnten und gleich
gestorbnen säugling ein noch jüngerer und gar erst nachgeborner
sohn Reinfrieds war, eins von beiden musz man nothwendig voraussetzen. wie ihm auch sei, Reinfrieds witwe erreichte damit
nichts als dasz ihr das beneficium unter der bedingung gelassen
wurde, dem officium für ewige zeiten zu entsagen. das geschah,
mutter und sohn schwiegen anfangs, Godefried, heran wachsend,
übernahm das beneficium, ohne von dem unterdessen auf Marcward gefolgten Erkenbert, jedenfalls mithin nach 1106, das officium neu zu begehren. im verlauf der zeit aber heiratete er
und scheint dadurch die zahl seiner freunde und gönner gemehrt
zu haben, auf welche vertrauend er sein altes, dreiszig jahre lang
vernachlässigtes recht auf das officium wieder anregte. Erkenbert unterhandelte jetzt und bot ihm geld, wenn er ganz ab-
stände, doch Godefried weigerte und wollte es auf einen recht-
spruch ankommen lassen, der ihm gleichwol ungünstigen be-
scheid brachte. Godefried muste sich entschlieszen sieben mark
anzunehmen und feierlich auf jenes amt zu verzichten. sieben
mark silbers bilden heute eine kleine summe, damals liesz sich
schon ein ordentliches grundstück dafür erwerben; dennoch
scheint sie für das aufgegebene amt nur ein winziger ersatz.

Nach dem canonischen grundsatz 'beneficium traditur pro-
pter officium' sollte man annehmen, dasz kirchliche beneficien
notwendig auf ein officium hinweisen: das stift fand im vorliegenden falle seinen vortheil darin, dem ministerial das benefiz
zu lassen, durch entziehung des amts den einflusz auf die un- ³⁶⁷
terthanen zu schmälern. wie bedeutend solche beneficien waren,
lehrt eine urkunde des jahres 1160 über die ministerialen des
h. Liudger in Helmstedt [1]. auch eine urkunde von 1153 bei
Falke s. 657 unterscheidet zwischen beneficium und officium.

Ob Godefrieds ansprüche oder die des Corveier abts be-
gründeter waren, ist ohne genauere kunde von allen vorgängen
selbst schwer zu sagen, beiden parteien darf ein gleiches streben

---

[1] mittheilungen des thüring. vereins I. 4, 39 ff.

22*

zugetraut werden ihre gerechtsame und besitzthümer auszudeh-
nen und zu erweitern. der zwiespalt zwischen kaiser und pabst,
um diese zeit, muste dem weltlichen wie dem geistlichen stand
genug vorwände zu uugesetzlichen eingriffen verabreichen. die
volksmäszigere macht der herzöge war geschwächt oder gebrochen und der könig, in den schlingen gewandter erzbischöfe
lange gefangen, begünstigte vorzugsweise grafen und den hohen
adel, deren emporstreben ihm geringere gefahr zu bringen schien.
den geistlichen ständen gelang es häufig, sich von den herzögen
wie von deu grafen unabhängig zu machen, der adel schwankte
und fand es zuträglich sich bald bei fürsten, bald bei geistlichen
in dienstmannschaft zu ergeben, die grosze zahl und streitfer-
tigkeit solcher vasallen wurde eine hauptstütze beider, zugleich
aber wesentliche ursache, dasz die kraft des volks und der könige in Deutschland zersplitterte, bis diesen allmälich das auf-
blühen der städte und des bürgerstands neuen halt gewährte.
wie Heinrich der vierte die Sachsen ungerecht bekriegt hatte,
konnten auch einzelne fürsten es wagen mit ihrem gefolge von
edelleuten einander zu überziehen, ohne dasz die stämme selbst
nur den geringsten anlasz zur feindschaft und fehde hatten. in
dem feudalismus und ritterthum wie in der geistlichen herschaft
wirkt ein allgemeines oder ideales princip, das über die selb-
eigne natur der völker hinweggeht und sie verkennt, darum
auch, als mit ihr unverträglich, zuletzt wieder von ihr ausgestoszen wird.

  Diese betrachtungen verbinden sich mit dem aufschlusz
über das wort, um dessen willen die gegenwärtige untersuchung insgemein begonnen worden war.

  Morsacio, der für den schnellen anlauf dunkle, rätselhafte
name, gewinnt alsbald an deutlichkeit, wenn man das c vor
dem i in t umsetzt, wie beide buchstaben oft wechseln, er be-
368 zeichnet eine gegend des friesischen bodens, auf dem ein kampf
vorgefallen war, bei welchem Reinfried, Gotfrieds vater, das
leben einbüszte. die geschichte, sonst allen Friesland betreffen-
gen vorfällen wenig sorge zuwendend, hat diesen kleinen krieg
nicht unaufgezeichnet gelassen.

  Die annales corbeienses ad a. 1092 (Pertz 5, 7) besagen:

Cuonradus comes cum multis aliis a Morsaciensibus occisus est. wenn der herausgeber hier zu Morsaciensibus die anmerkung liefert: in dextera Albis ripa, Magdeburg oppositis, damit auf den ursprünglich slavischen pagus Morizine, Moresceni, Mrozini[1] zielend; so geht und führt er irre, Friesland lag von diesem strich der mittleren Elbe weit entfernt, wie die aussage der übrigen annalisten auszer allen zweifel setzt.

Sigebertus ad a. 1092 (Pertz 8, 366): Westfali Fresoniam aggressi omnes pene a Fresonibus perimuntur.

Annalista Saxo ad a. 1092 (Pertz 8, 728): Conradus, comes de Werla cum filio suo Hermanno multisque aliis nobilibus a Fresonibus, qui dicuntur Morseton, occisus est.

so auch die annales hildeshemenses (Pertz 5, 106): a Fresonibus. diese Môrsêton waren deutlich Friesen, deren sitze in der nähe von Aurich zu suchen sind, und hieszen so, weil sie in sumpfgegenden, wie Holtsêton, die in waldgegenden, oder Wortsêton, die auf der wort wohnten. ihr gebiet führte den namen Morsacium = Morsatium. da nun môr, ahd. muor, fries. mâr pl. mârar, palus, gleichviel mit brôc, ahd. pruoh, ist, wird man wenig fehlen, den namen Môrsêton, ahd. Muorsâzon, für dasselbe zu halten, was das bekanntere Brôcmen, ahd. Pruohman bedeutet. man pflegt zwar die Brôcmen[2], deren rechte und gesetze bei Richthofen s. 135 — 181 gesammelt stehn, in den Federitgau und münsterschen sprengel, die angrenzenden Morseten in den bremischen einzuordnen; doch der sichtbare einklang beider namen und ihre unmittelbare nachbarschaft gestattet, Morseten und Brocmen ganz für den nemlichen volkstamm zu halten, der zu verschiedner zeit und von verschiedner seite her mit doppelten wörtern eines und desselben gehalts benannt wurde[3]. Wiarda weder in seiner ausgabe der willküren der Brokmänner, noch **369**

[1] Pertz 8, 657. Höfers zeitschrift für archivkunde 1, 509. 512.

[2] lat. Brocmanni, eine verwerfliche form ist Brokmer.

[3] zur bestätigung dient der dorfname Brocseten in einer urk. von 1230, heutzutage Broxten im Osnabrückischen kirchspiel Gesmold (mitth. des Osnabr. vereins I, 55. 63), dessen einwohner alto, vielleicht jenen Friesen verwandte Brôcsêton waren. der osnabrückische dichter Broxtermann († 1800) mag daher stammen. [Bruchsitter, eigenname zu Bonn. daselbst auch Hunsinger. Lausitzer von luzia, sumpf. Curt Bose 32ᵇ.]

im ersten band seiner ostfriesischen geschichte, so viel ich sehn kann, spricht der Morseten namen aus, geschweige dasz er ihres im jahr 1092 über die Westfalen davon getragnen sieges gedächte. wenn aber nach Wiardas vorrede zu den willküren § 1 das heutige Brokmännerland ins Auricher amt fällt und im gesetz selbst § 160 Aurikera gestelond d. i. trockenland den umliegenden sümpfen entgegengesetzt wird; so ist der beweis geführt, dasz diese Brokmen und die auf der karte zu Lappenbergs Hamburger urkunden ins Auricher gebiet gestellten Morseten notwendig ein und derselbe stamm sind.

An der spitze des für sie so übel ausgefallnen zugs westfälischer krieger gegen Friesland focht graf Conrad von Werla [1], dem eine grosze zahl edelleute, unter ihnen auch unser Reinfried, die ihre heimat nicht wieder sahen, gefolgt war. über den eigentlichen anlasz der feindschaft zwischen beiden theilen gebricht es an aller nachricht; zu mutmaszen ist, dasz graf Conrad, den nahe verwandtschaft an grafen Bernhard, den kaiserlichen vogt des friesischen Emsgaus zu knüpfen scheint, von diesem heran gerufen wurde, oder dasz sein reiches und mächtiges geschlecht selbst ansprüche auf in Friesland gelegene güter, die ihm die Friesen streitig machten, zur geltung bringen wollte. ohne zweifel kamen die Westfalen durch das Münsterland, dem laufe der Ems folgend, heran gerückt, wurden von den Friesen, die eifersüchtig auf ihre hergebrachten rechte alle vortheile ihres sumpfigen und durchschnittenen bodens zu nutzen verstanden, wehrhaft empfangen und schnell besiegt. nach einer durch Seibertz [2] ausgesprochnen vermutung suchte graf Conrad den von seinem oheim Bernhard dem zweiten mutig gegen erzbischof Adalbert von Bremen vertheidigten Emsgau an sich zu bringen und vielleicht wahrten die tapfern Morseten zugleich bremische gerechtsame, so dasz unterthanen des Bremer sprengels gegen die des Münsterer gestritten hätten. Adalbert war aber schon 1072, zwanzig jahr vor dem zug gestorben, dessen dazu alle bremischen geschichtsquellen geschweigen, da sie ursache gehabt

[1] Croll de comitibus werlensibus (acta acad. theod. palat. tom. 4.)
[2] geschichte der alten grafen von Werl. Arnsberg 1845 s. 82.

hätten ihn, wenn er der bremischen kirche gewinn brachte, her-
vorzuziehen. nach Conrads tod ist von weiteren ansprüchen
werlischer grafen auf den Emsgau nirgends die rede. Heinrich, 870
ein sohn des gefallnen Conrads, war von Heinrich dem vierten
schon 1084 dem stifte Paderborn vorgesetzt worden und ver-
waltete es lange, bis zu 1127. in ganz Westfalen, wie unsere
urkunde lehrt, muste die unglückliche heerfart gegen Morseten
im andenken der leute unvergessen geblieben sein.

Einen augenblick möchte ich hier, über die schranke der
urkunde hinaus, mich einer allgemeineren, wiewol mit ihr zu-
sammenhängenden betrachtung ergeben.

Der alte friesischchaukische stamm, auf den saum der meeresküste, von der Schelde bis zu den Jüten, gedrängt, einigemal
unterbrochen, konnte zwar seine äuszere unabhängigkeit nicht,
wol aber eine innere, in dem ganzen schrot und kern seiner
sinnesart und sitte wurzelnde vor allen übrigen deutschen völkerschaften lange, selbst bis auf unsere tage behaupten.

Unsere geschichte überhaupt stellt uns vor augen, wie die
eigenheit der stämme, in gefahr gesetzt durch die dynastischen
eingriffe aufstrebender fürstengeschlechter, und häufig solcher,
die gar nicht einmal aus der mitte des stamms selbst hervorgegangen, sondern von auszen her vorgedrungen waren, im verlauf der zeit abgeschwächt und aufgerieben wurde. die meisten
deutschen gebiete, in ihrem alten haft und zusammenhang zerrissen, zerstückelt und quer durchschnitten, nahmen allmälich
ganz neue gestalten an. so wollte es, musz man glauben, die
vorsehung um anderer zwecke willen, deren unergründbarkeit
doch ermattenden völkern weder vorwand noch entschuldigung
abgeben darf, ihrer angestammten überall nachzuckenden natur
und berechtigung irgend zu entsagen. die Friesen waren wenigstens ein stamm, der namen, gesetze und sprache zähe fest-
hielt, wenn er schon den lange mutig geführten kampf für seine
freiheit endlich fahren lassen muste.

Eine friesische geschichte, wie sie verdiente erforscht und
zusammengetragen zu werden, ist noch ungeschrieben. dies
volk nahm wenig bedacht darauf seine thaten selbst zu ver-
zeichnen, allein es strebte dafür mehr als irgend ein andrer

deutscher stamm, seine rechte und gesetze zu erhalten und rein
in der muttersprache abzufassen. wenn nun die geschichte oft
zu berichten hat, um welchen preis diese errungen und verloren
wurden; so musz ein fortwährend erhaltener besitz althergebrachter gerechtsame ein reicheres, lebendigeres bild eines volks
371 aufstellen, als es seine geschichte selbst zu thun vermöchte.
sind denkmäler der sprache und der gesetze eines volks auf
die nachwelt gebracht, so hat es auch eine geschichte, welche
zwar aus den historischen quellen vielfach beleuchtet werden
kann, während in den uns vollständig von der geschichte überlieferten
lieferten thaten eines andern volks, dessen rechte uns unbekannt
sind, manche dunkelheit zurückbleiben musz.

Seitdem Karl der grosze die Friesen mit dem schwert be-
kehrte, verstreicht keins der folgenden jahrhunderte, in dem sie
nicht ihren widerstand und ihr beharren bei selbständiger herschaft kämpfend dargethan hätten. wie wäre es einem haufen
westfälischer ritter möglich gewesen gegen diese stolzen vater-
landliebenden bauern etwas auszurichten, deren streiche im jahr
754 des ihnen eine neue lehre aufdringenden Bonifacius nicht
geschont hatten.

Es sei nur an einzelne, der zeit unsrer urkunde vorausgehende oder bald nachgefolgte, von den annalisten hervor gehobne
ereignisse erinnert, deren thatbestand sich weit anders darstellen
würde, wenn nicht ihre gegner, sondern Friesen selbst uns davon
berichtet hätten. kein andres deutsches volk hat wiederholte
angriffe auf seine freiheit so mutig und lange erfolgreich von
sich abgewehrt.

Thietmar 6, 14 im jahr 1005 von Heinrich dem andern:
Fresones rex navali exercitu adiens ab ceptis contumacibus de-
sistere et magnum Liudgardae sororis reginae zelum placare
coegit, was auch beim annalista Saxo (Pertz 8, 656) fast mit
denselben worten wiederholt wird. Liudgard war Arnulphs,
oder wie ihn Melis Stoke 1, 891 nennt, Aernouds, des grafen
von Holland witwe, welchen die Westfriesen noch unter Otto
des dritten zeit bei dem orte Winkelmêt angegriffen und geschlagen hatten. auf dieses schadens ersatz drang Liudgard,

und es scheint, dasz der könig die Friesen mit gewalt ihn zu leisten anhielt.

Einen neuen handel, der bald darauf ins jahr 1018 fällt, meldet ausführlicher und lebhafter Alpertus de diversitate temporum 2, 20. 21 (Pertz 6, 718. 719). Friesen, ihren sitz verlassend, hatten im wald Meriwido[1] wohnungen aufgeschlagen, andere, vom annalist räuber genannte männer sich zugesellt und schädigten von da die vorüber schiffenden tielischen[2] kaufleute. diese, selbst gewinnsüchtige, treulose menschen, suchten des königs schutz, welcher dem Adelbald, bischof von Utrecht, und dem Godefrid, herzog von Lothringen, die Friesen aus jenem platz zu verjagen befahl, ein groszes heer, bessere reiter als seeleute, ward gesammelt und eingeschift. die Friesen standen gerüstet bei Flaridingun[3]; als sie den feind gelandet sahen, zogen sie in gedrungnem haufen auf eine anhöhe und der von gräben durchschnittene boden hinderte allen angrif. das gehemmte, unthätige deutsche heer durchfuhr ein panischer schrekken und jeder suchte sein heil in der flucht; viele verloren im flusz und auf sinkenden schiffen das leben, andere wurden von den heran eilenden Friesen erschlagen, eine menge von leichen schwamm ins meer, bischof und herzog entrannen mit genauer noth. Thietmar 8, 13 erzählt das treffen im ganzen ebenso, nur fügt er hinzu, dasz graf Dietrich von Holland[4] diesmal mit den Friesen gemeinschaftliche sache gemacht hatte; die annales leodienses (Pertz 6, 18) und Eckehardus (fälschlich ad a. 1016. Pertz 8, 193) stellen sogar alles als einen streit zwi-

---

[1] in silva Meriwido d. i. meerwald, oder Mĕriwido moorwald, später Merwede, heute Merwe, worunter man jetzt einen arm der Maas, zwischen Dordrecht und Rotterdam versteht; doch frühe schon traf die benennung des waldes und waldstroms hier zusammen, da Alpertus 1, 8 per flumen Meriwido vecti sagt.

[2] aus Thiel zwischen Nimwegen und Dordrecht.

[3] heute Vlaardingen unfern Rotterdam, die volle form des namens lautete Fladirdinga, Phladirtinga (Pertz 7, 127), ich denke, statio navium motitans alas, von den flatternden wimpeln und segeln. mnl. vladderen, vledderen, volitare, plaudere alis, verkürzt vlaaren, vleeren.

[4] Thietmar nennt ihn nur Thiedricus. der name Holland erscheint überhaupt zuerst 1053 als Holtland, pagus nemorosus, in mehren urk. noch des XI jahrh.

schen Godefried und Dieterich dar. Sigebertus ad a. 1018
(Pertz 8, 355) aber sagt: in Fresonia Deoderico comite, filio
Arnulfi gandavensis, debellante Fresones iu vindictam patris
sui ab eis occisi, Godefridus dux ad eum debellandum ab imperatore mittitur, et conserto prelio, repente voce nescitur unde
emissa 'fugite fugite', cunctis fugientibus, multi a paucis Fresonibus perimuntur, dux vero capitur; und hiermit einstimmig
Rupertus leodiensis (Pertz 10, 268). Dies scheint der gründli-
cheren darstellung Alperts in einigem zu widersprechen, kann
sie aber nicht entkräften, wie sie zum überflusz noch durch den
annalista Saxo (Pertz 8, 673) bestätigt wird, dessen worte ich
hier nicht aushebe. der ganze hergang erläutert den unsrer
urkunde bündig, wie die Westfriesen lieszen sicher auch die
ostfriesischen Morseten nichts von der günstigen lage ihres landes unbenutzt, um den einfall ihnen sonst überlegner heere mit
erfolg abzuwehren.

⁸⁷³   Im jahr 1046, unter Heinrich dem dritten, geschah wieder
ein seezug nach demselben Fladirtingen und auch hier erblicken
wir den holländischen Dieterich an der Friesen spitze, anfangs
stritt der kaiser gegen ihn glücklich, das folgende jahr giengen
aber alle errungnen vortheile wieder verloren. die berichte finden sich bei Herimann (Pertz 7, 125), Lambert (Pertz 7, 154)
und Anselm (Pertz 9, 229), mit welchen Stenzels geschichte der
fränkischen könige s. 145. 146 zu vergleichen ist.

In demselben jahrhundert ragte herzog Benno oder Bernhard an gewalt und einflusz durch ganz Engern und Westfalen
hervor und hatte auch die grafschaft im friesischen Emsgau erworben. die des Hunesgau und Fivelgau lieh der junge Heinrich der vierte 1057 dem mächtigen bremischen erzbischof Adalbert [1]. zwischen Bernhard und Adalbert hatten lange schon mis-
helligkeiten gewaltet, doch begleitete der erzbischof den herzog
nach Friesland, wo vom widerspenstigen aber streitfertigen volk
ungekürzter zins eingefordert werden sollte. Fresones, wie sich
Adam 3, 41 mit einem verse Virgils ausdrückt, in ferrum pro

---

[1] Lappenberg Hamb. urk. no. 79. Adam von Bremen 3, 8 sagt, dasz schon
Heinrich der dritte Fivelgau an Bremen gab.

libertate ruebant, und wiederum trugen die Sachsen eine niederlage davon, des herzogs und erzbischofs lager wurden ge-
plündert, Bernhard starb 1059. der krieg hatte wahrscheinlich
im Emsgau und bereits in den ersten jahren von Heinrich des
vierten regierung statt.

Auch dieser sieg muste bei den Ostfriesen noch in festem
andenken haften, als sie vierzig jahre hernach den einfall unsrer
Westfalen blutig zurückschlugen.

Nur zehn jahre später fand Heinrich der dicke, graf von
Nordheim, dem kaiser Heinrich der vierte gegen das ende seiner regierung friesische comitate des Utrechter sprengels übertragen hatte, dort gleichfalls den tod. Eckehards worte zum
jahre 1106 (Pertz 8, 225) verdienen ausgehoben zu werden: ante
triennium Heinricus crassus, Cuononis germanus et natu senior,
dum in Fresiae marcham, cui praeerat, res acturus proficiscitur,
a·vulgaribus Fresonibus, quibus dominationis suae jugum
grave fuit, obsequium spectans insidiis vallatur; re quoque cognita
fugiens ad mare, vulneratur a nautis, simul et suffocatur. hujus
tanti viri, qui nimium totius Saxoniae principatum secundus a 874
rege gerebat, interitus ab universo regno graviter ferebatur;
woher der annalista Saxo (Pertz 8, 764) seine nachrichten schöpft.
wenn ich recht mutmasze, fand auf diesem zug noch ein hoch-
mütiger westfale den tod, denn die annales corbeienses ad a. 1103
(Pertz 5, 7) melden: Eppo, vir potens, Houltessen remittere no-
luit, sed ait, 'cum Huclehem (Hökelheim) dimittam et Huldesson.'
et factum est, nam brevi post occisus, nec scilicet ultra duas
ebdomadas, Huclehem, Houltesson et vitam perdidit, worin die
Corveier, wie in unsrer urkunde, ein gericht gottes finden
durften.

Die geschichte des eilften und zwölften jahrh. setzt also
den ruhmvollen widerstand in helles licht, welchen das friesische
volk gegen das andringen seiner mächtigen feinde leistete; ich
enthalte mich ähnliche beweise dafür auch aus der folgenden
zeit beizubringen [1]. endlich muste es der übermacht erliegen,

[1] man lese in Lappenbergs geschichtsquellen von Bremen s. 117. 130. 131.
140 lebendige schilderungen der züge gegen die Rüstringe und Butenjader in den
jahren 1366. 1400. 1412.

und hauptsächlich scheint seine kraft an dem emporblühen Hollands unmittelbar neben ihm gebrochen zu sein, dessen stärke bis auf heute noch in der nie ganz untergegangnen volksart der Friesen mit beruht, wie auf der entgegenstehenden seite die Nordfriesen eine uns fortdauernde stütze Deutschlands wider die dänischen anmaszungen bilden.

Nach diesem auslauf in die geschichte wende ich mich zum inhalt der Corveier urkunde zurück, um aus ihr noch ergebnisse für altdeutsche sprache und poesie zu ziehen.

Für unsre sprache haben urkunden groszen, ja unberechenbaren werth, weil sie eine menge untergegangner ortsnamen und personennamen in deren echter, unverderbter form enthalten. oft zählt eine einzige urkunde funfzig oder hundert mancipien und zeugen auf, und man erwäge die fülle zahlloser urkunden. frühere herausgeber haben thörichterweise solche namen vernachlässigt oder ganz unterdrückt, die leicht wichtiger sein können als was die urkunde sonst enthält. jetzt läszt man ihnen endlich verdiente aufmerksamkeit angedeihen.

Urkunden des nördlichen Deutschlands gewinnen noch an reiz, weil bei abgang anderer denkmäler sie fast das einzige mittel sind die alte sprache dieser gegenden einigermaszen kennen zu lernen.

375   Es werden dreizehn dörfer namhaft gemacht, in welchen Reinfrid und Godefrid gefälle des stifts erhoben; die meisten waren in der nähe Corveis, im Waldeckischen oder Paderbornischen gelegen, einige auch im münsterischen sprengel. Acht derselben stehn im dativ plur. auf -on, nach der alten weise diesen casus für ortsverhältnisse zu gebrauchen; allmälich schwand das bewustsein seiner eigentlichen natur und er ward nun als neuer nominativ mit falschem genitiv auf -ens verwandt, oder man gerieth auf andre abwege, wie gleich der erste dorfname zeigt.

Statt des pl. Gudelmon unsrer urkunde schreiben die älteren traditionen 163 Falke, 387 Wigand im dat. sing. Gudulma *, heute heiszt der ort Godelheim. noch sprachgemäszer zu schrei-

---

* Gudulma, Gudelmon (Gaulem, Golem) Wigand corr. güterb. 15.

ben wäre Guđulma, Guđelmon, mit aspiriertem d, woraus zugleich die weglassung des zweiten h sich begriffe, denn volle
form würde sein Guđhelma, Guđhelmon und der wortsinn bellonae galeâ oder galeis, aus irgend einem grund benannte man
den ort nach der kriegsgöttin helm. seinesgleichen habe ich
sonst nur noch einmal in dem hanauischen dorf Gundhelm, wo
die hochdeutsche form waltet, gefunden. einen ort, der blosz
Helma oder Helmon lautete, weisz ich aus keinen diplomen
nachzuweisen, heutige dorfnamen Helme und Helmen lassen
aber darauf schlieszen; noch häufiger begegnen Helmsdorf und
Helmsberg. möglich inzwischen wäre in den dativen Gudelma
und Gudelmon ein ausgefallnes heim zu ergänzen, wie Lachmann zu Nib. 1077 Clehon für Cleheim, Lorsa für Lauresheim,
Loche für Lochheim aufgezeigt hat; nur läszt sich nicht Gu-
delmesheim ahd. Gundhelmesheim ansetzen, dessen s in der
kürzung unverwischt bleiben müste, nicht also steckte darin ein
gen. des mannsnamens Gudhelm, Gundhelm (trad. Wizunb. no.
173. cod. lauresh. 204) [1]. doch das heutige Godelheim schiene
gerechtfertigt. ein paar andere zusammensetzungen, in deren
erstem theil helmon auftritt, haben mich lange gepeinigt. das
braunschweigische Helmstädt heiszt in alten urkunden immer
Helmonstedi, später Helmenstede, Helmenstide, endlich erst
Helmsted [2]; im waldeckischen Itergau lag eine villa Helmon-
scêde (tr. corb. Wig. 393; bei Falke 169 und 302 unrichtig Hel-
monstede), in der Corveier heberolle bei Wigand 2, 137 Hel- 878
menscêthe, 2, 139 Helmenenschethe, heutzutage Helmscheit.
kaum ist dies praefix helmon ein dat. pl., eher zu denken wäre an
die schwache flexion helmen (gramm. 4, 509) oder an den ahd.
mannsnamen Helmuni (Meichelbeck 108), wo nicht gar an das
altn. hialmun (gubernaculum navis). schon weit ältere urkun-

---

[1] vgl. Gunthelmishûson (Falke s. 134); Dietclsheim aus Diethelmesheim;
Megenhelmeswilare (Neugart 878); Egeletzhausen aus Egihelmeshûsen (MB. 31ᵃ,
41. u. 817); Wilhalminge (MB. 28ᵇ, 464ᵃ. 1280). [coms Gonthelmes. Girart bei
Bartsch 18, 26. — aus Gudesburin (heute Gottesbüren) wurde Gundesburin, Gun-
nesburin (vit. Meinwerci bei Pertz 13, 145). Landau geogr. 191. der nom. wol
Gudesbur, bellonae habitatio.]

[2] urk. von 952. 1145. 1154. 1237 in den mittheilungen des thüring. vereins
2, 452. 457. 459. 486.

den, die von 751 und 758 bei Mabillon no. 40. 44 drücken den
namen Helmgôz aus Helmengaudus.

Ovenhûson, das heutige Ovenhausen im Corveier gebiet,
Hestinon (bei Falke steht Hestmon), in Wigands heberolle 2,
138 Hestene, in einer urk. von 1203 bei Falke s. 408 Hesten,
ist das jetzige dorf Heste zwischen Alhusen, Erbsen, Istrup,
Schmechte, verschieden von Herste zwischen Driburg und Brakel.
vielleicht, mit ausgefallnem r, ursprünglich auch Herstinon? vgl.
ahd. harst, harsta craticula, frixura. oder sollte mit Hestinon
sich berühren Astnun in der heberolle 1. 2, 18, Hertnen bei
Möser 8, 386?

Ziatesson, in jener urk. von 1203, auch neben Hesten, Zia-
tessen, in der heberolle bei Wigand 2, 138 Zatessen, soll Sidde-
sen (für Sittesen?) unweit Brakel an der Nette sein. das weiche
alts. z stände dann für s, und Siatesson gemahnte ans ahd. siaza,
sioza praedium (Haupt 2, 5) und den ortsnamen Matzensieze
(MB. 6, 503. 508. 8, 43); die hessischen dörfer Rockensûsz, Ho-
hensûsz sind Rockensiesze, Hohensiesze (weiblich). da aber
die endung -esson, -essen aus anstosz eines genitivs -es an hûson entspringt [1], ist ein alts. neutrum siat, ags. seot anzunehmen und der dorfname aus siateshûson siatesson gekürzt.

Die lage von Ikkenhûson, in der heberolle 2, 138 Ykken-
husen, kann ich nicht sicher angeben, wahrscheinlich war es
das heutige Ikenhusen unweit Borgentrik im bisthum Paderborn; der name ist gebildet wie Icanrôde (trad. corb. 475 Falke,
214 Wig. [vgl. Eckenrod. Wigand corv. güterb. 181]) und das
ags. Icancumb, Icanôra, Icangæt (Kemble 6, 305) mit einem in
den Corveier trad. oft begegnenden mannsnamen. Ico, ags. Ica,
ahd. Icho, wofür auch die alts. kürzung Io (trad. corb. 268) und
Ia (Mösers urk. s. 36) zu gelten scheint, ist gleichsam ein volles
ic, ich = lat. ego, gr. ἐγώ, ahd. ihha (Graff 1, 118), das wahre
ich, als eigenster name. [vgl. Ikkia. Förstemann 770.]

Munichûsen, in der heberolle 2, 138. 139 Munekehusen, Mu-

---

[1] z. b. Arolsen Aroldessen aus Aroldeshûson; Adeloltessen aus Adalolters-
hûson; Odassen aus Osdageshûson; Immensen aus Immenhausen, Immadeshuson.
auch in Thüringen sagte man Sengersen für Sangerhausen.

nikehusen, nhd. Münchhausen läszt sich auf mehr als einen ort ziehen, doch gemeint hier scheint das heutige Monninghusen 377 zwischen Geseke und Lippstadt.

Sologon, in der heberolle 2, 138 bezeichnet einen sumpfigen ort, in dem sich eber wälzen, ahd. solagun volutabris (Graff 6, 186). in ahd. urkunden ein Epuressol, apri volutabrum trad. fuld. 2, 49 und ganz ebenso in ags. Eoforsol, heute Eversole (Kemble no. 364). Falke s. 787 aus urkunden von 1299 und 1304: in campo Soligghe, Solinge (ahd. solagunge, solgunga volutabrum).

Brâmhornon (bei Falke falsch Brambornon) von horna ecke, winkel, ags. hyrne, fries. herne, und brâma rubus, also dorn-winkel. erinnert man sich an bâlahorna und an die dörner des leichenbrands, so überrascht die analogie der ortsnamen Balhorn und Bramhorn. eine bestimmte stelle für Bramhornon steht aber nicht zu ermitteln, auch die heberolle 1. 2, 22. 2, 138 Bram-hornon, Osnabr. ver. 1, 63 Bramhorne.

Medesthorp, in der heberolle 2, 138. 139 Medestorp, ander-wärts in hochdeutscher form Metdisdorph bedeutet villa mulsi, gleicht also den ortsnamen Medofulli, Medebiki und dem ags. Medeshàm, in welchen allen die vorstellung des methes waltet. es lag im waldeckischen landstrich, ich weisz nicht, warum es von Ledebur in den münsterschen sprengel, kirchspiel Ems-hüren, gesetzt wird.

Fridduren, in den trad. corb. 328 Falke, 67 Wigand Fri-duren, in der heberolle 2, 138. 139 Fredderen, Vrederen, 1. 2, 23 Friderum, das heutige Freren in der Emsgegend, ostwärts von Lingen, im alten pagus Agrotingun. seine abgelegenheit von Corvei kann neues licht werfen auf den Reinfried unsrer urkunde, der an diesem ort einkünfte des stifts holend leicht zum zug an die Ems bewogen wurde. auch die heberolle 1. 2, 18 verzeichnet gefälle in Meppen. schwerer deutung scheint der ortsname Friduren, die form Friderun, an einen in Neidharts liedern oft wiederkehrenden frauennamen klingend, setzt doch hier einen nom. Fridura voraus.

Visbike f. Vischike ist fischbach, bleibt aber, da auf viele örter diese benennung gehn kann, örtlich unsicher. bei Pader-

born fliefst ein fischbeke in die Emmer. Falke 707 meint Vis-
bek an der Erpe im Waldeckischen.

Bernesthorp soll nach Falke 247. 407. 556 im waldeckischen
Itergau gelegen haben, heute Berndorf amts Eisenberg. auch
378 in der heberolle 2, 138 Bernesthorp, und der gen. von dem häufigen mannsnamen Bern (altn. Biörn) abzuleiten.

Sutholt == Suthbolt, mit auswurf des einen h. auch bei
Kemble 907 Sutborn f. Sûdborn, 361. 420 Suttun f. Sûdtûn.
die heberolle 1. 2, 23 schreibt Suddorphe und Suthdorpe, bei
Möser 8, 379 steht im Sutdorpe. lage von Sutholt unbekannt,
den gegensatz des namens bietet die silva Northolt in einer urkunde von 1118 bei Erhard s. 144.

Auszer diesen dreizehn ortsnamen bringt noch die unterschrift der zeugen einige merkwürdige. zwar das Reinoldo das-
salo bei Falke s. 215, der gern den grafen Reinold von Dassel,
welchen urkunden von 1097 bis 1129 aufführen, des berühmten
Reinold, erzbischofs zu Cöln († 1167) vater, hier wiedergefunden
hätte, musz vor der berichtigten lesart vassallo weichen. statt
Reinboldus de Koanstein schreibt Falke Kaanstein, welches ich
diesmal verfechten möchte *; es ist die im herzogthum Westfalen
gelegne burg Kanstein, wie aber deutet sich ihr name? ich
denke aus dem ahd. chaha oder châha cornicula, monedula
(Graff 4, 359), einem uralten, weitverbreiteten wort, skr. kâka,
kâga cornix (Bopp 69. 70) neben kâkala corvus, ags. ceo, engl.
chough, nnl. kâ, kâuw, schwed. kaja, norw. kaae, schweizerisch
alpkachle alpkrähe, kâchli (Stalder 1, 80), böhm. poln. kawka,
franz. choukas. Kaanstein, Kanstein ist demnach dohlenstein,
krähenstein und musz der alten auslegung eines andern westfälischen felsens, der Externsteine durch rupes picarum neue stütze
gewähren. in der Hildesheimer grenzbeschreibung kommt ein
Mêsanstein (meisenstein) dicht neben Kananburg (Lüntzel s. 42)
vor, wo vielleicht auch Kaanburg herzustellen wäre. ein anderes Kanstein vermag ich auch in Baiern aufzuzeigen, die Schot-
tenbrüder in Regensburg hatten ein nahgelegnes praedium Chan-

---

* am Konsteine. thür. mitth. III. 4, 64. Canstein. niders. verein 1858 s. 267.
268. — vgl. Hanenstein noch bei Lambért für Hanstein. Rochepie. Gaidon 7073.

stein, Kanstein. MB. 30*, 8 (a. 1213) 58 (a. 1217). 31*, 477
(a. 1212) und in einer späteren urkunde von 1385 MB. 27, 294
tritt ein, ohne zweifel davon benannter Chunrad der Canstain(er),
neben einem Perchtolt Mukkenstainer auf. den Mückenstein
umschwärmten mücken, den Kanstein dohlen, daher die namen.
Dolenstein, Dollenstein in Baiern heiszt Parz. 409, 8 Tolen-
stein.

Conradus de Everscute weist auf einen ort an der Diemel
in Hessen, heute Eberschütz, die trad. corb. 329 Falke, 68 Wig.
schreiben Heverscutte; glaublich hiesz die stätte davon, dasz ein
eber an ihr erlegt wurde.

Was vor allem bei diesen zeugenunterschriften auffällt, sind
die durch puncte getrennten drei namen Thiedrico . Bern . Thietmaro, welche ich demungeachtet zusammen verbinde und Thiet- **379**
maro in Thietmari bessere, ganz wie auch unten am schlusz der
urkunde Albwino socero Godefrido offenbar in Godefridi zu berichtigen ist.

Hier mag aber, nochmals über die grenzen unsrer urkunde
hinaus, ein auch für die geschichte der poesie nicht bedeutungs-
loser gebrauch des alterthums zur sprache kommen. wie zuweilen heute empfindsame eigennamen für täuflinge aus der vorzeit oder aus gedichten und romanen gewählt, z. b. aus Ossian
oder Jean Paul entlehnt ins leben übertreten; so pflegten unsere
vorfahren, denen die grosze fülle gangbarer, einheimischer eigennamen noch nicht genügte, einzelne den helden des epos,
allmälich auch der höfischen gedichte abzuborgen. erscheinen
in einer menge unserer ältesten eigennamen thiere, so wurden
auch menschennamen in die thiersage übernommen, aus der thiersage wieder für das menschliche leben gebraucht.

Viele leute können Dieterich, Hildebrand, Siegfried, ohne
dasz man an das epos dachte, geheiszen haben, doch oft mochte
für die wahl des namens gerade eine solche rücksicht stattfinden, wenn er nicht als wahrer eigenname, vielmehr als diesem
zutretender beiname erscheint; zumal sind in ortsnamen, ganz
entschieden in häusernamen dergleichen bezüge anzunehmen.
denn häuser, die nach berühmten helden genannt waren, trugen
häufig auch abbildungen derselben zur schau, nach welchen sich

die einwohner des orts lebendiger zu recht fanden, als wir uns
heute nach kahlen nummern [1].

In unsrer urkunde sehen wir, wofern meine deutung nicht
abirrt, einen dienstmann des stiftes wirklich Dieterich (von)
Bern, Dietmars (sohn) heiszen und das gewährt eins der ältesten zeugnisse für die gangbarkeit der heldensage in Westfalen,
von wo, wie man weisz, die Nordmänner eben ihre Vilkinasaga
holten, die nach dem untergang unsrer einheimischen überlieferung ein lebhaftes bild derselben zurückwirft. statt des einen
ministerialen könnten es freilich drei einzelne namens Thiedric,
Bern und Thietmar gewesen sein und ihre aufeinanderfolge barer
zufall; doch bleibt, des schreibers drei puncten zum trotz, mir
jene annahme viel wahrscheinlicher. dieser Dietrich von Bern
ist aus dem beginn des zwölften jahrh., bis wohin unsre geschriebnen Nibelungenlieder nicht mehr hinauf reichen, doch
werden andere, und schon ältere, im munde des volks gelebt
880 haben. ein 'Dieterich von Berne' bürgerlichen standes erscheint
in einer Augsburger urkunde des jahres 1162 (MB. 33*. 42);
ein 'Dietericus veronensis' als zeuge in einer bairischen von 1175
(MB. 10, 29). eine Seckauer urkunde von 1239 wird abgefaszt
zu Wien 1239 'in domo Dietrici ex inferno' (Fröhlich diplom.
Styriae 1, 312), auf welchem hause Dieterich, dem mythus nach,
im Vulcan brennend (heldensage s. 38. 39) dargestellt war. eine
urkunde aus dem trierischen Cochem vom jahre 1265 (Günther
no. 217. 2, 344) nennt uns 'Th(eodericus) de Berne, miles' welcher nochmals im jahre 1297 (daselbst no. 372. 2, 519) zur bezeichnung seines sohnes aufgeführt wird. 'Sewardus armiger,
filius quondam Theoderici militis in Kocheme dictus de Berne',
wo wiederum zu bessern ist 'dicti', denn Seward wird den beinamen seines vaters nicht auch geführt haben, noch weniger
kann unter Bern etwa Bonn zu verstehn sein, weil beide Koche-
mer waren. wie nun hier der schreiber das dicti in dictus verdrehte, hat der Corveier schreiber aus Thiedrico de Berne Thiet-

---

[1] es wäre eine ganze samlung solcher zum theil dunkler eigennamen aus
den urkunden vorzulegen, und ihnen zur seite zu stellen was sich von benennungen der häuser, plätze und straszen bei den Römern vorfindet, vgl. Dirksen
in den abhandlungen unserer akademie von 1848 s. 52. 53.

mari filio die drei namen Thiedrico. Bern. Thietmaro gebildet
und jeder der hier nachgewiesnen·Dietriche von Bern zeugt für
den andern. an den namen Dietrich, der ihnen immer nach
der taufe zustehn mochte, fügte sich der beiname von Bern aus
der heldensage ungezwungen an, und des corveiischen Dietrichs
vater braucht nicht einmal Dietmar geheiszen zu haben, obgleich schon ein vater Dietmar seinen sohn Dietrich nach dem
helden nennen konnte. nur das beachte man, dasz es überall
dienstmänner zu sein scheinen, die mit dem beinamen, vielleicht
von ihrem herrn und am hofe ausgezeichnet wurden.

Im laufe des zwölften, dreizehnten und vierzehnten jahrh.
schossen zu den älteren einfachen namen die beinamen wie
pilze auf, aus welchen groszentheils unsere heutigen zunamen
sich entfaltet haben. der unsicherheit überall sich wiederholen-
der namen wurde dadurch bei den geringeren ständen, die sich
nicht durch die zugefügte angabe des grundbesitzes unterscheiden konnten, vielfach gesteuert; oft aber mögen sie auch ohne
solchen anlasz in der heiterkeit und aufregung des lebens entsprungen sein.

'Hainzen den Hiltprant' nennt eine urkunde von 1390 (MB.
8, 263), das haus 'zum roten Hildebrand' eine bei Gudenus
2, 548, und man darf wol daran denken, dasz nach Vilkinasaga
Hildebrand wie Dieterich rothen schild führte. 'domus Welandi 881
fabri', urk. von 1262 (Lang reg. 3, 181); 'locus qui dicitur Wie-
lants tanne' (MB. 28ᵇ. 471), aber schon weit früher in einer
grenzbeschreibung vom jahre 825 'ad Wilandes (l. Wielandes)
brunnen' (MB. 31ᵃ. 41); ein 'Heinricus dictus Wielant', urk. von
1286 (MB. 16, 295); 'Herbordus dictus Welent', urk. von 1296
(Seibertz no. 465); wo der schmied hinzugefügt ist, hat die anspielung gröszere sicherheit, doch auch ein zu andern namen
tretendes Wieland läszt auf den alten helden schlieszen und dem
schmied konnte eine tanne, ein brunnen passend geeignet werden. Neidhardts lieder nennen uns bauern mit den namen Dieterich, Wielant, Biterolf, Sigenot, Ilsunc, her Hamdie, Üetelgôz
(MSH. 3, 213ᵇ. 218ᵃ), worunter zumal Hamdie = Hamideo (heldensage 37) und Üetelgôz, Wüetelgôz (Haupt 1, 577) hervor
zu heben sind als in den uns verbliebenen liedern schon ver-

schollene. hohes alters ist Fizzilo (MB. 11, 112) und Sintarfi-
zilo (Haupt 1, 2. 5) in urkunden bereits des neunten, zehnten
jahrh., doch mehr wahre namen als beinamen.   gleich Wieland
dem schmid erscheinen auch 'Witego faber' im jahre 1238 (MB.
7, 122) und 'Cuonradus Miminch' (MB. 35', 71. 76. 102), über
der werkstätte wirklicher schmiede musten sie sich gut abma-
len lassen.

Den namen Nibelung bieten diplome fast aller jahrhunderte,
vom achten an, oft dar.   ich wähle hier belege, wo die natur
des beinamens mehr als des geschlechtlichen erhellt: ein 'servus
Nevelunc' im jahre 993 (bei Miraeus 1, 147), doch führen auch
sonst knechte immer die namen edler herrn; 'Nibelungus prior'
im jahre 1210 (Baur Arnsburg no. 6); 'Lotzo dictus Nybelung',
jahr 1320 (Baur no. 510); 'of dem hus der Nebelungen' jahr 1334
(Baur no. 655), da stand wol ihr kampf roh abgebildet.   We-
lisinc, Welsinch (Juvavia 127. 128), goth. Valisiggs, vgl. Belisa-
rius.   'Nordianus' MB. 13, 114, inter monumenta priflingensia
s. a., doch unter abt Rudger, der 1206 starb, also noch im schlusz
des zwölften jahrh., der aus Vilkinasaga bekannte und auch im
weinschwelg angezogne jägermeister.   'Schilpunc' im jahre 888
(Ried no. 68).   Wilkinus bei Würdtwein subs. 5, 431.   'H. und
Johann Bitterolf', 'Johannes Wizlan, Johannes dictus Wizlan,
Wizlan laicus' hat Mone (nl. volkslit. s. 397) aus rheinbairischen
und Elsässer urk. des dreizehnten und vierzehnten jahrh. gewiesen.   'Eckehardus dictus Fasolt', 'Wilhelmus dictus Fasold' in
urkunden von 1323. 1326. 1336 (Baur no. 561. 582. 671) und zu
Halberstadt 1332. 1340 ein 'Burchard Vasolt', mitth. thür. ver.
III. 4, 28.   'der alt Nudunc' heiszt ein bauer fastn. sp. 575, 29,
'Ötel Helmschrot' 585, 3. [im Wiener gültenbuch 189' Staud-
fuchsin, 171'. 186' Piterolfinne.]

332   Diese namen zeugen von allgemeiner verbreitung der heimischen sage unter dem volk in den verschiedensten gegenden
Deutschlands, vorzugsweise bei dienstleuten, bürgern, bauern.
für manchen beinamen mag uns auch die sage verschollen sein,
wenn man sie z. b. hinter einem Sigiboto volo, Siboto qui dicitur volo (pullus equinus) MB. 7, 360. 362 vermuten will; es
kann auch ein anderer grund obwalten.   Wetterauische urkun-

den des dreizehnten und vierzehnten jahrh. zeigen oft den beinamen Halbir, Halppir: 'Hermannus Halbir miles' (Böhmer cod.
Francof. s. 64. 71. a. 1236. 1242); 'Erwinus dictus Halbir' a.
1260 (Gudenus 5, 34); 'Cuno et Hermannus fratres dicti Hal-
beir' a. 1265 (Baur no. 103); 'Cuno Halbir' a. 1275 (das. no. 148);
a. 1291 (das. no. 236); 'Cuno dictus Halppir' miles de Gyssen
a. 1307 (Kindlingers hörigkeit s. 356). ich war anfangs geneigt,
dies Halbir auf den schwank vom ritter, 'der die halbe bir az,
der die halbe bir nuoc, der die halbe bir warf in den munt'
und dem solche unhöfische sitte spottreden zuzog, zu beziehen,
das gedicht brauchte darum nicht vor 1236 und nicht von Conrad von Würzburg verfaszt zu sein, die sage konnte vor der
dichtung umgehn; doch sehe ich ein, dasz Halbir vielmehr Halbbier, dünnes bier, [langwell oder halbbier. Ettner hebamme 824.]
kofent, wie man noch heute sagt, bedeuten mag, nicht die halbe
birne. dictus Dunnebir. Baur no. 553.

Als am schlusz des zwölften jahrh. die tafelrundesagen begannen aufzudringen, nahmen, fast im gegensatz jener von bürgern und bauern fortgetragnen namen des heimischen epos,
ritter gern die höfischen namen der helden königs Artus an,
und zuerst erwarten dürfte man hier die von Tristan, Erek,
Gawein und Iwein. einen Ybanus de Chamere gewähren bairische urkunden der angabe nach um 1160 (MB. 9, 546), Iwan
de Chamer um 1190 (MB. 10, 403), beide jahrbestimmungen sind
ungenau und es verlohnte sich wol genau zu ermitteln, wann
dieser Iwan aus dem bekannten geschlechte der von Kammer
lebte, Hartmanns gedicht erschien erst im laufe der neunzige
dieses jahrh.; da aber auch die form Iwan von Iwein absteht,
so war sie wahrscheinlich schon auf anderm wege in der zweiten hälfte des jahrh. unter den bairischen rittern so verbreitet,
dasz einer den taufnamen Iwan empfieng, als beiname stellt er
sich hier nicht dar. ein 'Iwanus infirmorum magister' erscheint
im wetterauischen urkunden zwischen 1220 — 33 (Baur no. 10),
ein 'Eibanus servus' wieder in einer bairischen um 1249 (MB.
27, 58), ein 'Ybanus scultetus de Coburg' 1239 (Schultes 2, 18),
ein 'Heinricus de Ybanstal' in einem Passauer zinsregister (MB.
28, 477), und leicht werden sich noch mehr Iwane oder Ibane ***

in hochdeutschen urkunden des dreizehnten und vierzehnten jahrh.
aufzeigen lassen. eines urkundlichen Erek erinnere ich mich
nicht. der höfische Ulrich von Lichtenstein auf seinem abenteuerlichen zug theilte im jahre 1240 die namen Parzifal, Ga-
wân, Ybân, Tristram, Lanzilet, Ither, Erek und Segramors aus
(s. 488—491). Walewan, also nach der niederländischen gestalt, tritt auf in einer urkunde von 1188 (MB. 13, 126), 'Wa-
lewanus miles in Hemmenrode' bei Caesarius heisterb. 1, 27;
'Galwan der ganwerschin' (l. gauwerschin, d. i. Lombarde, caor-
zinus) a. 1298. im östr. archiv 6, 165 vgl. 197: 'Gawanus ho-
velarius' 1241 (MB. 8, 51); Tristan zuerst im jahre 1300 (MB.
3, 568), doch werden ältere beispiele möglich sein. Lanzelet
hat mir keine urkunde vor 1331 (in Höfers deutschen urk. s. 243)
dargeboten, auch er musz sich früher aufweisen lassen. in dem
schon späteren Augustin Tristram von 1463 in Beheims Wien
hat Tristram bereits die art eines geschlechtsnamens und empfängt neuen vornamen hinzu. seit der ersten hälfte des dreizehnten jahrh. können Parzival, Gamuret und Wigolais auftreten, doch habe ich keinen so alten Parzival aus urkunden angemerkt, 'Gameridus' a. 1237 (MB. 13, 207); 'Gamriht (f. Gah-
muret) schulthaiz' 1247 (MB. 11, 34); 'Ottokar der Gamred'
a. 1372 (MB. 30', 301). im vierzehnten und funfzehnten jahrh.
sind bairische Parzivale * und Wigoleise weiter nicht selten,
z. b. Partzival 1382 (MB. 27, 271); 1435 (16, 479); Wigilois
1405. 1438 (27, 399. 425) und auch letzterer ist in Wolfskel
Wigelais 1462 bei Beheim 178, 22 geschlechtsname, Hund, ein
bekannter bairischer geschichtschreiber des sechszehnten jahrh.,
führte den vornamen Wiguleius. von frauennamen gehört vor
allen hierher Isalde, da nicht nur in die Vilkinasaga cap. 222
bereits eine Isold, als Irons gemahlin, sondern selbst ins lied
von der klage z. 1378 eine herzogin Isalde zu Wien aus Eilharts
Tristant aufgenommen wurde; Isalde, fraue zu Brunsberg, erscheint im jahre 1326 (urk. bei Höfer 196). im Gudrunlied 582.

---

* Hinrich Perzevale a. 1287 nieders. ver. 1857 s. 13. Hans Partzevale. Lisch
Maltzan 2, 415 a. 1394. Johan Perseval. Detmar 1, 488. Barcival a. 1463. Beheim Wien. 288, 29. Tristram 291, 21. Herzelauda a. 1257. Wackernagel Walther von Klingen s. 4. 23. Isalda von Heinsberg. Lacombl. 2. no. 70 a. 1270.

715. 759 steht der name Wigaleis, in der Rabenschlacht 806
Morolt von Eierland (Irland) aus Tristan. es ist bekannt, dasz
man in mehrern norddeutschen städten, z. b. Magdeburg, Greifs-
wald eigne Grale, Tafelrunden und Artushöfe im vierzehnten und
funfzehnten jahrh. anlegte, wo dann auch die ritternamen im
schwang können gewesen sein.

Geringeren einflusz übten die namen kerlingischer helden,
sie waren in der ritterwelt, scheint es, unbeliebt, und ich weisz
aus unsern urkunden keinen mann, der sich Rolant[1] oder Olivier genannt hätte. ausnahmsweise zeigt sich im jahre 1307
zu Wien 'her Rüeger der Viviantz' (MB. 30ᵇ, 37) nach Wolframs
Wilhelm, und Baligan im Biterolf und Dietlieb 315. 1371, selbst
Beligan im heldenbuch gehn zurück auf Turpins Beligand, wie
auch sonst in nebenzügen alle kreise in einander überspielen[*].
etwa lassen sich die Rolandseulen norddeutscher stadtmärkte
jenen Artushöfen an die seite setzen und scheinen nicht älteres
ursprungs. [Kantzow 162.]

Wer den, nicht von ungefähr, nach den ständen abweichenden widerschein dichterischer eigennamen in dem gebrauch des
wirklichen lebens näher verfolgen wollte, als es mich jetzt an-
zieht, würde den gegebnen beispielen manche andere beifügen
können.

- - - -

ANHANG.
VORGETRAGEN AM 29 APRIL 1852.

Ich nehme noch, alles in bezug auf Morsacium s. 368, das 716
von anfang an mich zu dieser untersuchung gebracht hat, die
nicht unwichtige frage auf, ob den Morseten der urkunde nicht
schon die Marsacii und Marsaci römischer nachrichten von
Deutschland im ersten jahrhundert unsrer zeitrechnung gleich zu
setzen seien? die aufgabe erlangt dadurch einen höheren reiz.

[1] ich finde Ruland als hundenamen um 1420.
[*] Conradus dictus Elegast. Würdtwein dipl. mog. 1, 129 a. 1317.

forschungen über älteste geschichte und geographie scheinen
mir häufig zu mislingen oder auf halbem wege stehn zu bleiben,
weil man sich zu streng an die spätere lage der völkerstämme
bindet und ihre ältern, oft veränderten sitze dahin zurückleiten
will; wer sich der auf diesem felde wahrhaft unerläszlichen com-
bination entschlägt, wird wenig ausrichten.

Plinius 4, 15, in einer fürs friesische und batavische alterthum classischen stelle sagt: in Rheno ipso, prope centum m.
pass. in longitudinem nobilissima Batavorum insula et Cannenu-
fatum, et aliae Frisiorum, Chaucorum, Frisiabonum, Sturiorum,
Marsaciorum, quae sternuntur inter Helium ac Flevum. Tacitus
aber hist. 4, 56, von Vocula und Claudius Labeo redend: illuc
Claudius Labeo, quem captum et extra conventum amandatum
in Frisios diximus, corruptis custodibus perfugit, pollicitusque
si praesidium daretur, iturum in Batavos, et potiorem civitatis
partem ad societatem romanam retracturum; accepta peditum
equitumque modica manu nihil apud Batavos ausus quosdam
Nerviorum Betasiorumque in arma traxit, et furtim magis quam
bello Canninefates Marsacosque incursabat. Vocula. Gallorum
fraude illectus ad hostem contendit.

710 　　Alles ist hier von groszem werth, ich schränke mich diesmal ein auf die Marsacii, welche Plinius zuletzt nennt nach den
Sturien, während Tacitus Canninefates et Marsacos verbindet.

Einfachem blick geht mit einem mal auf, dasz unsere rühri-
gen Morseten schon den Römern als Marsacii entgegen standen;
es wäre seltsam und unwahrscheinlich, dasz gleiche namen in
fast gleicher lage verschiednes bezeichnen sollten, weil lange
jahrhunderte dazwischen liegen. aber manche erwägungen drän-
gen dabei.

Marsacii, Marsaci ist so wenig als Triboci ein mit ac, oc
abgeleiteter name, sondern wie dieses aus tri und boci zusammengesetzt aus mor und sati; mehrsilbige altdeutsche namen sind
in der regel zusammensetzungen.

Marsatii, Marsati zu ändern wäre doch verwegen, wenn
schon unciales C und T in den ersten jahrhunderten schwankte
(Iscaevones, Istaevones), zeigt uns Morsacii = Morsati nicht
näheren weg?

Noch liegt für uns im dunkel oder zwielicht, wann eigentlich die zischende aussprache des lateinischen ci, cio und tio entsprungen sei *. bekanntlich zischt ti nur, wenn ein zweiter vocal darauf folgt, ci aber immer, wir sprechen Marti, Martis rein und erst Martius, Martio zischend, hingegen Marci zischend wie Marcianus, ci musz also dem zischlaut leichter, früher, stärker heimgefallen sein als tio, tii, tium und feinere aussprache wie gehör wusten wahrscheinlich Marcianus von Marcus und Martianus von Mars abstammend zu scheiden. doch allmälich klangen beide, wie uns heute, Marzianus.

Ueberall, wo nicht entlehnt wurde, vielmehr lateinische den deutschen wörtern natürlich zur seite stehn, entspricht, gleichviel ob harte oder weiche vocale nachfolgen, lat. T dem goth. TH, ahd. D (ratio, goth. raþjô, ahd. redia) und lat. C dem goth. ahd. H für (celare goth. hilan, ahd. hëlan; decem, goth. taihun, ahd. zëhan). hier bleiben alle diese sprachen getreu ihrer naturanlage. trat hingegen erborgung lat. wörter ein, so suchte die deutsche den vernommenen laut des fremden ausdrucks thunlichst beizubehalten. zur zeit, wo goth. akeit, alts. ekid eindrang, lautete also lat. acetum sicher noch aketum, und das ahd. ezib beruht auf bloszer umsetzung der gutturalis und lingualis, ezib = echiz, wie schwed. ättika, dän. eddike. nicht anders setzen unser kirsche oder kiste ungetrübte aussprache des lat. cerasum, 717 cista = kerasum, kista, ohne zischenden nachschlag voraus. als aber neben dem lautverschobnen ahd. techamo auch ein dezemo = lat. decima sich bildete, kam diesem decima schon die nachgeahmte aussprache dezima zu, und wie wir aus archangelus ein gezischtes erzengel machen, war schon im achten, neunten jahrh. ahd. arzât, nhd. arzt aus archiater, ἀρχίατρος entsprungen, also musz das der romanischen zunge abgehörte wort wie arzater geklungen haben. solche beispiele lassen sich vervielfachen.

Freilich, vom achten jahrh. bis rückwärts zum ersten ist ein gewaltiger abstand, doch der trieb zu zischenden nachschlägen war zu natürlich, als dasz er nicht frühe schon hier und

---

* Aufrecht umbr. spr. s. 71. Corssen 1, 18 ff. fascia goth. faskja.

da sollte aufgetaucht sein. bei den Friesen selbst hörten ver-
kehrende Römer, wenn meine vermutung statthaft ist, Màrsàtjan,
da für diese frühe zeit noch auslautendes, später abgestreiftes n
anzusetzen ist. Màrsàtjan, mjt nachschlagendem j, dem noch
ein a folgt, klang ihnen nicht mit reinem ti sondern wie ci, und
ihr ci, wenn es auch kein entschiedenes zi war, konnte doch
schon als angegriffenes ki, etwa kji, oder so ausgesprochen werden, wie ein heutiger Schwede tji, fast wie tschi hervorbringt.
Tacitus, mit sonst zulässiger verdichtung des cii in cî, ci, wandelte Morsacii in Marsaci, dem kein deutsches Marsatan, nur
Marsatjan unterliegen konnte. vielleicht auch dachten Römer
dabei an die ihnen geläufige form griechischer namen wie Lamp-
sacus, Thapsacus; mit wurzelhaftem sak ist aber in erklärung
des deutschen Marsaci nicht auszukommen, ebensowenig erscheint irgend wo eine spur von deutschem Marsab, und die
Marsi und Marsigni stehen wol auszer aller berührung mit den
Marsacii. hat der vorgetragne übergang des ti in ci schein, so
gibt das wort einen grund wider die gewöhnliche annahme (z. b.
bei Conr. Leop. Schneider s. 247. 356), dasz die zischende aussprache des ci und tii weit später begonnen habe. es gebricht
auch nicht an andrer ursache um daran zu zweifeln (Venus myr-
thea, murtea, murcia) und selbst auf münzen des ersten jahrh.
erscheinen merkwürdige spuren des z für t (Lutaci f. Lutatii).
unser mittelalter, wie wir sahen, schrieb für Morseten unbedenklich Morsacii, für Holtseton, Holtsati, Holtsatii, Holsacii (dies
wie Hollandi f. Holtlandi. zu 372. Hochlender. Eulensp. c. 86).

Nicht zu übersehen in Marsacii ist das a nach dem anlautenden m, weil gerade es zum friesischen mâr, nicht môr für
lacus, palus stimmt. ich stellte das schon gramm. 1, 410 auf.
718 Richthofen 916 gibt dem wort die bedeutung graben, doch die
wiederkehrende formel ur mârar and ur merca 234, 11; ur mâr
and ur merka 339, 32 will sagen über moor und über heide,
etwa was schon in Wernhers Maria 149, 37 mos und muor meint,
mag gleich 307, 32. 341, 15. 419, 30 im dorf und hof mâr einen pfuhl oder graben bezeichnen, wie ja lat. lacus selbst auf
den schmiedetrog gehn kann. einer sehr nahen berührung zwischen, mere, mare und mâr, môr, muor, pâlus steht eigentlich

nichts entgegen, und unser see, das bald hohe see, meer, bald
einen landsee und sumpf bezeichnet, kommt ihr zu statten. wie
ist wol der name der nordholländischen stadt Alkmaar zu fassen? ein ahd. alahmuor wäre arx, templum in lacu, in palude,
treffende benennung eines friesischen, canninefatischen Alcmâr.
denn selbst für die Canninefaten musz der name Cenemare in
beschlag genommen werden (gesch. der deutsch. sprache s. 586),
und wer für alts. fathi im Hel. 17, 1. 89, 10 die schon einmal
gerathene bedeutung von πόντος wahr macht, darf auch die Canninefaten für anwohner der see oder des meers halten, also das
spätere Kennemâr gleichsetzen einem älteren Canninefati d. i.
Canninemoor. noch heute hat im Kennemerland eine besondere,
auf die Canninefaten zurückweisende volkssprache sich erhalten.
bei einzelnen Friesenstämmen galt vielleicht das hernach über-
wiegende môr, ahd. muor, nnl. moer palus, obschon die Hollän-
der Alkmâr beibehielten, nicht in Alkmoer wandelten.

Fragt es sich nun nach bestimmter anwendung so bedeutsamer, uns noch durchsichtiger volksnamen, wie Mârsàtjan, Môrsêton, Brôcsêton, Holtsêton auf örter und landstriche selbst, so
musz im verlauf der zeiten ein vielfacher wechsel eingetreten
sein. die Friesen hiengen an ihrem boden, seit sie von auszen
gedrängt wurden und mächtige nachbarn im rücken hatten, fest;
als sie sich noch freier fühlten und ihrerseits erobernd vorschrit-
ten, kann nicht fehlen, dasz sie ihre namen auch über die eigentliche grenze ihres volks hinaus trugen, und warum sollte
nicht unter ihnen selbst mehrfacher zugang oder abgang der
stämme eingetreten sein? es hat darum bedenken, einen oder
den andern solcher stammnamen in die spätere gauverfassung
fortzuschieben und dann andern gegenden abzusprechen. wie
noch heutzutage in ganz Deutschland die alten volksnamen wenigstens als eigennamen einzelner geschlechter fortleben und beinahe in jeder stadt ein Sachse, Hesse, Baier, Franke und Westfal
zu finden ist, oft ganze dörfer und niederlassungen Sachsen, [719]
Hessen, fern von den ältesten wohnsitzen der stämme selbst
genannt sind; so erscheint z. b. Brocseton als ein über Friesland weit hinaus verbreiteter dorfname; man berichtet mich,
dasz z. b. in Bonn der mannsname Bruchsitter fortlebt, wie ich

schon den dichter Broxtermann anführte. Brocseton hat die Freckenhorster heberolle (Dorow XXVII) im Münsterland, wie Bikieseton u. a. m. um so weniger getraue ich mir alle Morseten und Brocseten in gewisse friesische bezirke einzuengen, genug, dasz es alte Friesen und anwohner der nördlichen küste waren.

Ein scholiast zu Adam von Bremen (bei Pertz 289, 23) hat die bemerkenswerthe stelle: Fresia regio est maritima, inviis inaccessa paludibus, habetque pagos 17, quorum tertia pars respicit bremensem episcopatum, his distincti vocabulis: Ostraga, Rustri, Wanga, Triesmeri, Herloga, Nordi atque Morseti. et hi septem pagi tenent ecclesias circiter 50. hanc Fresiae partem a Saxonia dirimit palus, quae Waplinga dicitur et Wirrahae fluvii ostia. a reliqua Fresia palus Emisgoe terminat et mare oceanum.

Dann: de illis 17 pagis quinque pertinent ad monasteriensem episcopatum, quos sanctus Lutgerus illius loci primus episcopus a Karolo imperatore in donatione percepit. sunt his distincti vocabulis: Hugmerchi, Hunusga, Fivilga, Emisga, Federitga et insula Bant.

Damals fielen nun die Morseten in den Bremersprengel, was natürlich über die lage der alten Marsacii, lange bevor an einen bremischen oder münsterischen bischof gedacht werden kann, nichts entscheidet.

Richthofen belehrt mich, dasz der altfriesische zu Münster gehörige Emesga aus vier bestandtheilen gebildet war, dem eigentlichen Emesganalond, dem Brokmonnalond, Mormonnalond und Overlederalond, dasz aber die durch die Leda von Overlederalond geschiedne gegend bei Leer heute noch Mormervogtei, in älteren urkunden des vierzehnten und fünfzehnten jahrh. Mormonnalond heisze. da nun dem wortverstande nach Brokmänner auch Brokseten, Mormänner auch Morseten sind, so erhellt hieraus, dasz Morseten sowol dem Bremer als auch dem Münstersprengel angehörten und eben so schwer zu behaupten als zu leugnen steht, dasz an jenem kampf gegen die Westfalen auch die bremischen Morseten sich betheiligten. die miracula Liudgeri bei Pertz 2, 425, mit den worten in parte Frisiae, quae dicitur Morsaten, meinen wol die münsterischen. übrigens scheint Mormer nichts als ein später verkürztes Mormänner* und das 720 von mir ohne noth getadelte Brokmer wird geradeso aus Brokmänner entsprungen sein. treues zusammenhalten aller Brokseten und Morseten, unbekümmert um ihre kirchliche vertheilung, versteht sich nach der friesischen sinnesart beinahe von selbst.

So haben die Morsacii der natur des landes und volkes der Friesen nach sich identisch erwiesen mit den alten Marsacii römischer kunde, welche Zeusz s. 138 noch nicht zu deuten wuste und statt zu den Morseten zu den Marsignen und Marsen stellen will. Meersassen sein konnten sie so gut wie Moorsassen. wol aber verweist Lappenberg in seinen anmerkungen zu Adam von Bremen mit recht schon bei Morseti auf die Marsacii des Plinius.   -

* Mormerland, Mormänner. Osnabr. mitth. 3, 275. altn. Mŷramenn palustricolae. Egilssaga s. 709.

ÜBER FRAUENNAMEN AUS BLUMEN.

GELESEN IN DER AKADEMIE DER WISSENSCHAFTEN AM 12 FEBRUAR 1852.

Wie wir nach einer ihm mangelnden menschlichen fähigkeit das thier das unredende und stumme nennen, pflegt gleich triftig die sanskritsprache den baum als aga oder naga, d. h. den ungehenden zu bezeichnen *, weil er des thierischen vermögens sich von der stelle zu bewegen entbehrt. alle pflanzen sind gefesselt an den boden, in dem sie wurzel schlagen und dürfen nur durch äuszere gewalt, auf die gefahr ihres verderbens, von da entfernt werden.

Ihr leben ist demnach gehemmter und eingeschränkter als das der thiere, mit welchen ihnen sonst eine bedeutsame, sie beide von den elementen unterscheidende eigenschaft gemein ist. diese nemlich entspringen zwar und wachsen, können aber sich nicht forterzeugen, d. h. ihres gleichen aus sich hervorbringen, wie pflanzen und thiere thun. dennoch tritt auch in solcher zeugungskraft wieder eine dem wesen der pflanze und des thiers überhaupt entsprechende hauptverschiedenheit ein. jedwede hervorbringung des neuen und gleichen findet sich bedingt durch das vermählen zweier geschlechter, die nur an den pflanzen nebeneinander, an den thieren gesondert erscheinen. was von dieser regel auszunehmen ist dient sie desto mehr zu bestätigen.

Dieselbe pflanze trägt in sich männliche staubfäden und

---

* auch den berg und die berggeborne schlange. vgl. pannaga pedibus non iens (serpens), uraga pectore iens. stein, der stehende. wb. 1, 1381.

ein weibliches pistill, das einzelne thier hingegen wurde nur einem der beiden geschlechter überwiesen, und jener volle, ungetheilte besitz stimmt zur ruhe der pflanzennatur, diese spaltung und halbheit zur unruhe und regsamkeit der thierischen. man hat an einigen schalthieren wahrgenommen, dasz sie mannweiblich sind, umgekehrt erzeigt an gewissen pflanzen, wie den feigen, sich getrenntes geschlecht. jene schalthiere, am gestade des meers klebend und verschlammt nehmen etwas an von der unbeweglichkeit und gebundenheit der pflanzen.

Meistentheils * aber ist die pflanze ein zwitter und schon ihrem eigenen keim dieses doppelgeschlecht eingeprägt. es besteht also aller scheinbaren ähnlichkeit ungeachtet eine grosze verschiedenartigkeit des samenkorns von dem vogelei. denn das einzelne ei enthält schon in sich die ausschlieszende bestimmung eines männchens oder weibchens, in jedem samenkorn dagegen ist beiderlei geschlecht festgesetzt. mit einem einzigen korn vervielfacht die pflanze sich ins unendliche, während das aus dem ei geschloffene vöglein nichts ausrichten könnte und seine art untergehen lassen müste **, träte ihm nicht ein aus anderm ei hervorgegangenes wesen seines gleichen, aber verschieden geschlechtet an die seite. die thiere suchen einander und gesellen sich, die bäume stehn oft in groszen massen gleichgültig neben einander.

Vom unvollkommnen vorschreitend zum vollkommneren scheint die schaffende natur zuerst leblose, ungeschlechtige elemente, aller stoffe grundlage zu bilden, dann in breit wachsender pflanzenwelt den einzelnen arten durch in ihnen gestaltete geschlechtsorgane unendliche selbstzeugung zu verleihen, endlich aber den thieren in äuszerer absonderung des geschlechts gröszere willkür der bewegung und handlung zu gewähren. der von innen wie auszen harte stein ist ohne regung ***, und leb-

* schilderung des er und der sie bei der palme bei Megenberg 337, 9—19. vgl. 33—35. auch bei mandragora, paeonia si und er. 406, 30. 414, 29. 415, 3.
** nach der indischen vorstellung ist jeder gott zugleich mann und weib. Somadeva 1, 207.
*** doch Eckart 97, 4 vom edelstein: er hât ein instân, in demselben reket er daz houpt ûf unde luoget ûz. — der stein hat wesen, aber kein leben. Berth. 375, 17.

loses nennen wir steintodt; in der pflanze steigen kühle säfte
auf und nieder, aber sie kann sich nicht nach auszen eigenmäch-
tig rühren, bleibt ohne athemzug, ohne auge und ohr, denn
wozu sollte sie sehen und hören? für das vom boden freie thier
ist sein gang das hauptkennzeichen, die reibung des gehens
scheint wärme und entfaltung der sinne zu bedingen; das thier
musz eine speise suchen, dem freunde begegnen, dem feind entrinnen, die blume aber braucht nicht zu essen und weisz nicht,
dasz ihr die hand nahe kommt, die sie bricht. [zabelt und ruoft
niht beim abhauen. Berth. 375, 25.]

Diesem niedern stand, dieser willenlosigkeit der pflanzen
im vergleich zu den thieren treten aber auch vorzüge zur seite,
mit deren einbusze die thiere ihre höhere stellung einnehmen,
wie die allmacht und güte der natur in jede ihrer zahllosen stufen einen reiz gelegt zu haben scheint, dessen die folgende beim
empfang gröszerer gabe oft wieder verlustig geht.

An den blumen zieht uns auszer der schönheit ihrer schlanken, schnell aufschieszenden gestalt auch die entfaltung der reinsten farbe und des süszesten duftes an.

Worin das wesen der farbe und des geruchs gelegen sei,
ist uns zwar ein volles räthsel und wird wahrscheinlich noch
107 lange zeit die aufgabe wissenschaftlicher entdeckungen bleiben.
denn die optik legt uns nur erscheinungen und gesetze des far-
benspiels aus, ohne sagen zu können, was die farbe selbst her-
gebe, worin sie sich gründe. es müssen noch unmeszbare, den
gegenständen beiwohnende eigenheiten sein, an welchen das licht
die farbe, die luft den duft erscheinen lassen. ich habe nichts
dawider, dies auch so auszudrücken: in den gegenständen musz
ein äuszerst feiner stof enthalten sein, der sie z. b. für den
blauen oder rothen lichtstrahl eignet; ein stof, den unsre wahrnehmungen gar nicht erreichen, der aber die farbe bilden hilft
und mit in den pinsel übergeht, aus dem wir auf leinwand
blau oder roth tragen. schon in dem engsten, verschlossensten
samenkorn aber ruht der trieb, aus dem sich die eigenheit seiner
farbe und seines geruchs hervor thun werden, sie bedürfen dann
lichtes und der luft, allein ihre besonderheit musz in ihnen selbst
gegründet und bedingt sein.

Mutmaszen dürfen wir auch das, dasz die reinheit, ja möglichkeit der farbe, des geruchs und geschmacks der pflanzen wesentlich zusammenhänge damit, dasz sie sich nähren ohne zu essen und zu verdauen, d. h. ausgesogne und verwesende nahrungstheile von oben nach unten abzusondern. ihre nahrung dringt schon aus der erde durch die wurzel, man könnte sagen lebendig in sie aufwärts, darum heiszen pflanze und baum bedeutsam im sanskrit padapâ, mit dem fusze trinkend*. erst nach vollendeter blüte erfolgt ein ableben und welken der pflanze, und gerade im augenblick ihrer keuschen vermählung und fortzeugung hat sich im kelch der blume höchster glanz der farbe und fülle des wohlgeruchs dargegeben.

Alle köstlichen gerüche und geschmäcke entströmen und stammen aus der pflanzenwelt, in blumenwölbungen sammelt und holt die methtrinkende biene** ihren honigseim; von den pflanzen werden alle würze, weine und geistige essenzen bereitet und ohne die ausnehmende, ungetrübte reinheit der pflanzensäfte würden sie gar nicht zu stande kommen. jeder wohlgeruch ist vegetabilisch, jeder gestank ist animalisch.

Unserer wissenschaft ward es ein ernstes geschäft in die geheimnisse des pflanzenlebens nach allen seiten einzudringen; doch von frühster zeit an muste was an bäumen, kräutern, blumen zunächst ins auge fällt den kindlichen menschen anregen und seine einbildung beschäftigen, sei es indem er seine eignen verhältnisse auf die jener stummen, zarten wesen übertrug oder umgekehrt ihre wahrgenommene eigenthümlichkeit auf erscheinungen des menschenlebens und der thierwelt anzuwenden trach- 108 tete. nicht nur werden pflanzen als aus thieren und menschen entsprungen angesehen, sondern umgekehrt auch gleichsam für

* omnes (herbae) veluti in terras ore demerso trahunt alimenta radicibus ac per medullas robur corticemque diffundunt. Boeth. de cons. bei Notk. 165: daz sie samo sô den snabel stôzent in dia erda unde sûgen taz tou. Ben. beitr. 452. daz tou an der wise den bluomen in ir ouge vellet. Ls. 1, 376 si heten übertrunken sich an dem zuckerlinden trôr, daz si ir houbt vil harte enbor huoben gên der sunnen brechen.

** skr. madhupa, μέλισσα, mettsiederl Schmeller 1, 165. blumenwein bei den Indern. Webers Mûlavik. s. 99. vergessenheitswasser, voda zaboravna, dessen bestandtheile sind bilja od planino, bergkräuter. Vuk 2, 612. 613.

die niedere stufe gehalten, auf welcher hernach ein höheres men-
schenleben sich entfaltete. der vergossene blutstropfe fällt zur erde
nieder und eine blume entspriesst, um einen verfolgten menschen
schliesst sich die bergende rinde eines baums und der menschliche schmerz wird in der stillen pflanze beschwichtigt; umgekehrt aber entbindet sich auch die blumenknospe oder des baumes hülle wird gelöst, und vögel entfliegen, zurückverwandelte
menschen gehen daraus hervor. wenn zahllose verwandlungen
und umsetzungen aus einer gestalt in die andre die phantasie
aller völker beschäftigten und geheime verhältnisse der pflanzennatur zu der thierwelt knüpften: so kann man sich vorstellen,
dasz die daraus entsprungnen, weit verbreiteten mythen auch
auf die sprache einen tiefen eindruck hinterlassen musten, und
die sprachforschung wird aus diesem quell eine menge der an-
ziehendsten wortdeutungen schöpfen dürfen, erklärungen, die
sich dem wahren und wirklichen naturverhalt nur verstolnen
blicks nähern, ihm zuweilen überraschend begegnen, meist aber
ihre ganz eignen wege einschlagen.

Beispielsweise und bevor ich weiter schreite, mögen aus
der reichsten fülle nur ein paar solcher wörter ausgehoben werden, um anschaulich zu machen, in welchem sinne und mit welchen mitteln der sprachgeist seine ausdrücke wählt.

Eine frische, in ihrer einfachheit unübertrefliche bezeichnung
ist es, wenn wir sagen, die blume geht auf, d. i. steigt in die
höhe und eröfnet sich, denn unsere partikel auf, goth. iup stellt
sich unmittelbar zu dem particip offen apertus, wofür sich ein
goth. upns mutmaszen läszt, obgleich alle übrigen äuszerungen
dieses verbums längst auszer gebrauch gerathen sind. solch ein
aufgehen legen wir aber der pflanze zweimal bei, anfangs wenn
ihr keim die erde durchdringend erscheint, hernach wenn ihre
schwellende knospe aufbricht und eine blume erschliest. aber
auch sonne und tag gehn uns auf, wir lassen schön mit dem
selben worte die blume wie das licht des himmels vortreten,
was noch andere beziehungen kund geben. der tag bricht an
heiszt auch der tag spriesst, lett. deena plaukst und plaukt findet sich in gleicher weise von tag und von der blume gebraucht.
nicht anders nun dringt und steigt die blüte wie der tag, der

morgen bricht an oder bricht auf, die sonne der morgen rinnt [109]
auf, der morgen ûf rann. Servat. 3410, goth. sunna urrinniþ,
ahd. irran, altn. dagr rann, manat dies ab oriente, da gleich
unsern rinnen und flieszen auch lat. manare vom steigenden
tag gilt, diu sunne ist ûz gerunnen heiszt es und diu bluome
ist ûz gerunnen, ûz gesprungen [1]. eine der zartesten blumen,
die maiblume mit duftenden glöcklein führt verschiedentlich den
namen springauf. doch gleich einfache ausdrücke für blume
und erblüben bietet auch das sanskrit. utpala, wörtlich die auf-
gehende, bezeichnet blume überhaupt, hernach eine der beliebtesten und heiligsten, den lotus, von pal ire, ut sursum. ut-
phulla bedeutet expansus, apertus und gilt von der blume, zu
diesem phull expandere scheinen auch φύλλον und folium gehörig, wie unser blatt einer wurzel ist mit blühen und blume. ud-
bhida ist planta progerminans von bhid, findi, rumpi und sphut,
gr. σπεύδω treiben, antreiben wiederum findi, geltend von blume
und blüte. bisher führte ich blosz composita an. lauter solche,
die mit den einfachsten und natürlichsten mitteln gebildet werden; selbst einfach aber erscheint das goth. keinan, praet. kei-
nôda germinare, dessen endung nan auf ein unterliegendes keian,
praet. kai zurück weist, von welchem mit demselben in, das
auch blume von blühen leitet, unser keim, ahd. chîmo gebildet wird. doch nicht genug, dies chîmo, folglich goth. keima
weisen zurück auf ein älters keisma, chîsmo, wodurch es thun-
lich wird auch das lat. germen für gesmen heranzuziehen, und
keimen wie germinare einer und der nemlichen wurzel zu über-
weisen, wenn andere verschiedne bildungen dabei wirksam ins
spiel traten. ein andrer der alts. sprache eigner ausdruck für
das vordringen der blüte war brustian und brustiad endi bloiad
treten gleich bedeutend einander zur seite, wurzel von brustian
ist aber brestan rumpi, sonst auch umgestellt berstan, brechen
oder bersten [2], derselben wurzel gehört unser brust, die schwel-

[1]   dô si an dem rise
          die bluomen gesähen bi den blaten springen. MS. 1, 20ª.
          [diu bluot lât ir dringen. MS. 2, 21ᵇ.
       appelbluot schiuzet úz. Alt. sw. 24, 28.]
       [2] arprahastun pluamun erumpebant flores. Diut. 1, 497ʰ. uz brozen. Keisersb.
bilg. 183ᵈ.

24*

lende, vordringende, wie vom weiblichen busen, wenn er sich
zu heben beginnt, gleich schön gesagt wird, dasz er sich drehe,
knospe, gleichsam erblühe. im bloszen worte brust liegt dasselbe. knospe für gemma floris war unsrer ältern sprache völlig unbekannt, ahd. sagte man dafür proz oder pruzzelinc, quod
erumpit, von priozan, altn. briota rumpi, findi, jenem brechen und
110 bersten in wort und bedeutung sichtbar verwandt. aus diesem
proz oder einem ags. brot scheint sich nun gerade der romanische ausdruck für knospe gebildet zu haben, den das latein un-
erklärt liesze, nemlich das franz. bouton, it. bottone, sp. boton
stehn mit ausgestoszenem r für brouton, brottone, zum erweis
dieser deutung findet sich ein provenz. brotonar erhalten neben
botonar, wir Deutschen aber haben unser eignes wort fallen lassen. mhd. ausdruck für knospe war balg und belgelîn *, von
belgan tumere, also wieder mit dem begrif der schwellenden:

> touwic rôse, diu sich ûz ir belgelîn zespreitet,

heiszts in den liedern, und belgelîn entspricht dem lat. folliculus.
wann nun kam unser knospe auf? erst seit dem sechzehnten und
siebzehnten jahrh. und anfangs finde ich es blosz gebraucht von
vorbrechendem erz, von ausbrechenden beulen, wieder also meint
es geschwulst. sichtbar ist aber knospe umgesetztes knopse (wie
vespa und wepse, wefse, rispan und refsan), mithin zu knopf,
nodus, bulla gehörig und allen bedeutungen des franz. bouton
entsprechend, rosenknopf sagen wir und rosenknospe [1]. zur zeit
da unsre sprache ganz versunken schien war sie immer noch
der reizenden wortbildung anmutsknospe, das man im siebzehnten jahrh. für eine aufblühende schönheit brauchte, fähig geblieben. den meisten slavischen sprachen steht für blumenknospe
das beziehungsvolle wort pupa oder pupak zu, puppe und knospe,

---

* als von dem süezen touwe diu rôse ûz ir belgelîn blecket niuwen werden
schîn. Parz. 188, 11. als touwec spitzic rôse stêt und sich ir rûher balc her
dan klûbt. Wh. 270, 20. die tolden sint ûz ir *hüben* govarn. MSH. 3, 258ª. ûz
der bollen sliufet. Tr. kr. 7515. man siht ûf dem zwîc bollen die sich went ûf
tuon. MS. 1, 189ª. der bollen gestreb. Gefken beil. 186. probs knospe Me-
genb. 348, 21. probsen oder knögerlein. 339, 34. bärknospe, bärknopf Schmid 43.

[1] darum heiszt es fastn. sp. 748, 28:

> ist die dirne langgezopft
> und hat im busen wol geknopft.

lat. gemma, oculus floris, und dem menschlichen auge werden
auch eine pupa und pupilla zugelegt. wie die puppe des insects
ausbricht, ein bunter schmetterling, fast eine lebendige blume
ihr entfliegt, so schlof aus der knospe die blume selbst, auf
welchen bezug des feifalters zur blüte hernach zurückgekommen
werden musz. die pflanze hat kein auge, kann nicht sehn, unsere einbildungskraft stellt aber ihre knospen den augen gleich
und indem die blume aufgeht, thut die pflanze ihr auge · auf,
ja sie scheint aus einem schlummer, in dem sie befangen war,
zu erwachen. das gemahnt wieder an die sanskritsprache, welche unnidra exsomnis für die aufgegangne blume setzt, von nidra
schlaf und der wurzel dra = dormire, träumen, unnidra assimilation von utnidra. der blume fessel ist gesprengt, ihr balg gesprengt,
sie hat ihres lebens gipfel erreicht und wach das auge aufgeschla- 111
gen. liefert uns die sprachvergleichung nicht frische bilder?

Und doch, eben in dem grade wie solche unerschöpfliche
etymologien mich anziehen, fürchte ich, ermüden durch ihre
wechselnden, abspringenden einzelnheiten sie die geduld der meisten hörer, deren gunst ich mit den folgenden betrachtungen
wieder einzuholen trachte. obschon, wie wir sahen, den pflanzen gerade kein getrenntes geschlecht zusteht, die phantasie der
sprachen hat nicht unterlassen, ja kaum unterlassen können, ihnen ein solches beizulegen und scheint immer davon ausgegangen, dasz die groszen starken pflanzen als männlich, die schlanken, zierlichen, zumal ihre blumen als weiblich, die entsprin-
gende frucht als neutrum angesehn wurden. auf dieser grundlage beruht auch für die thiere das grammatische geschlecht in
der sprache überhaupt.

Dabei blieb die sache aber nicht stehen. wenn pflanzen
aus menschen, menschen aus pflanzen erwachsen sind, lag es
unmittelbar nah, auch wechselseitige neigungen zwischen pflanzen, thieren, menschen anzunehmen. berühmt ist der schöne
persische mythus von der nachtigall liebe zur rose (gûl), nur hat
man sich unter nachtigall oder bûlbûl einen männlichen vogel,
unsern sprosser etwa, zu denken, dessen leidenschaftlicher schlag
gûlgûl den namen seiner geliebten vervielfältigt. ausführlichere
behandlung fordert und verdient aber hier eine in hohes alter-

thum zurücktretende anmutige vorstellung von wirklicher ehe
und heirat, die zwischen einzelnen pflanzen, ja zwischen pflanzen, thieren und selbst steinen geglaubt, begangen und gefeiert
werde. die natur zeigt uns verschiedentlich zarte schlingpflan-
zen, die ihre ranken um stärkere winden, so dasz äste und
zweige beider sich in einander flechten; es mag sogar dem feld-
und gartenbau angemessen sein eine solche vermählung herbei-
zuführen und zu begünstigen. vor allem sind diese pflanzen-
vermählungen anzutreffen in Indien und mit eingreifenden, be-
deutungsvollen gebräuchen verbunden.

Von keinem andern dichter jemals ist ein weibliches wesen
so zart und blumenhaft geschildert worden, als von Kalidasa
die liebliche, einer schlanken blume gleich blühende, duftende,
schmachtende Sakuntala; sie klagt über ihres enggeschnürten
kleides druck, es ist, antwortet ihre gespielin, der beginn dei-
nes jungfräulichen alters, was dir den busen schwellt. in Sa-
kuntalas nähe gewinnen nun alle blumen den sinn ahnungsvol-
ler vorzeichen, neben ihr erglänzt der amrabaum wie ein bräutigam; im geheimen vorgefühl, dasz auch ihr geliebter unfern
sei, begieszt sie die knospende mâdhavipflanze, die sich den amra
zum geliebten erkor.

Amra ist der grosze mango, mangifera indica, ein prächtiger, über ganz Indien verbreiteter baum, dessen reiches laub,
wolriechende blüte und goldne frucht allgefeiert sind; madhâvi,
banisteria bengalensis eine schlanke weide mit hochrothen blumen, von natur des amra braut und ihn umrankend *. bei Bopp
madhâvî, planta repens, Gärtnera racemosa. es versteht sich,
dasz in der grammatik wie in dem volksglauben, amra männlich,
mâdhavi weiblich ist. nicht anders gilt vata, ficus indica, in
Bengalen bat und niagrôdha genannt, für männlich und bräutigam der weiblichen pippala ¹; hier könnte, da meines wissens
eben bei den feigen gesonderte geschlechter vorkommen, eine
vermählung des vata und der pippala der natur abgelauscht sein.
oft wird aber auch die tamarinde, wörtlich die indische palme

---

* die atimuktâwinde (Gärtnera racemosa) umschlingt den sahakâra (mango)
mit ihren ranken. Weber Mâlavikâ s. 110. vgl. Hirzel s. 55.
¹ Lassen ind. alterthumskunde 1, 258.

(tamar hindu), als braut des mango oder anderer männlicher
bäume, ja sie wird als braut von jünglingen angesehen [1].

Im asiatic journal von 1825 findet sich ein indisches märchen, aus dem folgende züge hierher gehören. ein könig, dessen sieben söhne vermählt werden sollten, liesz auf eines weisen
mannes rath sieben bogen mit sieben pfeilen herbei bringen
und befahl jedem sohn, die pfeile nach verschiedenen seiten ab-
zuschieszen und da, wohin der pfeil geflogen sei, sich eine gemahlin zu suchen, wie sonst federn aufgeblasen werden und der
richtung, die sie nehmen, nachgefolgt wird. so geschah nun
auch, sechs pfeile waren entsendet, die königssöhne hinter ihnen hergezogen und bald auf die spur der ihren bestimmten
gemahlinnen gekommen; der pfeil des jüngsten sohnes blieb
aber in einer tamarinde stecken, worüber das ganze königreich
in grosze unruhe gerieth. die befragten wahrsager erklärten
einmütig, der königssohn sei verpflichtet, die eingegangene ver-
bindlichkeit zu lösen und um nicht meineidig zu werden, die
tamarinde zu heiraten. auf den anberaumten hochzeitstag wurden demnach die geschenke, wie sie allen übrigen sechs bräu-
ten bestimmt waren, mit feierlicher pracht zu den füszen des
baumes niedergelegt, der einer der schönsten seiner art war;
als man folgenden tags sich ihm wieder näherte, lagen unter
ihm die köstlichsten gegengaben an kleidern, edelgestein und
früchten mit einem brief, worin geschrieben stand, dasz die braut
die geschenke annehme und der bräutigam an einem bezeichneten tage mit passendem geleite zu ihrer abholung sich ein-
stellen möge. so wurde es denn auch ausgeführt, der königssohn
an der spitze seines gefolgs, ritt zu pferde nach der tamarinde,
wo seiner eine gleich zahlreiche gesellschaft wartete, das ge-

---

[1] in einem zwiegespräch zwischen Jama und seiner schwester Jami, als sie
ihn verleiten will ihr beizuwohnen, wogegen er sich aus sittlichen rücksichten
sträubt, sagt sie zuletzt: grausam bist du grausamer Jama, nicht also hatte ich
dein herz, deinen sinn erkannt, eine andere wahrlich wird wie mit einem
gurte dich bindend dich umfangen, wie die schlingpflanze den baum. und er
antwortet: einen andern wirst du, ein andrer wird dich umfangen, wie die schlingpflanze den baum. Rigveda 7. 6. 8. 3—4. das für schlingpflanze hier gebrauchte
wort ist libudscha, welches Jáska im commentar umschreibt durch vratati (Wilson a creeper, kriechend und schlingend).

dränge war so grosz, dasz man weder die braut noch ihre frauen
sehen konnte, genug der baum setzte sich in bewegung und der
königsohn geleitete die braut nach seiner wohnung. es braucht
kaum hinzugefügt zu werden, dasz die tamarinde sich nachher
in eine der schönsten jungfrauen verwandelte und das ereignis zu vollem heil ausschlug.

Statt dieser märchenhaften züge erzählt Sleemann in seinen rambles and recollections aus dem wirklichen leben der heutigen Hindus folgendes. wer einen mangohain anlegt, darf dessen früchte nicht eher essen, bis er einen der mangobäume mit
einem andern in der nähe des waldes wachsenden baume, meist
einer tamarinde feierlich vermählt hat. nun geschah es, dasz
der besitzer einer dieser haine unweit der stadt Agra soviel auf
das pflanzen und wässern desselben gewandt hatte, dasz er nicht
mehr geld genug besasz, um die vermählungsfeierlichkeit zu be-
streiten; einer der bäume im hain begann aber bereits zu tragen und
der arme Hindu in verlegenheit zu gerathen, weil weder er noch
die seinigen die am baum hängenden früchte anrühren oder kosten durften. die leute verkauften alles, was ihnen von gold
und silber eigen war und erborgten so viel sie aufbringen konnten, um bevor die nächste jahrszeit eintrat die vermählung des
hains zu bewerkstelligen, erreichten endlich auch ihre absicht.
je gröszer die zahl der braminen ist, die bei einer solchen feierlichkeit bewirtet werden müssen, desto höhern ruhm erwirbt sich
der besitzer des hains; jener Hindu, späterhin darüber befragt,
antwortete mit einem seufzer, dasz er nicht mehr als 150 habe
gastlich aufnehmen können, er zeigte auch den mangobaum, wel-
114 cher damals bräutigam gewesen war, die braut war nicht mehr
an seiner seite. 'aber wo ist die braut, die tamarinde?' 'die einzige tamarinde, versetzte er, starb ab, eh wir die vermählung
konnten zu stande bringen, und ich war genöthigt dafür einen
jasminstrauch zur braut zu wählen. ich pflanzte ihn hier an,
damit, wie der brauch es fordert, braut und bräutigam während
der feier unter einem baldachin stehen konnten; nachdem die
hochzeit vorüber war, versäumte mein gärtner die braut, sie
welkte und starb.' 'und warum gabt ihr nach der tamarinde
dem jasmin den vorzug vor allen übrigen bäumen?' 'weil er der

berühmteste ist aller bäume, die rose ausgenommen.' 'und warum
habt ihr nicht die rose selbst zur braut gewählt?' 'weil man
nie von der vermählung der rose mit dem mango gehört hat,
zwischen mango und jasmin aber alle tage hochzeiten stattfinden.' der jasmin heiszt hier tschunbaetec, welcher name sich
vermutlich aus einem der heutigen dialecte deuten läszt und
dem geschlechte nach weiblich sein musz. man erzählt ferner,
dasz bei den Hindus auch wer mit groszen kosten einen teich
anlege, nicht eher daraus trinken dürfe, bevor er seinen teich
mit einem an das ufer gepflanzten bananenbaum feierlich vermählt habe.

Das allerseltsamste jedoch ist, was man von vermählung
des saligram mit der tûlsi meldet. saligrams sind runde kiesel,
auf welchen versteinerte ammonite eingedrückt stehn, und die
durch flüsse vom Himalajagebirge herabgespült werden. in diesen abgerundeten kieseln sieht das volk personificationen des
Vishnu, sie gelten für hochheilig, ohne dasz sie erst geweiht zu
werden brauchen und stehn überall in ansehn. einen solchen
saligram pflegt man nun alljährlich mit einer kleinen, gleichfalls
heiligen staude namens tûlsi zu vermählen, welche tûlsi für eine
verwandlung der Sita, der gemahlin des Rama, der siebenten
incarnation des Vishnu gehalten wird, der hohe priester sagte,
bei der nächsten feierlichkeit werde der zug aus nicht minder
als acht elephanten, zwölfhundert kamelen und viertausend pferden, sämmtlich beritten und prachtvoll aufgezäumt bestehen; auf
dem hauptelephanten befinde sich der göttliche kiesel und statte der
kleinen strauchgöttin seinen bräutigamsbesuch ab. bei dieser gelegenheit werden alle gebräuche einer förmlichen vermählung beobachtet und hernach braut und bräutigam in den tempel gebracht, um da bis zur nächsten jahreszeit auszuruhen. über hunderttausend zuschauer waren das letztemal auf des radscha einladung zugegen und wurden von ihm bewirtet, man kann sich
den aufwand denken.

Ueberreste dieser wunderbaren im alterthum wahrscheinlich 113
viel weiter verbreiteten sitte finden sich auch auszerhalb Indien,
zwar nicht, wo man sie am ersten suchen sollte, bei den Griechen,
wol aber bei den Römern und in unverkennbarem bezug auf den

landbau selbst, was der vorhin ausgesprochenen ansicht bestätigung gewährt. Horaz, epodon 2, 9 den alten ehrsamen ackersmann schildernd, sagt deutlich:

ergo aut adulta vitium propagine
altas maritat populos,

und stellen bei Columella und Plinius lehren überflüssig, dasz hauptsächlich pappel und ulme mit der rebe vermählt werden, wobei auch beständig der ausdruck maritare gebraucht ist.

Plinius hist. nat. 17, 23, 35: populus nigra palmiti pluribus indurata annis maritabatur.

Columella 3, 11. 4, 1. in maritandis arboribus. olivetum maritum.

4, 2. duos palos unius seminis flagellis maritari.

4, 22. caules, qui possint vel sua maritare statumina vel si qua sunt vidua in propinquo propaginibus vestire.

5, 6. si teneram ulmum maritaveris.

11, 6. ulmi vitibus maritantur.

[Cato r. r. 32. arbores facito uti bene maritae sint. Catull. 62, 54. at si forte eadem (vitis) est ulmo conjuncta marito. Virg. Georg. 1, 2 ulmisque adjungere vites. Horat. epist. 1. 16, 3. amictà vitibus ulmo. Juvenal. sat. 8, 78. stratus humi palmes viduas desiderat ulmos.]*

Offenbar beabsichtigte man bei dieser vermählung die rebe und ihre ranken auf stärkere bäume zu stützen und ihr dadurch eine günstige lage gegen die sonne zu sichern. die vermählung ist sonst in diesen stellen ungenau genommen, da mit der weiblichen rebe

---

* rosam maritans lilio. carm. bur. 130. vitis cum sambuco conjunctio. Greg. tur. 4, 9. reben und bäume ehlich zusammen geben. Fischart landlust 103—112.

er gehet fröhlich hin, führt jetzt die süszen reben
an ulmenbäumen auf, dasz sie beisammen kleben
als *ehelich vermählt.*   Opitz 1, 159.

der weinstock pfleget sich nicht mit gewalt zu zwingen
umb seinen ulmenstamm, die liebe macht allein,
dasz er sich umb in schlägt, geht seine heirat ein,
und breitet sich baum an.   Opitz 1, 12.

seht wie der eppich kan die grünen armen schlingen
rings ümm den rüstbaum her und ihn zu liebe zwingen.

Fleming 155. vgl. 315. 316. Günther 300. 1068. Bürger 38. — serb. vez ni. (poln. wiąz, böhm. waz, russ. vjaz) ulmus von vezati binden.

ein männlicher baum vermählt sein sollte, populus und ulmus
aber gleichfalls weiblich gedacht werden. * palmes für vitis gesetzt würde dem, wiewol ungeschickt abhelfen, denn ohne zweifel liegt es in der natur der dinge, dasz die schlanke, anhalts
und schutzes bedürftige rebe, gleich der indischen màdhavi, pi-
pala und tamarinde als weibliches wesen einem männlichen
stamm angetraut werde, für welchen sich populus oder ulmus
wie der amra eignen. der brauch aber scheint desto alterthümlicher, da die ihm zu grunde liegende vorstellung längst in verwirrung gerathen, also auf eine frühe zeit zurück zu leiten ist,
in welcher an die stelle der pappel oder ulme ein anderer männlicher baum treten konnte. dasz der römische landmann das
verschlingen der beiden bäume feierlich veranstaltete, davon erscheint nicht die mindeste spur, die practische ergibigkeit der
sitte bewährt sich bis auf den heutigen tag wenigstens im un-
tern Italien, wo dem durchreisenden auf der landstrasze anmu- 116
tige verschlingungen der weinrebe mit andern bäumen auf dem
gefilde allenthalben ins auge fallen.

Mit ganz abweichender wendung, was jeden gedanken an
erborgung fern halten musz, begegnen wir aber auch den waltenden grundideen in unsern einheimischen mythen und überlieferungen. nicht der landmann ist es, der die pflanzen vermählt,
sondern auf den grabhügel bestatteter menschen werden sie gesetzt, deren heisze liebe auch nach dem tode fortdauert und im
unauflösbaren verflechten stiller pflanzen sich rührend darstellt. **

---

* ursprünglich waren sie männlich wie ihre flexion zeigt.
** ein weinrebe aus der maid grab wuchs wieder herüber aho auf des riters
grabe. Keller erz. 56. zwei dannenbäumchen. Haltrich s. 2. ein rohrstengel. s. 227.
die asche, ihr eheliches gesponst die erle. Looprechting 127. — Fingal 1, 622
von Braighsoluis: hier ruht ihr staub, eine eib entwächst dem grab. Ossian re-
port app. 88. two yeus growing from their graves and entwining their branches
on high. ans Signnes und Tschionatulanders särgen winden sich grüne reben,
die aus beider mund spriezen und sich in der höhe in einander flechten. Albr.
Tit. 5790. nach einem spanischen liede wuchs aus Nillos grab ein cypressenstamm,
aus dem der geliebten ein orangenbaum, beider wipfel küsten sich u. s. w. zeitschr.
für myth. 4, 190. neugr. lied bei Kind 1849 s. 17, wo χαλαμιώνας m. aus dem
grab der braut, παρίσα n. aus dem des bräutigams wachsen: wenn boreas bläst
neigt sich die cypresse, wenn zephyr das rohr und küst die cypresse. kurdische

hier liegen sogar die beweggründe noch offener da als in der
indischen gewohnheit. die pflanzen vermählen sich, weil die
menschen über denen, aus denen sie erwachsen, schon verbunden waren, wie die indische tulsi dem saligram angetraut wird,
weil schon Sita und Rama = Vishnu den liebesbund geschlossen
hatte. es ist die liebe aus dem leib der sterbenden menschen
in den saft der pflanzen getreten und treibt nun da auf dieselbe
art; an steingehaunen grabmälern des mittelalters mag es vorkommen, dasz die reben aus dem munde der abgebildeten gestalten auslaufen.

Wie lieblich und ergreifend lautet es in schwedischen, englischen und deutschen volksliedern: es wuchsen drei lilien aus
ihrem grab. Uhland 21. 206. 223. 241. 282. [Mannhardt 401.
402. 404. bergreien s. 27.] und ausführlicher:

det växte en lind uppå begge deras graf,
hon stånder der grön till domedag,
den linden hon växte öfver kyrko kam,
det ena bladet tager det andra uti famn,

oder,   det växte upp liljor på begge deras graf,
de växte tillsamman med alla sina blad,
det växte upp rosor ur båda deras munn,
de växte till sammens i fagraste lund.

und,   det växte tvenne träd uppå deras graf,
det ena tager det andra i famn.

und,   out of here breste there grew a rose
and out of his a briar,
the grew till the grew unto the churchtop,
and there the tyed in true lovers knot.

true lovers knot nannte man die knoten und schleifen der bänder, die liebende einander zu schenken pflegten. berühmter ist
117 und älter hinauf reicht die sage von Tristan und Isalde, den
gefeierten liebenden, wenn auch welsches oder britisches ursprungs, bald ein gemeingut aller völker des mittelalters geworden. aber auch hier irren uns wieder die schon beim rö-

<hr>

sage von Mene und Zin, aus deren gräbern rosensträuche wuchsen. mélanges
asiat. 3, 254. zwei weinstöcke auf den gräbern der liebenden. Elphinstone Afgha-
nistan.

mischen maritare aufgestiegnen bedenken. nach dem volksbuch und Eilharts gedicht läszt König Mark auf Tristans leichnam eine weinrebe, auf Isaldens einen rosenstock setzen, deren beider ranken so zusammenwachsen, dasz man sie nicht von einander bringen konnte. richtiger scheint umgedreht in Ulrichs und Heinrichs dichtungen (denn wie Gotfried selbst gemeint haben würde wissen wir nicht) die rebe auf Isotens, der rosenstock auf Tristans grab gepflanzt, so dasz man sich eine vermählung der weiblichen rebe mit dem männlichen rosendorn oder hagedorn vorzustellen hätte. das ist weit bezeichnender und dem heidnischen alterthum vollkommen gerecht. ich habe neulich bei anderm anlasz gewiesen, dasz die heiden auf ihre gräber einen hagedorn setzten, mit dem auch die leichen verbrannt wurden. der hagedorn, um den sich die rebe schlingt, scheint also beiden vorstellungen, der des begrabens und vermählens höchst angemessen und es ist völlig eins, ob sie aus den leichen selbst gesprossen oder auf die grabhügel gesetzt sein sollen. in den schwedischen liedern flechten sich lindenblätter oder rosen und lilien, im englischen rose und dorn, briar, ags. brer, der männliche strauch. aber ein serbisches lied (Vuk 1 no. 341) ist ganz genau, wie sich die hände liebender durch die erde in einander schlingen, wächst aus des jünglings grab ein kiefer (bor m.), aus des mädchens eine rose, und um den kiefer windet sich die rose, wie um den strausz die seide:

вище драгог зелен бор изразте

а виш' драге румена ружица

па се вще ружа оок бора

као свила око ните смил'а.

Aus den dargestellten verhältnissen allen, aus dem eindruck, den die betrachtung der blumen und pflanzen in vielen lagen des bewegtesten lebens auf das menschliche gemüt hinterliesz, darf nun schon im voraus geschlossen werden, wohin meine untersuchung hauptsächlich zielt, dasz sie auch für die namengebung sehr oft bestimmend werden muste. wandte man auf die pflanzen gebräuche des menschen an, so konnte nicht ausbleiben, dasz umgekehrt die eigenschaften und bilder der pflanzen auch auf die menschen übertragen wurden.

118   Für namen, die sie ihren angehörigen und bekannten bei-
legten, suchten die menschen von jeher in der sie umgebenden
natur nach gestalt und gleichnis, wobei sie sogar wirkliche kraft
und einflusz der gewählten gegenstände auf das leben selbst.
wenigstens eine günstige weissagung voraus zu setzen geneigt
waren. das neugeborne, nach einem thier oder nach einer blume
benannte kind empfieng dadurch gleichsam einen geleitenden
schutzengel, dessen tugend ihm zu theil werden oder in wichtigen augenblicken helfen konnte. wenn nun im allgemeinen
thiere, zumal mutige und tapfere für männliche namen angemessen schienen, musten blumen, aus denen duft und lichte farbe
hervor giengen, zu treffender bezeichnung der frauenschönheit
gereichen. das gesetz findet freilich seine ausnahmen im einzelnen, da auch zierliche und geliebte thiere, wie das reh, die
taube und nachtigall sich für frauennamen, dagegen im pflanzenreich alle groszen und kräftigen stämme, wie eiche, erle,
apfelbaum, dorn für männernamen eigneten, und einige der letztern früher auch dem grammatischen geschlecht nach männlich
waren, z. b. asch, altn. askr. die meisten und schönsten frauennamen aber müssen von blumen und kräutern entnommen sein,
welche stufen und gipfel weiblicher anmut am passendsten auszudrücken vermochten *.

        Für den ursprung solcher aus der natur selbst erborgten,
den thieren oder pflanzen abgesehenen menschennamen läszt sich
nicht übersehen, das zu ihrer (wie der sternnamen) ersten fin-
dung vorzugsweise eine nothwendige stufe menschlicher entwickelung, das hirtenleben geschickt war. die hirten verkehrten
in voller musze unmittelbar und überall mit der freien natur
und hatten das offenste auge für sie, wie wir es den auf sie
folgenden ackerbauern zwar nicht absprechen, lange nicht in
gleicher masze zutrauen dürfen. im wald und auf wiesen lernt
der weidende hirt alle eigenschaften und kräfte der kräuter kennen, dem geschäftigeren ackermann ist mehr an vervielfachung
seiner zahmen früchte und thiere gelegen, auch wald und wie-
sengründe möchte er nach einander reuten und urbar machen,

_____

* frauen beseelte blumen. J. Paul Hesp. 1, 200.

um allen grund und boden seiner pflugschar zu unterwerfen;
nur zu seinen festen bedarf er noch der blumen, dem heimge-
führten getraide oder den schnitterinnen kränze daraus zu winden. dasz das ackerbauende leben unergibig war für die namengebung, schlieszt sich eben aus der fast gänzlichen abwesenheit aller frauennamen, die von feldfrüchten hergenommen
waren, nur nach ihren blumen wählten sie die hirten. das ein- 119
zige φαχῆ linse, lenticula begegnet als frauenname bei Athenaeus s. 158.

Auf die heimlichen, aber reizenden triften alter hirtenzeit
leiten quellen der poesie selten, nur die von vier völkern, den
Hebräern, Indern, Griechen und Arabern gewähren uns an-
schauungen, deren ohne sie wir völlig entrathen würden. alle
hirtenzustände andrer völker, zumal unsrer eignen vorfahren,
sind uns verschollen und ein schwacher nachhall davon lebt
noch in den gebräuchen der Schweizer und Tiroler alpen. lang-
anhaltende hirtenzeit führten die aus palästinischen beduinen-
stämmen eingewanderten Hyksos in Aegypten heran, wovon
auch noch einige spuren den hieroglyphen können eingedrückt
sein. die lebhaftesten hirtenbilder aber stellen uns Moses, das
hohe lied, Homer und Theokrit vor die seele.

Wie ergreifend schildern die cantica canticorum des her-
zens leidenschaft, wie sanft spiegeln sie das hirtenleben ab: o
quam pulchra es, amica mea, dentes tui sicut greges tonsarum,
quae ascenderunt de lavacro; duo ubera tua sicut duo hinnuli
capreae gemelli, qui pascuntur in liliis, donec aspiret dies et in-
clinentur umbrae. das ist der beste commentar zu dem auch
von Festus aufgehobenen plautinischen bruchstück: fratercula-
bant mulieri papillae primum, sed illud volui dicere sororiabant.
fraterculare war gerade recht und begegnet jenem gemelli. noch
in unserm deutschen mittelalter hieszen die weiblichen brüste
buoben, d. i. gemelli. Altsw. 50, 30. 51, 2.

Nur zwei hebräische frauennamen kenne ich, die aus blumennamen geschöpft sind, Thamar und Susanna. Thamar kehrt
einigemal im alten testament wieder und wurde schon vorhin
(s. 112) erläutert, es bedeutet die palme. Susanna aber bedeutet die lilie, hebr. schoschan, schuschan, שׁוּשַׁן, arab. susan, und

daher ins span. azucena, port. açucena übergegangen. Susa war
lilieustadt, τὰ σοῦσα bei Steph. byz. und Strabo 15, 727. 728.
arabische, türkische frauennamen nach blumen werden sich leicht
ergeben, z. b. Vard rose. Hammers reiches verzeichnis hat
s. 10, 11 nur Tharífet ausgewachsne pflanze, Ríhánet ὤχιμον und
Sehrá die blühende, s. 3 aber männernamen aus blumen *.
Hieroglyphisch sind:

Peseschnin, der lotus, mannsname.

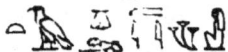

Takrami, carthamus silvestris, der eppich,
frauenname.

Bainofre, die gute palme, frauenname.

120 Reichere ausbeute gewährt Indien, die reichste Griechenland. eine der beliebtesten indischen blumen, der eben ägyp-
tisch angeführte schöne, sanfte lotus, unter vielen namen, hauptsächlich unter dem von padma bekannt, war der Lakśmî, göttin
des heils und der liebe, die sich unsrer Fraujô oder Freyja vergleichen läszt, geweiht, und nach der blume führte sie selbst
den beinamen Padmâ. auszerdem aber begegnen die frauennamen Padmàvatî (Somad. 1, 162. 176), die lotusgleiche, Padmâ-
dèvî und Padmàlajà, der letzte wiederum die göttin selbst bezeichnend. Padmâvatî ist gebildet wie Mandâravatî, von man-
dâra, erythrina fulgens, arborum coelestium genus, oder asclepias
gigantea, und geht auf eine frau, deren schönheit diesen blumen
gleicht. Padmàdèvî, lotuskönigin, gilt für Parvatî, Śivas gemahlin. nach kamala, einem andern namen des lotus, heiszt
Lakśmî selbst auch Kamalâ, und im drama Mâlavikâgnimitra
findet sich eine dienerin Kaumudi genannt, was nochmals auf
eine benennung des lotus kumuda zurückführt. nicht anders ist
Indirà name der Lakśmî, indîvara lotus, nymphaea coerulea. in
jenem drama tritt eine Vakulàvati auf, von vakula mimusops
elengi und àvalî kette gebildet, also blumenkette, kranz aussagend und ebenso wird in einem andern bei Wilson ausgezoge-
nen drama eine königstochter Kuvalajamâlâ, lotuskranz aufgeführt.

_____

* Hammers Schirin 2 s. 100. pers. oder türk. Dalbid weidenreis, Gulhindy
muskatroso? indische rose, Gulsaba rose des morgens, Gulemdam rosenstengel.
Hammer über arab. namen (band 3 der denkschr.) s. (3. 32) 42. 48. 54.

Mâlatî jasminum, ist die heldin des nach ihr genannten drama
Mâlatî und Mâdhava von Bhavabûti, eine andere heiszt Tschu-
talatikâ, und da tikâ, im letzten theil der zusammensetzung,
schlingpflanze ausdrückt *, darf man auch das vorausgehende
tschutala einer blume beilegen. der Mâdhavî, als braut des
Amra, und der jasminbräute wurde schon oben gedacht. im
Hitopadeśa führt die frau eines hansa oder schwans den namen
karpûramanjarî, zweig oder sprosz des kampferbaums. in den
märchen des Sòmadêva 1, 23 finde ich ein mädchen Upakòsa,
von kòśa gemma floris und der partikel upa ad gebildet; bedeutsam nennt sich ihr vater Upavarśa von varśa pluvia, so dasz
aus regen oder thau die blumige tochter erwachsen scheint.
noch merkwürdiger ebendaselbst 1, 81. 173. 199 ist Tilôttamâ,
name einer himmlischen, auf erden wandelnden apsarase, zu leiten von tila sesamum und uttama optimum, da zusammenfügung
des auslautenden a und anlautenden u ein ò hervorbringt; aus
dem sesam wurde duftendes öl bereitet und das kostbarste sesam eignet sich treffend, hohe schönheit zu bezeichnen. darauf
musz aber gewicht fallen, dasz Tilôttamô apsarase, himmlische,
meergeborne nymphe war, die man sich wunderbar schön und
als reizende tänzerin dachte. die meisten apsarasennamen, deuten auf wolken, thau oder regen, doch kommt unter ihnen eine 121
klasse vor, welche mudas, die erfreuenden heiszen und ôśadha-
jas sind, d. i. pflanzen. ôśadhi besagt nach Bopp herba annua,
post maturitatem evanescens, von ôśa ardor und dem vieldeuti-
gen dhâ gebildet, so dasz sich auslegen liesze lebenswärme haltend oder ablegend, vielleicht auch waltet ein mythischer bezug
auf das feuer, jedenfalls bleibt die anwendung auf pflanzenwesen
sicher und wir werden dafür gleich noch andere beweise an anderer stelle schöpfen dürfen. der schnell vergehenden ôśadhi
gegenüber steht vîrud, nach Bopp planta repens, als perennie-
rend. ohne zweifel gibt es viele indische frauennamen mehr,

---

* es ist tschuta-latikâ von latâ planta repens, dimin. latikâ. — mädchen
Mâlatîblume. Somad. 2, 15. Kuvalajavali. Somad. 2, 50. Râdschiva lotus flos
(splendens), Daṇḍagauri stengelmädchen. Tschitralêkha buntes reis, name einer
apsarase. viele frauennamen mit lêkhâ oder rêkhâ virga zusammen gesetzt.

die von blumen entnommen werden, und mir noch unbekannt
geblieben sind.

Die griechische literatur, darum überhaupt so grosz und anziehend, weil fast für alles was das menschliche gemüt von jeher bewegt und eingenommen hat, sie immer die klarsten und
treffendsten beispiele darreicht, wird, wie sie allenthalben eine
menge der fruchtbarsten forschungen fortträgt und nährt, auch
dieser meiner kleinen und engen untersuchung zur belebenden
stütze dienen.

Aus der fülle griechischer eigennamen, die an zahl dennoch,
nicht an gehalt und schönheit, von unsern altdeutschen übertroffen werden, ragen auch nicht wenige den pflanzen und blumen
entlehnte vor. nach dem was vorhin über den bezug des hirtenlebens zu solchen namen und eben über die indischen apsarasen gesagt wurde, kann nicht befremden, dasz beinahe alle
solche griechischen frauennamen, und sie sind von groszer anmut wie schönheit, hirtinnen oder hetären angehören.

Es wäre ein misgrif, die hetären nach der sittlichen ernie-
drigung und verworfenheit feiler dirnen neuer zeit zu messen.
der umgang mit ihnen war männern allgemein verstattet und
auf keine weise beschimpfend, ausgezeichnete, edle geister erga-
ben sich ihm ohne sorge. die tiefere stellung der frauen des
alterthums insgemein machte möglich, dasz neben dem heilig
gehaltenen band der ehe auch noch verhältnisse zu kebsen und
freundinnen auf verschiedener stufe geduldet waren, die darum
nicht für unsittlich angesehen werden durften. die hetären bilden ohne zweifel einen naturgemäszen übergang von der bei
allen ältesten völkern herschenden polygamie zur durchführung
strenger ehen.

122   Man kann weiter gehn, und wenn die oben aufgestellte be-
hauptung ihren grund hat, dasz kein fortschritt zu einer höheren stufe der entwickelung ohne einbusze einzelner vorzüge der
vorausgehenden stufe erfolge, darf man sogar annehmen, dasz
in der freien, ungebundnen liebe eine poesie des lebens und der
leidenschaft geborgen war, die sich später schmälerte und vor
den höheren edleren zwecken der ehe schwand. ist doch heute
noch eingeräumt, dasz die anmut des brautstandes mit einer

prosa der ehe und nach den flitterwochen aufhöre, und um einen schlagenden beweis aus der geschichte unsrer heimischen
dichtkunst zu führen, wir wissen, dasz die zartesten mit tiefer wahrheit in den minneliedern ausgesprochenen gefühle der
liebe immer auszereheliche verhältnisse voraussetzen, und dadurch bedingt waren.

Alle und jede frauennamen nach blumen wurden ursprünglich aus dem munde liebender ihren geliebten kosend gegeben
und sollen die innigste vorstellung glänzender, duftender schönheit darlegen. nicht ertheilte beim feierlichen opfer am zehnten tage nach der geburt einen solchen namen der vater seiner
tochter, sondern einen ganz andern prosaischen, welchem hernach einmal jener kosende als beiname hinzutreten konnte. auch
die hetärennamen, sowol die von blumen als von andern gegenständen (und solcher ist eine menge) entnommnen, waren keine
den mädchen bei der geburt gegebne, vielmehr erst von den
liebhabern zugelegte namen. man mag freilich einräumen, dasz
einzelne derselben allgemeinen eingang fanden und dann auch
den töchtern schon von den eltern verliehen wurden; nicht selten aber ist auszer dem überlieferten hetärischen beinamen zugleich der echte geburtsname angeführt. auch die namen indischer apsarasen, die als himmlische hetären und bajaderen erscheinen, werden bei näherer betrachtung gleiche beschaffenheit
kund geben.

Theokrit in seinen idyllen nennt nur ein paar hirtinnen,
unter welchen Μυρτώ 7, 97, die blume nicht verleugnet, viele
hetären heiszen Μύρτιον und noch häufiger Μυῤῥίνη *, woraus
bei Aristophanes Lysistr. 872 die verkleinernde koseform γλυ-
κύτατον Μυῤῥινίδιον wird. schwieriger ist der bekannte, auch
nachher von Virgil übernommene name Ἀμαρυλλίς in der dritten
idylle und 4, 38, den ich weder als blume aufweisen kann, noch
von einer hetäre. doch in die botanik hat ihn Linné schon
längst tactvoll, und selbst die formosissima Amaryllis zurückgeführt, was dürfen wir noch zweifeln? das zwiefache λ vor υ 123
wie vor α weist auf blumen und kräuter, wie in Φυλλίς, Ερπυλ-

---

* μυῤῥίνη pflanze der Aphrodite. Lucian amor.

λίς, Ἀγαλλίς, Θρυαλλίς und andern hernach zu besprechenden.
was den geliebten der hirten, kam auch allen hetären zu. ἀμαρυλλίς aber mag eine glänzende, leuchtende blume gewesen sein,
von ἀμαρύσσω leuchten, flimmern, ἀμάρυγμα χαρίτων bezeichnet
bei Hesiod die leichte bewegung der Chariten, und Amaryllis
würde man vorzugsweise einer schlanken tänzerin beilegen. ich
kann den grund nicht angeben, warum, nach Forcellini, einige
erklärer die virgilische Amaryllis πορνεία, scortum auslegen; Rom,
was darunter gemeint sein soll, hiesz sonst auch Ἀνθοῦσα, Flo-
rentia, gleich andern städten mehr. nicht anders als in Ἀμαρυλλίς suche ich in Γαλάτεια, Polyphems geliebter, eine von der
milchweiszen farbe benannte blume; unsern botanikern ist ga-
lanthus schneeglöckchen, an einigen orten die jungfer im hemd
genannt, auch Lobeck pathol. 369 führt Γαλάτεια auf γάλα zurück und bemerkt cujus epitheton quasi perpetuum est λευκή
et candida. ebenso bezeichnet λευκόϊον, unser levkoje, ursprünglich weiszblume, blanchefleur, und Ἄνθεια, ein ausdrücklicher
hetärenname scheint aus ἄνθος gerade wie Γαλάτεια aus γάλα gebildet. führte aber Aphrodite den beinamen Ἄνθεια und sonst
lat. Myrtia oder Murcia, so stellt sie sich auch darin der
Lakśmî an die seite und den hetären. 26, 1 nennt Theokrit eine
bacchantin Ἀγαύα, heute bedeutet uns agave wieder eine pflanze.
vielleicht dasz auch Σιμαίθα 2, 101 und Θέστυλις, ihre dienerin
2, 1. 69, sich als blumen auslegen lassen; Κισσαίθα 1, 151 und
Κυμαίθα 4, 46, Κυναίθα 5, 102 sind ihm ziegen, und ich weisz
die bildung — αίθα nicht befriedigend zu erklären.

Einzelne hetärennamen finden sich zerstreut bei den schriftstellern, zahlreich aber sind sie in Lukians lebendigen hetären-
gesprächen und im dreizehnten buch des Athenaeus enthalten.

Herodot 2, 134. 135 gedenkt einer berühmten ägyptischen,
aber aus Thrakien stammenden Ῥοδῶπις ἑταίρη, ohne zu sagen,
ob sie ein und dieselbe mit der von ihm 2, 100 angeführten
Νίτωκρις sei, welchen letzteren namen man Neith, die sieghafte
deutet [1]. Strabo 17, 1 p. 808 nennt sie Ῥοδόπη mit kurzem o,

---

[1] Bunsen Aegypten 2, 236 ff., [wo die identität zwischen Rhodopis und Nitokris behauptet wird. vgl. Mannhardt zeitschr. 4, 243. 244. Herodot 1, 185. 187

[Kramer und Meineke lesen ῾Ροδῶπιν, vgl. Meineke fr. com 2, 181] und erzählt den märchenhaften zug, dasz eines tags, als sie badete, ein adler einen ihrer schuhe geraubt und in den schosz des königs zu Memphis getragen habe, der gerade im freien zu gericht sasz. von dem seltsamen creignis und der zierlichkeit des schuhes betroffen hiesz der könig durchs ganze land nach dem schönen fusz suchen, der in diesen schuh 124 passen würde und so geschah es, dasz man Rhodope zu Naukratis auffand und sie hernach zur königin wählte. auf dieselbe weise wird in einem unsrer gangbarsten kindermärchen Aschenbrödel am pantoffel, den es von seinem hübschen fusz hatte fallen lassen, erkannt und zur königin erhoben, wie auch in anderer gleichberühmter sage könig Mark befahl, nach der eignerin des schönen haars zu forschen, das eine schwalbe herangetragen hatte. lege man nun ῾Ροδῶπις rosengesicht, rosenblick von ὤψ, ὠπή aus, oder ῾Ροδόπη rosenpflanze, von ὀπός saft und dann σίλφιον laserpitium, einer saftigen pflanze; die vorstellung bleibt nahe dieselbe und beide formen, gleich dem einfachen ῾Ροδώ und ῾Ροδή erscheinen oft als hetärennamen. ῾Ροδογούνη wäre ein rosengefilde, auch ῾Ροδάνθη und ῾Ροδόκλεια sind frauennamen. zumal beachtungswerth ist die nebeneinanderstellung von Αἷμος und seiner gemahlin ῾Ροδόπη in den bekannten thrakischen bergnamen, denn αἷμος bedeutet einen dornstrauch oder wald und ῥοδόπη die rose, was an ein anderes verbreitetes märchen von Dornröschen mahnt und an jenes verschlingen der rose und des hagedorns über dem hügel*. sicher gab es von beiden bergen altthrakische mythen. auch ῾Ροδεία, ῾Ρόδεια im homerischen hymnus auf Demeter 419, gebildet wie Ἄνθεια und Γαλάτεια, neben ῾Ροδόπη 422, der göttin gespielinnen, nehmen für diese lieblichen namen die edelste, reinste bedeutung in anspruch.

Gefällig sind die neutralbildungen von eigennamen, denen

---

führt eine babylonische Nitokris an, aber die 2, 100 genannte war viel älter als Rhodopis. Strabos Rhodope ist sichtbar dieselbe mit Herodots Rhodopis, wie auch die nebenfigur Charaxus zeigt.]

* obir dem Rosindregere (name eines hügels oder berges). Baur Arnsb. urk. no. 688.

gleichwol ein weiblicher artikel hinzuzutreten pflegt, weil ihr bezug auf frauen überwiegt: Ὤκιμον, lat. ocimum, wolriechendes
basilienkraut, jenes arab. Rihanet; Σισύμβριον thymus, quendel;
Μύρτιον, myrtenzweig; Χελιδόνιον schwalbenkraut, auf dakisch
χρουστάνη und noch heute littauisch kregżdéle, kregżdyne genannt (Nesselmann s. 225ᵇ), doch ohne anwendung auf frauen,
ein in der sprachgeschichte wichtiges wort; Ἀβρότονον, Artemisia, stabwurz *, auch mit dem spiritus ἀβρότονον geschrieben, eine
solche Abrotonon, wieder thrakischer abkunft, war des Themi-
stokles mutter, wie Plutarch meldet, Athenaeus wiederholt:

> Ἀβρότονον Θρήισσα γυνὴ γένος· ἀλλὰ τεκέσθαι
> τὸν μέγαν Ἕλλησιν φημὶ Θεμιστοκλέα.

für φημὶ steht bei Athenaeus φασί. Ἀβρότονον war nach Stephanus von Byzanz auch einer libyschen stadt name und Stephanus will diesen, wie Ἄθμονον auf Ἀθμονεύς, zurückbringen auf
Ἀβροτονεύς. Ἄθμονον nach der gewöhnlichen lesart ist name ei-
¹²⁵ nes attischen δῆμος, in beiden wortbildungen Ἄθμονον und Ἀβρότονον fällt das zwiefache ν auf. bei der pflanze scheint freilich
das natürlichste an ἄβροτος, ἄμβροτος, ἀμβρόσιος und das skr. am-
rita, unsterblich machende götterspeise zu denken; tröge diese
vermutung, so könnte man versucht sein, einem vielleicht thrakischen wort ἀβρότονον unser haberwurz τραγοπώγων zu vergleichen, das nicht mit haber avena, sondern dem alten haber, ags.
häfer, altn. hafr = caper zusammengesetzt ist **, wie unpassend
es auch schiene, eine solche pflanze als frauennamen zu gebrauchen. immer seltsam und nicht zu übersehen, dasz ἀβρότονον
thrakischen, χελιδόνιον dakischen anklang hat, ῥοδόπη wenigstens
von den Griechen einem thrakischen gebirg beigelegt war.

Κλωνάριον, hetärenname bei Lukian, drückt nichts aus als
sprosz oder reisz und ist verkleinerung des einfachen κλών von
κλάω, welchem κλών entsprechen würde ein goth. hlauns, wie

---

* Ἀρτεμισία wermut, eine karische königin Herod. 7, 99. — Ὤκιμον basilie,
hetärenname. Σταφίς, Ἱσταφίς, Σταφίδιον, Ἀσταφίδιον Rosinchen; bei Plautus Asta-
phion. Στρούθιον scheint richtiger so zu schreiben und von einer blume zu leiten. Athen. 15 p. 679.

** man halte zu habertona ahd. dono ags. þona palmes, ags. älſþona älſranke
(myth. 417) ahd. widerdono.

dem gleichbedeutigen κλάδος unmittelbar das goth. hlauts, ahd.
hlôz propago, unser heutiges losz entspricht. ähnlicher bildung
scheinen die frauennamen Θαυμάριον, Νικάριον, Μουσάριον, Ναννάριον, Σιμάριον, die noch dem pflanzenreich fremd sind, Σιμάριον
gemahnt an jenes Σιμαίθα bei Theokrit und könnte von σιμός
abgeleitet ein stumpfnäsiges mädchen, wie σιμαίθα die stumpf-
näsige ziege meinen.

'Ερπυλλίς, lat. serpyllum, unser immergrün oder feldthymian
hiesz nach Athenaeus s. 589 des Aristoteles geliebte, mit der er
den Nikomachos zeugte; nicht anders war ἀνθυλλίς ein kraut,
'Ανθυλλίς ein frauenname (corp. inscr. no. 2201), also stände
nichts entgegen, dasz auch die von Lobeck path. s. 127 angeführten ὁρπυλλίς, ἀκανθυλλίς u. a. m. als solche vorkämen. 'Αγαλ-
λίς, bollenblume und Θρυαλλίς binse, aus deren mark docht bereitet wurde, finden sich als hetärennamen, hiesz eine hetäre
docht, so führte eine andere den beinamen lampe: Συνωρίς (d. i.
biga, paar) ἡ Λύχνος ἐπικαλουμένη [1]. einfaches λ begegnet in
Μυρτάλη, lakonisch Μυρταλίς für μυρρινάκανθος, mausedorn. beiderlei endung mit λλ oder λ gleicht der χρυσαλλίς, goldner puppe,
oder dem νεκύδαλος, νεκύδαλλος, und dienen die oben s. 110 be-
merkte analogie zwischen der aufgehenden blume und dem ausbrechenden schmetterling zu bestätigen. auch die namen Ναννώ
Ναννίον Ναννάριον besagen puppe, püpchen [*].

Μυρρίνη myrtenzweig wurde schon genannt. Μηκωνίς ist mohn-
lattich, Λειρίονη lilie bei Alciphron 3, 45, also = Susanne, 'Αμ-
πελίς weinrebe, vitis, die wir ja als braut anderer bäume er- 125
kannten. gleiche einfachheit zeigen Δαφνίς, frucht des laurus
oder ein daraus geflochtener kranz, 'Ανθίς = 'Ανθεία. 'Ανθοῦσα,
die blühende, Χλόη, Θαλλώ, nochmals blüte und sprosz auch Θά-
λεια, 'Ανθεμίς, Φιλύρα die linde, Κυμινάνθη, flos cumini, gebildet
wie 'Ροδάνθη, 'Ιοκαλλίς und 'Ιοκάστη, beide vom veilchen entnommen, Κοριαννώ, vom koriander κόριαννον, Δροσή eine hetäre, Δροσίς,
name einer sclavin, wobei an die thauige rose und an die thauige

---

[1] fragm. hist. gr. 4, 410.

[*] Θύρσις ein hirt bei Theocrit von θύρσος stengel, dolde, Δάφνις hirt, Δάφνη
f. 'Ιάνθη hymn. in Cer. 421. Hes. Theog. 349. lat. Ianthis, Violantilla. παιδίσκη
ὀνόματι 'Ρόδη act. apost. 12, 13. 'Ανεμωνίς windrose.

apsarase gedacht werden musz; Ὑάκινθἰς und auch Ὑάκινθος weiblich; Βάχχαρις, auf βάχχαρις, baccar, nardum rusticum weisend. nicht wenige werden diesem verzeichnis noch fehlen, viele in den denkmälern gar nicht erwähnt sein.

Zunächst an diese griechischen frauennamen * aus dem pflanzenreich darf ich slavische reihen, wie die Slaven in gar manchem betracht den Griechen, ihre sprache der griechischen, zumal in der vollkommenen conjugation, nahe stehn.

Unter welchem aller slavischen stämme könnte aber nach treubewahrten gebräuchen der vorzeit, nach unvertilgten spuren des hirtenlebens, folglich nach blumennamen eher gesucht werden, als bei dem serbischen, dessen reizende volkspoesie glücklicherweise uns jetzt gesammelt vorliegt? in einem winkel Europas, durch die drückende barbarei der Türken gewissermaszen geschützt und beschränkt haben die Serben als einfache landbauer, schäfer und jäger ihre hergebrachte art und sitte fast bis auf unsere tage unversehrt beibehalten. die stille schönheit ihrer in reiner sprache flieszenden dichtung geht an unserer gegenwart beinahe unvermerkt vorüber, weil seit ihrer öffentlichen bekanntmachung noch nicht zeit genug verstrichen ist, um den eindruck, welchen sie hinterlassen musz, zu festigen und zu vervollständigen; es kann aber nicht ausbleiben, dasz ihr künftig einmal in der geschichte der literatur würdige und bedeutende stellen eingeräumt werden.

Die serbischen lieder sind voll traulicher blumennamen, wie sie den geliebten beigelegt wurden, durch den langen gebrauch scheinen auch viele darunter oder die meisten allgemein angenommen und den mädchen schon nach der geburt ertheilt. ein solcher frauenname ist Perunika, iris, eine hier nach Perûn, dem höchsten gott der heidnischen Slaven benannte lilienart; auch die griechische Ἶρις steht sowol zur farbe des regenbogens, als zur götterbotin in bezug und einzelne frauen führen den namen Iris, für hetären fand ich ihn noch nicht. gleich üblich bei Ser-

---

* albanes. bei Reinhold: baseza (mädchen) garufalia! trantafylle (trendafili rose Hahn 130ᵃ), buze (lippen) trantafyllete; bei Hahn 117, Daphine 124ᵇ. 129. 131 rothes beerchen, 125ᵃ rothe beere, 128ᵃ Nerendse (orange), 134 u trendafili boubonkji (knospe), 135 goldne gerte.

binnen ist der name Liljana, von liljan, hemerocallis. aber noch 127
öfter kehrt in den liedern wieder Smilja und Smiljana, lepa
Smilja, abgeleitet von der blume smilj, gnaphalium arenarium
geheiszen [böhm. Smil Smilo häufiger name]; lepa Rusha, oder
Rushitza, d. i. rose; Tzveta, Tzvijeta, d. i. blume; Ljubitza viola,
veilchen; Bosiljka, basilicum, ocimum; Nevenska, von neven,
todtenblume, calendula officinalis, [Trenda, Trendavilje ngr. τριαν-
τάφυλλον rose, walach. Trandafiru (Schott 239), alban. Trenda-
Trandafylji], Jagoda, erdbeere, böhm. gahoda; Drenka, kornel-
kirsche; Konoplja, hanfstengel von konoplje, hanf, cannabis;
Daphina wilder ölbaum, dem gr. δάφνη entsprechend; Nerantza,
pomeranze; Travitza, gräslein, von trava gras, kraut, die aller-
einfachste benennung, die sich aus der pflanzenwelt auf eine frau
anwenden liesze; Kalina ligustrum vulgare oder viburnum; Malina, paliurus, wegedorn; Trnjina, schlehe; Borika, von bor kiefer, schlanke tanne; Vischnja, weichselkirsche; Iasika, espe, populus tremula. der frauenname Zumbul ist die von den Türken
übernommene arabische benennung der hyacinthe. Grozda, Groz-
dana von grozd, traube wie Rosine und Loza vinova, bela loza
vinova, weinrebe, vitis. auch Boshitza, wörtlich die göttliche,
bildet einen frauennamen, ist aber wol auf boshje drvtze, gottes
bäumchen zu leiten, worunter man abrotonum versteht, dem
wunderbare heilkraft beigemessen wird. einmal 1, 73 findet sich
zrno shenitscho! als anrede einer frau, waizenkorn! vocativ von
Zrna, gleichsam körnin.

Von selbst erwartet man, dasz ein bei den Serben so tief
wurzelnder brauch auch unter den andern Slaven nicht ohne
spur sein könne. wahrscheinlich würden nähere nachforschun-
gen ergeben, dasz in entlegnen theilen Ruszlands und Polens
weibliche pflanzen und blumen, wie kalina viburnum opolus,
malina himbeere unter dem volke und im volksgesang auch zu
frauennamen dienen *. zumal merkwürdig, und meine für die

---

* russ. Kalina, Malina, Jagodka beerlein, himbeere, Rakita salix caprea,
Tetna = Zvjetna, Jela alies, Jelitza. — Milina Venus und ulva gramea. — alt-
poln. mannsname Odilienus bei Thietmar 4, 37. vergl. serb. odoljan. myth. 1159
baldrian. altböhm. Odolen bei Dalimil c. 47. Jungmann s. v. deutscher Dalimil
108, 16 Adolenus. mähr. landtafel Odolen de Weska, de Petrowicz.

griechischen namen entfaltete ansicht bestätigend scheint aber,
dasz die serbische smilja, bei uns immerschön und schöne liebe
genannt, den Böhmen smilka heiszt und von Jungmann zwar
nardus, aber auch nomen fictum adulterae vel meretricis erklärt
wird, ja smilnice bedeutet auf böhmisch geradezu hure. so sank
auch hier der schöne den Serben ganz unschuldige name von
der geliebten auf die gemeine hetäre herab, und ist kein wirklicher, nur ein erdichteter, poetischer.

Ueberaus lieblich nennen alle Slaven das thymum, unsern
thymian, serpillum seele der mutter, seelchen der mutter, serb.
majkina duzhitza, poln. macierza dusza, macierzanka, böhm. ma-
terina duška, matěrj dauška. es war ein süszes kosewort, was
128 diesmal die leidenschaft nicht dem liebenden für die geliebte,
sondern der mutter für die tochter auspreszte, für das ihrer seele
duftende kind.

Den littauischen und finnischen völkern ist wie in der
sprache manches, so auch die abgeschiedenheit ihrer lage mit
den Slaven gemein, die ihnen die bildung des übrigen Europas
länger vorenthalten, sie aber auch oft vor verderben und einbusze bewahrt hat *. viele sonst erloschne alte gebräuche leben
unter ihnen fort. jenem serb. smilja und böhm. smilka begegne
ich auch im litt. smulke wieder, es wird dem chenopodium, bei
uns guter oder stolzer Heinrich geheiszen, beigelegt, mir entgeht, ob irgend mit dem böhmischen nebensinn. in den littauischen, unter dem namen dainos bekannten volksliedern ** wird
die geliebte häufig mano lelijate, mano lelijuze, meine lilie angeredet, auch mano ûgele! meine beere! dann auch mano bur-
nyte! das vielleicht nicht mit Nesselmann auszulegen ist mein
mäulchen, vielmehr nach der blume burnotas amaranthus.

Im finnischen kanteletar werden hirtenlieder (paimenlauluja)
mitgetheilt, da heiszt es no. 170 (th. 1, 173):

---

* lettische schmeichelnamen von blumen und vögeln sind bei Stender 2, 516
verzeichnet, bei Bergmann s. 76 pukainite, maggonite, leipu lappa. pukkite roh-
site! blümchen, röschen. litt. mozula mütterchen, dak. mozula thymian. lett. pukku
mahte blumenmutter, göttin.

** in diesen auch lelija lilie für mädchen, dobilas klee für jüngling. Nesselmann s. 247. 248. 258. 278. auch meironelis majoran. 298. 299.

Marisenko, marjasenko
panaposki puolasenko!

d. i. Maria, kleine beere, rothwangige erdbeere, mit zartem wort-
spiel zwischen Marisenko Mariachen, kleine Maria und marja-
beere (vgl. serb. Jagoda), puola ist vaccinium vitis idaea, puolasenko wieder das diminutivum.

Daselbst th. 2 s. 176 no. 175:

> tuuti, tuuti, tuomen marja,
> liiku, liiku lempilehti,
> nuku nurmilin tuseni
> wäsy wästäräkkiseni,

stille, stille, meine beere, rühre dich, rühre dich zartes blatt,
schlummre mein vöglein, ruhe aus du bachstelze; das letzte wird
wieder nicht vom geliebten, sondern von der mutter gesungen,
die ihr kind einschläfert und ihre schmeichelworte von pflanzen
und beeren hernimmt *.

Weniger zu berichten habe ich von den übrigen völkern **,
schon von den Römern, die hier, wie sonst, in weitem abstand
hinter den Griechen zurückbleiben. weder Horaz noch Properz und Tibull verfallen darauf ihren geliebten beinamen nach
blumen zu geben, sie heiszen ihnen, wenn auch griechisch, vor-
nehmer Delia, Cynthia. unter den nachgeahmten griechischen
hetärennamen hat Plautus im Pseudolus Phoenicium, im Stichus
ein Stephanium und Crocotium, d. i. Κροχώτιον von. crocus sa- 129
fran. bei Apulejus und Petronius sollte man dergleichen blumennamen zuerst suchen, sie gewähren keine. ich weisz nicht
ob auf inschriften viel mehr zu finden ist, als Viola, bei Gruter
725, 7 beiname einer Fufisia. kosend hiesz es mea rosa [so

---

* Kalevala 15, 201 nennt die mutter ihre tochter kapulehti, grünes blatt,
blümlein, erdbeere 11, 22. 162. 223. 22, 77. 93. 247. 23, 19. 20. 24, 484. 25, 283.
25, 623. kosend sinikkisein! punikkisein! blaues, rothes beerlein in finn. märch.
estn. marja lehhekenne beerenblättchen. kullakuppo goldknospe.

** bei den Puncabs, einem kleinen stamm der nordamericanischen Indianer
am Missuri der frauenname Mongschongschah die sich biegende weide, Hihlahdih
die reine quelle. Catlins werk übersetzt von Berghaus 1848 s. 149. 151. bei den
Aiowäs ist Patacutschi die aufschieszende ceder mannsname, ebenso Notschiningü
die weisze wolke. das. 139. auch bei Azteken in Mexico frauennamen nach blumen, mannsnamen nach thieren. Klemm 5, 38.

nennt Bachis ihren liebhaber, Plaut. Bacch. 1. 1, 50, rosa die
Erotion. Menaechm. 1, 3, 9.], doch lieber wenden s ch die lateinischen blanditiae auf vögel, meus pullus, passer, mea columba.
[Flora die geliebte des Pompejus, Plut. Pomp. 2. Laurea mannsname, Violantilla f.]

Andern schwung nahmen die romanischen sprachen, sei es
durch deutsches oder keltisches element dazu angetrieben. Kelten
war bàditis benennung der nymphaea und gleich dem lotus wäre
sie zu frauennamen geschickt *. im polyptich des Irmino, aus
dem neunten, zehnten jahrh. begegnet man unter einer menge
fränkischer, also deutscher namen für frauen auch einigen romanischen, auf pflanzen zurückführbaren: Salvia 8ª. 29ᵇ salbei;
Oliva 16ª. 18ª. 36ᵇ: Perpetua d. i. gnaphalium 237ª, die serbische
Smilja; Florisma 230ᵇ: Planta 99ᵇ; Eufrasia, augentrost 249ᵇ,
wenigstens in der botanik eine pflanze, das gr. wort drückt blosz
frohsinn aus; Sirica d. i. Serica, bombyx; Balsma 7ᵇ Balsima
237ᵇ, balsampflanze; Gaudia 74ᵃ franz. gaude, reseda luteola, it.
guada; Datlina 243ᵇ scheint das sp. datileña, weisze traube, dat-
tel, von dactylus; Betla 79ᵇ. 104ᵇ, Betlina 66ᵇ, von betula birke
zu leiten, und noch einige mehr. [Loria trad. wizenb. 1. it.
Laura.]

Aus romanischer zunge haben sich die frauennamen Rosa,
Rosalba, Rosetta, Flora, Blancaflora, Blanchefleur, Viola, Vio-
leta, Eglantine, Vitalba durch ganz Europa verbreitet *. eine

---

* im Fingal 2, 420. 3, 143 a gheug! du blume, ramus, nympha. 3, 479
du der schöuheit blume. Oight. 469. 97. SD. 34ᵇ a geugh aillidh! rame pul-
cherrime! 123ᵃ a giuthais mo ghraidh! o pine mei amoris! 173ᵃ gorm gheug
na maise, viridis ramus pulchritudinis. ebenso iuran, fiuran ramus, crann arbor
von blühenden, wachsenden kindern. SD. 68. 69. crann flathal ramus splendidus
= virgo. Tighm. 7, 148. sonst bei Ossian: Airne f. schlehe, Carmun liebe rebe
oder dorn. Roschranna rosenbusch. Grainne Diarmuds geliebte. Dearduil thau-
tropfenblatt, tochter des Colla (hasel, corylus); vgl. thaubaherl, thaumantel, thau-
haltauf, alchemilla vulgaris. Gwydion ap Don schaft eine frau aus blumen. Davies mythol. 263. 268. in Bretagne! Spern gwenn Epine blanche frauenname.
Souvestre 45. Spern garz hagedorn, Spern div schwarzdorn.

** span. Pepita (de Oliva) obstkern, it. pipita keim, franz. pepin. Pipinus
(Qᵇ. 15); vgl. Kimo im Walthurius 687 (oben s. 109). Pampinea, decam. 5, 6.
Violante dec. 2, 8. 5, 7. Rosaspina Pulci 20, 105, Uliva 22, 70, Spina tochter
des Malaspina decam. 2, 6. in den kindermärchen Petrosinella, franz. Persinette,

liebliche dichtung des mittelalters beruht auf der vermählung
zweier kinder Flore und Blanchefleur, also wieder des rosen-
dorns und der lilie, aus deren grab, wenn es zuletzt beschrieben worden wäre, dieselben blumen, die sie sich im leben
wechselseitig darreichten, getrieben hätten. das gedicht kehrt
gleichsam den mythus um, und läszt schon als blumen geboren
werden, die nach dem tod in blumen übergegangen wären. die
briefe des Ivo carnotensis († 1116) ep. 67 gedenken einer con-
cubina Flora, deren namen spöttisch einem ausschweifenden
jüngling beigelegt wurde, von dem man im eilften jahrh. in den
französischen städten öffentlich lieder sang [1]. aber ein wettstreit
zwischen Phyllis und Flora, den geliebten eines ritters und geist- 180
lichen (vielleicht mit der ebengedachten geschichte im zusammenhang) lateinisch (carm. bur. no. 65) und französisch, und
beidemal wahrhaft dichterisch besungen, hat sich erhalten. also
auch im mittelalter scheinen solche namen vorzugsweise buhle-

Rapunzel. Printanière. Bella donna fee und pflanze. Pentamerone 2, 3 drei töchter Rosa Garofana Viola. Tit. 5295. 5314. Alberose, Lilierose. carm. bur. 143.
144 Rosa, Rosa fulgida. Bôâ rôs des meien rîs. Rennewart von Roth s. 12. 17.
Mai und Beaflor. beaflurs Parz. 732, 14. Genteflur? Er. 7786. Flôrie Parz. 586,
4. 8. Flûr nach Davies 447. 448 klec. eine Blancheflor, blanche com flor de lis.
Méon 3, 424. 427. Nicolete flors de lis! Méon 1, 391. 392. Fiordiligi (vgl. Parigi)
Orlando fnr. 29, 44. 49. madama Fiordaliso eine buhlerin im decam. 2, 5. ma-
donna Biancofiore (buhlerin) 8, 2. die schöne Florentina ebenfalls. gest. Roman.
c. 62. Flora carm. bur. 148. 149. 217. 223. Florula 224. flos florum, flos de spina
(fleurs d'épine, dornröschen) 144. im Gaufrey Fleurdépine, Passcrose (alcea ro-
sea, malve, herbstrose), Eglantine. walach. Florianu blumensohn, Trandafiru rose
Schott no. 23. ein lai de frein zwei schöne mädchen Fraxinus et Corylus, altn.
Eskja und Hesla (Fresne unter den baum ausgesetzt). Thymus et Lapathium
inierunt consilium. carm. bur. 148.

[1] de cetero quicquid de me fiat, obsecro vos per charitatem Christi, ut si
turonensis archiepiscopus vel aliquis aurelianensis clericus pro electione pueri sui
ad vos venerit, non ei aurem praebeatis. cujus dotes ut vobis breviter amplec-
tar, persona est ignominiosa et de inhonesta familiaritate turonensis archiepiscopi
et fratris ejus defuncti multorumque aliorum inhoneste viventium per urbes Franciae turpissime diffamata. quidam enim concubii sui appellantes eum Floram
multas rithmicas cantilenas de eo composuerunt, quae a foedis adolescentibus,
sicut nostis miseriam terrae illius, per urbes Franciae in plateis et compitis can-
titantur, quas et ipse cantitare et coram se cantitari non erubuit. harum unam
domno lugdunensi in testimonium misi, quam cuidam eam cantitanti violenter ab-
stuli. Ivonis carnotensis epistolae cap. 67 (a. 1091) auch epist. 66 hiosz es ausdrücklich: ut a canonicis suis famosae cujusdam concubinae Flora agnomen acceperit.

rinnen und frauen von freiem lebenswandel zuständig; jene böhmische smilka ist gnaphalium, sp. perpetua, it. fiore perpetuo,
franz. immortelle, die unwelkende gelbe strohblume.

Zuletzt, wie gewöhnlich geschieht, zu sprechen komme ich
auf die Deutschen. nach der alten edda, welche das ganze
menschengeschlecht aus zwei bäumen, unter den namen Askr
und Embla srieszen läszt, dürften auch deren nachkommen zu
pflanzennamen vollberechtigt scheinen, askr bezeichnet den
eschenbaum fraxinus, und schon der gleichartigkeit der vorstellung zu gefallen, musz Embla ein kleiner, sich an den groszen
asch schmiegende baum oder strauch gewesen sein, der nur nicht
mehr mit dem namen aufzuweisen steht; merkwürdig nennen
auch die jenischeischen Ostjaken ihre ahnen Es und Imlja [1].
hierzu tritt nun ein von den skalden oft geübtes gesetz nordischer dichtkunst, das ihnen gestattet jeden männlichen baum-
namen wie askr, vidr, meidr, älmr, apaldr, þorn, reynir für mann,
andere weiblich gedachte bäume wie eik, biörk, selja, lind dagegen für frau anzuwenden, wodurch man sich nicht verleiten
lasse die häufigen mit lind zusammengesetzten ahd. frauennamen
z. b. Asclind Sigilind Herilind auf linde tilia zu ziehen, in ihnen
entspricht das zweite wort entweder dem altn. linn serpens oder
noch besser dem lind fons, scaturigo. nun ist uns zwar überhaupt eine grosze menge ahd. und altn. frauennamen, meistentheils zusammengesetzter, selten einfacher erhalten, die sich doch
beinahe gar nicht auf pflanzen zurückführen. in der sinnesart
unsrer vorfahren, sobald wir sie in der geschichte auftreten sehn,
scheint eine solche strenge und tapferkeit vorzuwalten, dasz
ihre phantasie die bilder zu eigennamen lieber mutigen thieren ·
entnahm, als aus der ruhigen und leidenden pflanzenwelt schöpfte;
wie andere sprachen frauennamen nach blumen der forschung
131 bieten, würde die ahd. eine abhandlung über mannsnamen nach
thieren reich ausstatten. nur einen einzigen weiblichen namen,
der zugleich eine blume bedeutet, habe ich aufzuzeigen, doch
einen wollautenden, dessen untergang, wie der so vieler alten
wörter, zu bedauern ist, nemlich Liula, später geschwächt in

---

[1] Castréns reise nach Sibirien. [nach mytologi 234. 235 götter.]

Liela (Graff 2, 210), vitis alba, ἄμπελος λευκή oder auch κλε-
ματίς, heute waldrebe, bei Linné entweder bryonia alba oder
clematis vitalba, noch mhd. liele, selbst heute hin und wieder
lielisch weide, serb. loza bijela, bela *. dagegen kommt in urkunden bei Meichelbeck 136. 170. 241 auch ein verschollner
mannsname Sliu zum vorschein, welcher conferva palustris bedeutet, altn. slý n., und anderwärts bildet Bibôz, das heutige
beifusz, artemisia abrotonum einen mannsnamen. ihnen wären
die altn. männlichen Börkr [Isl. sög. 1, 356], Dallr [Dalla Isl.
sög. 1, 133. 144. 178] und Thàngbrandr [Landn. 5, 3], auszer
Askr, beizugesellen. [Söl(alga), Grôa virescens, Chloris, Feilan
viola. Egilss. 704.]

Unsern minnesängern würden die blumen in frauennamen
am allerwenigsten fehlen, wären damals sie noch im gang gewesen, Chuonrat von Kilchberg MS. 1, 14ᵇ unter vielen, zum
theil seltnen mädchennamen hat blosz die fremden Rôse und
Salvet, wenn dies Salbei sein soll, Nemnich unter salvia officinalis gibt salber, salver, nicht salvet an. eigner ist schon, dasz
der Wolkensteiner s. 174 seine geliebte einmal kosend anredet
Steudli und Kreutli (jenes romanische Planta), sonst entlehnen
er und Neidhart ihre schmeichelnamen nur von vögeln, statt
von blumen. in einer urkunde vom jahre 1286 (Chmel fontes
1, 220) erscheint eine domina Engla dicta Gräslinna, ganz der
serbische frauenname Travitza. mannsnameu lassen sich aus
urkunden den schon angeführten ältern noch einige zufügen **.

* Liel noch heute n. pr. alban. ljoulje blume, est. lil aus lilium? östr. lülge
clematis, niele in der nördlichen Schweiz. Stald. 2, 237. serb. aber ljulj lolium
lolch. Liello di campo di fiore. decam. 5, 3. Lilia bei Karajan 43, 15. 79, 34.
100, 8 (vgl. Aeolilia 96, 19). Rosa 157, 32. Roza, Pezola concubinennamen bei
Liudprant 4, 13; Pezola von beza, bioza mangold (Graff 3, 233). Mucuruna,
Genoveifa gesch. der d. spr. 540. 708. geno = hundert, cannine. Kuhns zeitschr.
1, 485. Genofefa centifolio, eriophorum. Sunnofeifa sonnenblume helianthus.
Solsepia (gesch. d. d. spr. 707) anemone nemorosa, merzblume, schwed. sippa,
hvitsippa, dän. hvidsippe.
** Mandelzwi. Ben. beitr. 305. Görge der krautstengel. Kreysig 1, 78. a. 1435.
Diebolt Krutelin weisth. 4, 192. diu brûne Nuz, der Rôsenstengel, Meigenzwie
Bartsch md. ged. s. 72. Berhtolt der rebestoc, Sifrit Rebestoc Lichtenstein. 277,
21. 315, 2. 473, 9. Grünspömlein. Beham. Wien. 14, 29 ff. Bibôz a. 1330—57.
wb. 1, 1371. heute Peipus. Beifusz jüdischer arzt im stift Worms a. 1513. der

ich Friderich der bluome von Wisendorf (a. 1300. Chmel fontes 1, 288), [Heinricus dictus plumo, Lang 4, 313 a. 1286, Heinricus plumel, notizenbl. 6, 258] und Blume ist jetzt ein gewöhnlicher eigenname. bārlapp ist uns heute lycopodium clavatum, eine Freiburger urkunde von 1303 bei Heinr. Schreiber führt einen mann auf namens Bernlappe [Adam Bernlapp. Geszler rath. 29ᵇ], und lappe musz den plumpen fusz des bären meinen, wie λυχόποδιον des wolfs. urkunden bei Pupikofer no. 32 s. 69 gewähren einen Johannes dictus Bluemliglanz, andere einen Henricus Mahinkorn (granum papaveris) und Otto dictus Bluemelin [Lang 3, 469 a. 1275], das chenopodium. dabei schlägt nun bedeutsam ein, dasz die hexen und zauberinnen ihren buhlern gewöhnlich blumennamen beilegen: Wolgemut, Wegetritt, Gräsle (wieder Travitza), Kräutle (wie beim Wolkensteiner), Lindenzweig, Lindenlaub, Birnbaum, Buchsbaum, Hagedorn, Hölderlin und andere (mythol. s. 1015. 1016), woraus erhellt, dasz unter liebhabern und buhlern, seit uralter zeit diese schmeichelnden benennungen volksmäszig fortdauerten*. bei H. Sachs III. 3, 82ᵇ nennt eine frau den mann ihren lieben hollerstock **,

plümel plümlein MB. 27, 127. Hans Bluemblein zu Ganstatt 1561 (Bamb. verein 8, beil. 50). Rudolf Sumerlate. ch. a. 1297. Cuonrat Geizribe a. 1273. Wackernagel Walther von Klingen 27. geizribe ist was schäfribe, millefolium sonst auch tausendblume. Tusengbluome mannsname bei Schreiber 2, 149. Johann von Allenblumen. Stolle 41. 44. 45. 47 wie Ognissanti, Toussaints. auch Schönlein scheint bellis, tausendschönlein Fleming 323. Benz der gensbluome. Ls. 3, 401. Diut. 2, 81. Hätzl. 260ᵇ. Gerhardus dictus Hagedorn a. 1358. Osnabr- verein 2, 278.

* min ouga, min trût, min bluomo (saec. X.) Hattemer 1, 256. zarte bluome min, min blüendez ris. GA. 3, 239. süezin rôse gr. Rud. 25. Eracl. 3411. 3316. ei tolde grâles tugende. Tit. 5119. du bluom, du rôse Tit. 1246. got grüsz dich blünder rose zart! ring 12ᵈ, 24. gott grüsz dich linden tolde! 12ᵈ, 33. o meigenbluet! 13ᵃ, 12. augentrost wb. rosmarinstengele. Ernst Meier schelmeliedle 31. o du liebe sonnebluma! 104. braunnägelisstrausz! 188. du schens gschmacherl! Stelzhamer 51. kosewörter für ein kind bei Fischart Garg. 131ᵇ: mein kleiner dille! mein deutelkölblin! (ahd. tûtilcholbo thyrsus). mein goldenästlein! mein korallenzinkerlin!

** mein liebstöckel und mein holderdrüssel,
mein herzentrost und rosenbüschel,
mein tausentschön, mein augentrost! Ayrer 381ᵈ.

ähnlich Hoffmann gesellschaftsl. s. 66 (1, 68. 166). hearzagar holdarstock! schwäb. lied von 1633. Frommann mund. 4, 87. Hebel 34. der holderstock (die geliebte). übers. von Keisersbergs predigt über das narr. s. 292. 294. 560 Scheible.

was zugleich an hollunder und hold klingt. für parthenium fand
sich der schöne alte name friudiles ouga (Mone archiv 8, 405),
des geliebten auge. auch Schläfdorn, spina soporifera war eigenname, Hermannus dictus Sleperose, im Hamburger liber acto-
rum (um 1270) 127, 6; das volk erzählt von Dornröschen,
womit ich vorhin 'Ροδόπη zusammenstellte, und nennt die viola
tricolor stiefmütterchen, weil die stiefmutter die bunte, sl. pod-
pega hiesz. was ist unserer heutigen welt von frauenblumen-
namen übrig? der vornehmen nicht einmal Rose und Röschen,
das klingt bürgerlich und bäurisch.

Die naturforscher beachten, und mit gewaltigem erfolg, das
kleine wie das grosze gleich sorgsam, da im kleinsten beweise
für das gröszte enthalten liegen. warum sollte nicht in der geschichte und in der poesie das scheinbar auch geringste von
allem, was die menschen selbst je bewegte, gesammelt werden
und betrachtet? ist der mensch und sein geist doch noch mehr
und werthvoller als jeder andere belebte oder unbelebte stof.
meine untersuchung hat manchen, mich dünkt früher unbekannten zusammenhang zwischen alter und neuer zeit, zwischen überlieferung und gebrauch aufgewiesen und in einen glänzenden
duftenden hain geführt. sicher ist, wo diese blumennamen zuerst
erfunden wurden, dasz da unschuld und reine sitte waltete.

ÜBER DIE NAMEN DES DONNERS.

GELESEN IN DER AKADEMIE DER WISSENSCHAFTEN
AM 12 MAI 1853.

305   Wie alle urwörter der sprache aus sinnlicher anschauung
entsprangen, sind auch die ersten götter des heidenthums von
dem eindruck herzuleiten, den mächtige naturkräfte in der weichen, empfänglichen seele des menschen hinterlieszen und un-
tilgbar festigten. ihm, der alle irdischen dinge zu beherschen
den mut und das vermögen bei sich fühlte, stand die höhere,
seinem willen ungehorsame gewalt jener erscheinungen helfend
oder schädigend gegenüber, und er beugte sich vor ihnen in
ehrfurcht oder schauer. die unnahbare wölbung des himmels,
an welchem sonne und mond nach geordnetem wechsel leuchte-
ten, quellen aus dem felsgestein sprudelnd und rastlos rieselnd,
stäubende wasserfälle und wirbel, die knisternde, zehrende flamme,
das laute gekrach des donners, der einen blitzenden boten voraus entsandte, alles muste des menschen entzücktes, erschütter-
tes herz zu frommen empfindungen aufregen und ihn seine abhängigkeit von ihm überlegnen wesen gewahren lassen, um deren gunst er zu werben, deren zorn er zu fürchten hatte. sie
selbst aber dachte er sich lange in keiner andern gestalt als
in der sie ihm sichtbar wurden. so nahe es auch lag bildlich
zu vergleichen, die sonne das allsehende auge des tages, den
mond das der nacht zu nennen, dem flusz arme, haupt und mund,
dem feuer zunge beizulegen, im donner die stimme gottes zu
hören; war es doch ein viel stärkerer sprung von der wahrheit
des baren anblicks, dasz die phantasie allmälich diesen natur-

ereignissen volle menschliche bildung aneignete und leiblich gestaltete götter der sonne, des mondes, wassers, feuers und donners zu schaffen begann. um solcher gestalt willen rückten sie
dem menschengeschlecht näher, handelten und verhielten sich
nun auch in menschen weise, zugleich aber wichen sie von ihrer ursprünglichen, einfachen bedeutung ab.

Es scheint allen mythologischen forschungen geboten, von **306**
jenen alten, noch rohen und gestaltlosen, jedoch urkräftigen
naturgöttern auszugehen und erst dann zu den menschlich nach-
gebildeten göttern vorzuschreiten, die dem kern in üppiger fülle
entwuchsen. vorzugsweise zur wahrung und handhabung dieses bedeutsamen unterschieds geeignet musz aber die deutsche
mythologie sein und es ist den wichtigsten ergebnissen unserer
geschichte beizuzählen, dasz unvordenkliche zeiten hindurch der
germanische stamm, während die ihm verwandten zumeist in
weltlichste vielgötterei versunken waren, seine aus dem hirtenleben hergebrachten einfachen naturgötter behielt und behauptete.
wie golden klingen hier Caesars worte: deorum numero eos so-
los ducunt, quos cernunt, Solem et Vulcanum et Lunam: re-
liquos ne fama quidem acceperunt; andere würden zu nennen
gewesen sein, auf die sich des Römers beobachtung nicht erstreckte. später noch nimmt Tacitus, der schon mehrere kennt,
wahr was mit jener ansicht ganz im einklang ist: ceterum nec
cohibere parietibus deos, neque in ullam humani oris speciem
assimilare ex magnitudine caelestium arbitrantur. lucos ac ne-
mora consecrant, deorumque nominibus appellant secretum illud,
quod sola reverentia [1] vident. auch im templum Tanfanae,
das übermütige feinde dem boden gleich machten, wird keine
bildsäule, sondern das heilige feuer gestanden haben, Tanfana
war Ἑστία, Vesta, die ganz andrer wurzel domus, focus aussagen, noch näher die skythische Tabiti, und Caesars bericht
konnte leicht einen männlichen Vulcan an ihre stelle setzen [*].

---

[1] est Judaeam inter Syriamque Carmelus, ita vocant montem deumque, nec
simulacrum deo aut templum, sic tradidere majores: ara tantum et reverentia.
hist. 2, 78.

[*] Tabana skythische stadt. Ukert 484. stein þann inn fagra (mæra) û stöðum *Dampnar*. fornald. sög. 1, 493. staði Danpar, hús þat it mæra er meðr
Myrkvið kalla. Sæm. 245ᵃ.

unter solchen göttern gedieh sittenreinheit und kraft, wie sie
erstaunte Römer den im wald, nicht in städten lebenden Germanen, Galliern gegenüber, zuerkannten.

Dieser altgermanische naturdienst bricht auch durch in einem schon den Griechen bekannten gegensatz zwischen alten
und neuen göttern, welchen die edda zwischen riesen und asen
ansetzt und mit den lebhaftesten zügen schildert. denn die riesen sind deutlich jene elementarische götterschar, die den schwä-
chern, aber gewandteren, in engeren verkehr zu den menschen
tretenden asen weichen und unterliegen musz*. was in der zeit
auf einander folgte, wird hier neben einander als im kampf begriffen dargestellt und der alte volksglaube zieht den kürzeren,
eben wie auch in unsern volkssagen die riesen vor den helden
das land räumen.

307   Ich erlese mir, um meine vorstellung von den alten natur-
mächten zu entfalten, unter ihnen den donner, aus welchem insgemein die erste und vornehmste gottheit aller gebildeten reli-
gionen entsprossen ist, und dessen eindruck auf die menschen
so oft er sich jährlich wiederholt, nichts an stärke und erha-
benheit verloren hat.

I. Ich hebe an mit den Finnen, ihre wollautige, reiche
sprache steht zwar auszerhalb dem kreise der uns urverwandten,
dennoch zu ihnen und namentlich den deutschen in unleugba-
rer berührung ¹, deren erste ursachen noch verhüllt liegen. wenn
unsere und ihre flexionen auf allen wegen von einander laufen,
erzeigt sich in den wurzeln der wörter dafür häufig überraschen-
des zusammentreffen, wie es auch der östlichen grenze finnischer
und lappischer stämme an die gothischen und nordischen angemessen erscheint. alle diese völker stimmen in der benennung
ihres höchsten gottes überein. dem finnischen jumala, estischen

---

* die riesen sind die alten landesherren, wohnen auf den bergen, in bergen,
die menschen oder helden treten auf als vertilger, vertreiber der riesen (myth.
506. 507). die riesen sind hirten, jäger, fleischesser, die menschen ackerer, brot-
esser. die riesen sind hirten geblieben und stellen die alte zeit dar. sie heiszen
die *alten*, die *dummen*, plumpen tölpel. die asen sind krieger und helden.

¹ siehe auslauf A.

jummal, entspricht das tscheremissische juma [1], syrjänische jen
(gen. jenlön), lappische jubmel [auch ibmel, immel Rask lapp.
spr. s. 31], es hat ihnen heute die allgemeinheit des deutschen
gott, slavischen bog, Lönnrot und Castrén haben aber dargethan [2], dasz ihm die besondere bedeutung eines donnergotts zum
grunde liegt. Jumala schlieszt in sich jum oder jumu, jumaus,
auch jymy (syrjän. gym) getöse, murren, donner [3], Jubmel
enthält jubma sonus, murmur, tonitrus von der wurzel jubmat
murmurare, tonare. die schluszsilbe la musz, scheint es, wie
in andern eigennamen z. b. Kalevala, Manala als localendung
angesehen werden, Jumala drückt mithin den ort des donners,
den himmel aus und besagt ganz was das altn. Thrymheimr,
donnerheim; da es natürlich war die vorstellung himmel auf den
herrn des himmels anzuwenden, begreift sich leicht, dasz es auch
von gott gebraucht wurde. beide finnische philologen über sehn
aber, dasz die ausdrücke jumaus und jubma ihres gleichen auch
in unsrer sprache haben, wodurch die mythologische betrach- 308
tung ungemein erweitert wird. Matth. 8, 1 verdeutscht Ulfilas
ὄχλος mit iumjô, nun aber bedeuten ὄχλος und turba nicht nur
auflauf und menge, sondern auch lärm, geräusch, gemurmel, wie
es inmitten des zusammen laufenden volks sich erhebt; da für
ὄχλος, πλῆθος, λαός sonst das goth. managei gesetzt wird, sollte
diesmal iumjô den begrif des gesurres der menge hervorheben,
und warum hätte es anderwärts nicht auch das murren des donners bezeichnen können? ' des gothischen wortes reiner diphthong läszt uns ein starkes iuman aum uman ahnen, das sonare,
tonare, murmurare, ejulare bedeutete und im altn. ými grandi-

---

[1] nicht ein wotjakisches jümar, wie ich mythol. XXVIII annahm, Wiede-
manns wotjakische gramm. s. 306. 358 lehrt, dasz inmar gesagt wird, was sich
freilich auf in himmel = syrjän. jen gott zurückführt.

[2] Alex, Castréns vorlesungen über die finnische mythologie. aus dem schwed.
übertragen von A. Schiefner. Petersburg 1853. s. 12. Borgs schwed. ausg. Helsingf. 1853 s. 12.

[3] finn. jumi, jumo bezeichnet einen in der wand pochenden, surrenden tod-
tenwurm, tarmes pulsatorius.

[4] vgl. gal. iomad multus, iomadaidh multitudo, iomain agitare, turbare, io-
maghaoth turbo. ähnlich im irischen.

sonus, ymr fremitus, ymja umdi fremere, sonare, aumr miser
= ejulans erwünschteste bestätigung erlangt.   noch mehr, Ymir
ist in den eddischen liedern einer der vorragendsten urriesen *,
der gleich in den beginn und die schöpfung aller dinge ver-
flochten wird, was sollte sein name, wie freilich noch unerkannt
blieb, anders ausdrücken als die göttliche naturkraft des donners,
so dasz man befugt ist ihn unmittelbar neben Jumala zu stellen? ihm aber würde auch bei den Gothen eine donnergöttin
Iumjô entsprochen haben und ein donnergott Iumja, wenn aus
der weiblichen form auf die männliche, wie umgekehrt aus frauja
auf fraujô (= Freyja) geschlossen werden darf. dem altn. adj.
aumr gemens läszt sich ahd. jâmar, âmor, ags. geomor, mae-
stus, gemens gleichsetzen, deren anlaut sich wie in Jumala con-
sonantierte, was in so manchen wörtern geschah (z. b. dem goth.
jus vos, sunjus für ius, sunius).   þeos geomre lyft Caedm.
205, 4 meint geradezu die seufzende, heulende, sausende, mur-
melnde luft, den donnernden aether.   wenn aber unser jammer,
ahd. jâmar verderbt ist aus iamar, iomar, wird auch ein ahd.
ioman ôm umun und ein subst. Iomo, Iomâ in dunkle zeit zurück gefolgert werden mögen [1].

Die erwägung dieses uralten und bedeutsamen verbums
scheint mit allem dem keineswegs erschöpft.   da die vorstellung des tons und schalls unmittelbar an die der erregten luft
reicht, so begreift man, wie auch das littauische umaras (mit
309 drei kurzen silben auszusprechen) wirbelwind und ungestümen
windstosz ausdrückend ganz unser jammer zu sein vermag.   ihm
zur seite findet sich ein adjectivum umarus ungestüm, hastig
und das einfache umas schnell, plötzlich, d. h. windschnell. hieraus aber darf geradezu ein der littauischen mit allen slavischen
sprachen gemeines, weit verbreitetes und nur noch abstract ver-

---

* iötnar allir frâ Ymi komnir. Sæm. 118ª. auch Dietrich bei Haupt 5, 219.
214 deutet iumjô richtig aus ymja rauschen und vergleicht andre riesennamen,
auch glumr strepitus und glumra tonitru.

[1] eine bestätigung der von Ymir gegebnen deutung ist auch aus seinem
nebennamen Örgelmir und dessen nachkommen Thrudgelmir und Bergelmir zu
entnehmen, da in gelmir wiederum die vorstellung galm sonitus, fragor enthalten
ist. örgelmir = urdonnerer.

wandtes wort erklärt werden. das littauische umas ist sinn, verstand, gemüt, seele, der pl. umai drückt aus sinne, gedanken *.
allen Slaven bedeutet oum, um geist und seele, niemand hat
bisher nachgewiesen, was ein so schönes wort ursprünglich
meine, es musz, wie unser geist und athem, nichts anders aussagen als wehen, wind und luftbewegung, spiritus ubi vult spi-
rat, oder nach unserm Otfried:

ther geist ther blàsit stillo thara imo ist muatwillo.

um, umas ist die göttliche, in wind und wetter rege kraft und
die persönlich gedachten Iumala und Iumjô bekennen dieselbe
wurzel, wir sehen die einstimmige vorstellung des erhabensten
gottes unter Finnen, Littauern, Slaven, Gothen und Scandinaven einheimisch. im sanskrit zeigt sich um nur als bloszer ausruf, unserm ach! vergleichbar, auch wird Umâ als frauenname
angeführt, dessen bedeutung entgeht.

II. Noch ein andres goth. wort hätte anspruch auf gleichen
sinn mit dem eben erörteten iumjô, nemlich hiuhma m., das wiederum für ὄχλος oder πλῆθος verwendet wird Math. 8, 18. Luc.
1, 10. 5, 15. 14, 25, zweimal hiuma Luc. 6, 17. 8, 4 geschrieben ist. welcher von diesen schreibungen man den vorzug
geben wolle, beide führen gleich dringlich auf die vermutung,
dasz auch hier der goth. ausdruck die bedeutung von geräusch
habe und beide leiten uns zu einem andern eddischen riesen
Hÿmir, der mit Thor wegen des kessels, wie Thrymr wegen
des hammers in streit gerieth, jedesmal von dem asen besiegt
wurde, weil die alte naturkraft dem jungen gott zu weichen
bestimmt ist. im wörterbuch steht hûm crepusculum, hûma
vesperascere, hŷma dormiturire, humma admurmurare angegeben, welches letzte dem vorhin zu Ymir beigebrachten ymja entspricht. mit dem begrif der einbrechenden, überfallenden nacht
liesze sich leicht die vorstellung eines geräusches verknüpfen,
wie das herannahende aus der ferne murrende gewitter dunkel
und finsternis mit sich führt. entscheidender wird, dasz von
neuem die finnische sprache in ähnlichen wörtern den sinn von
donner und geräusch darbietet, wobei zu erwägen ist was unter

* lett. nur ohmâ, im andenken.

VIII über hiuhma bezüglich auf hiufan ejulare gesagt werden
210 soll. humaus oder huma drückt aus susurrus, murmur, bom-
bus, humaan murmur edo, humahdan murmur subitum cieo,
huuhmadun obmurmuro und mit verschobnem laut kumaus sonus subitus, clangor, kumahdan resono, tundo, ferio, kaum darf
noch in zweifel stehn, dasz im goth. iumjô und hiuhma, hiuma
dieselbe vorstellung zu suchen sei, die sich in den finnischen
ausdrücken offenbart. die bedeutsamkeit der nordischen don-
nerriesen Ymir und Hŷmir wird durch den nachgewiesenen gothischen und finnischen einklang auf das doppelte erhöht. es
ist dies eine kleine, aber wichtige entdeckung für unsere älteste mythologie überhaupt, und manches musz sich daraus folgern lassen.

III. Man könnte einwerfen, in diesen gothischen wörtern
sei nur der begrif des geräusches, der turba, nicht der bestimmte
des donners enthalten; bei einem dritten, noch merkwürdigeren
ausdruck wird ein solches bedenken gar nicht obwalten. Ulfilas,
der im alten testament das wort donner nach seiner vollen sinnlichen bedeutung zu verdeutschen gehabt hätte, dann auch in
der offenbarung Johannis, wenn er zu deren übertragung gelangte, wiederholentlich darauf gestoszen sein würde, liefert es
in unsern bruchstücken nur zweimal, nemlich Marc. 3, 17 und
Joh. 12, 29, beidemal unter eigenthümlichen bezügen des textes selbst, auf die ich im verfolg zurückkommen werde. in der
ersten stelle gibt er den zunamen der Zebedaer Boanerges, ὅ
ἐστιν υἱοὶ βροντῆς. vulg. quod est filii tonitrui, þata ist sunjus
þeihvôns, und Joh. 12, 29 ἔλεγεν βροντὴν γεγονέναι, vulg. dicebat tonitruum factum esse, qêþun þeihvôn vairþan. er schlieszt
sich also darin näher an den griechischen text an, dasz er ein
weibliches substantiv wie βροντή, nicht ein männliches wie tonitrus oder unser heutiges donner verwendet. * sein þeihvô, wenn
man dahinter, wie hinter donner, ein höheres wesen zu vermuten hat, läszt sich als göttin, nicht als gott an, und die donne-
rin Theihvô stände auf gleicher reihe mit Iumjô. was aber vor

---

* altn. glumra f. tonitru, glumr strepitus. — altn. Thôra von Thôr, Thô-
rarna.

ÜBER DIE NAMEN DES DONNERS.

allem ist aus diesem þeihvô sprachlich zu machen? die buchstaben gemahnen an leihvau ὀσινάζειν, ahd. lîhan, denn das dem
goth. h folgende v verliert sich im ahd. und aus saihvan wird
sêhan, aus ahva aha, folglich wäre þeihvô in ahd. dîhâ, oder
nach heutiger aussprache umzuschreiben in deihe. unserm deihen, gedeihen, ahd. dîhan entspricht aber goth. þeihan crescere,
ohne v, steht also von þeihvô ab und es schiene auch schwer
aus der vorstellung des gedeihens und wachsens die des donners ungezwungen herzuleiten. zunächst ist uns nochmals die
finnische sprache zu auskunft und hülfe bereit. wie jumaus,
humaus, kumaus heiszt auch teuhaus strepitus, tumultus, tohu au
strepitus, tohina sonus tumultuantium, tohotan sonum cieo, touhaan strepo, toubina was tohina, tomu sonus gravis, tumultus,
pulvis, [auch tauhaan], tuhoan tumeo, reprimo, tuhutan sonum
sibilum cieo u. a. m. der waltende vocal ist unverkennbar u>
o, ablautend in eu, ou und liesze statt des goth. ei eiu iu gewarten, doch nie findet sich hv nach iu; war þiuhvô dem goth.
organ zuwider und ward es zu þeihvô? die wurzel scheint þiuhan premere, wie sie noch im ahd. diuhan aufzuweisen ist. ich
gewahre auch eines seltnen ahd. frauennamens Gartdiuhâ (Graff
4, 253. 5, 119)*, in dessen zweitem theil diuhâ = goth. þeihvô
enthalten scheint, und den ich deute 'die im haus, auf der erde,
in der welt donnernde', offenbar eine donnergöttin, wie Theihvô,
oder wenn man auf menschen auslegen wollte, wenigstens wolkendrängende zauberin, in jedem fall hat die benennung mythischen gehalt und ursprung. ob sich der gleich vereinzelt
auftretende männliche name Dîho (Graff 5, 116)** mit Diuhâ ei

* Cartdiuha bei Neugart no. 68 a. 778. vgl. cart chorus (gramm. 2, 452).
Förstemann 491 u. 1156 unter thiu.
** Thihâ, Thiholf tr. fuld. 88 Dr. Thiholf Neug. 54. Förstem. 1154. Dîholf
Karajan 115, 42. Thiulf cod. lauresh. 2992. Thiolf 3107. = Donarulf, Thôrolfr.
vgl. Hamarolf Dronke no. 644. könnte Thiulfi donnerwolf sein? þiálfi bar kýl
þórs. Sn. 50, ist Thorsdiener und trägt seine donnerkeule. Biörn hat þiálf labor.
seine schwester Röskva ist auch die lärmende, donnernde, von rask tumultus,
raska turhare. ags. räscetan stridere, crepere, strepere, räscetung stridor, fragor,
coruscatio. — in Svarfdœla saga hat Thôrgnýrr (tonitrus strepitus, gnýrr lärm,
geräusch) zwei söhne Thôrôlfr und Thôrsteinn (donnerwolf und donnerstein). nach
Olaf des heiligen saga (fornm. 4, 156) folgen drei Thôrgnýr hintereinander, þór-

nigen lasse, müssen weitere beispiele beider formen entscheiden. Gart mag an die altnordische åsynja Gerðr und noch an Thorgerðr, Freygerðr (Frögertha bei Saxo) klingen.

Vonnöthen wäre nun in die beschaffenheit dieses þiuhan, diuhan und touhaan näher einzudringen. bedenkt man das schwanken finnischer inlaute zwischen h und s (mehi und mesi honig, hanhi gans, tuhat tausend u. s. w.), so stimmte zu touhaan sonare das freilich sehr vereinzelt stehende skr. tus (Bopps gloss. s. 155ᵇ), noch mehr das altn. þysia proruere, þys tumultus, strepitus, þausn strepitus tumultus, das ahd. dôsôn sonare, unser tosen (Graff 5, 229). dagegen hat ahd. diuhan, dûhan die bedeutung von premere cogere, tundere, wie sie auch dem nnl. douwen eigen ist. ahd. diuhil ferrum rude, nhd. deuhel (Schmeller I, 363) scheint von seiner rohen bearbeitung so zu heiszen, sehr treffend erklärt sich ahd. dûmo, nhd. daume, ags. þûma aus dûhmo von dûhan, weil die hand mit dem daumen aufdrückt [1]; die goth. form würde wahrscheinlich lauten þiuhma, þeihma, und da der donner durch spannung oder druck der luft hervorgebracht wird, so fänden jenes diuhâ und þeihvô ihre befriedigende erklärung. vielleicht lieszen sich damit selbst die s formen vereinbaren und der schall überhaupt aus der gedrückten und gestoszenen luft verstehn.

IV. Die vorstellung premere möchte ich hier um so weniger fahren lassen, als dadurch mittel an die hand gegeben werden, andere mit gleichem lingualanlaut versehene ausdrücke des donners den wurzeln tus oder tuh zu verknüpfen.

Unser gewöhnliches donner lautete mhd. doner, ahd. donar, ags. þunor, welche zugleich für den namen des heidnischen gottes dienen und als solche in Donnerstag, dem namen des fünften wochentags, so wie den ortsnamen Donnersberg, Donnerseiche, Donnersbühel, Donnersmark und ähnlichen heute fortleben. in diesem donar liegt zunächst die wurzel dehnen, goth. þanjan, ahd. dennan, mhd. dennen, denen, skr. tan, gr. τάνυμαι, τείνω, lat.

---

gnýr, þörgnýrsson. — Garðr, vater von Thrymr, Vegarðr, Freygarðr und Thorgarðr, Griotgarðr. um Forniot 366. fornald. sög. 2, 5. 6. Thorgarðr m. scheint eins mit Thorgerðr f.

[1] vgl. auslaut B. [und zumal peukalo.]

tendo, wiederum weil der donner eine spannung der luft ist und dehnen dem diuhen, drücken gleichsteht:

δτε τε Ζεὺς λαίλαπα τείνῃ, Il. 16, 365. *

Ζέφυρος βαθείῃ λαίλαπι τύπτων. 11, 306.

Zeus spannt den sturm, der westwiud schlägt mit dem sturm, wie τύπτειν für sich schlagen, stoszen, prasseln, donnern, κτύπειν lärmen, κτύπος was jenes þeihvô. schall und krach folgen dem schlag oder stosz unmittelbar. es ist wol die frage, ob der sturmriese Typhon, den man aus τύφῳ, dampfe, skr. dhûp erklärt, nicht vielmehr auf τύπτω, skr. tup, tubh zurückzuleiten sei? in den dreisilbigen formen Τυφωεύς, Τυφάων ist kurzes ypsilon, in den zweisilbigen langes. der Τύφως wäre gleichsam ein τετυφώς, der im Aetna hämmert, donner und lärm erregt, ein Ýmir und Hýmir.

Dem lateinischen aus τόνος (von τείνω) weiter gebildeten tonare [1] ist im substantiv tonitrus noch tr zugetreten, wodurch auch in andern wörtern die vorstellung eines geräths oder werkzeugs ausgedrückt wird, z. b. in fulgetra, pharetra, feretrum, τέρετρον, aratrum pflug, skr. aritra ruder, in welchem ruder, ahd. ruodar ein identisches der, dar enthalten scheint. das d in tendo gleicht unsrer nebenform donder, die nnl. allgemein herscht *, vielleicht dem altn. þundr, arcus, weil der boge gespannt wird, merkwürdig steht auch Thundr unter Odins beinamen, [deutlich = Yggr: Oðinn ec nu heiti, Yggr ec aðan hêt, hêtome þundr fyrir pat. Sæm. 47ᵇ. Oðinn jetzt, ehdem Yggr, vordem Thundr, þundr also ältester name. þundar í gný stôrum in magno Odini strepitu. Egilssag. 301. auch þrôr. Sæm. 46ᵇ.]

Ferner, wie jenem τύπτω in κτυπέω und κτύπος k vortrat, verstärkt sich tan im sanskrit durch anlautendes s und stan ist in dieser sprache der herschende ausdruck für tonare, stanajitnús für donner und wolke, aus welcher donner und blitz sich

---

* vgl. Haupt 5, 182. der doner stèt gespannen. Apollonius 879. weidlich gedonet und gedonnert. Melander 2 no. 393. — altn. duna f. tonitru, dynja sonare, dunka resonare. ahd. tuni gemitum Graff 5, 430. schwed. tordön, dän. torden. norw. tora f. Aasen 527ᵃ. toredun, toredyn. m.

[1] skr. dhvan weicht doch von jenem tan expandere ab.

** auch alemann. dunder bei Hebel, auch bei Weckherlin. altengl. thonder für blitz: thonder bright. sev. sages 2262. vgl. Donarperht.

entladen. deutlich zu erkennen ist aber dieses stan im griech. στένειν, στείνειν premere, wiederum der vorstellung von diuhan, und σέντωρ bezeichnet den donnerer. littauisches stenéti begegnet unserm stöhnen, ächzen und staunen, franz. ótonner, estonner, gleichsam verdonnert, angedonnert sein, auch auf gemere, ejulare hatte vorhin altn. aumr, ags. geomor geleitet. in tan, stan, þanjan, unserm dehnen wie stöhnen zeigt sich ganz die selbe folge der wurzelbuchstaben t und u [1]; in τύπος schlag und schall, bin ich geneigt unmittelbare berührung mit þeihvô und diuhâ zu erblicken, da τύχος hammer leicht mit τύπος schlag, das werkzeug mit der wirkung zusammenhängt, neben τύπτω ein verschollenes τύχτω gedacht werden dürfte, das näher zu diuha stimmte. das k in τύχος verhält sich zum hv in þeihvô wie κότερος zu hvaþar. einigen sich die wurzeln tus, tuh, tuk, tup, tau und tund auf höherem standpunct, so kann nicht befremden, dasz teuhaus, þeihvô, diuhâ, τύχος, τύπος für ein und dieselbe sinnliche vorstellung gerecht sind, wie es auch iumjô, jumaus, hiuma und humaus waren, wenn schon einzelnen der stärkste begrif verloren gehn und nur ein geschwächter verbleiben konnte.

V. Ueberaus merkwürdig stellt sich den formen donar und þunor deutscher zunge ein keltisches toran und taran zur seite, in welchen nur n und r ihre stelle getauscht haben; man wird eingestehn müssen, dasz durch solchen voraustritt eines rollenden r die vorstellung des rasselnden donners an kraft gewinne. taran klingt krachender als donar mit nachhallendem r. einer keltischen gottheit Taran versichert uns schon Lucans ausdrückliches zeugnis in den bekannten versen 1, 440. 441, die sie neben Teutates und Hesus nennen:

* Teutates, horrensque feris altaribus Hesus, et Taranis scythicae non mitior ara Dianae.

bis auf heute drückt taran in cambrischer und welscher, toran in irischer, torrunn in galischer sprache lärm, gekrach und donner aus. jene Taran, weil er sie mit Diana gleich stellt, scheint

---

[1] auch finn. panen, das sonst dem lat. ponere gleicht, entfaltet unter vielen bedeutungen, die des schalls, und Ukko panee heisst wiederum tonitrus tonat.

der Römer weiblich aufzufassen, und das welsche taran (armor.
kurun) wird auch als f., das irische torau, gallische torrunn
hingegen als m. verzeichnet, gott oder göttin sind hier gleichviel. mit angelehntem kehllaut gilt auch galisches tairneach, tair-
neanach m., wie man auf inschriften (am Oberrhein und an der
Mosel) einen deus Taranucnus oder Taranucus gefunden hat 814
(Zeusz s. 774)*. ein Ternodorense castrum, im bisthum Lan-
gres nennt uns Gregor von Tours 5, 5, heute führt es den richtigen namen Tonnerre, ein altes Taranodurum, der ganze landstrich hiesz le Tonnerrois [1], gerade wie wir oben ein Thrym-
heim erkannten. wie Taranodorum im gebiet der Lingonen lag
bekanntlich der Donnersberg in dem der deutschen Vangionen,
worin von neuem die verwandtschaft zwischen keltischem und
deutschem cultus vorbricht.

Vor allen dingen musz dies keltische Taran und Torau,
Torun hin zu der in Scandinavien wurzelnden benennung des
donnergottes Thorr leiten, dem man gemeinlich ô gibt, besser o lassen würde**, wie es in den zusammensetzungen Thor-
brand, Thorfinn, Thorodd, Thormôd behalten ist. ich habe früher gesucht, Thor unmittelbar aus Donar durch bloszen aus-
stosz des n zu erklären, doch scheint beispiellos, dasz inlauten-
des n auf solche weise in altnordischer mundart vor r schwinde,
so gewöhnlich es vor s geschieht (âs = ans, bâs = bans). natür-
licher bleibt also Thorr ganz zu Taran zu stellen, mit rr für rn,
wie in sterro für sterno; zwischen dem nordischen und keltischen sprachzweig bestehn auch sonst unleugbare berührungen.
neben Thor erscheint zugleich der frauenname Thôrunn, gen.
Thôrunnar, dem ich mythischen ursprung zutraue und willkommen begegnet die göttin Taran jener Iumjô, Theihvô und Gart-

---

* Mone bad. gesch. 2, 185 leitet Taranucus aus welschem taranawg, reich
an donner.

[1] chartes bourguignonnes inédites des 9. 10 et 11 siècles, par Joseph Gar-
nier (mém. présentés à l'academie. tome 2. Paris 1849) p. 51, 77.

** norweg. dura oder tura donnern, lärmen; vesterb. dorra, durra. vgl. Thorri
januar. Schmeller 1, 390. darer für donner und donnerschlag. — Taara, der altvater, donner. Kreutzwald und Neus s. 13. 19. 41. 104. Bücler 11. Tarapilla, Ta-
rapita. Castrén 216.

diubâ, wir werden bald sehen, noch andern. in den veden soll Taranis beiname des donnergottes Indra sein.

VI. Es leuchtet ein, dasz gleich den Finnen, Deutschen, Römern und Indern auch die Kelten vom schall ausgehen, wenn sie die wirksamkeit dieser gottheit in namen fassen; nicht anders im grunde verfahren Griechen und Slaven, da sie ähnlich lautenden benennungen mehr den sinn des treffenden, einschlagenden donners beilegen, die handlung selbst vor der wirkung heraus heben, wie wir vorhin schon im beispiel von κτύπος und τύπος gewahrten. Thor wirft aus der wetterwolke seinen hammer oder keil und schlägt krachend ein.

Das altslavische Perun reicht, wie unser Donar, tief in die heidnische zeit zurück, den Polen lautet es Piorun, den Böhmen Perun, Peraun und seine herleitung von prati, im praesens peru ferio, tundo, scindo, conculco, womit das lat. ferire, ahd. perian, mhd. bern identisch ist, liegt auf der hand. es ist der treffende, schlagende donnergott, zu bezeichnung des schallenden, tosenden donners dienen andere.

Diesem Perun entspricht, nur mit geändertem anlaut, das weibliche kurun (den umständen nach gurun), welches die armorischen Kelten statt Torun setzen: kouézed eo ar gurun war va zî, der donner ist in mein haus gefahren. nach Villemarqué soll man auch kudurun aussprechen hören. vorzüglich aber gleicht hier das griechische κεραυνός, zwar nirgend mehr benennung eines donnernden gottes, nur des von ihm geschleuderten, zerreiszenden blitzstrahls. an der wurzel κείρω, tondere, scindere, wozu auch κέρας, das stoszende, brechende horn fällt, wird sich nicht zweifeln lassen, doch steht die bildung κεραυνός in der sprache ohne alle analogie und unenthüllt. mir wenigstens ist gar kein anderer griechischer name dieser ableitung bekannt. denn in βαυνός schmelzofen hängt die gestalt näher an der wurzel selbst. ebenso einsam liegt unter den verben das einzige ἐλαύνω, während nomina und verba auf αινός, αινα, αίνω in menge sich darbieten. das gesetz der ableitungen αυνός, αύνω ist zurückgetreten, musz aber nothwendig von der lautreihe u, wie αίνω von i ausgehen, so dasz dem αύνω unmittelbar das ύνω der verba βαθύνω, βαρύνω, ἡδύνω und aller ähnlichen begegnet, die sicht-

bar von βαθύς βαρύς ἡδύς stammen. erwägen wir nun, nach
dem umschlag der u laute in den i laut [1], dasz von γλυκύς γλυ-
καίνω für γλυκύνω eintrat, von ἡδύς aber ἡδύνω haftete, so wird
auch das einfache kurze υ der steigerung in αυ fähig, folglich
ueben γλυκύνω ein γλυκαύνω, neben ὀτρύνω ein ὀτραύνω denkbar
und manche αίνω lieszen sich umsetzen in αύνω. κεραυνός, nach
solchen voraussetzungen allen, müste im hintergrund ein κερύς
gehabt haben, welchem in der that das goth. hairus, alts. heru,
altn. hiörr gladius entsprächen, diesen aber liegt goth. haurn,
ahd. horn, lat. cornu, skr. śringa unmittelbar verwandt, vielleicht
auch ist das altn. hyrr ignis und goth. hauri pruna anzuschla-
gen, da für schwert und lichtstrahl noch andere wörter gemeinschaftlich sind, vgl. zu goth. laubmuni blitz altn. liomi, licht
und schwert [schw. ljungeld, dän. lynild, altn. skoteldr] [2]. war
κερύς schwert, strahl, pfeil, so ist κεραυνός der geschleuderte
strahl oder hammer des donnergottes und dem donnergott zur
seite stellt sich auch ein schwertgott.

VII. Im keltischen Taranucnus sahen wir einen guttural- 816
laut dem Taran hinzutreten, wie noch im galischen tairneach;
auch diese verstärkung der einfachen wortform führt zu fruchtbaren analogien. denn gerade so verhält sich ein littauischer donnergott des namens Perkúnas, in der lettischen sprache Pehrkons,
zu dem slavischen Perun, selbst unter den Morduinen soll Porguini vorkommen, und an Perkunas schlieszen sich wiederum
deutsche bildungen. in der nordischen mythologie heiszt Thors
mutter, die göttliche erde Fiörgyn, was unmittelbar auf eine
donnergöttin Theihvô und Diuhà, die an macht ihrem sohne
gleich kommt, ja in der zeit ihm vorangeht, gedeutet werden
darf, und auch die Littauer wissen von einem weiblichen wesen
Perkunatele. mit Fiörgyn aber stellt sich sicher zusammen das
gothische fairguni, was bei Uilfilas der gewöhnliche ausdruck für
berg ist, obschon aus bairgahei erhellt, dasz ihm bereits die ver-
schobne form bairgs = ahd. perac, nhd. berg bekannt war. für
gebirg und waldgebirg haftete aber noch fairguni, wie unter den

---

[1] s. auslauf C.
[2] δεινὸν ἄορ τανύηκες ἔχων ἐν χειρὶ παχείᾳ
εἴκελον ἀστεροπῇ.   Π. 14, 385.

Hochdeutschen und Angelsachsen ein firgun, firgen neben perc
und beorg. umgekehrt hat in Norwegen bis auf heute die stadt
Bergen, urkundlich Biörgyn (gen. Biörgynjar, wie Fiörgyn Fiör-
gynjar) ein b angenommen. die örtliche bedeutung von fairguni und berg scheint sogar die ältere und der persönlichen von
Fiörgyn und Perkunas vorher gegangen, anders ausgedrückt, die
donnernden götter jüngerer zeit haben im hintergrund ältere elementarische wesen, bergriesen, die mit erde und wald oder waldgebirge noch in festerem verband stehn. in berg und bergen
ist die vorstellung des hegenden, bergenden enthalten, die von
der des treffens oder schlagens in Perun absteht. den namen
der stadt Bergen hat ein neuerer forscher [1], nach der schreibung Biörgvin, gedeutet aus vin, was einen behaglichen platz,
weideplatz ausdrücke; kaum aber läszt sich das goth. neutrum
fairguni dem f. vinja weide nähern, und fairguni gleicht als bildung von glitmuni, lauhmuni, gairmuni, welche zwischen n. und
f. schwanken. auszer Fiörgyn erscheint denn auch in der edda
ein männlicher Fiörgyn, gen. Fiörgyns und Fiörgvins, welcher
wol dazu berechtigte einen gothischen Fairguneis aufzustellen,
um das volle gegenbild von Perkunas zu empfangen. Fairguneis würde die vom berge niederfahrende gottheit, das gewitter
(litt. perkunija) bezeichnen, den auf der ἄκρις des Olympos thro-
nenden Zeus. mit übergang des f in h dürfte selbst der name
des groszen waldgebirges Ἑρκύνιος δρυμός zu fairguni [*] und Fairguneis gehalten werden, wenn man nicht vorzieht jene aus goth.
airkns, ahd. erchan, ags. eorcan herzuleiten. unsere vorfahren
konnten sich ihren gott des donners nicht getrennt von wald
und gebirge denken und an der stelle des slavischen Perun erwuchs ihnen Fairguneis und Fiörgyn, den Littauern Perkunas
und Perkunatele; vor Donar und Thor erblichen später jene
namen. mit Porguini und Perkunas scheint sich auch das ungr.
dörgés donner, mennydörgés himmeldonner, égdörgés dasselbe,
dörög az ég, es donnert [2] zu berühren.

---

[1] P. A. Munch historisk-geographisk beskrivelse Norge. Moss 1849. s. 30.
[*] wb. 1, 1052. bestritten von Glück s. 12, wo s. 10 eine andre erklärung
von ercynius.
[2] Magyar mythologia, irta Ipolyi Arnold. Pest 1854 s. 10.

Eine allen diesen vergleichungen entgegen laufende deutung
des goth. fairguni aus dem skr. parvata berg, dem sl. br"do
clivus hat Bopp im glossar s. 212 vorgeschlagen, und Schweizer
in Kuhns zeitschrift 1, 157 unterstützt. dabei wird dem kehllaut in fairguni, also auch in berg keine rechnung getragen [Bopp
läszt v in g übergehen] und der nachgewiesne zusammenhang
zwischen fairguni, Perkunas, Perun, Taran, Taranucus geht unter. eher noch zu begründen scheint ein verhalt zwischen Perkunas, dem skr. Pàrǵanja, regengott * und dem armenischen jer-
gin himmel, woneben aber auch wergin besteht, das man mit
οὐρανός und skr. Varuna, dem gott der gewässer vergleicht [1],
wie der regen vom himmel strömt. so viele berührungen der
formen und begriffe flössen dann ineinander.

VIII. Dem wechsel der anlautenden stummen consonanz in
den wörtern des schalls und donners kommen noch andere benennungen zu statten. die altn. sprache gewährt þruma für
donner und gestöhn, þruma oder þrymja für donnern und seuf-
zen, und in einem der herlichsten eddalieder ragt Thrymr hervor, der sich in besitz des donnerhammers gesetzt hat, dem er
von Thor und Loki erst durch list wieder entwunden werden
musz **. hier stehn also beide donnergötter sich gegenüber,
der natürliche und asische und es versteht sich, dasz dieser über
jenen den sieg davon trägt. riesenland hat den namen Thrymheimr,
was wir oben mit Jumala zusammenhielten. ein späteres schwe-
disches volkslied (Arwidsson no. 1) entstellt Thor in Torkar,
Thrymr in Trolltram, d. i. trölla þrymr. die Norweger sagen,
wenn es donnert: torden skyder efter troll, Thor schieszt nach
den riesen, und die Schweden verknüpfen Toren oder trollen
im sprichwort ***. Thor verfolgt den alten donnerer als bitter-

* vgl. Leo bei Wolf 1, 55. 58. vorles. 108. 29
[1] zur urgeschichte der Armenier. Berlin 1854 s. 12, 224. 29, 794.
** Dorpater zeitschrift Inland 1858 no. 6: der *teufel* entwendet den *Pikne*
im schlaf die *donnertrommel*. Pikne verdingt sich als knabe bei einem fischer
Lijon. der teufel stiehlt zur hochzeitfeier seines sohnes fische, wird ertappt und
musz sich zu erkennen geben. Lijon samt dem knaben werden zur hochzeit geladen. dort gelingt es dem knaben, der seine wahre gestalt annimmt, wieder zur
donnertrommel (müristaja wärg) zu kommen.
*** Tor gär es donnert, Tor = åska. Unander. om åskan icke vore, så hade

418 ster feind, er will nicht leiden, dasz er ihm ins donneramt greife. aus þrymr entsprang das lappische tiermes, diermes für donner = þruma, und auch den ugrischen Ostjaken ist Torm, Turm, Torom bekannt [1], vgl. ungr. dörmögni murmeln, brummen. bemerkenswerth ist auch der eigenname Thrumketill, donnernder, brummender kessel [2], ganz wie Thôrketill von gleicher bedeutung, diese mit ketill zusammengesetzten namen verdienen ein andermal nähere mythische beleuchtung. Hŷmir war in des kessels, Thrymr in des harmers besitz. þruma und þrymr scheinen aber im ags. þrym cohors, turba enthalten, gerade wie iumjô und hiuma aus der vorstellung des donners und lärms in die der menge übertraten; verwandt liegen also buchstäblich lat. turma, turba und turbo sturmwind, gewitter.

Nicht anders scheinen sich mittellateinisches und griechisches drungus, δροῦγγος, globus militum (Ducange 2, 943) zum gothischen drunjus φθόγγος, altn. drynr, dän. drön zu verhalten, das leicht in druggus entstellt werden könnte. man vergleiche nicht nur unser dröhnen, nnl. dreunen, altn. drynja, sondern ital. trono, span. truono, neben tuono, wo sich das eingeschobne r dem in taran, toran neben tonus und tonitru als unserm donder, donner vergleicht.

Allen Slaven ist grom" tonitru und grʼmjeti tonare, die Polen schreiben grom und gromić die Böhmen hrom und hromiti, wiederum aber bedeutet gromada, hromada haufen und geräusch = iumjô. die einstimmung mit der gothischen, finnischen grundansicht kann nicht offenbarer sein. ich habe schon einmal bei

---

man ingen fred för småtroll. ver inkje Tora, so vardt trolli for mange. d'er Tora, som trolli skal drepa. Aasen ordspr. 198. torsdag er tussedag 204. es blitzt = Thor schlägt die trolle. Nilsson 4, 40 wo sagen. alle riesen werden von åska getroffen. Nicolovius Skyttshärad s. 102. in Thorsdrapa heiszen Thors waffen gegen die riesen blika (blitz) und slu (fliegender funke). der donnergott jagt und verfolgt die bösen geister und teufel. Kreutzwalds Esten s. 110f. 114.

[1] Castrén finn. myrhol. s. 50. [ostj. turum, turm, torem gott. Castrén gramm. 100[b]; Turum der donnergott. Castrén reise 335.]

[2] umgekehrt Hvergelmir, kesselrauschen der mythische brunne. s. oben über Örgelmir, Thrudgelmir. [vgl. Biörn s. v. þrumr. Ketill þrymr i þrumu. fornald. sög. 2, 5. gautr herþrumu = Thor. Sn. 1848. 1, 290. vgl. vesterb. jämtel. trommä, formula jurandi.]

anderer gelegenheit ¹ unser haufe dem goth. hiufan θρηνεῖν an
die seite gestellt, es stünde zu hiuhma (für hiufma?) wie das
vermutete iuman zu iumjô. zu grom sei noch bemerkt, dasz
auch in deutschen landstrichen gesagt wird es grummelt, wenn
aus der ferne her der donner murrt *. ein Donnersberg in Steier
heiszt Grimming, einer in Böhmen Hromolan. litt. grauja, es
donnert, growimmas donner; ir. crom cruim donner **, franz.
grommeler brummen. *** litt. Perkûnas grauja, grumena, Perkunas donnert, wittert.

Endlich auch lippenanlaute. ahd. prēman, pram, rugire, entspricht dem lat. fremere; prēmo ist die brummfliege, mhd. brēm,
nhd. bremse vgl. finn. parma. das mhd. verbum tritt über in
brimmen bram, das nhd. in brummen, brummte, und ausdrück- **319**
lich heiszt es: die wolken brummen, das gewitter brummt aus
der ferne. gr. βρέμω was fremo, βρόμος fremitus, βρίμη zorn,
schnauben, Βριμώ die zürnende göttin, Hekate oder Persephone,
Βρόμιος, der lärmende, rauschende Bacchus, βροντή donner, βρον-
τᾶν donnern, Βρόντης ein donnerschmiedender cyclops, wo sich
nt auf die gewöhnliche weise aus m entfaltet †.

IX. Welchem philologen hat nicht das schwanken der anlaute in πίς κίς und τίς, in πῶς κῶς τῶς (τώς), in quidquid und
pidpid, in kataras κότερος hvaþur und πότερος zu schaffen gemacht? ebenso tauschen petora fidvor keturi quatuor τέττορες
τέσσαρες oder πέντε πέμπε fünf quinque. was für wurzeln soll man
solchen formen setzen? einigemal ist ihre bedeutung nicht geradezu gleich, sondern im kehl- oder lippenanlaut frage, im zun-
genanlaut antwort gelegen, obwol auch gr. τίς fragt. niemand
verkennt, dasz auch perun, kurun, κεραυνός und taran, ebenso
dasz Perkunas, Fiörgyn, Taranucus, dasz þruma tiermes grom
fremo βρέμω zueinander streben; niemand dasz die bildungen
und bedeutungen von iumjô jumaus umas hiuh na humaus ku-

---

¹ über verbrennung der leichen. s. 221.
* osnabr. grummeln donnern, grummelschur gewitterschauer, grummelwier
donnerwetter, grummeltaaren aufsteigende gewitterwolke. Lyra 117.
** ags. cyrm = dyne fragor Haupt 9, 509ᵃ. cyrmian clamare, cerm 9, 513ᵃ,
nnl. kermen, karmen.
*** armor. grósmôla, krösmôla.
† alban. brumbulit es donnert, brumbulime donner.

maus tumor teuhaus peihvô diuhä vollkommne ähnlichkeit untereinander haben. ich will hier nachholen, dasz den Finnen
auszerdem eine mit p anlautende form zusteht, denn sie sagen
pauhaan wie teuhaan, pôho tumor, turgor wie tohu strepitus tumultus, aber auch noch paukaan tono, woher peukalo unser
daume. diesem pauhaan, paukaan liesze sich unser bochen oder
pochen, klopfen, stoszen wol vergleichen. beinahe durchgehends,
so weit zu beobachten vergönnt ist, zeigen solche wörter einen
übergang aus dem sinnlichen schall und ton in die abstraction
von menge, schar oder haufe, einmal auch, und desto merkwürdiger den schritt aus der fülle des geräusches zur stillen samm-
lung des gedankens (umas s. 309).

Von ähnlichen wortbildungen ist es recht auf ähnliche und
verwandte wurzeln zu schlieszen, unerlaubt wäre sie alle auf
eine gleiche zurück zu führen; die verschiedenheit der menschlichen sprachen gründet sich eben darin, dasz jede derselben
eine manigfaltigkeit von wurzeln niedergesetzt und entfaltet hat,
die sich an näheren oder ferneren sprachen wunderbar abspie-
gelt, in keiner von ihnen aufgeht. daraus folgt auch, dasz jede
sprache ihre eignen gänge und pfade hat und nicht willkürlich
aus ihnen gesprungen werden darf. jenes vedische taran, auf
die skr. wurzel tr oder tar gebracht, würde den treffenden, für
blitz als donnerkeil gerechten sinn des durchfahrens zu gewähren scheinen; doch wer getraute sich Perun zu πέρα, πέραν,
fairguni zu fair (unserm ver) zu fügen? da alle partikeln am
ende selbst aus lebendiger wurzel sp:ieszen, so ist es gewinn,
nach ihr zu graben und auch die partikel mit aus ihr zu deuten. wie die gestirne des sonnensystems sich nicht nur um die
sonne bewegen, sondern auch um ihre eigne achse drehen, musz
den sprachen auszer dem groszen gesetz, das sie lenkt, auch
noch ihr wärmerer eigener verhalt gelassen werden. erst indem
sie wechselnde formen und bedeutungen mitten in den stetigen
anerkennt, gewinnt die etymologische forschung ihre rechte
freiheit.

X. Ich schreite fort zu einer der ältesten frischesten auf-
fassungen des donners, die zumal im volksglauben der völker

gesucht werden musz, unter welchen sich die naturgötter am läng-
sten behaupteten. Der erste und schönste bezug, den schutzbedürftig das
menschliche herz auf die götter fand, war dasz es sie wie väter anbetete und überall werden sie als himmlische väter des
sterblichen geschlechts verkündet. vorzugsweise in dieser würde
erscheinen aber die donnernden götter und damit ist an sich
ihr oberster rang im himmel ausgesprochen. hohe berge, die
ihr haupt in die wolken strecken und von welchen der donner
niedersteigt, heiszen bei vielen völkern groszvater, Etzel, Attila[1],
was neues licht verbreitet über Fairguneis und fairguni: donnergott und donnersberg werden in der betrachtung untrennbar,
vom gebirge fährt der vater herab. Ζεὺς πατήρ und Jupiter, wie
es schon die namen unmittelbar enthalten, sind väter des himmels. die Finnen, wenn donner vernommen wird, sagen isäinen
panee, der vater donnert; Ukko panee, der groszvater donnert;
Ukko pauhaa der groszvater toset, wie es auch heiszt tuuli pauhaa, der wind stürmt, aallot pauhaavat, die wogen rauschen;
Ukko jyskyy, groszvater tobt[*]. die Tschuwaschen asladi au-
dat, der groszvater singt (auszer asladí drückt ihnen auch mung-
así beides groszvater und donner aus). die Lappen atjekuts
klipma, dudna, väterchen kracht, tönt; aija jutsa, groszvater
schallt oder tönt. die Esten, wanna issa hülab, wanna essa wäl-
jan mürriseb, der alte vater drauszen brummt. die Littauer,

---

[1] Haupts zeitschr. 1, 26. [der höchste fels der teufelsmauer bei Blankenburg heiszt groszvater. der alte mann, benennung einer alp. Franz Wildhaus 38
(mit neuen sagen). der alte vater Säntis. das. 40. 46.
    Thórr heitir *Atli* ok Ásabragr,
    Biörn, Hlórridi ok Hardveorr. Sn. 211*.
estn. wana isa, der alte vater, Böcler 148. Kreutzwald und Neus 12. der skythische Zeus hiesz nach Herodot 4, 55 Παπαῖος, also von πάπας, πάππας vater.
Preller 1, 409. Attis = Papas a Bithynis (Thracicis) usurpatum legimus, ut adora-
turi *montium cacumina* conscendant et sine templis *Jovem Pappam* salutent, sicut
Scythae Pappaeum. Alex. ab Alex. geniales dies 2, 22 aus Arrianus in Bithy-
niacis, der donner ist ein *bär*, brummt wie ein bär. Kreutzwald und Neus s. 13.
kone mürristaminne, donnern, eig. des bären brummen, finn. kouko ursus. das. 12.
altn. glumr tonitru und ursus.]
    [*] Ukkoisen jyrinä s. jylinä Ukkonis murmur, tonitru.

děwaitis grauja, der liebe gott grummelt; die Letten wezzajs
kahjâs, wezzajs tews barrabs, der alte vater hat sich auf die
beine gemacht. auch die Baiern noch: der himmeltatl greint.
anderwärts in Deutschland unser herrgott ist drauszen und zankt
oder keift. [gott vater brummelt. Zingerle no. 601. vgl. altn.
skeggrödd, parta jumalan.]

321   Ukko, der name des finnischen donnergotts, bedeutet groszvater, altvater, greis, entsprechend dem ungr. agg greis, [ûk
atavus], ostjakischen jig vater, jakutischen aga, aka vater. taivahan ukko, altvater des himmels, war epithet für Jumala, den
gott des himmels, und wiederum taivahan jumala epithet für
Ukko [1]. bedeutsam musz aber dieser finnische Ukko in Yggr,
dem eddischen beinamen Odins anerkannt werden, und der
identität von Jumala und Ymir tritt die von Ukko und Yggr
festigend zur seite.

     XI. Wenn das heidenthum allen hohen göttern wagenge-
spann beilegt [2], so kann es nirgend passender sein als für den
donner, dessen rollen ganz einem vorüberfahrenden schweren
wagen gleicht [*]. den Griechen erschien die βροντή als ὄχημα
τοῦ Διός. die snorrische edda stellt Asaþôrr und Ökuþôrr als
beinamen Thors nebeneinander, wahrscheinlich meint dieser den
alten, elementarischen, jener den asischen gott, denn ihn gerade
läszt sonst die edda (wie vorhin die Letten) zu fusz gehen. unterm volk herscht die vorstellung des wagengottes. die Schweden, weder Norweger noch Dänen, sagen: godgubben åker, der
gute alte fährt, goffar kör, der gute vater fährt, den in ganz
Schweden gangbaren ausdruck åska blitz verstehe man åsikkia,
åsaka, fahren des gottes, der hier ås genannt ist: [im Vestgöta-
lag p. 64. 217 ist asikkiä eldär, heute åskeld, vadeld, durch
blitz gezündetes feuer.] darum heiszt das gewitter altn. reiðar-
þruma [reiðarþrumur, fornm. sög. 11, 414] wagendonner, [rei-
darslag, donnerschlag], und der blitz oder donner selbst reið,

---

[1] Castréns finn. mythol. s. 27 ff.
[2] deutsche mythol. s. 801.
[*] es wird heu über die himmesbrücke geführt. Zingerle 599. heu einführen
und dreschen. 602.

wagen, rheda; ags. þunorrâd, donnerwagen. [norw. Thorsreia, aaskereia, husprei, hesprei. Aasen 184ᵇ. lapp. atja raide. myth. 898. liegt in dem ortsnamen Thonrede, heute Donnern (bei Lappenberg no. 269. 334. a. 1185. 1202) unweit Beversted ein altes Thonarreid? mandschu-chinesisch hung-lui: hung wagengerassel, lui donner; das schriftzeichen für hung wiederholt dreimal einen wagen.]

Im innern Deutschland begegnet man der redensart vom wagen nicht mehr, wol aber ähnlichen ebenso bezeichnenden. in Holland: onze lieve heer reed door de lucht; in Niedersachsen: use heer speelt kegeln, oder auch, die engel kegeln. in der Schweiz: gott vater rollt dbrenta (milchkübel) über die kellerstiegen. [dem Jupiter zu wehren, seine rumpelnde steinfässer umbzukeren. Garg. 181ᵇ. unser hergott mangelt (rollt). Kuhn feuer 8. kegel schieben. Zingerle 549. kegeln ist wieder boszen. wb. 2, 269. Petrus und sein anhang thun einmal wieder ein feines kegelscheiben halten. jetzt hat der Peter den mittleren kegel geschossen! Leoprechting 63.]

Durch manche andere wendungen wird bei allen völkern das brummen des donners ausgedrückt worden sein. Bopp im glossar 262ᵃ hebt aus Rigveda 38, 8 die bedeutung des skr. mâ sonare: mugientis instar vaccae fulmen sonat; und 364ᵃ aus derselben stelle: vitulum veluti mater, ita fulmen Marutes sequitur. Marut ist der wind oder daemon des windes.

XII. Mit dem donnerkeil, der aus den wolken zündend und schmetternd niederfährt, verbanden die völker die vorstellung eines hammers (τύχος), einer spitzen, scharfen felsenzacke, ⁸²² eines spaltenden schwertes. die ältesten hämmer wurden aus steinen bereitet und erst später liesz Zeus seinen κεραυνός aus metall schmieden, aber beide bedeutungen des hammers, das klopfen, der lärm, den seine schläge verursachen, wie sein verwunden und treffen kommen dem donner zu. hamar drückt wörtlich stein und fels aus, so dasz auch hier der gedanke an berg und fels, an den berggott und bergriesen zunächst tritt *.

---

* goth. hallus petra, altn. hallr lapis silex, finn. kallio rupes, kaleva gigas (Schott Kullervo 232). vgl. die namen Hallbiörn, Hallgerdr, Hallketill, Hallkatla,

das volk glaubt, Thor wohne, wie die riesen, im fels und schwedische lieder enthalten die beziehungsvolle redensart locka till
Thors i fjäll, zu Thor in den berg locken. Thors bilder führen
einen groszen hammer in der hand und der hammer ist ein
heiliges, weihendes gerät. er heiszt þrudhamar (starker hammer) oder mit eignem namen Miölnir, contundens, der malmende,
gerade wie die Slaven den blitz ml"nija, molnija, serb. munja
von mljeti conterere nennen *. Thorsteinn und Steinþôr ist
gleich jenem Thorketill ein geläufiger nordischer mannsname.
den Schweden sind die donnerkeile Thorviggar (altn. veggir,
dän. vägger, nhd. wecke), mallei joviales **. unter den Christen ward der heidnische hammer zum teuflischen zeichen und
hammer drückte teufel aus, wie er den teuflischen wirbelwind,
procella bezeichnet.

Unser heldenbuch weisz es noch, dasz der donner die riesen erschlägt:

Hallsteinn. auch in den deutschen sagen werfen die riesen mit hämmern z. b.
Panzer 1, 243. 244. Bander bad. sagen no. 374. in færöischen liedern erscheint
Torur als riese und wird erschlagen:

    fram kom Torur ur Tröllabotni,
    við hamri i hondum vá,
    har kom Torur ur Tröllabotni,
    bar hamar og tong i hendi. Hammershaimb 136^b. 138^b.

* in serb. liedern ist Munja schwester des Grom, die blitzende des donnernden. im Pentamerone 5, 4 ist 'Truono e Lampo' donner und blitz ein mannsname. im märchen bei Meier no. 6 sind drei brüder Donner Blitz und Wetter
söhne einer zauberin, eines alten mütterchens (der Fiörgyn) die immer kegel
spielen und kugeln werfen. es sind drei götter.

** steinkeile fallen wenn blitz und donner auf einen schlag kommt. Zin-
gerle 597. ein vlins von donrestrálen. Wolfr. 9, 32. viurin donerstrále. Parz.
104, 1. vgl. myth. 163. Othello 5, 2 are there no stones in heaven, but what
serve for the thunder? Hagb. tius ingen rigg i himlen, utom den som anwänds
när det äskar? altn. skruggustein = schürstein, von skrugga tonitru, skruggulior
fulmen. poln. dżdżownica regenstein, schauerstein, piorunek, kamien piorunowy.
kein wunder wers, dasz dich ein donnerstral dritthalb centner schwer, in maszen
einer zu Ensheim in der kirchen hengt, in die hell hinabschlüge! Garg. 216ᵃ.
wanta sie (die riesen) alle erscozen warten mit tien donerstrálon. N. Boeth. 173.
donres pfil. turn. v. Nant. 35. 149. gelich dem wilden pfile, der ûz dem tonre
snellet. Tr. kr. 7688. Ukko hat einen erzgegossenen pfeil. Kanteletar 3 no. 22,
auch estn. Piker, Kreutzwald Kalewip. p. 168. donneraxt. wb. 1, 1017. schwed.
dunderhuggare. ags. se þunor hit prisced mid pære fyrenan äexe. Sal. u. Sat. 148.
myth. 773.

du widertuo cz balde, du ungeslahtez wip,
oder dir nimet der donner in drin tagen den lip. Haupt
4, 439. Hagen 1, 439.

es fahren donnersteine und schürsteine:

sô slahe mich ein donerstein! MSH. 3, 202ᵃ,

wo in der überschrift dornstein (dorn = taran vgl. dornstag.
weisth. 3, 562, Thornburg. Thietmar 5, 24.) steht;

ir ietweders swert gât
nider sam der schürstein. Bit. 10332;
hiure hât der schûr erslagen. MSH. 3, 223ᵃ;
[in steht ze helle ein bitter schûr. Winsb. 40, 7.]

auch ahd. scûr, tempestas wie nhd. schauer ist m., altn. skûr
nimbus, goth. skûra f., es heiszt skûra vindis, λαῖλαψ, und gemahnt an κεραυνός von κείρω oder an das armor. kurun, wenn
man s als vorgetreten betrachten will, so dasz κείρω zugleich auf
scëran, scheren, tondere, tundere führt. urverwandt schiene skr.
śaru donnerkeil, śara pfeil, śiri schwert [altröm. quiris, curis.
Kuhn zs. 4, 70] von śrî rumpere, findere, dem sich κεραυνός noch
triftiger anschlieszt, da skr. ś (= ç) griech. k, deutsches h wird,
und schon oben goth. hairus, alts. heru schwert verglichen wurde.

unsere dichter geben dem teufel feurige pfeile:

der wider unsih vihtet   323
mit viurînen strâlen. Diemer 337, 9.

hairus aber liegt ab vom skr. hîra, hîraka, Indras donnerpfeil,
der sonst auch vadschra heiszt (Pott 2, 421), von vadh ferire,
tundere.

Vollkommen dem donnerstein entspricht das littauische Per-
kuno akmû, Perkunas stein = donnerkeil, das finnische Ukkon
kivi, Ukkos stein (vgl. ungr. mennykő, himmelstein, von kő =
kivi), Ukkoisen nalkki, Ukkos keil; Ukko iskee tulta, Ukko
schlägt feuer, es blitzt. es darf nicht verwundern, dasz eine
aus der natur gegriffene benennung auch bei ferneren völkern
wiederkehrt. den Mongolen heiszt der donner oktargo-jin aluga,
des himmels hammer, oktargo-jin temûr, des himmels eisen. nochmals bedeutet das tibetanische nam-khai tho-va himmelshammer,
nam-tschag himmelseisen den donner. das mongolische tsakilgan,
tsakilschu blitzen gehört zu tsakischu, feueranschlagen, türkisch

tschakmak. den östlichsten Türken heiszt der blitz ut-tschagyldy, feuerschlag, jener finnischen redensart gleich [1].

Höchst eigenthümlich klingt die bei Mielke und Nesselmann angeführte littauische benennung des donnerkeils Laumês papas, der Laume zitze, Laumês spenys, der Laume brustwarze, ebenso kauk spennis, zitze der alraun. nicht anders wird auch in niederdeutschen gegenden maretett, zitze der mara für den braunen donnerstein gehört. [2] sah man in der bildung eines holen steins ähnlichkeit mit der brust einer vom donner getroffenen mare oder laume?

XIII. Nach so vielen den buntesten heidnischen bildern des donners sei noch mit einer biblischen, anziehenden auffassung geschlossen, wobei auf den inhalt der beiden schon oben angeführten stellen zurückgegangen werden musz, in welchen allein das gothische wort þeihvô erscheint. Marc. 3, 14-19 ist die rede von den zwölf aposteln, die der heiland wählte, und unter welchen er drei durch besondere beinamen auszeichnete, es scheint, um verwechslungen vorzubeugen, die ohne das erfolgt sein würden, oder um gerade diese drei hauptapostel persönlich zu characterisieren. dem Simon ertheilte Jesus den zunamen Petrus, weil noch ein anderer Simon von Cana in der zahl der jünger begriffen war. auch Joh. 1, 43 steht von Simon: σὺ κληθήσῃ Κηφᾶς, ὃ ἑρμηνεύεται Πέτρος. Πέτρος kommt schon, obwol selten, als mannsname bei den Griechen vor, und bedeutet wie πέτρα einen stein, daher es auch vom verfasser einer gothischen homilie nicht unpassend Steins verdeutscht wird. auf ihm sollte, wie sich später ergab, die kirche als auf einen felsen gegründet werden (Matth. 16, 18); möglich aber, dasz zur zeit der namengebung ein andrer, uns entgehender bezug obwaltete. weit schwerer einzusehen ist, warum beide Zebedaiden, Jacobus und Johannes, den zunamen der söhne des don-

---

[1] meinem collegen Schott habe ich die mittheilung dieser mongolischen und tibetanischen wörter, so wie noch anderer chinesischer und japanischer zu danken, die im auslauf D unvorenthalten bleiben sollen.

[2] neue preuszische provinzialblätter band 2 Königsb. 1846 s. 380. [vielleicht nach der gestalt eines lutschen, wie man sie kindern in den mund gibt. vgl. Mannhardt s. 79. schw. marestenar echiniten. albsteine? mara bergbruch. Steub 196.]

ners empfiengen, von dieser ἐπιθήκη weisz nur Marcus, bei Matthaeus und Johannes steht nichts ähnliches. Jacobus konnte wol von einem andern Jacobus Alphaeus sohn unterschieden werden sollen und auch Johannes den evangelisten so zu bezeichnen lag nahe, entweder um ihm gleichen namen mit seinem bruder zu lassen oder um einer verwechslung mit Johannes dem täufer auszuweichen. aus welcher ursache jedoch mögen sie Βοανηργές, ὅ ἐστιν υἱοὶ βροντῆς, vulg. quod est filii tonitrui heiszen? rges ist ein chaldaeisches wort für den donner, es könnte wirklich an jenes bis ins nördliche Asien zurückreichende Porguini, an Perkunas oder Ἐρχύνιος mahnen. boa soll die galiläische aussprache für ba sein und das hebr. bne pl. von ben enthalten. Luther, um dem hebr. laut näher zu kommen, setzt statt Boanerges Bnehargem, das ist gesagt donnerskinder. ich weisz nicht, wie die theologen von frühe an bis auf heute diesen seltsamen beinamen, der ihnen auffallen muste und nicht ohne genauen sinn gewesen, also mit absicht ertheilt sein wird, erklärt haben. unter רגז hier nicht donner, sondern ein abstractes zorn, toben zu verstehn und auf die gemütsheftigkeit der beiden apostel zu beziehen, scheint mir doch nicht ungezwungen. bei Gesenius wird der hebr. ausdruck dem skr. râga, cupido, rubor, welches Bopp 288ᶜ zu ὀργή hält, verglichen; das auslautende s mangelt aber, der verfasser des evangeliums nahm den ausdruck ohne zweifel für βροντή, das niemals ὀργή ausdrückt, die übersetzer, von der vulgata und dem gothischen an, sahen darin das sinnliche tonitrus und þeihvô, auch in unsern gedichten des mittelalters, z. b. im passional 227, 59 heiszt es von Johannes:

du bist genannt des dunres sun.

des donners söhne nach hebräischem sprachgebrauch können schüler, anhänger, lieblinge des donners sein, söhne des bären meint die drei sterne in des groszen bären schwanz. man halte nun Luc. 9, 55. 56 hinzu, wo dieselben Zebedaer, als von den ³²⁵ Samaritern dem heiland und seinen jüngern aufnahme geweigert war, fragen: sollen wir feuer vom himmel über sie herabwerfen? θέλεις εἴπωμεν πῦρ καταβῆναι; Jesus aber tadelnd antwortet: οὐκ οἴδατε ποίου πνεύματός ἐστε ὑμεῖς; welche worte im

urtext mangelnd gleichwol frühe da gewesen sein müssen, auch
Ulfilas vorlagen, der sie wiedergibt: niu vituþ hvis abmanê si-
juþ? offenbar meint es: ihr donnersöhne seid gleich fertig mit
blitz und donner einzuschlagen, ich aber kam die seelen zu retten, nicht zu verderben. * auch das θέλεις εἴπωμεν ist beachtenswerth, willst du, dasz wir mit worten, mit einem fluch das
feuer auf sie herabrufen? vermochten die Zebedaer so gewaltige dinge, so gebührte ihnen der name söhne des donners.

Die andere stelle Joh. 12, 29 ist für meine untersuchungen
noch wichtiger. als Jesus nach seinem eintritt in Jerusalem
von der frucht seines todes vor allem volk redete und betete,
heiszt es, sei eine stimme vom himmel gekommen, ἦλθεν οὖν
φωνὴ ἐκ τοῦ οὐρανοῦ, und nun werden die worte dieser stimme
angeführt: καὶ ἐδόξασα καὶ πάλιν δοξάσω. worauf weiter folgt:
ὁ οὖν ὄχλος ὁ ἑστὼς καὶ ἀκούσας, ἔλεγε βροντὴν γεγονέναι. ἄλλοι
ἔλεγον ἄγγελος αὐτῷ λελάληκεν. in einer früheren abhandlung
(ursprung der spr. bd. 1, 273 f.) glaube ich dargethan zu haben, dasz es undenkbar ist einen leiblichen redenden gott anzunehmen; aus dem zusammenhang ergibt sich klar, dasz die um-
stehenden menschen den inhalt der ausgesprochenen worte nicht
vernommen hatten, ein theil des volks hörte einen donner, andere glaubten in diesem eines engels rede gehört zu haben. die
ganze erzählung ist nur bei Johannes, bei keinem der drei übrigen evangelisten enthalten, aus dem donnerschlag muste sich
von selbst die kunde einer bestimmten göttlichen rede verbreiten, da man gewohnt war den donner für eine stimme gottes
zu halten. ** der donner, wovon auch die spätere geschichte

---

* ob es ihm als einem geistlichem wol anstehet, dasz er wie Petrus mit
dem schwert hineinschlägt, oder als ein donnerkind feuer vom himmel wunscht.
Weise erzn. 285. bei donner und blitz ruft eine stimme: slach! slach! selentrost
bei Frommann 1, 206. von Paulus und Johannes heiszt es kschr. 10948:
      si habent dâ ze himele weteres gewalt.
es sind aber nicht die apostel, sondern zwei heilige aus Julians zeit.

** auch bei der verklärung Luc. 9, 34. 35 varþ milhma, juh ufar skadvida
ins ... juh stibna varþ us þamma milhnin qiþandei: sa ist sunus meins. milhma =
νεφέλη, gewitterwolke. vgl. Matth. 17, 5. Marc. 9, 7. Hel. 96, 23 fan themu wolcne
quam helag stemna godes, und alles auf dem berg. et dum fieret vox, inventus
est Jesus solus. Luc. 9, 36, d. h. mit dem donnerschlag schwand die erscheinung.

genug beispiele gibt, bestätigte ein wichtiges ereignis, wie hier
des heilands gebet. im bericht von der taufe, bei welcher auszer dem täufer und Christus kein menschliches ohr zugegen
war, heiszt es übereinstimmig Matth. 3, 17 φωνὴ ἐκ τῶν οὐρανῶν
λέγουσα. Marc. 1, 11 φωνὴ ἐγένετο ἐκ τῶν οὐρανῶν. Luc. 3, 22
καὶ φωνὴν ἐξ οὐρανοῦ γενέσθαι λέγουσαν. Johannes erwähnt der
stimme bei der taufe nicht. 2. Mos. 20, 18 steht: und alles volk
sahe den donner und blitz und den berg rauchen. da sie aber
solches sahen, flohen sie und traten von ferne und sprachen:
rede du mit uns, wir wollen gehorchen, und lasz gott nicht mit
uns reden, wir möchten sonst sterben. 2. Sam. 22, 14 der herr
donnerte vom himmel und der höchste liesz seinen donner aus. 326
auch im griechischen epos erschallt Zeus günstiger oder zür-
nender, grollender donner zu verhängnisvoller that der sterblichen, nie aber wird er in verständliche rede aufgelöst, überhaupt tritt Zeus niemals redend vor menschen auf, obschon ihm,
andern göttern gegenüber, worte beigelegt werden, die eben

wie am schlasz von Gylfaginning. því næst heyrði Gangleri *dyni mikla* hvern veg
frá ser oc leit út á hlið ser. oc þá er hann séz meirr um, þá stendr hann úti
á slettum velli, sér þú öngu höll oc önga borg. Sn 77. auch alts. und ags. dichter lassen gott und die engel donnern, rauschen:
          thuo thar *suogan* quam
engil thes alowaldon obana fan radure
faran an fetherhamon, that all thiu folda *ansciann,*
thiu ertha *dunida.*   Hel. 171, 22.
        þá com *engla svég,*
dyne on dägréd. Cædm. 289, 27.
ástäh up on heofonum engla scippend,
veoroda valdend. þá com *volcna svég*
hálig of heofonum. med väs hond godes. 300, 14.
quod in monte Sina vocem domini intonantis audierint. Isid. 34. chihórdon gotes
stimna *hlúda.* ps. 76 (77), 17: multitudo sonitus aquarum, *vocem* dederunt nubes,
etenim sagittae tuae transeunt, *vox tonitrui tui in rota.* ags. bei Lye s. v. hveohl:
stefn þunurráda þinre on hveohle.
        metr. väs svég micel sealtera vätera,
þurh þine stræle strange föran.
väs *þunurráde stefn* strang on hveole.
bei Luther: die dicke wolken gossen wasser, die wolken donnerten und die stralen
furen daher, es donnerte im himmel. dô wart grózer doner und chom ein stimme.
Diem. beitr. 1, 128. auch apoc. 8, 5. 16, 18 werden stimme und donner unterschieden.

darum keinem menschen hörbar oder zu verstehen waren.[1] in unsern deutschen volkssagen meint 'die stimme von oben' den schmetternden donner.[*] wiederum aber heiszt den Japanern der donner kaminari göttliche stimme, den Mongolen oktargo-jin dagon, himmelsstimme; denn was läge näher als sein dröhnen einer stimme zu vergleichen oder umgedreht laute menschenstimme dem donner? hiesz doch den Griechen stentor ein schreier und einem kanzelredner legen wir in gutem oder üblem sinn lautes oder leises donnern bei[2].

XIV. Mein ergebnis läszt sich so zusammenfassen. die finnischen volksstämme schlieszen in ihren mythischen vorstellungen von Jumala und Ukko sich an die nordischen von Ymir und Yggr, zugleich weisen die finnischen wörter humaus und teuhaus auf die gothischen und althochdeutschen hiuma, þeihvô und diuhâ, also wiederum auf persönlich gedachte wesen, welchen der nordische Hymir vollends entspricht. in allen diesen benennungen ist die erhabene naturkraft eine tosende, brausende, lufterschütternde.

Auch unser donner drückt, wie τείνειν, στείνειν, stan und stöhnen dieselbe gewaltige luftspannung aus; im keltischen Taran, welchem bedeutsam das nordische Thor hinzutritt, scheinen N und R ihre stelle zu tauschen. Taran aber reiht sich an Pe-

---

[1] andere götter, wenn sie erscheinen, nahmen menschengestalt an, reden also menschlich, doch erscholl Poseidons stimme gleich der von neuntausend oder zehntausenden. Il. 14, 148.

[*] laut des obern gottes. Wiener sitzungsber. 5, 116. russ. 'gromkii golos', laute stimme, glasom" gromkiem". russ. volksl. 135. 136. clamor tonitruum Cic. epist. 8, 2. in stimnu thonarónnes. Diut. 1, 181. die godes stimme. Orendel 96, 45. stimme vom himmel und blumenregen. Somad. 1, 106. stimme vom himmel 2, 15. 16. 26. 112. es erscholl aus den wolken eine stimme, wie das ferne murmeln eines donners. 1, 185. des milden donners. Meghad. 37. es redeten ·sieben donner ihre stimme. offenb. Joh. 10, 3. donner die stimme des scheltenden vaters. Herder ebr. poes. 1, 182. 189. 190. besonders s. 29. den Ostjaken spricht Turum, ihr höchster gott, nur mit der zornigen stimme des donners und sturms. Castréns reise s. 335. die stimme wie donner auf höhen. Carraigth. 240. wenn Sæm. 272ᵇ inn reginkunngi baldur í brynjo auf Odin geht, so ist merkwürdig: hraut (brummte) sem biörn hryti (als wenn ein bär brummte). altn. glumr ursus, strepitus, tonitru.

[2] schon Fischart im Gargantua 129ᵃ: sanft donnernder prediger. franz. tonnerre, orateur véhément.

run und κεραυνός, wie durch einen kehllaut noch verstärkt Taranucus, Perkunas und fairguni neben einander stehen.

Klar enthalten ist in fairguni die vorstellung des berges, von dem der donnernde groszvater niederfährt, der donner ist gottes stimme vom berg und ein rollender wagen.

Durch alle diese groszentheils neu aufgewiesenen einstimmungen wird aber ein uralter zusammenhang der europäischen völker von vielen seiten her bestätigt und beleuchtet.

AUSLÄUFE.

A

Berührung der finnischen mit der deutschen sprache. die 327 beispiele absichtlich aus dem anlautenden P und T gewählt.

paha malus, ahd. pôsi, nhd. böse, man darf ein gothisches bausis mutmaszen. vgl. litt. baisus, horridus, crudelis, lat. infensus, infestus. das h: s wie tuhansi.

'paikkulainen bunt, ποικίλος, fèh, fâh.

'paimen ποιμήν lit. piemû.

paita indusium, goth. paida, alts. pêda, ags. pâde, ahd. pheit, bair. pfait, pfoat. vgl. gr. βαίτη.

'pñivä, lapp. bäivve sol, dies. Φοῖβος.

'pakkainen frigus. vgl. backen.

'pako fuga, russ. bjeg".

paljas nudus, calvus, vgl. blosz.

paljo multus, goth. filus, gr. πολύς.

'pallen, russ. pol" seite.

'parma, permu, premo, bremse.

'pelko, lapp. ballo, pallo, film, felmr.

pelto terra, ungr. föld, alts. folda, ags. folde.

'pilkku fleck, macula.

'pino, fîna. leichenbr. 221.

'pohja fundus, boden. pohjan maa, Botnia. lapp. bâtne, wuodo. wuodn sinus. wotj. pydes.

*poika bube, ungr. fiu.

pöytä mensa, goth. biuds, ahd. piot, nhd. biet.

*puhuri boreas.

puu ungr. fa, arbor, lignum, pl. puita materies fabricanda, goth. bagms, ahd. poum, ahd. baum, vgl. bauan fabricari. wie fremd sind uns aber die ähnlich gebildeten kuu luna, [ungr. hó hold,] luu os ossis, muu alius, suu os oris.

*pyhä pius, veihs?

taata pater, bairisch tatl, westfälisch teite, vgl. litt. tĕwas, dimin. tetis, tetatis.

tahas massa panis, goth. daigs, ahd. teic, nhd. teig.

taika signum, goth. taikns, ahd. zeichan.

*taivas caelum, lit. dievas deus, skr. djaus, Ζεύς.

*tammi, dub``, δένδρον, timbr.

tapa gen. tavan, lapp. tape mos, skr. tapas calor, fervor, altn. þeyr ventus egelidus, ags. þeav mos, alts. thau, ahd. dau.

tarvet gen. tarpeen opus, altn. þörf, ags. þearf, ahd. darba, nhd. bedarf.

teen facio, ags. dòn facere, ahd. tuon, goth. taujan, und dĕds factum. teko, työ opus, goth. taui.

teuhaus tumultus, goth. þeihvô.

tihiä densus, spissus, ahd. dicchi, nhd. dick.

tuhansi, tuhasi, tuhat, goth. þusundi, nhd. tausend.

tumma fuscus, obscurus, ags. dim, lat. tenebrae.

*tuoni mors, θάνατος.

*turso, þurs, durs.

*tytär, dauhtar, tohtar *.

B

Daume, däumling. gerade wie daume, dûmo aus dûhen, diuhen, drücken, knallen folgt auch finn. peukalo aus paukaan fra-

---

* auszer den durch ein sternchen bezeichneten zusätzen hat J. Grimm noch folgende berührungen des finnischen mit dem deutschen angemerkt: ahku cinis conglobatus, aska. aika, αἰών, aivs. uita gen. aidan, est. aid ahd. ctar ags. edor sepes, gal. ithir. hartio, lapp. hardo humerus, ahd. harti altn. herdar. kallio goth. hallus altn. hallr stein, fels. kaunis goth. skauns ahd. scôni schw. skön dän. skjön. so auch kalki, skalk. neito, neitsi virgo, goth. nipjô. vgl. namen auf niu, ni bei Kuhn I. nimi nomen. nukun obdormisco.

gorem edere und lat. pugnus, gr. πυγμή aus pungere pupugi 328
stoszen. überall erzeugt sich im schosze dieser wurzeln die vorstellung eines geisterhaften daumen- oder faustlangen wesens, das
in der poesie und volkssage seine grosze rolle spielt. πυγμαῖος
gleicht dem peukaloinen, däumling und zaunkönig, ebenso litt.
nyksztélis, von nyksztis daumė, beides däumling und zaunkönig.
aus dem slavischen pal'tz', poln. böhm. palec daume, finger leitet sich poln. paluch däumling, die Böhmen verbinden dieselbe
bedeutung schon mit palec. palec fällt offenbar mit lat. pollex zusammen, beide haben keine wurzel wie peukalo und πυγμαῖος und
scheinen eben durch umstellung des k und l verdunkelt, doch
das lappische pelge, pälge zeigen auch die slavische und lat. reihe,
dasz sie den vorzug verdiene, wird selbst durch ein skr. bhâlakhilja (Bopps gloss. 238ᵇ) zu unterstützen sein, das erklärt wird
geniorum genus pollicis magnitudinem aequans, und bei Wilson: a
divine personage of the size of the thumb, sixty thousand of whom
were produced from the hair of Brahmas body. es gehört dann
gar nicht zu bâlaka puer, parvulus, sondern setzt auch ein skr.
wort wie peukalo und pollex voraus. der form nach stehn also
bhâlakhilja, pollex, palec gegenüber dem peukalo und πυγμαῖος.
[gal. balach a boy, a fellow, a clown, juvenis, gigas, famulus.
balachan, puerulus. Tighm. 2, 231.]

C

Wechsel der formen U und I. auf anlasz dieses hier und
in unsrer sprache oft wahrgenommenen tausches thue ich einen
sprung in die griechische formlehre.

Die griechische sprache, der höchsten ausbildung theilhaftig geworden und stets auf manigfaltigkeit so wie anmut der
wortgestalten bedacht, hat nicht selten mehr ausnahmen von dem
einfachen und auch schönen lautgesetz erfahren als andere sonst
in weitem abstand hinter ihr zurückbleibende zungen.

Unter grammatischer motion verstehn wir in sprachen, die
geschlechter absondern, die anwendung und erweiterung einer
männlichen form auf die weibliche, insofern sie auszerhalb der
flexion liegt. denn wenn bonus das fem. bona bildet, heiszt das
flectiert, nicht moviert, wol aber ist das an sich gleiche verfah-

ren motion, welches aus equus, lupus, asinus, equa lupa asina
entfaltet. doch häufig läszt hier die griechische sprache beiden
geschlechtern dieselbe form, und darf ἵππος ὄνος κάμηλος ὗς sowol männlich als weiblich verwenden, worin ihr die gothische
folgt, die nur noch bezeichnender solche substantiva der u declination überweist, asilus, ulbandus für m. und f. gleich de-
cliniert, also beidemal den gen. asilaus gelten läszt, drücke er
asini oder asinae aus. auch die lateinische u declination, d. h.
die vierte liefert socrus, das in der ältern sprache sowol schwiegervater als schwiegermutter bezeichnete, später nur für letztere beibehalten wurde, während man das männliche socer bildete, wie gr. ἑκυρός und ἑκυρά, πενθερός πενθερά sich scheiden,
goth. svaihra und svaihrô.

Im latein gibt es nun kein adjectivum der u form, d. h.
den substantiven vierter decl. analog, griechisch aber viele adjectiva auf υς, deren flexion der substantivischen auf υς nahe
kommt, nicht ganz sie erreicht, da manche adjectivcasus aus
der u reihe in die i reihe übertreten, namentlich der dat. sg.
m. γλυχεῖ absteht vom dat. ἰχθύι, der dat. pl. γλυχέσι von ἰχθύσι.
auch bei solchen adjectiven blickt in der gothischen sprache
noch in vielem das reinere verhältnis durch, wenigstens im nom.
stehn die adjectiva auf us den substantiven gleich, hardus, so
viel wir seine casus in den bruchstücken vollständig überschauen,
ist nicht nur durus, sondern auch dura.

Gerade so hielt es auch noch die epische sprache der Griechen,
welcher adj. auf υς communia sind (Buttmann s. 251, Hartung
§ 487), doch bald forderte der sprachgeist deutlicher vortretende
motion und es entsprangen die schönen, wollautigen formen

γλυχύς γλυχεῖα, ἡδύς ἡδεῖα, βραδύς βραδεῖα, θῆλυς θήλεια,

aber mit verletzter lautfolge, die aus u die diphthonge iu und
au, aus i die diphthonge ei und ai hervorzieht. [1]   statt γλυ-

---

[1] im sanskrit stehen sich zur seite prithus, prithvi = πλατύς πλατεῖα, litt.
platus plati, goth. braids braida, ahd. preit preitiu. das litt. f. tritt gleich dem
griech. aus u in i, das ahd. iu könnte in diesem fall organischer sein als das
goth. a. [Bopp vgl. gr. § 119 stellt ἡδεῖα zu skr. svâdvî. in die u-reihe ist seit
uralter zeit der ablaut der i-reihe eingetreten. GDS. 843. 857 wird gewiesen, dasz
von alters her *ei* für *ui* steht. vgl. Pott bei Kuhn 5, 280.]

κεῖα würde erfordert γλυκυῖα, genau wie in jenem dat. m. für γλυκεῖ hätte γλυκύι, analog dem ἰχθύι bleiben müssen. γλυκεῖα klingt lieblich, γλυκυῖα hätte prächtiger geklungen. es hat mir nicht gelingen wollen irgend eine spur dieser γλυκυῖα ἡδυῖα βραδυῖα zu entdecken. denn νέκυς und νεκυία sind substantiva, keine adjectiva, das f. bedeutet todtenopfer, nicht die todte.

Wol aber, scheint es, kann ich bestätigung des vermuteten in andern motionen aufweisen, welche ein wesentliches, d. i. zur wortform gehöriges, in der flexion unverschwindendes sigma an sich tragen. lat. thus thuris geht doch auf ein verlornes gr. **880** θῦς θυός, acc. θῦν, wie mus muris auf μῦς. θυία ist aber ein wolriechender baum, gleichviel mit θύον, und für θῦς führte man θύος weihrauch ein. nun kommen die eigennamen Θῦς und Θυία, worin ich die männliche und weibliche beuennung duftender bäume sehe, und welche wiederum den eigennamen Μῦ und Μυῖας aufs haar. gleichen. dasz Θυία als eigenname eine περισπωμένη, als baumname ὀξεῖα sein soll, wird sich schlichten lassen. auch auszerhalb jener eigennamen musz ich μυῖα für moviert halten aus μῦς, wiewol jenes maus, dieses fliege bedeutet. denn lat. mus und musca treffen wiederum zusammen, nur dasz diesem c zugetreten ist, das sein s schützte. zwar die slavischen sprachen trennen mysch maus von mycha myschka fliege, wie auch wir maus von mücke, ahd. muccha; aber in mycha und mücke ist s ausgestoszen wie in μυῖα, die wurzel scheint μύω μύσω μέμυκα blinzen, wie wir auch blindemaus, blinzelmaus verbinden, was im adverb μυῖνδα zeigt, ital. aber mosca ceca lautet. zu μυέω μύστης, mysterium stehn unser meucheln, heimlich morden, ahd. mûcheimo heimchen, grille, umgestellt heinimuuch, hammemauch (bei Stalder 2, 16) fallen dazu. die vorstellung der heimlichkeit, des heimlichen ˙nahens trift beide thiere, maus wie mücke. in unsrer sprache tritt ˙dem mûchan, meucheln, heimlich morden ein mausen, mûsan, stehlen zur seite (lex salica p. XLIV) und im skr. ist musch stehlen, muscha, mûscha maus. es wird schwer sein alle diese wörter auseinander zu reiszen und die im skr. abweichende form makschika musca kann nicht irren.

Wie im gr. gen. μυός, acc. μῦν = lat. muris, murem für

musis, musem war also auch in μυῖα das s erloschen, wovon
wir in der motion des part. praes. τετυφώς τετυφυῖα reichsten
beweis finden. Bopp vgl. gr. s. 1092. 1093 hat längst zur überzeugung dargethan, dasz die flexion ώς und υῖα in diesen participien dem skr. vâns usch, fem. uschî entspricht, τετυφυῖα also
= tutupuschî gesetzt ist, und nicht nur die littauischen und slavischen sprachen besitzen diese participia praet. auf us, usi, ein
überrest ist uns sogar im goth. bêrusjôs parentes, d. i. qui pe-
pererunt, und vielleicht sonst noch, aufbewahrt. durch diesen
inmitten von υῖα keimenden zischlaut scheint allerdings seine
analogie zu den für γλυκεῖα vermuteten γλυκυῖα wieder gefährdet oder gar aufgehoben, es müsten sich denn unerwartet neue
aufschlüsse über die gr. adj. declination ergeben.

Wesentliches sigma besitzen auch die adjective auf ής mit
dem neutrum ές (analog ώς und ός jener part. praet.) σαφής σα-
³³¹ φές, ψευδής ψευδές und häufig in zusammensetzungen. gewöhnlich sind es communia, die epische sprache bildete aber auch
fem. auf εῖα, in welchem dann sichtbar das sigma als ausgestoszen zu betrachten ist. an diesem sigma sprieszen noch räthsel, man möchte in allen solchen adjectiven gleichfalls participia
pia praet., mit abgefallner reduplication erblicken, so dasz σαφής für σεσαφής stände, εὑπρεπής ein πεπρεπής voraussetzte?

D

Nach altchinesischer vorstellung gibt es einen donnergott,
bald lūitién (donner und blitz), bald lūi-schin (donnergenius)
oder lūi-kūng (donnerherr) genannt. er fährt auf gewitterwol-
ken einher und schlägt verschieden gestimmte pauken.

Für blitz hat man, neben den eigentlichen ausdrücken, den
bildlichen lūi-piën, das ist die peitsche oder geisel des donners
(donnerers), wie ja auch die naturforscher den donner einem
peitschenknall vergleichen. einfach, lūi donner. schēn oder tién,
blitz, auch schen-tién. tién-mu (mutter des blitzes), eine blitz-
göttin, was an jene söhne des donners mahnt.

Den Japanern heiszt donner ikatsutsi, ikadsutsi und narukami oder umgekehrt kaminari. ikatsutsi wird für identisch er-

klärt mit ikari-utsi d. i. (ictus ex ira). narukami heiszt tönender gott und kaminari götterton, götterstimme.

Für blitz sagen sie inabikari, inadsuma, inadsurubi. ïkari (in zusammensetzung bikari) ist licht, glanz. dsuma frau, gattin.˙ tsurubi (in zusammensetzung dsurubi) ist begattung. ina ist der reis auf dem halme, also reisleuchten, reisgattin, reisbegattung. die japanische encyclopädie äuszert sich hierüber also: es ist eine gewöhnliche erscheinung, dasz es in heiteren herbstnächten blitzet. da nun um diese zeit der reis zur reife kommt, so heiszt ein solcher blitz dessen gattin oder begattung. die Japaner müssen demnach eine hochzeit des reifenden reises in den herbstnächten annehmen. *

Das wort tsurubi kann übrigens auch als zusammengezogen aus tsuruvi begattung und fi feuer gedeutet werden, und dann hiesze inadsurubi hochzeitsfeuer, gleichsam hochzeitsfackel des reises, was ein schöneres bild gibt und zugleich viel vernünftiger ist, als wenn man unterm blitze die begattung selber sich dächte. womit begattet sich dann aber der reis?

Hier folgen noch nordasiatische benennungen.   382

den Tscheremissen beiszt, nach Castrén, der donner kidär, kidärää, es donnert kidärtesch, vgl. ungr. dörgés, menny-dörgés. der blitz valgansä womit das finn. valkia weisz, flamma lucens stimmt, ungr. villámás blitz. auch wol talgian bei den Mandschus.

den Mongolen heiszt donner oder wetterstrahl ajunggu (der erschreckliche), ajunggalachu donnern.

den Kamtschadalen (nach Krascheninikov) donner kychkyg, auch kychschigyna. blitz: amronschtschinatschitsch, auch umetschkyschi und mytlkyśigyna.

den Grönländern, nach Fabricius, kádlek donner, kadlersórsoak starkes gewitter. ingnâglek blitz, schnelles leuchten. [Der donner entsteht durch den flügelschlag eines groszen vogels (vgl. rohrdommel, myth. 168), blitz durch öfnen und schlieszen seines auges, aus dem ein stein (donnerkeil) fährt.

---

* Arnobius 5, ..: vos Jovis et Cereris coitum *imbrem* dicitis, 5, 37: nominibus his (Cereris et Jovis) tellus et labens pluvia nuncupatur.

vgl. Ojibwansage p. 69. blitze zwischen den augenlidern des groszen wesens eingekerkert. nordamerik. indianer p. 119.

litt. Warpulis, qui sonitum ante et post tonitru in aere facit. Haupt 1, 140 von warpas glocke. estn. des gewitters befehls- knabe. Böcler 11, der blitz?

attonitus ags. âblicged. Haupt 9, 461ª.

zehn baskische wörter für donner. Mahn XX. calaverna rätisch der blitz, bask. calerna donner. vgl. umbr. stadtname (Aufrecht 410ª) lat. Clavenna. it. Chiavenna in Bünden, Cla- venna in Piacentinischen.

freche erklärung des donners. Melander jocos. 2 no. 364.]

ÜBER DAS GEBET.

GELESEN IN DER AKADEMIE DER WISSENSCHAFTEN
AM 12 MÄRZ 1857.

(bisher ungedruckt.)

Marcus Aurelius Antoninus in seinen betrachtungen über
sich selbst hat uns ein schönes gebet der Athener aufbehalten:
ὕσον, ὕσον, ὦ φίλε Ζεῦ, κατὰ τῆς ἀρούρας τῆς Ἀθηναίων καὶ
τῶν πεδίων. regne, regne, o lieber Zeus, auf ackerland und gefilde der Athener, hinzufügend ἤτοι οὐ δεῖ εὔχεσθαι ἢ οὕτως,
ἁπλῶς καὶ ἐλευθέρως, gar nicht oder so soll man beten, einfach
und frei. einfach beteten auch die Serben (Vuk no. 185):

> Наша дода Бога моли,
> да удари росна киша,
> да покиспу сви орачи,
> сви орачи и копачи
> и по куѣи пословачи, d. h.

> unsre doda bittet gott,
> dasz thauregen sich ergiesze,
> dasz beregnet werden alle ackerer,
> alle ackerer und graber
> und im hause alle knechte.

welch eine überraschende und doch natürliche einstimmung.

Mit der stelle bei Antonin musz ein von den geschichtschreibern gemeldetes ereignis, man nehme es wie man wolle,
zusammenhängen.

Den edelsinnigen kaiser, der, würfe nicht sein sohn und
nachfolger so starke schatten zurück, noch in hellerem licht
stände, halten langwierige kriege mit Quaden, Markomannen

und andern völkern aus Rom in die pannonische Donaugegend
entfernt; wahrscheinlich ist auch jene schrift, gleichsam ein tagebuch, in dem er sich vom geräusch des lebens ab beschaulich
zu sich selbst wandte, da begonnen und vollendet worden. das
erste buch führt die unterschrift:

τὰ ἐν Κουάδοις πρὸς τῷ Γρανούᾳ,

der Γρανούας heiszt noch heute Gran und ergieszt sich oberhalb
Ofen in die Donau, damals im Quadenland, gleichen namen
führt die zur stelle dieser einmündung erbaute stadt, später der
sitz des ungrischen reichs und im Nibelungenlied Etzelnburc
genannt. das zweite buch ist unterschrieben:

τὰ ἐν Καρνούντῳ,

Carnuntum lag auf jetzt österreichischem boden, in der richtung
von Wien. schade, dasz die zehn folgenden bücher ununter-
schrieben sind, das vorhin ausgehobne gebet steht im fünften;
da M. Antonin noch in Pannonien starb, darf kaum bezweifelt
werden, dasz er alle bücher in der unmittelbaren nachbarschaft
und in bald kriegerischen bald friedlichen verkehr mit Deutschen niederschrieb, die sich damals in jenen landstrichen festgesetzt hatten und nur mit gewalt zurück gehalten werden
konnten. wie schätzbare, sichere nachrichten von den Germanen hätte der kaiser einsammeln und der nachwelt überliefern
können; aber die unschuldige roheit dieser barbaren hatte nur
einen einzigen Römer schon früher angezogen, M. Antonin.
sinnt über sich und über die sittlichen triebe der menschen im
allgemeinen nach.

Den vorgang nun, der ihn veranlaszt zu haben scheint,
allen zusammenhang seiner betrachtungen unterbrechend die
εὐχὴ Ἀθηναίων ohne weiteres einzuschalten, entnehmen wir billig
zuerst dem bericht des Cassius Dio, der noch Antonins zeitge-
nosse sein werk freilich erst dreiszig, vierzig jahre nach dessen
tode gesammelt und abgefaszt hatte, wo sich bereits manigfache
sagen an die begebenheit angesetzt haben mochten.

Buch 71 cap. 8 und 10 beschreibt Dio den quadischen
krieg und erzählt, wie dem in groszer gefahr schwebenden
kaiser durch göttlichen beistand ein wunderbarer sieg, νίκη
παράδοξος zu theil geworden sei. die Quaden hatten mit über-

macht das römische heer bedrängt und ihm alles wasser ab-
schneidend rings eingeschlossen. es war ein heiszer sommer-
tag, durch kampf, wunden, sonne und durst litten die Römer
qualvolle noth. da zog sich auf einmal dichtes gewölk zusammen und reichlicher regen strömte nieder, den die lechzenden
krieger mit munde, helm und schild auffiengen. als der feind
einstürmte, tranken sie zugleich und kämpften, verwundete
schlürften das mit dem regen in ihre helme rinnende blut [1],
man sah wasser und feuer vom himmel stürzen und die Quaden
von hagel und blitz getroffen, fielen haufenweise, während die
Römer ihren durst löschten und sich zum streit erfrischten.
voller sieg ward also den Römern zu theil und Marcus von
den kriegern zum siebentenmal als imperator begrüszt, erstattete
frohen bericht an den senat nach Rom, dasz er solche ehre als
von den göttern verliehen annehme, ὡς καὶ παρὰ θεοῦ λαμβάνων.
Dio unterläszt nicht anzuführen, man erzähle, Arnuphis ein
ägyptischer magier in des kaisers gefolge habe auszer andern
göttern den Ἑρμῆς ἀέριος beschworen und dadurch den ent-
scheidenden regen herbeigerufen.

Hiermit jedoch stehn M. Antonins innere, wahrhafte gefühle sichtbar in widerspruch. wenn solche beschwörungen
mitten im römischen heer wirklich stattgefunden hatten, muste
ihm gerade das weder ἁπλῶς noch ἐλευθέρως gebetet heiszen
und er trug in sein tagebuch, vielleicht als gegensatz dazu das
gebet athenischer landleute ein, wie es dem in griechischer literatur belesenen zu gebot stand, ohne ein wort zu verlieren
über einen hergang, bei dem er selbst gegenwärtig war. es
liegt dann darin stille misbilligung jenes öffentlich prahlenden,
die umstände benutzenden siegberichts, den man nach Rom entsandt hatte. regen werden wanderer in der wüste oder streiter
im heiszen kampf oft erfleht haben, und die sage aller völker,
wie wir hernach sehen werden, ist voll von beispielen: Dio
selbst hat schon buch 60 cap. 9 verzeichnet, dasz unter kaiser
Claudius ein römischer feldherr Cneus Hosidius Geta, als in der
mauritanischen wüste sein heer dem heftigen durst ausgesetzt

---

[1] swen twinge dürstennes nôt, der trinke hie daz bluot. Nib. 2051, 2.

war, durch zauber und beschwörungen plötzlich fülle des wassers erlangt habe. irgend ein ähnliches bedürfnis und ereignis
musz also im kampf der Römer mit den Quaden eingetreten
gewesen sein und ihn zu rechter zeit für jene günstig gewendet
haben. die schlacht fiel vor im jahr 174, mithin 133 jahre später als jener zug gegen die Mauren. anzunehmen, dasz M. Aur.
Antonin zufällig des gebets in seinem buche erwähnt, bevor der
vorgang eingetroffen sei, oder dasz er bei späterer aufzeichnung
gar nicht an ihn gedacht habe, scheint mir gleicherweise unstatthaft.

Es dauert aber bis auf heute ein wirkliches denkmal, das
den kampf mit den Quaden und den sieg der Römer, wie die
schmach und niederlage der Deutschen verewigen sollte und
ausdrücklich darstellt. wer zu Rom war, hat die berühmte an-
toninische seule angeschaut, die unter Sixtus dem fünften auf
der piazza Colonna neu errichtet und höchst ungeschickt und
geschmacklos oben am gipfel mit einem bilde des apostels Paulus versehen wurde, als könne ein durch und durch heidnisches
werk zum schein in ein christliches umgewandelt werden. manches an den diese mächtige seule umwindenden darstellungen
ist seit beinahe 1700 jahren verwittert oder sonst zerstört, doch
tritt noch eine masse von gestalten hervor und darunter in groszer zahl männer, frauen, kinder, die man für markomannische
und quadische ansehen darf; ob die künstler getreu nachbilden
wollten und konnten, oder ihren einbildungen folgten ist schwer
zu sagen. alle deutschen männer, im gegensatz zu den Römern,
erscheinen bracati, in langer, weiter beinbekleidung, aber ihre
frauen in vollem gewand, ohne nacktheit; die deutschen häuser,
an welche meistens die brandfackel römischer krieger gehalten
wird, gleichen groszen, strohbedeckten bienenkörben, haben
keine fenster, blosz unten in der mitte eine thür, fast wie ein
flugloch, ihre gestalt ist überraschend der von bestimmten grab-
urnen ähnlich. für germanische zustände hatte sich wol bei den
Römern ein typus eingeführt, auf dessen richtigkeit im einzelnen gar nicht zu bauen ist.

Die herausgeber der columna antoniniana haben sie in tafeln abgetheilt, auf deren fünfzehnter bei Bartoli jener augen-

blick des regengusses vorgestellt ist. oben steht eine dämoni-
sche, beide arme ausbreitende gestalt, von ihrem haupthaar und
bart trieft weitströmender regen nieder, den die schilde der krieger auffangen, nirgends aber fahren blitze oder hagelkörner
durch die luft. sehen wir also hier einen Ζεὺς ὑέτιος, ὄμβριος
oder Jupiter pluvius vorgebildet, nicht einen Ἑρμῆς ἀέριος, so
ist auch an keinen Ζεὺς κεραυνοβόλος oder καταιβάτης zu denken,
der die strahlen. wenn er steht, in seiner hand hält, oder dem
sie, wenn er ruht, auf den knien liegen. wann die seule zuerst
errichtet wurde entgeht uns, schwerlich geschah es bei lebzei-
ten des M. Aurelius Antoninus, da sie noch die weitern, nach
der regenschlacht erfolgten begebenheiten seiner regierung darstellt, wahrscheinlich also erst nach seinem im jahr 179 erfolgten tode, unter Commodus.

Wir müssen aber wiederum zu der stelle des Dio Cassius
lenken. dieser geschichtschreiber hat eine menge schätzbarer
nachrichten sorgfältig gesammelt, allein er ist fern davon ein
geistreicher forscher zu sein und dringt wenig ins innere der
begebenheiten, wozu kommt, dasz uns sein werk lange nicht
vollständig, oft nur im auszug erhalten ist. sein epitomator war
Xiphilin, ein byzantinischer geistlicher erst des eilften jahrh.,
und zwar ein solcher, der für auslassungen und kürzungen des
urtextes sich auch mitunter gestattete eigne critische bemerkungen einzuschalten. das ist namentlich im einundsiebzigsten buch
und eben in den capiteln, die hierher gehören, der fall, so dasz
wir nicht sicher sind den vollen eindruck dessen, was Dio selbst
über den vorfall geäuszert hat, zu empfangen. Xiphilin zeiht
ihn im neunten cap. geradezu absichtlicher oder unfreiwilliger
lüge: ἔοικε δὲ ψεύδεσθαι, εἴτε ἑκὼν εἴτε ἄκων, ja hinzusetzend
οἶμαι δὲ τὸ πλέον ἑκών. denn Dio habe doch wissen müssen,
dasz die blitzschleudernde legion, τὸ τάγμα τῶν στρατιωτῶν τὸ
κεραυνοβόλον, eben bei diesem vorfall erst so benannt worden
sei, nicht Arnuphis, sondern das gebet der Christen habe den
rettenden regen bewirkt. im heer der Römer, erläutert er nun,
befanden sich krieger aus Melitene, lauter Christen; in der hitze
der schlacht, als der kaiser ängstlich und rathlos war, trat ein
eparch vor und zeigte an, dasz der Christen gebet alles ver-

möge, das heer schliesze aber einen ganzen haufen Christen in sich. auf diese meldung ersuchte Marcus die Christen zu ihrem gotte zu beten und kaum hatten sie gebetet, so erhörte sie gott, warf blitzstrahlen auf die feinde und erquickte die Römer mit einem regengusz. erstaunt hierüber bewies der kaiser den Christen grosze ehre und legte der legion den namen der blitzschleudernden bei. auch soll er von dem vorgang einen brief geschrieben haben [1].

Es mag wol sein, dasz unter den sagen, die von der wunderbaren regenschlacht giengen, allmälich auch eine die Christen einmischende entsprang, von diesen mit freuden gehegt und forterzählt wurde, ohne zweifel schon lange vor Xiphilins zeit. zwar Capitolinus und Themistius, zwei noch heidnische schriftsteller des vierten jahrhunderts, die des ereignisses erwähnen, gedenken der Christen mit keinem wort und legen beide das den regen hervorrufende gebet dem kaiser selbst bei; jener im leben des M. Antoninus sagt cap. 24: fulmen de coelo precibus suis contra hostium machinamentum extorsit, suis pluvia impetrata, cum siti laborarent. auch Themistius in der 15 rede läszt den kaiser selbst seine hände gen himmel aufheben und dann die gottheit ihren regen ergieszen, ich habe, fügt er hinzu, ein bild gesehen, das den kaiser darstellt, wie er mitten im heer steht, und seine krieger, wie sie den regen in ihren helmen fangen. sah Themistius eine abbildung dessen, was auf der seule ausgehauen war und faszte er den Jupiter pluvius als den kaiser selbst auf? authentisches zeugnis zu gunsten der christen würde jener von M. Antoninus an den senat geschriebne brief ablegen, wenn ein von der critik als untergeschoben erkanntes machwerk glauben verdiente. wie wäre der kaiser, den wir in seinem tagebuch ein heidnisches regengebet als das einzig rechte muster aufstellen sahen, eines solchen schreibens nach Rom fähig gewesen. der brief musz aber vielleicht schon im zweiten jahrh. gefälscht worden sein, weil bereits Tertullian in apologetico cap. 5 äuszert: at nos e contrario edimus protectorem,

---

[1] dessen worte man später unterschob, wie im anhang zu Justini apolog. zu lesen ist.

si literae Marci Aurelii gravissimi imperatoris requirantur, quibus illam germanicam sitim christianorum forte militum precationibus impetrato imbri discussam contestatur. man beachte
das zweifelnde 'forte'. auf Tertullian stützen sich Eusebius
und viele spätere.

Am aller offenbarsten tritt der ganzen erzählung entgegen,
dasz zu Mark Aurels zeiten einer legion gar nicht der name
fulminatrix zuerst kann ertheilt worden sein, da er bereits früher
unter Trajan und Nero gefunden wird, sicher nur die niederschmetternde kraft und tapferkeit bezeichnen soll, nicht von
ferne auf ein naturereignis geht. hätte er sich wiederholt und
wäre damals auch den Melitenern erworben worden, wie sollte
der künstler auf der seule die blitze gespart haben? wenn aber
auf einer münze des kaisers Jupiter seinen blitz auf zu boden
gestreckte barbaren schleudert (Eckhel 3, 64), so mangelt da
umgekehrt der regen und es ist hier viel eher ein sieg allgemein symbolisiert, als das ereignis der Quadenschlacht dargestellt.

Obschon die critik dieses vermeinten wunders blösze aufgedeckt hat [1] (nur nicht mit gebührender rücksicht auf die
stelle im tagebuch), wird es dennoch von der kirche begierig
geglaubt und selbst noch von neueren schriftstellern in schutz
genommen [2].

Wir stehn also ganz auf mythischem grund und boden.
schon beim entwurf der seulenbilder mögen sagenhafte erzählungen vorgeschwebt und in Dions bericht eingeflossen sein.
um so leichter konnte sich unter den Christen selbst die herleitung des regens aus christlichem gebet frühe verbreiten.

Ueber den sagenaufwuchs wird kaum noch ein zweifel obwalten, sobald man die mythen in erwägung zieht, welche bei
den verschiedensten völkern von einem durch gebet herbeigerufnen oder sonst heran beschwornen regen vorhanden sind,
und zwar musz dabei ein doppelter anlasz unterschieden werden.
entweder wurde um regen gefleht, weil das land in groszer

[1] ich begnüge mich zu weisen auf Jablonski opuscula 4, 1—37 und Gieselers kirchengeschichte 1, 175. 176 (der vierten auflage).
[2] Aug. Kestners Agape. Jena 1819 s. 464—490.

dürre schmachtete, oder weil ein kämpfendes heer nach wasser
lechzte; dort begehren feld und acker unaufschiebliche labung,
hier wollen die menschen brennenden durst stillen. sicher ist
jene ursache die allgemeinere und auf sie beziehen sich die
gleich zu eingang ausgehobnen einfachen gebete der Athener
und Serben. vernehmen wir eine reihe der anmutigsten, seltsamsten gebräuche, wahrscheinlich war auch das athenische
gebet von solchen begleitet, die zu den überlieferten worten
uns nicht gemeldet sind.

Regen ist nach indischen vorstellungen milch der wolken,
eine menge von namen der wolken drückt aus, dasz sie wasser
tragen. den Griechen hüteten die Horen das olympische wol-
kenthor, um je nachdem sie sperrten oder öfneten durch heitre
oder regen den früchten gedeihen zu schaffen. auf Elias, der
im wetter mit einem wagen gen himmel fuhr, wurde nach dem
glauben der alten Slaven und andrer nordöstlichen völker das
amt eines donnerers und die macht übertragen, den menschen
die wolken zu schlieszen oder aufzuthun, dasz zu rechter zeit
helle witterung oder regen eintrete. ein fast allgemeiner volksglaube legt zauberern und vorzugsweise hexen, in höherem alterthum weisen frauen die macht bei wolken und nebel aufsteigen
zu lassen, aus welchen heilsamer regen und thau oder verderb-
licher sturm und hagel über die flur niedergiesz. die rosse
der durch die luft reitenden valkyrien schütteln thau von ihren
mälnen herab, luftfahrende zauberinnen schütten unwetter aus
krügen. das geschäft regen fürs land zu erbeten liegt fast
immer frauen und mädchen ob, männer und helden haben den
regen im kampf zu besorgen. auch die Peruaner glaubten an
eine regengöttin, die mit ihrem wasserkrug im gewölke sitzt,
um ihn zu rechter zeit zu entleeren; säumt sie, so schlägt ihr
bruder mit donner und blitz den krug entzwei, ein donnergott
neben der regengöttin.

Petronius cap. 44 schildert altrömische, in seiner ungläu-
bigen zeit schon erloschene volkssitte: antea d. i. ante hoc tempus stolatae ibant, nudis pedibus, in clivum, passis crinibus,
mentibus puris, et Jovem aquam exorabant. itaque statim
pluebat, aut tunc aut nunquam, et omnes ridebant, udi tanquam

mures. auch hier sind es frauen, die nach regen umgehen, die
stola war ein gewand der matronen. dem feierlichen umgang
und gebet folgte schnellste erhörung, so dasz die leute, froh
derselben, aber durchnäszt von regen, wie nasse, wie gebadete
mäuse heimkehrten. die formel des römischen gebets hat uns
Petronius vorenthalten.

Burchard, ein aus Hessen gebürtiger, im jahr 1025 verstorb-
ner Wormser bischof berichtet, dasz frauen, wenn sie des regens bedürfen, ihn auf folgende weise bewerkstelligen. sie ver-
sammeln die mädchen des dorfs, wählen eins der kleinsten zur
anführerin und entkleiden es ganz nackt, dann ziehen alle dahin, wo bilse (altd. belisa, hyoscyamus) spriesz und lassen das
nackte mädchen sie mit dem kleinen finger seiner rechten hand
samt der wurzel ausraufen. diese bilse wird darauf demselben
mädchen an die kleine zehe des rechten fuszes geheftet, nun
schleppen alle übrigen, laubzweige in den händen, die nackte
zum nächsten bach und sprengen mit ihren zweigen das wasser
über sie, zuletzt aber ziehen sie, bald vor- bald rückwärts im
krebsgang mit dem nackten mädchen heim und alsbald ergiesz
sich regen. ohne zweifel wurde dabei auch ein lied gesungen
oder ein spruch hergebetet, der nun verschollen ist. das aus-
ziehen der belisa mit dem kleinen finger der rechten und das
anbinden an die kleine zehe des rechten fuszes war genau vor-
geschrieben und hieng mit der kraft dieser pflanze zusammen,
worüber uns das nähere wiederum jetzt entgeht. der ans nackte
kind gesprengte regen sollte nun gleichsam mit ihm bei feier-
lichem heimgang in das dorf geleitet werden. Burchard könnte
einen hessischen brauch oder einen des Wormser gaus, vielleicht
aber auch einen altkeltischen, von dem er kunde gewonnen
hatte, gemeldet haben. jene deutschen landstriche verraten späterhin keine spur davon; freilich, so viel bekannt, auch nirgends
keltische gegenden.

Doch gerade in der dem westen entgegenstehenden richtung bei Serben und Neugriechen treffen wir übereinstimmende
sitte an, noch schöner und genauer aufbewahrt. Dodola heiszt
in Serbien das mädchen, welches nackt ausgezogen, aber mit
gras, kräutern und blumen dergestalt umwunden wird, dasz von

haut und selbst dem gesicht gar nichts zu sehen ist. im geleite andrer mädchen zieht Dodola von haus zu hause, vor jedem bilden sie einen reigen, Dodola steht in der mitte und tanzt allein. nun tritt die hausfrau vor und schüttet eine mulde wasser über das immer forttanzende und sich umdrehende mädchen aus, dazwischen singen die begleiterinnen um regen flehende lieder, jeder zeile den ausruf oj dodo, oj dodo le! einschaltend, woraus sich ergibt, das le oder la nur eine angehängte interjection ist und das mädchen eigentlich nicht Dodola, sondern Doda, im voc. Dodo angeredet sind. in diesem Doda scheint dasselbe enthalten, was andere Slaven Dida, Dunda oder auch in männlicher form Did und Dod nennen. man ruft auch bei anderm anlasz, ohne bezug auf den regen, aus oj Did i Lado, oj Didi Lado und die benennung Didilia, Dzidzilia, Didila reicht wieder an jenes Dodola, worunter gewis eine heidnische göttin verstanden wurde. da im litauischen didis, diddis grosz, erhaben ausdrückt, liesze der name sich hehre oder alma deuten.

Anders nennen die Neugriechen das regenkind, Πυρπηροῦνα. hat es vierzehn bis zwanzig tage nicht geregnet, so thun die einwohner in kleinen städten und dörfern folgendes. die kinder wählen unter sich eins von acht bis zehn jahren, meist eine arme waise, ziehen es nackt aus und putzen es mit kräutern und blumen des feldes von kopf bis zu den füszen an, worauf es ganz verhüllt wird. damit ziehen nun die andern kinder, ein lied singend rings im dorfe um, jede hausfrau musz einen eimer wasser über das haupt des kindes und einen para (halben pfenning) darreichen. das lied lautet:

Πυρπηροῦνα περπατεῖ,
τὸν θεὸν παρακαλεῖ·
Θεέ μου, θεέ μου, βρέξε μιὰν βροχήν,
μιὰν βροχήν, μιὰν σιγανήν,
νὰ φυτρώσουν, νὰ ἀνθίσουν,
καὶ τὸν κόσμον νὰ πλουτίσουν
τὰ σιτάρια, τὰ βαμβάκια,
τὰ δροσηρὰ χορταράκια!
μπάραις, μπάραις τὸ νερόν,
καὶ σωρὸς τὸ γέννημα,

κάθε στάχυ καὶ κοιλόν,
κάθε κοῦρβλον καὶ φορτιόν.

Pyrpiruna geht umher,
rufet gott an.

mein gott, mein gott, giesz einen gusz,
einen gusz, einen sanften,
dasz keimen, dasz blühen,
dasz die welt erfreuen
die früchte, die baumwollpflanzen,
die thauigen gräser!
gruben, gruben voll wasser,
ein haufe die ernte,
jede ähre und ein scheffel,
jeder weinstock und ein fasz!

für Πυρπηρούνα begegnet auch Πυρπηρίνα, Παρπαρούνα, Περπερῖνον,
Πυπηρούνον, Παπαρούνα. man dürfte denken an περιφέρομαι und
περιφέρεια, περφερία, den umzug der kinder, aber bei Herodot
4, 33 heiszen περφερέες d. i. perferentes, überbringer die nach
Delos entsandten hyperboreischen jungfrauen, welche heilige
gaben in einen waizenbündel gehüllt an die grenze trugen.

Noch heutzutage besteht im nördlichen Afrika, im jetzt
französischen gebiet von Constantine die gewohnheit, dasz jedes jahr bei langandauernder trockenheit die eingebornen mu-
selmänner einen oder mehrere von den armen marabuts, halb
freiwillig, halb mit gewalt in dem flusz untertauchen, worauf,
wie sie wähnen, regen erfolgen müsse. als einer der unterge-
tauchten aus dem bade kam, rief er, ihr habt mich nasz gemacht, wolan ihr sollt das ganze jahr trocken bleiben! den folgenden tag aber sah man den wind sich erheben, wolken auf-
ziehen und regen eintreten.

Lauter auffallende und unabweisliche einstimmungen unter
fernen, abgelegnen völkern, die eben dadurch einen tiefen zusammenhang menschlicher gefühle und gebräuche kund geben.
das besprengen, benetzen und eintauchen in die flut soll symbolisch versichern, dasz gleichfalls regen die dürre löschen
werde.

Hören wir nun auch einige der nicht minder verbreiteten

überlieferungen, wie ein plötzlich entspringender quell oder regengusz die durstigen labt.

Als Hagar mit ihrem knaben in der wüste verschmachtet,
erscheint ein engel und zeigt ihr einen wasserbrunnen. 1. Mos.
21, 19. wiederum beim zug des volks durch die wüste, dürstete
es nach wasser und murrte wider Mose, der auf befehl des
herrn seinen stab reckte und damit an den fels schlug; da lief
wasser aus dem harten stein und alles volk trank. 2 Mos. 17,
1 — 6. hier darf an Rhea erinnert werden, die nach Callimachus,
mit ihrem stab an den arkadischen fels schlug und wasser ihm
entflieszen liesz.

Eine griechische, in den scholien zu Il. 20, 74 enthaltne
sage meldet, dasz Herakles von durst gequält zu Zeus gebetet
habe ihm ein brünnlein zu zeigen. Zeus warf seinen donnerkeil und öfnete eine quelle, die nun Herakles aufgrub und weiter
strömen liesz, das gab den Skamanderflusz.

Nach altnordischer von Saxo berichteter sage soll Balder,
der göttliche held seinem heer, das in der hitze der schlacht
nach wasser lechzte, eine quelle aus der erde geschlagen habe,
an der sich alle krieger labten. hiermit hängen die an mehr
als einem ort auftauchenden namen Baldersbrunne, Pfolesbrunno,
Polborn offenbar zusammen.

Nicht anders wird an verschiednen stellen Deutschlands
erzählt, dasz kaiser Karl, in welchem öfter altheidnische mythen
niederschlagen, als seine krieger in der schlacht schmachteten,
auf weiszem rosse hielt. da stampfte des schimmels huf auf
den boden, schlug einen stein vom felsen ab und eine mächtige
quelle sprudelte, wie erzählt wird, an dem ort, wo nachher die
Irmenseule stand. mahnt dieser hufschlag nicht zusehends an
Pegasos, in dessen namen schon πηγή liegt, dessen huf Hippo-
krene, die rossesquelle, aus dem erdboden lockte? nicht allein
wasserquellen und brunnadern, auch die erzadern werden von
dem rosseshuf entdeckt und losgescharrt, wie uns ein mythus
vom Rammelsberg bei Goslar ausdrücklich bestätigt. eine menge
deutscher sagen lassen quellen und brunnen, da wo es noth
thut, von rossen gescharrt werden [1], wobei der zug vorkommt,

_____

[1] Panzers bair. sagen 1, 38. 39. 163. 186. 201.

dasz ein blindes ros drei tage lang nicht getränkt wurde und
nun so lange scharrte, bis die quelle aufsprudelte. pferde galten
überhaupt für kluge, weissagende thiere.

Simson im kampf mit den Philistern sah einen eselskinn-
backen liegen, reckte seine hand aus, nahm den knochen und
schlug damit tausende nieder. da ihn aber sehr dürstete, rief
er den herrn an 'nun musz ich durstes sterben und in der un-
beschnittnen hände fallen'. da spaltete gott einen zahn in dem
kinnbacken und wasser strömte. richter 15, 15-19. wie hier
aus dem eselszahn, sehen wir in andern deutschen sagen die
quelle aus eines rosses schädel entspringen oder, was gleichviel damit, unter dessen huf.

Nach mythenart sind alle solche erzählungen immer viel-
gestaltig, in einzelnen anlässen, umständen und entfaltungen
von einander abweichend; ihren vorrat brauchte ich lange nicht
vollständig zu erschlieszen, um das ergebnis zu sichern, dasz
allenthalben im alterthum die errettung des volks aus anhaltender
dürre wie die stillung heiszen durstes in der schlacht einem
wunder beigemessen wurde, das zuweilen blosz durch die über-
natürliche macht eines helden oder seines thiers, meistens aber
durch den gedrungnen moment des gebets bedingt war. wir
werden glaublich finden, dasz auch zu M. Antonins zeit ein
gewöhnliches ereignis, über die natur der dinge hinaus, alsbald
in den boden der sage und des mythus treiben konnte. der
kaiser selbst hatte sich ohne zweifel seinen freien blick bewahrt.

Hier musz ich ablenkend meinem vortrag eine sprachliche,
vielleicht allzu ausgedehnte betrachtung einschalten, an deren
schlusz aber der bisher betretne pfad noch weiter verfolgt
werden soll.

Wollte man fragen, was die hervorstechendste, glänzendste
und zumeist eingreifende eigenschaft der griechischen sprache
sei, so würde die richtige antwort, wie mich dünkt, lauten:
der aorist. in der that, wer die schönheit und gewalt nicht
nur der griechischen formen selbst, sondern vorzüglich auch
ihrer lebendigen anwendung empfinden lernen will, hat sich in
den gebrauch der aoriste einzustudieren, die schon darum ein

wesentlicher, fester bestandtheil des griechischen heiszen müssen,
weil sie unzerstörbar bis auf das heutige neugriechische fortgepflanzt worden sind, dem die altgriechischen praeterita ent-
wichen. der aorist gehört zur seele der griechischen sprache
und verleiht ihr ein besonderes, erhöhtes leben.

Alle vorzüge und vortheile, umgekehrt alle mängel und
nachtheile der sprache sind bald in dem laut und der form,
bald in der syntax gelegen, und beide stücke, vielmehr die drei
stücke müssen, wenn vollendetes erreicht werden soll, einander
durchdringen. was helfen die weichsten und kraftvollsten laute,
wenn sie nicht in den formen nach anmutiger regel abwechseln?
was frommt die günstigste form, sobald sie nicht anwendend
in volles licht gesetzt wird? ohne solche beleuchtung, könnte
man sagen, müssen ungebrauchte oder misbrauchte formen sich
verirren, endlich, weil nicht mehr erhellt, wozu sie dienen, aus-
sterben. manche sprachen oder dialecte z. b. haben ihre alte
dualflexion wenigstens theilweise bewahrt, verstehen aber nicht
mehr sie richtig zu verwenden, sondern brauchen sie für den
pl., mit dessen eigner flexion sie sich mengt oder die sie gar
verdrängt, so dasz mit dem an sich entbehrlicheren dualaus-
druck dem viel nöthigern pl. eintrag geschieht. auf gleiche
weise sind auch reste des aorists in die praeterita einzelner
sprachen eingetreten, haben aber ihren eignen sinn entweder
völlig aufgegeben oder mischen die dem praet. und aor. zu-
ständige bedeutung. der aorist erscheint so naturgemäsz, dasz,
sobald man ihn genau verstehn lernt, seine spuren sowol in den
formen als auch in der syntax anderer sprachen sich noch verfolgen lassen, wenn solche sprachen gleich seine macht nicht
mehr anerkennen oder für ihn zu grob geworden sind.

Der aorist, ἀόριστος χρόνος, was sein name treffend angibt,
ist die unbestimmt gelassene vorstellung der zeit, wie sie den
umständen nach gegenwart, vergangenheit oder zukunft andeuten
kann, nur nicht geradezu ausdrücken will. das wäre ihm eben
zu horistisch, zu indicativisch, wie gr. grammatiker den indica-
tivus modus ἡ ὁριστική heiszen, der aorist zieht aber durch alle
modos.

Der aorist bezeichnet einen drang und augenblick der that,

den einzelnen, vollendeten, fertigen eintritt des geschehenden,
das energische, rasche, flüchtige einer handlung, während die
andern tempora anhaltende dauer und gegenwart, allmählichen,
langsamen, unvollendeten fortschritt so wie endliches gelangen
zum ziel in sich darstellen. man könnte den aorist ἀρτηριώδης,
den ausdruck der übrigen tempora φλεβώδης nennen, es wird
im aorist ein stärkerer pulsschlag der sprache fühlbar, wenn
solche vergleichungen überhaupt zulässig oder erträglich scheinen,
da sie nur einseitiges licht werfen.

Anschaulicher mögen den unterschied beispiele machen. das
wovon die griechische sprache bis in ihre fingerspitzen durch-
drungen ist, müssen wir durch besondere verba unterscheiden
oder ununterschieden belassen. ἐσθίειν ist essen, mahlzeit halten,
φαγεῖν verzehren, verschlingen, γράφειν schreiben, fortschreiben,
γράψαι niederschreiben, ἔχειν halten, σχεῖν erhalten, παύειν ruhen,
παῦσαι aufhören, σιγᾶν schweigen, σιγῆσαι verstummen, ἄρχειν
herschen, ἄρξαι zur herschaft gelangen, ἀγρεύειν jagen, ἀγρεῦσαι
fangen und unzähliche mal.

Unter allen übrigen sprachen ist keine, die dem griech.
unterschied so nahe kommt, wie die slavische, überhaupt reichen
griechische und slavische zunge in vielen stücken aneinander,
deutsche und keltische gleicht mehr dem latein. sämmtliche
slavischen sprachen theilen ihre verba ein in imperfectiva und
perfectiva, weisen aber die verschiedenheit allzusehr in die formlehre, da sie bei ihnen fast nur in die syntax fällt. denn für
eigentliche aoristische flexion darf man ihre, meistentheils durch
vorgeschobne partikeln erlangten perfectiva nicht halten [1], allein
was sie damit erreichen oder ausdrücken, stimmt zum gr. aorist
und belebt die slavische rede ungemein in fällen, die wir Deutschen kaum fühlen und fassen. den Slaven liegt diese unterscheidung noch in vollem bewustsein und sie stoszen nicht
dawider an.

Sicher war früher einmal auch unsere sprache an solche
aoristische partikelpraefixe einigermaszen gewöhnt und es bleiben
noch heute allerhand spuren davon zurück. beren heiszt tragen,

---

[1] aoristisch ist die sl. flexion ch = skr. s, bei Miklos. schwächer aor.

ferre, gebar peperit, ἐγέννησε, sie hat ausgetragen, ein kind zur
welt gebracht; mehr beispiele des in der partikel geliegenden
vollbringens stehn gramm. 2, 843 gesammelt. jenes ἐσθίειν lautet uns essen, goth. itan, lat. edere, ἔφαγε uber frasz, voravit,
das gierige, schnelle essen, verschlingen bezeichnend, ein wahrhaft aoristischer begrif; dem Ulfilas ist frêtun κατέφαγον come-
derunt Marc. 4, 4. Luc. 8, 5, frêtun der form nach entsprang
aus fraêtun, fraszen aus veraszen. die in kauen oder nagen enthaltnen vorstellungen μασάομαι, mando, manduco, franz. mange,
goth. matja oder τρώγω ἔτραγον sind sowohl längerer als kür-
zerer dauer fähig. ein dem im fressen ähnliches ver wird vorgeschoben, wenn wir starb τέθνηκε gehörig von verstarb ἀπέ-
θανε scheiden wollen, der mann starb schon monate lang und
konnte nicht sterben, gestern verstarb er; nicht dürfte gesagt
werden, verstarb schon monatelang. leicht jedoch geschah, dasz
das praefix sich dem ganzen wort in allen seinen äuszerungen
fest ansetzte, wie auch die aoristische flexion in andere theile
des verbums drang; schon der goth. sprache war auszer gabar
ein durchgängiges gabairan, von bairan beinahe ununterschieden,
eigen und nicht nur frêt, frêtun sondern auch fraîtan, fressen
zulässig. mit recht aber pflegt den slavischen perfectiven ein
praesens und imperfectum zu mangeln, anders ausgedrückt, die
aoristische partikel keinem praes. noch imperf. vorzutreten. wie
sehr stehn dagegen unsere deutschen sprachen hier zurück,
welche nichts als praes. und praet., weder fut. noch aorist vermögen und die bedeutung des letztern, insofern sie noch vortritt,
gleichfalls dem praet. anheim geben müssen, ja den heutigen
oberdeutschen volksdialecten ist sogar das einfache praet. erloschen, nichts als ein mit dem praes. und part. praet. gebilde-
tes verblieben, so dasz diese in wahrheit auf das blosze praes.
zurückgeführt wird. man könnte sagen, ihnen sind fast alle
zähne ausgefallen, im munde der griechischen prangt die volle
reihe.

Eine ganz eigenthümliche erscheinung bieten die romanischen sprachen. im latein, welchem sie entstammen, ist keine
spur aoristischer flexion lebendig, ihre bedeutungen hat das lat.
perfectum, das sonst dem gr. reduplicationsperfectum entspricht,

veni ist sowol ἐλήλυθα, εἰλήλουθα als auch ἤλυθον, ἦλθον. die romanischen sprachen setzen aber auch, was die lat. verschmäht zu thun, ein praeteritum zusammen, ohne die lat. perfectform fahren zu lassen, so dasz z. b. für lat. amabam und amavi ital. amáva und amái bleiben, zugleich aber ein ho amáto gebildet wird, das dem latein gebricht; ebenso stehn dem lat. veniebam, veni drei ital. tempora zur seite veniva, venni und sono venuto. da nun ho amato, sono venuto ganz den sinn des lat. amavi, veni empfängt, so wendet der sprachgeist, mit allerbestem instinct, dem amai und venni meistentheils aoristbedeutung zu, die gleichsam noch auf der lat. volkssprache geruht hat, im classischen latein nicht entschieden vortreten kann. so sind also die romanischen verba in diesem betracht vollkommner als das latein und um ein tempus reicher; will man aber das zusammengesetzte praet. nicht als ein wahres tempus anerkennen, so hat wenigstens die regel diese umschreibung möglich gemacht, amai und venni aoristisch zu fassen. auch ertheilen ihm italienische grammatiker richtig den namen perfecto indeterminato, was geradezu übersetzung von aorist ist; seltsame verwirrung scheint, dasz es franz. grammatiker defini neunen, statt indefini. doch im gebrauch irren sie nicht, venait drückt aus ἤρχετο, vint ἦλθε, est venu ἐλήλυθε, savait bedeutet er wuste, sut aber er brachte zu seiner kunde, erfuhr. kein Franzose wird diese tempora falsch brauchen, uns aber ist kam beides, venait und vint, ja zuweilen est venu, wuste beides savait und sut, in unserm praes. weisz war aber ursprünglich ein praet. mit dem sinn von ich erfuhr gelegen.

Den griech. aorist sehen wir darin sich zu den zeiten der vergangenheit neigen, dasz er gleich diesen augmentiert ist, während praesens und futurum ohne augment erscheinen, woraus manche einstimmungen wie abweichungen folgen. dafür zeigt die flexion des ersten aorists zu der des ersten futurums in dem beiden zukommenden characteristischen s grosze analogie.

Bopp hat dieses s beider tempora mit scharfsinn aus einfügung des verbum substantivum as erklärt [1], gerade wie auch die lat. flexion des imperfectums bam und des futurums bo der

---

[1] vgl. sl. *ch* aus *s*.

456 ÜBER DAS GEBET.

weitgreifenden wurzel bhu zugeschrieben werden musz. im
sanskrit, das, soweit ich über dessen syntactische erscheinungen
urtheilen darf, keine aoristbedeutung entfaltet, d. h. nicht regelmäszig von einer bestimmten flexion abhängen läszt, gewährt in
einzelnen, wenn schon nicht umfangreichen seiner formen für
die vergangenheit deutliche übereinkunft mit denen des ersten
aorists. weit häufiger bricht im lat. perfectum das kennzeichen
s hervor und musz für ein ursprünglich aoristisches gehalten
werden, was keiner weiteren auseinandersetzung bedarf und
durch die romanischen sprachen bestätigt wird, in welchen zwar
die aoristische form mit s aufhört, der aoristische sinn sich
wieder luft machte. lieber würde ich, wenn hier der ort dazu
wäre, näher auszuführen trachten, dasz nicht wenige deutsche
verba ein aus uralter aoristform herzuleitendes s in ihre wurzel
geschlagen zu haben scheinen, ganz wie ähnliches von andern
consonanten gilt, die im deutschen wurzelhaft geworden oder
der wurzel zugetreten sind, während sie in urverwandten
sprachen der ableitung oder flexion gehörten. solche s glaube
ich z. b. aufweisen zu können in userm visan esse, lisan legere,
nisan servari, liusan solvere, kiusan gustare und andern mehr.
denn in visan für bisan erzeigt sich φύσω, ἔφυσα, lisan schlieszt
sich dem lat. legi für lexi an, und wird wie legi seines s nach
dem kehllaut, umgedreht des kehllauts verlustig gegangen sein,
aber das s behalten haben. liusan ist deutlich λύω, mit dem
kennzeichen von λύσω ἔλυσα. niemals trat das lat. s von vexi,
dixi, scripsi u. s. w. über in das praesens, jene deutschen verba
lieszen es auch ins praesens ein, analog den vorhin berührten
aoristpartikeln, die sich allmälich dem gesamten verbum an-
fügten. über dieser strengen durchführung der s form haben
wir in solchen wörtern, welche im griech. und lat. für die
übrigen tempora die unaoristische form belassen, diese völlig
eingebüszt. sehr merkwürdig sind die wenigen und seltnen
fälle, in welchen unsere ältere sprache ein doppeltes praet.
zeigt, namentlich das goth. gaggida und iddja, ags. sogar drei-
faches gengde, geong und eode, ahd. brahta und brang, wo
sich goth. blosz brahta darbietet. gaggida darf mit ibat, iddja
mit ivit übersetzt werden, brahta wäre ferebat, brang tulit, was

aber neben ags. gengde geong? müste geong der aoristischen, eode der perfectiven bedeutung überwiesen werden? unser ablaut geht auf reduplication zurück.

Nur kurz berührt seien die keltischen sprachen, die wiederum ihren praeteritis partikeln, namentlich ro und do vorzusetzen lieben, und ein einfaches praet. auf s bilden, ir. ceilim celo, cheileas celavi, welsch caram amo, cereis amavi, diesem einfachen praet. pflegt, wenigstens in vielen fällen, aoristische bedeutung eigen zu sein. von ihm aber ist ein sogenanntes consuetudinale unterschieden, das den sinn des lat. imperfectums hat, cheiliun celabam, cheileas celavi; bim eram, bhios fui, deutlich dem gr. ἔφυσα nahstehend.

Dem gr. aorist, schwebt mir vor, werden sich noch manche aufschlüsse abgewinnen lassen, und dann vielleicht auch dunkelheiten schwinden, die noch über den verhalt beider aoriste obwalten. worin gegründet liegt das geheime band zwischen zweitem aorist und imperfectum? beide zeichnet gleiche flexion aus und kurzer, leichter vocal in der wurzel. die form des ersten aorists, so tief sie eingegriffen hat, mag verhältnismäszig eine jüngere sein, als die des zweiten. am schwersten fallen würde es aus der verschiedenheit jenes eingewachsnen as und bhu das aoristische und futurische element befriedigend zu deuten. und häufig stehen erster und zweiter aorist nebeneinander, mit ganz gleicher wirkung und können tauschen: ἄρον με καὶ βάλε, δίελε (διεῖλε) καὶ μέρισον, λάβετε καὶ σταυρώσατε, λάβετε καὶ διαμερίσατε.

Diese beispiele leiten mich nothwendig zum imperativ, ich glaube zu finden, dasz die gewaltige eigenheit des gr. aorists sich vorzüglich an imperativ, infinitiv und participien, also gerade da ergibt, wo er den andern sprachen entweicht.

Schon sonst einmal habe ich gesucht dar zu thun, warum bei den Attikern nach vorausgehendem οἶσθα die imperative, immer nur des ersten aorists folgen: δρᾶσον, ποίησον, πρᾶξον, und ein schimmer fiel dadurch auf eine besonderheit der ältern deutschen syntax.

Es musz einleuchten, dasz bei dringendem geheisz und befehl sich aoriste eignen. σιώπησον, σίγησον gebieten mächtiger

stille als unser schweig und viel edler als halt das maul! noch
heute werden zu Athen die soldaten im aorist exerciert: προ-
βῆτε, angetreten! γεμίσα:ε ladet! βαστάσατε schultert!

Unverkennbar ist darum auch die anwendung des aorists
im drange des gebets. ein Grieche konnte nur beten ὗσον, ὗσον,
φίλε Ζεῦ, wie matt gelautet hätte ὗε, ὗε, auch ein neugr. regen-
lied hat daher

βρέξε, βρέξε μιὰ βροχή = μίαν βροχήν,
regne, regne einen regen,

weil sie jetzt βρέξε statt βρέξον sagen, unerhört wäre βρέχε. auch
im latein ist das nicht zu erreichen, treflich war aber in der
oben ausgehobnen stelle Petrons die zwingende noth des gebets
und der erhörung ausgedrückt durch 'itaque statim pluebat aut
tunc aut nunquam.' wer könnte auf griechisch anders beten als
ἐλέησόν με, ἐλέησον ἡμᾶς, κύριε ἐλέησον, dessen s sich bis in unser kyrleis und leis zog? Chryses, des gottes pfeile erflehend
betet:

κλῦθι und τόδε μοι κρήηνον ἐέλδωρ. Il. 1. 37, 41.

κρῆνον ist offenbar aorist und auch κλῦθι wird nur aoristisch zu
fassen sein, vgl. βῆθι στῆθι, ἴθι, δόθι u. a. m. auch Matth. 6,
12. 13 ist ἄφες aor. 2, ῥῦσαι aor. 1 med. dem κλύειν entspricht
ahd. hlosên, nhd. lauschen, worin wieder das s.

Mit welchen worten wol unsere landmädchen des eilften
jahrh. um regen gebeten haben mögen? ein regenâ regen wäre
wie wâfenâ wâfen, klingâ klinc, lâzâ lâz. darin darf keine ver-
schollne aoristform erblickt werden, wie die subst. darthun
welchen â wie den imperativen angehängt wird, auch in ἴασον ὤ
bei Aristophanes Lysistr. 350 folgt dem imp. ein ausruf.

Nun stehe ich wieder auf dem zuerst angetretnen wege,
der zum ziel führen sollte, das ich dennoch, von andern arbeiten
hingehalten, nicht erreicht habe. eine historische untersuchung
des gebets dachte ich zu vollenden und was ihr jetzt in den
beiden nicht eng aneinander schlieszenden abschnitten voraus-
gelaufen ist, würde sich, wenn sie als anhänge folgten, leicht
besser ausnehmen. die zusammengestellte reihe anmutiger sagen
gewährte nichts als mythisches element, bei Antonins seule
brach schon die wahrheit durch. dasz das gebet erhebung und

andacht der seele sein müsse, durfte ein blick auf den aorist, der die sprache hebt, gleichsam ihren pulsschlag ankündet, im voraus bestätigen.

Es genüge, dasz ich hier den inhalt meiner ergebnisse, zwar in engem umrisz, doch nicht als trocknes gerippe vorlege. warum sollte ich meiden, einigemal schon den gedanken und worten freien lauf zu lassen, die auch bei voller ausführung werden stehen bleiben können?

Gott ist unsere erhabenste, lauterste abstraction, ein strom von geist; wer nur das geringste concrete untermengen wollte, trübt und entweiht die reinheit des gedankens. die epitheta des allmächtigen, allwissenden, allgegenwärtigen oder andere im grund immer nur dasselbe sagende gott beizulegen sind wir bereit, hüten uns aber was daraus folgt zu folgern.

Die falschen, heidnischen götter wurden grade auf dem umgekehrten wege erdacht, sie sind ganz concret, nur ihren gipfeln pflegte man einzelne abstracte eigenschaften anzubilden, wie oben auf die colonna Antonina San Paolo zu stehn kam. ich geschweige hier des ursprungs dieser sinnlichen götter aus dem überwältigenden anblick der sonne, des feuers und der quellen; sollten die einfachen völker der urzeit vertrauen zu ihren göttern fassen, so musten sie völlig nach dem bilde der menschen selbst gedacht sein. der mensch stellte sich gott vor wie einen vater und könig, wenn auch in erhöhtem maszstab, ja er leitete seine vorfahren und könige durch unmittelbare zeugung von den göttern ab. weil der im kampf unterliegende vor dem sieger auf die knie fiel, die hände streckte, den nacken bog, der unterthan vor seinem könig, ebenso kniete, faltete und beugte sich der mensch vor gott. wie dem könige gaben und geschenke dargebracht wurden, stellte sie der mensch auch auf gottes tisch oder altar. die gaben waren speise, sowol fleisch als früchte, oder duftende kräuter, im wahn dasz gott davon esse, des geruchs sich freue, 1. Mos. 8, 21 heiszt es noch ausdrücklich: und der herr roch den lieblichen geruch. es lag nahe, dasz ein gemeinsames mahl veranstaltet wurde und die opfernden, nach hinterlegtem theil des opfers dessen übrigen theil verzehrten; was vom opfer die flamme nicht aufbrannte, blieb nicht liegen und verdarb nicht, die diener des altars nahmen es auf.

Das war der priester ursprung. es muste leute geben, die es verstanden den altar zu hegen, das opfer feierlich zu ordnen, die weihe darüber zu sprechen. diese diener hieszen gottes freunde oder vertraute und rückten, als ihr stand erblich wurde, den andern menschen ferner.

Das gebet entsprang wesentlich aus dem opfer, wie auch zumal von der christlichen kirche, die in ihm das geistigste opfer erblickt, jederzeit anerkannt worden ist.

Ich unterscheide drei perioden, die erste, wo nur geopfert, die zweite wo geopfert und gebetet, die dritte wo nur gebetet wurde.

Die ältesten opfer waren von keinem gebete begleitet und priester traten noch nicht dazwischen. man brachte die gaben dar, etwa wie auch späterhin, als schon zu beten sitte war, den hausgöttern näpfe mit speise still hingestellt wurden.

Die welt, berechnet man, steht jetzt 5800 jahre, so schwer nachzuprüfen die zahlen der ersten hälfte dieser zeit sind und so viel älter den naturforschern unser erdball erscheint. mich überraschte zu gewahren, dasz über das volle drittel der zeit seit der welt erschaffung in der heiligen schrift von keinem beten die rede ist. Adam und Eva beten nicht, ihre nachkommen bis zur sinflut nicht. von Abel und Kain wird erzählt, dasz sie opferten, ebenso von Noah, als er aus dem kasten kam, und verschiedentlich von Abraham. das erste gebet, dessen meldung geschieht, ist von Abraham 20, 17 und von Isaac 24, 63, also nachdem die welt über 2000 jahre gestanden hatte. man darf auch nicht sagen, dasz die gedrängte darstellung der genesis ursache des auslassens sei, da es wichtig gewesen wäre des betens zu erwähnen und die angabe des opfers wie der altarerrichtung nicht unterbleibt. mit der letzteren wird 4, 26. 12, 8. 13, 4 das predigen von dem namen des herrn verbunden, wie Luther verdeutscht, die LXX geben ἐπικαλεῖσθαι, der hebr. text braucht aber einen andern ausdruck, als die für beten gelten.

Es gibt noch heute einzelne, alles gebetes sich enthaltende

völker, namentlich die Chinesen und die zu ihnen gehörigen
Japaner, also auf einer weiten, breiten strecke des erdbodens
wird nicht gebetet. wie ungünstig man von diesem volk denke,
geistige anlage und frühe bildung läszt sich ihm nicht ab-
streiten.

Allen uns näher gelegnen völkern und den meisten ferneren waren beide opfer und gebet eigen, aber die dafür gelten-
den gebräuche oft sehr abweichend.

Eine ausführlich angestellte forschung über die für beten
üblichen wörter, welche natürlich hier nicht kann vorgelegt
werden, erbringt, dasz viele oder die meisten desselben vom
opfer entnommen sind, was zu bestärkung der davon aufge-
stellten ansicht gereicht.

Beten heiszt niederfallen und die hände erheben. der
opfernde und betende sah die gottheit entweder abgebildet oder
im geiste vor sich und darauf beziehen sich seine gebärden.
diese sind jedoch bei den Orientalen ungleich feiner und genauer bestimmt als bei den völkern von Europa. der Muselmann unterscheidet viele arten der kniebeugung, die er neben
und nacheinander vorzunehmen hat; dem Inder sind manigfache weisen des verschränkens der finger, faltens und empor-
haltens der hände eigen zum gebete. die meisten lassen sich
aus dem darbringen des opfers, eine krümmung der hohlen
hände aus dem schöpfen des weihwassers erklären.

Das gebet beim opfer ist doppelter art: entweder erfleht
es gnade und beistand gottes, d. i. verleihung einer gegengabe
für die dargebrachte, wie auch menschen oft dem empfangnen
geschenk ein gegengeschenk und oft ein gröszeres folgen lassen.
oder es wird gebetet, um gott die menschliche nichtigkeit und
unterwerfung, sowie preis und dank für die täglich von ihm
empfangnen wolthaten demütig auszudrücken.

Das erste gebet redet gott im imperativ mit du an, in dem
andern gebet tritt mehr die person des preisenden und lobenden
vor. jenes scheint das ältere, im drang der noth und in er-
wartung schneller hilfe gesprochne. die andere weise des gebets kann mehr in ein ständiges und allgemeines übergehn, das
dankbezeigung und bekemtnis menschlicher abhängigkeit wieder-

holt, obgleich auch für das eben erwiesne heil, z. b. des siegs
auf der stelle gebet erschallt. herliche preis und dankgebete
sind fast alle psalmen Davids.

Die menschen erkannten allmälich, dasz blutige speise und
trank darzubringen der gottheit unwürdig sei. die flamme blieb
länger auf dem altar, weihrauch und blumenduft stiegen noch
in die lüfte. gesang und gebet traten völlig an die stelle des
opfer.

Doch einen nachtheil scheint das aufhören sinnlicher opfer
und ihre umwandlung in gebete gebracht zu haben. die feierliche anstalt und bereitung des opfers forderte aufwand und
sorgfalt, das gebet kann ohne mühe über die lippen treten.

Ich glaube nicht, dasz ein ärgerer miszbrauch auf der welt
sei, als die auferlegte häufung der gebete, die bedachtlos aus
leerer angewöhnung von morgen bis zu abend in fast allen
theilen der erde laut und leise erschallen. der Muselmann betet
bei jedem anlasz, die griechische und catholische kirche reiht
gebet an gebet und der erst im dreizehnten jahrh. von den
Dominicanern aufgebrachte zu bräuchen asiatischer heiden stimmende rosenkranz liefert ein schreiendes beispiel, aber auch
die protestantische kirche leidet unter maszlosen, bitte an bitte
schichtenden, eine durch die andere störenden gebeten. wenn
der prediger das aus seiner rede hervorgehende gebet inbrünstig
gesprochen hat, läszt er die stimme sinken und sagt ein ständiges, von der gemeine mit minderer andacht gehörtes gebet
her, in dem eine grosze zahl von bitten hintereinander folgt,
ja ausdrücklich hinzugefügt wird, dasz man gott um alles bitte,
worum er könne und solle angerufen werden, ungefähr wie die
sachwalter ihre eingabe verclausulieren, um den nachtheil abzuwenden, der etwa aus ihrer vergessenheit erwachsen möge.
sind wir so begierig dasz wir immer alles und jedes für alle
verlangen wollen? schwindet neben solchen formeln nicht die
von Antonin mit recht verlangte ἁπλότης und ἐλευθερία des
gebets? — — —